"十二五"普通高等教育本科国家级规划教材　　 iCourse·教材

国家精品资源共享课教材　　中国大学 MOOC 教材　　高等学校金融学专业主要课程精品系列教材

金融工程

（第六版）

郑振龙　陈蓉　主编

中国教育出版传媒集团
高等教育出版社·北京

内容简介

本书为国家精品资源共享课教材,先后入选"十五""十一五"和"十二五"国家级规划教材。2011年被教育部评为普通高等教育精品教材。

本次修订延续了前五版数学模型与金融学紧密融合的突出特点,保留了前五版清晰的写作脉络,同时结合读者的反馈,进一步强化深入浅出的讲解风格,让读者能够获得对金融工程和金融衍生产品的感性认识,引导读者更好地将理论知识应用到实践中。全书第一章全面介绍了金融工程的内涵和金融工程的主要分析方法,提出金融工程的根本目的是为各种金融问题提供创造性的解决方案,满足市场丰富多彩的金融需求;金融产品的设计、定价与风险管理是金融工程的主要内容。第二至十四章分别介绍远期、期货、互换、期权等主要金融衍生产品的市场结构与市场惯例、产品分析与定价、产品应用与交易策略等方面的内容。第十五章则讨论了奇异期权、结构化产品和可转换债券。本次修订还增加了金融服务实体经济、服务乡村振兴的大量案例。全书在每章末都设有即测即评二维码,通过扫描二维码即可进行在线测评。

本书可作为高等院校金融学专业的本科和研究生教科书,还可作为金融机构从业人员的培训用书,以及相关领域研究人员、行业监管人员的参考书。

图书在版编目(CIP)数据

金融工程 / 郑振龙,陈蓉主编. -- 6 版. -- 北京:高等教育出版社,2024.10(2025.5重印). -- ISBN 978-7-04-062786-2

Ⅰ. F830.49

中国国家版本馆 CIP 数据核字第 2024QN2641 号

Jinrong Gongcheng

| 策划编辑 | 付雅楠 | 责任编辑 | 付雅楠 | 封面设计 | 张 楠 | 版式设计 | 杜微言 |
| 责任绘图 | 裴一丹 | 责任校对 | 高 歌 | 责任印制 | 刘弘远 | | |

出版发行	高等教育出版社	网 址	http://www.hep.edu.cn
社 址	北京市西城区德外大街4号		http://www.hep.com.cn
邮政编码	100120	网上订购	http://www.hepmall.com.cn
印 刷	北京宏伟双华印刷有限公司		http://www.hepmall.com
开 本	787 mm × 1092 mm 1/16		http://www.hepmall.cn
印 张	25.25	版 次	2003年7月第1版
字 数	610 千字		2024年10月第6版
购书热线	010-58581118	印 次	2025年5月第3次印刷
咨询电话	400-810-0598	定 价	57.90元

本书如有缺页、倒页、脱页等质量问题,请到所购图书销售部门联系调换
版权所有 侵权必究
物 料 号 62786-00

第六版前言

时光荏苒,白驹过隙。不知不觉之间,四年时光匆匆而过,本书的第六版再次与大家见面。在这四年中,我们见证了我国第一部衍生品法律《中华人民共和国期货和衍生品法》的颁布和实施,见证了我国衍生品市场的大发展,见证了越来越多的企业利用衍生品对冲风险。

随着研究的深入和实践的发展,根据读者针对教材使用的反馈意见,我们对本教材进行了较大幅度的修订。主要包括:

1. 体现党的创新理论内容

教材是人生的一盏明灯,也是学生价值塑造的一个源泉。党的二十大报告提出,要坚持以推动高质量发展为主题,把实施扩大内需战略同深化供给侧结构性改革有机结合起来,增强国内大循环的内生动力和可靠性,提升国际循环质量和水平,加快建设现代化经济体系。党的二十届三中全会指出,高质量发展是全面建设社会主义现代化国家的首要任务。必须以新发展理念引领改革,立足新发展阶段,深化供给侧结构性改革,完善推动高质量发展激励约束机制,塑造发展新动能新优势。健全因地制宜发展新质生产力体制机制,健全促进实体经济和数字经济深度融合制度,完善发展服务业体制机制,健全现代化基础设施建设体制机制,健全提升产业链供应链韧性和安全水平制度。金融衍生品市场要在推动全要素及商品流动、提高市场资源配置效率服务实体企业、提升产业链供应链韧性、开展"保险+期货"、服务乡村振兴、形成国际定价权、护航经济全球化发展等方面精准发力,切实担负起推动中国经济高质量发展的时代重任。党的二十大报告为教材修订指明了根本方向。在修订中我们坚持马克思主义的立场、观点和方法,体现习近平新时代中国特色社会主义思想,体现人类文化知识积累和创新成果,立足中国,面向世界。

2. 进一步彰显中国特色

从第三版开始,本教材一直走在彰显中国特色的路上。置身在一个经济全球化的时代,徜徉在中华文明长河中,如何引导读者感受中华文明的久远和厚重,理解中华民族最深沉的精神追求,思考中华民族以什么样的文化精神和精髓参与人类文明的对话,思考我们能为人类文明的未来贡献什么,这是时代赋予我们面向未来的重大课题。本次修订更加强调金融工程的基本原理与中国国情和制度环境相结合,提出更适合中国国情的衍生品分析框架。其中最具代表性的是期权价值和时间价值的两分法定义,有红利保护机制的期权看跌、期权看涨、期权平价关系的拓展,如何识别和利用期货,期权的相对定价错误,中国可转债定价等。我们力争把本教材建设成为具有中国特色和中国风格的金融工程经典教材。

3. 建设新形态教材

为了方便师生更好地开展《金融工程》的教与学,我们在"国家精品资源共享课"的基础上,在中国大学 MOOC 平台上推出了"金融工程"课程,提供了教学视频、阅读材料、随堂测验、单元测验、作业、题库等,并可以在线讨论。

4. 反映后 LIBOR 时代的新变化

2023 年 6 月 30 日,全球金融市场最重要的利率——LIBOR 正式谢幕,取而代之的是各国分别推出的"几乎无风险"的利率基准,例如美国的有担保的隔夜融资利率(Secured Overnight Financing Rate,SOFR)。原先以 LIBOR 为定价基准的数百万亿美元的债券、工商业贷款、住房抵押贷款、衍生品(尤其是利率类衍生品)都因此发生了结构性的变化。本次修订在第五章对 LIBOR 的退出以及后 LIBOR 时代所面临的变化和挑战进行了讨论,并在第五~八章相应修改了利率远期、利率期货和利率互换的相关内容,以跟踪后 LIBOR 时代的新变化。

5. 增删部分章节内容

(1) 增加结构化产品的内容。鉴于中国场外衍生品市场的快速发展和理财新规实施后结构化产品的快速发展,本次修订增加了专门一节介绍结构化产品。

(2) 增加可转债的内容。我国可转换公司债券市场自 2018 年起发展迅速,目前已接近万亿市值,其条款的复杂性导致难以对其准确定价。基于本教材主编 20 多年来对可转债持续的研究,本次修订增加了专门一节介绍可转换公司债券。

(3) 增加商品期货和商品期货期权的内容。中国的商品期货和商品期货期权市场在全球已经具有举足轻重的地位。为了更好地体现包括商品衍生品在内的衍生品在服务社会和服务实体经济中的作用,本次修订大幅增加了商品期货和商品期货期权的内容。

(4) 删除了股指期权、外汇期权、期货期权和利率期权的专门章节。本次修订删除了原第十五章,将股指期权、外汇期权、期货期权和利率期权的主要内容融入其他章节。

(5) 删除了风险管理的专门章节。本次修订删除了原第十七章,将与各种衍生品密切相关的风险管理内容融入相应章节。

6. 更新配套数据、案例及习题

本次修订全面更新了教材所涉及的数据、案例和习题。

本教材适合作为金融工程、金融学、财务学、经济学、管理科学等专业的本科生和研究生教材,也可供理论研究者和实际工作者做案头参考。在郑振龙教授的个人主页上可以下载更新的配套教学资源。授课教师可通过邮件获取习题答案。

本次修订由厦门大学财务学系郑振龙教授和陈蓉教授联合完成。厦门大学和瑞达期货股份有限公司对本次修订提供了资助,在此我们深表感谢。厦门大学财务学系的博士生刘非亚、竺添晟和硕士生黄韩钿、何奕扬对其中的部分内容修订提供了帮助。从 2003 年至今,我们的教材已经悄然走过了 21 年,高等教育出版社的编辑也已经换了五代。我们要深深感谢众多专家学者、兄弟院校、出版社和社会各界一直以来的支持和帮助,衷心感谢读者、老师和同学们的咨询、勘误和建议。修订之中,深感学海无涯,每一次思考总有收获,每一个建议都有价值。下列邮箱继续期待您的帮助、批评和指正:zlzheng@ xmu. edu. cn 或 aronge@ xmu. edu. cn。谢谢!

郑振龙　陈　蓉
2024 年 7 月

第五版前言

修订本书第五版之时,正是2020春季新冠疫情暴发之际。在这个过程中,我们和全国人民一起,经历了从茫然未知到恐慌焦虑,再到整理心情、尽心尽力应对的心路历程。但即使在此期间,我们依然看到了中国衍生品市场的新发展:2020年2月14日,中国外汇交易中心发布《利率互换估值手册》,原先单一的利率互换曲线拓展为利率互换曲线、利率互换即期利率曲线和利率互换远期利率曲线,理论与现实的距离进一步缩短;2020年2月21日,商业银行、保险机构获准参与国债期货市场;2020年3月23日,全国银行间同业拆借中心试水利率期权,至此,中国市场的衍生产品基本到位。疫情并没有挡住我们前进的步伐。前路未知,当下的努力才更具价值和勇气。

这一次的改版是继第二版之后修订力度最大的一次,全书约有三分之一的内容进行了调整和深化。在修订中,我们坚持马克思主义立场、观点和方法,体现习近平新时代中国特色社会主义思想,体现人类文化知识积累和创新成果,立足中国,面向世界。

本次修订的主线是将一些理论问题,如资产定价通用原理和期权内在价值定义等,拓展到了更为通用的情形,并从不同的角度加以融会贯通。这么做的原因,是因为中国市场的衍生工具已经基本齐全,但仍有待深化和健全。在过去的几年中,我们见证了期货严重贴水、直接采用B-S-M期权定价公式计算的隐含波动率出现负数、期权时间价值不合理等持续存在的现象,难免引起困惑乃至误解。究其原因,是在于经典资产定价模型的前提假设在中国不成立,这些经典模型就不能在中国简单直接套用。因此,有必要从理论出发,对基础性的原理进行梳理和拓展,帮助读者去思考探索如何更好地发展适合中国的模型与方法。在此基础上,我们将这些一般性的原理具体运用到中国期货市场和中国期权市场上,并介绍了可能的解决方案。

具体来说,主要的修订内容包括:

(1) 梳理和拓展了资产定价原理,运用一个不完全市场的定价案例对复制定价法、状态价格定价法和等价鞅测度定价法(在本科阶段主要体现为风险中性定价法)进行了阐述,前两种方法较侧重经济和金融理解,而最后一种方法则更多地基于数学推导,这样一方面帮助读者融会贯通、深入领会资产定价原理的本质,另一方面首次在本科教材中引入了完全市场与不完全市场的差异,讨论了可复制对资产定价的决定性意义;

(2) 更为科学地定义了期权的内在价值和时间价值,内在价值和时间价值是理解期权价值的两个重要维度,其定义是否科学,决定了在隐含波动率微笑、波动率曲面、期权相对价值等重要信息上是否容易产生误读,这在如中国这样的新兴衍生品市场中特别具有价值,过去几年来,我们一直在思考如何对期权的内在价值和时间价值进行更具有通用性的科学定

义,这一版中我们终于得到了相当满意的答案;

(3) 将上述更具通用性的原理、理论和定义应用到中国市场上,讨论中国市场上的衍生品定价与分析问题,如股指期货贴水、PCP平价原理、期权平值点、期权定价等,帮助读者在实际问题中理解和运用理论,从而能够更好地将原理和理论运用到实践中,推动中国衍生品市场的发展;

(4) 书中的市场介绍和市场数据几乎全部更新至最新;

(5) 书中的案例尽可能全部采用中国市场的案例,跟上时代发展的步伐;

(6) 课后习题部分,也进行了相应的更新。

大家可以体会到,从第三版开始,我们的教材在"中国化",是一个越来越中国版的《金融工程》。这是中国衍生品市场不断前进的折射,我们的教材在尽力跟踪和反映中国市场的历史发展进程;这也是中国金融工程学科发展的需要,我们期待大家和我们一道,在继续用数学刻画金融的同时,超越数学公式,寻找前提假设与模型推导中的金融内涵,发展适合于中国市场的模型,共同为中国金融工程学科和中国衍生品市场的发展努力,为我国的经济提供更好的风险管理工具。

在编写第五版教材的同时,我们也在2013年由郑振龙教授主讲的"国家精品资源共享课"金融工程基础上,同步建设在线开放课程。在线开放课程的核心仍然是课程视频,并同步建设了相应的配套教学资源,包括随堂小测、知识点注释、推荐阅读、作业题库和考试题库等,希望有助于提升学生学习的质量和效率。

本次修订之后,本教材继续适于作为金融工程初学者的基础读本和入门必修,仍然推荐本教材作为金融工程、金融学、财务学等学科的本科生和研究生教材,也可供理论研究者和实际工作者作案头参考。在郑振龙教授的个人主页上可以下载更新的配套教学资源。授课教师可通过邮件(zlzheng@xmu.edu.cn 或 aronge@xmu.edu.cn)获取习题答案。

本次修订由厦门大学郑振龙教授和陈蓉教授联合完成。从2003年至今,我们的教材已经悄然走过了17年,高等教育出版社的编辑也已经换了三代。本书刊印之际,我们要深深感谢来自众多专家学者、兄弟院校、出版社一直以来的支持和帮助,衷心感谢读者的建议。修订之中,深感学海无涯,每一次思考总有收获,每一个建议都有价值。继续期待您的帮助、批评和指正。谢谢!

郑振龙　陈　蓉
2020年5月

第四版前言

本书第四版修订期间的 2015 年,中国股票市场经历了令所有人刻骨铭心的大起大落。正是在这一年,我们亲历了股指期货的存废之争,听到了许多不专业的肤浅妄言,痛心地见证了风险管理工具在中国的暂缓发展,而这些本是转型中的中国最急需的金融产品。这一切,凸显了中国金融市场中专业性与独立性的稀缺和可贵;也让我们深深地感受到,让年轻学子们更好地认识金融和金融工程的本质,透过衍生产品的复杂表象领悟其中的大道至简,让中国市场的未来发展少走弯路,是我们肩上沉甸甸的责任,是我们作为教师,为国家和民族应尽的一份努力。

如何才能更好地做到这一点?这一版的修订与前三版有所不同,这一版的修订同时涵盖了对教材、习题和网络教学资源的建设和修订。从教材本身来说,我们没有在专业书籍中放入太多与阶段性历史事件相关的资料与评论,而是侧重于进一步提升教材的精确性、专业性和表述的易懂性。关于金融衍生品作用的思考与争论,关于市场现象的剖析与解读,则更多地体现在网络教学资源和习题中,交由读者们体会和领悟。

具体而言,除了一些错误和不当之处的更正,本次教材修订主要包括:(1) 应全球和中国国债期货市场的发展和变化,删去了第三版第五章第四节中的"长期美国国债期货",代之以中国金融期货交易所的 5 年期国债期货,在国内教材中第一次详细且深入地阐述了中国市场上现有的国债期货产品的基本原理和定价方法;(2) 相应地,第五章第四节中的"利率风险管理"部分也做了修订和重新阐述,使之更加准确、简洁和清晰;(3) 总收益互换和信用违约互换一直是国际金融市场上的重要工具,近年来开始在中国市场萌芽发展,若运用得当,它们能发挥重要的有益作用,因此,我们在第六章第一节中增加了"总收益互换"和"信用违约互换"两个产品的简介;(4) 在第十一章,我们对期权定价模型、风险中性定价原理和波动率的估计等内容进行了修订,使之表述更加专业、准确和深入;(5) 对于全书各章涉及的主要市场数据、制度安排、交易规则和具体产品,我们进行了全面更新,以反映最新的情况。(6) 针对中国资本市场套利活动经常被限制甚至被禁止的情况,全书对期权的定价适用前提做了明确界定和区分。

在课后习题部分,我们也进行了修订,放入了过去几年来我们在实际教学中积累的一些课后习题,使之更符合市场现状,问题也更加深入,提高了习题的质量。其中部分习题涉及当前中国市场中的现象和迷思,希望能够帮助读者更好地理解金融衍生品的本质和意义。

在修订教材的同时,过去两年我们做了另一件重要而有意义的事情。那就是将我们所讲授的本科"金融工程"课程建设为"国家精品资源共享课",放在教育部和财政部"十二五"期间启动实施的高等教育精品资源共享课平台"爱课程"网站上(本课程的地址为

http://www.icourses.cn/coursestatic/course_6080.html)。读者在这里可以了解课程的总体概况,包括课程简介、教学大纲、教学要求、学时设计等,可以在线观看郑振龙教授的授课视频,阅读教学课件和知识点注释,进行课后练习,下载相关应用软件,拓展阅读我们推荐的补充资料和相关案例等。在这个教与学平台上,学习者可以更直观、深入而全面地感受到我们在多年教学研究中所积累的、对整个金融工程学科和衍生产品及至金融本质的思考、理解和认知,包括对近期市场事件的讨论和观点。此次国家精品资源共享课的建设,是我们应用最新教学手段的一个尝试,而且仍然在不断地建设和完善过程中,希望有助于进一步提高学习的质量和效率。

本次修订之后,本教材仍然适合作为金融工程初学者的基础读本和入门必修,既可以作为金融工程和金融学本科和研究生教材,也可作为理论研究和实际工作者的参考书。在郑振龙教授个人主页,读者们依然可以下载更新的配套教学资源。授课教师仍然可以通过邮件获取习题答案。

本次修订由厦门大学郑振龙教授和陈蓉教授联合完成。本书刊印之际,我们要再次感谢众多同行专家学者、兄弟院校、出版社,衷心感谢读者的建议。学有涯而知无涯。本书虽已是第四版,笔者仍然感觉还有很多值得探索和改进之处。依然期待与恭候着您的帮助、批评和指正,请发送至 E-mail:zlzheng@xmu.edu.cn 或 aronge@xmu.edu.cn。

郑振龙　陈　蓉
2016 年 5 月 1 日

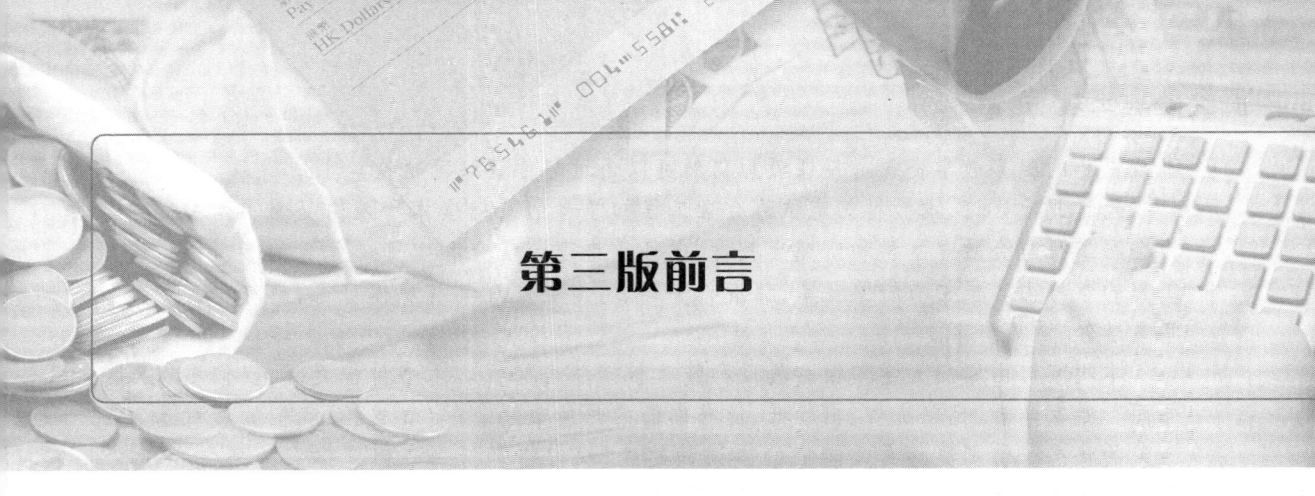

第三版前言

不知不觉间,本教材第二版出版已经4年了。短短4年,我们经历了很多,思考和收获更多。次贷危机的震撼与冲击,一度令不少人对"金融工程"与"衍生产品"谈虎色变,殊不知工具与技术本身并无是非,端看使用者如何运用。然而,也正是在这几年,作为金融工程领域的专业教师,我们敏锐察觉到中国的金融工程学科将迎来一个前所未有的发展契机。

回顾金融工程在美国大规模发展的历史背景,正是20世纪70年代布雷顿森林体系的解体,许多原先固定的价格开始大幅波动,经济主体承受的风险和面临的金融问题大量增加,从而客观上产生了对更具可操作性的金融解决方案、更准确的定价和风险管理的需求,金融工程学科应运而生,成为金融领域中的重要学科之一。反观今日的中国,许多原先人为固定的价格,如利率、汇率、原材料价格等日趋市场化和自由化,信用风险和流动性风险等也日益呈现,市场微观主体对风险管理和创新性金融解决方案的需求正加速上升,这与当年的美国何其相似,中国经济将进入大量迫切需求金融工程人才的阶段。

无论怎样,我们对金融工程的热情与科学追求从不曾懈怠。多年以来,我们因热爱而专注,一直在此领域心无旁骛,孜孜以求,追踪国际和国内金融工程领域的最新发展动态,始终坚持在金融工程教学、研究与应用的第一线。科学与严谨是我们坚持的原则。细心的读者会发现,我们网站上的课件、习题和配套软件每年都在更新,我们一直在辨识思维误区,探究重要的微妙之处,探索金融工程的本质,寻求最精确的理解和表达,网站上不断更新的勘误表记录了我们上下求索的轨迹,每有所悟,倍感喜悦。学以致用是我们坚持的方向。一方面,我们始终认为只有与中国现实相结合的金融工程才具有强大的生命力,我们一直在思考如何更好地扬长避短,探索如何将金融工程在中国运用得当,使其对我们的国家大有裨益;另一方面,我们相信一切既是学无止境,又是大道至简,只要讲授得当,艰涩理论也可走出象牙塔,易于理解。

这一版的修订,正是上述时代大背景和数年来积累的结果。由于第二版在结构、体系和风格上受到读者的普遍肯定,比较适合中国师生的教与学,是国内使用最广泛的金融工程教材,因此第三版并未对教材的结构、体系和风格做大的调整,并特别保持和增强了一个特色:在复杂的公式和模型之后,均附实际案例和简明易懂的经济内涵分析,以使读者理解事半功倍。本次的修订主要体现在:(1)错误和不当之处的更正。除了使表述更加准确简洁之外,我们还将第二版中错误、不妥和不完整之处做了补充和修正,例如期货最优套期保值比率、国债期货定价、期权内在价值、希腊字母、VaR的估计等,还增加了一些新的计算软件。(2)内容的更新。我们对书中的市场数据、制度安排、交易规则等做了全面更新,尽量反映最新的情况,特别是中国衍生品市场的发展状况。在郑振龙教授个人主页,读者们依然可以下载更新的配套教学资源。授课教师仍然可以通过邮件获取习题答案。

经过此次修订,本教材仍定位为金融工程初学者的基础读本和入门必修。本书既可作为金融工程与金融学本科和研究生教材,也可作为理论研究和实际工作者的参考书。金融工程的学习内容虽初看纷繁复杂,但潜心了解后,你会发现其有规律可循,熟练之后就能够举重若轻、游刃有余。

本次修订由厦门大学郑振龙教授和陈蓉教授联合完成。本书付梓之际,我们要深深感谢同行专家学者、兄弟院校、出版社,没有你们的热情鼓励、肯定和支持,我们的教材达不到今天的状态。特别要感谢读者们的咨询和建议,我们将坚持一一回复你们的来信和建议。特别感谢高等教育出版社对本书前三版的鼎力支持!

由于所学有限,本书的不当和错漏仍在所难免。我们将一如既往地坚持更新、修订和完善,将其当作一辈子的事情来做,把这本书打造成中国金融工程领域的经典教材,为培养中国金融工程理论与实务人才贡献力量。下述 E-mail 地址将一直期待与恭候您的批评指正:zlzheng@xmu.edu.cn。

郑振龙　陈　蓉

2012 年 5 月 1 日

第二版前言

作为"十五"国家级规划教材和"高等教育百门精品课程教材建设计划"的一部分,本教材第一版于2003年出版,当时中国的金融工程学科刚刚起步,中国金融市场上也几乎没有金融衍生产品的影子。5年多的时间里,我们见证了中国金融工程学科的飞速进步,见证了金融衍生产品、风险管理意识与技术在中国的萌芽与发展。让我们欣慰的是,本教材第一版出版后,得到了国内高校的普遍欢迎,是国内使用最广泛的金融工程教材之一,为中国金融工程相关人才培养和学科发展起到了较大的推动作用。

写作和修订教材并非一项轻松的工作。促使我们重新修订这本教材并作出大量改动的动力有三:首先,出版近5年来,我们不断收到来自读者的咨询、勘误和建议。来自读者、各兄弟院校、出版社和社会各界的热情鼓励与肯定是我们动力的源泉,敦促我们不断进步,将更新、更好的教材呈现给读者。其次,作为金融工程第一线的教学者,作为长期关注并追踪国际金融工程发展的研究者,我们自己的知识也在不断更新,对金融工程的认知日益深入,在与学生的教学互动和与读者的通信往来中,对于如何更好地讲授金融工程,时时闪现出新的思想火花,本次修订可以说是数年来经验、心得与种种想法的实现。最后,2006年本教材第二版入选普通高等教育"十一五"国家级规划教材,我们主持的"金融工程"也获得国家精品课程称号,来自权威部门的肯定给予了我们极大的信心和动力,促使我们对第一版教材进行大规模的修订和完善。

总体来看,我们所做的修订工作主要包括:

1. 调整全书知识框架。在第一版的基础上,本版教材对全书框架做了较大的调整。全书在整体上遵循"概述(第一章)—主要金融衍生产品(第二至第十六章)—风险管理(第十七章)"的逻辑思路。其中金融衍生产品部分又具体分为远期和期货(第二章至第五章)、互换(第六章至第八章)、期权(第九章至第十六章)。每类金融衍生产品均基本遵循"产品与市场概述—定价—运用—特定产品"的分析框架。第一版中原来的第十章"套期保值行为"与第十三章"套利"均放入具体的产品中进行分析,原书中的第十一章"在险价值"与第十二章"信用风险和信用衍生工具"则统一纳入本版的第十七章"风险管理"当中。我们认为,这样的布局结构能使读者更好地把握金融工程的整体框架,掌握金融工程最基本的产品、定价与风险管理知识,并在具体产品的运用中更好地理解套期保值、套利和风险管理等知识。

2. 调整难度。为了能够更好地针对金融工程初学者的学习需要,我们在难度调整方面花费大量心思,做了很多工作:第一,删去了第一版中较难的部分,如第一版的第七章"布莱克-舒尔斯期权定价公式的扩展"。第二,调整了许多章节内容的讲解逻辑。以第十一章为例,对于复杂的期权定价原理,我们改变了原来力求简明扼要介绍知识要点的风格,而是首先介绍布莱克-舒尔斯-默顿期权定价模型的基本思路,给予读者一个整体印象,之后对于涉及数理知识较多的部分,针对每个要点分析为何需要学习这些知识。总的来看,我们的目标是尽量循序渐进地遵循初学者的学习逻辑,不使读者迷失在大量的数学推理中,始终带着金融的思想和明确的目标学习金融工程知识。

3. 偏重运用。相对第一版而言,本版教材增补了三个方面的内容:第一,在每个部分都增加了市场运作机制的详细介绍;第二,增加了大量源于实际的案例,本版中80%以上的案例采用最新实际市场数据或实际案例,并尽量采用中国的案例;第三,将各类衍生产品的运用和特定产品的介绍均单独成章详细介绍,如远期和期货部分的"股指期货、外汇远期、利率远期与利率期货"(第五章)、互换部分的"互换的运用"(第八章)、期权部分的"股票指数期权、外汇期权、期货期权和利率期权"(第十五章)等。我们希望通过市场机制、案例、运用和具体产品的学习,帮助读者提高对金融工程和衍生产品的感性认识,提高学习兴趣和学习效率;希望引导初学者在学习本书的过程中逐渐培养起通过网络、媒体积极获取实际市场、经济和技术信息的习惯,这是金融工程师必备的素质之一。

除此之外,我们还保留了许多第一版的特色:(1)为了培养学生的动手能力和对数学的兴趣,我们对本书所涉及的很多计算问题都编写了EXCEL软件。这些软件都是未加密的,读者可以很容易地看出各单元格之间的相互联系。教师可以鼓励学生们自己动手再编一次,以进一步激发他们的学习热情。(2)为了节省教师的备课时间,我们制作了讲义的幻灯片。这些资料可以在郑振龙教授的个人主页获取。这些网站上还有更多的其他金融工程教学与科研参考资料,我们将利用这个平台为教师和学生提供更多的后续服务。为了方便教师布置和批改作业,我们还将通过邮件向教师提供习题答案。

总之,经过修订之后,本书的主要读者对象为金融工程初学者。本书既可作为金融工程、金融学专业本科生和研究生教材,也可作为理论研究和实际工作者的参考书。本书内容较多,各院校在教学时可根据自身情况进行取舍。

本版教材由厦门大学郑振龙教授和陈蓉副教授担任主编。为了保持行文风格与逻辑思路的一致性,从写作大纲、写作规范到行文内容,本版教材全部由两位主编逐字逐句撰写修订。

本书得以修订和出版,得到了众多专家、学者的大力支持、指导和帮助。黄达教授(中国人民大学)、曾康霖教授(西南财经大学)、张亦春教授(厦门大学)、白钦先教授(辽宁大学)、曹凤岐教授(北京大学)、徐信忠教授(北京大学)、宋逢明教授(清华大学)、王广谦教授(中央财经大学)、张维教授(天津大学)、陈雨露教授(中国人民大学)、刘锡良教授(西南财经大学)、马君潞教授(南开大学)、吴冲锋教授(上海交通大学)、林苍祥教授(淡江大学)、颜至宏教授(香港科技大学)、聂建中教授(淡江大学)、戴国强教授(上海财经大学)、朱新蓉教授(中南财经政法大学)、张杰教授(中国人民大学)、史建平教授(中央财经大学)、叶永刚教授(武汉大学)、裴平教授(南京大学)、李心丹教授(南京大学)、杨胜刚教授(湖南大学)、王晓芳教授(西安交通大学)、曾勇教授(电子科技大学)、黄登仕教授(西南交通大学)、韩立岩教授(北京航空航天大学)、刘少波教授(暨南大学)、刘红忠教授(复旦大学)、陆军教授(中山大学)、李仲飞教授(中山大学)、龚朴教授(华中科技大学)、魏巍贤教授(厦门大学)、张顺明教授(厦门大学)等对本书的大纲、初稿等提出了十分宝贵的意见和建议,在此我们深表谢意。我们要特别感谢台湾宝来集团白文正总裁和施教兴副总裁为厦门大学金融工程学科无私捐助"金融工程实验系统"。我们要感谢高等教育出版社和厦门大学金融系的鼎力资助,感谢厦门大学金融系刘杨树、柯鸿、莫天瑜和叶蜜冬的细致认真工作,感谢高等教育出版社相关编辑的大力支持。在此特表示衷心的谢意!

由于水平有限,不当和错漏之处在所难免,敬请广大读者见谅,并欢迎批评指正。下列 E-mail 地址恭候您的批评和指正:zlzheng@xmu.edu.cn。

郑振龙　陈　蓉

2008 年 2 月 1 日

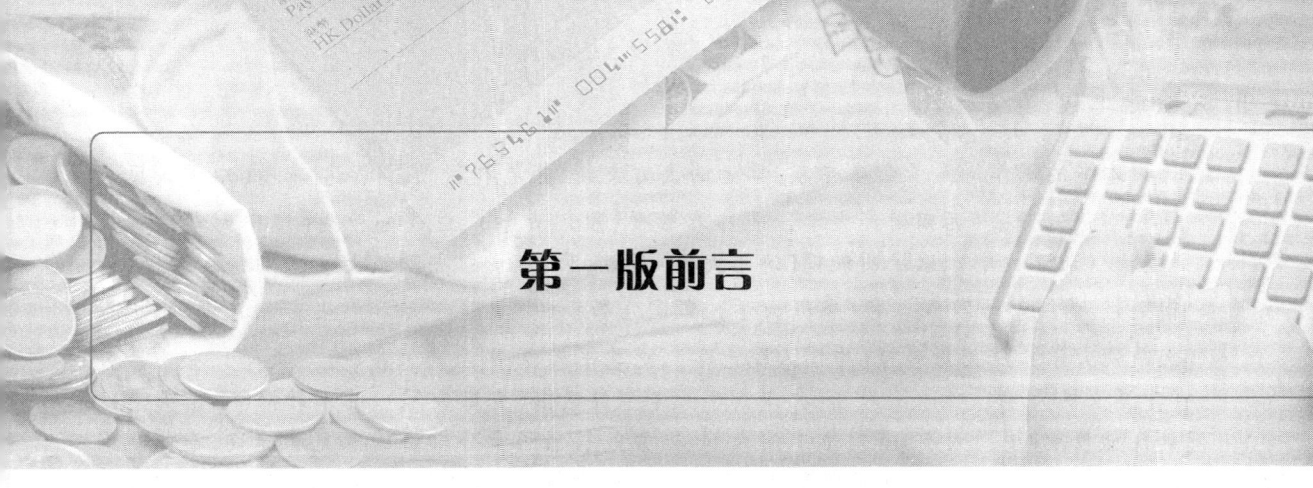

第一版前言

金融工程是20世纪90年代初西方国家出现的一门新兴金融学科。它运用工程技术的方法设计、开发和实施新型金融产品,创造性地解决金融问题。金融工程的发展历史虽然不长,但由于其将工程思维引入金融科学的研究,融现代金融学、信息技术与工程方法于一体,因而迅速发展成为一门新兴的交叉性学科,在把金融科学的研究推进到一个新的发展阶段的同时,对金融产业乃至整个经济领域产生了极其深远的影响。

为了适应新世纪对金融工程人才的需要,经教育部批准,中国人民大学、西南财经大学、厦门大学、中央财经大学、武汉大学五所院校于2002年在国内首批增设金融工程本科专业,并招收了国内第一批金融工程本科生。随后,厦门大学等高校又增设了金融工程博士和硕士专业。

为了满足金融工程人才的培养需要,教育部新世纪教改工程将本书列入金融学专业系列教材,随后教育部又将本教材确定为"普通高等教育'十五'国家级规划教材"。这充分体现了国家对金融工程人才培养的高度重视。

本教材由厦门大学郑振龙教授担任主编,负责制定教材写作大纲、写作规范,并对全书作了逐字逐句的修改和总纂。本书各章分工如下:

章 节	作 者
第一章 金融工程概论	中央财经大学 李磊宁 博士
第二章 金融工程的基本分析方法	中央财经大学 李磊宁 博士
第三章 远期和期货定价	厦门大学 郑振龙教授 博导
第四章 互换的定价	厦门大学 郑振龙教授 博导
第五章 期权市场及其交易策略	厦门大学 郑振龙教授 博导
第六章 布莱克-舒尔斯期权定价模型	厦门大学 郑振龙教授 博导
第七章 布莱克-舒尔斯期权定价公式的扩展	厦门大学 陈蓉 博士
第八章 期权定价的数值方法	厦门大学 陈蓉 博士
第九章 奇异期权	厦门大学 陈蓉 博士
第十章 套期保值行为	厦门大学 郑振龙教授 博导
第十一章 在险价值	厦门大学 黄华副教授
第十二章 信用风险和信用衍生工具	厦门大学 黄华副教授
第十三章 套利	厦门大学 郑振龙教授 博导
第十四章 金融产品与金融工程	厦门大学 郑振龙教授 博导
软件	厦门大学 郑振龙教授 博导
课件	厦门大学 郑振龙教授 博导

本书的写作得到了众多专家、学者的大力支持、指导和帮助。黄达教授（中国人民大学）、曾康霖教授（西南财经大学）、张亦春教授（厦门大学）、白钦先教授（辽宁大学）、曹凤岐教授（北京大学）、宋逢明教授（清华大学）、王广谦教授（中央财经大学）、刘锡良教授（西南财经大学）、马君潞教授（南开大学）、戴国强教授（上海财经大学）、朱新蓉教授（中南财经政法大学）、陈雨露教授（中国人民大学）、史建平教授、刘红忠教授（复旦大学）、张杰教授（中国人民大学）、叶永刚教授（武汉大学）、刘少波教授（暨南大学）、陆军教授（中山大学）、魏巍贤教授（厦门大学）等对本书的大纲、初稿等提出了十分宝贵的意见和建议，在此我们深表谢意。我们要感谢教育部高教司财经政法处对本教材的写作和出版所给予的始终如一的支持。我们还要感谢高等教育出版社刘清田、孙乃彬和徐强对本教材出版所付出的辛勤劳动和巨大的支持。感谢林海、康朝锋、陈淼鑫、马喜德、俞琳、王保合、林泓、黄兴李、郑泽星、王丹、刘二斌等指出了书稿的错漏之处和在写作过程中提供帮助。

本书既可作为金融工程、金融学专业本科生和研究生教材，也可作为理论研究和实际工作者的参考书。本书内容较多，难度也较大，各院校在教学时可根据自身情况进行取舍。

为了培养学生的动手能力和对数学的兴趣，我们对本书所涉及的几乎所有计算问题都编写了 EXCEL 软件，放在光盘中。这些软件都是未加密的，读者可以很容易看出各单元格之间的相互联系。教师可以鼓励学生们自己动手再编一次，以进一步激发他们的学习热情。

为了方便教师布置作业和批改作业，我们还把计算题和有难度的所有题目的答案全部放在光盘中。

为了节省教师的备课时间，我们还制作了讲义幻灯片，在郑振龙教授的个人主页可以下载。我们将利用这个平台为教师和学生提供后续服务。

由于我们水平所限，不当和错漏之处在所难免，敬请广大读者谅解，并欢迎批评指正。下列 E - mail 地址恭候您的批评和指正：zlzheng@ jingxian. xmu. edu. cn。

郑振龙

2003 年 5 月 28 日于厦门大学

目 录

第一章 金融工程概述 ………………………………………………………………… 1
    第一节 什么是金融工程 ……………………………………………………… 1
    第二节 金融工程的发展历史与背景 ………………………………………… 10
    第三节 金融工程的基本分析方法 …………………………………………… 18
    本章小结 ………………………………………………………………………… 29
    即测即评 ………………………………………………………………………… 30
    习题 ……………………………………………………………………………… 30

第二章 远期与期货概述 …………………………………………………………… 31
    第一节 远期与远期市场 ……………………………………………………… 31
    第二节 期货与期货市场 ……………………………………………………… 35
    第三节 远期与期货的比较 …………………………………………………… 50
    本章小结 ………………………………………………………………………… 52
    即测即评 ………………………………………………………………………… 53
    习题 ……………………………………………………………………………… 53

第三章 远期与期货定价 …………………………………………………………… 54
    第一节 远期价格与期货价格 ………………………………………………… 54
    第二节 无红利资产远期合约的定价 ………………………………………… 56
    第三节 支付已知红利资产远期合约的定价 ………………………………… 59
    第四节 支付已知红利率资产远期合约的定价 ……………………………… 60
    第五节 远期与期货价格的一般结论 ………………………………………… 62
    第六节 远期(期货)价格与标的资产现货价格的关系 …………………… 64
    本章小结 ………………………………………………………………………… 66
    即测即评 ………………………………………………………………………… 67
    习题 ……………………………………………………………………………… 67

第四章 远期与期货的运用 ………………………………………………………… 69
    第一节 运用远期与期货进行风险管理 ……………………………………… 69

第二节　运用远期与期货进行套利与投机 …………………………… 78
  第三节　远期与期货在促进高质量发展和乡村振兴方面的作用 ……… 79
  本章小结 …………………………………………………………………… 82
  即测即评 …………………………………………………………………… 82
  习题 ………………………………………………………………………… 82

第五章　股指期货、外汇远期、利率远期与利率期货 …………………………… 84
  第一节　股价指数期货 …………………………………………………… 84
  第二节　外汇远期和期货 ………………………………………………… 88
  第三节　远期利率协议 …………………………………………………… 90
  第四节　利率期货 ………………………………………………………… 94
  第五节　利率风险的管理 ………………………………………………… 112
  本章小结 …………………………………………………………………… 118
  即测即评 …………………………………………………………………… 119
  习题 ………………………………………………………………………… 119

第六章　互换概述 ……………………………………………………………… 121
  第一节　互换的定义与种类 ……………………………………………… 121
  第二节　互换市场 ………………………………………………………… 128
  本章小结 …………………………………………………………………… 138
  即测即评 …………………………………………………………………… 139
  习题 ………………………………………………………………………… 139

第七章　互换的定价与风险分析 ……………………………………………… 140
  第一节　利率互换的定价 ………………………………………………… 140
  第二节　货币互换的定价 ………………………………………………… 150
  第三节　互换的风险 ……………………………………………………… 152
  本章小结 …………………………………………………………………… 154
  即测即评 …………………………………………………………………… 154
  习题 ………………………………………………………………………… 155

第八章　互换的运用 …………………………………………………………… 156
  第一节　运用互换进行套利和投机 ……………………………………… 156
  第二节　运用互换进行风险管理 ………………………………………… 161
  第三节　运用互换构造新产品 …………………………………………… 164
  本章小结 …………………………………………………………………… 165
  即测即评 …………………………………………………………………… 165
  习题 ………………………………………………………………………… 165

第九章 期权与期权市场 ·········· 167

第一节 期权的定义与种类 ·········· 167
第二节 期权市场 ·········· 171
第三节 期权交易机制 ·········· 175
第四节 期权与其他衍生产品的区别与联系 ·········· 188
本章小结 ·········· 195
即测即评 ·········· 195
习题 ·········· 195

第十章 期权的回报与价格分析 ·········· 197

第一节 期权的回报与盈亏分布 ·········· 197
第二节 期权价格的特性 ·········· 200
本章小结 ·········· 220
即测即评 ·········· 221
习题 ·········· 221

第十一章 布莱克-舒尔斯-默顿期权定价模型 ·········· 224

第一节 布莱克-舒尔斯-默顿期权定价模型的基本思路 ·········· 224
第二节 股票价格的变化过程 ·········· 225
第三节 布莱克-舒尔斯-默顿期权定价公式 ·········· 235
第四节 B-S-M期权定价模型:讨论、运用与拓展 ·········· 247
本章小结 ·········· 252
即测即评 ·········· 253
习题 ·········· 253
附录11.1 随机过程相关概念和伊藤引理 ·········· 255
附录11.2 布莱克-舒尔斯-默顿期权定价公式的推导 ·········· 259

第十二章 期权定价的数值方法 ·········· 262

第一节 二叉树期权定价模型 ·········· 262
第二节 蒙特卡罗模拟期权定价法 ·········· 271
第三节 有限差分方法 ·········· 275
本章小结 ·········· 282
即测即评 ·········· 283
习题 ·········· 283

第十三章 期权的交易策略及其运用 ·········· 285

第一节 单期权策略及其运用 ·········· 285
第二节 期权组合策略及其运用 ·········· 294

第三节　期权组合盈亏图的算法 …… 310
本章小结 …… 312
即测即评 …… 312
习题 …… 312

第十四章　期权价格的敏感性和期权的风险管理 …… 314

第一节　Delta 与期权的风险管理 …… 314
第二节　Gamma 与风险管理 …… 321
第三节　Theta 与风险管理 …… 324
第四节　Vega、rho 与风险管理 …… 327
第五节　希腊字母的不同表达式和综合应用 …… 329
本章小结 …… 334
即测即评 …… 335
习题 …… 335
附录 14.1　Black 期权定价模型希腊字母推导 …… 335

第十五章　奇异期权与结构化产品 …… 340

第一节　常见的奇异期权 …… 340
第二节　奇异期权的主要性质 …… 354
第三节　结构化产品 …… 356
第四节　可转换债券 …… 372
本章小结 …… 376
即测即评 …… 376
习题 …… 376

参考文献 …… 378

第一章 金融工程概述

金融工程是一门融现代金融学、数理和工程方法与信息技术于一体的新兴交叉型学科。无套利假定和相对定价法是金融工程具有标志性的分析方法。尽管历史不长,但金融工程的发展在把金融科学的研究推进到一个新阶段的同时,对金融产业乃至整个经济领域都产生了极其深远的影响。金融工程的根本目的是为社会面临的各种问题提供金融解决方案,是金融为实体经济服务的最重要途径。由于本章具有高度概括性,建议读者在学习完全书之后,再次通读本章,这样将会对金融工程有更深刻的认识。

第一节 什么是金融工程

让我们从案例1.1开始理解什么是金融工程。

【案例1.1】
两个金融工程案例
案例A 法国Rhone-Poulenc公司的员工持股计划

1993年,在私有化的过程中,法国最大的化学公司Rhone-Poulenc公司试图推行的员工持股计划遭遇了挫折。1993年1月,当该公司部分私有化时,法国政府给予员工10%的折扣来购买公司股票,公司除了允许员工在12个月之内付款,还额外给予15%的折扣。尽管如此,只有不到20%的员工参与购买,分配给员工的配额也只认购了75%。1993年年底,当该公司全面私有化需进一步推进员工持股时,法国政府和公司考虑了更有力的传统激励方式:折扣、送股和无息贷款。然而,这些措施并未解决员工持股难题中的关键性问题:公司员工不希望其工资收入和投资收入都来自同一个公司,他们不愿将鸡蛋放在一个篮子里,承担过高的风险。

为此,美国信孚银行提供了一个金融工程解决方案:除了继续给予折扣和无息贷款,员工持股者在未来的4.5年内获得25%的最低收益保证加上2/3的股票超额收益;作为交换,在此期间持股者不可出售股票,但拥有投票权,4.5年后可自由处置股票。具体收益为 $25\% + \frac{2}{3} \times \max(R_{4.5} - 25\%, 0)$。式中,$R_{4.5}$ 为未来4.5年内的股票收益率,可用图1.1(a)表示。作为提供此项收益保证的机构,信孚银行向公司收取一定的费用,并有权获得股票1/3的超额收益。

对于员工来说,该方案显然彻底解决了他们的担忧;对政府和公司来说,由于总费用不高于它们原先计划承担的成本,这是一个可接受的方案;对银行来说,其收益大于对冲风险所需的成本。因此,金融工程为解决 Rhone-Poulenc 公司员工持股难题提供了三赢方案。

案例 B　美国大通银行的指数存单

1987 年 3 月 18 日,美国大通银行发行了世界上首个保本指数存单。该存单与 S&P 500 指数未来一年的表现挂钩,存款者可以在三档结构中选择:0%~75%、2%~60% 和 4%~40%,即存款利息将是一年内 S&P 500 指数变动幅度的 75%(60% 或 40%)和 0%(2% 或 4%)中的较高者。用 R 表示指数收益率,图 1.1(b)给出了收益率为 2%~60% 的示意图:$\max(60\%R, 2\%) = 60\%\max(R-3.3\%, 0) + 2\%$。1987 年美国股市飙升,大量资金流出银行,该指数存单正是大通银行在此背景下的应对策略。由于该产品既能保本又能分享股市的升值,的确该银行吸引了不少客户。事实上,由于并未真实投资股市但收益却与股票市场挂钩,该产品的发行也被视为美国金融业 20 世纪 90 年代由分业经营转向混业经营的开端事件之一。

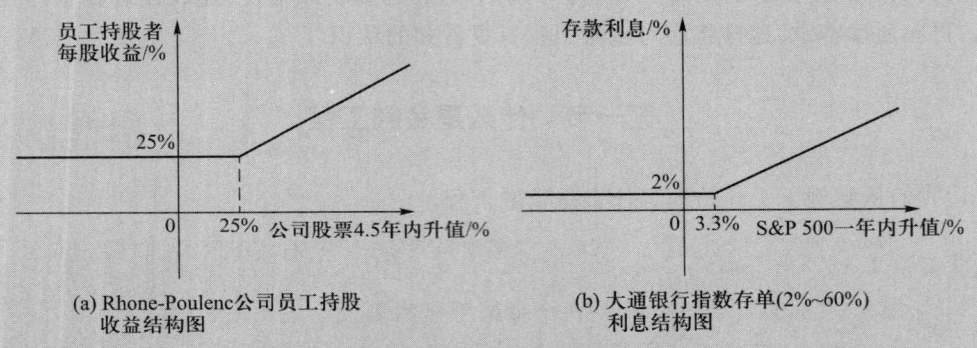

(a) Rhone-Poulenc 公司员工持股　　　(b) 大通银行指数存单(2%~60%)
　　　收益结构图　　　　　　　　　　　　利息结构图

图 1.1　金融工程方案(产品)收益结构图

从图 1.1 中可以看到,尽管案例 A 是帮助推进私有化改革的员工持股改革方案,案例 B 是商业银行面对资本市场挑战时的存款产品创新,代表了金融创新浪潮下分业经营界限趋于模糊的趋势,但其收益结构图却是非常相似的。事实上,在完成本书的学习后,读者将会发现这两个方案(产品)尽管因应用领域不同而看似相异,但本质上都是普通债券加期权的组合,都因期权的嵌入大大增加了方案(产品)的吸引力,也使问题得以顺利解决。

进入金融工程的世界,读者将会发现类似情形处处可见。根据市场环境和需求,不同的基础性证券和衍生证券可以构造和组合出无数种产品与解决方案,创造性地解决种种金融问题。许多产品看似完全不同,却万变不离其宗;许多产品相当类似,却因结构上的特定设计能够达到不同的精确效果。创造性、灵活性与更高的准确性,正是金融工程的本质与魅力所在。

一、解决金融问题:金融工程的根本目的

在现实生活中,所有经济主体都会面临各种各样的金融问题。

例如,企业家经常面临如下问题:原材料价格将上涨,怎么办?产品价格要下跌,怎么办?美元要升值或者贬值,怎么办?利率要上升或下跌,怎么办?金融危机将来临,怎么办?

交易对手可能违约,怎么办？如何在谈判中设计双赢方案？如何设计新的商业模式,打造核心竞争力？如何设计员工激励方案？如何设计更好的并购方案？等等。

投资者面临如下问题：散户希望以小博大,如何实现？中产阶级希望在保本的前提下实现高收益,如何实现？高净值阶层希望合理配置资产,如何实现？等等。

监管者面临如下问题：如何提高市场效率？如何防范系统性风险？如何防止市场操纵？如何防止市场过度投机？等等。

一部人类发展史,其实就是一部分工合作史。分工可以使社会主体发挥各自的比较优势,从而大大提高社会的效率。但人们在合作过程中,必然会面临信息不对称问题、信用问题、意见分歧、流动性问题、价格波动问题甚至金融危机等。这些问题如果得不到很好的解决,人们之间的合作必然会受到影响。而金融,特别是衍生品市场,就是解决这些难题的良方。可以说金融越发达,人类在合作过程中所遇到的问题就越能够得到有效的解决,合作的深度和宽度就会越大,效率也就越高。

金融工程是现代金融领域中最尖端、最富有技术性的部分,其目的就在于为各种金融问题提供创造性的解决方案,满足市场丰富多样的金融需求。本书将有大量如何利用金融衍生品为社会合作和分工过程中所面临的各种疑难杂症提供解决方案的案例。

2021年3月,《中华人民共和国国民经济和社会发展第十四个五年规划和2035远景目标纲要》正式发布,将"构建金融有效支持实体经济的体制机制"作为金融改革的重要方向,而服务实体经济、防控金融风险、深化金融改革是金融体系发展的重要任务。金融工程学科不但提供了防控金融风险的风险管理技术,也提供了金融服务实体经济的创新途径,因此培养服务我国社会主义经济建设的金融工程人才对于有效支持我国金融体系脱虚向实的改革,守住不发生系统性金融风险的底线具有重要作用。

党的二十大报告提出,坚持以推动高质量发展为主题,增强国内大循环内生动力和可靠性,提升国际循环质量和水平,加快建设现代化经济体系。金融衍生品市场要在推动全要素及商品流动、提高市场资源配置效率服务实体企业、提升产业链供应链韧性、开展"保险+期货"模式、服务乡村振兴、形成国际定价权、护航经济国际化发展等方面精准发力,切实担负起推动中国经济高质量发展的时代重任。

在党的二十大精神指导下,基于我国国情市情设计的衍生品制度机制不断完善,衍生品市场的价格发现、风险管理、信息三大功能不断强化,在服务乡村振兴、服务现代化产业体系建设、服务初级产品保供稳价等方面发挥了积极作用。其中不少业务模式极具中国特色。

如推进期现融合深化产业链供应链服务,通过设立期货风险管理公司,创新开展仓单服务、基差贸易、含权贸易、场外衍生品等风险管理业务,有效提升服务实体经济的深度和广度。

又如"保险+期货"模式,将农产品市场风险通过期货市场分散,由众多参与者共担,为构建农业补贴、农产品期货和农业保险的联动机制,做了有益的探索,为乡村振兴做出了贡献。作为利用市场化机制化解农业市场风险的金融支农创新模式,"保险+期货"模式已连续8年写入中央一号文件。在保障农民收入、服务乡村产业发展等方面发挥着越来越重要的作用。自2016年以来,已有73家期货公司累计开展"保险+期货"模式的项目5 299个,为大豆、玉米、生猪等18个品种提供了风险管理服务,累计承保货值1 346.04亿元,涉及现货数量共计2 749.65万吨。项目开展地点覆盖全国31个省（自治区、直辖市）

的1 224个县,惠及农户538.7万户次,农民专业合作社3 101个、家庭农场1 488个、涉农企业2 349个。

二、设计、定价与风险管理:金融工程的主要内容

产品与解决方案设计是金融工程的基本内容,也是解决金融问题的重要途径。从本质上说,产品设计就是对各种资产风险收益特征的匹配与组合,以达到预定的目标。如案例1.1中的员工持股方案与指数存单,都是根据特定市场需要量身定制,在普通债券的基础上嵌入期权,为投资者提供最低收益保证的产品。

产品设计完成之后,准确的定价是关键所在。例如,Rhone-Poulenc公司案例中25%的最低收益保证、2/3的股票超额收益以及银行因提供此服务向Rhone-Poulenc公司收取的费用等,都是产品参数设定与定价的一部分。定价合理才能保证产品的可行。

风险管理是金融工程的核心功能。事实上,衍生证券与金融工程技术的诞生,都是源于市场主体管理风险的需要。例如,最初的农产品远期与期货,是农场主担心农产品价格变动风险的产物;20世纪70年代以来金融衍生产品和现代金融工程技术的兴起,是各国汇率浮动、利率管制放松、石油和其他商品价格波动的结果。随着经济与金融的发展,风险管理已成为现代金融的支柱,也成为金融工程最重要的功能之一。

在现实生活中,金融工程有时被直接用于解决风险问题,如运用股指期货对股票价格下跌的风险加以管理;有时风险管理本身就是创新性金融工程方案(产品)设计与定价的一部分。以案例1.1中的大通银行为例。在发行指数存单之后,假设一年内S&P 500指数上升100%,大通银行显然将在此产品上遭受巨额亏损。因此大通银行在发行该产品吸引客户投资之后,必须进行相应的风险管理。实际上,0%~75%、2%~60%和4%~40%三档的参数设定,都是在计算了相应的风险管理成本之后确定的,以保证银行和客户均能在此产品中获得合理的收益。因此,在很多情况下,风险管理与设计、定价是相辅相成、缺一不可的。

三、基础产品与金融衍生产品:金融工程运用的主要工具

产品与方案的设计与实现离不开"原材料"。在金融工程中,"原材料"主要可分为两大类:基础性产品与金融衍生产品。基础性产品主要包括股票、债券、外汇、贵金属、大宗商品、农产品、信用等。金融衍生产品(financial derivatives),也称金融衍生工具,是一种金融合约,其未来回报和价值取决于一项或多项标的资产(或者变量,如气温等不可交易变量)的价值。通俗地说,就是今天签订关于未来的合约,约定好交割时间、交割价格、回报计算方法、交易数量和交割方式等要素,到时按此执行。由于各项交易条款都已事先确定,根据未来真实市场状况(主要是标的价格)的变化,交易双方在衍生品合约上就会出现盈利和亏损。

按交易场所不同,衍生产品可分为交易所产品和场外(over-the-counter,OTC)交易产品;按合约形式不同,可分为远期(forwards)、期货(futures)、互换(swaps)和期权(options)等。

简单地说,远期和期货都是合约双方约定在未来某一确定时刻按约定价格买卖一定数量的某种标的资产的合约,但远期在场外市场交易,更具个性化特征,而期货在交易所交易,标准化程度高。互换合约则是交易各方按照约定条件在未来交换(一系列)现金流的合约,何时交换、交换何标的、如何交换均由签约各方自行约定,因此也属于

OTC交易产品。事实上，互换可以视为一系列远期合约的组合。而与前三种衍生产品到期时必须履约不同，期权是一种关于未来履约权利的合约。在支付期权费之后，期权的买方（权利方）在未来有权决定是否履约；而在收取期权费后，期权卖方（义务方）就转让了合约所规定的权利，只剩下配合买方行权的义务。期权既可以在交易所交易，也可以在OTC市场交易。

四、现代金融学、数理和工程方法与信息技术：金融工程的主要技术手段

金融工程是典型的交叉型学科与技术。在金融工程中，既需要风险收益关系、无风险套利等金融思维和技术方法，又需要"积木思想"（即把各种基本工具组合形成新产品）和系统性思维等工程思维，还需要能够综合采用各种数理和工程技术方法如数学建模、数值计算、网络图解和仿真模拟等处理各种金融问题。最后，由于数据处理和计算高度复杂，金融工程还必须借助编程和信息技术的支持。除了需要计算机网络及时获取和发送信息，还需要先进的计算机硬件和软件编程技术的支持，以满足大量复杂的模拟与计算的需要。因此，金融工程被公认为是一门将工程思维引入金融领域，融现代金融学、数理和工程方法与信息技术于一体的交叉型学科。

五、魔鬼还是天使：金融工程的本质和作用

金融衍生产品和金融工程的发展历程不长，但发展和创新的速度却是惊人的。伴随这种发展的还有人们对金融衍生产品与金融工程毁誉参半的态度。因此有必要对金融衍生产品的本质、功能和作用进行详细的分析。

（一）金融衍生产品的本质

透过金融衍生产品的定义，很多人可能会提出疑问：金融衍生产品看起来像是交易双方的一场零和博弈（zero-sum games），它和赌博有何区别呢？进一步看，金融衍生产品是一种关于未来的虚拟合约，往往具有高杠杆特征。这些基本特征让一些人对金融衍生产品心存疑虑，媒体上大幅报道的金融衍生产品巨亏案例往往强化了这一疑虑。因此，在进一步学习金融衍生产品的相关知识之前，我们需要首先对金融衍生产品的本质特征加以了解。若对这些特征认识不透彻，很容易造成误解。

1. 零和博弈

表面上看，金融衍生产品在交易方式上和赌博十分相似，都是零和博弈，最后的盈亏取决于谁猜对了结果。但金融衍生产品与纯粹赌博在本质上是不同的。金融衍生产品以具有实际经济意义的资产或变量为标的，与已经客观存在的风险挂钩，如利率风险、汇率风险、股市风险、信用风险和商品价格风险等，从而具有风险管理的重要功能，是管理和交易风险的重要工具。例如，无论世上是否有小麦期货，农场主们都客观面临着小麦价格涨跌的风险；有了小麦期货之后，农场主们可以事先锁定未来小麦的卖价，从而大大降低其所面临的小麦价格风险。而纯粹的赌博则不具备风险管理功能，只能给赌博双方和社会带来额外的风险。因此各国政府均对赌博持禁止或限制的态度，却鼓励金融衍生产品的合理发展。如果仅仅看到金融衍生产品零和博弈的特征就简单将其与赌博混为一谈，是对金融衍生产品的重大误解。具备风险管理等社会经济功能是金融衍生产品最重要也是其区别于赌博的一个根本特征。

2. 契约性、虚拟性与未来性

从前文可以看出,金融衍生产品是关于未来的合约。习惯于实物交易的人很容易将金融衍生产品的这种虚拟性与泡沫等同起来。但契约性和虚拟性并非金融衍生产品独有,所有的金融产品,无论是实物货币、纸币、银行存贷款、股票、债券还是衍生产品,其本质都是契约,具有一定的虚拟性。虚拟性并不意味着就是无限的泡沫,就像股票因其对应的公司所有权而具有价值,金融衍生产品则因其对应着未来的权利和义务而具有价值。金融衍生产品与其他金融产品的主要差异在于未来性,其约定的是未来的交易,因而能发挥防范未来风险的独特功能。

3. 高杠杆性

金融衍生产品是关于未来交易的合约,所以无须支付全额价款,只需交纳一定比例的保证金作为履约担保,或支付较少的期权费以获取未来的权利。这使得金融衍生产品自然具有了以小博大的高杠杆特征。人们很容易将金融衍生产品的这一特性简单地与高风险相联系,认为这是金融衍生产品的缺点。这种看法是片面的。一方面,高杠杆并不必然意味着高风险,使用者在了解杠杆率的基础上完全可以通过调整买卖的规模来调整风险;另一方面,高杠杆也意味着较高的资金使用效率,交易者无须动用全额资金,大大降低了交易成本。这就如同根据杠杆原理制造的机械力大无穷,但这并不意味着无法控制,只是操作人员需要经过训练才能上岗,并且要时刻接受合理的监管。

4. 衍生性

作为标的资产的衍生物,各种金融衍生产品的价格与其标的资产价格之间必然存在着一定的相对关系,这使得金融衍生产品与现货在很多情况下能够相互替代。许多企业在用期货代替现货时,常常可以直观体会到这一特点。事实上,由于金融衍生产品具有占用资金少、交易费用低、多空皆可的优势,它们已经被广泛用于替代现货资产。

总之,金融衍生产品具有许多不同于现货的鲜明特征。不假思索地认定金融衍生产品就是脱离实际经济需求的赌博,显然是错误的。我们需要深入客观地思考和体会金融衍生产品的意义、价值和不足,了解如何趋利避害。

(二) 金融衍生产品的功能

金融衍生产品的主要功能有:风险管理功能、价格发现功能和信息功能。

1. 风险管理功能

人类所面临的风险大致可以分为两类:一类是自然风险,如地震、海啸、火灾、风暴、洪涝灾害等自然现象所引发的风险;另一类是社会风险,是由人类活动所产生的风险,如信用风险、价格风险、利率风险、汇率风险、波动率风险、流动性风险等。在风险管理手段出现之前,人类应对这些风险的措施总体是消极的,如占卜、祭祀、祈祷等,最终导致迷信与巫术盛行。而以金融衍生产品为核心的风险管理手段出现以后,风险将不再由少数人独自承担,而是可以高效地把风险配置给愿意承担而且有能力承担风险的人,从而确保人类不在风险面前停止脚步,而是迎着风险前进,进而推动社会经济的增长与福利的提升。

金融衍生产品是风险管理的利器。作为标的资产的金融衍生产品,到期时其价格与其标的资产价格之间存在着事先约定的确定性关系,这使得到期前金融衍生产品与其标的资产价格之间也存在着某种相对关系(可能是线性或非线性)。这意味着,如果在现货市场上有一定的风险暴露,就可以运用金融衍生产品的相反头寸对冲这一风险,达到以丰补歉的套期保值效果。例如,农场主面临气候变化风险时,可以通过气候衍生产品(如气温期货、降雨量期货、霜冻期货、降雪量期货、台风期货等)来对冲风险,从而做到旱涝保收。又如,在利率上升期,债券基金经理、贷款人等都会遭受损失,但如其事先卖出国债期货,利率上升时国债期货空头会盈利,就可以对冲损失。再如,若预期股市下行,股票基金经理可以事先买入股指看跌期权,在股市下跌时行使看跌期权,所获收益可对冲原组合的亏损,在股市上涨时看跌期权可弃权,仅损失期权费,仍可保留股市上涨给原组合带来的收益。从宏观层面看,若微观市场主体均善于运用金融衍生产品分散和转移风险,将风险合理分散或转移至愿意而且有能力承担风险的人手中,不仅可降低经济的系统性风险,还可在风险真实发生时,大大减弱其带来的不良后果,减少经济和社会损失。

金融衍生产品天然为风险管理而生。在没有金融衍生产品时,虽然通过交易现货也可以规避风险。例如,在预期股市上行时,预先买入现货股票,可以防范股市上涨带来的风险。但用现货对冲风险往往操作难度大且成本很高。而金融衍生产品在风险管理上具有不可替代的地位:首先,金融衍生产品既可做多也可做空,对冲下跌风险特别便利;其次,金融衍生产品交易时往往只需缴纳一定比例的保证金或少量的期权费,交易费用也往往较现货低得多,在风险管理上具有明显的低成本优势;再次,金融衍生产品事先约定未来交易条款,在风险管理上具有更高的准确性和时效性;最后,场内金融衍生产品还可轻松实现加、减仓与平仓,风险管理灵活性更高。这些都是现货等其他资产无法做到的。

中国的市场经济和金融市场经过几十年的发展,企业、居民和政府面临的风险越来越大,已经到了迫切需要风险管理工具的阶段。金融衍生产品对中国经济与金融的进一步健康高效发展具有前所未有的重要意义。可以说,金融体系最大的功能并不是融资功能,而是风险管理功能。因为如果风险得不到有效的控制,那么融资难、融资贵的问题就永远无法得到真正的解决。相反,如果风险得到有效配置,经济主体变得安全,那么优势企业的融资问题就迎刃而解了。

2. 价格发现功能

价格是资源配置的指挥棒,因此价格体系合理是实现资源优化配置的前提条件。这里的"合理",指的是能够对各种信息作出快速、准确的反应,从而为决策者提供准确的信号。

虽然在金融衍生产品市场出现之前,现货市场上的价格也可以根据各种信息做出调整,但大量的研究表明,金融衍生产品市场出现之后,它能够对各种信息做出更为快速和准确的反应,也就是说金融衍生产品市场具有更强大的价格发现功能。这是因为金融衍生产品具有可做多做空、高杠杆、交易费用低等特性,交易者一旦获得信息,往往倾向于在金融衍生产品市场上而不是在现货市场上交易,从而使得金融衍生产品往往能比现货更快地对新信息做出反应。此外,在交易所交易的金融衍生产品都是标准化合约,除了价格,其他所有的条款包括品级、地点、时间甚至付款条件等都是事先规定的,因此金融衍生产品的价格比起现货来说更具代表性。这个优势在商品市场上更为明显。由于现货的品级、交货地点、付款条件等各不相同,商品现货价格常常不具可比性。因此媒体报道、数据库、宏微观决策者在商品市场上大多关注的是金融衍生产品价格而非现货价格。

但特别需要澄清的一个误解是,金融衍生产品的"价格发现"并不是人们通常误以为的"发现未来价格",而是"发现当前的价格"。也就是说,金融衍生产品能比现货价格更快地对最新信息做出反应,价格涨跌到位。但无论在理论上还是在实践中,都没有证据表明金融衍生产品是对未来价格的无偏预期。

为何金融衍生产品无法发现标的资产的未来价格?从投资角度来看,金融衍生产品买卖双方虽然都要对标的资产的未来价格做出判断,形成预期价格,但标的资产的未来实际价格通常会偏离预期价格,这就使金融衍生产品的买卖双方都面临风险。因此他们都会根据自己的风险偏好,对预期价格作出调整,最终通过供求作用形成市场的衍生产品价格。由于我们难以得知市场的风险溢价,因此我们难以从衍生产品市场价格中确定市场对未来现货价格的预期。

那为何金融衍生产品可以发现标的资产的现在价格?这是因为,在一个套利和交易限制比较少的市场上,金融衍生产品价格必然与当前的现货价格保持某种确定性的相对关系,否则会产生套利的机会。例如,远期(期货)价格一定是现货价格加上合约期限内持有现货的净成本(包括资金成本、储存成本、红利等)。而净成本是已知的,因此我们可以根据金融衍生产品市场价格求出合理的现货价格。

需要强调的是,只有当金融衍生产品与现货的相对价格保持合理,保持无套利均衡状态时,金融衍生产品才能正常发挥风险管理功能。例如,2015年6—7月中国股市发生异常波动后,中国证监会对融券做出了严格的限制,以至于融券卖出金融占A股成交金额的比例急剧萎缩(如图1.2所示)。在卖空限制严格的情况下,现货价格不是由全体投资者共同决定的,而是由全体看多者和手中持有现货者的部分看空者来决定的,这必然导致现货价格相对偏高。而期货交易在此期间虽然也受限,但这种限制主要集中在持仓限制、手续费等方面,对多空双方的影响是对称的,因此期货价格基本还是由多空投资者共同决定。在这种背景下,股指期货出现了持续大幅贴水。例如,2015年9月2日,中证500指数收报6 122.55点,而2015年12月到期的中证500股指期货收盘价仅为4 724.80点。请问在这样的价格下,持有大量现货头寸并看空后市的投资者是应该持有现货并用股指期货套保、还是应该清仓?

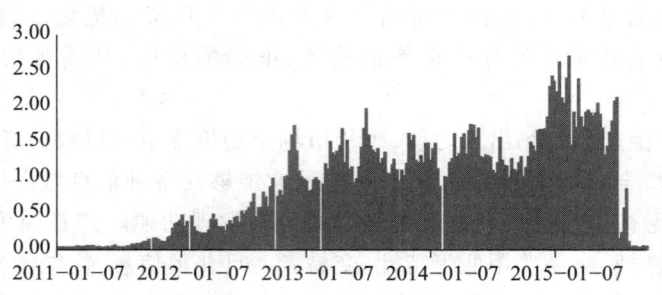

图1.2 周融券卖出金额占A股成交额的比例

3. 信息功能

金融衍生产品市场的买卖双方在进行买卖决策时,都要广泛收集和分析各种信息,对未来做出合理判断,并最终做出买卖决策。市场全体参与者的买卖决策共同决定了市场上金融衍生产品价格的涨跌。由此可见,金融衍生产品价格中隐含着市场对未来的平均判断,隐含着大量的信息。我们可以通过解读和翻译金融衍生产品价格,提炼对我们决策有用的信息。

经济与金融主体经常需要对未来进行预测,并依此决策。传统的做法是运用统计和计量方法对历史数据进行外推预测,效果往往不尽如人意。而金融资产价格是所有市场参与者信息、经验、判断和审慎决策的综合结果,是全市场整体信念的综合体现,本身就隐含着重要的预测和决策信息。金融衍生产品隐含的信息具有即时性、前瞻性、真实性等优点。近年来国际金融市场和国外监管机构大量运用金融衍生产品所隐含的期望信息和风险信息进行辅助决策,发现效果良好。例如,股指期权所隐含的恐慌指数"VIX"和黑天鹅指数"SKEW"已经成为市场情绪的风向标;评级公司从CDS(信用违约互换)中提取隐含违约概率,以改进传统评级方法。从2003年起,前述VIX指数已被美国财政部列为观察金融市场压力的6大指标之一;在2008年国际金融危机中,国际货币基金组织等机构的危机分析报告中也大量使用金融衍生产品隐含信息来辅助判断市场和经济走向。

(三) 金融衍生产品的风险

水能载舟,亦能覆舟。由于金融衍生产品的零和博弈特征、虚拟性和高杠杆性,如果监管和运用不当,可能不仅无法发挥风险管理、价格发现和信息揭示的功能,而且会带来更大的风险。

我们先分析运用不当的情形。市场主体对金融衍生产品的运用无非三种目的:套期保值(hedging)、套利(arbitrage)和投机(speculation)。简单地说,套期保值又称对冲,就是用金融衍生产品来对冲已有的风险,进行风险管理[①];套利就是利用标的资产和金融衍生产品相对定价不合理的机会,买低卖高获取价差;投机就是基于对未来的判断进行交易,判断对则盈利、判断错则亏损。[②] 首先,如果一个市场上的金融衍生产品交易者都在进行投机,金融衍生产品市场将退化为一个赌场,会为整个市场和经济带来更大的风险。一个有实体企业进行套期保值对冲风险的金融衍生产品市场才是有价值的。其次,对于实体企业而言,如果不运用金融衍生产品对冲已有的风险,而是利用金融衍生产品进行过度投机,一旦判断失误,金融衍生产品的高杠杆特征可能为整个企业带来无法承受的风险。了解国内众多企业金融衍生产品巨亏的案例,就会发现无一不是实体企业不做套期保值却进行过度投机导致的。最后,尽管如此,投机并非一无是处。事实上,完全没有投机的金融衍生产品市场是没有流动性的,套期保值功能也无法发挥。一个运行合理的金融衍生产品市场中,主要的投机者应该是专业的投资机构,因为投资机构的核心业务本就是基于预期进行投资,其经营目的与投机行为的目的一致;专业则意味着有合理和必要的风控措施。但即使是专业投资机构,若进行过度金融衍生产品投机,也会引发风险。

再看监管不当的情形。首先,从前述分析中可以看到,如果一个金融衍生产品市场的监管者不是鼓励套期保值交易,而是放纵过度投机,必然导致金融衍生产品风险的累积乃至爆发。那么是不是监管者只要鼓励套期保值,大力限制投机和套利,就是正确的监管态度呢?答案是否定的。实际上,只有套利者能够推动标的资产价格与其衍生产品价格向合理的相对关系转变,套期保值才能得以进行;有一定的投机交易,金融衍生产品市场才有流动性,套期保值交易才能随时根据需要进行。这两者都是一个健康发展的金融衍生产品市场不可或

---

① 风险管理是指利用金融衍生产品等金融工具,将面临的风险调整到合理水平。而套期保值(简称套保)通常者利用金融衍生产品等金融工具将面临的风险对冲掉。严格地说,风险管理的范畴比套期保值更广,因此本书经常使用"风险管理"。

② 我们将在本章最后一节详细介绍这三种运用的基本原理。

缺的。因此，一个过度限制投机的监管政策，或是一个中断正常套利机制、使得价格无法回归合理的监管政策，都是金融衍生产品发挥正面作用的障碍，反而会给市场和经济带来风险。

总之，客观地说，既不能认为金融衍生产品是洪水猛兽，也不能认为其是万能的。金融衍生产品为市场提供了良好的风险管理工具、更丰富的选择和更灵活的风险收益回报。金融衍生产品是天使还是魔鬼，最终取决于使用者和监管者是否真的理解金融衍生产品的本质特征，是否能够趋利避害、合理作为，而与工具本身无关。从全球来看，发达国家和主要发展中国家均已有相当发达的衍生产品市场。中国经济发展至今，无论是从自身经济转型和风险管理的需求来说，还是从外部环境来说，金融衍生产品的发展都是大势所趋。我们所应做的，就是深刻理解金融衍生产品的本质特征和主要功能，合理运用金融衍生产品，使其在我国经济高质量发展中发挥积极的作用。

本节对金融工程的内涵进行了深入详细的分析。可以看到，有时金融工程被理解为一门学科，有时被理解为一门技术，有时则被理解为一个解决方案或产品。总的来看，金融工程的特点在于综合运用现代金融学、数理和工程方法与信息技术，运用各种基础产品和衍生产品，设计、开发和应用新型的金融产品，以达到创造性地解决金融问题、合理管理风险的根本目标。金融工程技术的发展带来了现代金融业和经济前所未有的变革和创新，金融工程技术至今仍处于动态的发展过程中。金融衍生产品是金融工程的基本工具，也是金融工程方案与产品赖以形成的重要基础。风险管理则是金融工程最重要的用途之一，是金融工程和现代金融的核心。

第二节 金融工程的发展历史与背景

一、金融工程的发展：回顾与展望

尽管早在古希腊、古罗马和古印度时期就已经有了衍生产品的记载，但金融衍生产品和现代金融工程技术直到20世纪70年代之后才进入一个空前发展的阶段。一些经济金融学家在20世纪80年代末回顾近20年的证券市场时，认为他们不得不使用"革命"（revolution）一词来形容发生在金融市场上的变化和创新，"几乎每一天证券报刊上都会为我们带来另一个里程碑式的广告，标志着一种新证券的诞生"[①]。一些具有历史意义的产品创新和技术进步包括：

20世纪70年代，金融期货产生和发展，以适应当时日益增长的风险管理的需要。包括1972年的外汇期货、1975年的抵押贷款利率期货、1976年和1977年的国债期货和1982年的股指期货等。

1973年，美国芝加哥期权交易所（Chicago Board Options Exchange，CBOE）开始交易世界上第一个标准化的期权产品。期权产生以后，希腊字母等风险敏感性分析指标开始出现和发展。

20世纪70年代末80年代初，货币互换和利率互换出现，金融互换产品得以诞生和发展。

---

① 参见 Finnerty J D. Financial engineering in corporate finance: an overview [J]. Financial Management, 1988, 17 (winter): 14-33.

20世纪80年代，越来越多的证券工具在上述创新的基础上进一步衍生而成，种类越来越多，如货币期货期权、股票指数期权、欧洲美元期权、互换期权、市政债券指数期货、奇异期权等。80年代后期出现结构性衍生产品，即对基础性证券与衍生产品根据不同的市场需求进行组合，实现特定的风险收益特征。

20世纪90年代，信用衍生产品出现并快速发展。1995年至2007年6月，发行在外的信用衍生产品名义本金额增长了5 000多倍。与此同时，以 VaR 为核心的市场风险度量技术和以度量违约概率为核心的信用风险度量技术开始发展起来。也就是在这个时期，统一的金融工程学科逐渐形成和出现，并从北美迅速拓展到全球，从而金融工程成为金融学中最具吸引力的分支之一。

回顾金融工程近50年的发展历史，可以看到金融工程技术与金融衍生产品市场发展的基本轨迹。在前20年中，主要是那些基础性的金融衍生产品和风险管理技术得到发展。前者如一些单一的远期、期货、期权和互换产品等，后者则主要包括敏感性分析等。进入20世纪90年代之后，风险度量和管理技术有了长足的进步，除了市场风险领域，最复杂和最具挑战的信用风险管理领域也出现了前所未有的发展。以此为基础，信用金融衍生产品飞速发展，其他种类的金融衍生产品也在原来的基础上进一步深化和复杂化，体现了对市场需求的更深层次、更细化的满足，也体现了金融工程技术的发展和应用已经达到了更成熟的阶段，金融衍生产品创新的能力进一步加强了。从另一个角度来看，20世纪90年代以后出现的众多金融衍生产品多为OTC产品。OTC产品往往不像交易所的标准化产品那样引人注目，却表明了产品创新和金融衍生产品在整个金融界的普及和渗透，金融衍生产品创新已经不再是令人吃惊的事情，而是成了金融业的基本生存规则。可以说，在经历20世纪60—80年代的爆炸性发展之后，金融工程技术和金融衍生产品进入了一个深入、广泛发展和渗透的历史阶段。从目前来看，尽管经历了20世纪90年代的巴林银行、LTCM事件和2007年的次贷危机，这个趋势并未改变，而且仍将持续下去。

我国金融衍生产品市场发端于20世纪90年代初的期货市场。经历过初期的盲目发展和治理整顿，进入21世纪后开始逐步恢复发展。2013年《中共中央关于全面深化改革若干重大问题的决定》提出，要健全多层次资本市场体系，鼓励金融创新，丰富金融市场层次和产品。2014年5月，国务院出台了《关于进一步促进资本市场健康发展的若干意见》，为资本市场的改革发展提供了顶层设计和战略规划，对金融衍生品市场的改革发展给予了充分肯定和高度重视，对于凝聚改革共识、明确发展方向、共同推进衍生品市场更好地服务实体经济具有深远影响，标志着中国金融衍生产品市场进入了一个创新发展的新阶段。

近10年来，我国金融衍生产品市场的市场结构、市场功能、行业生态发生了积极变化，市场基础制度不断完善，市场活力和韧性持续增强，初步走出了一条既立足国情又借鉴全球有益经验的发展道路。具体表现在：

1. 市场结构明显优化，品种体系不断丰富

截至2023年8月，我国共上市期货期权品种121个，与2018年年底的61个品种相比翻了一番。2022年，期货市场总成交量67.7亿手，成交额534.9万亿元，与2018年相比分别增长了123%和154%。① 迅速成长的金融衍生产品市场正在逐渐适应我国全球贸易大国

---

① 数据来源：中国期货业协会第六次会员大会。

体量和超大规模市场的风险管理需求。

2. 交易者结构持续优化

2023年上半年,全市场机构投资者成交量占比为46.3%,较2018年同期上升了25.6个百分点。截至2023年6月,全市场机构投资者持仓量和客户权益占比分别为70.3%和70.9%,比2018年年底分别上涨了20.6个百分点和15.9个百分点。特别是产业客户参与度稳步提升。2023年6月,产业客户持仓占比提升至31.5%,A股上市公司套期保值参与率由2013年的6.5%提高到了22.9%。①

3. 市场功能有效发挥,服务实体经济的作用进一步凸显

目前期货市场期现相关性在90%以上的品种共40个,铜、玉米、棉花、黄大豆一号等品种期现价格相关性在95%以上。2021年至2023年8月,期货风险管理公司通过期现业务累计服务实体企业8.3万家次,其中,累计服务中小微企业5.7万家次、服务上市公司7524家次②。

4. 期货和衍生品法律的确立

在法治建设方面,《中华人民共和国期货和衍生品法》颁布实施,填补了这个领域长达20多年的"基本法"空白,从法律层面解决了期货市场发展中带有根本性、全局性和长期性的问题,明确了市场价值取向、发展方向和根本路径,为促进期货市场高质量发展奠定了坚实制度基础。期货和衍生品法明确期货及期权新品种上市实行注册制,改变了过去国务院多部委联席审批制。未来,新品种的上市时间和流程会明显缩短,新品种推出数量和服务实体经济的广度将进一步增加。各行业各领域将有更丰富、更全面的风险管理工具,以便更好地发挥期货和衍生品市场服务实体经济、稳定经济大盘的功能。

5. 构建中国特色的期货监管体系

证监会建立了会机关、派出机构、期货交易所、保证金监控中心、期货业协会"五位一体"协作监管机制,会机关以期货部为主发挥指挥中心作用,派出机构发挥机构端一线监管作用,期货交易所发挥市场端一线监管作用,保证金监控中心发挥数据中心和监测平台作用,期货业协会发挥自律监管作用。

从期货保证金安全存管制度,到期货市场运行监控制度的探索,再到具备独特优势的衍生品场内外联动监测的创新实践,都是中国特色期货制度先进性的体现,是中国争夺大宗商品定价权的重要保障。保证金监控中心提供的投资者查询服务,是保障投资者保证金安全和服务市场的重要举措。近些年来国内期货监管各方通过对海量数据的采集、分析,已构建成跨市场、跨机构、跨场内外的期货和衍生品大数据平台。这为我国平稳应对2020年国际"负油价"、2022年伦敦镍价异常波动等输入性风险,提供了很好的数据分析和决策支持,有效防止了境外市场的风险对国内品种的冲击。另外,中国期货行业公开、公平、公正的法律环境,也使得逼仓行为在中国的市场上不大可能出现。

6. 形成中国特色的风险控制体系

按照从严控制风险的监管理念,建立完善了期货市场风险控制和市场监管的制度框架,已基本形成了总体符合国际惯例、又适应国情市情的风控及监管制度,包括:严格准入,统一

---

① 数据来源:中国期货业协会第六次会员大会。
② 数据来源:中国期货业协会第六次会员大会。

开户实名制和一户一码穿透式监管;为防范系统性风险及市场操纵等,建立了独立的全市场监测监控系统;为防范中介机构风险,建立了以净资本监控和分类监管为核心的期货公司风险监管制度;为保护投资者合法权益,建立了保证金安全存管监控制度和期货投资者保障基金等。

随着市场的发展,金融工程学科也逐渐建立起来。我国的金融工程研究始于20世纪90年代中后期。为了适应改革开放对金融工程人才的需要,经教育部批准,中国人民大学、西南财经大学、厦门大学、中央财经大学和武汉大学五所高校率先在国内于2002年在应用经济学一级学科下增设金融工程本科专业,标志着中国金融工程学科的诞生。2003年,厦门大学等五所高校率先在应用经济学一级学科下增设金融工程硕士和博士专业,标志着中国金融工程学科迈上了新的台阶。到2023年,国内绝大多数高校都开设了金融工程专业,只是挂靠的一级学科有所不同,有应用经济学、管理科学与工程、工商管理、数学、系统工程等。

二、金融工程发展的历史背景

如前所述,金融工程的蓬勃发展是从20世纪70年代之后开始的,它实际上是伴随着几十年来世界经济发展环境的深刻变化以及风靡全球的金融创新浪潮发展起来的。同时,金融理论和技术的发展为金融工程的迅速发展提供了有力的工具和手段,而信息技术的进步则成为支持金融工程发展的强大技术平台。

(一) 日益动荡的全球经济环境

在20世纪70年代以前,整个世界经济大多数时候处于比较稳定的状态。然而,进入70年代以后,许多市场的价格波动速度加快、频率提高、幅度增大。这是多种因素综合作用的结果:1973年的石油危机突然改变了石油这个基础性商品的长期价格,带动了其他基础原材料商品的价格上涨,对西方国家的经济造成"供给冲击",成为商品市场价格波动的重要来源;1973年,以美元为基础的固定汇率制度(布雷顿森林体系)崩溃,浮动汇率成为国际外汇市场的主要汇率形式;在金融领域,物价波动造成名义利率与实际利率脱节,加上金融自由化的趋势,利率波动也相应增大;经济全球化和许多新兴市场国家的迅速兴起,改变了原有的经济格局,带来了经济发展的不确定性;信息技术的进步使得市场主体对信息的获取、处理和反应的速度迅速加快,引起价格波动的加剧。这些因素引发的价格波动使得市场主体所面临的风险增大,对风险管理技术和风险管理工具的需求也相应扩大,成为推动金融工程技术和衍生产品创新和发展的重要因素。

(二) 鼓励金融创新的制度环境

20世纪80年代以后,西方主要国家的制度环境转向鼓励创新的市场化和自由化,这也是金融工程发展的重要推动力。

20世纪30年代的经济大萧条带来了西方国家数十年的严格金融管制。但随着全球经济环境的变化,很多金融管制措施已经无法适用。因此,20世纪80年代以后,西方各国纷纷放松金融管制,鼓励金融机构业务交叉经营、平等竞争,形成了一股金融自由化的改革潮流。在此过程中,金融机构之间的竞争日趋激烈,具有足够的创新能力、准确计算能力和风险管理能力,已经成为金融机构生存与发展壮大的基本准则。这极大地促进了金融工程技术和衍生产品的发展。与此同时,面对金融创新层出不穷的市场情况,西方主要国家的金融监管当局大多采取了不轻易否定创新并根据市场情形不断修改监管规则的态度与原则。相应地,市场主体又会根据新的监管规则进行再创新,满足市场需求,由此形成了促进而非遏制金融工程发展的监管—创新—再监管—再创新的良好正反馈过程。

值得一提的是,在金融工程的发展过程中,很多创新都是不对称税收环境的结果,这一点在税收制度比较发达、完善的国家(如美国)尤其突出。由于不同的收入来源常常按照不同的税率征税,如资本收益和劳动所得、利息和股息、资本利得、个人收入和公司收入、企业收益分配和收益留成、本国收入和国外收入等,这必然引发合理避税的需求,由此引起了那些能够在不同形式的收入之间进行转换的产品创新。事实上,由于政府常常根据经济状况改变税率结构,也就为金融工程技术的运用和产品的创新不断提供新的动力来源,在一定程度上促进了金融工程的发展。

(三) 金融理论和技术的发展

作为金融的一个分支,现代金融理论和技术的发展是金融工程产生与发展的思想基础,金融工程活动反过来又为金融理论的进一步创新提供了实践的舞台。这两者相互作用,推动了金融工程与衍生产品市场的迅速发展。从历史发展来看,对金融工程发展产生影响的金融理论与技术主要包括如下内容。

古希腊时期,人们已有期权的思想萌芽。亚里士多德的《政治学》一书载有古希腊一名智者泰利斯以固定价格预订橄榄榨油机的使用权利而获利的例子。在冬季,泰利斯通过对星象进行研究,预测橄榄在来年春天的收成。因此,经过与农户协商,他得到第二年春天以固定价格使用榨油机的权利。橄榄的丰收使榨油机供不应求时,泰利斯通过转让榨油机使用权利而获利。这便是购买和转让看涨期权最早期的实践活动。从欧洲16世纪"郁金香球茎热"投机中期权思想的应用,到期权正式应用于农产品和工业品的保值,都可以看到这些思想的作用痕迹。然而,直到19世纪后期,随着工业革命的完成和市场经济中企业制度的建立,金融理论进入加速发展的态势时,欧文·费雪等经济学家提出的理论才为现代金融工程的出现奠定了思想基础。

1896年,美国经济学家欧文·费雪(Irving Fisher)提出了资产的当前价值等于其未来现金流贴现值之和的思想。这一思想对后来的资产定价理论的发展起到了奠基石的作用。

1934年,美国投资理论家本杰明·格兰罕姆(Benjamin Graham)的《证券分析》一书,开创了证券分析的新纪元。

1938年,弗里德里克·麦考利(Frederick Macaulay)提出"久期"的概念和"利率免疫"的思想。麦考利当时提出的久期,是指资产持有人得到全部货币回报的平均时间,它实际上是个加权平均数,其权数是证券有效期内各笔收入的现值相对于证券价格的比值。久期的概念对于债券投资具有十分重要的意义。但直到麦考利提出几十年后,久期概念才被广泛接受、应用并得以拓展。

1952年,哈里·马柯维茨(Harry Markowitz)发表了论文《证券组合分析》,为衡量证券的收益和风险提供了基本思路。他利用概率论和数理统计的有关理论,构造了一个分析证券价格的模型框架。在他的模型中,证券的价格是个随机变量,证券的价值和风险可以用这个随机变量的数学期望和方差来度量。从一般的心理分析出发,马柯维茨假定经济理性的个体都具有厌恶风险的倾向,即收益一定时采用风险最小的投资行为,在他的模型中投资者在收益一定时追求最小方差的投资组合。虽然模型排除了对风险爱好者的分析,但是现实中绝大多数人属于风险厌恶型,因而他的分析具有一般性。在一系列理论假设的基础上,马柯维茨对证券市场分析的结论是:在证券市场上存在有效的投资组合。有效的投资组合就是收益一定时方差(风险)最小的证券组合,或是方差(风险)一定的情况下收益最大的证券组合。这一理论为金融业界努力寻找这种组合提供了理论依据,其分析框架成了构建现代金融工程理论分析的基础。

1958 年,莫迪利安尼(F. Modigliani)和默顿·米勒(M. H. Miller)在《美国经济评论》上发表论文《资本成本、公司财务与投资理论》,提出了现代企业资本结构理论的基石——MM 定理(Modigliani-Miller theorem)。这一理论成为现代金融理论的一个重要支柱。

20 世纪 60 年代,马柯维茨的思想被人们广泛接受,其他学者进一步发展了他的理论。金融界的从业人员也开始应用这些发展了的理论进行资产组合选择和套期保值决策,并用定量化的工程思想指导业务活动。马柯维茨的学生威廉·夏普(William Sharpe)提出了马柯维茨模型的简化方法——单指数模型。同时,他和简·莫森(Jan Mossin)、约翰·林特纳(John Lintner)一起创造了资本资产定价模型(CAPM),这一理论与同时期的套利定价理论(APT)标志着现代金融理论走向成熟。在此之前,对于金融产品的价格,特别是瞬息万变的有价证券的价格,人们一直感到有一种神秘的色彩。人们认为这些价格是难以捉摸的。CAPM 和 APT 给出了包括股票在内的基本金融工具的理论定价公式,它们既有理论依据又便于计算,从而得到了人们的广泛认同。根据这两个模型计算出来的理论价格也成了金融实务中的重要参考。夏普的理论与马柯维茨的理论一脉相承。在马柯维茨对有价证券收益与风险的数学化处理的基础上,夏普引入了无风险证券,利用数学规划的方法,分析了存在无风险证券条件下理性投资者的决策问题。通过分析,他得出了资本市场线方程和证券市场线方程,明确揭示了个别证券与整个证券市场的关系。在夏普的理论中,投资者的有效投资组合必定是无风险证券与市场组合的某种组合,而市场组合只与市场本身的构成有关,与其他因素无关。任何个别有价证券的理论价格都可以分解为两个部分:与市场组合相关的部分和只与自己相关的部分。因此,每一个有价证券的风险也就被分为两个部分:系统风险和非系统风险。对风险的分类是夏普理论的主要贡献,与风险分类相关的 α 系数和 β 系数已经成为华尔街投资者的常识。与夏普理论不同,套利定价模型源于一个非常朴素的思想,那就是在完善的金融市场上,所有金融产品的价格应该使得在这个市场体系中不存在可以让投资者获得无风险利润的机会。如若不然,对套利机会的追寻将推动那些失衡的金融产品的价格恢复到无套利机会的状态。

20 世纪 70 年代,美国经济学家罗伯特·默顿(Robert Merton)在金融学的研究中总结和发展了一系列理论,为金融学的工程化发展奠定了坚实的数学基础,取得了一系列突破性的成果。

1973 年,费雪·布莱克(Fisher Black)和梅隆·舒尔斯(Myron Scholes)在美国《政治经济学杂志》上发表了论文《期权与公司债务定价》,成功推导出期权定价的一般模型,为期权在金融工程领域内的广泛应用铺平了道路,成为金融工程化研究领域中最具有革命性的里程碑式的成果。布莱克和舒尔斯采用无套利分析方法,构造出一种包含衍生产品头寸和标的股票头寸的无风险证券组合,在无套利机会的条件下,该证券组合的收益必定为无风险利率,这样就得到了期权价格必须满足的微分方程。可以建立无风险证券组合的原因是股票价格和衍生品价格都受同一种基本的不确定性源的影响,即基础资产(这里指股票)价格的变动。在任意一个短时期内,看涨期权的价格与标的股票价格正相关,看跌期权的价格与标的股票价格负相关。如果按适当比例建立一个股票和衍生品的证券组合,股票头寸的盈利(亏损)总能与衍生品的亏损(盈利)相抵,因而在短期就可以决定组合的价值。这里关键的是,在非常短的时期里,无风险证券组合的收益必定是无风险利率。由此,布莱克和舒尔斯推出了他们的期权(不支付利息的股票欧式期权)定价公式。

布莱克和舒尔斯期权定价公式的推出是现代金融理论的重大突破。同一时期,默顿放宽了公式中无风险利率和资产价格波动率为恒定的假设,将该模型扩展到无风险利率满足随机性的情况。布莱克、舒尔斯和默顿的工作,为期权等衍生品交易提供了客观的定价依据,促进了金融衍生工具的极大发展。舒尔斯和默顿因此获得了1997年诺贝尔经济学奖。①

布莱克-舒尔斯-默顿期权定价模型问世以后,金融学者对模型的适用条件做了更完善的补充和修正。比如,针对该模型考虑的是价格连续变化的情况,考克斯(Cox)、罗斯(Ross)和鲁宾斯坦(Rubinstein)提出了用二项式方法来计算期权的价格;罗尔(Roll)运用连续时间定价法给出了证券支付红利时的看涨期权定价公式;布雷纳(Brenner)和格莱(Galai)研究了期权提前执行时的平价关系等。

到了20世纪80年代,达莱尔·达菲(Darrell Duffie)等人在不完全资本市场一般均衡理论方面的经济学研究为金融工程的发展提供了重要的理论支持,将现代金融工程的意义从微观的角度推到宏观的高度。他们的工作从理论上证明了现代金融工程的合理性及其对提高社会资本资源配置效率的重大意义。他们证明了金融工程不仅有价值转移的功能,金融工程的应用还可以通过增加市场的完全性和提高市场效率而创造价值。金融工程所代表的金融活动的工程化趋势不仅为金融业本身带来益处,而且为整个社会创造了效益。

20世纪90年代,信用风险模型成为金融工程领域的最新发展趋势,其中的结构模型是在1974年罗伯特·默顿提出的公司债期权分析框架的基础上发展起来的。这一模型认为,公司的债务可以视为同等条件的无风险债券与基于公司价值、执行价为到期清偿值、到期日为债务到期日的欧式看跌期权空头的组合。罗伯特·杰罗(Robert Jarrow)、达莱尔·达菲、肯尼斯·辛格顿(Kenneth J. Singleton)和斯图尔特·特恩布尔(Stuart Turnbull)等学者提出的简化模型则与结构模型截然不同。该类模型并不考虑违约发生的原因与经济机理,而是假定违约事件的发生具有一个外生的违约率或违约密度,该违约密度与违约损失率的乘积为信用风险溢酬,从而将无风险利率期限结构模型中的无风险利率替换为带有违约调整的短期利率,采用与无风险资产相类似的方法为有违约风险的资产定价,导出信用风险债券的价格。信用风险理论模型的发展为信用风险管理和信用衍生产品的发展奠定了重要的基础。1995年后,信用衍生产品市场经历了爆炸性的增长。

总之,金融理论的发展一直遵循着这样一种趋势,那就是尽快将工程技术领域和基础自然科学领域的最新进展应用于金融领域,它对于推动金融工程发展的作用令人瞩目。值得一提的是,这种推动作用是建立在对收益和风险分析的基础上的。这与西方主流经济学的

---

① 布莱克因于1995年去世而与诺贝尔奖失之交臂。

基本分析方法是显著不同的。西方主流经济学研究的基本方法是供给与需求的分析,以至于有了"教会一只鹦鹉学说'供给'与'需求'两个词它也会成为经济学家"的说法。而金融理论创新性地提出了无套利分析方法,将金融市场上的某个头寸与其他金融市场头寸结合起来,构筑起一个在市场均衡时能产生不承受风险的利润的组合头寸,由此测算出该头寸在市场均衡时的价值即均衡价格。现代金融理论的研究取得的一系列突破性成果,如资本资产定价模型、套利定价理论和期权定价公式等,都是灵活地运用这种无套利的分析技术而得出的。正是在"无套利均衡"的理论分析基础上,大量金融工程产品被创造出来并投入实际应用,金融工程技术和衍生产品市场得到了极大的发展。

(四) 信息技术进步的影响

信息技术的进步为金融工程和衍生产品的发展提供了重要的物质条件、研究手段、技术支持平台和新的发展空间。计算机的大规模运算和数据处理能力以及现代信息技术的发展,使实施大型金融工程和衍生产品设计成为可能。

首先,运用计算机技术开发出的各种计算和分析软件包,为金融工程提供了开发和实施各种新型衍生产品、解决财务金融问题的有效手段。比如,人们运用数值计算和仿真技术把复杂的金融产品分解为相对简单的金融产品的组合,并利用数据处理程序和相关计算机技术对各种简单的金融产品进行估价,解决了金融产品开发和设计过程中的最大难题——定价问题。

其次,计算机和现代信息技术的应用,是金融市场全球化的重要推动力量,促进了各类金融机构开展金融工程活动,同时促进了金融衍生产品市场的发展。大型计算机交易网络的运用,使得金融工程方法的供给者可以直接或间接地与原先分散在单个市场的最终用户联系起来,加快新型金融工具与技术供求的结合,同时扩大金融新产品的推广范围;高速微处理器、远程数据传输技术和计算机存储设备的改进,使得金融市场交易者可以用最新的方式、以最快的速度获取信息、处理信息和作出反应,从而使得最新的金融工程技术与衍生产品的应用和不断改进成为可能;电子化资金转移和清算系统的创建、电子化证券交易系统的开发与实施,在金融市场上形成了完善的电子化资金和信息流转网络,它们既是信息技术在金融领域的应用,其本身也是金融工程的重要内容之一。

最后,信息技术的发展通过影响其他环境因素或与其他因素共同作用,对金融工程和衍生产品的发展产生了深远的影响。如前所述,信息技术的进步使市场获取信息的速度大为加快,获取的数据大为增加,这就使得个别市场上的异常交易价格迅速蔓延到周边乃至世界市场,加剧了全球市场价格的波动性,对价格风险的防范提出了更高的要求,从而产生了市场交易者对金融工程和衍生产品的巨大需求。

(五) 市场追求效率的结果

除了外部环境的因素,金融工程的产生与不断发展是金融市场交易者追求效率的结果,在本质上反映了市场追求效率的内在要求。交易者在投资、融资的运作过程中,特别是在追逐利润和防范风险的过程中,常常会产生暂时无法满足的市场需求。市场经济的规律绝不会长期漠视这种供给空缺的存在。当客户有了新的交易需求时,金融机构在利益最大化的驱动下,会开发出新的金融产品和新的金融技术,填补这些供给空白,推动着金融产业不断发展。当工程技术方法大规模运用于金融产品的开发、设计、定价和风险管理时,金融产品的"生产模式"由传统的、缓慢的"手工作坊"式向"机器化大生产"转变,满足市场新兴需求的周期大为缩短。于是,在市场效率得以改进的过程中,金融工程得以诞生和发展。前文所提及的种种金融产品,无一不是随着这样的市场需求的出现,由人们通过金融工程的方法创造出来的。因此,市场主体在投资、融资过程中对效率的追求,金融机构在满足客户需求方面对自身效率的追求,推动了金融工程不断发展。

反过来,金融工程的广泛应用又切实提高了金融市场的效率。首先,金融工程创造的新型金融工具,丰富了投资者的选择,使得投资者得以构建富有个性的投资组合,从而能够最大限度地把潜在的资金供给者吸引到金融市场上来,减少了社会金融资源的闲置,同时提高了资金供给者的收益;其次,金融工程创造出来的新型金融工具和融资手段,使得企业多元化的资金需求得以满足,降低其融资成本,提高了社会的融资效率;最后,金融机构运用工程的方法,提供了大量有特色的金融工具、金融服务、交易方式和融资技术等金融创新成果,从数量和质量两个方面提高了交易者需求的满足程度,从而增强了金融机构的服务功能并提高了运作效率。在宏观层面上,金融工程的出现提高了金融市场的组织和设备的现代化程度,使市场的价格能够对所有可得的信息作出迅速、灵敏的反应,提高了价格的合理性和价格机制的作用力。另外,金融工程提供的上述金融产品,也有助于降低交易成本,提高金融市场的活跃程度。

投资者和融资者的交易效率、金融机构的服务效率构成金融市场效率的基本方面。因此可以说,所有市场参与者在追求市场效率的过程中推动了金融工程的产生,而金融市场效率的提高与金融工程的发展互相促进、相辅相成,推动了整个金融业的发展。

第三节　金融工程的基本分析方法

金融衍生产品的定价是金融工程的核心。本节将介绍金融衍生产品定价及相关问题的基本假定和基本方法。

一、金融衍生产品定价的基本假设

现实世界纷繁复杂。为了找到从中的规律性,学者们常常通过假设把一些不太重要的东西去掉,从而聚焦于核心要点。

在金融工程领域,衍生产品的定价理论通常建立在以下4条关于金融市场特征假设的基础上:

假设一:市场不存在摩擦。也就是说,金融市场没有交易成本(包括佣金、买卖差价、税负等),没有保证金要求,也没有卖空限制。

市场无摩擦假设能够简化金融衍生产品定价的分析过程。首先,对大规模的金融机构来讲,这一假设有一定的合理性。因为这些金融机构的交易成本低,在保证金和卖空方面所受到的限制也比较少,所以上述假设比较接近现实。其次,对规模小的市场参与者来说,只有首先了解了无摩擦状态下的市场定价机制,才能对复杂情况下的市场规律进行进一步的研究分析。

假设二:市场参与者不承担对手风险(counterpart risk)。这意味着,对于市场参与者所涉及的任何一个金融交易合约,合约对方不存在违约的可能。

假设三:市场是完全竞争的。金融市场上任何一位参与者都可以根据自己的意愿买卖任何数量的金融产品,而不至于影响该金融产品的价格。参与者都是价格的承受者,不是价格的制定者。

现实中规模较大、交易品种较成熟的市场接近这一假设。

假设四:市场不存在无风险套利机会,或者说市场参与者认为财富越多越好。如果市场上存在无风险套利的机会,套利活动就会出现,直到这种机会消失为止。其实无套利机会与市场参与者认为财富越多越好是等价的。无套利假设是金融衍生产品定价理论中最重要的假设。

无套利机会可以用两种数学定义来严格定义:

(1) 如果在未来任何时刻 A 的回报大于等于 B,而且 A 的回报大于 B 的概率大于 0,则在当前时刻 A 的价格一定大于 B。

(2) 如果某种资产或者资产组合在未来任何时刻的回报大于等于 0,而且大于 0 的概率大于 0,那么它在当前时刻的价格一定大于 0。

值得注意的是,在没有交易成本、可以自由卖空的假设下,这两个定义是等价的。而在有交易成本,特别是在不能卖空的情况下,这两个定义是有区别的。

上述假设在现实世界中并不能得到完全的满足,因此基于上述假设的定价结论和风险管理等会出现一定的偏差。鉴于此,大量学者在不断尝试放松上述假设,以期得到更符合现实的结论。

如果没有特别交代,本书的分析都建立在上述假设基础上。

二、不同的计复利频率

利率是金融工程的关键变量之一。说到利率,严谨的表达应为如下形式:"每年计 m 次复利的 n 年期年利率"。这里实际上涉及 4 个与时间有关的要素:第一个要素是利率的期限 n;第二个要素是利率的时间单位,根据时间单位的不同,利率可以分为年(化)利率(常用百分比表示)、月利率(常用千分比表示)和日利率(常用万分比表示),其中年利率最为常用;第三个要素是计复利的频率 m;第四个要素是每年或每月具体计息天数的规定。相对于第三个要素其他几个要素易于理解,我们详细讨论计复利的频率。

计复利频率有单利、普通复利和连续复利三种。

(一) 单利

单利是指无论期限多长,本金投资所获得的利息均不计入本金再次生息。若以单利计算,则今天 1 元投资在 N 期后到期时的终值(FV)计算公式为:

$$FV = 1 + N \cdot r_{单} \tag{1.1}$$

其中,$r_{单}$ 表示以单利计算的每期利率,N 为计息期数。

而 N 年后 1 元钱的现值(PV)计算公式为:

$$FV = \frac{1}{1 + N \cdot R_{单}} \tag{1.2}$$

我国的存款利率就是单利。在金融市场上,单利很少被使用。

(二) 普通复利

普通复利是指每年计有限次复利。例如一年计复利 4 次意味着每隔 3 个月,过去 3 个月所获得的利息就计入本金,前 3 个月的本息和加总作为后 3 个月的投资本金进行计息。

若以普通复利计算,则今天 1 元投资在 N 期后到期时的终值(FV)计算公式为:

$$FV=(1+r_{复})^N \tag{1.3}$$

其中,$r_{复}$ 表示以复利计算的每期利率。

而 N 期后 1 元钱的现值(PV)计算公式为:

$$PV=\frac{1}{(1+r_{复})^N} \tag{1.4}$$

需要说明的是,通常情况下,利率的计复利周期不应长于投资的期限,例如 20 天期投资不宜采用每个月/每个季度/每年复利一次的计息频率,而 20 天复利一次或每天复利一次的计息频率则是合理的。

普通复利看似易于理解,但由于其中同时涉及多个时间要素,很容易引起困扰,需清晰界定利率期限、时间单位和复利频率。具体而言,由于涉及多个时间要素,在使用普通复利计算现值和终值时,要注意以下几个问题:

(1) 所使用的利率期限应与现金流期限匹配,n 年期现金流应使用 n 年期利率。

(2) 在计算现值和终值时,由于金融市场的惯例是报出年比例利率,因此要先将年比例利率转化为单期复利利率,例如使用一年计 4 次复利的年利率 8% 计算时,应将其先转化为每 3 个月计息一次的 3 个月利率 2%,再进行计算。

(3) 在计算现值和终值时,利率的时间单位和期数 N 的时间单位应相同。

例如,一年计 4 次复利的 3 年期年利率为 8%,每期时长就是 3 个月,利率 R 的时间单位为"季度",这样 8% 的年利率就要转换成 2% 的季度利率。相应的计息期数 $N=12$(3×4 个季度)。又如,若现金流期限为 68 天,R 可以采用 68 天计息一次的利率,此时 R 的时间单位为"68 天",相应的计息期数 $N=1$(1 个 68 天);R 也可以采用每 34 天计息一次的利率,此时 R 的时间单位为"34 天",相应的计息期数 $N=2$(2 个 34 天)。

特别需要说明的是,在实际中运用普通复利计算现值和终值时,现金流的剩余期限常常不是利率计息周期的整数倍,使得问题看起来比较复杂。但只要坚持以上三个要点,就可以得到正确的计算结果。例如,对于一笔 8 个月后的现金流 1 000 元,必须使用 8 个月期利率进行贴现。如果可用的 8 个月期利率是半年计息一次的年比例利率 6%,则实际计算中使用的利率应该是半年计息一次的半年利率 3%,利率的时间单位为"半年",计息期数应为 $N \approx 1.333$,因为 8 个月约等于 1.333 个半年。因此其现值应等于 961.36 元。

$$\frac{1\,000}{(1+3\%)^{1.333}} \approx 961.36 \text{ 元}$$

由此可见,普通复利虽然是市场实务中最常用的计息方式,但并非表面看起来那么简单,其中最大的困扰源于复利频率,不同的复利频率带来不同的复利周期、不同的实际复利利率、不同的时间单位和期数,与现金流期限的匹配也各自不同。因此普通复利使用起来非常麻烦,对非专业人士而言很容易犯错。

(三) 连续复利

连续复利的引入可以大大简化普通复利存在的问题。

当普通复利中的每年复利频率趋于无穷大时,我们就得到了连续复利。将式(1.3)中的复利期数 N 表达为投资年数 n 和每年复利次数 m 的乘积,即 $N=mn$,同时将每期的利率

$r_复$ 表达为年比例利率 r_m 与 m 之商，即 $r_复 = \dfrac{r_m}{m}$，则式（1.3）可以改写为：

$$FV = \left(1 + \frac{r_m}{m}\right)^{mn}$$

当每年复利次数 m 趋于无穷大时，我们就得到了连续复利的终值公式：

$$FV = \lim_{m \to \infty} \left(1 + \frac{r_m}{m}\right)^{mn} = e^{rn} \qquad (1.3)$$

其中，每年计复利次数 m 趋于无穷时的年复利利率 r 被称为"连续复利年利率"。反过来，连续复利的现值公式为：

$$PV = e^{-rn} \qquad (1.6)$$

表 1.1 展示了提高复利频率的效果，有助于更为直观地理解连续复利。可以看出，给定同样的初值、投资期限和年比例利率，复利频率越高，终值越大，但复利频率趋于无穷时，连续复利的终值并不会趋于无穷。连续复利与每天计一次复利的效果非常接近。

表 1.1　复利频率与终值（年比例利率 10%）

复利频率	100 元在一年年末的终值（精确至小数点后 4 位）
每一年（$m=1$）	110.000 0
每半年（$m=2$）	110.250 0
每季度（$m=4$）	110.381 3
每月（$m=12$）	110.471 3
每周（$m=52$）	110.506 5
每天（$m=365$）	110.515 6
连续复利（$m=\infty$）	110.517 1

在给定现值和终值的情况下，计复利频率不同的利率之间是可以互相转换的。假设 r 是连续复利的年利率，r_m 是与之等价的每年计 m 次复利的年利率。所谓与之等价，是指两种计复利频率的现值和终值相等。这意味着，

$$e^{rn} = \left(1 + \frac{r_m}{m}\right)^{mn}$$

从而有

$$r = m \ln\left(1 + \frac{r_m}{m}\right) \qquad (1.7)$$

和

$$r_m = m\left(e^{\frac{r}{m}} - 1\right) \qquad (1.8)$$

例如一笔存款的连续复利年利率为 12%，那么与之等价的一年计 4 次复利的年利率就将是 $r_4 = 4 \times (e^{12\%/4} - 1) = 12.18\%$。从这个例子中还可以看出，在相互等价的利率当中，计复利频率越高，利率值越小。

特别地，当 $m=1$ 时，

$$r = \ln(1 + r_1) = \ln\left(\frac{S_1}{S_0}\right) = \ln S_1 - \ln S_0$$

其中,S_0 和 S_1 分别为当前和 1 年年末的资产现货价格。也就是说,期末和期初价格对数之差就等于连续复利收益率。因此在金融中,连续复利利率经常也被称为"对数(差分)收益率",普通复利利率有时也被称为"百分比收益率"。

与普通复利相比,连续复利具有以下优点。

1. 使用简便

由于事先将复利频率固定为无穷,时间单位固定为年,连续复利下的终值和现值计算被大大简化,直接找到对应期限的连续复利年化利率,将其乘以年化的期限即可。例如,计息天数为 68 天,68 天期的连续复利年利率为 3%,那么每 1 元钱连续复利的终值就是 $e^{3\% \times \frac{68}{365}} = 1.0056$ 元。

2. 计算多期收益率时较为方便

例如投资者希望计算出 3 年的年投资收益率。假设期初为 0 时刻,如果采用普通复利,3 年的年化收益率为 $\sqrt[3]{(1+r_复^1)(1+r_复^2)(1+r_复^3)}$,其中 $r_复^1$、$r_复^2$ 和 $r_复^3$ 分别为第 1、2、3 年的一年计一次复利的年收益率。但如果采用连续复利,则 3 年的年化收益率为 $\frac{(r^1+r^2+r^3)}{3}$,其中 r^1、r^2、r^3 分别为第 1、2 和 3 年的连续复利年收益率。也就是说,在连续复利的方式下,多期收益率是单期收益率的简单平均,从而大大简化了计算。

3. 符合正态分布假设

收益率近似服从正态分布,是金融研究中最常用的假设之一。普通复利的利率不符合这一假设,而如果使用连续复利利率,就可以采用这一假设。第一,服从正态分布的变量取值范围为 $(-\infty, +\infty)$。作为百分比收益率,在有限责任的情况下,普通复利收益率只在 -1 和 $+\infty$ 之间变动,显然不满足这一取值范围。而连续复利收益率由于是普通复利收益率的对数,其取值范围正是 $(-\infty, +\infty)$。第二,如果假设单期利率为正态分布变量,在普通复利下,由于多期年利率要由单期利率乘积后开方得到,很难保证其仍然服从正态分布;而连续复利下的多期年利率仅仅是单期利率的简单算术平均,仍然可以服从正态分布。

4. 不存在汇率收益率的悖论问题

连续复利利率在汇率收益率计算方面特别具有优势。如果分别计算任意两个货币之间的收益率,例如计算美元对日元汇率变动的收益率和日元对美元汇率变动的收益率,在百分比收益率下,两者的绝对值不会相等,如果假设其中之一服从正态分布,另一个就无法服从正态分布。这显然是不符合经济现实的,因为既然同样是描述两种货币汇率的变动,就应该具有相同的性质。而在连续复利收益率下,这两者是绝对值相等而符号相反的,从而可以满足同时服从正态分布的假设。

如果再引入第三种货币欧元,在连续复利收益率下,欧元对日元的收益率等于欧元对美元和美元对日元交叉汇率的收益率之和,由于在连续复利下,任意两种交叉汇率收益率都可服从正态分布,第三种货币汇率的收益率相应地也可服从正态分布。而百分比收益率并不具备这一性质。

然而,连续复利利率也有其自身的缺点。尽管在时间序列上,连续复利利率可以很容易地实现多期收益率的计算;但在给定时刻,单个资产连续复利收益率的加权平均却不是整个组合的连续复利收益率,因为对数之和不等于和的对数。这是连续复利利率的一个缺点。不过,我们只要通过公式(1.8)将连续复利利率转换成等价的普通复利利率即可。

总体来说,连续复利相对优势更为明显一些。因此在本书中将主要采用连续复利。除特殊说明之外,本书使用的利率均为连续复利年利率。

三、金融衍生产品的主要定价方法

从金融衍生产品的定义来看,金融衍生产品是指未来的回报依赖于标的证券、商品、利率或指数价值的投资工具。因此,与基础性产品通常应用绝对定价法不同,金融衍生产品应用的是相对于标的资产价格的相对定价法。

(一) 绝对定价法

绝对定价法就是根据资产未来现金流的特征,运用恰当的贴现率将这些现金流贴现为现值,该现值就是该资产的合理价格。最常见的绝对定价法是现金流贴现法。其基本公式为:

$$V = \frac{E(X_1)}{1+g} + \frac{E(X_2)}{(1+g)^2} + \frac{E(X_3)}{(1+g)^3} + \cdots + \frac{E(X_n)}{(1+g)^n} + \cdots = \sum_{i=1}^{\infty} \frac{E(X_i)}{(1+g)^i} \quad (1.9)$$

式中:V 表示资产的理论价格,$E(\cdot)$ 为期望值,$X_i(i=1,2,3,\cdots,n,\cdots)$ 为该资产第 i 期现金流,g 为用普通复利表示的要求收益率或称贴现率。

对于 n 期政府债券来说,$X_i(i=1,2,3,\cdots,n-1)$ 为第 i 期票面利息,X_n 为第 n 期票面利息加本金,n 之后的现金流为 0。对于没有违约风险的政府债券来说,$E(X_i)=X_i$。g 为同期限政府债券的到期收益率。

对于 n 期公司债券来说,由于有违约风险,$E(X_i)$ 就不是票面利息和本金,而是票面利息和或本金乘以不违约的概率,加上违约概率乘以违约情况下预计回收的金额。g 为该债券适当的贴现率,或者称要求收益率,而不是到期收益率。这是很容易混淆的。债券的到期收益率(y)计算公式为:

$$S = \frac{c_1}{1+y} + \frac{c_2}{(1+y)^2} + \frac{c_3}{(1+y)^3} + \cdots + \frac{c_n}{(1+y)^n} \quad (1.10)$$

式中:S 表示资产的市场价格,$c_i(i=1,2,3,\cdots,n-1)$ 为第 i 期票面利息,c_n 为第 n 期票面利息加票面本金。对于公司债券而言,到期收益率其实是承诺收益率,而非预期收益率。

对于股票来说,$X_i(i=1,2,3,\cdots,n,\cdots)$ 为第 i 期预期股息,g 为该股票适当的贴现率。

现金流贴现法虽然易于理解,但在实际使用中最大的问题是,它并未告知我们如何确定贴现率。由于各种资产的风险不同,因此不同资产的贴现率也不同。由于我们很难从市场上找到同样的资产,因此如何确定贴现率是现金流贴现法最大的难题。从这个意义上说,现金流贴现法并不是真正意义上的定价方法,而是一种将市场价格翻译成预期收益率的翻译器。如果已知某种资产的预期现金流和市场价格,我们就可以使用公式(1.9)求出 g,其含义是按市场价格买进该资产长期持有并把现金流再投资预期可以获得的收益率。

随机贴现因子定价法则顺利地解决了如何确定贴现率这个问题,因此是真正意义上的定价模型。该模型的基本公式①是：

$$V = E\sum_{i=1}^{\infty}(M_i X_i) \tag{1.11}$$

式中：$M_i=(M_{i1},M_{i2},\cdots,M_{iS})(i=1,2,3,\cdots n,\cdots\infty)$，为第 i 期的随机贴现因子向量，其中 M_{ij} 为第 i 期第 $j(j=1,2,3,\cdots,S)$ 种状态的随机贴现因子；$X_i=(X_{i1},X_{i2},\cdots,X_{iS})'(i=1,2,3,\cdots n,\cdots,\infty)$，为第 i 期的现金流（或称回报）向量，其中 X_{ij} 为第 i 期第 $j(j=1,2,3,\cdots,S)$ 种状态的现金流。随机贴现因子是通过投资者最优投资消费决策求解出来的，它只取决于投资者的效用函数，而与各种资产无关。

对比公式（1.9）和（1.11），我们可以看出现金流贴现法和随机贴现因子定价法的区别：

（1）不同资产的贴现率是否相同。在现金流贴现定价法中，不同资产的贴现率是不同的。而在随机贴现因子定价法中，对同一个投资者而言，所有资产的贴现因子都是相同的。

（2）各期的贴现率是否相同。在现金流贴现定价法中，未来各期预期现金流的贴现率都是相同的。而在随机贴现因子定价法中，各期现金流的贴现率都不同。

（3）贴现与求期望的顺序不同。在现金流贴现定价法中，未来各期现金流都是先求期望再贴现。而在随机贴现因子定价法中，未来各期现金流都是先贴现再求期望。

（4）贴现率是否是内生变量。在现金流贴现法中，贴现率是外生变量，而在随机贴现因子定价法中，贴现率是内生变量。

（5）是否是真正的定价模型。现金流贴现法并未给出贴现率的确定方法，因此不是真正意义上的定价模型，只是一个翻译器。而随机贴现因子定价法中的随机贴现因子则是模型内生的，因此是真正意义上的定价模型。

以随机贴现因子定价法为代表的绝对定价法的优点是比较直观、易于理解，是适用于所有资产（包括股票、债券、房地产、衍生品等）的一般化定价方法。但它有两个缺点：一是资产未来的现金流往往难以确定；二是恰当的贴现率难以确定，它既取决于各种资产系统性风险的大小，也取决于人们的风险偏好，而后者是很难衡量的。

（二）相对定价法

相对定价法的基本思想就是利用标的资产价格与金融衍生产品价格之间的内在关系，直接根据标的资产价格求出金融衍生产品价格。该方法并不关心标的资产价格的确定，而是将其假定为外生给定的，然后运用相对定价法为金融衍生产品定价。相对定价法的优点主要有二：一是在定价公式中没有风险偏好等主观的变量，因此比较容易测度；二是它非常贴近市场。在用绝对定价法为金融衍生产品定价时，投资者即使发现市场价格与理论价格不符，也往往无能为力。而在用相对定价法为金融衍生产品定价时，投资者一旦发现市场价格与理论价格不符，往往意味着无风险套利机会就在眼前。本书中将要介绍的各种衍生产品的定价方法都是相对定价法，布莱克－舒尔斯－默顿（Black-Scholes-Merton）期权定价模型就是相对定价法的典型代表。

相对定价法可以分为复制定价法、状态价格定价法和风险中性定价法等。

下面我们用一个共同的例子来说明三种定价方法的基本思路和基本步骤。

---

① 该公式的推导超出了本书的范围，有兴趣的读者可以参阅：J H Cochrane. Asset Pricing. 2nd Edition. 2005. Princeton University Press, Princeton and Oxford. 读者从本节后面的例1.1也可以感受到随机贴现因子定价法的魅力！

【例 1.1】

假设下一时刻(1 时刻)世界只能处于三种状态之一。在当前时刻(0 时刻),市场上只有两种无法相互复制的可交易资产 A 和 B,价格分别为 8 元和 9 元,它们在 1 时刻三种状态下的回报分别为(10,8,0)和(8,12,0)。求 1 时刻到期、行权价格为 7 元、标的资产为 A 的看涨期权价格。

在这个例子中,我们并不知道三种状态发生的概率,因此无法求得看涨期权的预期现金流,也不知道投资者的风险偏好,因此也无法知道看涨期权合适的贴现率,因此我们很难用绝对定价法为其定价。但我们可以用相对定价法轻松地求出看涨期权的价格,原因是看涨期权定价所需的信息都隐含在可交易资产 A 和 B 的价格中。

在本例中,存在三种状态,但现有的可交易资产只有 2 种,因此属于不完全市场。在现实生活中,未来可能的状态数量通常大大超过资产数量,因此该例子是个经典的例子。

1. 复制定价法

复制定价法的基本思路是,如果我们可以用适当数量的可交易资产把新资产期权复制出来,由于复制组合与期权在 1 时刻的回报相等,根据无套利假设,它们在 0 时刻的价格应该相等。这样就可以利用可交易资产的价格算出期权的价格。

复制定价法基本步骤如下:

第一步,计算期权在 1 时刻的回报。根据看涨期权的条款,期权多头会在第 1 和 2 种状态下行使期权,从而分别获得 3 和 1 的回报,而在第 3 种状态下弃权,从而获得 0 的回报。也就是说,该期权在 1 时刻的回报为(3,1,0)。

第二步,看看能否用可交易资产把期权复制出来。令 a 和 b 分别表示复制期权所需要的 A 和 B 两种资产的数量,由于该期权在 1 时刻的回报为(3,1,0),因此复制期权需要满足如下方程组:

$$10a+8b=3$$
$$8a+12b=1$$
$$0a+0b=0$$

求解可得:$a=0.5, b=-0.25$。

也就是说,我们只要买进 0.5 份 A 资产,同时卖空 0.25 份 B 资产,就可以复制出该期权。

第三步,利用可交易资产的价格算出期权的价格。根据无套利假设,我们就可以求出期权价格(c):

$$c=0.5\times8-0.25\times9=1.75(元)$$

从复制定价法可以看出,只要新的资产可以被市场上可交易资产复制出来,那么在无套利的假设下这种新的资产就可以定价。从本例可以看出,在不完全市场[①]中,即互相不可复制的可交易资产数量少于状态数量的市场,并不是所有资产都是可复制的。该期权之所以能被复制出来,是因为它在第三种状态下回报为 0,而现有的交易资产在第三种状态下的回

---

① 类似地,完全市场是指目前市场上互相不可复制的可交易资产数量等于未来的状态数量。在完全市场中,所有新资产都可以用市场上现有的可交易资产复制出来。

报都为 0。如果我们用三维空间来描述资产在三种状态下的回报,那么只有在 A 和 B 两种资产张成的平面上的资产才可以被复制出来。上述结论可以拓展到 n 个状态 m 种可交易资产($n>m$)的情形。

2. 状态价格定价法

状态价格是指状态证券的价格。所谓状态证券是指 1 时刻出现某种状态时回报为 1,否则回报为 0 的资产。资产的价值可以用状态价格表示为:

$$V = \sum \pi_j X_j \tag{1.12}$$

式中:$\pi_j(j=1,2,3,\cdots,S)$ 表示第 j 种状态的状态价格,对同一个投资者来说,π_j 是相同的,它取决于状态偏好、状态概率和无风险利率。$X_j(j=1,2,3,\cdots,S)$ 表示该资产在第 j 种状态的回报。

状态价格定价法的基本思路是,利用现有的可交易资产价格计算出状态价格,再利用状态价格算出期权价格。

状态价格定价法基本步骤如下:

第一步,利用现有的可交易资产计算出状态价格。由于 A 可以看作由 10 份状态证券 1 和 8 份状态证券 2 组成的组合,根据无套利假设,我们可以利用市场上现有的可交易资产 A 和 B 的价格,得到如下方程组:

$$10\pi_1 + 8\pi_2 + 0\pi_3 = 8$$
$$8\pi_1 + 12\pi_2 + 0\pi_3 = 9$$

求解可得:$\pi_1 = \dfrac{3}{7}, \pi_2 = \dfrac{13}{28}$。

我们也可以按照复制定价法的思路,先利用可交易资产复制出状态证券 1 和 2,再利用无套利假设算出状态证券 1 和 2 的价格。这样计算出来的结果与上述结果完全一样。

第二步,利用状态价格计算期权价格。由于该期权可以看作 3 份状态证券 1 和 1 份状态证券 2 构成的组合,因此我们可以利用状态证券 1 和 2 的价格算出期权价格:

$$c = 3 \times \dfrac{3}{7} + 1 \times \dfrac{13}{28} + 0 \times \pi_3 = 1.75(\text{元})$$

从状态价格定价法的计算过程可以看出,我们实际上是用可交易资产复制出相关的状态证券,再用这些状态证券复制出期权,然后在无套利假设下计算出期权价格。因此状态价格定价和复制定价法是一样的,都需要可复制的条件和无套利假设。

3. 风险中性定价法

如果把第 j 种状态价格 π_j 分拆成第 j 种状态的概率 P_j 和第 j 种状态随机贴现因子 M_j 的乘积,即 $\pi_j = P_j M_j$,则有:

$$V = \sum P_j M_j X_j = E(MX) \tag{1.13}$$

式中:$M = (M_1, M_2, \cdots, M_S)$ 为随机贴现因子向量,$X = (X_1, X_2, \cdots, X_S)'$ 为现金流(或称回报)向量。

显然,式(1.13)是式(1.11)的单期简化版。对式(1.13)进行数学变换,可得:

$$V = M^Q \sum \dfrac{P_j M_j}{M^Q} X_j$$

其中 $M^Q = \sum P_j M_j$。令 $Q_j = \dfrac{M_j}{M^Q} P_j$，在无套利条件下①，显然 $Q = (Q_1, Q_2, \cdots, Q_S)$ 是一种概率测度。有：

$$V = M^Q \sum Q_j X_j = M^Q E^Q(X) \tag{1.14}$$

式中：$E^Q(\cdot)$ 为 Q 测度下的期望值。

在 Q 测度下，所有状态的贴现因子都相等，都等于 M^Q，预期回报相等的资产价值都相等，说明投资者只关心各种资产的预期回报，而不关心它的风险，也就是说投资者的风险态度是中性的。因此，上述定义的 Q 测度被称为风险中性测度，M^Q 被称为无风险贴现因子。如果存在无风险资产，

$$M^Q = e^r \tag{1.15}$$

式中，r 表示普通复利的无风险利率。

风险中性定价法的基本思路是：为了定价方便，我们可以从现实测度转换到风险中性测度进行定价，定价结果适用于现实测度。如果新资产是可复制的，定价结果是唯一的。

风险中性定价基本步骤如下：

第一步，进行测度转换。利用现有可交易资产的价格，我们可以求解 $M_i P_i$ 乘积的值，并据此转换到风险中性测度。从市场上的可交易资产 A、B 的市场价格我们可以得到如下方程：

$$10 M_1 P_1 + 8 M_2 P_2 + 0 M_3 P_3 = 8$$
$$8 M_1 P_1 + 12 M_2 P_2 + 0 M_3 P_3 = 9$$

求解可得：$M_1 P_1 = 3/7, M_2 P_2 = 13/28$。通过测度转换，我们就可以得到风险中性概率的表达式：$Q_1 = \dfrac{3}{7 M^Q}, Q_2 = \dfrac{13}{28 M^Q}, Q_3 = 1 - Q_2 - Q_2 = 1 - \dfrac{25}{28 M^Q}$。

第二步，计算在风险中性测度下该期权回报的期望值。该期权在 1 时刻的回报为 $(3,1,0)$，因此计算在风险中性测度下该期权回报的期望值为：

$$3 \times Q_1 + 1 \times Q_2 + 0 \times Q_3 = \dfrac{9}{7 M^Q} + \dfrac{13}{28 M^Q}$$

第三步，用 M^Q 贴现求出该期权价格。在风险中性测度下，该期权回报的期望值乘以 M^Q 就是期权价格：

$$c = M^Q \left(\dfrac{9}{7 M^Q} + \dfrac{13}{28 M^Q} \right) = 1.75$$

从本例可以看出，尽管可交易资产的数量少于状态的数量，属于不完全市场，M^Q 不是唯一的。但由于该期权可以由可交易资产 A 和 B 复制出来，因此仍然可以对该期权运用风险中性定价法进行精确定价。

如果市场是完全的，所有新产品都可以由现有产品复制，那么所有新产品都可以准确定价。以 3 种状态有 3 种互相不可复制的资产为例。由于待求变量只有 Q_1、Q_2 和 M^Q，在无套利条件下，我们可以用式（1.14）写出这 3 个资产的价格方程。3 个方程 3 个未知变量，就可

---

① 无套利等价于 M 大于 0，证明过程详见 J三 Cochrane. Asset Pricing. 2nd Edition. 2005. Princeton University Press, Princeton and Oxford。

以得到 Q_1、Q_2 和 M^Q 的唯一解,进而利用它们求出市场上所有新资产的合理价格。

如果市场不完全,而且待定价的新资产并不能用可交易资产复制出来,则我们无法求得该资产的精确定价。在上例中,任何在第三种状态下有回报的资产,都无法用 A、B 两种资产以及由这两种资产复制出来的资产复制出来。由于在对该资产定价时需要引入 Q_3,导致 M^Q 无法被约去,M^Q 未知意味着新资产的精确价格是无法求得的。

好消息是,对于不可复制的新资产,我们可以利用概率测度的性质和贴现因子的经济含义确定 M^Q 的合理范围,进而确定新资产价格的合理范围。具体而言,利用 $Q_1+Q_2 \leq 1$ 的性质,我们从 $M^Q(Q_1+Q_2) = 3/7+13/28 = 25/28$ 可知 $M^Q \geq 25/28$。而在正常情况下,M^Q 应该小于等于 1。因此 M^Q 的合理取值范围为 $25/28 \leq M^Q \leq 1$。利用 M^Q 的合理取值范围就可以求出新资产的合理价格范围。

举个例子。假设有一种资产,它在 1 时刻的回报为 (3,2,1),那么它的合理价格范围如何确定呢?我们如果取 $M^Q = 1$,则可以求得 $Q_1 = 3/7, Q_2 = 13/28, Q_3 = 3/28$,那么该资产的价格应该等于 $3\times 3/7+2\times 13/28+3/28 = 2.32$(元)。我们如果取 $M^Q = 25/28$,则可以求得 $Q_1 = 48\%, Q_2 = 52\%, Q_3 = 0$。则该资产的价格应该等于 $25/28(3\times 48\%+2\times 52\%) = 2.21$(元)。这样我们就可以确定该资产价格的合理范围在 2.21~2.32 之间。

从上述三种方法的介绍可以看到,对于可复制产品的定价,风险中性定价法并不一定是最简单易懂的方法。但它的优势在于它可以从可交易资产的价格中计算出不可复制资产的合理范围。

四、积木分析法

除了上述的定价原理和技术方法,在金融工程方案与产品的设计、分析、定价和风险管理过程中,经常需要用到积木分析的思想。积木分析法也叫模块分析法,是一种将各种金融工具进行分解和组合以解决金融问题的分析方法。由于金融工程产品和方案本来就是由基础产品和衍生产品构造组合形成的,积木分析法显然是一种非常适合金融工程的分析方法。就像儿童拿着不同的积木或者用不同的摆法创造出神奇的"建筑物"一样,金融工程师运用"金融积木箱"中的积木——各种金融工具(主要是衍生金融工具),来解决金融中的现实问题。

积木分析法中的一个重要工具是金融产品回报(payoff)图或损益(gain or loss)图。回报图的横轴为到期日标的资产价格,纵轴为(衍生)产品不考虑成本时的回报。而损益图又称为盈亏图,其与回报图的区别在于纵轴是考虑了成本之后的(衍生)产品的盈亏。

图 1.3 中的三个图案分别给出了行权价格和交割价格相等的远期多头、看涨期权空头和看跌期权空头的回报图。从图中可以看出,回报图(盈亏图)不仅可以非常直观地描述不同金融工具的风险盈亏特征,还可以进一步分析不同金融工具之间的组合和分解关系;不同的衍生产品之间可以通过一定的组合和分拆,转化为另一种新的衍生产品。因此,回报图(盈亏图)和积木分析法,是金融工程的重要分析工具。

从图 1.3 可以看出,远期多头加上看涨期权空头可以组成看跌期权空头。同理,看涨期权多头加上看跌期权空头可以构造远期多头。

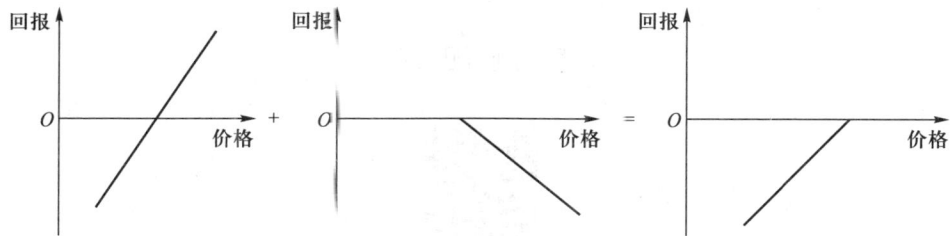

图 1.3 远期多头+看涨期权空头=看跌期权空头

本 章 小 结

1. 金融工程是以金融产品和解决方案的设计、金融产品的定价与风险管理为主要内容,运用现代金融学、数理和工程方法与信息技术的理论与技术,对基础产品与金融衍生产品进行组合与分解,以达到创造性地解决金融问题的根本目的的学科与技术。

2. 金融工程的发展带来了前所未有的金融创新与金融业的加速度发展,包括变幻无穷的新产品与更具准确性、时效性和灵活性的低成本风险管理技术。但是当运用不当时,也可能导致风险放大和市场波动加剧。

3. 日益动荡的全球经济环境、鼓励金融创新的制度环境、金融理论和技术的发展与信息技术的发展与进步是金融工程产生与发展的外部条件,市场参与者对市场效率的追求则是金融工程产生与发展的内在动因。

4. 金融衍生品的定价建立在市场无摩擦、无违约风险、市场是完全竞争的、交易者厌恶风险和市场无套利机会这 5 条假设之上。

5. 连续复利年利率是指计息频率无穷大时的年利率,它与每年计 m 次复利的年利率可以互相换算。

6. 金融衍生产品的定价有绝对定价法和相对定价法两种。根据金融工具未来现金流的特征,运用恰当的贴现率将这些现金流贴现得到的现值,就是绝对定价法下确定的证券价格。相对定价法则利用标的资产价格与衍生证券价格之间的内在关系,根据标的资产价格求出金融衍生产品价格。最常见的相对定价法有复制定价法、状态价格定价法和风险中性定价法等。

7. 无套利机会有两种严格的数学定义:(1)如果在未来任何时刻 A 的回报大于等于 B,而且 A 的回报大于 B 的概率大于 0,则在当前时刻 A 的价格一定大于 B。(2)如果某种资产或资产组合在未来任何时刻的回报大于等于 0,而且大于 0 的概率大于 0,那么它在当前时刻的价格一定大于 0。

8. 状态价格是指在特定的状态发生时回报为 1,否则回报为 0 的资产在当前的价格。如果未来时刻有 N 种状态,而这 N 种状态的价格都已知,那么只要知道某种资产在未来各种状态下的回报状况,就可以对该资产进行定价。这就是状态价格定价技术。

9. 积木分析法也叫模块分析法,是指将各种金融工具进行分解和组合,以解决金融问题。积木分析法中的一个重要工具是金融产品回报图或损益图。

即 测 即 评

习　题

1. 如何理解金融工程的内涵？
2. 谈谈你对风险管理在金融工程中地位的看法。
3. 在金融工程的发展过程中，哪些因素起到了最重要的作用？
4. 如何理解金融衍生产品市场上的三类参与者？
5. 请列出中国金融市场上现有的金融衍生产品。
6. 请列举并讨论金融衍生产品的正面和负面案例，并分析负面案例的本质原因，是金融衍生品本身的问题还是人为运用不当？
7. 如果直接用绝对定价法为金融衍生产品定价，可能会出现什么问题？
8. 试述复制定价法、风险中性定价法和状态价格定价法的基本思想，并讨论这三者之间的内在联系。
9. 如何理解金融衍生产品定价的基本假设？
10. 如果连续复利年利率为5%，10 000元现值在4.82年后的终值是多少？
11. 每季度计一次复利的年利率为4%，请计算与之等价的每年计一次复利的年利率和连续复利年利率。
12. 每月计一次复利的年利率为3%，请计算与之等价的连续复利年利率。
13. 某笔存款的连续复利年利率为5%，但实际上利息是每季度支付一次。请问1万元存款每季度能得到多少利息？
14. "用连续复利计息就是高利贷，比用普通复利计息要多收不少利息。"请问这个说法对吗？请解释。
15. 很多金融文献都采用$\Delta \ln P_t$来表示收益率或增长率（其中P_t为t时刻的变量值），请问这是为什么？但对于日收益率或日增长率，人们常常认为$\Delta \ln P_t$和$\dfrac{\Delta P_t}{P_t}$差不多，你同意吗？

第二章 远期与期货概述

远期是最基本、最古老的金融衍生产品。期货则是远期的标准化。在这一章里，我们将了解远期和期货的基础知识，包括定义、主要类型和市场制度等，最后将讨论两者的异同点。

第一节 远期与远期市场

一、远期合约的定义

远期合约(financial forward contracts)是指双方约定在未来的某一确定时间，按确定的价格买卖一定数量的标的资产的合约。在合约中，未来将买入标的物的一方称为多方(long position)，而将在未来卖出标的物的一方称为空方(short position)。合约中规定的未来买卖标的物的价格称为交割价格(delivery price)，下文用 K 表示交割价格。

交易双方可以通过远期合约获得确定的未来买卖价格。多头可以通过买入远期锁定标的资产未来的买入价格，空头则可以通过卖出远期锁定标的资产未来的出售价格，从而消除价格风险。图 2.1 是对远期多头和空头的到期盈亏状况的描述。从图 2.1 中可以看出，如果到期标的资产的市场价格 S_T 高于交割价格 K，远期多头就盈利而空头就会亏损，价格上升多少就分别盈亏多少，因此图中分别为 45°线和-45°线。反之，如果到期标的资产的市场价格 S_T 低于交割价格 K，远期多头就亏损而空头就会盈利。K 是交易双方通过远期锁定的未来交易价格。

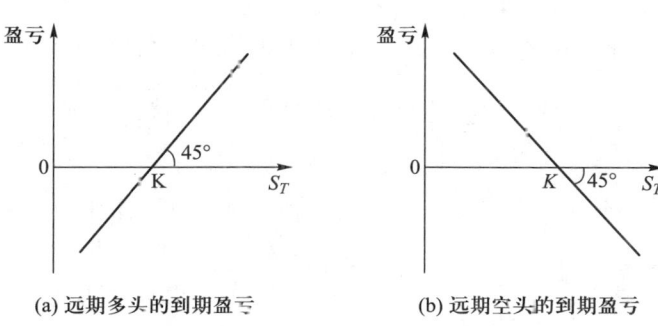

(a) 远期多头的到期盈亏　　　　(b) 远期空头的到期盈亏

图 2.1　远期头寸的到期盈亏

二、主要的金融远期合约种类

根据标的资产不同,远期合约分为金融远期合约和商品远期合约两大类。常见的金融远期合约包括远期利率协议、远期外汇协议和远期股票合约等。而商品远期合约的标的为各种商品,如黄金、铁矿石、大豆、运费指数。由于基本原理大同小异,本书在叙述时常以成交量更大的金融远期合约为例。

(一) 远期利率协议

远期利率协议(forward rate agreements,FRA)是买卖双方同意从未来某一商定的时刻开始,在某一特定时期内按协议利率借贷一笔数额确定、以特定货币表示的名义本金的协议。合约中最重要的条款要素为协议利率,通常称为远期利率,即现在时刻的将来一定期限的利率。例如,1×4 远期利率,即表示 1 个月之后开始的期限为 3 个月的远期利率;3×6 远期利率,则表示 3 个月之后开始的期限为 3 个月的远期利率。

为推动债券远期和远期利率市场发展,促进利率市场化进程,中国人民银行分别于 2005 年 5 月和 2007 年 9 月 29 日公布了《全国银行间债券市场债券远期交易管理规定》和《远期利率协议业务管理规定》,标志着我国债券远期和远期利率协议业务正式起步。但相比国债期货和利率互换等利率衍生品市场而言,我国债券远期和远期利率市场交易一直不活跃。

> **【案例 2.1】**
>
> **远期利率协议**
>
> 2024 年 3 月 15 日,A 企业根据投资项目进度,预计将在 6 个月后向银行贷款人民币 1 000 万元,贷款期为半年,但担心 6 个月后利率上升提高融资成本,即与银行商议,双方同意 6 个月后 A 企业按年利率 6.2%(一年计两次复利)向银行借入半年 1 000 万元贷款。这就是远期利率协议。
>
> 假设 2024 年 9 月 15 日 FRA 到期时,市场实际半年期贷款利率为 6.48%。这时 A 企业有两个选择:
>
> (1) 直接执行 FRA,以 6.2% 向银行贷入半年期 1 000 万元贷款,比市场利率节省 $1\,000 \times \dfrac{6.48\% - 6.2\%}{2} \times \dfrac{1}{1 + 6.48\%/2} = 1.356$(万元)的利息支出。
>
> (2) 对 FRA 进行现金结算,由于市场利率上升,银行支付给 A 企业 $1\,000 \times \dfrac{6.48\% - 6.2\%}{2} \times \dfrac{1}{1 + 6.48\%/2} = 1.356$(万元),同时 A 企业直接到市场上以即期利率 6.48% 借入 1 000 万元的贷款,等价于按 6.2% 贷款。
>
> 假设 2024 年 9 月 15 日 FRA 到期时,市场实际半年期贷款利率下跌至 6%。这时 A 企业在 FRA 中损失,具体损失金额为 $1\,000 \times \dfrac{6\% - 6.2\%}{2} \times \dfrac{1}{1 + 6\%/2} = -0.970\,9$(万元)。但无论如何,A 企业的真实贷款利率锁定为 6.2%。

从案例 2.1 可以看出,通过事先约定利率,借款人可以规避利率上升的风险,贷款人则可以规避利率下跌的风险。无论未来利率升跌,FRA 将实际贷款利率锁定为协议利率。

在现实生活中,对 FRA 进行现金结算是常见的做法,即协议双方不真实交换本金,只是在结算日根据协议利率和参考利率的市场实际值之间的差额以及名义本金额,由交易一方付给另一方结算金。这种现金结算制度既实现了对利率风险的规避,又大大提高了便利性和灵活性,使得那些要管理利率风险但不需要真实借贷的投资者也可以使用 FRA。因此 FRA 中的本金通常被称为"名义本金"。

值得注意的是,FRA 的多方为利息支付者,即名义借款人,其目的主要是规避利率上升的风险。相应地,FRA 的空方则是利息获得者,即名义贷款人,其目的主要是规避利率下降的风险。因此,若担心利率上升,应建立 FRA 的多头头寸;担心利率下跌,则应建立空头头寸。

(二) 远期外汇协议

远期外汇协议(forward exchange agreements,FXA)是指双方约定在将来某一时间按约定的汇率买卖一定金额的某种外汇的合约。对于一些受到管制的货币,其远期外汇协议无法用该货币交割,到期时只能用某种国际货币(如美元)结算盈亏。这种合约称为不可交割远期(non-deliverable forwards,NDF)。相应地,符合监管规定,到期可以进行本金交割的远期外汇协议常被称为可交割远期(deliverable forwards,DF)。另外,尽管远期合约可以根据交易双方需求量身打造,但在长期交易中,市场多会遵循一定的交易惯例,如常规的到期期限等。

20 世纪 90 年代中后期,海外机构具有人民币汇率保值的需求,但当时在海外没有可交割的远期市场,人民币 NDF 便应运而生。NDF 无法进行本金的交割,其标的是在岸市场上的人民币(CNY)现货汇率。在 2011 年之前,人民币 NDF 基本是主导离岸人民币外汇远期市场的交易品种;2011 年之后,随着离岸人民币(CNH)可交割远期市场的出现、发展和完善,NDF 市场份额逐渐被 CNH 可交割远期市场所替代。但由于 NDF 独特的以境内中间价为交割标的产品设计形式,以及轧差交割美元的特点,仍然是市场参与者常用的交易工具,当前更是受到部分实需客户的偏爱。

目前市场交易量较大的美元兑人民币远期汇率有两类:CNY 是在国家外汇管理局监管下,主要通过中国境内的外汇交易中心(也被称为"在岸市场")进行的远期外汇交易,其标的是在岸即期人民币汇率;CNH 则是在离岸市场上的远期外汇交易,其标的是离岸人民币汇率。由于到期时都可以进行本金交割,CNY 和 CNH 都属于可交割远期(DF)。但离岸与在岸市场之间是相对分离的,CNY 和 CNH 两个市场的即期和远期汇率有所不同,反映了两个市场的外汇供需存在差异。

表 2.1 列出了美元兑人民币境内外 DF 和 NDF 远期汇率的常见期限和行情。

表 2.1 美元兑在岸和离岸人民币远期利率(2023 年 11 月 24 日)

在岸 DF(CNY)		离岸 DF(CNH)		离岸 NDF	
期限	远期汇率	期限	远期汇率	期限	远期汇率
隔夜	7.157 2	隔夜	7.156 6		
次日	7.155 2	次日	7.157 8		

续表

在岸 DF(CNY)		离岸 DF(CNH)		离岸 NDF	
期限	远期汇率	期限	远期汇率	期限	远期汇率
1日	7.153 8	1日	7.157 9	1日	7.112 0
1周	7.149 6	1周	7.154 4	1周	—
2周	7.144 8	2周	7.150 0	2周	—
3周	0.000 0			3周	
1月	7.133 6	1月	7.143 1	1月	7.107 0
2月	7.110 2	2月	7.121 7	2月	7.092 0
3月	7.088 9	3月	7.105 5	3月	7.079 5
4月	7.068 4			4月	—
5月	0.000 0			5月	—
6月	7.023 9	6月	7.056 0	6月	7.039 5
9月	6.958 0	9月	7.009 2	9月	6.999 5
1年	6.896 5	1年	6.967 7	1年	6.964 5
18月	0.000 0			18月	—
2年	0.000 0	2年	6.849 6	2年	6.844 5
3年	6.601 0	3年	6.759 1	3年	6.740 0
		4年	6.669 1	4年	6.710 0
		5年	6.584 1	5年	6.585 0
				7年	6.330 0
				10年	6.045 0

数据来源：万得数据库。

在中国外汇交易中心，除了美元，人民币还与很多主要货币有远期交易。表2.2所示为2023年11月24日17:30中国外汇交易中心人民币对主要外币的掉期报价。报价单位是在即期汇率报价的基础上加的点数，也就是掉期的差价。所谓掉期就是在买进（卖出）即期的同时卖出（买入）远期。在外汇市场上，1元=10 000点。以1年期美元远期为例，银行的买入报价-2 583.00点，由于当时即期汇率买报价为7.152 1元人民币/美元，因此银行的1年期远期买入报价为7.152 1+0.258 3=6.893 8（元人民币/美元）。

表2.2 人民币掉期报价（时间：2023年11月24日17:30）

时间	1周	1月	3月	6月	1年
USD/CNY	-48.50/-48.50	-209.13/-209.09	-654.80/-654.80	-1 304.14/-1 304.14	-2 583.00/-2 583.00
EUR/CNY	-30.14/-29.68	-133.53/-133.41	-397.65/-397.65	-802.20/-800.87	-1 566.76/-1 563.75
100JPY/CNY	20.00/20.00	84.02/84.34	269.25/269.25	509.92/510.08	935.52/936.74
HKD/CNY	-6.42/-6.34	-27.07/-26.98	-81.20/-81.02	-154.28/-154.19	-300.01/-299.43

续表

时间	1周	1月	3月	6月	1年
GBP/CNY	-57.49/-57.49	-246.08/-245.93	-762.68/-762.28	-1 542.05/-1 540.63	-3 127.53/-3 127.07
AUD/CNY	-22.56/-22.40	-96.94/-96.88	-304.61/-303.88	-636.00/-635.91	-1 389.90/-1 387.18
NZD/CNY	-29.58/-29.09	-124.29/-124.16	-386.60/-385.51	-779.54/-776.05	-1 591.18/-1 587.60
SGD/CNY	-20.83/-20.46	-87.22/-86.67	-270.49/-269.92	-524.40/-522.80	-1 046.23/-1 042.35
CHF/CNY	4.16/4.19	17.11/17.69	69.92/72.71	109.16/109.34	148.87/150.13
CAD/CNY	-30.97/-30.95	-132.16/-132.10	-403.10/-402.93	-804.99/-803.50	-1 613.43/-1 609.78
CNY/MYR	1.00/1.70	5.15/7.06	16.26/19.76	35.33/41.75	99.59/115.31
CNY/RUB	---/---	---/---	---/---	---/---	---/---
CNY/ZAR	31.92/32.06	139.33/139.86	446.53/447.56	894.92/896.77	1 836.00/1 860.31
CNY/KRW	4.47/5.18	21.22/22.21	62.43/67.25	127.87/134.78	284.69/290.63
CNY/AED	3.41/3.62	14.60/15.09	45.97/46.48	92.08/92.25	187.99/188.90
CNY/SAR	3.73/3.76	16.98/17.33	52.56/52.97	104.25/104.78	208.45/209.20
CNY/HUF	841.73/859.62	3 592.72/3 762.02	9 809.14/10 142.46	18 271.00/18 717.83	31 685.00/32 294.61
CNY/PLN	4.40/4.56	18.15/18.49	64.26/65.17	126.47/129.61	263.06/264.45
CNY/DKK	3.20/3.37	13.41/13.94	39.29/41.25	81.14/82.51	159.63/168.65
CNY/SEK	5.84/6.13	25.45/25.91	74.60/75.12	161.56/162.67	342.04/342.53
CNY/NOK	6.71/6.98	31.10/31.39	101.36/103.12	208.68/213.50	427.04/436.90
CNY/TRY	241.84/263.91	1 192.08/1 251.52	3 904.76/3 980.22	8 240.38/8 313.89	17 583.16/18 019.07
CNY/MXN	16.28/16.37	70.29/70.55	221.45/221.96	444.23/446.03	898.00/900.16
CNY/THB	18.00/23.00	51.00/53.00	59.00/64.00	110.00/126.00	289.00/322.00

数据来源:中国货币网。

(三) 远期股票合约

远期股票合约(equity forwards)是指在将来某一特定日期按特定价格交付一定数量单个股票或一篮子股票的协议。远期股票合约在世界上出现时间不长,总交易规模也不大。案例2.2给出了一个有趣的例子。

【案例2.2】

远期股票合约

21世纪初,一些以远期股票合约为主要交易形式的股票回购协议使得礼来(Eli Lilly Company,一家制药公司)和电子资讯系统(Electronic Data Systems Corp.)等公司面临着巨大的财务风险。与其他许多公司一样,这些公司通过向员工发放优先认股权作为激励,因此要从市场上购买本公司股票以满足认股权行权时的需要。在20世纪90年代股票市场繁荣时期,这些公司股票价格强劲上扬。为了控制它们的购买成本,这些公司便与投资银行签订合同,约定将来以固定价格购买本公司的股票。显然,这就是远期股票合约。

> 在这些公司签订的远期股票合约中,约定的远期价格通常高于签订时的股票市价。例如,2000年3月礼来公司签订远期股票合约,约定将在2003年年底以前购买本公司450万股股票时,该公司的股票市价为70美元左右。而远期股票合约中的协议价格定在86美元到100美元。然而到了2002年9月,礼来公司的股票市价却跌至55美元上下,致使礼来公司面临着1.5亿美元的潜在亏损。类似地,由于被迫购买其544万股股票,电子资讯系统公司在2002年的短短几个月内便损失了约1亿美元。

三、远期市场的交易机制

远期合约是适应规避现货交易风险的需要而产生的。相对原始社会自给自足的状态,现货交易是人类的一大进步。但现货交易的最大缺点在于无法规避价格风险。如果在播种时就能确定农作物收割时卖出的价格,农场主就可安心致力于农作物的生产了。远期合约正是为了规避现货价格风险而产生的。

远期市场的交易机制可以归纳为两大特征:分散的场外交易和非标准化合约。

远期合约不在交易所交易,而是在金融机构之间或金融机构与客户之间通过谈判后签署。已有的远期合约也可以在场外市场交易流通。随着技术手段的发展,现代远期交易已经发展成为通过计算机网络相互连通的全球性场外市场。

远期的另一个重要特点就是非标准化。在签署远期合约之前,双方可以就交割地点、交割时间、交割价格、合约规模、标的物的品质等细节进行谈判,以便尽量满足双方的需要。

远期的上述两个特点有利有弊。从缺点来说,首先,远期合约交易没有固定集中的场所和信息披露交换机制,信息交流和传递较慢;其次,非标准化的合约条款导致远期合约的流动性较差;最后,由于缺乏统一、集中和强有力的对手方风险管理机制,主要靠合约双方自身的信用,远期合约的违约风险相对较高。但作为非标准化的场外合约,远期的优势在于灵活性和隐蔽性,可以根据需求量身打造,且交易信息无须对外披露,特别符合机构投资者的需求。随着通信技术和互联网的发展,远期市场的信息劣势明显改善。2008年国际金融危机之后中央清算机构在全球市场的兴起,也为改善远期等OTC产品的对手方风险提供了新的解决方向。

第二节 期货与期货市场

一、期货合约的定义

期货合约(financial futures contracts)是指在交易所交易的、协议双方约定在将来某个日期按事先确定的条件(包括交割价格、交割地点和交割方式等)买入或卖出一定标准数量的特定标的资产的标准化协议。在合约中未来将买入标的物的一方称为多方,而在未来卖出标的物的一方称为空方。

从本质上说,期货与远期是相同的,都是在当前时刻约定未来的各交易要素。因此图2.1中的45°线和-45°线同样可以描述期货多头与空头的损益状况。期货也同样可以为交易双方提供确定的未来买卖价格。

期货与远期的重要区别就在于交易机制的差异。与场外交易的非标准化远期合约相反,期货是在交易所内交易的标准化合约。交易所同时规定了一些特殊的交易和交割制度,如每日盯市结算(mark to market and daily settlement)和保证金(margin)制度等。对于期货与远期的不同,后文将进行更深入的介绍和分析。

二、主要的期货合约种类

与远期合约的分类相似,期货也分为金融期货和商品期货两大类。常见的金融期货主要可分为股票指数期货、外汇期货和利率期货等。其中,股票指数期货是指以特定股票指数为标的资产的期货合约。外汇期货则以货币作为标的资产,如美元、英镑、日元、澳元和加元等。利率期货是指标的资产价格依赖于利率水平的期货合约,如欧洲美元期货和国债期货等。我国的商品期货主要包括农产品期货、贵金属期货、有色金属期货、黑色系期货、能源化工期货、气候期货、运费指数期货、碳排放期货等。

金融期货与商品期货的共同点包括:都是通过市场化的方式,将现货市场的风险与收益在不同期货交易者之间进行转移分配;交易结算机制和风险控制机制基本相同,都在场内交易,都依托中央对手方进行结算,都通过价格限制、持仓限额、强行平仓等一系列制度安排来防控和化解市场风险,维护市场的稳定运行;法律关系和监管制度安排也基本相同。

金融期货与商品期货的区别主要表现在以下几个方面。

(1) 诞生时间和发展速度不同。从全球来看,商品期货早于金融期货诞生,而金融期货发展相对更快。

(2) 交割方式不同。由于实物商品和金融资产的基础物理属性和标准化程度不同,商品期货更多在交割日通过实物所有权的转移加以清算。金融期货则更多按照结算价格以现金来结清头寸。但由于金融凭证等实物基本上采用电子方式记录在册,其交割过程比商品实物简单。总的来说,交割方式的差异导致金融期货的交割成本更低。

(3) 合约月份的差异。合约月份指期货合约最后交割日所在的月份。商品期货合约月份的设计主要考虑对应现货市场生产、流通、消费等因素。而金融市场的运行不直接受到季节性因素的影响,因此金融期货的合约月份安排主要考虑市场需求和流动性等因素。

(4) 合约规模的差异。合约规模是指交易一手期货合约所代表的商品或金融资产的价值。相对于金融期货来说,商品期货的合约规模一般要小很多。

(5) 结算模式的差异。我国的商品期货采用全员结算,即交易所的会员均具有与交易所进行结算的资格,交易所对全体会员结算,会员对其客户结算。金融期货则采用分级结算,会员由结算会员和非结算会员组成。只有结算会员具有与交易所进行结算的资格,交易所对结算会员结算,结算会员对非结算会员结算,结算会员和非结算会员对其客户结算。

(6) 适当性要求不同。金融期货对交易者适当性要求总体高于商品期货。

三、期货的产生与发展

期货市场是在远期市场基础上发展起来的,现代期货交易产生于19世纪中期的美国。

1848年芝加哥的82位商人发起并组建了芝加哥期货交易所(Chicago Board of Trade，CBOT)，旨在弥补原有远期交易存在的流动性差、信息不对称、违约风险高等缺陷，给交易者提供了一个集中见面寻找未来交易对手的场所，以事先确定销售价格，确保利润。1865年，芝加哥期货交易所又推出了标准化的协议，将除价格以外所有的合同要素标准化，同时实行保证金制度，交易所向立约双方收取保证金，作为履约保证。至此，远期交易发展为现代期货交易。

金融期货合约交易又是在现代商品期货交易的基础上发展起来的。20世纪70年代初，世界经济环境发生巨大变化，布雷顿森林体系崩溃，世界各国开始实行浮动汇率制，金融市场上的利率、汇率和证券价格开始发生急剧波动，整个经济体系风险增大。人们日益增长的金融避险需求推动了金融期货交易的产生。1972年5月，芝加哥商业交易所(CME)设立国际货币市场(IMM)分部，推出世界上第一张外汇期货合约，从而成功地将金融期货引入期货市场；1975年10月，芝加哥期货交易所(CBOT)推出第一张利率期货合约——政府国民抵押贷款协会(Government National Mortgage Association，GNMA)的抵押凭证期货交易；1982年2月，美国堪萨斯期货交易所(Kansas City Board of Trade，KCBT)开办价值线综合指数期货(value line index futures)交易。由此奠定了金融期货三大类别的主要架构。

金融期货问世至今50多年的历史，其发展速度却相当惊人。50多年来新的金融期货品种层出不穷，每家期货交易所都在不断地寻找能够满足市场需求并能够创造巨额交易量的创新品种。图2.2展示了2000—2022年全球期货年交易量的增长情况。

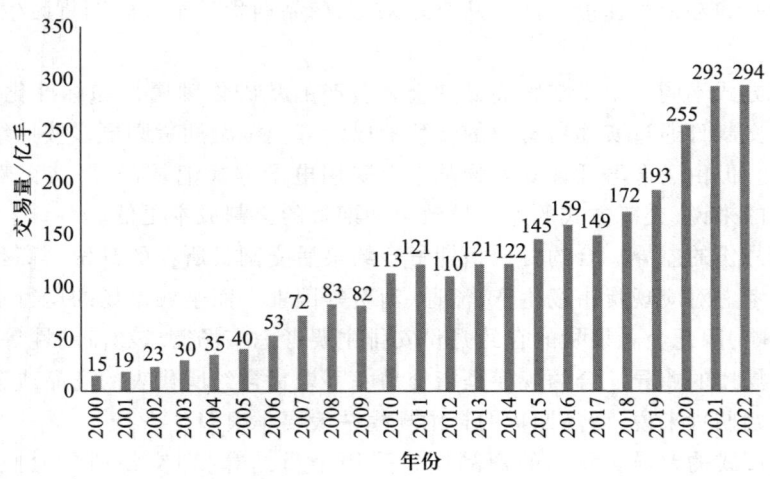

图2.2　2000—2022年全球期货交易量

数据来源：美国期货业协会(FIA)。

时至今日，金融期货交易在许多方面都已经远远走在了商品期货交易的前面。以2022年为例，金融期货的交易量在全球期货总交易量中所占比例高达71%(见图2.3)。

依地区划分，2022年期货交易量排名前三的分别为亚太地区40%、北美地区21%和欧洲地区20%，如图2.4所示。按国别分，2022年期货交易量前三名的分别为：中国(22%)、美国(20%)和巴西13%。

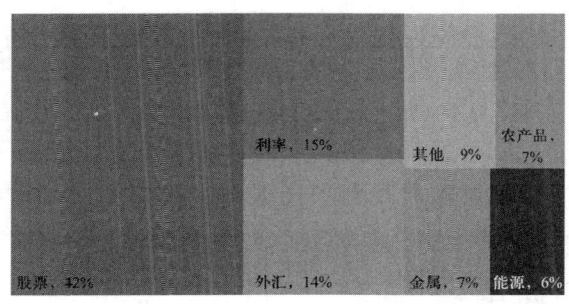

图 2.3　2022 年全球各大类期货交易量占比

数据来源：美国期货业协会（FIA）。

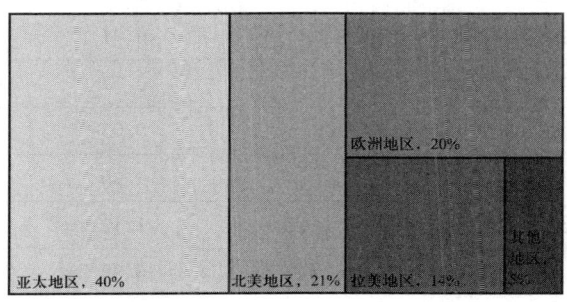

图 2.4　2022 年全球各地区期货交易量占比

数据来源：美国期货业协会（FIA）。

表 2.3 展示了按 2023 年 9 月期货交易量排名，全球前 30 大交易所成交量及其所在集团的全球排名。按集团口径计算，全球前三大交易所集团分别为巴西圣保罗证券交易所（B3）、芝加哥商业交易所集团（CME Group）和郑州交易所。其合计交易量占全球期货与期权交易量达 42.94%。除了郑州商品交易所，我国的大连商品交易所、上海期货交易所、中国香港交易及结算所、中国台湾期货交易所和中国金融期货交易所，分列全球第 5 位、第 6 位、第 14 位、第 19 位和第 22 位。

表 2.3　2023 年 9 月全球主要交易所期货交易量　　　　　　　　单位：亿手

排名	交易所	2023 年 9 月交易量/亿手	占比/%
1	巴西圣保罗证券交易所（B3）	4.49	18.22%
2	芝加哥商业交易所集团	3.59	14.57%
	芝加哥商业交易所（CME）	1.95	7.91%
	芝加哥期货交易所（CBOT）	1.16	4.71%
	纽约商业交易所（NME）	0.40	1.62%
	商品交易所（COMEX）	0.08	0.32%
3	郑州商品交易所	2.50	10.15%
4	伊斯坦布尔交易所	2.09	8.48%

续表

排名	交易所	2023年9月交易量/亿手	占比/%
5	大连商品交易所	2.04	8.28%
6	上海期货交易所	1.82	7.39%
	上海期货交易所	1.66	6.74%
	上海国际能源交易所	0.16	0.65%
7	欧洲期货交易所(Eurex)	1.27	5.15%
8	洲际交易所	1.23	4.99%
	洲际欧洲期货交易所	0.91	3.69%
	洲际美国期货交易所	0.27	1.10%
	洲际欧洲大陆能源交易所(Endex)	0.05	0.20%
9	莫斯科交易所	1.16	4.71%
10	印度全国股票交易所	1.12	4.55%
11	韩国交易所	0.92	3.73%
12	日本交易所集团	0.32	1.30%
	大阪交易所	0.32	1.30%
13	孟买股票交易所	0.25	1.01%
14	中国香港交易及结算所	0.24	0.97%
	中国香港交易及结算所	0.12	0.49%
	伦敦金属交易所	0.12	0.49%
15	约翰内斯堡证券交易所	0.20	0.81%
16	新加坡交易所	0.19	0.77%
17	澳大利亚证券交易所集团	0.15	0.61%
	ASX 24	0.15	0.61%
18	泰国期货交易所	0.12	0.49%
19	中国台湾期货交易所	0.12	0.49%
20	阿根廷MATba ROFEX交易所	0.12	0.49%
21	印度多商品交易所	0.12	0.49%
22	中国金融期货交易所	0.10	0.41%
23	加拿大TMX集团	0.08	0.32%
	蒙特利尔交易所	0.08	0.32%
	全球期货交易量合计	24.64	

数据来源：美国期货业协会(FIA)。

我国期货市场产生于20世纪80年代末。随着改革开放的逐步深化,价格体制逐步放开。1988年5月,国务院决定进行期货市场试点。1990年10月12日,中国郑州粮食批发市场经国务院批准,以现货交易为基础,正式引入期货交易机制,由此迈出了中国期货市场发展的第一步。

由于人们认识上的偏差,尤其是受到部门和地方利益的驱动,在缺乏统一管理和没有完善法规的情况下,中国期货市场出现盲目高速发展的趋势。到1993年年底,全国期货交易所达到50多家,期货经纪公司300多家,而各类期货兼营机构不计其数。这一超常规的发展也给期货市场带来了一系列问题,例如,交易所数量过多、交易品种严重重复、期货机构运作不规范、地下期货交易四处泛滥、从业人员鱼龙混杂、良莠不齐,这些问题都严重制约了我国期货市场的进一步发展,并且导致了人们对期货市场的种种误解。

为了遏止期货市场盲目发展,国务院授权中国证监会从1993年年底开始对期货市场主体进行了大规模的清理整顿和结构调整。1993年11月,国务院发出了《关于坚决制止期货市场盲目发展的通知》,1994年5月,国务院办公厅批转国务院证券委《关于坚决制止期货市场盲目发展若干意见请示的通知》,标志着第一轮清理整顿的开端。期货交易所由清理整顿前的50多家缩减为15家,并进行了会员制改造,期货品种缩减为35个。随后,期货市场又进行了第二轮清理整顿。到1998年,期货交易所精简合并为3家,分别是大连商品交易所(DCE)、郑州商品交易所(CZCE)和上海期货交易所(SHFE);期货品种缩减为12个;兼营机构退出了期货经纪代理业,原有的294家期货经纪公司缩减为180家左右。在前后两轮清理整顿之后,中国期货市场逐步走入正轨。

1999年6月,国务院颁布《期货交易管理暂行条例》。随后,与之配套的《期货交易所管理办法》《期货经纪公司管理办法》《期货经纪公司高级管理人员任职资格管理办法》和《期货业从业人员资格管理办法》也相继颁布实施。中国证监会、中国期货业协会、期货交易所三层次的市场监管体系初步形成,期货市场主体行为逐步规范,期货交易所的市场管理和风险控制能力不断增强,期货投资者越来越成熟和理智,整个市场的规范化程度有了很大提高。

进入21世纪以来,中国期货市场进入稳步发展的阶段。在这一阶段,中国期货市场的监管体制和法规体系不断完善,新的期货品种不断推出,期货交易量实现恢复性增长后连创新高,使得期货市场积累了服务产业及国民经济发展的初步经验,具备了在更高层次服务国民经济发展的能力。

2006年5月,中国期货保证金监控中心成立。作为期货保证金安全存管机构,监控中心有效地降低了保证金被挪用的风险,保证了期货交易资金的安全,维护了投资者的利益。中国金融期货交易所于2006年9月在上海成立,并于2010年4月推出了沪深300股票指数期货。这对于期货市场的发展具有重要意义,同时也标志着中国期货市场进入了商品期货与金融期货共同发展的阶段。

2014年5月,国务院出台了《关于进一步促进资本市场健康发展的若干意见》(简称新"国九条")。作为资本市场全面深化改革的纲领性文件,新"国九条"为资本市场的改革发展提供了顶层设计和战略规划,对期货市场的改革发展给予了充分肯定和高度重视,对于凝聚改革共识、明确发展方向、共同推进期货市场更好地服务实体经济具有深远影响,标志着中国期货市场进入了一个创新发展的新阶段。

截至2023年11月28日,我国已有郑州商品交易所、大连商品交易所、上海期货交易所、中国金融期货交易所和广州期货交易所等5家期货交易所,其中上海期货交易所下属的上海国际能源中心为国际能源衍生品交易平台。与国外不同的是,我国商品期货的成交量远大于金融期货的成交量,我国很多品种的商品期货成交量位居世界前列。例如,2022年,世界交易量最大的10大商品期货,中国占了9席,见表2.4。

表 2.4 2022年世界交易量前10大商品期货

合约名称	合约规模	交易所	交易量/手	持仓合约数/手
PTA	5 吨	郑州商品交易所	535 800 834	3 115 973
甲醇	10 吨	郑州商品交易所	395 544 977	1 905 678
纯碱	20 吨	郑州商品交易所	330 705 582	1 151 193
豆粕	10 吨	大连商品交易所	325 094 536	2 017 632
聚氯乙烯	5 吨	大连商品交易所	283 661 324	1 351 418
棕榈油	10 吨	大连商品交易所	241 582 846	687 780
玻璃	20 吨	郑州商品交易所	224 503 565	1 098 546
铁矿石	100 吨	大连商品交易所	221 120 805	1 313 299
轻质原油	1 000 桶	芝加哥商业交易所	205 997 830	1 440 725
豆油	10 吨	大连商品交易所	183 506 353	635 525

数据来源:世界交易所联合会(World Federation of Exchanges,WFE)。

四、期货市场的交易机制

期货交易的基本特征就是在交易所集中交易和标准化,这两个特征及其衍生出的一些交易机制,成为期货交易有别于远期交易的关键。

(一)集中交易与统一清算

期货市场的第一个特征是在有组织的交易所内交易,交易所和清算机构充当所有期货买方和卖方的对手方,匹配买卖撮合成交,集中清算,交易双方并不直接接触。这种交易方式克服了远期交易信息不充分和违约风险较大的缺陷,在很大程度上提高了市场流动性和交易效率,降低了违约风险。

1. 交易所

交易所是投资者根据预先制定的交易制度进行集中交易的场所。传统上,世界各国的期货交易所一般都采用非营利性的会员制。但近年来,会员制改为公司制的浪潮一浪高过一浪。无论是会员制还是公司制,只有取得交易所会员资格的机构或个人才能进入交易所进行期货交易,而非会员则只能通过会员代理进行期货交易。期货交易所本身不参加期货交易,它的主要职能是:提供交易场地或交易平台,制定交易规则,负责监督和执行交易,制定标准的期货合同,解决交易纠纷。

过去,人们通常定义期货的交易所交易为"场内交易",因为过去期货交易只能在交易大厅内的指定交易地点进行。通常每一种商品的期货交易都有一个指定的交易场。近年来,随着电子信息技术的飞速发展,电子交易在期货交易中所占比重逐年递增,交易地点的虚拟化成为一种趋势。但可以看到,即使没有固定的实际交易地点,由于体现为有组织的集中交易和统一清算,期货交易与远期交易那种松散的组织结构仍然是不同的。

2. 清算机构

清算机构是负责对期货交易所内交易的期货合约进行交割、清算和结算操作的独立机构，是期货市场运行机制的核心。它可以是交易所的一个附属部门，也可以是一家独立的公司。清算机构充当每笔交易的媒介，使得期货合约的买卖只要价格、数量匹配就可以随时进行，不用寻找和通知特定的交易对手；清算机构每天为会员进行净头寸的集中结算和清算，成为期货交易后台支持的核心。更重要的是，清算机构的这种中介作用和清算功能，充当买方的卖者和卖方的买者，既向买方保证卖方履约，也向卖方保证买方履约，极大地降低了期货交易的违约风险。

具体来看，期货交易所的清算机构之所以能够降低违约风险，原因有三：第一，期货交易都实行保证金制度和每日盯市结算制度。这是一套严格无负债的运行机制，是期货交易违约风险极低的根本保证。下文将详细介绍这一制度。第二，清算机构通常规定，所有会员必须对其他会员的清算责任负无限连带清偿责任，这就极小化了违约风险。第三，清算机构自身的资本也比较雄厚，可以作为最后的保障。总之，上述三个原因保证了期货清算机构的风险极小，在期货交易史上至今还未有过清算机构违约的先例。这是期货的突出优势之一。

（二）标准化的期货合约条款

期货与远期交易的第二个不同在于期货合约通常有标准化的合约条款。期货合约是由交易所设计、经主管机构批准后向市场公布的标准化合约。期货合约对标的资产的品种、交易单位、到期时间、最小变动价位、每日限价与交易中止规则、交割条款等都是标准化的，在合约上均有明确规定，无须双方再商定。因此，交易双方最主要的工作就是选择适合自己的期货合约，并通过交易所竞价或根据做市商报价确定成交价格。这种高度标准化的设计大大提高了交易效率和流动性，促进了期货交易的发展。

有时，交易所会赋予期货合约的空方（即卖方）对交割商品（主要适用于利率期货和商品期货）、交割时间和交割地点（主要适用于商品期货）进行选择的权利。对于不同的交割商品和交割地点，交易所将根据空方的选择按事先规定的公式对其收取的价款进行相应的调整。

一般来说，常见的标准期货合约条款包括以下几方面。

1. 交易单位

交易所对每个期货产品都规定了统一的数量和数量单位，统称"交易单位"（trade unit）或"合约规模"（contract size）。不同交易所、不同期货品种的交易单位规定各不相同。

例如，中国金融期货交易所规定5年期、10年期和30年期国债期货合约的合约规模均为面值100万元的国债，而2年期国债期货合约的合约规模为面值200万元的国债。

股指期货合约与普通的期货合约又略有不同，其交易单位（合约规模）不是固定的金额，而是由股指期货价格和每个指数点所代表的价值（或称合约乘数）的乘积决定的。如中金所交易的沪深300指数（IF）和上证50指数（IH）期货合约，每点指数代表的价格为300元，而中证500指数（IC）和中证1000指数（IM）期货合约每点指数代表的价格为200元。这样2023年10月9日，2024年3月到期的IF2403结算价为3 739.4点，此时的合约规模为3 739.4×300元＝1 121 820元。

2. 到期时间

中金所交易的股指期货合约均有4个不同的到期时间，分别为当月、下月和随后2个季月。一个到期时间就代表着一个特定的期货产品。与到期时间相联系的有几个概念：

（1）到期循环与到期月。一般来说，期货交易实行一定的到期循环，且大多是3月循环，即每年的3月、6月、9月、12月为到期月。如在CME交易的S&P 500指数期货、欧洲美元期货、欧元期货、美国长期国债期货等均实行3月循环。中金所交易的国债期货也实行3月到期循环，也就是最近的3个季月。如2024年6月5日市场上交易的有2024年6月、2024年9月和2024年12月到期的期货合约。

（2）交割月（delivery month）、交割日（delivery day）与现金结算日（cash settlement day）。期货合约的到期交割主要有两种方式：实物交割与现金交割。实物交割是指期货交割时实行标的资产与现金的真实交换。如果期货实行实物交割，期货合约中就会规定具体的交割月与交割日。如果期货合约无法或不方便进行实际交割，如股指期货，就可以采用计算和划转净盈亏的方式进行结算，称为现金交割或现金结算。这时期货合约中就会规定现金结算日。

一般来说，交割月（或结算月）就是到期月。具体的交割日与现金结算日则依期货合约不同而不同。例如，中金所的股指期货在每个到期月的第三个星期五最后结算，遇国家法定节假日顺延。也有不少期货合约的交割期是整个交割月，如CME交易的长期美国国债期货的首个交割日和最后交割日就分别为交割月的第一个和最后一个工作日。而中金所的国债期货在到期月第一个工作日至最后交易日都可以由空方发起交割。这样设计的目的是防止市场操纵。

（3）最后交易日。最后交易日是指期货合约可以进行交易的最后日期，一般与现金结算日或最后交割日相联系。例如，中金所国债期货的最后交易日为合约到期月份的第二个星期五，最后交割日为最后交易日后的第三个交易日。显然，在最后交易日没有平仓的期货头寸就将进入现金结算或实物交割程序。

3. 最小变动价位

期货合约中通常也规定了最小变动价位，或称为刻度值（tick size）。期货交易中买卖双方每次报价时价格的变动必须是这个最小变动价位的整数倍。例如，中金所交易的中证500期货合约的最小变动价位是0.2个指数点，而每个指数点的价值是200元，所以每份合约的最小价格波动值为40元。

4. 每日限价与交易中止规则

为了缓解突发事件或过度投机对市场造成的冲击，防止价格波动幅度过大使交易者蒙受过多的损失，维持市场的稳定性，交易所通常也对期货合约规定每日限价，即交易日期货合约的成交价格不能高于或低于该合约上一交易日结算价的一定幅度，其中上限称为涨停板（limit up），下限称为跌停板（limit down）。中金所的股指期货都设置了±10%的涨跌停板制度，而且按上一个交易日的结算价计算。这样，就有可能出现今收盘价超过昨收盘价±10%的情况。

为了防止某些期货价格（尤其是股指期货）的波动过于剧烈，一些交易所则设置了熔断（circuit breaker）机制。熔断机制是指预先设定一个熔断价格，当价格波动过于剧烈达到熔断价格时，市场便必须在预定的一段时间内停止交易或只能在某一价格范围内进行交易，预定时间段过后市场才恢复正常交易。设置熔断机制的目的是让投资者在价格发生剧烈变化的时候有一个冷静期，防止过度反应。例如，CME就规定，当S&P 500股指期货价格超过前一个交易日结算价的2.5%、5%、10%、15%或20%时，该期货交易就暂停几分钟。

5. 交割条款

如前所述，期货合约的到期交割可能有两种方式：现金交割与实物交割。如果采用现金交割,在现金结算日,买卖双方只需根据结算价计算出各自的盈亏并相应划转资金即可实现。如果采用实物交割,期货合约则要规定更具体的交割条款,包括交割标的质量与等级条款、交割地点条款等。一般来说,现代金融期货合约即使进行实物交割,由于标的资产和现金都可以电子化,其交割也主要通过电子交易系统划转完成,因而无须规定交割地点。在交割标的条款上,由于许多金融期货合约允许使用超过一种的可交割证券,合约条款中通常会详细列示可接受的标的资产以及多方相应支付的价格。例如,中金所规定2年期国债期货可用于交割的国债为发行期限不高于5年、合约到期月份首日剩余期限为1.5~2.25年的记账式附息国债。5年期国债期货可用于交割的国债为发行期限不高于7年、合约到期月份首日剩余期限为4~5.25年的记账式附息国债。10年期国债期货可用于交割的国债为发行期限不高于10年、合约到期月份首日剩余期限不低于6.5年的记账式附息国债。30年期国债期货可用于交割的国债为发行期限不高于30年、合约到期月份首日剩余期限不低于25年的记账式附息国债。交易所这样设计的目的,是扩大可交割债券的范围,使可用于交割的标的资产更加充裕,以确保套利机制顺利运行,防止投机者通过控制现货来操纵期货市场。

除了以上5个方面,期货合约中通常还有诸如交易时间、产品代码、报价方式、头寸限额(position limit)①等不太重要的或不具有一般性的标准条款,在此不再赘述。表2.5是中国金融期货交易所提供的中国沪深300指数期货合约的具体条款,通过本节内容可以很容易地理解其中的具体规定。

表2.5 沪深300指数期货合约表

合约标的	沪深300指数
合约乘数	每点300元
报价单位	指数点
最小变动价位	0.2点
合约月份	当月、下月及随后两个季月(即3月、6月、9月、12月)
交易时间	9:30—11:30;13:00—15:00
每日价格最大波动限制	上一个交易日结算价的±10%
最低交易保证金	合约价值的8%*
最后交易日	合约到期月份的第三个周五,遇国家法定假日顺延
交割日期	同最后交易日
交割方式	现金交割
交易代码	IF

* 为防范市场风险,通过降低资金杠杆抑制市场投机力量,中金所自2015年9月7日起,将三大股指期货各合约非套期保值持仓交易保证金提高到40%,套期保值持仓交易保证金提高到20%。后来随着市场逐渐走稳,中金所又逐步降低交易保证金。

这些标准化的期货合约条款看似对期货交易进行了高度的限制,但实际上正是由于期货合约的高度标准化,才使得期货头寸的开立和平仓能够非常便利地进行,大大提高了期货

---

① 即某个交易者在特定期货合约上所能持有的总头寸的限额。

合约的交易效率和流动性,促进了期货交易的发展,使其成为期货交易有别于远期的一个重要特征。

(三) 保证金制度和每日盯市结算制度

期货与远期交易的第三点不同是期货交易实行严格的保证金(margin)制度和每日盯市结算(marking to market)制度。不同交易所、期货公司、期货品种甚至同一品种的不同时期,保证金要求都可能不同,但原理都是一样的。

要参与期货交易,买卖双方都必须在期货公司开立专门的保证金账户,并存入一定数量的保证金,这个保证金也称为初始保证金(initial margin)。

在每天期货交易结束后,交易所与清算机构都要进行结算和清算,按照每日确定的结算价格①计算每个交易者的浮动盈亏并相应调整该交易者的保证金账户头寸。具体来看,当结算价格高于前一天的结算价格(此种情况适用于交易者前一天已有的头寸)或高于当天的开仓②价格(此种情况适用于交易者当天刚刚开立的新头寸)时,高出部分就是多头的浮动盈利和空头的浮动亏损,这些浮动盈利和亏损就在当天晚上分别加入多头的保证金账户和从空头的保证金账户中扣除。反之,就是多头的当天浮动亏损和空头的当天浮动盈利。这就是每日盯市结算制度。

在每日盯市结算完成以后,如果交易者保证金账户的余额超过交易所规定的某一水平,交易者可随时提取现金或用于开新仓。但交易者取出的资金额不得使保证金账户中的余额低于这一水平。而当保证金账户的余额低于交易所规定的维持保证金(maintenance margin)水平时,期货公司就会通知交易者限期内把保证金水平补足到一定的标准,否则就会被强制平仓。这一要求补充保证金的行为就称为保证金追加通知(margin call)。交易者必须存入的额外的金额被称为变动保证金(variation margin)。我国期货市场都未设置维持保证金,也就是说,只要客户的保证金水平低于要求的水平就会接到保证金追加通知,如果客户不及时追加就有可能被强制平仓。

在具体规定方面,不同交易所、不同期货品种,甚至同一品种的不同时期,保证金要求都可能不同。案例2.3则给出了一个在中金所交易的沪深300股指期货的保证金计算与每日盯市结算的例子。

【案例2.3】

沪深300股指期货交易的保证金计算与每日盯市结算

2023年11月27日,投资者A以3 500.0的价位购买了一手2023年12月到期的沪深300股指期货IF2312。假设期货公司的保证金要求是10%,A按要求缴纳了105 000元保证金。

11月27日收盘后,IF2312的结算价为3 514.0。这意味着A在这一份合约上赚了4 200元(14.0×300=4 200),则A的保证金账户余额增加至109 200元。

---

① 期货的每日结算价格可能是期货收盘价、当天的加权平均价或最后几分钟的平均价,由交易所事先确定计算方法。中金所股指期货的每日结算价格按当天最后1个小时期货价格的加权平均价计算。

② 开仓是指开立新的期货头寸,可能为多头,也可能为空头。

11月28日，A没有把多余的保证金提走。当天IF2312价格上涨，结算价为3 520.0。A在这一份合约上又赚了1 800元(6.0×300＝1 800)，则A的保证金账户余额增加至111 000元。

11月29日，由于要求保证金为105 600元(3 520×300×10%＝105 600)，A把多余的保证金提走了5 000元，其保证金余额为106 000元。当天IF2312价格下跌，结算价为3 491.6。与上一交易日的结算价相比，A当天亏损8 520元(28.4×300＝8 520)。其保证金余额为97 480元，低于要求保证金104 748元(3 491.6×300×10%＝104 748)。收盘后他收到期货公司的保证金追加通知，要求限时将保证金余额补足至104 748元。

11月30日，A于开盘前补缴了7 300元保证金，则其保证金余额为104 780元。

表2.6给出了具体的计算细节。

表 2.6　保证金计算与每日盯市结算示列　　　　　　　　　　　单位:元

日期	期货成交价	当天结算价	要求保证金	当日盈亏	保证金存取	保证金账户金额
11.27	3 500.0		105 000		105 000	105 000
11.27		3 514.0	105 420	4 200	—	109 200
11.28		3 520.0	105 600	1 800	0	111 000
11.29					−5 000	106 000
11.29		3 491.6	104 748	−8 520	—	97 480
11.30					+7 300	104 780
…	…	…	…	…	…	…

以上讨论的是交易者的保证金制度与每日盯市结算。除此之外，与经纪人要求投资者开设保证金账户一样，清算机构也要求其会员在清算机构开设保证金账户，存入一定的保证金，一般称为清算保证金(clearing margin)。与投资者保证金账户的操作方式类似，清算会员的保证金账户也实行每日盯市结算。但清算保证金只有初始保证金，没有维持保证金。因此，对清算会员来说，其每天每种合约的清算保证金账户余额必须大于或者等于每份合约的初始保证金乘以流通在外的合约数。关于流通在外的合约数的计算，也主要有两种方式：基于总值(gross basis)计算，即将客户建立的多头期货总数与空头期货总数相加；基于净值(net basis)计算，即允许由同一个清算会员经纪的同种期货合约的多头和空头相互抵消。目前，绝大多数清算机构都是基于净值来计算清算保证金的。

图2.5描述了保证金制度的基本流程。交易者A通过一个清算会员进行交易，则该交易者将保证金存入此清算会员，再由其存入清算所；交易者B通过一个非清算会员进行交易，则该交易者将保证金存入此非清算会员处，再由其将保证金存入某一清算会员处，最后由该清算会员将保证金存入清算所。

可以看到，通过贯穿交易者—经纪公司—非清算会员—清算会员—清算机构整个链条

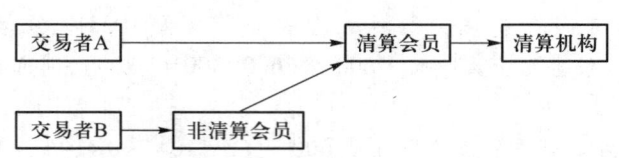

图 2.5 期货保证金流程图

的保证金制度与每日盯市结算制度,期货交易实行的是严格无负债的运行机制,这一点从根本上保证了期货不大可能出现违约现象。这一点是对远期合约较高违约风险的极大改进,是期货合约的突出优势之一。

另外,需要强调的是,远期交易是到期一次性结算的,所以在远期存续期内,实际交割价格始终不变,标的资产市场价格的变化给投资者带来的是账面浮动盈亏,到期结算时标的资产的市场价格与交割价格的差异才是投资者的真实盈亏。期货则有所不同。由于期货是每日盯市结算实现真实盈亏的,因此可以把期货看作一个每日以结算价平仓结清并以该结算价重新开立的合约,每日结算价格就是不断变动的期货交割价格。

(四) 开立期货头寸与结清期货头寸

有两种开立期货头寸的方式:买入建仓和卖出建仓,分别称为期货的多头和空头。

结清期货头寸的方式则主要包括到期交割或现金结算、平仓。

1. 到期交割或现金结算

交易者若持有期货头寸到期,就必须按合约规定进行履约。履约的方式主要有两种:实物交割和现金结算。实物交割是指合约到期日,卖方将标的物按质按量交入交易所指定交割仓库,买方按最终结算价向交易所交付相应现金,履行期货合约。现金交割是指合约到期日,按前一日结算价格与到期日结算价格相比的差价结算盈亏,交易所向亏损一方收取现金并支付给盈利方,履行期货合约。现金结算主要用于金融期货等期货标的物无法或难以进行实物交割的期货合约,如股价指数期货合约等。国外一些交易所也探索将现金交割的方式用于商品期货。除了集运指数(欧线)期货,我国商品期货市场目前还不允许进行现金结算。

到期交割或现金结算的制度保证了期货价格最终收敛于标的价格。临近交割时刻,期货价格应该等于或接近于标的价格,否则就提供了无风险套利机会。

案例 2.4 呈现了期货价格与现货价格到期收敛的实际例子。

【案例 2.4】

2023 年 2 月 20 日,2023 年 9 月到期的中证 1000 股指期货(IM2309)上市交易,其开盘价为 6 680.2 点,比中证 1000 指数现货开盘价低了 191.66 点,年化后的幅度达 4.92%。随着到期日临近,股指期货价格逐渐收敛于现货价格,如图 2.6 所示。到 2023 年 9 月 15 日 IM2309 到期时,两者收盘差距缩小到 12.36 点。之所以还有差距,原因在于期货最后结算价不是按现货收盘价计算的,而是按现货指数最后 2 小时的加权平均价计算的。

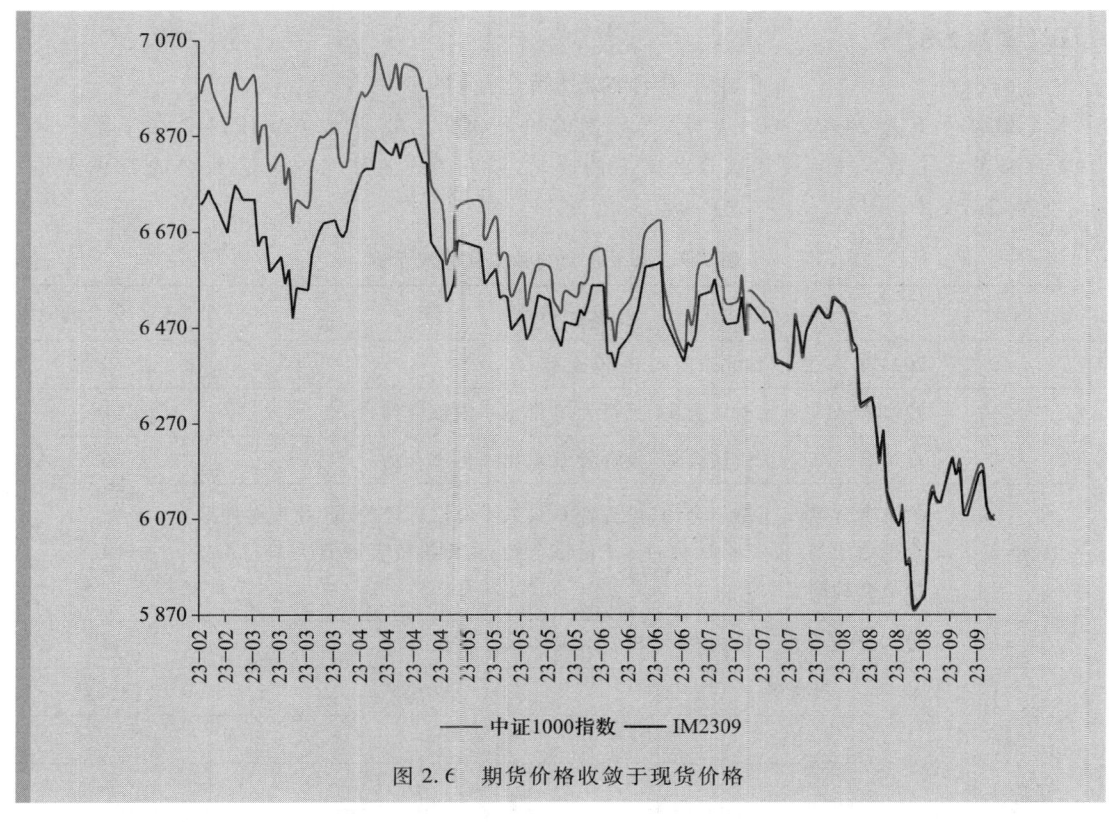

图 2.6 期货价格收敛于现货价格

2. 平仓

平仓(offset)是目前期货市场上最主要的一种结清头寸的方式。一般来说,临近到期的期货合约流动性就会降低,另外实物交割的期货合约到期交割相当麻烦,所以大部分期货交易者,都会选择在最后交易日结束之前通过反向交易来结清自身的期货头寸。

值得一提的是,像期货这样实施保证金交易制度的市场,都应实行 T+0 交易制度。因为资产价格的波动可能导致交易者的保证金不足,必须赋予交易者足够高的平仓自由度,才能降低违约风险。

具体来说,平仓包括两种方式:卖出平仓,即期货合约的多头将原来买进的期货合约卖掉,这与买入建仓相对应;买入平仓,即期货合约的空头将原来卖出的期货合约重新买回,这与卖出建仓相对应。当某项期货合约正在交易时,如果交易双方都是建仓,则市场中该期货合约的未平仓合约数(open interest)[①]增加;如果其中一方是建仓而另一方是平仓,则未平仓合约数保持不变;如果双方都是平仓,则未平仓合约数将减少。

通过案例 2.5 可以更好地理解未平仓合约数的变化。

---

① 又称持仓量,即某种期货合约流通在外的合约总数。它是所有多头数之和,也是所有空头数之和。

【案例 2.5】

未平仓合约数（持仓量）的变化

2024 年 6 月 24 日，2024 年 12 月到期的沪深 300 指数期货合约 IF2412 在中国金融期货交易所上市。用 t 表示该合约交易的时刻，以此为例说明未平仓合约数的变化情况（见表 2.7）。

表 2.7 未平仓合约数变化情况示例

时刻	交易情况	未平仓合约数
$t=0$	2024 年 6 月 24 日北京时间 9:30 上市	0
$t=1$	投资者 A 买入 1 份该合约，投资者 B 卖出 1 份该合约	1
$t=2$	投资者 C 买入 4 份该合约，投资者 D 卖出 4 份该合约	5
$t=3$	投资者 A 卖出 1 份该合约，投资者 D 买入 1 份该合约（投资者 A 对冲平仓退出市场，投资者 D 对冲了 1 份该合约，从而投资者 D 现在只持有 3 份该合约的空头）	4
$t=4$	投资者 C 卖出 2 份该合约，投资者 E 买入 2 份该合约	4
最后头寸	投资者	多头数	空头数
	B	—	1
	C	2	—
	D	—	3
	E	2	—
	所有投资者	4	4

第三节 远期与期货的比较

远期和期货，都是在交易时约定在将来某一时间按约定的条件买卖一定数量某种标的资产的合约，在本质上是一样的。但两者仍然存在很多差异，主要体现为：交易场所不同、标准化程度不同、违约风险不同、合约双方关系不同、价格确定方式不同、结算方式不同、结清方式不同。

一、交易场所不同

远期并没有固定的交易场所，买卖双方各自寻找合适的对象，因而是一个无严格组织的分散市场。例如，高度发达的外汇远期市场就是一个全球范围内的由许多大银行、大经纪公司组成的电子网络。在金融远期交易中，金融机构（尤其是银行）充当着重要角色。由于金融远期合约交割较方便，标的资产的同质性较好，很多银行都提供重要标的资产的远期买卖报价供客户选择，从而有力地推动了远期交易的发展。

期货合约则在交易所内集中交易，一般不允许场外交易。交易所不仅为期货交易提供了交易场所和统一清算,还为期货交易制定了许多严格的交易规则(如保证金制度、每日盯市结算制度、涨跌停板制度、最小变动价位、报价方式和最大持仓限额等),并为期货交易提供信用担保。可以说,期货市场是一个有组织、有秩序的统一市场。

二、标准化程度不同

远期交易遵循"契约自由"的原则,合约中的相关条件如标的资产的质量、数量、交割地点和交割月份都是根据双方具体的需要确定的,其条款的具体内容往往体现出很强的个性化特征。这使得远期合约具有很大的灵活性,但也给合约的转手和流通造成很大麻烦,导致了远期合约二级市场不发达。

期货合约则是标准化的。期货交易所为各种期货合约制定了标准化的数量、质量、交割地点、交割时间、交割方式、合约规模等条款,只有价格是在成交时根据市场行情确定的。标准化条款使得期货难以满足特殊的交易需求,但却使期货合约的订立和转让更加便利,使期货合约具有极强的流动性,并因此吸引了众多的交易者。

三、违约风险不同

远期合约的履行主要取决于签约双方的信用,一旦一方无力或不愿履约,另一方就会蒙受损失。目前国际主要远期市场的参与者大多需达到一定的资质,并通过第三方或资产担保等方式降低远期交易的违约风险。

期货合约的履行则由交易所或清算机构提供担保。交易双方直接面对的都是交易所,即使一方违约,另一方也几乎不会受到影响。正如在本章第二节中提到的,交易所和清算机构之所以能提供这种担保,主要是依靠完善的保证金和每日盯市结算制度、清算会员的无限连带清偿责任以及清算机构自身的资金实力。可以说,机制完善的期货交易的违约风险几乎为零。

四、合约双方关系不同

远期合约是交易双方直接签订的,而且由于远期合约的违约风险主要取决于交易对手的信用,因此签约前通常要对交易对手的信誉和实力等方面作充分的了解。

而期货合约的履行完全不取决于对方,只取决于交易所或清算机构,交易所是所有买方的卖者和所有卖方的买者。在期货交易中,交易者根本无须知道对方是谁,市场信息成本很低。

五、价格确定方式不同

远期合约的交割价格是由交易双方直接谈判并私下确定的。期货交易的价格则是在交易所中通过公开竞价或根据做市商报价确定的。

六、结算方式不同

远期合约签订后,只有到期才进行交割清算,其间通常不进行结算。所以在远期存续期内,实际交割价格始终不变,标的资产市场价格的变化给投资者带来的是账面浮动盈亏,到期结算时标的资产的市场价格与交割价格的差异才是投资者的真实盈亏。

期货交易则是每天结算的。当同品种的期货市场价格发生变动时,就会对所有该品种期货合约的多头和空头产生浮动盈余或浮动亏损,并于当天晚上在其保证金账户体现出来。由于期货是每日盯市结算实现真实盈亏的,因此可以把期货看作一个每日以结算价平仓结清并以该结算价重新开立的合约,每日结算价格就是不断变动的期货交割价格。

七、结清方式不同

由于远期合约是非标准化的,不易找到转让对象,并要征得原交易对手的同意,因此绝大多数远期合约只能通过到期实物交割或现金结算来结束。

期货合约则可以通过到期交割结算和平仓两种方式结清。由于交易便利,期货交易一方无须征得对方同意就可通过平仓来结清自己的头寸并把履约权利和义务转让给第三方。在实际中,绝大多数期货合约都是通过平仓来了结的。

从上述比较中可以看到,从交易机制来看,无论是在提高流动性、降低违约风险,还是在降低交易成本等方面,期货都比远期要优越得多。但这并不意味着远期的消亡。事实上,远期市场仍然非常庞大,其最大的吸引力就在于其灵活性。出于经营成本的考虑,期货交易所不可能提供那些成交量不大和特殊性强的期货交易品种,这正是远期市场得以生存和不断发展的基础。特别是随着信息技术的进步和电子报价系统的运用,远期交易在信息方面的弱势已逐步消失。加上在改进清算系统等降低信用风险方面的努力,远期市场的灵活性优势正在吸引大批机构从交易所市场转向远期市场,从而使远期市场获得很大的竞争优势。其中,最典型的例子就是外汇远期交易已经大大超过了外汇期货交易,很多国家的外汇期货交易由于交易过于清淡而被迫关闭。

本 章 小 结

1. 金融远期合约是指双方约定在未来的确定时间,按确定的价格买卖一定数量的某种标的资产的合约。

2. 金融远期合约主要有远期利率协议、远期外汇协议和远期股票合约三种。

3. 远期市场的交易机制表现为两大特征:分散的场外交易和非标准化合约。

4. 期货合约是指协议双方同意在约定的将来某个日期按约定的条件买入或卖出一定标准数量的标的资产的标准化协议。合约双方都交纳保证金,并每天结算盈亏。合约双方均可单方通过平仓结束合约。

5. 远期合约解决了价格风险问题,却派生出信用风险问题。期货合约主要是为了解决远期合约流动性差、信用风险等问题而产生的。

6. 期货交易的基本特征为交易所集中交易和标准化,以及所衍生出的交易机制。

7. 期货合约和远期合约在交易场所、标准化程度、合约双方关系、价格确定方式、违约风险、结清方式以及结算方式上都存在较大的差异。

即测即评

习 题

1. 2023年11月24日,中国某公司签订了一份跨国订单,预计半年后将支付1 000 000美元。为规避汇率风险,该公司于当天向中国工商银行买入了6个月期的1 000 000美元远期,当天的远期外汇牌价如表2.1所示。假设半年后,中国工商银行的实际美元现汇买入价与卖出价分别为7.352 1和7.353 0。请问该公司在远期合约上的盈亏如何?

2. 一位跨国公司的高级主管认为:"我们完全没有必要使用外汇远期,因为我们预期未来汇率上升和下降的机会几乎是均等的,使用外汇远期并不能为我们带来任何收益。"请对此说法加以评论。

3. 有时期货的空头方会拥有一些权利,可以决定交割的地点、交割的时间以及用何种资产进行交割等。那么,这些权利是会提高还是降低期货的价格?请解释原因。

4. "当一份期货合约在交易所交易时,会使得未平仓合约总数有以下三种变化的可能:增加一份,减少一份,或者不变。"这一观点正确吗?请解释。

5. 试述期货交易所通过哪些制度设计来实现对信用风险的规避。

6. 请逐一列出中国金融期货交易所交易的所有股指期货合约和国债期货合约中对交易单位、到期循环、交割月、最后交易日、最小变动价位、涨跌停板、熔断、头寸限制、保证金要求、交易费用、交割条款等合约条款的设定与变迁历史。

7. 假设甲签订了一份远期外汇合约,而乙签订了一份外汇期货合约,两份合约均规定在3个月后以14万美元买入10万欧元。当前欧元汇率为1.400 0。如果在合约期的前两个月欧元巨幅贬值,然后在第三个月回升,最终以1.430 0的价格收盘,两者的财务状况有何区别?如果在合约期的前两个月欧元升值,然后在第三个月暴跌,最终以1.330 0的价格收盘,二者的财务状况又会有何区别?

第三章 远期与期货定价

衍生产品的定价(pricing)是金融工程最重要的内容之一,指的是确定衍生产品的理论价格。衍生产品的理论价格是市场参与者进行套期保值、套利和投机的依据。在本章中,将运用第一章中介绍的定价方法对远期和期货合约进行定价。

理论界和业界普遍认为,远期(期货)价格代表着市场对未来现货价格的预期。实际上,这是对远期(期货)价格的误解。那么,期货价格与现货价格到底存在什么样的关系?本章将为你揭开面纱。

第一节 远期价格与期货价格

在进行远期和期货定价之前,我们有必要厘清远期价值、远期价格、期货价格的概念,以及它们之间的关系。

一、远期价值、远期价格与期货价格

远期价值(forward value)是远期合约价值的简称,是指远期合约本身的理论价格。由于远期合约是可以交易的,因此远期价值是可交易资产的价值(或称理论价格)。关于远期价值的讨论要分远期合约签订时和签订后两种情形。在签订远期合约时,如果市场是有效的,对于一份公平的合约,多空双方所选择的交割价格应使远期价值在签署合约时等于零。也就是说,远期合约双方如果以合理的交割价格签署一份远期协议并立即转让掉,那他们的盈亏状况都为0。这意味着无须成本就可处于远期合约的多头或空头状态。在远期合约签订以后,由于交割价格不再变化,多空双方的远期价值将随着标的资产价格的变化而变化。

远期价格(forward price)是指使远期合约价值为零的交割价格,可以简单理解成远期合约中合理的交割价格。需要注意的是,远期价值与远期价格的关系很容易与通常意义上的价值与价格的关系相混淆,实际上并非如此。我们之所以使用远期价值和远期价格这两个术语,主要是与国际上已经约定俗成的术语保持一致。还需要注意的是,远期价格只是合理的交割价格,它不是交易出来的,因此远期价格不是可交易资产的价格。

关于远期价格的讨论也要分远期合约签订时和签订后两种情形。在一份远期合约签订时,如果实际交割价格不等于这个理论上的远期价格(或者说合理的交割价格),该远期合约价值对于多空双方来说就都不为零。也就是说,签订的当时即有一方盈利而另一方亏损,

是一份不公平的合约,实际上隐含了套利空间[①]。一份公平合理的远期合约在签订的当时应使交割价格等于远期价格。在远期合约签订以后,交割价格已经确定,远期合约价值不一定为零,远期价格也就不一定等于该交割价格。远期合约签订后,远期价格与交割价格的差异决定了远期价值。

总之,与传统理解的价值与价格的相互关系不同,远期价值是远期合约本身的价值,而远期价格则是理论上使远期价值等于零的交割价格。本章第二节的定价讨论能够进一步帮助读者理解这两者的差异。

类似的,期货价格(futures prices)为使得期货合约价值为零的交割价格。因此期货价格是与远期价格非常相似的概念。但值得注意的是,对期货合约来说,一般较少谈及"期货合约价值"这个概念。由于期货是每日盯市结算、每日结清浮动盈亏,因此期货合约价值在每日结算后都归零。

二、远期价格与期货价格的关系

由前述可知,本章中所讨论的远期和期货定价,就是要确定理论远期价值、远期价格和期货价格。问题在于,远期价格与期货价格非常相似,都是合理的交割价格,唯一的区别是远期和期货合约交易机制不同:远期合约在到期前通常不结算盈亏;期货合约则每日盯市结算、每日结清浮动盈亏。那么,远期价格和期货价格是否差异很大,需要分别推导出全然不同的定价公式吗?

考克斯等证明[②],当无风险利率恒定且对所有到期日都相同时,交割日相同的远期价格和期货价格应相等。但是,当利率变化无法预测时,远期价格和期货价格就不相等。至于两者孰高孰低,则取决于标的资产价格与利率的相关关系。

当标的资产价格与利率正相关时,期货价格高于远期价格。这是因为当标的资产价格上升时,期货价格通常也会随之升高,期货合约的多头将因每日盯市结算制度而立即获利,并可按较高的利率将所获利润进行再投资。而当标的资产价格下跌时,期货合约的多头将因每日盯市结算制度而立即亏损,但是可按较低的利率从市场上融资以补充保证金。相比之下,远期合约的多头将不会因利率的变动而受到上述影响。在此情况下,期货多头比远期多头更具吸引力,期货价格自然就大于远期价格。相反,当标的资产价格与利率呈负相关时,远期价格就会高于期货价格。

远期价格和期货价格的差异幅度还取决于合约有效期的长短。当有效期只有几个月时,两者的差距通常很小。此外,税收、交易费用、保证金的处理方式、违约风险、流动性等方面的因素或差异也会导致远期价格和期货价格的差异。

总之,远期价格与期货价格的定价思想在本质上是相同的,其差别主要体现在交易机制和交易费用的差异上,在很多情况下常常可以忽略。因此在大多数情况下,可以合理地假定远期价格与期货价格相等。

---

① 具体套利方法参见本章第二节的内容。
② 参见 Cox J C, Ingersoll J E, Ross S A. The relationship between forward prices and future prices[J]. Journal of Financial Economics, 1981(12):321-346.

三、基本的假设与符号

（一）基本的假设

为分析简便起见，本章的分析是建立在如下假设前提下的：

（1）没有交易费用和税收。
（2）市场参与者能以相同的无风险利率借入和贷出资金。
（3）没有违约风险。
（4）允许现货卖空。
（5）当套利机会出现时，市场参与者将参与套利活动，从而使套利机会消失。
（6）期货合约的保证金账户支付同样的无风险利率。这意味着任何人均可不花成本地取得远期和期货的多头和空头地位。

（二）符号

本章将要用到的符号主要有：

T：远期和期货合约的到期时刻。

t：远期和期货合约到期前的某一时刻。$T-t$ 代表远期和期货合约中以年为单位的距离到期的剩余时间。

S：标的资产在时间 t 时的市场价格。

S_T：远期（期货）标的资产在时间 T 时的市场价格（在 t 时刻此为未知变量）。

K：远期合约中的交割价格。

f：远期合约多头在 t 时刻的价值，即 t 时刻的远期价值①。

F：t 时刻的远期合约和期货合约中的理论远期价格和理论期货价格。在本书中如无特别注明，二者分别简称为远期价格和期货价格。而远期和期货的市场价格则分别称为市场远期价格和市场期货价格，以示区别。

r：T 时刻到期的以连续复利计算的 t 时刻的无风险利率（年利率）。

上述符号在全书中通用。

第二节 无红利资产远期合约的定价

无红利②资产是指标的资产在从时刻 t 到远期合约到期时刻 T 之间不产生现金流的资产，如贴现债券③。

一、无红利资产的远期价值

在无套利的假定下，远期价值复制定价法的基本定价思路为：构建两种投资组合，若其

---

① 实际上，f 的准确写法应该是 f_t^T，但为简洁起见，在没有歧义的时候，本书将采用简洁表达法，其他变量表达法与此类似。
② 由于标的资产不同，持有这些标的资产产生的收入也不同，因此这里的"红利"并非特指股票的分红，而是泛指资产的各种收入。下同。
③ 贴现债券是指在票面上不规定利率、发行时按某一折扣率、以低于票面金额的价格发行，到期时按面额偿还本金的债券。

在未来某一时刻的价值相等,则其现在的价值一定相等[①];否则就可进行套利,即卖出价值较高的投资组合,买入价值较低的投资组合,并持有到期末,套利者就可赚取无风险收益。众多套利者这样做的结果,将使价值较高的投资组合价格下降,而价值较低的投资组合价格上升,直至套利机会消失,此时两种组合现在的价值相等。这样,就可根据两种组合现在的价值相等的关系求出远期价值。

例如,为了给无红利资产的远期合约定价,构建如下两个组合:

组合 A:一份远期合约[②]多头加上一笔数额为 $Ke^{-r(T-t)}$ 的现金。

组合 B:一单位标的资产。

在组合 A 中,$Ke^{-r(T-t)}$ 的现金以无风险利率投资,投资期为 $T-t$。到 T 时刻,其金额将达到 K。这是因为:$Ke^{-r(T-t)}e^{r(T-t)}=K$。

在远期合约到期时,该笔现金刚好可用于交割换得一单位标的资产。这样,在 T 时刻,两个组合都等于一单位标的资产。根据无套利原则,这两个组合在 t 时刻的价值必须相等,即:

$$f+Ke^{-r(T-t)}=S$$
$$f=S-Ke^{-r(T-t)} \tag{3.1}$$

式(3.1)表明,无红利资产远期合约多头的价值等于标的资产现货价格与交割价格现在的价值的差额。换一个角度来看,这个数学等式也表明,一单位无红利资产远期合约多头等价于一单位标的资产多头和 $Ke^{-r(T-t)}$ 单位无风险负债的资产组合。

其实,用风险中性定价法可以非常容易地为远期合约定价。在本节的基本假设下,远期合约是可复制资产,因此可以用风险中性定价法为其定价。远期合约多头到期回报为 S_T-K,根据式(1.14)可得:

$$f=M^Q E^Q(S_T-K)=M^Q E^Q(S_T)-M^Q K=S-M^Q K$$

在无风险利率存在的情况下,$M^Q=e^{-r(T-t)}$,代入上式可得式(3.1)。

二、无红利资产的现货-远期平价定理

由于远期价格 F 就是使远期合约价值 f 为零的交割价格 K,即当 $K=F$ 时,$f=0$。据此可令式(3.1)中的 $f=0$,则

$$F=Se^{r(T-t)} \tag{3.2}$$

这就是无红利资产的现货-远期平价定理(spot-forward parity theorem),或称现货-期货平价定理(spot-futures parity theorem)。式(3.2)表明,对无红利资产而言,远期价格等于其标的资产现货价格以无风险利率计算的终值。

我们用反证法证明式(3.2)不成立时是存在套利机会的。

假设 $K>Se^{r(T-t)}$,即交易对手报出的交割价格大于现货价格的终值。在这种情况下,套利者可以按无风险利率 r 借入 S 现金,期限为 $T-t$。然后用 S 购买一单位标的资产,同时卖出一份该资产的远期合约,交割价格为 K。在 T 时刻,该套利者可将一单位标的资产交割换得 K 现金,并归还借款本息 $Se^{r(T-t)}$,从而实现 $K-Se^{r(T-t)}$ 的无风险利润。

---

① 注意,这里不考虑流动性的问题,也没有卖空限制。
② 该合约规定多头在到期日 T 可按交割价格 K 购买一单位标的资产。

若 $K<Se^{r(T-t)}$,即交割价格小于现货价格的终值,套利者可进行反向操作,即卖空标的资产,将所得收入以无风险利率 r 进行投资,期限为 $T-t$。同时买进一份该标的资产的远期合约,交割价格为 K。在 T 时刻,套利者收到投资本息 $Se^{r(T-t)}$,并以 K 现金购买一单位标的资产,用于归还卖空时借入的标的资产,从而实现 $Se^{r(T-t)}-K$ 的利润。

例 3.1 和例 3.2 可以帮助读者更好地理解远期价值和远期价格的计算。

【例 3.1】
无红利资产远期合约的价值

假设目前 6 个月期的无风险年利率为 4.17%。市场上正在交易一份标的证券为一年期贴现债券、剩余期限为 6 个月的远期合约多头,其交割价格为 970 元,该债券的现价为 960 元。请问:对该远期合约的多头和空头来说,远期价值分别是多少?

根据题意,有:
$$S=960, K=970, r=4.17\%, T-t=0.5$$

则根据式(3.1),该远期合约多头的远期价值 f 为:
$$f = S - Ke^{-r(T-t)} = 960 - 970 \times e^{-4.17\% \times 0.5} \approx 10.02(元)$$

该远期合约空头的远期价值为 $-f = -10.02(元)$。

【例 3.2】
无红利资产远期合约的价格

假设目前 3 个月期的无风险年利率为 3.99%。市场上正在交易一个期限为 3 个月的股票远期合约,标的股票不支付红利且当时市价为 40 元。那么根据式(3.2),这份远期合约的合理交割价格应为:
$$F = 40 \times e^{3.99\% \times 0.25} = 40.40(元)$$

假设市场上该合约的交割价格为 40.20 元,则套利者可以卖空股票并将所得收入以无风险利率进行投资,期末可以获得无风险利润 $40.40-40.20=0.20(元)$。反之,如果市场上远期合约的交割价格大于 40.40 元,如 40.80 元,套利者可以借入 40 元买入股票并以 40.80 元的价格卖出远期合约,期末也可以获得无风险利润 0.40 元。

三、远期价格的期限结构

远期价格的期限结构描述的是同一标的资产不同期限远期价格之间的关系。设 F 为在 T 时刻交割的远期价格,F^* 为在 T^* 时刻交割的远期价格,r 为 T 时刻到期的无风险利率,r^* 为 T^* 时刻到期的无风险利率。对无红利资产而言,从式(3.2)可知:
$$F = Se^{r(T-t)}$$
$$F^* = Se^{r^*(T^*-t)}$$

两式相除消掉 S 后,得:
$$F^* = Fe^{r^*(T^*-t)-r(T-t)} \tag{3.3}$$

这就是无红利资产远期价格的期限结构①。

> **【例3.3】**
> **无红利资产远期合约的远期价格期限结构**
> 假设目前3个月期与6个月期的无风险年利率分别为3.99%与4.17%。某只不付红利的股票3个月远期合约的远期价格为20元,该股票6个月期的远期价格应为多少?
> 根据题意,有:
> $$F=20, r=3.99\%, r^*=4.17\%, T-t=0.25, T^*-t=0.5$$
> 则根据式(3.3),该股票6个月期远期价格应为:
> $$F^* = Fe^{r^*(T^*-t)-r(T-t)} = 20 \times e^{0.0417 \times 0.5 - 0.0399 \times 0.25} = 20.22(元)$$

第三节 支付已知红利资产远期合约的定价

支付已知红利资产是指在远期合约到期前会产生完全可预测的现金流的资产,如附息债券②和支付已知现金红利的股票等。

一、支付已知红利资产的远期价值

我们仍然采用无套利的假定为支付已知红利资产的远期合约定价。现构建如下两个组合:

组合A:一份远期合约③多头加上一笔数额为 $Ke^{-r(T-t)}$ 的现金。

组合B:一单位标的资产加上利率为无风险利率、期限为从当前时刻到红利派发日、本金为 I 的负债④。

易知,组合A在 T 时刻的价值等于一单位标的资产。在组合B中,由于标的资产的红利刚好可以用来偿还负债的本息,因此在 T 时刻,该组合的价值也等于一单位标的资产。因此,在 t 时刻,这两个组合的价值应相等,即:

$$f + Ke^{-r(T-t)} = S - I$$
$$f = S - I - Ke^{-r(T-t)} \tag{3.4}$$

式(3.4)表明,支付已知红利资产的远期合约多头价值,等于标的资产现货价格扣除红利现值后的余额与交割价格现值之差。从组合的角度考虑,式(3.4)说明一单位支付已知红利资产的远期合约多头可由一单位标的资产和 $I + Ke^{-r(T-t)}$ 单位无风险负债构成。

> **【例3.4】**
> **支付已知红利资产远期合约的价值**
> 假设目前6个月期与1年期的无风险年利率分别为4.17%与4.11%。市场上一种

---

① 支付已知红利或已知红利率资产远期价格的期限结构也可以通过类似方法推导出来。
② 需要指出的是,如果附息债券所支付的利息是在考察的远期合约存续期之外的,该附息债券仍然被视作无红利的标的资产。只有在所考察的远期合约存续期内有已知现金收入的,才被看作支付已知红利的标的资产。
③ 该合约同样规定多头在到期日 T 可按交割价格 K 购买一单位标的资产。
④ I 表示已知红利的现值。

10年期国债现货价格为990元,该证券一年期远期合约的交割价格为1 001元,该债券在6个月和12个月后都将收到60元的利息,且第二次付息在远期合约交割之前,求该合约的价值。

根据已知条件,可以先算出该债券已知红利的现值:

$$I = 60 \times e^{-4.17\% \times 0.5} + 60 \times e^{-4.11\% \times 1} = 116.35(元)$$

根据式(3.4),可算出该远期合约多头的价值为:

$$f = S - I - Ke^{-r(T-t)} = 990 - 116.35 - 1\,001 \times e^{-4.11\% \times 1} = -87.04(元)$$

相应地,该合约空头的远期价值为87.04元。

二、支付已知红利资产的远期价格

根据远期价格的定义,可从式(3.4)中求得:

$$F = (S - I)e^{r(T-t)} \tag{3.5}$$

这就是支付已知红利资产的现货-远期平价公式。式(3.5)表明,支付已知红利资产的远期价格等于标的资产现货价格与已知红利现值差额的无风险终值。

同样,可以用反证法来证明式(3.5)。

如果$K > (S-I)e^{r(T-t)}$,即交割价格高于远期理论价格,则套利者可以进行如下操作:以无风险利率借入现金S买入标的资产,卖出一份交割价格为K的远期合约,将在$T-t$期间从标的资产获得的红利以无风险利率贷出至T时刻。这样,到T时刻,套利者将标的资产用于交割得到现金收入K,还本付息$Se^{r(T-t)}$,同时得到$Ie^{r(T-t)}$的本利收入。最终套利者在T时刻可实现无风险利润$K-(S-I)e^{r(T-t)}$。

如果$K < (S-I)e^{r(T-t)}$,即交割价格低于远期理论价格,则套利者可以进行反向操作:借入标的资产卖掉,得到现金收入S以无风险利率贷出,同时买入一份交割价为K的远期合约。在T时刻,套利者可得到贷款本息收入$Se^{r(T-t)}$,同时付出现金K换得一单位标的资产,用于归还标的资产的原所有者,并把该标的资产在$T-t$期间的红利的终值$Ie^{r(T-t)}$同时归还原所有者[①]。这样,该套利者在T时刻可实现无风险利润$(S-I)e^{r(T-t)} - K$。

从以上分析可以看出,当式(3.5)不成立时,市场就会出现套利机会,套利者的套利行为将促成式(3.5)的成立。

但是,如果存在卖空限制,则当$K < (S-I)e^{-r(T-t)}$时,套利活动就难以进行[②],从而就无法促使现实的远期价格和期货价格回归合理的无套利均衡价格。

第四节 支付已知红利率资产远期合约的定价

支付已知红利率资产,是指在远期合约到期前将产生与该资产现货价格成一定比率的收入的资产。货币是这类资产的代表,其红利率就是该货币发行国的无风险利率,因此利率远期(期货)和外汇远期(期货)都可看作支付已知红利率资产的远期(期货)合约。股票指

[①] 由于在卖空交易中,借入资产只借入该证券的使用权而未借入所有权,故该资产的收益归原所有者。
[②] 除了融券受到限制,涨跌停板制度和现货的$T+1$交易制度以及高昂的交易成本等都是制约套利活动的因素。

数也可近似地看作支付已知红利率资产。股票指数是一组股票市场表现的综合反映,可以被视为一个股票组合。虽然几乎所有的股票都是离散支付红利且单只股票的红利率常常是变化的,但当股票指数包含的股票数量足够多时,该组合可能总是有一部分股票在支付红利,且整体的红利率是可以大致预测的。因此总体上看,如果股价指数没有对红利支付进行调整,那么近似地假设股票指数支付连续的红利还是比较接近现实的。指数所含股票越多,这个假设就越合理。黄金、白银等贵金属本身不产生收入,但需要花费一定的存储成本,存储成本可看成负的红利率。

为了给支付已知红利率资产的远期定价,可以构建如下两个组合:

组合 A:一份远期合约①多头加上一笔数额为 $Ke^{-r(T-t)}$ 的现金。

组合 B:$e^{-q(T-t)}$ 单位标的资产并且所有收入都再投资于该资产,其中 q 为该资产按连续复利计算的已知红利率。

从前文的分析可知,组合 A 在 T 时刻的价值等于一单位标的资产。组合 B 由于获得的红利收入全部都再投资于该资产,拥有的资产数量随着获得红利的不断发放而增加,所以在时刻 T,正好拥有一单位标的资产。因此在 t 时刻两者的价值也应相等,即:

$$f + Ke^{-r(T-t)} = Se^{-q(T-t)}$$
$$f = Se^{-q(T-t)} - Ke^{-r(T-t)} \tag{3.6}$$

式(3.6)表明,支付已知红利率资产的远期合约多头价值等于 $e^{-q(T-t)}$ 单位资产的现值与交割价现值之差。或者说,一单位支付已知红利率资产的远期合约多头可由 $e^{-q(T-t)}$ 单位标的资产和 $Ke^{-r(T-t)}$ 单位无风险负债构成。

根据远期价格的定义,可根据式(3.6)算出支付已知红利率资产的远期价格:

$$F = Se^{(r-q)(T-t)} \tag{3.7}$$

这就是支付已知红利率资产的现货-远期平价公式。式(3.7)表明,支付已知红利率资产的远期价格,等于按无风险利率与已知红利率之差计算的现货价格在 T 时刻的终值。

案例 3.1 给出了一个中证 500 股指期货定价的例子,以及市场价格偏离理论价格的原因和影响。

【案例 3.1】

中证 500 股指期货定价偏差

2015 年 9 月 2 日,假设 6.5 个月期无风险年利率为 3.50%,中证 500 指数预期红利率为 1.5%。中证 500 指数收盘价为 6 122.55 点,2016 年 3 月到期的中证 500 指数期货 IC1603 相应的理论价格应为多少?

实际上,2015 年 9 月 2 日,IC1603 的收盘价只有 4 617.0 点。请探讨产生这种现象的原因,并论述这种现象对股指期货套保功能的影响。

由于 IC1603 到期日为 2016 年 3 月 18 日,剩余期限为 6.5 个月,根据式(3.7) IC1603 理论价格应为:

$$F = Se^{(r-q)(T-t)} = 6\ 122.55 e^{(3.50\% - 1.5\%) \times 6.5/12} = 6\ 189.24$$

---

① 该合约同样规定多头在到期日 T 可按交割价格 K 购买一单位标的资产。

之所以会产生股指期货市场价格远低于理论价格的现象,主要是当时中国股市正处于熊市阶段以及套利机制无法正常发挥共同作用的结果。2015 年 6 月,中国证监会开始清理场外配资,受此政策影响,中国股市进入快速下跌阶段,市场情绪比较悲观。股指期货市场虽然交易和持仓手数受限制,但做多和做空行为都是不受限制的,因此期货价格可以正常反映期货买卖双方对未来的判断。但现货的做空受到严格限制,有一部分看空后市的投资者无法通过做空现货来表达自己的观点,因此现货价格就不是由全体买卖双方共同决定的,而是由全体看多者和部分看空者决定的,这样决定出来的现货价格必然偏高。在期货价格和现货价格背离现货-期货平价定理的情况下,按道理市场套利力量可以纠正这种背景,但同样由于现货存在卖空限制,套利者无法通过卖空现货同时买进期货的方式进行套利,从而使套利机制无法发挥。

当股指期货价格远低于理论价格时,持有现货卖出股指期货进行套保的投资者将面临很大的损失,从而使股指期货丧失套保功能。

第五节　远期与期货价格的一般结论

一、完美市场条件下的持有成本模型

这里的完美市场,就是在本章第一节中所讨论的基本假设(1)、(2)、(4)成立的市场。基于这些假定,在本章前四节中得到了针对不同性质标的资产的远期合约的定价公式。可以看出,三个远期价格公式之间有着内在一致性:

$$\begin{cases} F = Se^{r(T-t)} & (3.2) \\ F = (S-I)e^{r(T-t)} & (3.5) \\ F = Se^{(r-q)(T-t)} & (3.7) \end{cases}$$

也就是说,总是将标的资产价格中远期多头到期时无法获得的确定性收益剔除,对标的资产价格的剩余部分以无风险利率计算终值,就得到理论的远期价格。

从直觉上理解,远期和期货都是交易双方约定在将来某一时间按约定的条件买卖一定数量的某种标的资产的合约。假设标的资产无红利,投资者 A 计划出售一单位标的资产,以下两种方法应该是等价的:一是在当前 t 时刻卖出一份远期价格为 F 的远期合约[①],合约到期即 T 时刻交割必定能获得 F;二是在当前 t 时刻立刻出售获得 S,并以无风险利率 r 贷出,这样在 T 时刻可以获得确定性收入 $Se^{r(T-t)}$。由于 t 时刻两种投资的价值都为 S,T 时刻的两种确定性收入应相等:

$$F = Se^{r(T-t)}$$

如果实际价格高于或低于上述理论价格 F,市场上就存在套利机会,可以通过前文介绍的正向或反向套利来获取无风险收益。而众多套利者进行套利的结果,就会使得实际价格逐渐趋近理论价格,直至套利机会消失。

---

① 假设一份远期合约的未来交易数量为一单位标的资产。

总之，通俗地说，由于远期价格是投资者 A 未来可获得的现金收入，一个合理的远期价格应使得投资者 A 现在出售现货和出售远期所获得的确定性收入相等，无风险利率 r 实际上反映了投资者 A 现在不出售而在未来出售标的资产所承担的确定性成本。推而广之，式（3.5）和式（3.7）中的 I 和 q 则反映了组合 A 现在不出售而在未来出售标的资产所能获得的确定性收益，因此应该从其收到的远期价格中扣减。

因此，可以用持有成本（cost-of-carry）的概念来概括远期价格与现货价格的关系。持有成本的基本构成如下：

持有成本＝存储成本＋无风险利息成本－标的资产在合约期限内提供的收益

举例来说，不支付红利的股票没有存储成本和收益，所以持有成本就是利息成本 r；股票指数的资产红利率为 q，其持有成本就为 $r-q$；货币的红利率为该币种的无风险利率 r_f，所以其持有成本是 $r-r_f$；对黄金和白银等投资性商品而言，若其存储成本与现货价格的比例为 u，则其持有成本就为 $r+u$。以此类推。

所以，如果用 h[①] 表示持有成本，远期价格就为：

$$F = Se^{h(T-t)} \tag{3.8}$$

相应地

$$f = Se^{(h-r)(T-t)} - Ke^{-r(T-t)} \tag{3.9}$$

二、非完美市场条件下的远期定价

以上结论都是建立在完美市场的假设下的。实际运用中，由于市场的不完美性，定价公式会受到一定的影响。下面以无红利资产为例进行简单解释。证明不是很困难，有兴趣的读者可以尝试。

（1）存在交易成本的时候，假定每一笔交易的费率为 Y，那么不存在套利机会的远期价格就不再是确定的值，而是一个区间：

$$[S(1-Y)e^{r(T-t)}, S(1+Y)e^{r(T-t)}]$$

（2）借贷存在利差的时候，如果用 r_b 表示借入利率，用 r_l 表示借出利率，对非银行的机构和个人，一般是 $r_b > r_l$。这时远期和期货的价格区间为：

$$[Se^{r_l(T-t)}, Se^{r_b(T-t)}]$$

（3）存在卖空限制的时候，因为卖空会给经纪人带来很大风险，所以几乎所有的经纪人都扣留卖空客户的部分所得作为保证金。假设由于卖空限制导致的成本比例为 X，那么均衡的远期和期货价格区间应该是：

$$[(1-X)Se^{r(T-t)}, Se^{r(T-t)}]$$

如果上述三种情况同时存在，远期和期货价格区间应该是：

$$[(1-X)S(1-Y)e^{r_l(T-t)}, S(1+Y)e^{r_b(T-t)}]$$

显然，完美市场可以看成 $X=0, Y=0, r_l=r_b=r$ 的特殊情况。

从上述分析可以看出，交易成本越高、借贷利差越大、卖空限制越严格，期货贴水就可能越严重。可见，为了提高市场定价效率，让衍生品市场正常发挥其价格发现和风险管理功

[①] 这里，把标的资产在远期合约存续期内的确定收益都转化成了连续复利收益率，以方便表达。很显然，确定性现金收入也可以转化成连续复利收益率的形式，因而式（3.8）是具有一般性的。

能,监管者应努力消除卖空限制、降低交易成本、降低借贷利差。

三、消费性资产的远期定价

本书的讨论重点是金融标的资产的衍生产品,金融标的资产属于投资性资产。所谓投资性资产,是指投资者主要出于投资目的而持有的资产,如股票、债券等金融资产和黄金等资产。由于投资性资产的投资决策不受消费等其他目的的影响,投资者关注的是金融资产中所蕴含的风险收益特征而非资产本身,因此标的资产及其远期(期货)之间存在高度的可替代性,只要相对价格水平不合理,投资者随时可在这两者之间进行转换。所以,在这样的市场上,只要没有其他的制度制约套利行为,期货的定价就成为一个纯粹的风险收益问题。相应地,无套利原则和持有成本模型就成为远期定价的基本原理。

相反,消费性资产则是指那些投资者主要出于消费目的而持有的资产,如石油、铜、农产品等。对消费性资产来说,远期定价公式 $F=Se^{h(T-t)}$ 不再适用,而是转化为:

$$F \leqslant Se^{h(T-t)}$$

原因在于消费性资产具有消费价值(人们通常称之为便利收益),而远期合约却无法即时消费,消费性资产与其远期(期货)之间并不具有完全的可替代性。因此,即使在远期相对价值偏低的时候投资者也不会轻易出售现货,购买远期,从而使得单纯基于风险收益考虑的金融无套利原则不再完全有效。

便利收益是指持有资产的非货币收入(non-monetary benefits of holding an asset)。便利收益源于持有库存的好处,因为库存可以降低生产中断的可能性。例如,养猪企业不太可能将持有豆粕期货合约和持有豆粕库存同等看待,豆粕库存可以用于喂猪,从而保证生猪养殖的顺利进行,而持有的豆粕期货合约并不能起到这个作用。便利收益与库存水平之间存在负相关关系。库存低时便利收益高,库存高时便利收益低。

如果我们可以准确估计出消费类商品的便利收益(用 y 表示),那么我们只要把消费类商品的持有成本定义为:

持有成本=储藏成本+无风险利息成本-标的资产的收益-便利收益

那么式(3.8)同样适用于消费类商品远期的定价。

由于便利收益难以估计,加上商品市场上现货与远期之间的套利将涉及运输成本、税费、不易做空等限制,因此商品远期价格与现货价格之间经常出现非正常的偏差。

第六节 远期(期货)价格与标的资产现货价格的关系

远期(期货)价格与标的资产现货价格之间的相互关系,可从两个角度加以考察:一是同一时刻远期(期货)价格与标的资产现货价格的关系;二是当前远期(期货)价格与标的资产预期的未来现货价格的关系。

一、同一时刻远期(期货)价格与标的资产现货价格的关系

从前几节的定价分析中可以看到,在完美市场中,同一时刻远期(期货)价格与标的资产现货价格的关系必须满足式(3.8)

$$F=Se^{h(T-t)}$$

也就是说,同一时刻远期(期货)价格与标的资产现货价格之间存在一定的均衡关系,否则就可以进行套利。具体来看,可以从四个角度分析它们之间的关系:

第一,标的资产价格与远期(期货)价格孰高孰低取决于持有成本。当标的资产在远期(期货)存续期内没有红利、已知红利较小或已知红利率小于无风险利率时,当前远期(期货)价格应高于标的资产的当前现货价格;当标的资产在远期(期货)存续期内的已知红利较大或已知红利率大于无风险利率时,当前远期(期货)价格应小于标的资产的当前现货价格。在远期(期货)到期日,远期(期货)价格将收敛于标的资产的现货价格。①

第二,标的资产的现货价格对同一时刻的远期(期货)价格起着重要的制约作用,正是这种制约作用决定了远期(期货)是难以恶性炒作的。但是,如果现货市场规模不够大,现货价格无法形成对远期(期货)价格的有效制约,远期(期货)市场就迟早会因恶性投机而出问题。读者可以从案例3.2中深刻地体会到这一点。

【案例 3.2】

"327"国债期货事件

20世纪90年代初国债发行非常困难,老百姓普遍不愿购买。为促使国债一级市场发行顺利和二级市场交易的活跃,上海证券交易所于1992年12月28日试行推出了12个品种的国债期货合约。

但是国债期货试行最初的两伺内,由于只允许部分券商进行自营买卖,交易清淡,仅成交19口。1993年7月10日,情况发生了历史性的变化,这一天,财政部颁布了《关于调整国库券发行条件的公告》,公告称,在通货膨胀居高不下的背景下,政府决定将参照中央银行公布的保值贴补率给予一些国债品种保值补贴。国债收益率开始出现不确定性,国债期货市场的炒作空间扩大了。上海证交所为此重新设计了国债期货合约的品种和交易机制,并于1993年10月25日,将国债期货交易向社会公众开放。

所谓"327",指的是名称为F92306的国债期货合约②,对应的标的为1992年6月发行、1995年6月到期兑付的、票面利率为9.5%的3年期国库券(简称92(3)现券),该券发行总量是240亿元人民币。"327"国债期货是当时多空双方激烈交锋的焦点。

"327"国债期货事件暴露了当时国债期货合约设计、市场交易制度、监管制度、风险管理制度、信息披露制度等诸多方面的问题,值得深刻反思。

第三,远期(期货)与现货的相对价格只与持有成本有关,与未来现货的涨跌预期无关。③ 市场对标的资产未来的涨跌预期会同时影响现货价格与远期(期货)价格的绝对水

---

① 期货价格收敛于标的资产现货价格是由套利行为决定的。假定交割期间期货价格高于标的资产的现货价格,套利者就可以通过买入标的资产、卖出期货合约并进行交割来获利,从而促使现货价格上升,期货价格下跌。相反,如果交割期间现货价格高于期货价格,那么打算买入标的资产的人就会发现,买入期货合约等待空头交割比直接买入现货更合算,从而促使期货价格上升。

② F = Futures - 期货,92 = 1992,3 = 3年期,06 = 1995年6月交割。

③ 值得注意的是,虽然预期不会影响远期(期货)与现货的相对价格,但会影响远期(期货)和现货的绝对价格。当预计未来现货价格将上涨时,现货价格与远期(期货)价格都会上涨,从而保持合理的相对价格。可以说,当没有远期(期货)时,当下的供求决定当下的现货价格。有了远期(期货)后,任何时刻的供求都会综合影响每个时刻的现货和远期(期货)价格。

平,但由于远期(期货)到期时远期(期货)价格等于现货价格,而持有现货与远期(期货)的唯一区别只在于持有成本不同,因此它们的相对价格也只取决于持有成本,而与标的资产未来的涨跌预期无关。

第四,对式(3.8)进行变换,可得:

$$S = Fe^{-h(T-t)}$$

从本质来看,远期(期货)是衍生产品,其价格应取决于标的资产当前现货价格 S,随 S 变化而变化。但在现实生活中,由于远期(期货)市场具有低成本、高杠杆和高流动性等特征,在面临新的市场信息冲击时,投资者往往先在远期(期货)市场上进行操作,使得新信息往往先在远期(期货)市场上得到反映,然后才传达至现货市场,从而使得 F 反过来具有引领 S 价格变化的信号功能。当前远期(期货)价格对当前现货价格的此种引领作用也被称为远期(期货)的价格发现(price discovery)功能。由于期货具有标准化集中交易和低违约风险的优势,这一点在期货市场上比在远期市场上表现得更为明显。在现实生活中,远期(期货)价格的此种价格发现功能具有非常重要的战略意义。

二、当前远期(期货)价格与标的资产预期的未来现货价格的关系

下面以无红利资产为例,从资本市场风险和收益平衡的角度来说明当前远期(期货)价格与预期的未来现货价格之间的关系。[①]

假设某种资产的价格服从对数正态分布,有:

$$E(S_T) = Se^{\mu(T-t)} \tag{3.10}$$

式中:$E(S_T)$ 表示当前时刻市场上对该资产在 T 时刻的市价预期,μ 表示该资产的预期收益率。

而无红利资产的远期(期货)价格有式(3.2):

$$F = Se^{r(T-t)}$$

比较以上两式可知,μ 和 r 的大小决定了 F 和 $E(S_T)$ 孰大孰小。而 μ 值的大小又取决于标的资产的系统性风险。根据资产定价原理,若标的资产的系统性风险为 0,则 $\mu=r$,$F=E(S_T)$;若标的资产的系统性风险大于零,则 $\mu>r$,$F<E(S_T)$;若标的资产的系统性风险小于零,则 $\mu<r$,$F>E(S_T)$。在现实生活中,大多数标的资产的系统性风险都大于零,因此在大多数情况下,F 都小于 $E(S_T)$。

对于有红利资产也可以通过类似分析得出同样的结论。

本 章 小 结

1. 远期价格是指使得远期合约价值为零的交割价格。远期价值指的是远期合约本身的价值,它取决于远期价格与交割价格的差距。

2. 当无风险利率恒定,且对所有到期日都不变时,具有相同交割日的远期价格和期货价格应相等。当标的资产价格与利率正相关时,期货价格应高于远期价格;当标的资产价格

[①] 关于期货价格与未来的现货价格之间关系的详细讨论,参见陈蓉,郑振龙. 无偏估计、价格发现与期货市场效率:期货与现货价格关系[J]. 系统工程理论与实践,2008,28(8):2-11.

与利率负相关时,期货价格应低于远期价格。但在大多数情况下,理论上均假定远期价格与期货价格相等。

3. 无红利资产远期合约的价值为 $f=S-Ke^{-r(T-t)}$,远期价格为 $F=Se^{r(T-t)}$。

4. 支付已知红利资产的远期合约价值为 $f=S-I-Ke^{-r(T-t)}$,远期价格为 $F=(S-I)e^{r(T-t)}$。

5. 支付已知红利率证券的远期合约价值为 $f=Se^{-q(T-t)}-Ke^{-r(T-t)}$,远期价格为 $F=Se^{(r-q)(T-t)}$。

6. 如果用 h 表示持有成本,那么 $F=Se^{h(T-t)}$。

7. 远期(期货)价格并不是未来现货价格的无偏估计。在现实生活中,大多数标的资产的系统性风险都大于零,因此在大多数情况下,F 都小于 $E(S_T)$。

8. 套利机制是金融市场中最重要的市场机制,是保证衍生品市场价格保持合理的重要市场力量。而合理的价格是保证衍生品功能得到正常发挥以及资源优化配置的前提条件。

即 测 即 评

习 题

1. 假设一种无红利支付的股票目前的市价为20元,无风险连续复利年利率为5%,求该股票3个月期远期价格。如果3个月后该股票的市价为15元,求这份交易数量为100单位的远期合约多头方的价值。

2. 假设一种无红利支付的股票目前的市价为20元,利率期限结构平坦。无风险连续复利年利率为5%,市场上该股票的3个月远期价格为23元,请问应如何进行套利?若该股票1个月后和2个月后每股将分别派发红利1元和0.8元,是否存在套利空间?若有,应如何进行套利?

3. 假设沪深300指数为3 984点,3个月期的无风险连续复利年利率为4%,指数股息红利率约为每年1%,求该指数3个月期的期货价格。

4. 某股票预计在2个月和5个月后每股分别派发1元股息,该股票目前市价等于30元,所有期限的无风险连续复利年利率均为6%,某投资者刚取得该股票6个月期的远期合约空头,交易单位为100。请问:

(1) 该远期价格等于多少?若交割价格等于远期价格,则远期合约的初始价值等于多少?

(2) 3个月后,该股票价格涨到35元,无风险利率仍为6%,此时远期价格和该合约空头价值等于多少?

5. 请阐释以下观点:在交割期间,期货价格高于现货价格将存在套利空间。如果交割时期货价格低于现货价格呢?

6. 股价指数期货价格应大于还是小于未来预期的指数水平?请解释原因。

7. 某公司于 1 个月前与银行签订一份远期合约,约定在未来的 T_1 时刻以价格 K 出售标的资产给银行。当前为 t 时刻,标的价格为 S_t,该公司咨询银行,可否将合约交割时刻从 T_1 延长到 T_2($T_2 > T_1$)。如果你是银行,你觉得可以对其进行延期吗?如果可以,应如何操作?

8. 远期或期货合约的标的资产可以是不可交易资产吗?如果可以,请举例并简述与可交易标的资产的远期或期货合约定价的差异。

9. 假设 F_1 和 F_2 是基于同一种商品的两份期货合约的价格,到期日分别为 T_1 和 T_2,且 $T_1 < T_2$。请说明 F_1 和 F_2 满足什么样的关系时会存在套利机会?假设商品无存储成本,远期和期货无差异。

10. 2015 年 9 月 2 日 15:00,中证 500 指数和期货价格如表 3.1 所示,请分析其可能的原因。

表 3.1 中证 500 指数和期货价格表

分类	收盘价	升贴水幅度
中证 500 指数	6 122.55	
IC1509	5 377.0	12.18%
IC1510	5 009.0	18.19%
IC1512	4 724.8	22.84%
IC1603	4 617.0	24.59%

第四章 远期与期货的运用

我们在第一章中已经知道，金融市场主要有风险管理者、套利者和投机者三类交易者。相应地，风险管理、套利和投机就是远期和期货的三大运用领域。其中，风险管理是远期和期货产生的最大动力源，也是远期和期货最重要、最应发展的运用领域。

第一节 运用远期与期货进行风险管理

所谓风险管理，是指运用金融衍生品等工具，将面临的风险调整到合意的水平。

一、运用远期（期货）进行风险管理的类型

运用远期（期货）进行风险管理主要有两种类型：买期风险管理与卖期风险管理。

（一）买期风险管理

买期风险管理也称买入风险管理，即通过做多远期或期货进行风险管理。很显然，担心价格上涨的经济主体会运用买期风险管理的策略。例如，利率上升会导致企业融资成本上升，而企业很难通过提价把融资成本转嫁出去，企业就面临利率上升而导致企业盈利下降甚至亏损的风险。如果企业预测未来利率上升的概率和空间较大，它就可以通过买入利率远期来规避利率上升的风险。这样，未来无论利率涨跌，该企业的实际融资成本都是固定的。

案例4.1给出了一个买期风险管理的例子。

> **【案例4.1】**
> **股指期货的买期风险管理**
> 2024年1月22日，中证1000指数为5 000点。中国某保险公司预期在2024年6月21日将有一笔总金额为1 000万元的资金配置于中证1000指数。该公司认为未来半年中国股市上涨的概率较大，为了防止到时股市上涨导致买入成本过高，该公司决定利用2024年6月21日到期的中证1000指数期货IM2406合约锁定买入成本。当时IM2406报价为4 750点，即一份合约规模为95万元（4 750×200＝95）。因此该基金公司以4 750点买入10份IM2406合约。
>
> 假设2024年6月21日当天IM2406到期结算价涨到5 500点，则其在期货头寸上盈利750点。该基金公司以当天最后2小时的现货平均价5 500买进现货，扣掉期货上的盈利，等价于按4 750点的价位买入指数，有效防止了股市上升导致的买入成本上升。

如果没有提前锁定,该公司将多支出150万元[(5 500-4 750)×200×10=1 500 000]。

假设2024年6月21日中证1000指数跌到4 500点,这时该基金公司在现货市场上以4 500点买入中证1000指数现货,但在期货市场上亏损250点,这意味着该公司实际上仍以4 750点的价位买入指数。如果没有提前锁定,该公司将少支出50万元[(4 750-4 500)×200×10=500 000]。

可以看到,运用期货多头进行风险管理,并不意味着一定盈利,但无论期货到期时现货的价格是上升还是下跌,投资者实际上都以期货价格的水平买入标的资产。这就是期货风险管理的真实意义:运用期货消除价格的不确定性,消除价格风险。

当然,风险管理者也可以不完全消除风险,而是运用远期(期货)多头把风险调整到合意的水平。

(二) 卖期风险管理

卖期风险管理也称卖出风险管理,即通过做空远期或期货市场进行风险管理。很显然,担心价格下跌的投资者会运用卖期风险管理的策略。例如,对于铁矿石企业来说,由于成本相对固定,铁矿石价格的下跌将使公司盈利下降甚至亏损。如果该企业预测未来铁矿石下跌的概率和空间较大,它就可以通过卖出铁矿石远期或期货来规避铁矿石价格下跌的风险。这样,未来无论铁矿石价格涨跌,该公司的利润都是较为确定的。

案例4.2给出了一个卖期风险管理的例子。

【案例4.2】

美元的卖期风险管理

2023年10月26日,国内的某航空公司已知其在半年后将有一笔1 000万美元贷款到期,需要用人民币购买美元偿还。当天美元兑人民币即期汇率为7.318 2元。该公司预期未来半年美元汇率上涨的可能性较大,因此决定向中国工商银行买进半年期的美元远期。

当天中国工商银行报出的6个月期远期美元卖出价为7.181 2元,该公司即以此签订半年期的远期外汇协议。半年后,假设中国工商银行的人民币即期现汇卖出价为7.400 0元。根据远期外汇协议,该公司可以7.181 2元的价格向中国工商银行买入1 000万美元,等于将汇率锁定在7.181 2元。而如果没有风险管理,半年后它将多支出218.8万元[(7.400 0-7.181 2)×1 000=218.8]人民币。

假设半年后中国工商银行的人民币即期现汇卖出价为7.150 0元。根据远期外汇协议,A企业仍然需以7.181 2元的价格向中国工商银行买入1 000万美元。如果没有风险管理,该公司将少支出31.2万元[(7.181 2-7.150 0)×1 000]人民币。因此空头风险管理同样无法保证投资者盈利,但锁定了卖出价格,因而消除了价格风险。

有趣的是,既可以将本例中的交易理解为美元远期的多头,也可以理解为人民币远期的空头,这是外汇交易的特殊性质。

值得注意的是,风险管理应该是针对企业的全局风险进行的,而不是针对局部风险。从全局和从局部看问题,有时会得到相同的结论,有时却会得出完全不同的结论。例如,建筑企业通常签订合同在前,采购原材料在后。如果建筑合同的金额是固定的,那么企业就面临原材料上涨的风险。如果该建筑企业认为钢筋、水泥等原材料会上涨,他就可以通过买入钢筋、水泥等期货,来对冲原材料上涨的风险。这时无论从原材料这个局部看问题,还是从公司整体来看问题,结论都是一致的,都应该买进期货进行套保。

但对于炼油企业来说,从全局看问题和从局部看问题所得的结论,就是相反的。因为炼油企业的业务模式是先采购原油,经过一段时间的炼油后,再卖油,而成品油价格是随国际原油价格浮动的。从局部来看,原油是其成本,原油价格上升将导致其成本上升,似乎对公司是不利的,应该买进原油期货套保。但这样做实际上会使公司面临的风险加大。因为从全局来看,原油价格上升将带来成品油价格上升,而由于原油采购在先,成品油销售在后,所以原油上升对公司是有利的。如果只看局部(原材料上涨)而买进原油期货,那么当未来原油价格上升的时候,公司整体业务赚钱,原油期货也赚钱,双喜临门;而当未来原油价格下跌的时候,公司整体业务亏钱,原油期货也亏钱,祸不单行。所以从全局来看,此时买进原油期货,其实不是在消除公司风险(不是在套保),而是在放大风险(是在投机)。因此,是否套保以及如何做套保要从全局来判断。公司如果认为原油价格上升的可能性较大,可以不做套保。但如果公司认为原油价格下跌的可能性比较大,就必须通过卖出原油期货做套保。

同样,风险管理者也可以利用远期(期货)将风险调整到合意的水平。

二、完美与不完美的套期保值

读者可能注意到,案例4.1和案例4.2中,远期(期货)的到期日、标的资产和交易金额等条件的设定使得远期(期货)与现货都能恰好匹配,从而使得套期保值能够完全消除价格风险。这种能够完全消除价格风险的套期保值称为完美的套期保值。一般来说,远期合约由于是交易双方直接商定的,大多情况下可以实现远期与被套期保值资产在标的物、到期日和交易金额方面的完全匹配,从而实现完美的套期保值。但在现实的期货市场中,完美的套期保值通常是不存在的。不完美的套期保值,即无法完全消除价格风险的套期保值才是常态。因此,这里以期货为代表来讨论不完美的套期保值。期货不完美的套期保值主要源于基差风险(basis risk)和数量风险(quantity risk)。

(一) 基差风险

基差(basis)是指特定时刻被套保的现货价格与用以套保的期货价格之差。用公式可以表示为:

$$b = H - G$$

式中:b 是特定时刻的基差;

H 是需要进行套期保值的现货市场价格;

G 是用以进行套期保值的期货市场价格。①

基差最主要的用途就是分析套期保值的收益和风险。在1单位现货空头用1单位期货多头进行套期保值的情形下,套期保值组合收益可以表达为:

$$(H_0 - H_1) + (G_1 - G_0) = (H_0 - G_0) - (H_1 - G_1) = b_0 - b_1 \quad (4.1)$$

而在1单位现货多头用1单位期货空头进行套期保值的情形下,套期保值组合收益可

---

① 这里用 H 来表示被套期保值的现货价格,是为了与专门表示期货合约的标的资产价格的 S 相区别;用 G 表示实际期货价格,是为了与理论期货价格 F 相区别。

以表达为：

$$(H_1-H_0)+(G_0-G_1)=(H_1-G_1)-(H_0-G_0)=b_1-b_0 \tag{4.2}$$

式中：下标的 0 和 1 分别表示开始套期保值的时刻和未来套期保值结束的时刻；

b_0 表示当前时刻的基差；

b_1 表示套期保值结束时的基差。

显然，当前时刻的基差 b_0 是已知的，b_1 是否确定则决定了套期保值组合收益是否确定，是否能够完全消除价格风险。[①] 可以进一步将 b_1 分解为：

$$b_1=H_1-G_1=(S_1-G_1)+(H_1-S_1) \tag{4.3}$$

式中：S_1 表示套期保值结束时，期货标的资产的现货市场价格。

如果期货的标的资产与投资者需要进行套期保值的项目是同一种资产，且期货到期日就是被套保项目的交易日，根据期货价格到期时收敛于标的资产价格的原理，有：

$$H_1=S_1, S_1=G_1, b_1=0$$

在这种情况下，套期保值组合的收益就是确定的，期货价格就是套保者确定的未来买卖价格，就可以实现完美的套期保值。

但如果期货标的资产与需要套期保值的项目不是同一种资产，如套期保值者无法在市场上获得其所需要的标的资产的期货产品而不得不采用一个近似标的资产的期货产品进行套期保值[②]，就无法保证 $H_1=S_1$；或者如果期货到期日与需要套期保值的日期不一致，如套期保值者可能无法事先确定套期保值的确切时间[③]，也可能无法找到在需要的日期到期的期货产品，这时无法保证套期保值结束时期货价格与其标的资产价格一定会收敛，也就无法保证 $S_1=G_1$。

因此，只要无法确定 $H_1=S_1$ 或 $S_1=G_1$，就无法保证 $b_1=0$，也就无法完全消除价格风险，无法获得完美的套期保值。这里，源自 b_1 的不确定性就被称为基差风险。

总之，基差风险描述了运用远期（期货）进行套期保值时无法完全对冲的价格风险。但通过套期保值，套保者将其所承担的风险由现货价格的不确定变化转变为基差的不确定变化，而基差变动的程度总是远远小于现货价格的变动程度，因此不完美的套期保值虽然无法完全对冲风险，但还是在很大程度上降低了风险。

另外，值得注意的是，任何一个现货与期货组成的套期保值组合，在其存续期内的每一天基差都会随着期货价格和被套期保值的现货价格的变化而变化。基差增大对卖期套期保值有利而基差减小对买期套期保值有利，读者可以很容易地从式(4.1)和式(4.2)中看到这一点。表 4.1 对此进行了详细的总结。

表 4.1 套期保值盈利性与基差关系

套期保值类型	受益来源	条件
买期套期保值	基差减小	以下三者之一： (1) 现货价格的涨幅小于期货价格的涨幅 (2) 现货价格的跌幅大于期货价格的跌幅 (3) 现货价格下跌而期货价格上涨

---

① 在讨论基差风险时，先假定没有数量风险。
② 这种套期保值通常被称为交叉套期保值（cross hedging）。
③ 在这种情况下，远期合约也可能存在基差风险。

续表

套期保值类型	受益来源	条件
卖期套期保值	基差增大	以下三者之一： （1）现货价格的涨幅大于期货价格的涨幅； （2）现货价格的跌幅小于期货价格的跌幅； （3）现货价格上涨而期货价格下跌

（二）数量风险

在现实生活中，除了基差风险，期货的套期保值中往往还因为数量风险而无法实现完美的套期保值。数量风险，是指投资者事先无法确知需要套期保值的标的资产规模[①]或期货合约的标准数量规定无法完全对冲现货的价格风险，因此它也是进行套期保值时需要考虑的问题之一。

但是，数量风险与基差风险有所不同。除了预估需要套期保值的标的资产规模，对于数量风险，我们能做的不多。因此，在下面的讨论尤其是最优套期保值比率的讨论中，没有考虑数量风险。

三、远期（期货）套期保值策略

在运用远期（期货）进行套期保值的时候，需要考虑以下四个问题：① 选择远期（期货）合约的种类；② 选择远期（期货）合约的到期日；③ 选择远期（期货）的头寸方向，即多头还是空头；④ 确定远期（期货）合约的交易数量。由于第四个问题特别重要，后面将单独讨论这一内容，这里先讨论前三个问题。

（一）合约的选择

在合约的选择中，实际上需要考虑两个问题：第一，在被套期保值的项目既有远期合约又有期货合约交易的情况下，应选择远期还是期货。第二，在被套期保值的项目与市场上可得的期货合约标的资产不匹配的情况下，要选择何种标的资产的合约。

总的来看，套期保值者应选择具有足够流动性且与被套期保值的项目高度相关的合约品种。

从远期与期货的选择来看，远期合约比较适合个性化需求与持有到期的情形；期货合约则在大多数情况下流动性较好，且可以采取提前平仓的方式结束头寸，但往往可得的品种较少。另外，期货有特殊的每日盯市结算与保证金要求，一般来说初始保证金的交纳并不会造成远期与期货头寸的较大差异，但在期货存续期内可能发生补交保证金的情形，这在远期与期货的选择中也是一个重要的考虑因素。

从合约标的资产来看，应尽量选择与被套期保值项目相同的标的资产，因为交叉套期保值的基差风险往往很大。在不可得的情况下，也要尽量选取与被套期保值的项目高度相关的合约品种，尽量减少基差风险。

（二）合约到期日的选择

套保主体选择了期货进行套期保值后，可能发生市场中可得的期货到期日与套期保值

[①] 在这种情况下，远期合约也可能存在数量风险。

到期时间无法完全吻合的现象。一般的操作原则是避免在期货到期的月份中持有期货头寸,因为到期月中期货价格常常因为流动性太差而出现异常波动,可能给套期保值者带来额外的风险[①]。因此,在这两个到期时间无法完全吻合的情况下,套保主体通常会选择比所需的套期保值月份略晚且在平仓时流动性较好的期货品种,因为期货可以用提前平仓的方式来方便地结清头寸,避免单独的风险暴露。

有时可能出现套期保值的到期时间超过市场上所有可得的期货合约到期时间的情形。在这种情况下,套期保值者可以使用较短期限的期货合约,到期后再开立下一个到期月份的新头寸,直至套期保值结束。这个过程被称为"套期保值展期",或者称为"滚动的套期保值",可能给套期保值者带来额外的风险。

如果套保主体选择远期进行套期保值,往往可以实现到期日的完全匹配。在无法确定套期保值的具体日期的情况下,需将远期合约的到期日尽量接近可能的日期。

(三) 合约头寸方向的选择

实际上本节的开始已经讨论过这个问题。基本原则就是当价格的上升可能对套保主体造成不利影响的时候,应该选择买期套期保值;价格的下跌可能对套保主体造成不利影响的时候,应该选择卖期套期保值。

四、最优套期保值比率的确定

(一) 最优套期保值比率的理解

套期保值比率(hedge ratio),是指用于套期保值的资产(如远期和期货)头寸对被套期保值的项目头寸的比率,即

$$\frac{\text{套期保值资产头寸数量}}{\text{被套期保值项目头寸数量}} \tag{4.4}$$

在案例4.1和案例4.2中,都使用了等于1的套期保值比率。但这并不意味着1就是最优套期保值比率。最优套期保值比率,是指能够最有效、最大程度地消除保值对象价格变动风险的套期保值比率。显然,当存在基差风险时,最优套期保值比率几乎不可能为1。那么,应该如何确定最优套期保值比率呢?下面以买期套期保值为例讨论最优套期保值比率问题。[②]

沿用前面的符号,在1单位现货空头用n单位期货多头进行套期保值的情形下,投资者的整个套期保值组合的价值变动(即套期保值收益)可以表达为:

$$\Delta \Pi = n\Delta G - \Delta H = n(G_1 - G_0) - (H_1 - H_0)$$

对现货来说,价格就是价值现货价格的变动 ΔH 就是现货头寸价值的变动。对期货来说,尽管期货价格不等于期货合约的价值,但1单位期货价格的变动 ΔG 也反映了1单位期货头寸价值的变动。

从直觉上说,最优套期保值比率就是使得套期保值组合的价值变动对被套期保值项目的价格变化敏感性为零的套期保值比率,也就是完全消除了被套期保值项目价格变动带来的风险的套期保值比率,即使得:

$$\frac{\partial(\Delta \Pi)}{\partial(\Delta H)} = 0$$

[①] 这点在商品期货市场上表现得较为明显。
[②] 可以很容易证明,卖期套期保值的最优比率与买期套期保值的最优比率的估计原理相同。

的套期保值比率(0时刻 G_0 和 H_0 都是已知的)。简单计算即可得到,无论对买期套期保值还是卖期套期保值[①],都有:

$$n = \frac{\partial(\Delta H)}{\partial(\Delta G)} = \frac{\partial r_H \times H_0}{\partial r_G \times G_0} \tag{4.5}$$

式中:r_H 和 r_G 分别表示在套期保值期间 H 和 G 的收益率。

式(4.5)体现了期货最优套期保值比率的本质含义:期货到期时,期货价格每变动 1 时,被套期保值项目的现货价格变动的量。[②] 反过来也就意味着 1 单位的被套期保值项目需要 n 单位的期货头寸对其进行套期保值,才能达到最优的消除风险的效果。

可以很容易地证明,当被保值的项目与远期(期货)的标的资产一样,而且远期(期货)到期时间与保值期限到期时间一样时,最优套期保值比率就等于1。这是因为当远期(期货)到期时,期货价格等于现货价格。

在实际进行套期保值时,由于上述最优套期保值比率 n 是针对单位价格变动的,实际的最优套期保值数量 N 还应在 n 的基础上考虑具体的头寸规模,即

$$N = n \times \frac{Q_H}{Q_G} = \frac{\partial(\Delta H) \times Q_H}{\partial(\Delta G) \times Q_G} = \frac{\partial r_H \times H_0 \times Q_H}{\partial r_G \times G_0 \times Q_G} = \frac{\partial r_H \times V_H}{\partial r_G \times V_G} \tag{4.6}$$

式中:Q_H 和 V_H 分别表示需要进行套期保值项目头寸的数量和总价值;

Q_G 表示用于套期保值的每份期货合约中的数量或乘数,具体由期货合约规则确定[③];

V_G 表示每份期货合约的规模。

式(4.6)表明,需要交易的期货合约份数 N 就是使得现货头寸总价值变动等于期货头寸总价值变动的量。

(二) 最优套期保值比率的估计

到目前为止,学术界和实务界已经提出了多种估计最优套期保值比率的方法。这里介绍最常见也较具一般性的"最小方差套期保值比率"。

最小方差套期保值比率,就是指套期保值的目标是使得整个套期保值组合收益的波动最小化的套期保值比率,具体体现为套期保值收益的方差最小化。可以看到,对期货来说,无论是买期套期保值还是卖期套期保值,套期保值收益的方差(σ_Π^2)均为:

$$\sigma_\Pi^2 = \sigma_H^2 + n^2 \sigma_G^2 - 2n\sigma_{HG} = \sigma_H^2 + n^2 \sigma_G^2 - 2n\rho_{HG}\sigma_H\sigma_G \tag{4.7}$$

式中:σ_H^2 与 σ_G^2 分别为现货价格变化 ΔH 与远期(期货)价格变化 ΔG 的方差;

σ_{HG} 为 ΔH 与 ΔG 的协方差;

ρ_{HG} 为 ΔH 与 ΔG 的相关系数。

在最小方差套期保值比率方法下,最小方差套期保值比率必须使得 σ_Π^2 最小化。因此 σ_Π^2 对 n 的一阶导数必须等于零,而二阶导数必须大于零。

从式(4.7)可得:

[①] 卖期套期保值显然可以用类似的方法计算得到式(4.5)。

[②] 这显然是静态套期保值,动态套期保值的情形见第五章。值得注意的是,静态套期保值只适用于线性衍生产品。对于债券、期权等非线性衍生产品,只能用动态套期保值。在动态套期保值时,不能用统计方法求 n,而只能通过理论关系求偏导。详见第五章。

[③] 例如,一份长期国债期货合约的规模为 100 000 美元面值的长期美国国债,而期货价格是以 100 美元面值的国债价格报出的,因此其乘数为 1 000。中国沪深 300 股指期货的乘数则为 300 元。

$$\frac{\partial \sigma_\Pi^2}{\partial n} = 2n\sigma_G^2 - 2\rho_{HG}\sigma_H\sigma_G$$

$$\frac{\partial^2(\sigma_\Pi^2)}{\partial n^2} = 2\sigma_G^2 > 0$$

令 $\frac{\partial \sigma_\Pi^2}{\partial n} = 0$，可以得到令套期保值收益风险最小的最小方差套期保值比率为：

$$n = \rho_{HG}\frac{\sigma_H}{\sigma_G} \tag{4.8}$$

也就是说，期货最小方差套期保值比率等于 ΔH 和 ΔG 之间的相关系数乘以 ΔH 标准差与 ΔG 标准差的比率。从式(4.8)可以看到，当 ΔH 与 ΔG 之间的相关系数等于1，且 ΔH 的标准差等于 ΔG 的标准差时，最小方差套期保值比率等于1。当被保值的项目与远期(期货)的标的资产一样，且远期(期货)到期时间与保值期限到期时间一样时，就是这种情况。

读者或许已经发现，式(4.8)非常类似于最小二乘法下一元线性回归方程中自变量系数的计算公式。事实上，在实践当中，寻找最小方差套期保值比率的最简单方法就是利用历史数据估计一元线性回归方程，即估计：

$$\Delta H = a + b\Delta G + \varepsilon \tag{4.9}$$

式中的系数 b，即为最小方差套期保值比率，因为系数 b 的估计公式与式(4.8)是一样的。由于系数 b 反映了远期(期货)单价每变动一个单位，现货单价变动的数量，正好与式(4.5)是具有内在一致性的。在得到回归系数 b 之后，再根据式(4.6)调整为实际套期保值数量：

$$N = b \times \frac{Q_H}{Q_G}$$

人们更经常对收益率而非价格的绝对变动[①]进行回归，即

$$r_H = a + b'r_G + \varepsilon \tag{4.10}$$

注意式(4.10)的回归系数 b' 和式(4.9)的回归系数 b 的关系为：

$$b = \frac{cov(\Delta H, \Delta G)}{var(\Delta G)} = \frac{cov(H_0 r_H, G_0 r_G)}{var(G_0 r_G)}$$

$$= \frac{H_0 G_0 cov(r_H, r_G)}{G_0^2 var(r_G)} = b'\frac{H_0}{G_0}$$

这意味着在得到回归系数 b' 之后，实际套期保值数量为：

$$N = b' \times \frac{V_H}{V_G}$$

事实上，这与式(4.5)和式(4.6)也是一致的。

但是，值得注意的是，在对式(4.9)和式(4.10)进行回归时，$\Delta H(r_H)$ 和 $\Delta G(r_G)$ 的期间应与实际套期保值的期间长度相同，且样本的时期之间不宜重合(overlapping)，这样可得数据

---

① 当时间极短时，百分比收益率 $\Delta P/P$ 和对数收益率可以视为相等，而对数收益率更符合平稳序列和正态分布的假设，因此在实际回归时，在平稳假设下通常采用现货和期货价格的每日对数收益率进行回归，得到的结果可视为套期保值期间现、期货价格收益率 r_H 与 r_G 的回归系数。

往往太少。而在时间序列平稳的情况下,日收益与更长时间收益的统计性质是一致的。因此,人们通常采用更短时间的数据(多为日数据)进行回归。另一方面,最小二乘回归要求因变量至少应服从对称分布,ΔH 和 r_H 并不满足这一条件,但对数收益率却满足这一条件。而对于日收益来说,百分比收益率和对数收益率在数值上是几乎相等的。综合上述两个原因,在实际估计套期保值比率时,式(4.10)中的自变量和因变量通常采用的是现货和期货价格的每日对数收益率而非百分比收益率。

最后,最小方差套期保值比率的有效性可以通过检验风险降低的百分比来确定。可以定义套期保值有效性为:

$$e^* = \frac{\sigma_H^2 - \sigma_\Pi^2}{\sigma_H^2} \qquad (4.11)$$

也就是说,套期保值有效性反映的是通过套期保值组合消除了的风险占原风险的比例。将式(4.7)与式(4.8)代入式(4.11)可得:

$$e^* = \rho_{HG}^2 = \frac{cov^2(\Delta H, \Delta G)}{var(\Delta H) var(\Delta G)} = \frac{cov^2(H_0 r_H, G_C r_G)}{var(H_0 r_H) var(G_C r_G)} = \rho_{r_H r_G}^2$$

由于一元线性回归方程式(4.10)的判别系数 $R^2 = \rho_{r_H r_G}^2$,因此实践中通常可以利用式(4.10)的判别系数来检验套期保值的有效性,R^2 越接近 1,套期保值的效果越好。

案例 4.3 给出了一个简单的计算最小方差套期保值比率的例子。在第五章中,将针对具体期货合约给出计算最小方差套期保值比率的更多案例。

【案例 4.3】

期货最小方差套期保值比率

假设投资者 A 手中持有某种现货资产价值 1 000 000 元,目前现货价格为 100 元。拟运用某种标的资产与该资产相似的期货合约进行 3 个月期的套期保值。如果该现货资产价格季度变化的标准差为 0.65 元,该期货价格季度变化的标准差为 0.81 元,两个价格变化的相关系数为 0.8,每份期货合约规模为 100 000 元,期货价格为 50 元。问:3 个月期货合约的最小方差套期保值比率是多少?应如何进行套期保值操作?

最小方差套期保值比率为:

$$n = \rho_{PG} \frac{\sigma_H}{\sigma_G} = 0.8 \times \frac{0.65}{0.81} = 0.64$$

因此,投资者 A 应持有的期货合约份数为:

$$N = n \times \frac{1\,000\,000/100}{100\,000/50} = 3.2 \approx 3 \text{ 份}$$

投资者应持有 3 份期货空头,以实现套期保值。

五、运用远期(期货)进行其他类型的风险管理

本节主要介绍了运用远期(期货)对现货头寸进行风险管理的策略与方法。实际上,只要是基于同一或是类似标的资产的现货与衍生产品,都可以相互进行风险对冲。例如,期货可以用来为相同或类似标的资产的期权空头进行风险对冲。

第二节 运用远期与期货进行套利与投机

除了风险管理,远期与期货还可以用于套利与投机。

一、运用远期与期货进行套利

当市场存在某些套利机会的时候,如远期(期货)价格偏离其与标的资产现货价格的均衡关系时,投资者可以运用远期与期货进行套利。例如,在第三章中,当现货-远期平价原理式(3.2)、式(3.5)与式(3.7)不成立时,可以进行相应的套利,具体套利过程已在第三章中做了介绍,这里就不再重复。

二、运用远期与期货进行投机

当远期(期货)的交易者既非出于对现货头寸套期保值的需要,也非由于市场偏离均衡平价关系存在套利机会,而是根据自己对未来价格变动的预期进行交易,通过承担风险获取收益时,该投资者就是在运用远期(期货)进行投机。

从本质上看,远期(期货)与其标的资产价格变动的风险源是相同的,只是交割时间不同。因此,远期(期货)与其标的资产现货之间往往存在良好的替代关系,投机者通过承担价格变动的风险获取收益,既可以通过远期(期货)实现,也可以通过现货实现。远期(期货)的优势在于进入成本低,具有高杠杆效应,因而成为良好的投机途径。但事实上,高杠杆可能使得一个小比例的价格变化带来放大的收益,但也可能导致一个小比例的价格变化带来放大的亏损,这是衍生产品高杠杆效应的双刃剑本质。案例4.4中的中证1000指数期货交易案例很清晰地说明了这一点。

【案例 4.4】

中证 1000 指数期货交易杠杆效应

假设投资者 A 于 2024 年 1 月 19 日以 5 060.0 点买入 1 手 IM2406。假设期货公司要求的保证金比例为 15%,则需提交保证金 151 800 元(5 060.0×200×15% = 151 800),在接下来的三个交易日内其盈亏状况如表 4.2 所示。

表 4.2 交易盈亏状况   单位:元

日期	结算价格	保证金账户余额	需追加保证金	期指日收益率	按要求保证金计算的日收益率
2024 年 1 月 19 日	5 098.4	151 800+(5 098.4−5 060.0)×200 = 159 480	—	$\frac{(5\,098.4-5\,060.0)}{5\,060.0} = 0.76\%$	0.76%/15% = 5.06%
2024 年 1 月 22 日	4 704.6	159 480+(4 704.6−5 098.4)×200 = 80 720	4 704.6×200×15% −80 720 = 60 418	$\frac{(4\,704.6-5\,098.4)}{5\,098.4} = -7.77\%$	−7.77%/15% = −51.49%

续表

日期	结算价格	保证金账户余额	需追加保证金	期指日收益率	按要求保证金计算的日收益率
2024年1月23日	4 863.2	80 720+60 418+(4 863.2−4 704.6)×200=172 858	—	$\dfrac{(4\,863.2-4\,704.6)}{4\,704.6}=3.37\%$	3.37%/15%=22.47%

从表4.2中可以很明显地看到,当标的资产价格按照投资者预期方向变动时,标的资产一个小比例的变化会带来期货投资放大的收益。但是当标的资产价格发生对投资者不利的变动时,标的资产一个小比例的变化会带来期货投资放大的亏损。

可以说,正是远期(期货)交易的高杠杆性吸引了大量投机者的介入,但也正是其高杠杆性容易导致投资者血本无归甚至负债累累,演变出金融历史上诸如巴林银行等事件。因此,人们往往对投机颇为反感。但在客观上,套期保值者和套利者往往是不足以维持一个市场需要的流动性的,此时适度投机可以起到提供流动性的客观作用。从这个意义上说,远期(期货)投机者不仅通过承担价格变动的市场风险,也通过承担流动性风险来获取风险收益。

第三节　远期与期货在促进高质量发展和乡村振兴方面的作用

党的二十大报告提出,高质量发展是全面建设社会主义现代化国家的首要任务。围绕高质量发展,党的二十大对构建高水平社会主义市场经济体制、建设现代化产业体系、全面推进乡村振兴、促进区域协调发展、推进高水平对外开放方面做出了战略部署,为期货行业未来发展指明了方向。

在国民经济层面,期货市场为国家宏观经济调控、产业政策制定、行业运行监测等提供了决策参考;在行业层面,期货的价格发现功能,提高了资源市场化配置效率,提升了我国大宗商品相关产业市场竞争力;在企业层面,合理使用期货衍生品套期保值工具提高了实体企业风险管控能力,成为企业规避市场风险、稳定生产经营、提质增效的重要手段。

远期和期货市场近年来在推动全要素及商品流动,提高市场资源配置效率,服务实体企业,提升产业链供应链韧性,开展"保险+期货"模式,服务乡村振兴,形成国际定价权以及护航经济国际化发展等方面精准发力,切实担负起推动中国经济高质量发展时代重任。

一、打好风险管理"组合拳",提升实体经济市场主体抗风险能力

我国当前期货品种已经逐渐覆盖国民经济主要领域,是全球商品期货品种最齐全、交易量最大的国家。期货市场服务实体经济的工具日益丰富、适配性大幅增强。期货行业以市场需求为导向,辨证施治,帮助实体企业有效应对采购、销售、库存、仓储物流、资金运用过程中遇到的"疑难杂症":针对大型产业企业个性化、定制化、多样化需求提供更加综合的风险

管理服务;针对中小微企业抗风险能力弱以及融资难等痛点堵点,帮助其建立系统健全的风险控制管理体系,更好平抑经营风险。

近年来,我国期货行业不断完善衍生品市场的价格发现、风险管理和信息功能,瞄准薄弱环节精准发力,研究各要素的关联性和方案措施的耦合性,使风险管理解决方案实现对实体经济的多维度支持,在实施过程中相互促进、在实施成效上相得益彰。同时,专业机构和专业人士充分发挥期货专业优势,激发市场主体活力,帮助企业建立完善的风险管理体系,熟练运用各类期货和衍生品工具,从而增强国内大循环内生发展动力。

二、练好保供稳价"基本功",提升产业链供应链韧性和安全水平

党的二十大报告指出,要着力提升产业链供应链韧性和安全水平。我国期货行业在助力维护产业链供应链韧性和安全稳定方面也发挥着越来越重要的作用。

纵观全球,现代化产业体系是现代化国家的物质支撑,产业链供应链是经济运行的重要基石。我国用40年左右的时间走完了发达国家百年工业化历程,成为全世界产业门类最为齐全的国家。但同时也要看到,我国产业体系现代化水平与发达国家相比、与实现高质量发展的要求相比,还有较大差距。我国产业基础薄弱,现代服务业欠发达,产业链稳定性和抗冲击能力不足、大而不强、宽而不深、整体处于国际分工体系的中低端,科技、产业、金融之间的良性循环尚未完全形成。尤其是当前堵链、断链、缺链等风险加剧,全球产业链供应链安全稳定畅通面临前所未有的挑战。

以大宗商品作为标的的期货,天生具备着化解相关品种价格风险,稳定产业安全的功能,在产业链中植入金融衍生品作为风险管理工具,可为大宗商品原材料保供稳价,完善产业链供应链风险监测体系的具体抓手。通过期货市场独有的公允性、预测性、及时性充分发挥其资源配置的作用,可以为国家、为企业做到风险早发现、早报告、早研判、早处置,切实保障重要产业链供应链的韧性和安全稳定运行,是中国产业链升级的必由之路。

近年来,我国不断提高期货市场定价效率,在为制定宏观调控政策提供支持的同时通过前瞻性价格信号促进生产要素优化配置,缓释平抑供应链动荡对宏观经济发展形成的冲击。同时,以产业链需求为导向,依托我国完整的工业体系,发掘国民经济重要产业链的中间产品,不断扩展品种序列覆盖面,充分发挥国际化优势,增强我国产业链供应链的全球竞争力,建设具有中国特色的商品定价中心,提高我国大宗商品的国际话语权,推动我国经济实现质的有效提升和量的合理增长。

三、促进供需对接,疏通全国统一大市场循环堵点

党的二十大报告指出,构建全国统一大市场,深化要素市场化改革,建设高标准市场体系。《中共中央 国务院关于加快建设全国统一大市场的意见》(下称《意见》),提出加快建设高效规范、公平竞争、充分开放的全国统一大市场,全面推动我国市场由大到强转变,为建设高标准市场体系、构建高水平社会主义市场经济体制提供坚强支撑。建设全国统一大市场,既是要素市场化改革的重要举措,也是构建新发展格局的题中应有之义。

商品期货的实物交割制度设计将期货市场与现货市场紧密连接。作为资源配置的重要场所,期货市场通过设置交割标准等方式得以实现破除市场分割、畅通商品市场循环堵点、

促进区域要素流动之功能,为建设全国统一大市场提供重要抓手。

期货交易所近千家交割库遍布全国各品种主要产销及贸易集散地,有效促进了商品要素资源跨区域集散流通,帮助实体企业打破传统地域市场的限制,拓展至全国市场。除此之外,越来越多的期货品种成为现货贸易定价基准,有效提升了标准化程度,从而促进大宗商品畅通流动,贴近产业需求的"期货标准"也得以传导至生产流通领域,进而推动供需实现高水平对接。

建立全国统一大市场的主要目标之一,就是"进一步降低市场交易成本",这离不开高效的市场化配置能力,着眼点在于市场价格的有效性。商品期货标的物中不乏农产品、能源等重要生产要素,这些品种的价格牵动着国计民生。健全市场机制,就是为了确保价格这根"指挥棒"实现对资源的有效配置。

近年来,期货行业不断完善做市商制度,加强对非主力合约、期权合约的流动性支持,提升市场深度;依托期货市场,发展交易所仓单平台,强化期现联动关系;积极对接非标品市场,培养以基差点价为主的定价习惯,打破标准品与非标品市场的定价壁垒;充分发挥仓单串换的作用,降低跨区域流通成本;推动商品市场数字化改造,发展电子仓单,打造综合性商品交易平台。

四、推进乡村振兴,促进城乡和区域协调发展

党的二十大报告提出,全面推进乡村振兴。全面建设社会主义现代化国家,最艰巨最繁重的任务仍然在农村。坚持农业农村优先发展,坚持城乡融合发展,畅通城乡要素流动。在现代化进程中,如何处理好城乡关系,在一定程度上决定着现代化的成败。

金融活则经济活,越是欠发达地区越应通过模式创新引入金融活水,改善金融环境,促进实体经济发展。近年来,我国各期货公司响应国家号召,以专业优势助力乡村振兴战略,在各交易所与地方政府的支持下,不断优化完善"保险+期货"模式,通过丰富项目品种、扩大项目规模、优化项目合约设计、整合多方资源,努力增强模式可持续性与可复制性,提升项目影响力和惠及面,推动"保险+期货"业务在涉农产业链上下游的延展,帮助更多农户实现稳收增收,助力我国农业高质量发展。

五、加快开放步伐,培育定价权为代表的国际竞争新优势。

《意见》强调,以国内大循环和统一大市场为支撑,有效利用全球要素和市场资源,使国内市场与国际市场更好联通。一个国家在大宗商品领域的优势,很大程度上取决于对定价权的把控力。近年来,我国期货市场不断提升高水平开放,在原油、电解铜、橡胶等品种上引进境外交易者,不断构筑战略资源品的"中国话语权"。为全球产业主体参与中国期货市场提供了路径,也让"中国价格"深度融入全球产业链。

未来,中国期货业要进一步开放,做到三个"对接":一是对接国际衍生品规则,与全球有影响力的交易所加强合作,扩大规则、管理、标准等制度型开放;二是对接境外产业客户,借助大型产业客户、贸易商的定价能力,完善中国期货价格发现机制;三是对接境外机构投资者,引入中长期资本,利用其对价格扭曲的敏感度,实现跨市场、跨品种、跨合约的市场纠偏。

本 章 小 结

1. 远期和期货的三大运用为:风险管理、套利和投机。
2. 运用远期(期货)进行风险管理可以分为买期风险管理和卖期风险管理两种。
3. 现实世界中,由于存在基差风险和数量风险,往往无法完全对冲价格风险,因此,通常存在的是不完美的套期保值。
4. 运用远期(期货)进行套期保值的时候,需要考虑以下四个问题:① 选择远期(期货)合约的种类;② 选择远期(期货)合约的到期日;③ 选择远期(期货)的头寸方向,即多头还是空头;④ 确定远期(期货)合约的交易数量。
5. 套期保值比率是指用于套期保值的资产(如远期和期货)头寸对被套期保值的项目头寸的比率。最优套期保值比率是指能够最有效、最大限度地消除套期保值对象价格变动风险的套期保值比率。最小方差套期保值比率是使得整个套期保值组合收益的波动最小化的套期保值比率,最小方差套期保值比率为 $n=\rho_{HG}\dfrac{\sigma_H}{\sigma_G}$。套期保值有效性 $e^* = \rho_{HG}^2 = R^2$。式中,R^2 为 $r_H = a + b' r_G + \varepsilon$ 的判定系数。
6. 远期(期货)之所以成为良好的投机途径,是因为其进入成本低,具有高杠杆效应。

即 测 即 评

习 题

1. 在什么情况下进行买期风险管理或卖期风险管理更合适?
2. 请说明产生基差风险的情况,并解释"如果不存在基差风险,最小方差套期保值比率总为1"的观点。
3. "如果最小方差套期保值比率为1,则这个套期保值一定是完美的。"这一观点正确吗?请解释原因。
4. 请解释完美套期保值的含义,并回答:"完美的套期保值的结果就一定比不完美的套期保值好吗?"
5. 某航空公司预计在1个月后需要购买200万加仑的飞机燃料油并决定用取暖油(heating oil)期货来进行对冲,一份期货合约规模为42 000加仑。假设飞机燃料每加仑油价变化为 ΔH,用于对冲的取暖油期货价格变化为 ΔG。为了估计最小方差套期保值比率,获取15个样本数据,将第 i 个 ΔH 和 ΔG 的观察值分别记为 y_i 和 x_i,样本数据显示:

$\sum y_i = 0.003$, $\quad \sum y_i^2 = 0.009\ 7$, $\quad \sum x_i = -0.013$, $\quad \sum x_i^2 = 0.013\ 8$, $\quad \sum x_i y_i = 0.010\ 7$

请问:最优套期保值数量是多少?

6. 假设某投资公司有 20 000 000 美元的股票组合,他想运用标准普尔 500 指数期货合约在未来一个月对该组合进行套期保值。假设目前指数为 1 080。股票组合收益率的月标准差为 1.8,标准普尔 500 指数期货收益率的月标准差为 0.9,两者间的相关系数为 0.6。问如何进行套期保值操作?

7. 假设投资者 A 于 2024 年 1 月 23 日进行中国金融期货交易所的沪深 300 指数期货交易,开仓买进 9 月到期沪深 300 指数期货合约 2 手,均价 3 130.0 点。假设初始保证金和维持保证金比例均为 10%,请问:该投资者需提交多少保证金?

8. 请按照案例 4.4 的格式根据实际市场数据计算 2024 年 1 月 24 日和 1 月 25 日 IM2406 保证金变动情况。

9. 在 2015 年股灾中,中国的股指期货受到很大的冲击,监管层几乎暂停了股指期货的正常运行,使其在 3 个月内成交量下跌 99%。事实上,美国和日本的股指期货也曾经遭到过严重的批评。请查找相关历史资料及其之后的市场变迁情况,在对比后作为专业人士,谈谈你是如何看待这个问题的。

第五章 股指期货、外汇远期、利率远期与利率期货

股价指数、外汇与利率产品是远期与期货的主要标的资产。由于具体产品种类繁多,在本章中将选取典型产品,集中介绍和分析其中的重要问题。

第一节 股价指数期货

一、股价指数期货概述

在前几章中已经多次涉及股价指数期货(stock index futures)的案例,如 S&P 500 指数期货、中国沪深 300 指数期货等。所谓股价指数,是运用统计学中的指数方法编制而成的、反映股市中总体股价或某类股票价格变动和走势情况的一种相对指标。世界上知名的股价指数包括道·琼斯工业股价平均数(Dow Jones industrial average, DJIA)、标准普尔 500 指数(Standard & Poors 500 index, S&P500)、纽约证交所综合股价指数(New York Stock Exchange composite index)、日经 225 股价指数(Nikkei 225 index, NK225)和恒生指数(Hang Seng index)等。以股价指数作为标的资产的股价指数期货,则是指交易双方约定在将来某一特定时间交收"一定点数的股价指数"的标准化期货合约,通常简称为股指期货。

从前几章的案例中可以看到,由于股指期货以股价指数作为其标的资产,决定了其交易存在一些特殊性质:① 合约到期时,股指期货采用现金结算交割的方式而非实物交割的方式;② 股指期货的合约规模不是固定的,而是等于股指期货的价格点数乘以每个指数点所代表的金额,它会随股指期货价格的变化而变化。

二、股指期货的定价

第三章第四节介绍过股价指数可以近似地看作支付已知红利率的资产。[①] 在无套利的市场条件下,股指期货与股指现货的价格满足式(3.7)。

$$F = Se^{(r-q)(T-t)}$$

读者可以回顾案例 3.1,那里给出了一个中证 500 股指期货定价的例子。

但是,对于式(3.7)也存在例外。在 CME 交易的以美元标价的日经 225 指数期货就无

[①] 如果标的股票在支付红利时,股价指数做相应调整,则股价指数可以看作无红利资产。一般来说,全收益指数都对红利做调整,因此可视为无红利资产。而价格指数则未做调整,因此满足式(3.7)。

法使用式(3.7)进行定价。① 其根本原因在于:该期货的标的资产为在日本大阪证券交易所交易的以日元计价的日经 225 股价平均数,而该期货是以美元计价的,合约规模为日经 225 股价平均数乘以 5 美元,而且该合约实行现金结算,这样就无法通过无套利定价方法来定价。例如,对于美国投资者而言,他如果认为现货价格相对期货价格而言太低,他就借入 $5S$ 美元资金(其中 S 表示日经 225 股价平均数),然后按当时的即期汇率 W 换算成 $5SW$ 日元,买入 $5W$ 份日经 225 股价平均数基金产品,同时在 CME 卖出一份以美元标价的日经 225 指数期货,卖出价为 F。假设不考虑期货保证金问题,那么该投资者在期初 0 时刻的现金流为 0。在期货到期时(T 时刻),该投资者卖出 $5W$ 份指数基金可得 $5S_TW$ 日元,按当时的汇率 W_T 换回美元可得 $\dfrac{5S_TW}{W_T}$,期货现金结算的现金流为 $5F-5S_T$,他归还贷款本息的现金流为 $-5Se^{rT}$(其中 r 为美国无风险利率)。因此他在 T 时刻的净现金流为 $\dfrac{5S_TW}{W_T}+5F-5S_T-5Se^{rT}$。根据无套利原则,该净现金流应该等于 0。但由于其中 S_T 和 W_T 是随机变量,因此并不能得出如式(3.7)所示的期货定价公式,而只能得到 $F=S_T+Se^{rT}-\dfrac{S_TW}{W_T}$。其中的汇率风险没有办法通过外汇远期(期货)来消除,因为不知道未来的 S_T 等于多少。因此,这个式子没有什么意义。可见,此时无法通过无套利来导出理论上的期货价格,而必须采用其他方法。②

三、股指期货的应用

股指期货最常见的用途,包括指数套利(index arbitrage)与套期保值。

(一) 指数套利

当股指期货的实际价格偏离理论价格时,市场上就存在套利机会,称为指数套利。若实际的期货价格高于理论价格,即 $G>Se^{(r-q)(T-t)}$,投资者可以通过买入该股价指数的成分股并卖出相应的股指期货,期货到期卖出股票交割股指期货进行套利;反之,若实际的期货价格低于理论价格,即 $G<Se^{(r-q)(T-t)}$,则投资者可以卖空该股价指数的成分股,买入相应的股指期货,期货到期买回股票交割股指期货进行套利。

由于指数套利通常要求同时交易许多不同的股票,套利者常常通过交易一些与股指变动同步的代表性股票进行指数套利。但无论怎样,指数套利常常需要对多种股票进行打包交易,因此往往需借助计算机程序来自动完成交易指令,这种由计算机进行的打包交易就称为程序交易(program trading)。对于程序交易,历来有不同的说法。纽约股票交易所从实际操作的角度出发,认为超过 15 种股票且交易总金额超过 100 万美元的交易指令就可称为程序交易。而一般公认的说法则是,作为一种交易技巧,程序交易是高度分散化的一篮子股票的买卖,其买卖信号的产生、买卖数量的决定以及交易的完成都是在计算机技术的支撑下完成的。

除了指数套利,程序交易还常常与金融市场上的组合投资保险以及改变投资组合中股票投资的比例等相联系。但迄今为止,程序交易以及与之相联系的指数套利仍是一个颇具

---

① 在 CME 交易的以日元标价的日经 225 指数期货不存在这个问题。
② 一种可行的方法是用测度转换的方法,将日元为记账单位的风险中性测度转换为美元为记账单位的风险中性测度,然后用风险中性定价法定价。但这里的难度已超出本书范围,所以不做具体介绍。

争议的技术和交易手段。1987年10月19日的"黑色星期一"给人们留下了深刻的印象。1987年10月19日,美国股指期货的价格远远低于其理论价格。例如,当天收盘时 S&P 500 指数收于225.06点,当日下跌20%,而将于当年12月到期的 S&P 500 指数期货则收于201.50点,当日下跌28.6%。其原因在于,当时大量交易商的计算机同时发出程序交易卖出股票的指令,纽约股票交易所的交易系统超负荷运行,无法处理大量交易指令,指数套利无法进行。第二天纽约股票交易所对指数套利交易进行了暂时性的限制,这同样也导致了指数套利无法进行,股指期货与指数之间的平价关系被打破。12月到期的 S&P 500 指数期货一度比指数低了18%。但是,几天以后当市场恢复正常的时候,套利活动使得式(3.7)中的平价关系重新成立。

(二) 套期保值

1. 买期套期保值与卖期套期保值

与其他期货品种一样,股指期货的套期保值也可以分为买期套期保值和卖期套期保值。但值得强调的一点是,股指期货的标的资产是股价指数,因此运用股指期货进行套期保值,管理的是股票市场的系统性风险。例如,当投资者预期在将来特定时刻投资股票,但担心实际购买时大盘整体上扬而抬高成本,便可通过预先买入股指期货来消除系统性风险;当投资者看好手中所持有的股票不愿轻易卖出,但担心大盘下跌给自己带来损失,就可以通过股指期货空头对冲系统性风险。另外,对预备发行股票但担心大盘下跌的筹资者来说,也可以通过股指期货空头消除系统性风险。从这里可以看到,股指期货的套期保值操作中较多存在交叉套期保值的现象,股指期货的标的资产是特定的市场指数,而保值对象则可以是市场中的特定股票、股票组合或市场指数组合。

2. 股指期货的最小方差套期保值比率

第四章中已经讲到,令套期保值收益风险最小的最小方差期货套期保值比率为式(4.8)

$$n = \rho_{HG} \frac{\sigma_H}{\sigma_G}$$

股指期货的最小方差套期保值比率也适用这个一般规则。式中的 H 为被套期保值的股票或股票组合价格,G 则为用于套期保值的股指期货价格。类似地,在实践中,可以运用历史数据,利用一元线性回归方程(4.10)

$$r_H = a + b' r_G + \varepsilon$$

估计系数 b' 表示可获得股指期货最小方差套期保值比率的估计值,上述回归方程的 R^2 可以用于检验股指期货套期保值的有效性。

因此,股指期货的最小方差套期保值数量为:

$$N = b' \times \frac{V_H}{V_G}$$

式中:V_H 与 V_G 分别为现货头寸的总金额和一份股指期货的合约规模(等于期货点数乘以每点的价值)。

熟悉 CAPM 的读者可能发现,CAPM 中衡量股票系统性风险的 β 系数的公式[①]为:

---

① 这里 r_i 与 r_M 分别为特定股票(组合)的超额收益率与市场组合超额收益率。在现实生活中,r_M 通常是特定市场指数投资组合的收益率。

$$\beta = \frac{\sigma_{r_i r_M}}{\sigma_{r_M}^2} = \rho_{r_i r_M} \frac{\sigma_{r_i}}{\sigma_{r_M}} \qquad (5.1)$$

与式(4.8)颇为相似,看起来似乎可以将股票(组合)的 β 系数直接用作股指期货的最小方差套期保值比率。

事实上,对比式(4.8)与式(5.1)的 β 系数以及式(4.10)中系数 b' 的估计公式,可以看到它们还是存在一定差异的。但如果:①被套期保值的股票组合与市场指数 r_M 之间的 β 系数等于股票组合与股指期货之间的 β 系数;②所采用的 β 系数等于套期保值期间真实的 β 系数,则 β 系数的确是股指期货最小方差套期保值比率的一个良好近似。案例 5.1 是一个股指期货套期保值的例子。

【案例 5.1】

沪深 300 股指期货套期保值

假设某投资经理管理着一个总价值为 50 000 000 元的多样化股票投资组合并长期看好该组合,该组合相对于沪深 300 指数的 β 系数为 1.2。2023 年 8 月 4 日,该投资经理认为未来半年大盘有下跌的风险,可能使投资组合遭受损失,决定进行套期保值。

其中的一种方法便是立刻卖出股票,将所得收入投资于短期的债务工具,待下跌过后再重新回到股市。但这将牵涉到较高的交易费用,而且短时间内将如此大规模的股票进行抛售,很有可能导致股价下滑,无法按原先预期的较高价格卖出所有股票。因此,在长期看好本股票投资组合而只是担心短期大盘风险的情况下,这样的保值策略可行性较差。

另一种方法则是利用沪深 300 股指期货空头来进行套期保值。如果卖出一定量的股指期货,即使大盘带动投资组合价值下跌,期货市场上的盈利也可冲抵现货市场上的损失,从而达到降低总体头寸系统性风险的目的。假定用 2024 年 3 月到期的沪深 300 股指期货来为该投资组合半年的价值变动进行套期保值。那么,卖出多少数量的股指期货合约才合适呢?2023 年 8 月 4 日该投资经理进入期货市场时,2024 年 3 月份到期的沪深 300 股指期货价格为 4 100 点。如果运用最小方差套期保值比率并以该投资组合的 β 系数作为近似值,需要卖出的期货合约数目应等于:

$$\frac{50\ 000\ 000}{4\ 100 \times 300} \times 1.2 \approx 48.78 \approx 49 (份)$$

当前文所述的两个条件满足时,运用 β 系数进行的股指期货套期保值往往可以使投资者的整体投资组合系统性风险降为零。假设某投资者希望将其原有组合中的部分股票转化为短期国库券,他可以通过在股票市场上卖出该部分股票,再将所获收入投资于短期国库券实现这一目标。他利用股指期货,无须出售股票也可达到这一效果:保留该部分股票,同时根据 β 系数出售与该部分股票价值相对应的股指期货空头,就可以创建一个合成的短期国库券(synthetic T-bill),可以大致表示为:

股票多头+股指期货空头=短期国库券多头

反过来利用上述等式,投资者同样也可以利用短期国库券的多头和股指期货的多头创建一个合成的股票组合(synthetic equity position),达到将原有的短期国库券转化为股票组合的目的。

3. 改变投资组合的系统性风险暴露

最小方差套期保值比率往往可以将一个股票组合的 β 系数降为零,从而整体头寸近似以无风险利率增长。但在现实生活中,投资者对系统性风险与收益的偏好是多样化的。投资者同样可以利用股指期货,根据自身的预期和特定的需求改变股票投资组合的 β 系数,从而调整股票组合的系统性风险与预期收益。

设定股票组合的原 β 系数为 β,目标 β 系数为 β^*,则套期保值比率就应该为 $\beta^*-\beta$,需要交易的股指期货份数为:

$$(\beta^*-\beta)\frac{V_H}{V_G} \tag{5.2}$$

式中:V_H 和 V_G 分别代表股票投资组合的总价值与一份股指期货合约的规模。

当 $\beta^* > \beta$ 时,意味着投资者希望提高所承担的系统性风险,获取更高的风险收益,应进入股指期货多头,这时 $(\beta^*-\beta)\frac{V_H}{V_G}$ 大于零;当 $\beta^* < \beta$ 时,意味着投资者希望降低所承担的系统性风险,应进入股指期货空头,这时 $(\beta^*-\beta)\frac{V_H}{V_G}$ 小于零。显然,最小方差套期保值比率 β 是目标 $\beta^* = 0$ 的特例。

值得注意的是,在实际中,人们常常用

$$\frac{(\beta^*-\beta)}{\beta/b'}\frac{V_H}{V_G} \tag{5.3}$$

代替式(5.2)。当前文所述的两个条件不成立时,β 系数不是股指期货最小方差套期保值比率 b' 的一个良好近似,就需要使用式(5.3)进行改善。

在市场中,上述原理可以用于进行投资组合的保险:预先设定一个组合价值的底线,根据此底线对部分股票组合进行套期保值,消除部分系统性风险;之后,根据组合价值的涨跌情况,买入或卖出相应数量的股指期货合约,不断调整套期保值的比重,既可以防止组合价值跌至预设底线之下的风险,又可以获得部分股票承担系统性风险的收益。

第二节 外汇远期和期货

20 世纪 70 年代,布雷顿森林体系全面瓦解,世界各主要货币汇率与美元脱钩,各经济体逐渐选择实施浮动汇率制度,汇率风险陡然上升。为了因应企业的汇率避险需求,1972 年 5 月,芝加哥商业交易所推出了外汇期货合约产品,涉及英镑、德国马克、日元等在内的多种货币。

我国外汇衍生品市场主要分为境内市场与境外离岸市场两大板块。目前我国境内主要的外汇远期、外汇掉期和外汇期权,均在 OTC 交易,暂无场内外汇衍生品交易。境外离岸市场分为离岸 OTC 市场和离岸场内市场。离岸 OTC 市场交易的人民币衍生品,包括无本金交割远期(NDF)、可交割远期(DF)。无本金交割期权(NDO)和无本金交割掉期(NDS)等。离岸场内交易的外汇衍生品主要有人民币外汇期货合约和人民币外汇期权。

据国际清算银行(BIS)统计,2022 年全球外汇交易量再创新高,人民币在全球外汇交易中份额迅猛增长,晋升为全球第五大外汇交易货币。人民币在全球外汇市场中的日均交易量增至5 264亿美元,较2019年的2 850亿美元增长84.7%;外汇交易市场份额由4.3%增至7%。

远期外汇协议是在当前时刻由买卖双方确定未来某一时刻按约定的远期汇率买卖一定金额的某种外汇的协议。由于持有外汇能够获得该外汇发行国的无风险利率,因此外汇被看作支付已知红利率的资产,该红利率为外汇发行国连续复利的无风险利率r_f。这样,可以采用支付已知红利率资产远期合约的定价公式为远期外汇协议定价。设定式(3.6)与式(3.7)中的红利率$q=r_f$,可以得到直接远期外汇协议的远期价值为:

$$f = Se^{-r_f(T-t)} - Ke^{-r(T-t)} \tag{5.4}$$

远期汇率为:

$$F = Se^{(r-r_f)(T-t)} \tag{5.5}$$

式(5.5)就是国际金融领域著名的利率平价关系。它表明,若外汇的无风险利率大于本国无风险利率($r_f>r$),则该外汇的远期和期货汇率应小于现货汇率,远期贴水;若外汇的无风险利率小于本国的无风险利率($r_f<r$),则该外汇的远期和期货汇率应大于现货汇率,远期升水。需要注意的是,远期升贴水是指远期汇率与当前即期汇率的相对高低,并不意味着外汇真实的升值与贬值。

中国由于仍存在较严格的外汇管制,套利活动受到较大的限制,因此美元兑人民币市场实际远期汇率经常偏离公式(5.5)的理论远期汇率,偏离度(偏离度=美元兑人民币市场远期汇率-理论远期汇率/理论远期汇率)在较大程度上反映了市场对人民币升值或贬值预期的信息。

图5.1反映了美元兑人民币即期汇率和偏离度走势。其中理论汇率利用中美1年期国债收益率和美元兑人民币即期汇率计算得出。从图5.1可以看出,偏离度(左轴)的走势与即期汇率(右轴)走势正相关,并领先于即期汇率。

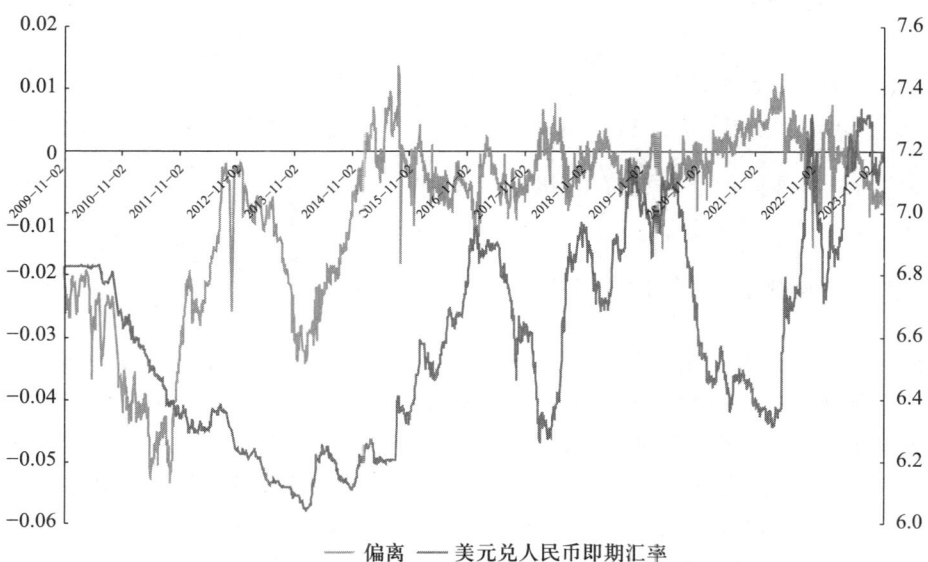

图5.1 美元兑人民币远期汇率偏离度与即期汇率走势

数据来源:Wind资讯。

第三节 远期利率协议

一、远期利率协议概述

第二章中已经介绍过,远期利率协议(FRA)是买卖双方同意从未来某一商定的时刻开始的一定时期内按协议利率借贷一笔数额确定、以具体货币表示的名义本金的协议。案例5.2给出了一个FRA的例子。

> **【案例5.2】**
>
> **远期利率协议(FRA)**
>
> 2024年3月20日,国内某企业A根据投资项目进度,预计将在6个月后向银行贷款人民币1 000万元,贷款期为半年,但担心6个月后利率上升提高融资成本,即与银行商议,双方同意6个月后企业A按年利率6.2%(一年计两次复利)向银行贷入半年期1 000万元贷款。这就是远期利率协议。
>
> 假设2024年9月20日FRA到期时,市场实际半年期贷款利率为6.48%。这时企业A有两个选择:
>
> (1) 直接执行FRA,以6.2%向银行贷入半年期1 000万元贷款,比市场利率节省 $1\,000 \times \dfrac{6.48\% - 6.2\%}{2} \times \dfrac{1}{1 + \dfrac{6.48\%}{2}} = 1.356$ 万元的利息支出。
>
> (2) 对FRA进行现金结算,由于市场利率上升,银行支付给A企业 $1\,000 \times \dfrac{6.48\% - 6.2\%}{2} \times \dfrac{1}{1 + \dfrac{6.48\%}{2}} = 1.356$ 万元,同时企业A直接到市场上以即期利率6.48%借入1 000万元的贷款,等价于按6.2%的利率贷款。
>
> 假设2024年9月20日FRA到期时,市场实际半年期贷款利率下跌至6%。这时企业A在FRA中损失而银行盈利,具体损失金额为 $1\,000 \times \dfrac{6\% - 6.2\%}{2} \times \dfrac{1}{1 + \dfrac{6\%}{2}} = -0.970\,9$ 万元。但无论如何,企业A的真实贷款利率锁定为6.2%。

从案例5.2中可以看出,通过事先约定利率,借款人可以规避利率上升的风险,贷款人则可以规避利率下跌的风险。但无论怎样,FRA将真实贷款利率锁定为协议利率。

在现实生活中,案例5.2中企业A的第二种选择,即对FRA进行现金结算是常见的做法,因为这种交割方法无须协议双方真实交换本金,只是在结算日根据协议利率和参考利率的市场实际值之间的差额以及名义本金额,由交易一方付给另一方结算金。这种现金结算制度既实现了对利率风险的规避,又大大地提高了便利性和灵活性,使得那些仅仅对管理利率风险有需求而非需要真实借贷款的投资者也得以进入FRA,是一个非常好的制度安排。因此,诸如案例5.2中的1 000万元本金通常被称为名义本金。

值得注意的是,FRA的多方为利息支付者,即名义借款人,其订立FRA的目的主要是规避利率上升的风险。相应地,FRA的空方则是利息获得者,即名义贷款人,其订立FRA的目的主要是规避利率下降的风险。因此,一个担心利率上升的投资者应进入FRA的多头而一个担心利率下跌的投资者则应进入FRA的空头。

二、远期利率协议市场

在国际上,远期利率协议曾经是非常重要的利率衍生品,交易活跃。然而,由于主要参考LIBOR类利率,随着LIBOR退出历史舞台,国际市场上的远期利率协议交易大幅萎缩。2022年4月,全球远期利率协议的日均成交额约为4 965亿美元,约占场外所有利率衍生品日均成交额的9.5%;而在三年前(2019年4月),这两个数字分别为19 024亿美元和29.44%。其中,以美元计价的FRA通常参考美元LIBOR,下降尤为严重,其日均成交额从2019年4月的12 610亿美元下降至2022年4月的261亿美元。与之相比,以欧元计价的FRA由于通常参考与LIBOR类似机制的Euribor(尚未逐步取消),在此期间的日均成交额从3 870亿美元略微上升至4 207亿美元,约占整个国际市场FRA日均成交的85%[①]。

2007年9月29日,中国人民银行发布《远期利率协议业务管理规定》,自2007年11月1日起推出远期利率协议业务,但交易极为清淡。鉴于我国的远期利率市场发展缓慢,2021年11月24日,中国外汇交易中心与上海清算所联合推出标准债券远期实物交割机制,首批实物交割合约品种包括2年期国开绿债标准债券远期实物交割合约、2年期农发债标准债券远期实物交割合约和7年期农发债标准债券远期实物交割合约。

【案例5.3】

LIBOR谢幕

LIBOR的全称是伦敦银行间同业拆放利率(London interbank offered rate)。1986年至2014年期间,由英国银行业协会(british bankers' association,BBA)负责组织发布,一度涵盖了10个币种和15种期限(从隔夜到12个月)。其基本运作机制为:BBA选定若干家国际性金融机构,要求报出他们从其他银行借入资金的利率,BBA对这些报价进行调整并取平均,最后得到并发布每日的LIBOR。

LIBOR曾经是国际金融市场上最重要和最常用的利率基准,影响着数百万亿美元的债券、工商业贷款、住房抵押贷款、利率衍生品等的定价,称其为国际金融大陆的基石也毫不为过。然而,2008年国际金融危机之后,LIBOR的一些致命缺点逐渐暴露出来:一是容易被操纵,二是其所依赖的市场基础严重削弱。首先,如前所述,LIBOR利率的形成是基于少数几家银行的非约束性报价而非实际成交,这被证明是一个难以克服的设计缺陷,LIBOR的定价机制天然存在人为操纵的风险,在2012年爆出LIBOR操纵丑闻之后,虽然英国金融行为监管局(financial conduct authority,FCA)对LIBOR进行了改革,并移交洲际交易所(intercontinental exchange,ICE)管理,但其公信力已不复从前;第二,LIBOR是一种旨在捕捉银行业代表性融资成本的利率,其对银行业的信用风险和流动性风险十分敏感,但在2007年次贷危机之后,一方面,国际上各家银行和市场主体的

---

① 本段数据来源于国际清算银行网站。

信用风险和融资成本分散度大大增加,单一利率的代表性下降;另一方面,由于担心金融机构也会违约,无论是市场还是监管部门都更多地将重心转向银行间真正无风险的利率基准,这些都使得LIBOR的市场基础削弱。2021年12月31日之后,所有英镑、欧元、瑞士法郎、日元的LIBOR报价以及1周和2个月期美元LIBOR报价停止,2023年6月30日之后其余美元的LIBOR报价也全部终止。至此,拥有数十年历史的LIBOR彻底退出历史舞台。

在"后LIBOR时代",全球基准利率呈现出分散和多元的特点,逐步停用的LIBOR被各国不同的基准利率所取代。其中,美国替代参考利率委员会(alternative reference rates committee,ARRC)选定"担保隔夜融资利率(secured overnight financing rate,SOFR)"替代LIBOR作为无风险基准利率,英国、欧洲区、瑞士和日本则分别选择了英镑隔夜平均指数(sterling overnight index average,SONIA)、欧元短期利率(euro short-term Rate,ESTR)、瑞士平均隔夜利率(Swiss average overnight rate,SARON)、日元无担保隔夜拆借利率(Tokyo overnight average rate,TONA)。这些利率均由各经济体独立发布,其共同点有两个:均为实际成交利率,且仅有单一的隔夜期限。除了SARON由瑞士证券交易所管理,其他均为各中央银行管理。不同货币的基准利率形成方式有所不同。英国、欧元区和日本的银行的日常流动性仍较为依赖无担保借贷,因此SONIA、ESTR和TONA是无担保同业拆借利率。美国和瑞士的银行较多采用回购拆借,因此SOFR和SARON是有担保的回购利率。不同货币的新基准利率的成熟程度也有不同。英镑基准利率SONIA的历史可以追溯到1997年,英国央行于2016年对其接管,目前已较为成熟。而美元基准利率SOFR是在弃用LIBOR的决定宣布后才推出的。

三、远期利率协议的定价

由于远期利率协议的标的资产是货币,货币在远期利率协议存续期内可以产生无风险收益,因此其属于支付已知红利率资产的远期合约。但在远期利率协议的定价中,可以使用更直接的方式,从第三章中可以知道,远期定价包括远期价格的确定与远期价值的确定。在远期利率协议中,远期价格就是远期利率协议中的理论协议利率,或称为远期利率(forward interest rate),这是金融工程中最重要的概念之一。

(一) 远期利率

远期利率是指现在时刻的将来一定期限的利率,它是与即期利率对应的一个概念,即期利率是指当前时刻起一定期限的利率。

图5.2比较直观地反映了即期利率和远期利率的差异。

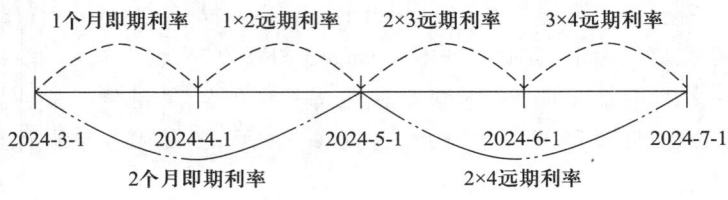

图5.2 即期利率与远期利率

具体来看,图5.2表示的是2024年3月1日的一系列即期利率和远期利率。所有以2024年3月1日为起点的利率都是当天的即期利率;2×3远期利率则表示在2024年3月1日,2个月之后开始的期限为1个月的远期利率;2×4远期利率表示2024年3月1日那一天,2个月之后开始的期限为2个月的远期利率。

需要注意的是,当前时刻的即期利率和远期利率都是当前时刻的信息。例如,在图5.2中,2024年3月1日的2×3远期利率是已知的,但是当时间真正到了2024年5月1日时候的1个月即期利率究竟是多少,2024年3月1日的我们是不知道的。也就是说,远期利率并不等于未来真正的即期利率,后者在当前时刻是未知的。

那么,远期利率是如何决定的呢?远期利率是由一系列即期利率决定的。例如,如果1年期的即期连续复利利率为10%,2年期的即期利率为10.5%,那么其隐含的1年到2年的远期利率就等于11%,这是因为:

$$1 \times e^{0.10} \times e^{0.11} = 1 \times e^{0.105 \times 2}$$

也就是说,按1年期利率投资1年,同时签订一份FRA在1年后以远期利率投资1年,应等同于一次性投资两年。

一般地说,假设现在时刻为t,T时刻到期的即期利率为r,T^*时刻($T^*>T$)到期的即期利率为r^*,则t时刻的T^*-T期间的远期利率r_F应满足以下等式:

$$e^{r(T-t)} \times e^{r_F(T^*-T)} = e^{r^*(T^*-t)}$$

进一步可得:

$$r_F(T^*-T) = r^*(T^*-t) - r(T-t) \tag{5.6}$$

如果式(5.6)不成立,就存在套利空间,套利的结果将使得式(5.6)成立。表5.1列示了套利操作过程。

表5.1 远期利率套利操作

分类	$r_F(T^*-T) > r^*(T^*-t) - r(T-t)$	$r_F(T^*-T) < r^*(T^*-t) - r(T-t)$
t时刻	(1)一次性以r^*借入到期日为T^*的贷款A元 (2)将A以r贷出至T时刻 (3)签订一份期限为T^*-T、远期利率为r_F的FRA,贷出金额为$A \times e^{r(T-t)}$	(1)以r借入到期日为T的贷款A元 (2)签订一份期限为T^*-T的FRA,约定在T时刻以r_F借入$A \times e^{r(T-t)}$元至T^*时刻 (3)将借入的A元以r^*贷出至T^*时刻
T时刻	(1)收到贷款本息$A \times e^{r(T-t)}$ (2)执行FRA将$A \times e^{r(T-t)}$按r_F贷出	(1)从FRA中按r_F借入$A \times e^{r(T-t)}$ (2)正好还掉第一笔借款
T^*时刻	(1)从FRA贷款中收回$A \times e^{r(T-t)} \times e^{r_F(T^*-T)}$ (2)还掉长期贷款$A \times e^{r^*(T^*-t)}$,获得无风险收益	(1)收回长期贷款$A \times e^{r^*(T^*-t)}$ (2)还掉FRA借款本息$A \times e^{r(T-t)} \times e^{r_F(T^*-T)}$,获得无风险收益
结果	r与r_F趋于下降,r^*趋于上升	r与r_F趋于上升,r^*趋于下降
	$r_F(T^*-T) = r^*(T^*-t) - r(T-t)$	

将式(5.6)变形可得:

$$r_F = \frac{r^*(T^*-t) - r(T-t)}{T^*-T} \tag{5.7}$$

这是远期利率的常用计算公式。将式(5.7)进一步变形可得：

$$r_F = \frac{r^*(T^*-T)+r^*(T-t)-r(T-t)}{T^*-T} = r^* + (r^*-r)\frac{T-t}{T^*-T} \tag{5.8}$$

从式(5.8)可以看到，如果即期利率期限结构在 T^*-T 期间是向上倾斜的，即 $r^*>r$，则 $r_F>r^*$；如果即期利率期限结构在 T^*-T 期间是向下倾斜的，即 $r^*<r$，则 $r_F<r^*$。

最后，简要讨论一下远期利率的应用。回忆第三章第二节中讨论远期价格的期限结构时，有式(3.3)：

$$F^* = Fe^{r^*(T^*-t)-r(T-t)}$$

在了解了远期利率的公式之后，可以很容易地看出，根据式(5.6)，式(3.3)可以表达为：

$$F^* = Fe^{r_F(T^*-T)}$$

（二）远期利率协议的价值

持有一份 FRA 所带来的盈亏就是该 FRA 对其持有者的价值。由于 FRA 是零和游戏，因此多方与空方的 FRA 价值之和为 0，一方价值为正时另一方价值必然为负。当一份 FRA 的协议利率等于合理远期利率时，该 FRA 对买卖双方来说是公平的，这时多空双方的协议价值都等于 0。

一般来说，在签订 FRA 时，公平合约中的协议利率会等于当前即期利率中隐含的远期利率（远期利率公式见式(5.7)），从而使得双方的协议价值为 0。这意味着无须成本就可获得 FRA 合约，成为合约多头或空头。但在 FRA 签订以后，协议利率已经不能变化，多空双方的 FRA 价值将随着合理远期利率的变化而变化。

考虑 t 时刻的一份 FRA，名义本金为 A，多空双方约定的远期期限起点和终点分别为 T 和 T^*，协议利率为 r_K。假设 t 时刻 $T \times T^*$ 期限的合理远期利率为 r_F，如果 $r_K = r_F$，多空双方约定未来按照合理的远期利率计息，这是一份公平的零和合约，合约价值就为 0；如果 $r_K \neq r_F$，合约价值就不再等于 0，对于 FRA 多头（即支付固定利息的一方）而言，利息差异的现值就是这份合约对他的价值：

$$(Ae^{r_F\cdot(T^*-T)} - Ae^{r_K\cdot(T^*-T)}) \cdot e^{-r^*(T^*-t)} \tag{5.9}$$

注意两个问题：第一，FRA 多头是支付固定利息的一方，当 $r_F>r_K$ 时，多头获利，当 $r_F<r_K$ 时，多头亏损，空头正好与之相反；第二，按照惯例，FRA 的利息是在贷款期末支付的，所以息差要从 T^* 时刻贴现至定价时刻。

式(5.9)适用于任何远期利率协议价值的计算。例如，当 $r_K = r_F$ 时，FRA 价值为零；又如，当 FRA 到期时，$r_F = r_T^{T^*}$，即 T 时刻的期限 T^*-T 的即期利率，FRA 价值就等于协议利率与实际即期利率息差的贴现，也就是多空双方到期时的结算金额。

第四节 利率期货

一、利率期货概述

利率期货是指以利率敏感证券作为标的资产的期货合约。1975 年 10 月，世界上第一张利率期货合约——政府国民抵押协会抵押凭证（government national association certificate）期货合约——在 CBOT 诞生。尽管由于交割对象比较单一，流动性不强，其发展受到一定的限制，但其在当时已经是一种重大的创新，开创了利率期货的先河。在这之后，为了满足投资者规避短期利率风险的需要，CME 先后于 1976 年 1 月和 1981 年 12 月推出了 13 周美国短期国库券期货合约（13-week T-bills futures）以及 3 个月期欧洲美元定期存款期货合约（Eurodollar futures），都获得了巨大的成功。在利率期货发展历程上另外一个具有里程碑意义的重要事件是，1977 年 8 月 22 日，美国长期国债期货合约在 CBOT 上市，满足了对中长期利率风险进行保值的广大交易者的需要，受到了普遍的欢迎。

美国利率期货的成功开发与运用，引起了其他国家的极大兴趣。1982 年，伦敦国际金融期货交易所（The London International Financial Futures and Options Exchange，LIFFE）首次引入利率期货，1985 年东京证券交易所也开始利率期货的交易，随后，法国、澳大利亚、新加坡等国家也相继引入了不同形式的利率期货合约。中国香港则于 1990 年 2 月 7 日在香港期货交易所正式推出了香港银行同业 3 个月拆放利率期货合约。上海证券交易所于 1992 年 12 月也开展了国债期货交易，但由于制度设计的缺陷而引发的"327 事件"，致使中国证监会于 1995 年 5 月决定暂停国债期货交易。2013 年 9 月 6 日，阔别 18 年的国债期货重新回到中国金融期货交易所。到目前为止，利率期货已经成为全球金融市场上成交量最大、地位最重要和产品种类最丰富的期货品种。

总的来看，芝加哥商业交易所集团（CME 集团）（由原来的 CME 和 CBOT 合并而成）和欧洲期货交易所（Eurex）是全球最主要的利率期货交易所在地。一般来说，人们按合约标的期限，将利率期货分为短期利率期货、中期利率期货和长期利率期货。短期利率期货是指以（期货合约到期时）期限不超过 1 年的货币市场利率工具为交易标的的利率期货，如在 CME 集团交易的 3 个月 SOFR 期货。中期利率期货是指以（期货合约到期时）中等期限的利率产品为交易标的的利率期货，如中金所交易的 5 年期国债期货。长期利率期货是指以（期货合约到期时）长期期限的利率产品为交易标的的利率期货，如中金所交易的 10 年期国债期货和 30 年期国债期货。

需要强调的是，与其他产品的远期和期货一样，利率远期和利率期货在本质上是相同的，这两类产品中的关键价格要素——远期利率与期货利率——本质上也是相同的。但交易所对利率期货的交易制度安排使得它们之间出现了一定的差异，主要体现在：

第一，远期利率协议报出的是远期利率，而利率期货报出的通常并非期货利率，而是与期货利率反向变动的特定价格，期货利率隐含在报价中。

第二，利率期货存在每日盯市结算与保证金要求，加上结算金额计算方式不同，这两个因素决定了远期利率与期货利率的差异。

第三，由于多头总是规避价格上升风险的交易者，因此第一点差异决定了在远期利率协议中的多头是规避利率上升风险的一方，而利率期货的多头则是规避期货价格上升风险，即规避利率下跌风险的一方。

第四，远期利率协议通常采用现金结算，而利率期货可能需要实物交割，期货交易所通常规定多种符合标准的不同证券均可用以交割，使得利率期货相对复杂。

上述差异不易理解，在下面具体产品（CME 集团的 3 个月 SOFR 期货和中金所的 10 年期国债期货）的介绍中将进行详细的分析和讨论。

二、3 个月 SOFR 期货

一直以来,在全球短期利率期货中最受瞩目的合约都是在 CME 集团交易的欧洲美元期货合约。但由于其标的为 LIBOR 美元利率,随着 LIBOR 退出历史舞台,欧洲美元期货被 2018 年 5 月 7 日在 CME 集团上市的 SOFR 期货所取代,具体又分为 1 个月期 SOFR 期货和 3 个月期 SOFR 期货。表 5.2 列出了 CME 集团交易的 3 个月期 SOFR 期货合约的主要条款。案例 5.4 则对 SOFR 进行了介绍。

表 5.2 CME 集团交易的 3 个月期 SOFR 期货合约主要条款

合约规模	2 500 美元×合约级 IMM 指数
报价单位	合约级 IMM 指数 = 100−R R = 合约参考季度内年化营业日 SOFR 几何平均 参考季度:交割月前第 3 个月的第 3 个周三(含)至交割月的第 3 个周三(不含)。
点数	1 个利率基点 = 0.01 指数点 = 25 美元/合约
最小价格变动	到最后营业日不超过 4 个月的所有合约月份:0.002 5 个 IMM 指数点$\left(每年\frac{1}{4}个基点\right)$ = 6.25 美元 其他所有合约月份:0.005 个 IMM 指数点$\left(每年\frac{1}{2}个基点\right)$ = 12.50 美元 最终结算价格最小变动:0.000 1 个 IMM 指数点
上市合约	39 个连续季月(3 月、6 月、9 月、12 月)和最近 6 个连续月份
交易时间	CME Globex:美国中部时间周日下午 5:00 至周五下午 4:00(美国东部时间周日下午 6:00 至周五下午 5:00),每天下午 4:00(美国东部时间下午 5:00)开始休市 60 分钟 CME ClearPort:美国中部时间周日下午 5:00 至周五下午 5:45,周一至周四下午 5:45 至下午 6:00 无报告
交易终止	交易于合约交割月份第三个周三的前一个营业日停止
结算方法	现金结算
产品代码	CME Globex:SR3;CME ClearPort:SR3;Clearing:SR3

资料来源:CME 集团官网。

【案例 5.4】

SOFR:新的美元无风险利率基准

正如我们在案例 5.3 中所介绍的,SOFR 已经代替美元 LIBOR 成为美元的基准利率。那么究竟什么是 SOFR 呢?它为何能成为新的基准利率?

SOFR 的全称是"有担保的隔夜融资利率"(Secured Overnight Financing Rate),是一种基于美国国债回购市场的交易数据计算出的隔夜利率,由美国财政部金融研究办公室(OFR)和纽约联邦储备银行(FRBNY)共同设计和发布,每个交易日早上 8 点(美国东部时间)公布前一日的 SOFR 值。

SOFR 的主要特征有四个。第一,它是以美国国债为担保的回购利率,所谓回购(repurchase agreement,Repo),就是在按约定价格卖出某一证券的同时,约定在未来某一时刻再按约定价格购回该证券,其本质就是质押证券以获得借款,两笔交易的价值之差就是利息,因此,美国国债回购利率就是以美国国债为担保的借款利率;第二,期限非常短,仅为隔夜;第三,SOFR 是交易数据,由交易量加权计算中位数而得;第四,市场基础广泛,SOFR 包含了纽约梅隆银行提供的非中央清算的三方回购交易、由美国固定收益清算公司(Fixed Income Clearing Corporation, FICC)作为中央清算方的 GCF Repo 三方回购交易和通过 FICC 清算的券款兑付(DVP)双边回购交易数据。

SOFR 的上述特征解释了为何它能被选中作为新的美元利率基准。SOFR 的前两个特征——以美国国债为担保和期限短,意味着它基本可以视为无风险,其对 LIBOR 的替代,体现了监管层和市场参与者在 2007 年次贷危机之后转向真正的无风险利率基准的倾向;第三个特征体现了 SOFR 相对 LIBOR 的最大优势:它是真实交易形成的利率,不易被操纵;第四个特征则说明了 SCFR 相对 LIBOR 具有更好的广泛性和市场基础:美国国债回购市场成交量巨大,每日交易量可达万亿美元,其参与者包括银行和非银行的批发性交易对手,而 SOFR 尽可能涵盖了主要的美国国债回购市场,这使得 SOFR 比 LIBOR 能更好地反映整体资金市场的利率水平。

然而,SOFR 作为利率基准的最大挑战在于,它不像 LIBOR 那样包含从隔夜到一年的多个期限,它只有隔夜一个期限。因此运用 SOFR 的一个关键问题是如何将其从隔夜利率(O/N rate)拓展至长期限的定期利率(term rate)。

一个方法就是在事后回顾期限内的每日 SOFR,计算得到整段期限内的利息。其中主流的方式是通过几何平均计算其复利滚动的结果,计算公式如下:

$$\left[(1+r_1\hat{d}_1)(1+r_2\hat{d}_2)\cdots(1+r_n\hat{d}_n)-1\right]\times\frac{360}{D}$$

其中,$r_i(1\leq i\leq n)$ 表示第 i 个营业日的 SOFR 隔夜利率,该利率适用于 d_i 天,$\hat{d}_i=\frac{d_i}{360}$,在大部分时候,$d_i=1$,但对于节假日,$d_i$ 等于节假日天数加 1;$D=\sum_i d_i$ 表示整段期限(如 3 个月)的天数;SOFR 的计息天数惯例为 1 年 360 天。由于是在事后进行复利(compounded in arrears),这种方法被称为后顾式定期 SOFR(backward term SOFR)。由于事后已知过去每天的已实现 SOFR,这种方法简单易行,但只有等到期末才能知道对应期限的利率,并不反映对未来利率和市场状况的预期,往往滞后于市场的变化。

在很多时候,市场参与者希望在期初就可以知道接下来一段期限的利率水平,也就是获得前瞻式定期利率(forward-looking term rates)。LIBOR 就是这样一种前瞻式定期利率。但由于 SOFR 仅有隔夜期限,难以直接生成前瞻式定期利率。目前唯一被美国替代参考利率委员会(ARRC)采纳的前瞻式定期 SOFR 是 CME 集团定期 SOFR(CME Term SOFR),该利率由 CME 集团主要根据 SOFR 期货价格计算及公布,期限有 1 个月、3 个月、6 个月和 12 个月。其计算基础为在 CME 集团挂牌的 13 个不同期限的 1 个月 SOFR 期货价格(SR1)和 5 个不同期限的 3 个月 SOFR 期货价格(SR3),同时综合美联储公开市场会议后的利率变动信息,得到 SOFR 的每日远期利率,再通过复利方式得到 SOFR 的前瞻式定期利率。由于是从 SOFR 衍生品中拓展得到,CME 定期 SOFR 主要反映了市场对未来 SOFR 走势的预期,但难以真实反映对应期限的融资风险。因此 ARRC 表示,对所

> 有产品首先推荐更为稳健的 SOFR 原利率,只有在 SOFR 原利率被证实难以运用的领域,才支持使用 CME 定期 SOFR,并且不支持在衍生品市场大规模使用 CME 集团定期 SOFR,以防挂钩 SOFR 原利率的衍生品市场的流动性受到稀释,因为这反过来可能降低 CME 集团定期 SOFR 的可靠性。
>
> 也就是说,CME 集团交易的 SOFR 期货的标的是美联储每日公布的隔夜 SOFR,其最后结算价为后顾式定期 SOFR。CME 集团基于每日 SOFR 期货价格再进一步生成前瞻式定期 SOFR,供市场参考。

表 5.3 给出了 2024 年 2 月 1 日 CME 集团 3 个月 SOFR 期货的行情。

表 5.3　2024 年 2 月 1 日 CME 集团 3 个月 SOFR 期货行情

到期月	最新价	涨跌	前结算	开盘价	高	低	成交量
Feb-24 SR3G4	—	—	94.75	—	—	—	0
Mar-24 SR3H4	94.885	-0.005 (-0.01%)	94.89	94.88	94.885	94.88	3 330
Apr-24 SR3J4	—	—	95.035	—	—	—	0
May-24 SR3K4	—	—	95.21	—	—	—	0
Jun-24 SR3M4	95.375	-0.005 (-0.01%)	95.38	95.365	95.375	95.365	2 358
Jul-24 SR3N4	—	—	95.52	—	—	—	0
Sep-24 SR3U4	95.81	-0.01 (-0.01%)	95.82	95.81	95.815	95.805	1 078
Dec-24 SR3Z4	96.18	-0.01 (-0.01%)	96.19	96.18	96.185	96.175	1 549
Mar-25 SR3H5	96.48	-0.015 (-0.02%)	96.495	96.48	96.485	96.475	1 309
Jun-25 SR3M5	96.69	-0.015 (-0.02%)	96.705	96.69	96.7	96.685	758
Sep-25 SR3U5	96.805	-0.02 (-0.02%)	96.825	96.81	96.815	96.805	842
Dec-25 SR3Z5	96.855	-0.015 (-0.02%)	96.87	96.855	96.86	96.85	947
Mar-26 SR3H6	96.85	-0.015 (-0.02%)	96.865	96.85	96.86	96.85	609

续表

到期月	最新价	涨跌	前结算	开盘价	高	低	成交量
Jun-26 SR3M6	96.825	-0.015 (-0.02%)	96.84	96.825	96.835	96.825	672
Sep-26 SR3U6	96.805	-0.015 (-0.02%)	96.82	96.805	96.81	96.805	252
Dec-26 SR3Z6	96.785	-0.015 (-0.02%)	96.8	96.785	96.79	96.785	439
Mar-27 SR3H7	96.77	-0.005 (-0.01%)	95.775	96.76	96.77	96.76	787
Jun-27 SR3M7	96.735	-0.015 (-0.02%)	96.75	96.735	96.74	96.735	194
Sep-27 SR3U7	96.71	-0.015 (-0.02%)	96.725	96.71	96.715	96.71	98
Dec-27 SR3Z7	96.68	-0.015 (-0.02%)	96.695	96.68	96.685	96.68	358
Mar-28 SR3H8	96.65	-0.015 (-0.02%)	96.665	96.655	96.66	96.65	69
Jun-28 SR3M8	96.615	-0.015 (-0.02%)	96.63	96.615	96.62	96.615	132
Sep-28 SR3U8	96.57	-0.02 (-0.02%)	96.59	96.575	96.58	96.57	134
Dec-28 SR3Z8	96.535	-0.015 (-0.02%)	96.55	96.54	96.54	96.535	86
Mar-29 SR3H9	—	—	96.51	—	—	—	0
Jun-29 SR3M9	—	—	96.475	—	—	—	0
Sep-29 SR3U9	—	—	96.44	—	—	—	0
Dec-29 SR3Z9	—	—	96.41	—	—	—	0
Mar-30 SR3H0	—	—	96.385	—	—	—	0
Jun-30 SR3M0	—	—	96.365	—	—	—	0
Sep-30 SR3U0	—	—	96.345	—	—	—	0

续表

到期月	最新价	涨跌	前结算	开盘价	高	低	成交量
Dec-30 SR3Z0	—	—	96.33	—	—	—	0
Mar-31 SR3H1	—	—	96.32	—	—	—	0
Jun-31 SR3M1	—	—	96.31	—	—	—	0
Sep-31 SR3U1	—	—	96.295	—	—	—	0
Dec-31 SR3Z1	—	—	96.265	—	—	—	0
Mar-32 SR3H2	—	—	96.255	—	—	—	0
Jun-32 SR3M2	—	—	96.27	—	—	—	0
Sep-32 SR3U3	—	—	96.29	—	—	—	0
Dec-32 SR3Z3	—	—	96.245	—	—	—	0
Mar-33 SR3H3	—	—	96.255	—	—	—	0
Jun-33 SR3M3	—	—	96.255	—	—	—	0

数据来源：CME集团官网。

对于初次接触者，3个月SOFR期货的合约设计略有点难以理解。下面我们结合表5.2和表5.3对3个月SOFR期货合约的主要运作机制进行解释。

第一，3个月SOFR期货的标的是未来到期时刻（即合约交割月份的第三个周三）的后顾式3个月期SOFR平均利率，也就是从交割月的第三个周三（不含）倒推至交割月前第3个月的第3个周三（含）这段时间（即表5.2中的参考季度），根据SOFR的真实值运用几何平均计算得到的年化复利利率。

第二，3个月SOFR期货的报价机制较为特别。尽管标的是未来到期时刻的季度内后顾式3个月SOFR，期货的真实交易价格本应为期货利率，但3个月SOFR期货并不报出期货利率，而是报出与期货利率反向变动的IMM指数。如表5.2所说明的，IMM指数定义为$100-R$，期货利率隐含在报价中。以表5.3第2行的报价为例，将于2024年3月到期的3个月SOFR期货收盘价（IMM指数）为94.885，这意味着对应的年化期货利率为5.115%。

第三，3个月SOFR期货的盈亏计算相当便捷。根据合约设定，期货利率1个基点的变化对应着期货价格0.01的变化，进一步对应着每份合约盈亏25美元。这是因为如表5.2

所示,CME 集团将 3 个月 SOFR 期货的合约规模设定为令每张合约的价值等于:

$$2\,500\,美元 \times IMM\,指数 = 2\,500\,美元 \times (100-R)$$

换一个角度理解,3 个月 SOFR 期货实际上对应着 100 万美元本金的借款,这样 1 个利率基点的变化对应着:

$$100\,万美元 \times 0.000\,1 \times \frac{3}{12} = 25(美元)$$

仍然以表 5.3 中的第 2 行为例,价格变化为 -0.005,这一价格变化会给该合约多头(空头)带来 12.50 美元/合约的亏损(盈利)。

第四,3 个月 SOFR 期货采用现金结算方式。假设 2024 年 3 月合约到期时的实际 3 个月后顾式 SOFR 为 5.096 2%,对应的到期结算价格为 94.903 8。在 2024 年 2 月 1 日以 94.885 买入(卖出)该合约的交易者将盈利(亏损)0.018 8 价格点,或者

$$0.018\,8 \times 2\,500 = 47(美元)$$

第五,3 个月 SOFR 期货的可交易期限品种丰富,最长可达 10 年。如表 5.2 所示,3 个月 SOFR 期货的交易月份包括 39 个 3 月季度循环月份与 6 个连续月份。从表 5.3 可以看出,每天并不是所有月份都有成交量。总体来说,季度月份的交易比序列月份的交易活跃,短期交易比较活跃,5 年以上的期限基本没有交易。

从上述合约设定可以看出,一个希望从利率上升(下降)中获利的投资者,应卖出(买入)3 个月 SOFR 期货,这一交易方向和远期利率协议是相反的:希望从利率上升(下降)中获利,应成为远期利率协议的多头(空头);3 个月 SOFR 期货的基点价格值(即一个利率基点的变化引起的合约价值变动)为 25 美元。这意味着,如果利率每上升一个基点,会引起已有债券组合亏损 1 万美元,那么卖出 400 张 3 个月 SOFR 期货可以对冲这一风险。

三、中国国债期货

国债期货与其他期货并无本质性差别,但以下三个特点使得国债期货相对难以理解。

第一,国债期货的标的资产不唯一。为防止标的体量太小导致期货易被操纵,全球市场上的国债期货通常都约定只要是满足特定特征的类似债券都可用于期货交割。[①] 但是,由于每个时刻市场上只能报出一个期货价格,相应引出了标准券和转换因子等概念。进一步,国债期货合约通常约定期货空方拥有择券期权(即在众多可交割券中选择哪一个债券进行交割的权利)和择时期权(即在进入交割月后具体选择哪一天进行交割的权利),这进一步加大了理解难度。

第二,国债期货采用与现货相同的净价报价、全价交割机制,这在其他标的的期货市场上是没有的。此外,国债期货和现货也存在差异:债券现货的应计利息是交易当天的应计利息,而国债期货的应计利息是期货到期交割时的应计利息。

第三,国债期货的标的债券经常出现在期货合约期限内付息的现象,这与应计利息问题交织在一起,容易给初次接触者造成困扰。

中国的国债期货在中国金融期货交易所(简称中金所)交易,包括中短(2 年期)、中(5

---

① 这是中国 2013 年版国债期货和 1992 年版国债期货合约设计的最大不同。2013 年中金所借鉴国外成功经验,通过增加可交割国债的种类,来防止现货体量太小期货易被操纵的现象重演。

年期)、长期(10年期)、超长期(30年期)四种。我们以10年期国债期货为例,介绍国债期货的市场机制和基本原理。

表5.4给出了中金所交易的10年期国债期货合约的主要条款。可以看到,中金所10年期国债期货合约的名义标的资产是面值100万元、票面利率为3%的名义长期国债,实际可交割券则是发行期限不高于10年、合约到期月份首日剩余期限不低于6.5年的记账式附息国债。其合约月份为最近三个季月。例如,2024年2月8日,在中金所交易的就有分别于2024年3月、2024年6月和2024年9月到期的长期国债期货合约。下面我们循序渐进地加以介绍。

表5.4 中金所交易的10年期国债期货合约主要条款

合约标的	面值为100万元人民币、票面利率为3%的名义长期国债
可交割国债	发行期限不高于10年、合约到期月份首日剩余期限不低于6.5年的记账式附息国债
报价方式	百元净价报价
最小变动价位	0.005元
合约月份	最近的三个季月(3月、6月、9月、12月中的最近三个月循环)
交易时间	09:30—11:30,13:00—15:15
最后交易日交易时间	09:30—11:30
每日价格最大波动限制	上一交易日结算价的±1.2%
最低交易保证金	合约价值的2%
最后交易日	合约到期月份的第二个星期五
最后交割日	最后交易日后的第三个交易日
交割方式	实物交割
交易代码	T
上市交易所	中国金融期货交易所

资料来源:中国金融期货交易所。

(一) 国债期货的全价与净价

全价常又称为现金价格(cash price)或发票价格(invoice price),是投资者在交割时买方支付和卖方收取的实际全部价款。净价则等于全价减去应计利息(accrued interest,简称 AI)。

国债期货的报价方式与现货相同,都是以净价报出每100元面值债券的价格。然而与现货价格中使用当天(或下一工作日)应计利息不同,国债期货中使用的是期货到期交割日的应计利息。原因在于应计利息指的是交割时的应计利息。现货交割通常发生在交易的同一个或下一个工作日,因此采用的是交易当天(或下一个工作日)的应计利息[①]。而国债期

[①] 方便起见,本书中现券的应计利息均以 T+0 计算。

货交易时仅签订合约，交割发生在到期时刻，自然应采用到期交割日的应计利息。具体来说，中金所规定进入交割月后到最后交易日之前，国债期货空头随时可以进行交割意向申报。国债期货的应计利息以交割意向申报日之后第二个工作日为基准计算。为易于表达，本书将期货应计利息的基准日称为"配对缴款日"。案例5.5可以帮助更好地理解这一区别。

【案例 5.5】
国债现货与国债期货的全价与净价

2023年9月28日，将于2032年5月15日到期，息票利率为2.76%、一年支付两次利息的2022年记账式附息(十期)国债(银行间市场代码为220010.IB)报价为100.188 9元。从到期日和付息频率可以判断，该债券的上一个付息日是2023年5月15日，下一个付息日是2023年11月15日。由于2023年5月15日到2023年9月28日共136天，整个计息期间(2023年5月15日到2023年11月15日)为184天，因此2023年9月28日，该债券每100元面值的应计利息等于：

$$\frac{1}{2} \times 2.76\% \times 100 \times \frac{136}{184} = 1.020\ 0(元)$$

相应地，国债220010.IB现货交割时交收的全价为：
$$100.188\ 9 + 1.020\ 0 = 101.208\ 9(元)$$

同一天，在中金所交易的将于2023年12月到期的10年期国债期货合约T2312收盘报价为101.785元。国债220010.IB在T2312合约中的转换因子①为0.9823，根据中金所的规定，这意味着在T2312中，国债220010.IB对应的期货净价等于：

$$101.785 \times 0.982\ 3 = 99.983\ 405\ 5^{②}(元)$$

如果要计算在T2312中国债220010.IB对应的期货全价，首先需要判断配对缴款日。假设2023年12月8日为交割意向申报日，则配对缴款日为2023年12月12日，期货应计利息以此基准计算。在这一天，国债220010.IB的上一个付息日是2023年11月15日，下一个付息日是2024年5月15日。2023年11月15日到2023年12月12日之间的天数为27天，整个计息期间(2023年11月15日到2024年5月15日)的天数为182天，这意味着2023年9月28日，国债220010.IB每100元面值的应计利息等于

$$\frac{1}{2} \times 2.76\% \times 100 \times \frac{27}{182} \approx 0.204\ 725\ 3$$

如果要计算2023年9月28日，国债220010.IB在T2312中对应的期货全价，应为
$$99.983\ 405\ 5 + 0.204\ 725\ 3 \approx 100.188\ 130\ 8$$

从案例5.5可以看出，国债现货每天的应计利息都会变化，现货的净价仅用于报价，而现货交割和计算盈亏时使用的都是全价。国债期货合约的应计利息则要取决于具体的标的债券和配对缴款日，标的债券不同或是配对缴款日不同，国债期货的应计利息就不同。一旦

---

① 其含义将在下文详细介绍。
② 中金所规定应计利息等计算四舍五入至小数点后7位。

确定标的债券和配对缴款日，国债期货的应计利息是不变的。例如，对于案例5.5中的T2312，一旦确定标的现券为国债220010.IB且配对缴款日为2023年12月12日，这一期货合约的应计利息将始终等于0.204 725 3元。国债期货的应计利息只有在期货交割等少数时候才用到；在期货交割之前，期货交易报价、计算期货交易盈亏、盯市结算时使用的都是期货净价。

(二) 可交割券、标准券与转换因子

在案例5.5中我们已经初步涉及了转换因子。接下来我们对相关问题做详细解释。中金所规定，期货空方可以选择发行期限不高于10年、合约到期月份首日剩余期限不低于6.5年的任何记账式附息国债用于交割。当一个国债期货合约开始上市交易时，在当时市场上有哪些券满足可交割条件显然是已知的，因此中金所会统一公布该合约的可交割券名单。在国债期货的期限内，已知的可交割券不会减少，但可能因为财政部发行的新券满足该合约的交割条件而增加，中金所会在该国债上市交易日(含)之前公布将其纳入可交割券范围。例如，2023年9月28日，将于2023年12月到期的10年期国债期货合约T2312的可交割券共有14只。2023年11月27日，国债230026完成招标发行。由于满足条件，中金所在同一天公告其成为T2312的可交割券，T2312的可交割券数量增至15只。

引入多种可交割券之后，由于各债券的息票率和期限各有不同，为使不同可交割券价值具有可比性，交易所引入了标准券和转换因子(conversion factor)的概念。所谓标准券是一种虚拟的国债，按中金所的规定，其息票率为3%①(一年计一次复利)，在交割月的剩余期限为10年整。如果按3%的年化到期收益率(一年计一次复利)计算，由于没有应计利息，该标准券在期货合约交割月的全价和净价都等于其面值100元，这使得它便于作为各个可交割券的衡量标准。在此基础上，同样用3%的年化到期收益率(一年计一次复利)计算各个可交割券在交割月的净价，与100的比值就是各个债券的转换因子。例如，如果A债券的计算结果为105.32，则意味着在同样的定价条件下，交割时刻A债券的报价等于标准券的1.053 2倍，从而其转换因子就等于1.053 2；如果B债券的计算结果为98.63，其转换因子就等于0.986 3。这样就在所有可交割券之间建立起了一致的转换体系，即：

$$\text{国债期货标准券报价} = \frac{\text{可交割券} j \text{的期货净价}}{\text{可交割券} j \text{的转换因子}} \tag{5.10}$$

国债期货使用标准券期货净价报价，因此市场上看到的国债期货行情价格就是标准券的期货净价，乘上各债券的转换因子，就转换为各个可交割券的期货净价，如我们在案例5.5中看到的。反过来，如果投资者心目中国债220010.IB的合理期货净价应为99.983 405 5元，那么在下单时输入的期货价格应为：

$$\frac{99.983\ 405\ 5}{0.982\ 3} = 101.785$$

案例5.6有助于更为深入地理解可交割券、标准券和转换因子。注意，转换因子是关于净价的转换因子。在计算转换因子时，中金所规定剩余期限近似到月，而不采用具体天数。因此确切地说，在中金所国债期货中，特定可交割券的转换因子等于该券面值1元的未来现

---

① 根据市场利率的变化，中金所会对标准券的息票率进行调整并公布，目前息票率为3%。

金流按3%的年到期收益率(一年计一次复利)①贴现到交割月的价值,再扣掉该债券在交割月的应计利息(按月计算)后的余额。

【案例 5.6】

转换因子的计算

前述代码为 220010.IB 的国债是否属于 10 年期国债期货合约 T2312 和 T2403 的可交割券?如果是,其转换因子分别为多少?

10 年期国债期货合约 T2312 和 T2403 的到期月首日分别为 2023 年 12 月 1 日与 2024 年 3 月 1 日,在这两天,国债 220010.IB 的剩余期限分别为 8 年 5 个月又 14 天和 8 年 2 个月又 14 天,因此是这两个国债期货合约的可交割券。

中金所规定计算转换因子时取整数月份,因此将 14 天舍去。根据转换因子的定义,我们首先将国债 220010.IB 每 1 元面值的未来现金流用一年计息一次的年利率 3%贴现至 2023 年 12 月,得到:

$$\sum_{i=0}^{16} \frac{0.0276/2}{\left(1+\frac{3\%}{2}\right)^{i+\frac{5}{12}\times 2}} + \frac{1}{\left(1+\frac{3\%}{2}\right)^{16+\frac{5}{12}\times 2}} \approx 0.9846$$

将其减去 2023 年 12 月的近似应计利息(因为上一个付息日在 2023 年 11 月,按 1 个月计),就得到国债 220010.IB 在国债期货合约 T2312 中的转换因子为:

$$0.9846 - 0.0276 \times \frac{1}{12} \approx 0.9823$$

类似地,我们也可以计算得到国债 220010.IB 在国债期货合约 T2403 中的转换因子为:

$$\sum_{i=0}^{16} \frac{0.0276/2}{\left(1+\frac{3\%}{2}\right)^{i+\frac{2}{12}\times 2}} + \frac{1}{\left(1+\frac{3\%}{2}\right)^{16+\frac{2}{12}\times 2}} - 0.0276 \times \frac{4}{12} \approx 0.9827$$

案例 5.6 展示了转换因子的计算过程。事实上,平时我们并不需要自行确定可交割券及其转换因子。从计算过程可以看出,尽管同一个债券对于不同国债期货合约的转换因子是不同的,但对于给定的国债期货合约,由于哪些券是可交割券是已知的,交割月首日的时间是确定的,贴现率 3%也是确定的,这样其可交割券的转换因子就是确定不变的。因此在公布可交割券时,中金所会同时公布其转换因子。② 这里介绍转换因子的计算过程,是为了更好地理解其原理和优缺点,为后续深入理解国债期货奠定基础。

(三) 计算国债期货的交割全价

转换因子在国债期货中发挥着非常重要的作用。这一小节我们介绍转换因子的一个应

---

① 财政部发行的国债有的一年付息一次,有的一年付息两次,如果一年计息一次的到期收益率为 3%,对应等价的一年计息两次的到期收益率应该低于 3%,但中金所并未对此进行区分,统一采用 3%的年化到期收益率,这成为转换因子误差的一个来源,但其引起的误差很小。

② 中金所也在其网站上公布转换因子的计算公式(参见中金所主页),其基本原理与案例 5.6 一致,因此案例 5.6 计算得到的转换因子与中金所公布的相等。

用:用于计算国债期货交割时空方应收到(多方应支付)的现金,就是国债期货的交割全价。每交割100元面值的债券,有公式如下:

$$国债期货空方交割时收到的现金(期货交割全价)$$
$$=期货交割结算价 \times 交割券转换因子+交割券配对缴款日应计利息 \quad (5.11)$$

我们直接用案例5.7加以解释。

【案例5.7】

国债期货的交割全价

2023年12月8日,10年期国债期货合约TF2312的结算价为101.950元,若期货空方决定用前述国债220010.IB交割1份国债期货合约,请问空方应收到多少现金?

为运用式(5.11),我们先确定期货交割结算价。由于期货市场每日盯市结算,无论投资者期货开仓于哪一天,从开仓日到2023年12月8日之间的期货净价盈亏都已经每日盯市结算实现,交割时只需考虑2023年12月8日的结算价,将其作为交割净价,即101.950元。确切地说,101.950是标准券的期货交割结算净价。

接下来我们考虑交割券转换因子。由于采用国债220010.IB进行交割,由案例5.6可知其对于T2312的转换因子为0.982 3。

比较容易出错的是应计利息的确定。前文已经介绍过,中金所规定国债期货的应计利息以交割意向申报日之后第二个工作日(配对缴款日)为基准计算。2023年12月8日后的T+2日为2023年12月12日。在案例5.5中,我们已经计算得到国债220010.IB在2023年12月12日的应计利息为0.204 725 3元。

将上述结果代入式(5.11),并考虑一份国债期货合约面值为100万元,因此每交割一份国债期货合约,期货空方需提交1万张国债220010.IB,相应收到现金

$$10\ 000 \times (101.950 \times 0.982\ 3 + 0.204\ 725\ 3) \approx 1\ 003\ 502.103 (元)$$

(四)确定最合算交割券

1. 空方的择券期权

从理论上说,理想的转换因子应该是债券在交割月某一特定时刻的实际价格之比,才能保证转换之后所有可交割券之间完全等价。但从案例5.6可以看出,在转换因子计算过程中存在如下不足:① 由于事先无法预知可交割券在交割月的真实到期收益率,计算转换因子时所有债券简单使用了同一个贴现率3%,这样,如果可交割券在交割月的真实到期收益率大于3%,用3%计算的转换因子显然会高于合理值;反之,如果可交割券在交割月的真实贴现率小于3%,用3%计算的转换因子就会低于合理值。② 在计算转换因子时,由于无法预知真实交割时刻,中金所规定使用整数月份,这进一步使得转换因子成为一个近似值。③ 在计算转换因子时,中金所对一年支付一次利息和一年支付两次利息的债券都使用3%的贴现率,实际上应对计息频率进行转换才能使两个贴现率等价,这也带来了很微小的不精确。

中国国债期货市场上转换因子的最后一点不足是可以通过更为精细的计算加以规避的,但这一点的影响非常小,真正导致转换因子不完美的是前两点不足,而这两点是由于人无法预知未来而导致的,从本质上说是无法改进的。因此,转换因子的这些不足天然导致不

同可交割券之间的转换并不完美、公平,必然会出现交割时相对合算和不合算的债券。

相应产生的问题是,交割时如何在多个可能的可交割券中进行选择?买卖双方的合算与不合算显然是刚好相反的。由于债券市场的流动性较差,期货空方在现货市场上买券进行期货交割的难度较大,因而在国债期货合约中相对处于劣势,容易出现空方被逼仓的现象。基于这一现象,我国与国际市场一致,都规定在交割时由期货空方决定用哪一个券进行交割。换言之,在国债期货中,空方获得了一个择券期权(又叫质量期权,quality options)。

2. CTD 券

由于拥有择券期权,在到期交割时,国债期货空方必然会选择对其来说交割最合算的债券,就是交割成本最低(交割收益最大)的债券。其中交割成本用公式表达为:

交割成本 = 交割券现券报价 + 现券应计利息 − (期货结算价 × 交割券转换因子 +
期货应计利息) = 交割券现券报价 − 期货结算价 × 交割券转换因子　　(5.12)

在期货交割时,现券和期货的应计利息是(基本)相等的,因此式(5.12)中的两个应计利息可以相互消去,从而得到第二行的公式。只要对所有可交割券计算式(5.12),具有最小交割成本的债券将是期货空方选择用于交割的债券,因此常常也被称为"最合算交割券"(the cheapest-to-deliver,CTD 券),或直译为"最便宜交割券"。

3. 准 CTD 券与 IRR

式(5.12)的计算并不复杂,但问题在于,只有到期货交割时我们才能获知交割时的现券报价和期货结算价。这意味着在国债期货交割前,哪个券是真正的 CTD 券是无法预知的。我们只能退而求其次,根据当时的信息条件判断哪个券未来交割时最可能成为 CTD 券;也就是说,在国债期货到期交割前,我们只能确定准 CTD 券。市场情况变化,准 CTD 券也可能发生变化。

在准 CTD 券的判断上,最常用的规则是:具有最高隐含回购利率(implied repo rate,IRR)的券就是当时条件下的准 CTD 券。如果期货剩余期限内没有遇到债券付息日,t 时刻可交割券 j 的 $IRR_{j,t}$ 被定义为:

$$IRR_{j,t} = \frac{t\text{ 时刻锁定的债券 } j \text{ 期货交割全价} - t \text{ 时刻债券 } j \text{ 现货全价}}{t \text{ 时刻债券 } j \text{ 现货全价}} \times \frac{365 \text{ 或 } 366}{T-t}$$

(5.13)

式中:T 表示期货交割日。

可以看出,对期货空方来说,$IRR_{j,t}$ 实际上是这样一种"持有到期策略"的年化收益率:在 t 时刻购买 1 单位现券 j,同时卖空同样数量的国债期货,然后将可交割券 j 持有到 T 时刻交割。在这一策略下,初始投资为 t 时刻的现券全价,交割时收到的是 t 时刻锁定的期货全价。[①]

　　　t 时刻锁定的债券 j 期货交割全价

　　= t 时刻国债期货报价 × 债券 j 的转换因子 + 债券 j 在配对缴款日应计利息

对所有可交割券均计算其 IRR,IRR 最大者意味着在 t 时刻的条件信息下,期货空头能锁定的年化收益率最大,因而是 t 时刻条件信息下的最合算债券。事实上,如果 t 等于 T,式(5.13)就与式(5.12)一致了。

[①] 注意,每日盯市结算的制度使得我们在计算最后期货交割需支付的现金时只需要考虑交割日的结算价(见案例 5.6)。但在计算整个持仓期间的期货盈亏时,仍然应从开仓日开始计算盈亏。

在现实中,可交割券在期货剩余期限内经常会遇上付息日,这时 IRR 的计算公式需要加入支付的利息,还需要考虑利息的再投资收入。如果假设期货期限内收到的利息现金流发生在 τ_i 时刻(可能不止一次),并仍以 $IRR_{i,t}$ 利率再投资到期末,IRR 的计算公式应为:

$$IRR_{i,t} = \frac{t\text{时刻锁定的债券} j\text{期货交割全价} - t\text{时刻债券} j\text{现货全价} + \text{期货剩余期限内债券} j\text{付息}}{t\text{时刻债券} j\text{现货全价} \times \frac{T-t}{365 \text{ 或 } 366} - \sum_i \text{期货剩余期限内债券} j\text{付息} i \times \frac{T-\tau_i}{365 \text{ 或 } 366}}$$

(5.14)

显然,不同的再投资假设得到的 IRR 公式不会完全相同,但大多情况下差异不太大。

案例 5.8 给出了一个计算 IRR 并据此推断准 CTD 券的实际例子。

【案例 5.8】

IRR 与准 CTD 券

2023 年 9 月 28 日,10 年期国债期货合约 T2312 报价为 101.785 元,共有 13 只可交割券,分别为国债 230019、230014、220003、220017、220010、220019、210017、230012、220025、230018、210009、230004、200016(除 230019、230014 为一年支付一次利息以外,其余均为一年支付两次利息)。若假设 2023 年 12 月 8 日申请交割,用 IRR 准则判断,哪个券为 9 月 28 日条件信息下的准 CTD?

根据当时的市场状况,可以计算各可交割券的 IRR 如表 5.5 所示:

表 5.5 各可交割券的 IRR

债券代码	到期日	息票率	转换因子	现券报价	期货报价×转换因子	IRR/%
220010	2032/5/15	2.76	0.982 3	100.188 9	99.983 405 5	1.74
230014	2030/6/25	2.62	0.977 8	99.707 1	99.525 373 0	1.72
230019	2030/9/15	2.6	0.975 8	99.529 2	99.321 803 0	1.59
220003	2032/2/17	2.75	0.982 0	100.224 7	99.952 870 0	1.40
220019	2032/9/1	2.6	0.969 4	98.938 9	98.670 379 0	1.31
210017	2031/11/18	2.89	0.992 3	101.372 6	101.001 255 5	1.05
220017	2032/8/15	2.69	0.976 5	99.744 1	99.393 052 5	0.96
220025	2032/11/15	2.8	0.984 4	100.582 9	100.197 154 0	0.90
210009	2031/5/27	3.02	1.001 3	102.417 2	101.917 320 5	0.55
230004	2033/2/25	2.88	0.990 4	101.406 5	100.807 864 0	−0.06
230012	2033/5/25	2.67	0.973 1	99.816 7	99.046 983 5	−1.09
200016	2030/11/19	3.27	1.016 7	104.519 8	103.484 809 5	−1.69
230018	2033/8/25	2.52	0.960 0	98.673 7	97.713 600 0	−2.20

注:1. 还有一支可交割券是代码为 2000004 的国债,因成交量为零未列入。
    2. 详细计算过程请见本书所附软件。

可以看出,在 13 个可交割券中,国债 220010 的 IRR 最高(1.74%)。除 230004、230012、200016 和 230018 以外,其余可交割券的 IRR 均大于零。因此以 IRR 标准衡量,国债 220010 是 2023 年 9 月 28 日 T2312 合约的准 CTD 券。

从案例 5.8 可以看出,IRR 是事前判断准 CTD 券的重要指标。但在应用时,需要注意以下几个问题:首先,从其计算公式可以看出,IRR 在本质上只是刻画了在 t 时刻条件信息下执行"持有到期"这一特定策略所得到收益最高的债券特征,与该债券未来是否成为真正的 CTD 券并无必然的关联,但因为人类在事前无法准确预知未来的实际情况,只能在条件信息下进行分析和预判;其次,IRR 仅仅从收益率角度进行筛选,在现实中流动性等也是影响准 CTD 券选择的可能因素,这一点在中国市场上尤其明显。事实上,除了 IRR,还存在着其他判断指标[①]。因此在现实市场中,可能存在不同投资者对准 CTD 券有不同看法的现象。即使到最后交割时,不同空方根据自身具体情况提交的交割券也可能是不同的。

最后,我们来说明 IRR 因何得名。仔细体会前述分析和例子可以看出,如果 $IRR_{j,t}$ 高于交易者的资金成本,理论上就存在套利机会:借钱买入现券 j,卖出期货,锁定收益率为 $IRR_{j,t}$,由于资金成本相对较低,可以获得无风险套利利润。因此在无套利情况下,$IRR_{j,t}$ 应等于 t 时刻的资金成本。由于金融机构的短期资金成本常为回购利率,IRR(隐含回购利率)因此而得名。

4. 准 CTD 券的经验法则

随着市场状况变化和时间的推移,基于条件信息判断的准 CTD 券可能会随之变化。市场中存在一些经验法则,帮助投资者快速(但不精确)地判断准 CTD 券。其中最常见的包括[②]:

经验法则 1(久期法则):到期收益率相同的两个可交割券,如果到期收益率高于 3%,久期[③]大的更可能成为准 CTD 券;反之,如果到期收益率低于 3%,久期小的更可能成为准 CTD 券。

经验法则 2(收益率法则):久期相同的两个可交割券,到期收益率高的更可能成为准 CTD 券。

久期法则可以用 IRR 公式来近似帮助理解。久期是刻画债券价格对到期收益率变化敏感性的指标。久期越大,敏感性越高。对 IRR 的计算公式(5.13)略做整理,可以得到:

$$\begin{aligned} IRR_{j,t} &= \frac{t\text{时刻锁定的债券}j\text{期货交割全价} - t\text{时刻债券}j\text{现货全价}}{t\text{时刻债券}j\text{现货全价}} \times \frac{365 \text{ 或 } 366}{T-t} \\ &= \left(\frac{t\text{时刻国债期货报价} \times \text{债券}j\text{转换因子} + \text{期货应计利息}}{t\text{时刻债券}j\text{现货净价} + \text{现货应计利息}} - 1 \right) \times \frac{365 \text{ 或 } 366}{T-t} \\ &\approx \left(\frac{t\text{时刻国债期货报价}}{\underbrace{\frac{t\text{时刻债券}j\text{现货净价}}{\text{债券}j\text{转换因子}}}} \right) \times \frac{365 \text{ 或 } 366}{T-t} \end{aligned} \quad (5.15)$$

对于所有的可交割券来说,t 时刻国债期货报价都是一样的,因此如果认可 IRR 最大准则,则 t 时刻拥有最小的 $\frac{\text{现货报价}}{\text{转换因子}}$ 的可交割券很可能是当时的准 CTD 券。进一步在坐标轴

---

① 相关分析比较复杂,本书就不再详述。感兴趣的读者可参见陈蓉和葛骏:谁是国债期货的 CTD 券?[J].中国期货,2015(2)。该文深入分析了国债期货"准 CTD 券"的两大判断准则:IRR 最大和择券期权价值最小,并对其进行了改进。

② 戎志平基于中国实际情况补充提出流动性法则:准 CTD 券应在一篮子可交割券的可交易子集中。详见戎志平.国债期货交易实务[M].北京:中国财政经济出版社,2017.

③ 久期指的是债券价值百分比变动对利率变化的一阶敏感性。我们将在下文详细介绍。

上画出债券的 $\dfrac{\text{现货报价}}{\text{转换因子}}$ 与其到期收益率的关系,如图 5.3 所示。

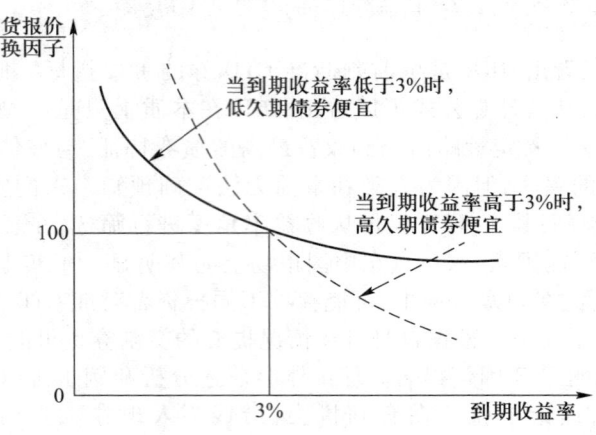

图 5.3 准 CTD 券的久期法则

从图 5.3 可以看出,如果两个债券的到期收益率都是 3%,前述转换因子的第一个不足将不再存在,转换后的债券价格 $\left(\dfrac{\text{现货报价}}{\text{转换因子}}\right)$ 都将等于 100[①],转换是公平等价的。但如果两个债券的到期收益率不是 3%,转换后的净价显然就不再等价。那么,对于拥有择券期权的国债期货空方来说,交割哪个债券看起来更合算呢? 从图 5.3 可知:如果两个债券的到期收益率相等,并且都大于 3%,也就是在图的右半边,显然价格曲线较为陡峭(久期较大)的债券[②]的 $\dfrac{\text{现货报价}}{\text{转换因子}}$ 较低,从而相对合算;反之,如果两个债券的到期收益率相等,但都小于 3%,也就是在图的左半边,价格曲线较为平缓(久期较小)的债券的 $\dfrac{\text{现货报价}}{\text{转换因子}}$ 较低,相对合算。

理解久期法则之后,收益率法则也就相对易于理解了。在控制久期的影响之后,到期收益率越大,价格越便宜,自然更可能成为准 CTD 券。

需要再次说明的是,经验法则仅供快速判断使用,通常准确性较低,使用需谨慎。

(五) 国债期货价格的确定与分析

除了择券期权,为使交割能够顺利进行,与国际做法一致,中金所国债期货还额外给予国债期货空头以"择时期权":合约进入交割月至最后交易日之前,由空方提出交割申报,交易所根据一定的规则抽取多方进行匹配交割,从而使得国债期货空头在交割时间上也有选择的权利。也就是说,买入一份国债期货,实际上等于一份一个不含权的普通期货合约,卖出一份择券期权和一份择时期权,因而有:

$$\text{国债期货价值} = \text{期货合约价值} - \text{择券期权价值} - \text{择时期权价值} \qquad (5.16)$$

择券期权和择时期权价值的确定难度较大,超过本书的范围。[③] 这个部分首先假定

---

① 事实上转换因子的后两点不足仍将使得转换后的现货报价不完全等于 100,但此处近似分析忽略不计。
② 价格曲线较为陡峭,意味着利率变化引起的债券价格变化较大,也就是价格敏感性较高;反之价格敏感性较低。
③ 一般认为择时期权影响不大,主要侧重考虑择券期权。

准 CTD 券和交割日期已知,介绍式(5.16)右式的第一部分:不含权的普通期货合约的定价。

国债期货合约的设定使其在定价时需要增加一些特殊处理:首先,每个时刻需要筛选出准 CTD 券,再基于这一特定债券进行期货定价;第二,期货定价公式计算得到的是准 CTD 券的期货全价,而国债期货报价使用的是标准券期货报价,需要转换为净价和标准券。

假设准 CTD 券和交割日期已知,可以通过以下 4 个步骤来确定国债期货价格:

（1）根据准 CTD 券现货报价,计算得到该券的现货全价;

（2）运用支付已知红利的期货定价公式(3.5),基于准 CTD 券的现货全价,算出准 CTD 券对应的期货全价①,实际上就是式(5.11)中期货空方收到的现金;

（3）反向运用式(5.11),从准 CTD 券期货全价倒算出准 CTD 券的期货净价;

（4）将第 3 步计算得到的准 CTD 券期货净价除以其转换因子,即为标准券期货的合理报价。

下面我们用案例 5.9 来帮助理解国债期货的定价。

【案例 5.9】

国债期货的定价

2023 年 9 月 28 日,假设某投资者认为对于 2023 年 12 月到期的长期国债期货 T2312 而言,准 CTD 券为前述的国债 220010.IB,并预期申请交割日为该合约的最后交易日(2023 年 12 月 8 日),合约剩余期限 71 天。假设当天的 48 天和 71 天期无风险利率分别为利率为 2.079 8% 和 2.083 3%(连续复利)。试求 T2312 期货的理论报价。

第一步:计算准 CTD 券现券全价。从案例 5.5 可知,2023 年 9 月 28 日当天国债 220010.IB 的全价为 101.208 9 元。

第二步:计算准 CTD 券期货全价。由于 T2312 合约期限内,准 CTD 券 220010.IB 将于 48 天后(2023 年 11 月 15 日)支付利息 1.38 元,因此对应期货定价公式(3.5),分别有:

$$S_t = 101.2089, \quad I_t = 1.38 e^{-2.0798\% \times \frac{48}{365}}, \quad R_t^T = 2.0833\%, \quad T-t = \frac{71}{365}$$

从而得到国债 220010.IB 对应的期货全价为:

$$F_t^T \approx 100.2380567$$

第三步:计算准 CTD 券期货净价。由于在 2023 年 12 月 8 日申请交割,相应的配对缴款日为 2023 年 12 月 12 日。根据案例 5.5 可知,国债 220010.IB 在该日每 100 元面值的应计利息为 0.204 725 3 元。因此反向运用式(5.12),可得国债 220010.IB 对应的期货净价为:

$$100.2380567 - 0.2047253 \approx 100.0333314$$

第四步:计算国债期货报价,即标准券期货净价。将以上价格除以转换因子,即可得到国债期货的理论报价为:

$$\frac{100.0333314}{0.9823} \approx 101.836(元)$$

---

① 注意这一特定债券的期货并不真实存在,计算这一期货价格的目的是推算出标准券期货的合理价格。

（六）关于国债期货价格的进一步讨论

用期货的一般定价公式(3.5)计算得到的国债期货价格通常会高于真实的市场价格，这是因为该定价公式并未考虑国债期货中隐含的择券期权和择时期权。由于国债期货卖方拥有这两个期权，合理的国债期货价格必然低于该公式计算得到的价格。

进一步来看，式(3.5)是基于无套利原则得到的。但对于国债期货来说，只有在国债期货市场价格过高时，实施"买现货卖期货"的套利策略才有可能盈利，所获得的毛收益其实就是前文介绍过的IRR，如果相应现货能以合理价格买到，并在扣除资金成本和交易费用后仍有正的净利润，此套利就是可行的。但在国债期货市场价格偏低时，投资者们并不能像普通期货那样进行"买期货卖现货"的套利交易，因为未来期货交割时间和交割券种的选择权都在期货空方手中，套利者无法确定赚取无风险利润。从案例5.8和案例5.9可以看到，T2312在2023年9月28日的市场价格略低于我们计算得到的理论价格，这与当天13只可交割券中最高的IRR只有1.74%的结论是一致的，IRR远低于市场资金成本，不存在期货高估带来的无风险套利机会。

不仅如此，我们经常还可以看到可交割券的IRR甚至为负。这在国债期货市场上是相当常见的。回忆IRR的计算公式，小于零的IRR大致对应着期货价格小于现货价格。有几个因素都倾向于使得国债期货价格相对低于现货价格：首先，由于标的债券在期货期限内经常会支付现金票息，这意味着式(3.5)中的 I 是正数，而且这一票息经常大于式(3.5)中的短期利率 r，这很容易使得式(3.5)中的 $F<S$。再根据式(5.16)，国债期货的价格还要再减去择券期权和择时期权的价格，进一步降低了国债期货的价格水平。

最后，我们来讨论国债期货中的一个重要概念：基差。对于每一个可交割券，都可以计算其对应的国债期货基差，具体定义为：

国债期货基差$_i$ = 可交割券净价$_i$ − 国债期货报价×转换因子$_i$

第五节　利率风险的管理

利率远期和利率期货都可以用来进行利率风险管理。我们先介绍常用的利率敏感性指标，再讨论如何运用其进行利率风险管理。

一、利率敏感性指标

资产的利率风险可以用资产价值对利率的敏感性来描述。只要资产价值 P 是利率 y 的函数，则资产价值的利率风险可以用泰勒展开表示如下：

$$dP = \frac{dP}{dy}(dy) + \frac{1}{2!}\frac{d^2P}{dy^2}(dy)^2 + \cdots + \frac{1}{n!}\frac{d^nP}{dy^n}(dy)^n + \cdots \tag{5.17}$$

如果资产价值 P 是利率 y 的线性函数，式(5.17)就只有一阶导是非零的，只需要分析一阶导即可。但对于债券等不少利率敏感性资产，其价值常常是到期收益率的非线性函数，需要用整个泰勒展开才能完全刻画，但显然一阶导仍然是其中最重要的部分。因此最常见的利率敏感性指标都是围绕一阶导构造的。

久期和货币久期是最常见的利率敏感性指标。久期(duration，以下用 D 表示)是利率敏感性资产价值变动的百分比对利率变动的一阶敏感性，用公式表示为：

第五章 股指期货、外汇远期、利率远期与利率期货

$$D = -\frac{\frac{dP}{P}}{dy} \tag{5.18}$$

由于利率与资产价值在大部分情况下总是反向变动,式(5.18)中的负号意味着久期一般为正。由于一阶导数捕捉了价值敏感性变动中的主要部分,因此久期刻画了资产价值利率风险的主要部分。久期越大,资产的利率风险越大;反之则越小。如果资产价值是利率的非线性函数,显然其久期并非常数,而是会动态变化的。

将式(5.18)乘以资产价值 P 可得:

$$D \times P = -\frac{dP}{dy} \tag{5.19}$$

式(5.19)被称为货币久期(dollar duration,以下用 $\$D$ 表示),即资产价值变动对利率变动的一阶敏感性。类似地,对于非线性产品而言,货币久期也是时变的。对衍生产品而言,货币久期尤为重要。因为很多衍生产品刚签约时的合约价值为零,无法计算合约的久期,只能计算合约的货币久期。对于期货合约来说,由于期货合约价值的变动源于期货价格的变动,因此如果不考虑合约规模的影响,期货合约的货币久期就等于期货价格的货币久期。

对传统的不含权债券来说,最著名的久期指标是麦考利久期(Macaulay duration)和修正久期(modified duration),它们其实是式(5.18)的一个特例。为了便于理解,假设一年支付一次利息,而且第一次利息支付刚好在一年后,则不含权国债的价格可以写为①:

$$P = \sum_{i=1}^{m} \frac{C}{(1+y)^i} + \frac{A}{(1+y)^m} \tag{5.20}$$

式中:C 为债券的息票;

A 为本金;

m 为现金流支付的总次数;

y 为年化到期收益率;

对式(5.20)运用式(5.18)可得:

$$D = -\frac{dP}{dy}\frac{1}{P} = \frac{1}{1+y} \times 麦考利久期$$

$$= \frac{1}{1+y} \left[1 \cdot \frac{\frac{C}{1+y}}{P} + 2 \cdot \frac{\frac{C}{(1+y)^2}}{P} + 3 \cdot \frac{\frac{C}{(1+y)^3}}{P} + \cdots + m \cdot \frac{\frac{C}{(1+y)^m}}{P} + m \cdot \frac{\frac{A}{(1+y)^m}}{P} \right] \tag{5.21}$$

式(5.21)就是传统的修正久期,中括号中的部分则是著名的麦考利久期。麦考利久期的优点在于经济含义直观,可以视为现金流期限的一种加权平均,其权重为每次现金流现值占债券价值(所有现金流现值之和)的比重,权重之和为1。因此麦考利久期是未来现金流期限的加权平均,其单位为年,相应的修正久期的单位也是年。这是久期名称的最初来源。

---

① 一年计息超过一次以及第一次利息支付不是刚好在一年之后的公式较为复杂,此处为清晰说明原理起见,仅以一年计息一次为例。

有意思的是，如果我们用连续复利形式来表达债券的价格，那就不存在麦考利久期和修正久期的区别了。对于传统的不含权债券来说，如果到期收益率使用连续复利收益率，则债券价格[①]可以写为：

$$P = \sum_{i=1}^{m} C_i \, e^{-y(t_i-t)} \tag{5.22}$$

式中：C_i 为第 i 期现金流；

y 为连续复利年到期收益率；

t_i 为第 i 期现金流的支付日期；

t 为当前时刻。

对公式(5.22)进行求导可得：

$$D = -\frac{dP}{dy}\frac{1}{P} = \frac{\sum_{i=1}^{m} C_i \times e^{-y \times (t_i-1)} \times (t_i - t)}{P} \tag{5.23}$$

从式(5.23)可以看出，在使用连续复利到期收益率时，普通债券的久期就是现金流的加权平均期限，无须再调整。

值得注意的是，关于久期的概念存在很多误解。一些常见的误解包括：麦考利久期就是久期，久期一定是时间的加权，久期的单位一定是年。但仔细推敲可以看出，式(5.21)中的修正久期才真正考察了债券价值的利率风险，麦考利久期只是久期计算公式中的一部分，并非真正的久期[②]；式(5.21)所得到的麦考利久期这种时间加权的特性以及相应带来的以年为单位的特征，只是特定定价公式求导后得到的结果，现代固定收益证券市场的迅速发展使得越来越多的利率敏感性资产定价模型不同于式(5.20)，其求导后的结果也必然不同，因此久期与期限加权之间并没有必然联系，其单位也并不必然为年。式(5.18)才是最具一般性、最能反映久期性质的定义与公式。

除了久期和货币久期，在实际中，在直接求导较为困难时，人们还常常用下述中心差分形式近似计算定价模型比较复杂的利率敏感性资产的久期：

$$D \approx \frac{P_- - P_+}{2(P)(\Delta y)} \tag{5.24}$$

式中：P_- 和 P_+ 分别代表利率下跌和上升时所达到的资产价格。式(5.24)也被称为有效久期(effective duration)。由于使用的是变动达到的价格 P_- 和 P_+，有效久期考虑的不仅仅是一阶导，也包含了可能的非线性的影响。

基点价格值(basis point value，BPV，也称为 DV01)则是另一个常用的利率风险指标，其估计的是利率变化一个基点(0.01%)所导致的资产价值变化绝对金额，也常用中心差分进行计算，即

$$BPV \approx \frac{P_{-0.01\%} - P_{+0.01\%}}{2} \tag{5.25}$$

[①] 注意，公式(5.22)对现金流的支付时间没有任何限制，而公式(5.20)对现金流的支付时间有严格限制。可见，使用连续复利到期收益率表述比较简便。

[②] 当然，如果使用连续复利定价公式求久期，就不存在麦考利久期和修正久期的区别了。

尽管基点价格值和1个基点对应的货币久期分别通过差分和一阶导求得,并不完全相同,但由于1个基点引起的变化很微小,因而在实务中这两者经常混用。

二、利率远期和利率期货的利率敏感性

利率远期和利率期货的利率敏感性估计取决于其标的资产的利率敏感性和远期(期货)本身价值变化的计算方式。例如,3个月SOFR期货通常使用基点价格值这一利率敏感性指标,即1个基点对应着一份3个月SOFR期货合约的价格变动为25美元。

对国债期货而言,则与国债现货一样,久期和货币久期是常用的利率敏感性指标。准CTD券的理论期货价格F的久期和货币久期可以运用式(5.18)和式(5.19)进行推导[①]。从$F=(S-I)e^{r(T-t)}$可知:

$$\$D_F = -\frac{dF}{dy} = -\frac{dS}{dy}e^{r(T-t)} = \$D_S e^{r(T-t)}$$

$$D_F = -\frac{dF/F}{dy} = -\frac{\frac{dS}{dy}e^{r(T-t)}}{(S-I)e^{r(T-t)}} \approx -\frac{\frac{dS}{dy}}{S} = D_S$$

也就是说,理论上准CTD券期货价格的久期近似等于准CTD现券的久期。

但在现实中运用国债期货进行利率风险管理时,我们是在用期货合约价值的变动去对冲其他资产的利率风险,而每天国债期货合约价值的变动是由标准券期货报价的变动引起的。因此需要计算国债期货报价的久期和货币久期。

国债期货报价(用G表示)久期的推导如下:

$$D_G = -\frac{1}{G}\frac{\partial G}{\partial y} = -\frac{1}{\frac{F-\text{期货应计利息}}{\text{转换因子}}} \times \frac{\partial\left(\frac{F-\text{期货应计利息}}{\text{转换因子}}\right)}{\partial y} = \frac{1}{F-\text{期货应计利息}} \times D_F \times F \approx D_F$$

(5.25)

也就是说,国债期货报价G的久期约等于准CTD券期货价格F的久期,进而等于准CTD现券的久期(D_S)。

用类似的思路,可以推知国债期货报价的货币久期如下:

$$\$D_G = -\frac{\partial G}{\partial y} = -\frac{\partial\left(\frac{F-\text{期货应计利息}}{\text{转换因子}}\right)}{\partial y} = \frac{1}{\text{转换因子}} \times \$D_F = \frac{1}{\text{转换因子}} \times \$D_S e^{r(T-t)} \approx \frac{1}{\text{转换因子}} \times \$D_S$$

(5.27)

也就是说,国债期货报价G的货币久期约等于准CTD券的货币久期除以其转换因子。

可以看到,由于债券和国债期货价格都是利率的非线性函数,其久期和货币久期都是动态变化的。不仅如此,国债期货报价的久期和货币久期都是基于准CTD券的利率敏感性指标计算得到的。准CTD券一旦变化,期货的利率敏感性也会随之变化。

[①] 可能影响国债期货价格的利率有两个,准CTD券的到期收益率y会通过影响现货价格来影响国债期货价格,短期无风险利率r会直接影响国债期货价格。也可能影响票息现值I。但由于y和r的期限差异通常较大,我们假设y的变动与r无关。

三、基于久期的利率风险管理

最常见的利率风险管理是基于上述利率敏感性对冲进行的,其基本逻辑是:分别计算被对冲资产和对冲资产的利率敏感性指标,通过交易一定数量的对冲资产,使得利率发生不利变化时,被对冲资产对利率的敏感性能为对冲资产所对冲。具体地说,当 1 单位资产用 n 单位对冲资产对冲利率风险时,最优的利率风险套期保值比率 n 是使得整个套保组合价值对利率的敏感性为零的套期保值比率。

如果基于久期类指标进行套期保值,就是仅考虑一阶敏感性,则上述目标可以更具体地表达为:

$$\frac{d\Pi}{dy} = 0 \tag{5.28}$$

换言之,基于一阶敏感性的 n 是使得套期保值组合的货币久期[①]为零的套期保值比率。

以现货多头和期货空头的空头套期保值组合为例[②],

$$d\Pi = dH - ndG \tag{5.29}$$

即套期保值组合的价值变动 $d\Pi$ 等于现货价格(价值)的变动 dH 和 n 单位期货价值的变动 ndG 之差,尽管期货价格不等于期货价值,但期货报价的变动等于 1 单位期货价值的变动。

将式(5.29)代入式(5.30)可得:

$$n = \frac{\frac{dH}{dy}}{\frac{dG}{dy}} = \frac{D_H \times H}{D_G \times G} \tag{5.30}$$

式(5.30)的第一个等式表明,n 是使得现货和期货的货币久期相等,从而使得两者相互抵消,整个组合的货币久期为零的套期保值比率;第二个等式则将其转换为包含了久期的公式。如果使用国债期货进行套期保值,注意 G 指的是标准券的国债期货报价,D_G 则是指国债期货报价的久期。

由于上述最优套期保值比率 n 是针对单位价值变动的,与第四章相同,在实际进行利率风险的套期保值时,实际的最优套期保值数量 N 还应在 n 的基础上考虑具体的头寸规模,整理可得:

$$N = n \times \frac{Q_H}{Q_G} = \frac{D_H \times H \times Q_H}{D_G \times G \times Q_G} = \frac{D_H \times V_H}{D_G \times V_G} \tag{5.31}$$

其中,Q_H 为需要进行套期保值的现货资产头寸的数量,$V_H = H \times Q_H$ 显然就是现货头寸的总金额;Q_G 则为用于套期保值的每份期货合约中的数量或乘数,具体由期货合约规则确定,如我国 5 年期国债期货的每份合约规模是 1 万张债券,$V_G = G \times Q_G$ 是一份期货合约的现金规模。

式(5.31)再一次显示,需要交易的期货合约份数 N 就是使得现货总头寸的货币久期等

[①] 也可以采用基点价格值敏感性为零的目标。在实际使用时,由于 1 个基点的货币久期和基点价格值相当接近,常常混用。

[②] 多头套期保值组合和其他类型套期保值组合的结果可以类似地得到。

于期货总头寸货币久期的数量。事实上,匹配并对冲组合中的货币久期,是基于久期的套期保值的本质。读者可以从案例5.10中进一步理解运用利率期货进行久期套期保值的基本原理。

> **【案例 5.10】**
>
> **基于久期的套期保值**
>
> 假设一个手中管理着价值1 000万元、久期为4.6的国债组合的基金经理担心利率在接下来的一个月内波动剧烈,决定于2023年9月28日运用T2312进行利率风险管理。当她进入市场时,T2312报价为101.785元。
>
> 2023年9月28日,该基金经理判断T2312的准CTD券为220010.IB。其转换因子为0.982 3,现货全价为101.208 9元。根据债券修正久期的计算公式,该债券的修正久期为7.463 6,故此T2312的久期近似等于7.463 6,根据式(5.31),有:
>
> $$N = \frac{D_H}{D_F} \times \frac{V_H}{V_G} = \frac{4.6}{7.463\ 6} \times \frac{10\ 000\ 000}{101.785 \times 10\ 000} \approx 6$$
>
> 因此,该基金经理应卖出6份T2312进行利率风险管理,以实现久期为零。

此外,与第一节股指期货风险管理中对β系数的调整相似,投资者除了可以通过利率敏感性证券降低组合的久期至零,还可以通过利率敏感性证券调整组合的久期至自己期望的水平。比如,一个相信利率将下降的债券多头显然希望提高整体组合的久期,以从利率的下降中得到更多的债券价格上升带来的收益。一个担心利率上升但并不完全确定未来利率走势的债券组合管理者可能希望将原先的组合久期降低一定的水平,但不要完全降至零。

设定投资组合的原久期为D_H,目标久期为D_H^*,则需要交易的利率敏感性证券份数为

$$\frac{D_H^* - D_H}{D_G} \times \frac{V_H}{V_G} \tag{5.32}$$

当式(5.32)为负时,说明需要进行反向操作,即现货是多头的要做空新资产,现货是空头的则要做多新资产。当该值为正时,则进行同向操作。显然,原先的最优套期保值数量N是目标$D_H^* = 0$的特例。

可以看到,久期类指标是利率风险管理的重要工具。但必须注意的是,久期有天然的局限性:首先,我们从泰勒展开式中可以看到,久期仅仅是资产价值对利率的一阶敏感性,如果资产价值是利率的非线性函数,久期无法反映和管理资产价格的全部利率风险,当利率变化较大时这个缺陷尤其显著;其次,久期的定义建立在利率曲线平移,即所有期限的利率变化幅度相等的假设基础之上,这是一个不符合现实的假设。因此,基于久期的利率风险管理存在着一定的局限性。由于超过本书范围,相应拓展就不再展开讨论。

最后,我们来比较一下第四章第一节与本节所介绍的套期保值比率估计方法。尽管基本思想都是用衍生品的盈利来对冲现货的亏损,以达到套期保值和风险管理的效果,这两节对套期保值比率的估计方法显然是有差异的。实际上,第四章第一节的线性回归方法只适合于所考察的两个变量之间存在线性关系的情形;由于线性回归时考察的是整个风险管理期间两个价格变动的线性关系,一旦估计得到套期保值比率,就无须再进行调整,因而被称

为"静态套保";在完美静态套保的情况下,构造出来的套保组合是一个无风险组合。而本节的出发点是对冲资产价值变动对利率的敏感性,在资产价值和利率为非线性关系的情况下,一阶导是时变的,相应估计得到的套保比率也应该是时变的,需要不断调整,以保持货币久期为零,因而被称为"动态套保";相应构造得到的套保组合由于只对冲了一阶的变动,实际上并不是完全无风险的组合。

本 章 小 结

1. 股指期货的价格为 $F=Se^{(r-q)(T-t)}$,而在 CME 集团交易的以美元标价的日经 225 指数期货无法使用此式进行定价。

2. 指数套利常常需要对多种股票进行打包交易,因此往往需借助计算机程序来自动完成交易指令,这种由计算机进行的打包交易就称为程序交易。

3. 用股指期货进行风险管理对冲的是股票市场的系统性风险,另外股指期货的风险管理操作中大多存在交叉风险管理的现象。

4. 当满足以下两个条件时,β 系数才能作为股指期货最小方差套期保值比率的一个良好近似:① 被套期保值的股票组合与市场指数 r_M 之间的 β 系数等于股票组合与股指期货之间的 β 系数;② 所采用的 β 系数等于套期保值期间真实的 β 系数。

5. 投资者可以根据自身的预期和特定的需求,利用股指期货改变股票投资组合的 β 系数。

6. 远期外汇协议的远期价值为 $f=Se^{-r_f(T-t)}-Ke^{-r(T-t)}$,远期汇率为 $F=Se^{(r-r_f)(T-t)}$。

7. 远期利率协议通常为现金结算,这种交割方法无须协议双方真实交换本金。远期利率协议多头的价值为:

$$[Ae^{r_F(T^*-T)}-Ae^{r_K(T^*-T)}]e^{-r^*(T^*-t)}$$

为使远期利率协议价值为零,合同利率应等于:

$$r_K=r_F=\hat{r}=\frac{r^*(T^*-t)-r(T-t)}{T^*-T}$$

8. 3 个月 SOFR 期货的报价是以"100-期货利率"给出的,市场称之为 IMM 指数(IMM index)。

9. 国债期货中含有择券期权和择时期权,因此定价较为复杂。

10. 久期(duration)是利率敏感性资产价格变动的百分比对到期收益率变动的一阶敏感性,公式为:

$$D=-\frac{\frac{dP}{P}}{dy}$$

11. 匹配并对冲组合中的货币久期,是久期风险管理的本质。

12. 基于久期的最优套期保值数量为:

$$N=\frac{D_H}{D_G}\times\frac{V_H}{V_G}$$

即测即评

习 题

1. 某基金公司拥有一个系数为2.2、价值为1亿元的A股投资组合,1个月期的沪深300指数期货价格为2 500点。请问该公司应如何应用沪深300指数期货为投资组合进行套期保值?会达到怎样的效果?如果该基金公司希望将系统性风险降为原来的一半,应如何操作?

2. 瑞士法郎和美元两个月连续复利率分别为2%和7%,瑞士法郎的现货汇率为0.680 0美元,2个月期的瑞士法郎期货价格为0.700 0美元,请问有无套利机会?

3. 假设某投资者A持有一份β系数为0.85的多样化的股票投资组合,请问:如果不进行股票现货的买卖,只通过期货交易,是否能提高该投资组合的β系数?

4. 假设一份60天后到期的3个月SOFR利率期货的报价为88,那么在60天后至150天的SOFR远期利率为多少?

5. 假设连续复利的零息票利率如表5.6所示。

表5.6 利 率 表

期限/年	年利率/%
1	3
2	4
3	4.5
4	4.8
5	5.0

试计算第2、3、4、5年的连续复利远期利率。

6. 2024年2月2日,某机构购买了2024年6月到期的中金所5年期国债期货合约,市场报价为102.920元。该机构3~6个月期的资金成本为2.5%(连续复利)。

(1) 请计算息票率为2.4%,每年付息1次,2028年7月15日到期的国债的转换因子。

(2) 请计算息票率为2.91%,每年付息1次,2028年10月14日到期的国债的转换因子。

(3) 若上述两种债券报价分别为100.490和100.600,请问哪个券更可能被空方选择交割?

(4) 假设该机构拟到期交割,请以这两者中的较便宜券计算该期货的理论报价。

(5) 若该机构按照国债期货的市场报价成交,若不考虑盯市结算,到期交割时,该机构每份合约实际应收到的现金为多少?

7. 假设某基金手中持有价值10亿元的国债组合,久期为7.2,希望降低久期至3.6。当时的中国10年期国债期货市场报价为110元,久期为6.4。请问应如何实现风险管理目标?

8. 试解释为何远期利率被视为即期利率的边际利率。

9. 在新加坡交易所(SGX)上市的富时中国A50指数期货的合理价格能否根据公式(3.7)来计算?为什么?

第六章 互换概述

互换市场是增长最快的金融产品市场之一。本章将讨论互换的定义与种类,并对互换市场的发展与基本运行机制加以介绍。

第一节 互换的定义与种类

互换(swaps),是两个或两个以上当事人按照商定条件,在约定的时间内交换一系列现金流的合约。远期合约可以被看作仅交换一次现金流的互换。在大多数情况下,互换协议的双方会约定在未来多次交换现金流,因此互换可以看作一系列远期的组合。由于计算或确定现金流的方法很多,互换的种类也就很多。其中,最重要和最常见的是利率互换(interest rate swap,IRS)、货币互换(currency swap)、总收益互换(total return swap)和信用违约互换(credit default swap)。

一、利率互换

(一) 利率互换的定义

利率互换,是指双方同意在未来的一定期限内根据同种货币的相同名义本金定期交换利息现金流的一种场外交易的金融合约,最常见的做法是其中一方的现金流根据事先选定的某一浮动利率计算,而另一方的现金流则根据固定利率计算。利率互换的常见期限包括1年、2年、3年、4年、5年、7年与10年,10年以上的互换也时有发生。常见的互换频率包括季度、半年和年度。案例6.1介绍了我国首笔基于SHIBOR的利率互换。

【案例6.1】

国内首笔基于SHIBOR的标准利率互换

2007年1月22日,花旗银行宣布与兴业银行于1月18日完成了中国国内银行间第一笔基于上海银行间同业拆放利率(SHIBOR)的标准利率互换。公开披露的协议细节如表6.1所示。

表6.1 国内首笔基于SHIBOR的标准利率互换

期限	1年
名义本金	未透露
固定利率支付方	兴业银行

续表

固定利率	2.98%
浮动利率支付方	花旗银行
浮动利率	3 个月期 SHIBOR

利率互换是一种场外交易的金融产品,具体细节由双方商定,交易双方也没有披露的义务。但从已披露的协议内容来看,此次利率互换的基本设计是:从 2007 年 1 月 18 日起的一年内,花旗银行与兴业银行在每 3 个月计息期开始时就按照最新 3 个月期的 SHIBOR 确定当期的浮动利率,计息期末双方根据名义本金交换利息净额,基本流程如图 6.1 所示。

图 6.1 利率互换流程图

利率互换协议中通常会事先明确浮动利率确定日和现金流交换日,且固定利率和浮动利率的天数计算惯例通常有所不同。由于交易细节不可得,同时为了集中说明利率互换的利息现金流交换本质,这里假设该协议的 4 个浮动利率确定日分别为 2007 年 1 月 18 日、4 月 18 日、7 月 18 日和 10 月 18 日,现金流交换日是浮动利率确定日之后的 3 个月(0.25 年)。表 6.2 给出了事后观察到的 4 次 3 个月期 SHIBOR 和兴业银行在此互换中的 4 次实际现金流。

表 6.2 兴业银行的现金流量表(每 1 元本金)

时点	3 个月期 SHIBOR	收到的浮动利息	支付的固定利息	净现金流
2007 年 1 月 18 日	2.808 0%	—	—	—
2007 年 4 月 18 日	2.904 9%	$\frac{2.808\ 0\%}{4}=0.007\ 02$	$\frac{2.98\%}{4}=0.007\ 45$	−0.000 43
2007 年 7 月 18 日	3.142 1%	$\frac{2.904\ 9\%}{4}=0.007\ 26$	$\frac{2.98\%}{4}=0.007\ 45$	−0.000 19
2007 年 10 月 18 日	3.875 7%	$\frac{3.142\ 1\%}{4}=0.007\ 86$	$\frac{2.98\%}{4}=0.007\ 45$	0.000 41
2008 年 1 月 18 日	—	$\frac{3.875\ 7\%}{4}=0.009\ 69$	$\frac{2.98\%}{4}=0.007\ 45$	0.002 24

(二) 利率互换的分类

1. 普通利率互换

案例 6.1 中的固定—浮动利率互换(fixed-floating swap)属于普通利率互换(plain vanilla swap),也称为息票互换(coupon swap),是主流的利率互换品种。签约时合约双方先约定浮动利率的品种、互换期限和交换频率,再就固定利率水平达成一致,最终确定的固定利率即为"互换利率"(swap rate)。

表 6.3 列出了美元、欧元和人民币利率互换中的常见浮动利率指标。LIBOR 原本是国际利率互换市场上最主流的浮动利率指标,近年来,随着 LIBOR 退出市场,以 SOFR、隔夜联邦基金有效利率(effective federal funds rate,EFFR)等隔夜利率为标的的互换迅速成长起来,被称为"隔夜指数互换"(overnight indexed swaps,OIS),替代原先的 LIBOR 互换成为国际利率互换市场的主力。

表 6.3 利率互换中的常见浮动利率指标

美元利率互换	隔夜利率:SOFR、联邦基金有效利率
	到期收益率:CMT 利率、CMS 利率
欧元利率互换	EURIBOR 利率:1 个月期、3 个月期等
	隔夜利率:欧元隔夜指数均值(euro overnight index average,EONIA)
人民币利率互换	银行间质押式回购利率 FR007、FDR007
	上海银行间同业拆借利率:隔夜、1 周和 3 个月期 SHIBOR 等
	存贷基础利率:1 年期 LPR、5 年期 LPR、1 年期定期存款利率、1 年期贷款基准利率等
	债券到期收益率:10 年期中债国债到期收益率(GB10); 　　　　　　　10 年期中债国开债到期收益率(CDB10)
	到期收益率之差:10 年期中债国开债到期收益率与 10 年期中债国债到期收益率之差 　　　　　　　　(D10/G10); 　　　　　　　　3 年期中债 AAA 中短期票据到期收益率与 3 年期中债国开债到期 　　　　　　　　收益率之差(AAA3/D3)

注:CMT 是常期限国债到期收益率(constant maturity treasury),即美联储每天公布的不同期限的美国国债到期收益率。CMS 是常期限互换利率(constant maturity swap),是由 ISDA 每天公布的不同期限的互换利率。

案例 6.2 对人民币利率互换中常用的 FR007、FDR007、SHIBOR 和 LPR 等参考利率进行了介绍。

【案例 6.2】

FR007、FDR007、SHIBOR 和 LPR

FR007 和 FDR007 都是基于人民币质押式回购交易形成的 7 天回购利率。质押式回购本身信用风险低,而且是我国货币市场上交易量最大的品种,对市场状况反映充分,因此质押式回购利率被认为是我国市场化的短期无风险利率。中国市场上的质押式回购利率指标包括:R、FR、DR 和 FDR。其中 R 是指银行间(质押式)回购利率,反映全银行间市场回购利率的动态变化;FR 则是银行间(质押式)回购定盘利率,是以银行间市场每天上午 9:00 至 11:30 以隔夜回购(R001)、七天回购(R007)、14 天回购(R014)交易利率为基础,取各自中位数得到的,形成 FR001、FR007 和 FR014。DR 则是银银间回购利率,仅反映存款类机构之间的回购利率,FDR001、FDR007 和 FDR014 是以银行间市场每天上午 9:00 至 11:30 存款类机构以利率债为质押的回购交易为样本取各自中位数得到。由于信用风险更低,从理论上说 FDR 利率在四个指标中应是相对最低的。

SHIBOR 的全称是上海银行间同业拆放利率(Shanghai interbank offer rate),是借鉴 LIBOR 的构造思路,以全国银行间同业拆借中心为技术平台计算、发布并命名,是由我国信用等级较高的银行组成报价团自主报出的人民币同业拆出利率计算确定的算术平均利率,是单利、无担保、批发性利率。目前,对社会公布的 SHIBOR 品种包括隔夜、1周、2周、1个月、3个月、6个月、9个月及1年共8个期限。

　　LPR 则是我国的贷款市场报价利率(loan prime rate),由我国的18家银行按公开市场操作利率(主要指中期借贷便利利率)加点形成的方式,在每月20日(遇节假日顺延)9时前,以0.05个百分点为步长向全国银行间同业拆借中心提交报价,全国银行间同业拆借中心按去掉最高和最低报价后算术平均,并向0.05%的整数倍就近取整计算得出 LPR,于当日9:15公布,为银行贷款提供定价参考。目前,LPR 包括1年期和5年期以上两个品种。

值得一提的是,案例 6.1 中的浮动利率 SHIBOR 具有"前瞻式"的特征,这样在每个计息期期初,我们就可确定浮动利息以及需要交换的息差。例如 2007 年 4 月 18 日,我们就已经可以确定兴业银行将在 2007 年 7 月 18 日按 2.904 9% 的浮动利率收入浮动利息。但并非每种利率互换都是如此。由于互换通常至少每3个月交换一次,当浮动利率是隔夜利率或 FR007、FDR007 时,会出现浮动利率期限短于计息期的情形,从而导致计息期期初无法确定浮动利息。因此,与 3 个月 SOFR 期货类似,OIS 和 FR007 等利率互换在每期交换时,浮动端使用的是后顾式年化复利利率,是以过去一个计息周期的已实现隔夜或 7 天利率进行几何平均滚动复利得到的。

2. 基差互换

基差互换是浮动-浮动互换,也就是互换两端都是由浮动利率计算的现金流。图 6.2 展示了一个美元 CMS-CMT 基差互换的例子。可以看出,基差互换实际上是两个具有相同期限、相同名义本金、相同交换频率的固定-浮动互换的组合。

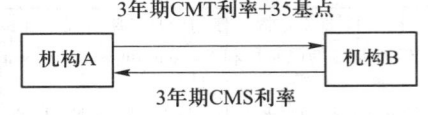

图 6.2　互换期限为 2 年的 3 年期 CMS-CMT 基差互换

注:互换期限为2年,互换频率为季度,挂钩浮动利率为3年期 CMS 和 CMT 利率。

3. 其他利率互换

除了普通互换和基差互换,市场上还有一些包含特殊设定的利率互换,例如:

(1) 改变名义本金设定。有些利率互换的名义本金不是固定的。增长型互换(accreting swaps)的本金随着时间的推移逐渐增大。减少型互换(amortizing swaps)则正好相反,其本金随时间的推移逐渐变小,其中有一种指数化本金互换(indexed principal swaps),其本金的减少幅度取决于利率水平,利率越低,名义本金减少幅度越大。滑道型互换(roller-coaster swaps)的本金则在互换期内时而增大,时而变小。

有些利率互换的浮动端和固定端的名义本金是不同的。由于交换的是利息,只要浮动和固定两端所交换的预期现金流的现值等价,名义本金是否相同是没有影响的。

(2) 改变利息计算方式。例如,在应计互换(accrual swaps)中,只有指定的参考利率在指定范围内时,互换一方的利息才能计算,否则为零。

(3) 改变期限设定。可延长互换(extendable swaps)的一方有权在一定限度内延长互换期限。可赎回互换(puttable swaps)的一方则有权提前中止互换。

(4) 改变支付频率。不少利率互换的浮动端和固定端的支付频率是不同的。例如,浮动端每3个月支付一次,而固定端每6个月支付一次。还有一些利率互换合约对支付频率进行了更多的改变。例如,在零息互换(zero-coupon swaps)中,固定端的多次支付流量被一次性的支付所取代,该一次性支付可以在互换期初也可在期末。在复利互换(compounding swap)中,互换一方或双方的利息只在互换最后到期时支付一次,期间则按照事先约定的规则向前复利计算至互换结束。

二、货币互换

货币互换,是在未来约定期限内将一种货币的本金和利息与另一货币的等价本金和利息进行交换。最常见的是两个币种都是固定利率,案例5.3[①]给出了一个货币互换的案例。对比图6.1和图6.3可以看到,在利率互换中通常无须交换本金,只需定期交换利息差额。而在货币互换中,期初和期末须按照约定的汇率交换不同货币的本金,其间还需定期交换不同货币的利息。

【案例6.3】

货币互换

雷斯顿科技(Reston Technology)公司(简称"雷斯顿公司")是成立于弗吉尼亚州科技开发区的一家互联网公司,由于计划到欧洲拓展业务,该公司需要借入1 000万欧元,当时汇率是0.980 4美元/欧元。雷斯顿公司因此借入2年期的980.4万美元借款,利率为6.5%,并需要将其转换为欧元。但由于其业务拓展所产生的现金流是欧元现金流,它希望用欧元支付利息,因此雷斯顿公司转向其开户行的一家分支机构——全球互换公司(Global Swaps,Inc,GSI)进行货币互换交易。图6.3是该笔货币互换的主要流程。

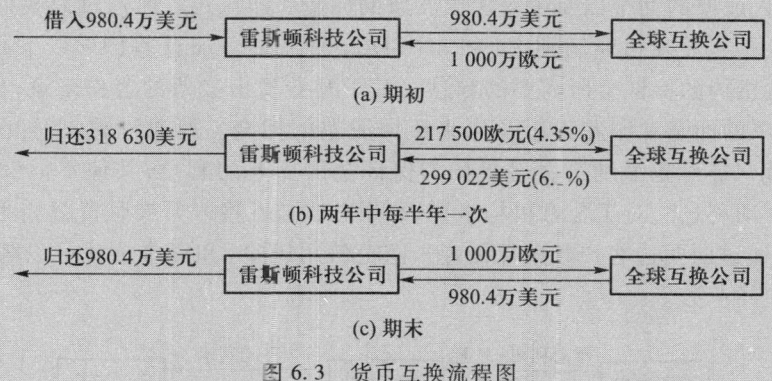

图6.3 货币互换流程图

从图6.3中可以看到,雷斯顿公司通过货币互换将其原先的美元借款转换成了欧元借款。在美国市场上,它按照6.5%的利率支付利息。同时在货币互换中,收到6.1%的美元利息,支付4.35%的欧元利息。假设汇率不变,其每年的利息水平大约为4.35%+(6.5%-6.1%)=4.75%。

[①] 该案例引自 Don M Chance. An Introduction to Derivatives and Risk Management[M]. London: Thomson Learning 2003.

在货币互换中,除了以上这种常见的"固定利率换固定利率",也有"浮动利率换浮动利率"的设计。此外,当以一种货币的固定利率交换另一种货币的浮动利率时,我们称之为"交叉货币利率互换"(cross-currency interest rate swaps),它是利率互换和货币互换的结合。还有一种做法是对两种货币的浮动利率的现金流量进行交换,但两种利息现金流量均按同种货币的相同名义本金计算,这叫做"差额互换"(differential swaps)或 Quanto。

三、总收益互换

总收益互换(total return swap,TRS),是在未来约定期限内将一种或一篮子资产的总收益(包括现金流与资本利得或损失)与等值浮动利率债券的利息加或减价差进行交换(见图6.4)。总收益互换的一个重要特征是合约双方并不转让资产的实际所有权,只是转让收益权。

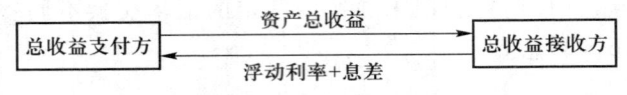

图 6.4　总收益互换现金流示意图

总收益互换由总收益端(total return leg)和融资端(funding leg)组成。总收益端的资产可以是单一股票、指数、公司债、抵押贷款、市政债券、不动产、可转债、资产抵押证券、大宗商品、农产品、贵金属等。总收益端的一方称为总收益支付方,或者总收益互换卖方;总收益端的另一方称为总收益接收方,或者总收益互换买方。

总收益互换具有如下优点:节省交易费用,减少税收,提高杠杆,规避监管。

以我国的融资融券为例,通过券商进行融资融券的成本都很高,甚至一券难求。如果通过总收益互换,则可大大节省客户的融资融券费用。对融资买入股票的客户来说,他要支付融资利率、买入股票的佣金以及未来卖出股票的佣金和印花税。而通过总收益互换(图6.5中的融资方),他只要支付浮动利率(如 SHIBOR,大约3%)加息差(1%以下),最多再加上他缴纳给金融机构的保证金所需要的利息。对于融券卖出股票的客户来说,他要支付融券费用、卖出股票的佣金和印花税以及未来买回股票的佣金。而通过总收益互换(图6.5中的融券方),他只需承担缴纳给金融机构的保证金所需要的利息,其他不但没有任何支出,还可以收到浮动利息。对于金融机构来说,利用总收益互换来开展融资融券业务,则无须承担任何风险(通过向两边客户收取保证金来防范信用风险)和资本金就可以赚取息差,是真正意义上的中间业务。

图 6.5　通过总收益互换实现融资融券

如果把总收益端的资产设定为国外的股票,同时用人民币结算盈亏,则既可让国人低成本地买卖国外的股票,又可以绕过外汇管制的难题。

四、信用违约互换

信用违约互换(credit default swap,CDS)是 20 世纪 90 年代出现的一种信用衍生产品。

CDS 买方定期向 CDS 卖方支付一定费用(相当于保费),一旦出现事先约定的信用事件,CDS 买方将有权从卖方手中获得补偿,互换终止。这些信用事件可以是特定贷款或债券主体还款违约、破产、资不抵债、拖欠,也可以是企业重组或信用评级下调。该补偿可以用现金支付,也可以是实物交割。如果以现金支付,支付额通常等于贷款(债券)面值减去公平回收价值;如果以实物交割,则通常以面值交换实际资产。如果信用事件并未发生,则互换到期自动失效。整个过程如图 6.6 所示。

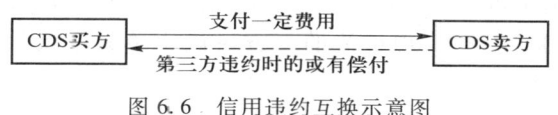

图 6.6 信用违约互换示意图

因此,这实际上是 CDS 的买方以一定的费用为代价将基础资产的信用风险转移给 CDS 的卖方,相当于购入了一份信用保险。

CDS 可以按照不同的维度进行分类。比如,按照参考实体不同,可以分为企业类或主权类。这里的主权可以是国家,也可以是政府的政治机构、央行等。CDS 还可以按参考实体分为单一实体(single name)和多实体(multi-name)两类。

CDS 出现后,可以使原来专业化与分散化的矛盾大大缓解。在 CDS 出现之前,为了防止信用风险过于集中,银行只能向众多企业贷款。有了 CDS 后,银行就可以集中贷款给少量的企业,然后通过购买这些企业的 CDS 把大部分信用风险转嫁出去,卖出其他企业的 CDS 来承担相应的信用风险,从而实现信用风险的多样化。由于贷款对象少了,银行可以集中精力管好这些贷款,既可以大大节约贷款成本,又可以体现专业化的好处。

随着市场的发展,从 CDS 衍生出了其他信用衍生品,如篮子 CDS(basket CDS)、信用违约互换期权(credit default swaption)、信用联结票据(credit-linked notes,CLN)和合成型 CDO(synthetic CDO)等。篮子 CDS 就是以一篮子多个参考实体为标的的 CDS,任何一家参考实体违约时均提供违约赔偿。信用违约互换期权是以预先约定的行权价购买或出售 CDS 的权利。信用联结票据首先是一种债务融资工具,但区别在于 CLN 持有人承担的风险不是发行人的风险,而是 CLN 所挂钩标的的信用风险。CLN 的发行人是 CDS 买方,投资人则是 CDS 卖方,因而可以视为债券和 CDS 的结合。当 CLN 所挂钩的标的是经由资产证券化构造出来的担保债务凭证(collateralized debt obligations,CDO)时,就是所谓的合成 CDO。此外,基于 CDS 还诞生了 CDS 指数,是一种跟踪多个基础 CDS 的平均 CDS 利差、按一定标准编制的指数。

除了从 CDS 拓展而来的信用产品,其他信用衍生品还有总收益互换和信用利差期权等。当总收益互换的资产是某种信用资产时,总收益互换就属于信用衍生产品,因为它在不交易该资产的情况下,实现了信用风险和市场风险的同时转移。信用利差期权则是以某债权的信用利差为标的的期权合约。可以看到,在信用衍生产品中,尽管也有期权等产品形式,但主要还是采取互换形式。

五、其他互换

虽然互换产生的历史较短,但其品种创新却日新月异。按挂钩标的分类,还有股票互换、商品互换、波动率互换等;按产品形式分类,还有基于互换的衍生品,如远期互换、互换期权等。

（一）股票互换

股票互换（equity swaps），是以股票指数产生的红利和资本利得与固定利率或浮动利率交换。在股票互换中，交易方的净现金流取决于特定股票指数的收益率。例如，股票互换中的一方接受以日经225指数收益率为基础的现金流，同时支付3%的固定利率。因此，投资组合管理者可以通过股票互换把债券投资转换成股票投资；反之亦然。

股票互换还可以被设计为交易方收到以某种股指（如标准普尔500指数）为基础的现金流，同时以另一种股指（如英国富时100指数）为基础进行支付的结构。单个股票的互换也已经出现，在这种结构安排中，现金流的一方可以用单只股票的收益率来交换股指收益率。

（二）商品互换

商品互换，是用商品价格而不是利率或者汇率计算的互换。在1986年，出现了第一笔石油交易的互换。与前面介绍过的其他类型互换相似，交易双方确定一个名义本金，只是名义本金是以石油的桶数而不是以美元来表示的，定期的清算安排则是基于固定和浮动的石油价格进行的。与利率互换、货币互换不同的是，在石油互换中采用的浮动价格并不是通常意义上的单一即时价格，而是在一个特定时期内的石油平均价格。在石油互换中，尽管现金流是用石油表示的，但在交割结算中并不涉及实际数量的石油，结算时的净现金流仅仅是石油价格的反映。

（三）波动率互换

在波动率互换中，常见的做法是按约定的名义本金和计算方式，交易一方支付事先约定的固定波动率，另一方则支付事先约定的某一浮动波动率水平，例如某一历史时段内的某种波动率实现值。也可以交换两种浮动波动率。

（四）远期互换

远期互换（forward swaps），又称延迟生效互换（delayed-start swaps），是指互换生效日是从未来某一确定时间开始的互换。

（五）互换期权

互换期权（swaption），本质上属于期权而不是互换，该期权的标的物为互换，互换期权的持有人有权在未来签订一个互换协议。利率互换期权本质上是按期权中规定的固定利率把固定利率交换为浮动利率，或把浮动利率交换为固定利率的权利。但许多机构在统计时都把互换期权列入互换的范围。

第二节 互换市场

一、互换市场的起源与发展

互换市场可以追溯到20世纪70年代末，当时的货币交易商为了逃避英国的外汇管制而开发了货币互换。1981年，所罗门兄弟公司促成了IBM与世界银行之间基于固定利率的一项货币互换，这被认为是互换市场发展的里程碑。第一个利率互换于1981年出现在伦敦，并于1982年被引入美国。从那以后，互换市场发展迅速，即使是LIBOR的谢幕也未能阻挡其上升的趋势。全球利率互换日均成交金额从2004年的6 200亿美元增长到2022年

4月的52 260亿美元,其中OIS互换占比达51.6%,货币互换的日均成交金额也从2004年的210亿美元增长到2022年4月的1 240亿美元。[①] 到2023年3月底,利率互换未平仓名义本金高达466万亿美元,占全球OTC衍生品未平仓名义本金的56.62%,货币互换未平仓名义本金也达35万亿美元,占全球OTC衍生品未平仓名义本金的4.20%。可以说,互换市场是增长速度最快的金融产品市场之一。尤其是利率互换,已经成为所有金融衍生产品中交易量最大的一个品种,影响巨大。

CDS交易最初由J.P.摩根于1994年引进,到1996年名义本金规模达到数万亿美元。1999年国际互换和衍生品协会(ISDA)推出了标准化的CDS合约,从而大大推动了市场的发展。到2020年年底,CDS市场的未平仓名义本金高达85万亿美元。

国际互换市场之所以发展得如此迅速,主要原因有三:第一,互换交易在风险管理、降低交易成本、规避管制和创造新产品等方面都有着重要的运用。[②] 第二,在其发展过程中,互换市场形成的一些运作机制也在很大程度上促进了该市场的发展。[③] 第三,当局的监管态度为互换交易提供了合法发展的空间。互换是一个OTC产品,其在商业银行的资产负债表上属于表外业务。但对参与互换市场的商业银行来说,它们往往需要承担各种市场风险和信用风险。基于这些原因,人们一度担心互换会被监管当局禁止。但在互换市场的发展历史中,从主要相关国家的监管当局到后来的巴塞尔协议,监管当局并没有简单地禁止互换交易,而是采取了具有针对性的监管方法,包括针对互换头寸提出资本要求和对商业银行的风险管理制度进行监管等。监管当局的这一态度在互换市场的迅猛发展中起到了不可忽视的重要作用。

2006年2月,中国人民银行下发了《关于开展人民币利率互换交易试点有关事宜的通知》,明确了开展人民币利率互换交易试点的有关事项,这标志着我国人民币利率互换试点业务正式启动。2006年2月,国开行与光大银行签订了名义本金50亿元人民币、期限10年、参照利率为1年期存款利率的利率互换协议,标志着我国利率互换市场的开端。2008年1月18日,在总结试点经验的基础上,中国人民银行下发了《中国人民银行关于开展人民币利率互换业务有关事宜的通知》。2009年3月,中国人民银行授权中国银行间市场交易商协会制定并发布《中国银行间市场金融衍生产品交易主协议》(简称《NAFMII主协议》),同时要求市场参与者开展利率互换交易时必须签署该协议。《NAFMII主协议》为我国场外金融衍生产品交易提供了一份统一、规范的法律文本,是我国金融市场制度建设的一项重要成果,其发布进一步规范了人民币利率互换交易流程。

我国于2010年11月5日正式启动中国版的CDS——信用风险缓释工具(CRM),包括信用风险缓释合约(CRMA)和信用风险缓释凭证(CRMW)两类产品。CRMA与参考债务捆绑销售,不可单独流通。CRMW是由独立于参考实体以外的第三方创设的,为凭证持有人就参考债务提供信用风险保护,是可在银行间市场交易流通的有价凭证,参考债务为债券或其他类似债务。

2014年1月,中国人民银行发布《关于建立场外金融衍生产品集中清算机制及开展人民币利率互换集中清算业务有关事宜的通知》,宣布将对银行间市场成交的场外金融衍生

---

① 国际清算银行(BIS)官网。
② 第八章将对互换的应用进行详细的讨论。
③ 在下一部分将进行具体介绍。

品实施集中清算。同年3月,中国外汇交易中心宣布推出利率互换的最新交易机制(基于双边授信的撮合交易平台X-Swap),这是我国金融市场机制的又一大创新。从2014年7月1日起,人民币利率互换交易被要求在上海清算所进行强制集中清算,非清算会员通过代理实现集中清算。

2016年9月23日,中国银行间交易商协会(NAFMII)发布修订后的《银行间市场信用风险缓释工具试点业务规则》及配套产品指引文件,并同步发布了《中国场外信用衍生产品交易基本术语与适用规则(2016年版)》,在以往CRMA和CRMW的基础上,新推出了信用违约互换(CDS)和信用联结票据(CLN)两项新产品,标志着中国版CDS的正式起步。

2019年12月26日,中国外汇交易中心(暨全国银行间同业拆借中心)、银行间市场清算所股份有限公司(简称上海清算所)和国泰君安证券股份有限公司联合宣布,将于即日起联合发布并试运行"CFETS-SHCH-GTJA高等级CDS指数",这也是全球首个立足于中国市场的CDS指数和中国市场首个CDS指数。该指数是按照一定规则筛选出的一篮子具有高信用等级、较好流动性的CDS参考实体的集合。

2020年4月20日,为促进境内外币利率市场与国际新基准利率平稳衔接,中国外汇交易中心推出挂钩新外币浮动利率相关产品的交易服务,在货币互换、货币利率互换中的外币端增加美元担保隔夜融资利率(SOFR),境内美元同业拆放参考利率(CIROR)、英镑隔夜平均指数(SONIA)、欧元短期利率(ESTR)及日元无担保隔夜拆借利率(TONAR)等新的外币浮动基准利率,为机构管理外币利率风险提供有力支撑。

2021年4月15日,中国银行间交易商协会修订发布了《银行间市场信用风险缓释工具试点业务规则》及配套《信用违约互换业务指引》《信用联结票据业务指引》,进一步优化了CRM自律管理体系。4月26日,全国银行间同业拆借中心和上海清算所宣布于即日起联合发布"CFETS-SHCH民企CDS指数"。该指数是按照一定规则筛选出的一篮子具有较好流动性的民营企业CDS参考实体的集合。7月26日,国泰君安证券与中金公司完成银行间市场首笔挂钩"CFETS碳中和指数"的互换交易,其中交易一方支付固定利率,对手方支付CFETS碳中和指数在合约存续期内的总价值变化。9月30日,全国银行间同业拆借中心、上海清算所、中债资信评估有限公司宣布于即日起联合发布"CFETS-SHCH-CBR长三角区域CDS指数"。该指数是按照一定规则筛选出的一篮子具有较好流动性的长三角区域CDS参考实体的集合。

2022年8月,中国银行间交易商协会修订发布《中国场外信用衍生产品交易基本术语与适用规(2022年版)》,在2016年版文件基础上根据近年来信用衍生品市场创新发展对相关定义和术语进行了修订完善,主要完善了债务重组定义表述,引入参考债务承继机制,针对仅保护单一债务的情形补充了特殊安排,引入可在补充协议中选择"信用恶化要求",进一步完善"公开信息"表述。市场参与者可结合自身交易需求,选择使用不同版本的定义文件或术语文件。

根据全国银行间同业拆借中心官方网站上披露的信息,截至2024年1月8日,共有780家机构(包括产品类市场参与者)完成了IRS业务备案,可以进入银行间市场从事利率互换交易。

2023年,我国利率互换名义本金成交量达到31.5万亿元人民币,同比增长50.2%,我国货币互换成交量为3 674亿元,相对比较清淡。信用风险缓释凭证创设名义本金347亿元,信用违约互换名义本金 25 亿元。

二、利率互换市场的基本运作机制

由于利率互换的重要地位,下面主要以利率互换为例介绍互换市场的基本运作机制。

(一) 做市商制度

互换属于 OTC 产品,在场外交易。早期的金融机构通常在国际互换交易中充当经纪人,即帮助希望进行互换的客户寻找交易对手并协助谈判互换协议,赚取佣金。但事实证明,在短时间内找到完全匹配的交易对手往往是相当困难的。因此许多金融机构开始作为做市商参与交易,同时报出其作为互换多头和空头所愿意支付和接受的价格,被称为互换交易商,或称互换银行(swap bank)。现在,利率互换市场的做市商制度非常发达。主要原因在于:① 利率互换的同质性较强,比较容易形成标准化的交易和报价;② 固定收益证券的现货和衍生品市场都相当发达,利率互换的做市商进行利率风险的套期保值相对便利。

做市商为互换市场提供了流动性,成为其发展的重要推动力量。从另一个角度来看,从经纪制度到做市商制度的转变,也反映了国际互换市场的变迁与发展。在国际互换市场发展早期,强调的是经纪商对互换交易的安排和匹配,而不是去承担交易风险,因此早期的经纪商多为投资银行;做市商制度发展起来以后,金融机构通过承担和管理风险为市场提供流动性,商业银行以其资金规模优势以及在管理大规模和标准化产品方面的优势,成为互换市场的中坚力量。相应地,互换产品也从个性化的公司财务管理工具转变为国际金融市场中的一种大宗批发交易。

(二) 主协议制度

与做市商制度发展密切相关的是互换市场的标准化进程。OTC 产品的重要特征之一就是产品的非标准化,互换中包含的多个现金流交换使得非标准化协议的协商和制定相当复杂、费时,这促使了互换市场尽可能地寻求标准化。1984 年,一些主要的互换银行开始推动互换协议标准化的工作。1985 年,这些银行成立了国际互换交易商协会(International Swaps Dealers Association,ISDA),并主持制定了互换交易的行业标准、协议范本和定义文件等。时至今日,由于在互换市场取得的成功和巨大影响,ISDA 所做的工作已经推广到了包括互换在内的多种场外衍生品交易,其制定、修改和出版的《衍生产品交易主协议》(ISDA Master Agreement)已经成为全球金融机构签订互换和其他多种 OTC 衍生产品协议的范本。ISDA 也于 1993 年更名为国际互换与衍生产品协会(International Swaps and Derivatives Association,ISDA),是目前全球规模和影响力最大、最具权威性的场外衍生产品的行业组织。

具体来看,ISDA 主协议包括协议主文、附件(schedule)和交易确认书(confirmations)三部分。在开展场外衍生品交易之前,交易双方需就主文部分签署主协议,就释义条款、支付条款、先决条件条款、净额结算条款、陈述与承诺条款、违约事件和终止事件条款、管辖法律与司法管辖权等条款达成一致,明确交易可能涉及的所有定义和双方的权利义务。主协议签署后,每次交易只需对价格、数量等具体条款进行谈判并签订协议附件和交易确认书。附件的作用是让交易双方对主协议的主文条款进行修改与补充,以适应双方当事人之间的特定交易情形。交易确认书则是对主协议项下每项具体交易的条款进行确认,是每笔交易中最重要的法律文件。值得注意的是,主协议的此种制度安排使得每项交易并不构成当事人双方之间的独立合同关系,而仅是在主协议这一合同关系下的一笔交易,故此每份交易确认书中总会说明 ISDA 主协议条款适用于该交易。

从目前看来,ISDA 所建立的整套标准化文件已经成为国际互换市场的基础性制度安排和互换交易的重要发展平台。除了减少交易所需的时间与成本以及提高市场运作的效率,标准化的文件与协议体系实际上还为市场参与者提供了一个重要承诺:市场是在共同认可的标准下进行运作的。这极大地降低了市场参与者的风险。因此,ISDA 文件标准化进程与做市商制度的发展相互促进,对互换市场的迅速发展起到了非常重要的作用。

案例 6.4 给出了中国银行间市场金融衍生品交易主协议的发展历程。

【案例 6.4】
中国银行间市场金融衍生产品交易主协议

制定与签署交易主协议是国际场外金融衍生品市场的惯例,其中被广为接受的是 ISDA 交易主协议。但 ISDA 主协议是以英美法律体系为基础拟订的,在中国法律环境下无法执行,难以适用于人民币的金融衍生产品。我国自 2005 年推出债券远期交易以来,场外金融衍生产品市场发展迅速,逐步推出债券远期、人民币利率互换、远期利率协议、利率期权、外汇远期、外汇掉期、外汇期权、信用缓释工具等金融衍生产品,我国金融衍生产品市场呈现出稳步发展的局面。但我国一直采用"一个产品一个主协议"的做法,即对每种产品都制定一个主协议。这大大增加了金融衍生品组合交易中协议使用的复杂性,难以实现净额结算,在很大程度上降低了市场效率,也具有较高的信用风险。

2007 年,经中国人民银行授权,中国银行间市场交易商协会发布了适用范围包括但不限于利率衍生产品交易、债券衍生产品交易、汇率衍生产品交易和信用衍生产品交易的《中国银行间市场金融衍生产品交易主协议(2007 年版)》(简称《NAFMII 主协议》)。同年,外管局为了配合外汇管理体制的改革,组织中国外汇交易中心发布了适用范围为通过外汇交易中心系统进行的人民币外汇衍生产品交易的《全国银行间外汇市场人民币外汇衍生产品主协议》(简称《CFETS 主协议》)。两个主协议的发布和应用,结束了我国场外金融衍生产品市场"一个产品一个主协议"的状况,在一定程度上满足了市场参与者对统一的主协议文本的渴望。但两份主协议并存,使得任何一份主协议作为场外金融衍生产品市场基础性制度安排的作用都没有得到切实发挥,并且两个主协议存在重叠管辖的问题,给市场参与者造成了一定的法律风险和业务困扰。

为顺应市场参与者解决文本风险、提高交易效率的需求,在中国人民银行领导下,中国银行间市场交易商协会启动了主协议合并起草工作,并于 2009 年 3 月 11 日正式公布了《中国银行间市场金融衍生产品交易主协议(2009 年版)》。该协议整体采用文件群形式,整套文本由《主协议》《补充协议》《转让式履约保障文件》《质押式履约保障文件》及《定义文件》组成。

根据《主协议》的约定,《主协议》《补充协议》以及交易有效约定共同构成交易双方之间单一和完整的协议。"单一协议"原则的确立为终止净额制度的实施提供了重要基础。其中,《主协议》是《主协议》文件群的核心文件,该文件共 25 条,主要分为三个部分:第 1 条至第 5 条是基础性条款,分别明确了《主协议》文件群的构成与各文件间的效力等级以及单一协议原则、《主协议》的适用范围、交易双方需要作出的声明与保证、交易正常履约情况下交易双方的支付或交付义务以及交易双方可能采用的履约保障机制等；第6条至第11条是核心条款,分别就违约事件和终止事件的类型、对某一事件可能同时具备违约事件和终止事件构成要素的情况下的事件等级、发生违约事件和终止事件后的处理,以及各种未能正常履约情形下的利息计算与支付安排等作出约定；第12条至第25条是辅助性条款,分别对主协议项下的合同货币与终止货币、抵消机制、转让机制、权利保有、电话录音、保密与信息披露、争议解决、通知方式与生效、费用、标题、累积补救、协议的修改、协议的签署和定义等一般性问题进行了约定。《补充协议》是供交易双方对《主协议》进行修改或补充时的示范文件,该文件共16条,分别对《主协议》中需双方另行约定的多笔交易支付净额、履约保障、特定实体、特定交易违约、交叉违约、公允市场价值计算方法等条款预置了选项或提示。在不违反有关法律法规和《主协议》有关约定的情况下,交易双方可在补充协议中对《主协议》中不适用自己的条款进行修改,也可以对没有约定的条款进行补充约定。

《质押式履约保障文件》和《转让式履约保障文件》均是为保障《主协议》下交易履行而签署的支持性文件。从法律关系上说,《转让式履约保障文件》是《主协议》的补充,是一种交易有效约定,为单一协议均一部分,参与终止净额结算。而《质押式履约保障文件》与《主协议》属主合同与从合同关系,不参与终止净额结算。两份文件均分为标准条款和补充条款两部分,其中《质押式履约保障文件》标准条款共13条,补充条款共15条；《转让式履约保障文件》标准条款共11条,补充条款共14条。两份文件的标准条款均对各自履约保障形式下的释义与效力等级、交付金额与返还金额、计算与估值、保障品替换、计算与估值争议处理、利息金额以及定义等问题进行了约定。同时,两个文本的补充条款分别对标准条款可选项提供了补充、修改提示,增加了文件的灵活性。

《定义文件》为一份独立的参考文件,供交易双方在交易有效约定中引用,以降低交易双方因对相关术语理解不一致而产生的纠纷或法律风险,提高交易效率。《定义文件》是对金融衍生产品交易中所使用的交易术语进行界定的文件,2012年3月1日,中国银行间市场交易商协会在《中国银行间市场金融衍生产品交易定义文件(2009年版)》的基础上,制订了《中国银行间市场金融衍生产品交易定义文件(2012年版)》(简称《定义文件》)。《定义文件》由利率、汇率、债券和信用定义文件等四份文件组成。

2013年11月7日,中国银行间交易商协会制定了《中国场外黄金衍生产品交易基本术语(2013年版)》。

2016年9月23日,中国银行间市场交易商协会制定了《中国场外信用衍生产品交易基本术语与适用规则(2016年版)》。

2022年8月30日,中国银行间交易商协会修订发布《中国银行间市场利率衍生产品交易定义文件(2022年版)》,在2012年版文件基础上根据近年来利率衍生品市场创新发展对相关定义和术语进行了修订完善,主要补充了期权类产品相关定义,新增挂钩贷款市场报价利率(LPR)和银行间回购定盘利率(FDR)作为参考利率,完善信息后备机制条款。同日,中国银行间市场交易商协会还制定了《中国场外信用衍生产品交易基本术语与适用规则(2022年版)》和《中国银行间市场金融衍生产品交易主协议(跨境文本-2022年版)》。

2023年12月13日,中国银行间市场交易商协会制定了《中国碳衍生产品交易定义文件(2023年版)》。

(三) 次贷危机之后的进一步标准化和集中清算

2007年美国次贷危机之后,加强庞大场外衍生品市场的对手方风险管理、降低危机传染效应成为全球金融监管的重点。与利率互换市场有关的举措主要包括:

2010年3月,美国国会通过"恢复美国金融稳定法案"(Restoring American Financial Stability Act of 2010),推行衍生产品集中交易与清算,首次建立衍生产品的全国监管制度。

2010年7月,美国国会通过"多德-弗兰克法案"(Dodd-Frank Act),规定所有标准化的场外衍生品交易必须在交易所或互换执行平台(swap execution facilities,SEFs)交易,受到美国证券交易委员会(securities and exchange commission,SEC)和商品期货交易委员会(commodity futures trading commission,CFTC)共同监管;场外衍生品需通过中央清算所集中清算,要求特定的市场参与者向CFTC或SEC进行交易报备,将相对不透明的场外衍生品交易纳入集中监管范畴。

2013年4月,在美国证券行业与金融市场协会(securities industry and financial markets association,SIFMA)的支持下,ISDA发布了一个利率互换确认书的标准条款模板,将互换期限、起息日、报价方式、报价间距等进行了标准化,称为市场一致合约(market agreed coupon,MAC),为利率互换的中央清算和交易场内化奠定基础。

2013年6月,ISDA发布标准信用支持文件(standard credit support annex,SCSA)对原先主协议下的信用支持文件(CSA)进行了标准化,对原先的担保品计算方式进行了修订,对利率互换担保品的技术和经济学机理进行统一,鼓励使用隔夜指数互换利率曲线(OIS曲线),通过构建统一的估值框架来减少争议,并提出了一些新的净额结算流程。

除此之外,次贷危机之后利率互换市场上的集中冲销服务(multilateral unwind service)发展迅速。所谓的集中冲销,就是利率互换头寸持有者以收付相应款项为代价,通过一个集中冲销服务机构,多边协议提前终止利率互换合约。这一操作从微观层面看可以消除不希望承担的净市场风险、降低对手方信用风险、节省运营成本、减少额度占用、提高资本使用效率,从宏观层面看有助于减少系统性风险,因此广受欢迎。2013年之后全球利率互换未平仓合约名义本金连续3年下降,集中冲销是一个很大的原因。

中国利率互换市场同样也顺应了国际市场的上述标准化和集中清算趋势。2009年11月,中国银行间市场清算所股份有限公司在上海成立(又称"上海清算所"),是中国场外金融市场第一家中央对手清算机构,对符合要求的利率互换进行中央清算。从2011年3月开始,利率互换电子化交易确认和冲销业务就已经在中国银行间市场开始试运行,并于2012年4月正式开始利率互换的定期集中冲销业务。从2014年开始,中国银行间同业拆借中心就一直在推动利率互换等场外衍生品的标准化交易。

(四) 利率互换的其他市场惯例

1. 天数计算惯例

不同利率有着不同的天数计算惯例。在浮动端,SOFR、美国联邦基金有效利率、中国的SHIBOR利率、定期存贷款利率、LPR等都以"实际天数/360"报出,回购利率如中国的FR007和FDR007是以"实际天数/365"报出,债券到期收益率如中债国债到期收益率、中债国开债到期收益率等以"实际天数/实际天数"报出。在固定端,美元利率互换的固定利率则通常以30/360或"实际天数/365"报出,而人民币利率互换市场上的固定利率,除了以债券到期收益率(之差)互换的固定利率以"实际天数/实际天数"报出之外,其他利率互换的固定利率均采用"实际天数/365"的天数计算惯例。

2. 支付频率

支付频率是利息支付周期的约定。如 S. A. 是 Semi-Annually 的缩写,即每半年支付一次。人民币利率互换大多采用季度频率,浮动端和固定端频率通常一致。美元利率互换市场上则经常存在浮动端和固定端频率不一致的现象,例如固定端半年支付一次利息,浮动端则每个季度支付一次,具体根据合约确定。另外,一年以下的 OIS 通常只在期末交换一次,长于一年的 OIS 则每个季度交换一次。

3. 名义本金与净额结算

如案例 6.1 中所展示,利率互换在实际结算时并不发生本金的交换,本金主要用于计算所需交换的利息,因而利率互换中的本金通常也被称为"名义本金"。同时,利率互换通常尽可能地使用利息净额结算。显然,不交换本金、进行净额结算能很大地降低交易双方的风险敞口头寸,从而降低信用风险。

4. 营业日准则

营业日准则,是指互换交易在结算时应遵循的节假日规避规则。由于各国节假日规定不同,互换协议中通常要对所采用的节假日日历进行规定。同时,互换协议要确定结算日若遇上节假日时的规避准则。表 6.4 列出了主要的节假日规避准则。其中"下一营业日"与"经修正的下一营业日"是常见的营业日准则。一般来说,浮动利率的确定日为每次支付日的前两个营业日或另行约定。

表 6.4 节假日规避准则

节假日规避准则	释义
下一营业日(the following business day convention)	遇节假日顺延至下一营业日
经修正的下一营业日(the modified following business day convention)	遇节假日顺延至下一营业日,但若下一营业日为另一个日历月,则倒推至节假日上一营业日
上一营业日(the preceding business day convention)	遇节假日倒推至上一营业日
经修正的上一营业日(the modified preceding business day convention)	遇节假日倒推至上一营业日,但若上一营业日为另一个日历月,则顺延至节假日下一营业日

5. 互换头寸的提前结清

提前结清互换头寸,有助于提高互换头寸的流动性,主要方式包括:

(1) 转让原互换合约。通过转让,将原先利息收付的权利与义务完全转移给新的交易对手。但由于信用风险不同,该交易只有经过互换原对手方的同意才能进行。互换合约转让后,等同于原先的利率互换已经终止,原来的交易对手与新对手之间签订了一份与剩余合约完全相同的新协议。

(2) 对冲原互换合约。结清互换头寸的另一种方式是在市场上进行对冲交易,签订一份与原互换合约的本金、到期日和互换利率等条款均相同,但收付利息方向相反的互换协议。如果该对冲交易是与原先的互换交易对手进行的,被称为"镜子互换",等价于终止了原先的利率互换。如果对冲交易是与其他交易对手进行的,从利息的现金流来说的确能够实现对冲,但由于交易对手不同,仍然无法完全抵消对手方违约的风险。除此之外,交易互换期货、互换期权等互换衍生产品也是对冲原有互换头寸的一种方法。

（3）冲销原有的互换合约。结清互换头寸的第三种方式是通过协议提前结束互换，即冲销互换合约，具体又分为双边冲销和多边冲销。双边冲销是原来的交易双方直接冲销，而效率更高的集中多边冲销无论在中国还是在国际市场上越来越流行。与前两种结清方式相比，冲销方式的优点在于，冲销了原先的信用风险，也不会再产生新的信用风险。

表 6.5 给出了我国交易量最大的两个利率互换的标准合约要素。

表 6.5 利率互换的标准合约要素

合约品种 FR007	FR007	Shibor_3M
期限	1M/3M/6M/9M/1Y/2Y/3Y/4Y/5Y/7Y/10Y	6M/9M/1Y/2Y/3Y/4Y/5Y/7Y/10Y
交易日	成交当日，T	成交当日，T
起息日	T+1 个工作日	T+1 个工作日
首期起息日	等于起息日	等于起息日
支付日调整	经调整的下一营业日	经调整的下一营业日
计息天数调整	实际天数	实际天数
固定利率支付周期	FR007_1M 为到期支付，其余期限按季支付	季
固定利率计息基准	A/365	A/365
浮动利率默认利差（BPS）	0	0
浮动利率首次利率确定日	起息日-1 个工作日	起息日-1 个工作日
浮动利率支付周期	FR007_1M 为到期支付，其余期限按季支付	季
浮动利率重置频率	周	季
浮动利率计息方式	复利	单利
浮动利率计息基准	A/365	A/360

案例 6.5 给出了一个人民币利率互换交易的案例。

【案例 6.5】

基于 FR007 的 5 年期利率互换交易

图 6.7 给出了一笔成交于 2024 年 6 月 6 日、基于 FR007 的 5 年期利率互换合约要素。

产品名称 FR007_5Y   期限 5Y   名义本金(万元) 2000   计息天数调整 实际天数
起息日 2024-06-10   首期起息日 2024-06-10   到期日 2029-06-10   支付日调整 经调整的下一营业日
计算机构 交易双方   清算方式 上海清算所清算

固定利率明细		浮动利率明细	
固定利率(%) 2.1350	支付周期 季	参考利率 FR007	利差(bps) 0.00
首期定期支付日 2024-09-10	计息基准 实际/365	首期定期支付日 2024-09-10	支付周期 季
		首次利率确定日 2024-06-06	重置频率 周
		计息方法 复利	计息基准 实际/365

图 6.7 记录单

可以看到这个互换合约的名义本金是 2 000 万元，在从起息日 2024 年 6 月 10 日到 2029 年 6 月 10 日为期 5 年的期限内，合约双方每个季度交换一次利息。固定利率为 2.135%，浮动利率为中国银行间七天回购定盘利率 FR007，浮动利息采用复利计算。具体而言，浮动利息C_{float}采用如下公式计算：

$$C_{float}=\text{名义本金}\times\left\{\prod_{i=1}^{N}\left(1+\frac{\text{FR007}_i\times d_i}{365}\right)-1\right\}$$

其中$i=1,2,\cdots,N$表示重置期，3 个月计息期通常包含 13 周左右，因此会有 13 个左右的利息重置期，d_i表示第i个重置期的天数，一般为 7 天，最后一个重置期可能不满 7 天，按实际天数算。

三、利率互换报价

图 6.8 给出了来自万得（Wind）的人民币利率互换报价和来自彭博（Bloomberg）的美元利率互换报价示例，有助于读者进一步了解利率互换。可以看出：

代码	期限	最优买量/万元	最优买价	最优卖价	最优卖量/万元	现价
FR007S1M	1M	450	2.0100	2.0525	100	2.0350
FR007S2M	2M	0	-	-	0	-
FR007S3M	3M	200	1.9725	2.0375	350	2.0050
FR007S6M	6M	350	1.9725	2.0025	100	1.9925
FR007S9M	9M	450	1.9675	1.9775	250	1.9650
FR007S1Y	1Y	150	1.9550	1.9625	250	1.9550
FR007S2Y	2Y	50	1.9550	1.9650	50	1.9575
FR007S3Y	3Y	100	1.9925	2.0375	150	2.0125
FR007S4Y	4Y	100	2.0750	2.1000	100	2.0825
FR007S5Y	5Y	80	2.1575	2.1700	80	2.1550
FR007S6Y	6Y	0	-	-	0	-
FR007S7Y	7Y	40	2.2400	2.2800	40	-
FR007S10Y	10Y	40	2.2950	2.3775	40	-
FR007S1Y5Y	5Y	20	20.0000	21.2500	220	-
FR007S6M9M	9M	200	-2.7500	-1.7500	200	-
FR007S9M1Y	1Y	300	-1.2500	-0.5000	300	-
FR007S1Y2Y	2Y	250	0.2500	2.2500	100	-
FR007S2Y5Y	5Y	40	18.2500	21.0000	60	-

(a) 人民币FR007互换利率报价

USD FF Swaps

期限	买价 / 卖价	中价
1) 1 WK	5.324 / 5.336	5.330
2) 2 WK	5.328 / 5.339	5.333
3) 3 WK	5.330 / 5.336	5.333
4) 1 MO	5.333 / 5.339	5.336
5) 2 MO	5.338 / 5.344	5.341
6) 3 MO	5.332 / 5.338	5.335
7) 4 MO	5.301 / 5.308	5.304
8) 5 MO	5.277 / 5.283	5.280
9) 6 MO	5.241 / 5.247	5.244
10) 9 MO	5.124 / 5.1[illegible]1	5.127
11) 12 MO	4.994 / 5.001	4.998
12) 18 MO	4.666 / 4.671	4.669
13) 2 YR	4.446 / 4.451	4.448
14) 3 YR	4.152 / 4.159	4.156
15) 4 YR	3.994 / 4.0[illegible]	3.998
16) 5 YR	3.903 / 3.9[illegible]	3.906
17) 6 YR	3.854 / 3.859	3.856
18) 7 YR	3.821 / 3.828	3.825
19) 8 YR	3.802 / 3.8[illegible]	3.805
20) 9 YR	3.790 / 3.7[illegible]	3.793
21) 10 YR	3.783 / 3.7[illegible]	3.786
22) 12 YR	3.781 / 3.7[illegible]	3.784
23) 15 YR	3.783 / 3.790	3.786
24) 20 YR	3.744 / 3.7[illegible]	3.748
25) 25 YR	3.651 / 3.659	3.655
26) 30 YR	3.554 / 3.559	3.557

USD SOFR Fixed/Float Swaps

期限	买价 / 卖价	中价
1) 1 WK	5.311 / 5.317	5.314
2) 2 WK	5.314 / 5.319	5.316
3) 3 WK	5.315 / 5.321	5.318
4) 1 MO	5.319 / 5.325	5.322
5) 2 MO	5.326 / 5.331	5.328
6) 3 MO	5.320 / 5.324	5.322
7) 4 MO	5.292 / 5.297	5.294
8) 5 MO	5.270 / 5.275	5.272
9) 6 MO	5.236 / 5.241	5.239
10) 9 MO	5.129 / 5.133	5.131
11) 10 MO	5.088 / 5.092	5.090
12) 11 MO	5.046 / 5.050	5.048
13) 1 YR	5.007 / 5.011	5.009
14) 18 MO	4.683 / 4.687	4.685
15) 2 YR	4.466 / 4.471	4.468
16) 3 YR	4.179 / 4.183	4.181
17) 4 YR	4.026 / 4.030	4.028
18) 5 YR	3.938 / 3.942	3.940
19) 6 YR	3.889 / 3.893	3.891
20) 7 YR	3.859 / 3.863	3.861
21) 8 YR	3.839 / 3.844	3.842
22) 9 YR	3.829 / 3.833	3.831
23) 10 YR	3.823 / 3.827	3.825
24) 12 YR	3.823 / 3.827	3.825
25) 15 YR	3.828 / 3.832	3.830
26) 20 YR	3.791 / 3.796	3.794
27) 25 YR	3.700 / 3.705	3.703
28) 30 YR	3.604 / 3.609	3.607

(b) 美元FF OIS与SOFR OIS报价

图 6.8　2024 年 3 月 4 日的人民币和美元利率互换报价

数据来源：万得、彭博。

第一，如前所述，尽管属于场外交易，利率互换已经成为一个标准化程度相当高的金融市场，这一点也表现在互换的报价中。互换合约本来需要同时报出浮动利率和固定利率，但在实际中,同种货币的利率互换报价都是基于特定的浮动利率给出的。对于给定的浮动利率,报价和交易就只需针对特定期限与特定支付频率的固定利率一方进行,从而大大提高了市场效率。例如,图6.8(a)就是浮动端为人民币FR007的各个期限利率互换报价,其中S表示swap,图6.8(b)左部和右部分别是浮动端为有效联邦基金利率(FF)和SOFR(固定对浮动)的各个期限美元OIS报价。从图中可以看到,人民币FR007利率互换最长期限为10年,美元FF OIS和SOFR OIS的常规最长期限可以达到30年。人民币利率互换市场上还可以直接交易期限利差,如FR007S1Y5Y的交易标的就是5年期FR007互换和1年期FR007互换利率之差。

第二,与远期利率协议相同,市场通常将利率互换交易中固定利率的支付者(fixed rate payer)称为互换买方或互换多方,而将固定利率的收取者(fixed rate receiver)称为互换卖方或互换空方。利率互换做市商通常都会进行持续的双边互换报价,买价(bid rate)就是做市商在互换中收浮动利率时愿意支付的固定利率,卖价(ask rate)则是做市商在互换中支付浮动利率时要求收到的固定利率,显然互换卖价应高于买价。

买价与卖价的算术平均为中间价(middle rate),就是通常所说的互换利率(swap rate)。以图6.8(a)中的9个月FR007利率互换为例,最优买价和最优卖价分别为1.957 5%和1.977 5%,相应可以计算得到中间价为1.965 0%。这意味着做市商愿意每季度以1.957 5%的年利率支付固定利息,换取每季度收到按FR007滚动的复利利息;或者支付按FR007滚动的复利利息,换取每季度收到年利率为1.977 5%的固定利息。而1.965 0%就是支付频率为季度的9个月期互换利率。图中的现价则是指最新成交价。

本 章 小 结

1. 互换是约定两个或两个以上当事人按照商定条件,在约定的时间内交换一系列现金流的合约。

2. 利率互换是指双方同意在未来的一定期限内根据同种货币的相同名义本金交换现金流,其中一方的现金流根据事先选定的某一浮动利率计算,而另一方的现金流则根据固定利率计算。

3. 货币互换是在未来约定期限内将一种货币的本金和固定利息与另一货币的等价本金和固定利息进行交换。

4. 互换实际上是现金流的交换。由于计算或确定现金流的方法有很多,因此互换的种类也很多。

5. ISDA文件的标准化进程与做市商制度的发展相互促进,对互换市场的迅速发展起到了非常重要的作用。

6. 利率互换的买价(bid rate)就是做市商在互换中收浮动利率时愿意支付的固定利率,卖价(ask rate)则是做市商在互换中支付浮动利率时要求收到的固定利率。买价和卖价的算术平均就是市场的互换利率(snap rate)。

即 测 即 评

习 题

1. 阐述互换的主要种类。
2. 阐述国际互换市场迅速发展的主要原因。
3. 了解中国互换市场发展现状,并加以概述。
4. 互换头寸的结清方式之一是对冲原互换协议,这一方式完全抵消了违约风险。请判断这种说法是否正确并说明原因。
5. 假设甲与乙签订了1年期股票指数互换协议,甲支付3个月期SHIBOR,收入沪深300指数收益率+0.10%。所有的互换现金流均以人民币支付,每3个月交换一次。名义本金为1亿元。试计算出表6.6中乙各期的现金流。

表 6.6 现金流量表

时间/年	沪深300指数	3个月SHIBOR	利差	现金流
0.00	3 960.60	2.5%		
0.25	4 000.20	2.4%		
0.50	4 300.8	2.5%		
0.75	4 100.0	2.7%		
1.00	3 900.0	2.8%		

第七章 互换的定价与风险分析[①]

在利率互换的定价中,对未来现金流进行贴现定价的绝对定价法是难以实施的,因为利率互换合约的未来现金流是不确定的。但由于利率互换可以分解为简单金融产品的组合,因此可以采用相对定价法中的复制定价法为利率互换定价。与远期利率协议一样,利率互换的定价包括两个方面:确定互换合约的价值、确定公平的互换利率[②]。

第一节 利率互换的定价

一、利率互换定价的基本原理

假设一个2024年9月1日生效的两年期利率互换,名义本金为1亿元人民币。甲公司同意支付给乙银行年利率为2.8%的利息,同时乙银行同意支付给甲公司3个月期SHIBOR的利息,利息每3个月交换一次,如图7.1所示。

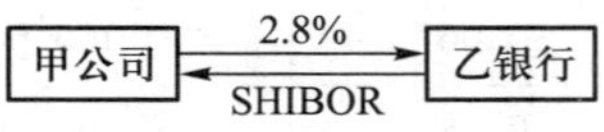

图7.1 甲公司与乙银行的利率互换

2024年9月1日互换协议签订时,交易双方并不知道未来的一系列3个月期SHIBOR。假设事后得知此两年中的3个月期SHIBOR如表7.1(a)中的列(1)所示,从而可以得到甲公司在此互换中每半年收到的浮动利息、应支付的固定利息与净现金流,分别如表7.1(a)中的列(2)、列(3)与列(4)所示。

表7.1 利率互换中甲公司的现金流量表

(a) 不考虑名义本金　　　　　　　　单位:万元人民币

日期	SHIBOR/% (1)	浮动利息现金流 (2)	固定利息现金流 (3)	净现金流 (4)
2024. 9. 1	2.13			
2024. 12. 1(Ⅰ)	2.47	+53	−70	−17
2025. 3. 1(Ⅱ)	2.67	+62	−70	−8

[①] 由于利率互换和货币互换是最主要的互换品种,本章主要讨论这两类互换交易的定价与风险管理问题。

[②] 为集中讲解原理,我们忽略天数计算等细节,简单以0.25年、0.5年等表示期限。

续表

日期	SHIBOR/% (1)	浮动利息现金流 (2)	固定利息现金流 (3)	净现金流 (4)
2025.6.1(Ⅲ)	2.94	+67	−70	−3
2025.9.1(Ⅳ)	3.27	+74	−70	+4
2025.12.1(Ⅴ)	3.64	+82	−70	+12
2026.3.1(Ⅵ)	3.86	+91	−70	+21
2026.6.1(Ⅶ)	4.12	+97	−70	+27
2026.9.1(Ⅷ)	4.75	+103	−70	+33

(b) 考虑名义本金　　　　　　　　单位：万元人民币

日期	SHIBOR/% (5)	浮动利息和本金现金流(6)	固定利息和本金现金流(7)	净现金流 (8)
2024.9.1	2.13	−10 000	+10 000	0
2024.12.1(Ⅰ)	2.47	+53	−70	−17
2025.3.1(Ⅱ)	2.67	+62	−70	−8
2025.6.1(Ⅲ)	2.94	+67	−70	−3
2025.9.1(Ⅳ)	3.27	+74	−70	+4
2025.12.1(Ⅴ)	3.64	+82	−70	+12
2026.3.1(Ⅵ)	3.86	+91	−70	+21
2026.6.1(Ⅶ)	4.12	+97	−70	+27
2026.9.1(Ⅷ)	4.75	+103	−70	+33
		+10 000	−10 000	0

观察表7.1(a)，可以从三个角度来理解该利率互换：

(1) 该利率互换由列(4)的净现金流序列组成，这是互换的本质，即未来系列现金流的组合。

(2) 利率互换可以视为债券的组合。如果对列(4)的净现金流按列进行拆分，该利率互换可以看作由列(2)和列(3)的现金流序列组成。为了更好地理解，假设在互换期初与到期日增加1亿元的本金现金流，列(2)和列(3)转化为表7.1(b)的列(6)与列(7)。从列(8)可见，由于相互抵销，增加的本金现金流并未改变互换最终的现金流和互换的价值，但列(6)却可以被视为甲公司向乙银行购买了一份本金1亿元的以3个月期SHIBOR为浮动利率的债券，列(7)则可以被看作甲公司向乙银行发行(出售)了一份本金1亿元的固定利率为2.8%的债券，3个月支付一次利息。这样，对甲公司这个利率互换多头而言，该利率互换事实上可以看作一个浮动利率债券多头与固定利率债券空头头寸的组合，这个利率互换的价值就是浮动利率债券与固定利率债券价值的差。由于互换为零和游戏,对乙银行这个利率互换空头来说,该利率互换的价值就是固定利率债券价值与浮动利率债券价值的差。也就是说,利率互换可以通过分解成一个债券的多头与另一个债券的空头来定价。

(3) 利率互换还可以视为远期利率协议的组合。如果对列(4)的现金流按行进行拆分,该利率互换可以看作由从行(Ⅰ)至行(Ⅷ)共8次的现金流序列组成。观察各行,除了行(Ⅰ)的现金流在互换签订时就已经确定,其他各行的现金流都类似远期利率协议(FRA)的现金流。回忆在第三章与第五章中所学的知识,FRA是这样一笔合约:交易双方事先约定将来某一时间的贷款利率。但在FRA执行的时候,支付的只是市场利率与合约协定利率的利差。所以实际上FRA可以看成一个用事先确定的固定利率交换浮动利率的合约。很明显,利率互换可以看成一系列用固定利率交换浮动利率的FRA的组合。例如,行(Ⅱ)的利息交换可以看作一笔2025年3月1日到期,以2.8%交换2024年12月1日确定的3个月期SHIBOR的FRA,行(Ⅴ)则是一笔2025年12月1日到期,以2.8%交换2025年9月1日确定的3个月期SHIBOR的FRA。从这个角度来说,利率互换可以通过分解成一系列远期利率协议的组合来定价。只要知道组成利率互换的每笔FRA的价值,就可以计算出利率互换的价值。

由上可见,利率互换既可以分解为债券组合,也可以分解为FRA的组合进行定价。由于都是列(4)现金流的不同分解,在不考虑不同产品的信用风险和流动性风险差异的情况下,这两种定价结果应该是等价的。

在具体定价中,根据合约设计和具体情形的不同,利率互换的定价也会有所不同。下面我们着重介绍普通利率互换中最基本的情形,然后再对其进行拓展讨论。

二、浮动利率与合理贴现率一致:最简单的利率互换定价情形

如果互换合约中的浮动利率与定价时使用的贴现率一致,债券定价或FRA定价都易于实现,利率互换定价也就相对简单。

为了专注介绍核心原理,加上没有本质影响,我们先讨论交换频率和利率复利频率相同的情形。人民币3个月期SHIBOR利率互换就是这样的合约,其固定端利息和浮动端利息的支付频率、固定端利率和浮动端利率的复利频率均为3个月。下面我们就以此为例,假设该互换定价的合理贴现率曲线就是SHIBOR利率曲线[①],介绍如何确定利率互换的合约价值和公平的互换利率。

(一) 基于债券组合视角的利率互换定价

1. 确定利率互换合约价值

我们已经知道,对于利率互换多头(如上例中的甲公司)来说,t时刻互换合约的价值($V_t^{互换}$)等于浮息债价值($V_t^{浮}$)减去固息债价值($V_t^{固}$),即

$$V_t^{互换} = V_t^{浮} - V_t^{固} \tag{7.1}$$

利率互换空头的合约价值正好与之相反。

这样,利率互换合约的定价就转化为了债券定价。对于固息债来说,只要知道贴现率,

[①] 这种假设仅仅是为了举例而已。实际上,SHIBOR含有金融机构的信用风险,而互换由于是净额结算,特别是如果交易有其他担保举措,其风险是低于无担保同业拆借的,因此SHIBOR互换现金流的贴现率应低于SHIBOR。

直接运用现金流贴现定价原理,就可以计算得到其价值,具体公式如下:

$$V_t^{固} = \sum_{i=1}^{N} \frac{SR}{m} \times A \times B_t^{t_i} + A \times B_t^{t_N} \tag{7.2}$$

其中 SR 和 A 分别为互换利率和名义本金,m 为互换利率的一年计息次数,t_i 为利率互换合约的交换时刻 $(i=1,2,\cdots,N)$,$B_t^{t_i} = e^{-r_t^{t_i}\cdot(t_i-t)} = \dfrac{1}{\left(1+\dfrac{r_{t,m}^{t_i}}{m}\right)^{m\times(t_i-t)}}$ 为 t 时刻 t_i-t 期限的贴现因子,$r_t^{t_i}$ 为以连续复利表示的 t_i-t 期间的贴现率,$r_{t,m}^{t_i}$ 为一年计 m 次复利的 t_i-t 期间的贴现率。

根据浮息债定价原理,只要浮动利率始终等于该债券的合理贴现率,浮息债定价公式应为:

$$V_t^{浮} = \left(1 + \frac{最新浮动利率}{m}\right) \times A \times B_t^{t_1} \tag{7.3}$$

其中 m 为浮动利率的一年计息次数。也就是说,浮息债的价值由名义本金和本期即将支付的浮动利息从下一个重置日 (t_1) 贴现而得。在 t 时刻,t 到 t_1 时刻之间的浮动利率是已知的。

理解式(7.3)并不难,在浮动利率始终等于该债券的合理贴现率的条件下:在浮息债新发行时,该债券的价值就等于它的面值;在任意重新确定利率的时刻,付息之后的浮息债价值就等于新发行的同期限的浮息债面值,付息之前的浮息债价值就等于面值加上应付利息。

案例 7.1 展示了运用公式(7.1)~(7.3)计算普通利率互换价值的过程。

> **【案例 7.1】**
> **运用债券组合方法确定利率互换合约价值**
>
> 假设在一笔利率互换协议中,乙银行支付 3 个月期的 SHIBOR,同时收取 2.8% 的年利率(3 个月计一次复利),名义本金为 1 亿元,3 个月互换一次。互换还有 8 个月的期限,最新重置浮动利率为 2.88%(3 个月计一次复利)。2 个月、5 个月和 8 个月的 SHIBOR 分别为 2.61%、2.82% 和 2.90%(连续复利)。试计算此笔利率互换对乙银行的价值。
>
> 根据上述信息,我们有 $SR=2.8\%$,$m=4$,$A=1$ 亿元,这意味着每次固定利息为:
>
> $$1 \text{ 亿元} \times \frac{2.8\%}{4} = 70 \text{(万元)}$$
>
> 从浮动端来看,下一个支付日应支付的浮动利息为:
>
> $$1 \text{ 亿元} \times \frac{2.88\%}{4} = 72 \text{(万元)}$$
>
> 互换频率为季度,且剩余期限为 3 个月,意味着还有 3 次交换,将分别发生在 2 个月后、5 个月后和 8 个月后。因此可以计算得到:
>
> $$B_t^{t_1} = e^{-2.61\% \times \frac{2}{12}} \approx 0.996, \quad B_t^{t_2} = e^{-2.82\% \times \frac{5}{12}} \approx 0.988, \quad B_t^{t_3} = e^{-2.9\% \times \frac{8}{12}} \approx 0.981$$
>
> 由于乙银行为互换空头,因此有:
>
> $$V_t^{固} \approx 70 \times 0.996 + 70 \times 0.988 + 70 \times 0.981 + 10\,000 \times 0.981 \approx 10\,016.062 \text{(万元)}$$

$$V_t^{浮} \approx (10\,000+72) \times 0.996 \approx 10\,028.282(万元)$$

$$V_t^{互换} = V_t^{固} - V_t^{浮} \approx -12.220(万元)$$

因此乙银行在此互换中目前处于亏损状态,而其对手的互换价值为正,等于12.220万元。

作为一个零和博弈,在刚开始签约时,利率互换合约的价值应该为零,交易双方都不盈不亏,才是一个公平合约。我们通常将价值为零的互换合约称为"平价互换"。但合约条款确定以后(主要是固定利率确定),随着市场状况变化,已经签订的合约价值就会产生盈亏,如案例7.1 所展示。

2. 确定合理的互换利率

所谓合理的互换利率,就是使得利率互换合约价值为零的固定利率水平。在合约签订以后,已然确定的互换利率与当时合理互换利率的差异,就决定了所持有的利率互换合约的价值高低。我们先通过案例7.2 体会其中的含义,再总结出合理互换利率的计算公式。

【案例7.2】
运用债券组合方法确定合理互换利率

假设甲公司和乙银行正在签订一份1年期的3个月SHIBOR利率互换,名义本金1亿元,3个月互换一次。假设当前时刻的3个月、6个月、9个月、1年期SHIBOR利率分别为2.3%、2.4%、2.6%和2.79%(连续复利),试问互换利率应该定在多少,该利率互换合约才是公平的?

一份公平利率互换合约的价值为零,即 $V_t^{固} = V_t^{浮}$。在签约时,由于正处于第一个利率重置日,浮息债价值等于其面值,因此有:

$$V_t^{固} = \sum_{i=1}^{N} \frac{SR}{4} \times 1\text{亿元} \times B_t^{t_i} + 1\text{亿元} \times B_t^{t_N} = 1(\text{亿元})$$

我们的目标就是寻找使得上式成立的互换利率 SR。根据SHIBOR利率期限结构的信息,我们有:

$$B_t^{t_1} = e^{-2.3\% \times 0.25} \approx 0.994, \quad B_t^{t_2} = e^{-2.4\% \times 0.5} \approx 0.988,$$

$$B_t^{t_3} = e^{-2.6\% \times 0.75} \approx 0.981, \quad B_t^{t_4} = e^{-2.79\% \times 1} \approx 0.972$$

代入后即可求得:

$$SR \approx 2.8\%$$

因此若不考虑其他摩擦因素,甲乙双方应把互换利率订在2.8%(3个月计一次复利)。

假设4个月后,该互换还有8个月期限时,情况如案例7.1所示,最新的重置浮动利率为2.88%(3个月计一次复利),2个月、5个月和8个月的SHIBOR分别为2.61%、2.82%和2.90%(连续复利),此时该合约的合理互换利率应该是多少?

合理互换利率始终是使得 $V_t^{固} = V_t^{浮}$ 的固定利率,但由于此时不在利率重置日,浮息债价值并不为零,而是等于:

$$V_t^{浮} \approx (10\,000+72) \times 0.996 \approx 10\,028.282(万元)$$

则互换利率(SR)应为 2.965%,才能使得:

$$V_t^{固} \approx \frac{SR}{4} \times 1\text{亿元} \times (0.996+0.988+0.981) + 10\,000 \times 0.981$$

$$\approx 10\,028.282\text{ 万元}$$

可以看到,随着市场利率上升,该合约对应的合理互换利率上升到 2.965%,但由于乙银行作为互换卖方,将收到的固定利率锁定为 2.8%,由此带来 16.5 个基点的亏损,折算成现值,等于

$$-1\text{亿元} \times \frac{0.165\%}{4} \times (0.996+0.988+0.981) \approx -12.23(\text{万元})$$

这与案例 7.1 中计算得到的乙银行亏损大体一致。因此计算合理互换利率与实际互换利率的差异现值,也是估算利率互换盈亏的一个途径。

从案例 7.2 中,可以看出,合理互换利率是使得:

$$V_t^{固} = V_t^{浮}$$

即

$$\sum_{i=1}^{N} \frac{SR}{m} \times A \times B_t^{t_i} + A \times B_t^{t_N} = \left(1 + \frac{\text{最新重置浮动利率}}{m}\right) \times A \times B_t^{t_1} \tag{7.4}$$

对上式简单整理可得:

$$SR = \frac{\left(1 + \dfrac{\text{最新重置浮动利率}}{m}\right) \times B_t^{t_1} - B_t^{t_N}}{\dfrac{1}{m} \times \sum_{i=1}^{N} B_t^{t_i}} \tag{7.5}$$

如果计算时刻为利率重置时刻,由于浮息债价值等于面值,式(7.4)可以进一步简化为:

$$SR = \frac{1 - B_t^{t_N}}{\dfrac{1}{m} \times \sum_{i=1}^{n} B_t^{t_i}} \tag{7.6}$$

在实际中,式(7.6)是利率互换签订时最常用的互换利率计算公式。

(二) 基于 FRA 组合视角的利率互换定价

1. 确定利率互换合约价值

如前所述,利率互换合约定价的另一个视角,是将其分解为 FRA 组合。FRA 多头(fixed-rate payer)的合约价值等于合理远期利率 r_t^{T,T^*} 与约定利率 r_K 的息差的现值。因此,要运用 FRA 给利率互换定价,首先需要从利率期限结构中估计出对应的远期利率,计算出各个 FRA 的价值,加总即为利率互换合约的价值。案例 7.3 就案例 7.1 中的相同情形给出了运用 FRA 定价的计算过程。可以看到,两种方法确定的互换价值相同。

【案例 7.3】

运用 FRA 组合方法确定利率互换合约价值

假设在一笔利率互换协议中,乙银行支付 3 个月期的 SHIBOR,同时收取 2.8% 的年利率(3 个月计一次复利),名义本金为 1 亿元,3 个月互换一次。互换还有 8 个月的期

限,最新重置浮动利率为 2.88%(3 个月计一次复利)。2 个月、5 个月和 8 个月的 SHIBOR 分别为 2.61%、2.82% 和 2.90%(连续复利)。试计算此笔利率互换对乙银行的价值。

首先,由 SHIBOR 即期利率期限结构,可以算出 2×5 和 5×8 的远期利率分别为:

$$\frac{2.82\% \times \frac{5}{12} - 2.61\% \times \frac{2}{12}}{0.25} = 2.96\%$$

$$\frac{2.9\% \times \frac{8}{12} - 2.82\% \times \frac{5}{12}}{0.25} = 3.02\%$$

折算为 3 个月计一次复利的年化利率分别约为 2.96% 和 3.02%。

表 7.2 列示了运用 FRA 组合确定乙银行的利率互换合约价值的计算过程。

表 7.2 运用 FRA 组合确定利率互换合约价值

时刻	固定利率	浮动利率/远期利率	贴现因子	现金流或 FRA 价值(息差现值)
2 个月后	2.8%	2.88%	0.996	$10\,000 \times \frac{2.8\% - 2.88\%}{4} \times 0.996 = -1.992$
5 个月后	2.8%	2.97%	0.998	$10\,000 \times \frac{2.8\% - 2.97\%}{4} \times 0.998 = -4.223$
8 个月后	2.8%	3.04%	0.981	$10\,000 \times \frac{2.8\% - 3.03\%}{4} \times 0.981 = -6.005$
			互换总价值	−12.22 万元

这个结果与案例 7.1 中运用债券组合计算得到的合约价值相等。注意在表 7.2 中,2 个月后的浮动利率是已经确定的,因此计算的是确定现金流的现值;而 5 个月后和 8 个月后的浮动利率是未知的,我们通过远期利率计算的是对应的 FRA 价值。

用公式总结案例 7.3 中利率互换合约价值的计算公式,多头价值可以表达为:

$$V_t^{互换} = \frac{r_\tau^{t_1} - SR}{m} \times A \times B_t^{t_1} + \sum_{i=1}^{N-1} \frac{r_t^{t_i, t_{i+1}} - SR}{m} \times A \times B_t^{t_{i+1}} \tag{7.7}$$

其中 t 是定价时刻,τ 是 t 时刻之前的最近一次利率重置时刻[①],因此 $R_\tau^{t_1}$ 表示最新一期的重置浮动利率水平(t 时刻为已知值),因此式(7.7)等式右边第一项刻画的是下一个交换日(t_1)的已知现金流现值,右边第二项则是后面所有 FRA 价值之和,FRA 价值总等于对应远期利率 $r_t^{t_i, t_{i+1}}$ 与固定互换利率 SR 的息差,从相应交换日($t_1, \cdots, t_N$)贴现至 t 时刻的现值。

2. 确定合理的互换利率

同样地,我们也可以通过令 FRA 组合的总价值为零,倒求出合理的互换利率。考虑篇

---

① 如果 t 时刻就是利率重置时刻,则 $\tau = t$。

幅起见，我们就不再阐述具体案例，而是直接给出公式。

通过令式(7.7)等于零，可以得到合理互换利率的另一个表达式为：

$$SR = \frac{r_\tau^{t_1} \times B_t^{t_1} + \sum_{i=1}^{N-1}(r_t^{t_i,t_{i+1}} \times B_t^{t_{i+1}})}{\sum_{i=1}^{N} B_t^{t_i}} \tag{7.8}$$

也就是说，互换利率 SR 是当前时刻对应期限远期利率的某种加权平均，每个远期利率的权重是对应贴现因子占全部贴现因子之和的比重 $\dfrac{B_t^{t_i}}{\sum_{i=1}^{N} B_t^{t_i}}$。

运用普通复利的远期利率与贴现因子的关系式，可得：

$$r_t^{t_i,t_{i+1}} = \left(\frac{B_t^{t_i}}{B_t^{t_{i+1}}} - 1\right) \times m \tag{7.9}$$

可以发现式(7.5)和(7.6)是一致的。

（三）互换利率是什么利率

观察式(7.5)、式(7.6)和式(7.8)可以看出，互换利率 SR 不是即期利率①，而是利率互换合约中涉及的多个即期利率的某种复杂加权平均。由于互换利率 SR 总是在签约时确定，进一步观察式(7.4)可知，此时式(7.4)两边的固息债和浮息债价值都应等于面值，互换利率 SR 是一个平价附息债的票面利率。由于平价附息债券的票面利率等于其到期收益率，所以互换利率 SR 实际上就是平价到期收益率(par yield)②。因此，从本质上说，互换利率是对应着多次现金流的到期收益率，而非即期利率。

（四）互换利率对应的即期利率与远期利率

由于到期收益率可比性较差，其作为现金流贴现率的适用性不广，通常需要从到期收益率中再推得对应的即期利率，甚至远期利率。由于互换交易量巨大且交易活跃，从互换利率中提取得到的即期利率是全球市场即期利率的重要来源之一。

例如，中国银行间同业拆借中心每日公布的 SHIBOR 即期利率最长期限不超过 1 年。如果想要获得更长期限的 SHIBOR 即期利率，就可以从 SHIBOR 为浮动端的利率互换每天在市场上可观测到的 SHIBOR 互换利率中提取。

从互换利率中提取即期利率主要通过息票剥离法。由于每天市场上能观测到的都是新签合约中的互换利率，因此我们应用的是式(7.6)来剥离即期利率。首先，如果 $N=1$，我们有：

$$B_t^{t_1} = \frac{1}{1 + \dfrac{SR_t^{t_1}}{m}}$$

由于贴现因子与对应期限的即期利率一一对应，从上式可以看出，如果互换仅发生一次，则

---

① 对于一个事先承诺了确定现金流的固定收益投资(如固息债)，其持有到期的年化平均内含回报率就是该笔投资的到期收益率(yield to maturity, YTM)。一个只在到期日有单次现金流的固定收益投资的到期收益率被称为即期利率(spot rate)。

② 平价到期收益率指的是价格等于面值的债券的到期收益率。

互换利率就是期限为 t_1 的即期利率。这也很容易理解,因为此时的互换利率等于是一个零息债的到期收益率,就是对应期限的即期利率。

当 $N=2$ 时,从式(7.6)可得:

$$B_t^{t_2} = \frac{1 - \frac{SR_t^{t_2}}{m} \times B_t^{t_1}}{\frac{SR_t^{t_2}}{m} + 1} \tag{7.10}$$

因此,只要 $B_t^{t_1}$ 已知,就可以通过市场上互换期限为 t_2 的互换利率 $SR_t^{t_2}$ 推知期限为 t_2 的贴现因子,进而得到期限为 t_2 的即期利率。以此类推,就可逐一剥离出多个更长期限的即期利率,从而形成互换利率对应的即期利率期限结构。

在得到即期利率期限结构之后,就可以推得各个期限的远期利率。

案例7.4可以帮助读者更好地理解如何从互换利率中提取即期利率。

【案例7.4】

从互换利率中提取即期利率

假设以3个月SHIBOR为浮动端的各期限互换利率(一年复利4次)如表7.3所示,试求得对应期限的即期利率和远期利率。

表7.3 各期限互换利率

期限/年	0.25	0.50	0.75	1	1.25	1.5
互换利率	2.30%	2.40%	2.56%	2.66%	2.80%	2.90%

对于以3个月SHIBOR为浮动端的利率互换,如果互换本身期限才3个月,显然该互换只交换一次,因此期限为0.25年的互换利率2.30%就是期限为0.25年的即期利率。

接下来,我们可以运用式(7.10)剥离出期限为0.5年的贴现因子,

$$B_t^{0.5} = \frac{1 - \frac{SR_t^{0.5}}{m} \times B_t^{0.25}}{\frac{SR_t^{0.5}}{m} + 1} = \frac{1 - \frac{2.4\%}{4} \times \frac{1}{1+2.3\%/4}}{\frac{2.4\%}{4} + 1} = 0.9881$$

运用贴现因子和即期利率的关系式,相应可以求得 $R_t^{0.5} \approx 2.4015\%$ (一年复利4次)。

以此类推,运用式(7.6),可以推知0.75年、1年、1.25年和1.5年的SHIBOR即期利率(一年复利4次)分别为2.5612%、2.6620%、2.8036%和2.9050%。

(五) 一些基本的拓展情形①

在前述利率互换定价公式的推导中,为了便于理解,除了假设浮动利率与合理贴现率一致,我们实际上还额外假设交换频率和利率复利频率相同。在现实中,存在固定端和浮动端

---

① 这部分内容较难,但在实务中很重要,感兴趣的读者可以自学。

支付频率不同的情形；还存在浮动利率的重置频率高于支付频率的情形，例如在人民币FR007利率互换和美元OIS中，每个季度支付一次，但是浮动端利率却是7天或隔夜重置一次，最后支付的浮动利息是3个月中滚动复利的结果。但这些频率不同的情形都不影响前述定价结论。下面分别加以简单讨论。

第一，如果浮动端和固定端的支付频率不同，从债券组合的角度来看，这并不影响固息债和浮息债的分别定价，只要浮动利率和贴现率是同一种利率，前述定价公式都仍然成立。从FRA的角度来看，此时的利率互换可以分解为一个固定现金流的贴现和一系列特殊FRA的组合，这些FRA的协议利率为0，前述定价公式仍然成立。

第二，如果浮动利率的重置频率高于支付频率，看起来利率互换已经无法再拆成普通FRA的组合，也不再是固息债和普通浮息债的多空组合。但是略加推敲，对于一个以未来滚动复利利息作为浮动利息的债券，只要票面利率与贴现率是同一种利率，该债券仍然是一个公平的可达证券，重置时刻的债券合理价格应始终等于本金，重置时刻之间的债券价值仍然等于下一重置时刻债券价值的贴现。也就是说，我们仍然可以将利率互换中高频滚动的浮动端视为一个普通的浮息债来定价，计息频率上的变化并没有本质性的影响。由于拆分为债券组合和拆分为FRA组合是等价的，因此我们也可以继续采用FRA组合定价的思路来定价。

例如，一个剩余期限还有9个月、本金1亿元、3个月交换一次的FR007利率互换，当天观察到的FR007为1.2%，其中隐含的浮息债价值此刻应该等于本金1亿元；7天之后，利率互换中隐含的浮息债价值应该等于1亿元加上第一个7天的利息，即 $1亿元 \times \left(1+\dfrac{1.2\% \times 7}{365}\right)$，因为此时该浮息债的本金应该包含第一期的滚动利息；假设第二个7天的FR007为1.3%，则3天后利率互换中隐含的浮息债价值应该等于 $\dfrac{1亿元 \times \left(1+\dfrac{1.2\% \times 7}{365}\right) \times \left(1+\dfrac{1.3\% \times 7}{365}\right)}{1+4天贴现率}$。

因此，浮动端为FR007的利率互换，虽然表面看起来复杂，但前文介绍的定价公式仍然适用，也可以从市场上的互换利率中提取得到相应的即期利率和远期利率。

（六）远期互换的定价

另外一个可以简单拓展得到的是远期互换的定价公式。在第六章中我们已经介绍过远期互换的定义，它与即期互换的唯一差别就在于：即期互换合约马上开始，而远期互换合约则是未来才开始定期交换。因此前述所有互换定价的原理都可以直接应用于远期互换，只是在定价时将未来的现金流贴现至当前定价时刻，而非合约开始时刻。

例如，对于一个未来 t_0 时刻开始的远期互换合约多头来说，当前 t 时刻互换合约价值仍然可以视为固息债和浮息债价值之差，因而类似于式（7.1）和式（7.2），有

$$V_t^{远期互换} = V_t^{远期浮} - V_t^{远期固} \tag{7.11}$$

$$V_t^{远期固} = \sum_{i=1}^{N} \dfrac{FSR}{m} \times A \times B_t^{t_i} + A \times B_t^{t_N} \tag{7.12}$$

注意其中系列贴现因子 $B_t^{t_i}$ 不是贴现至互换合约开始的 t_0 时刻，而是贴现至定价的 t 时刻；FSR 为远期互换合约中约定的互换利率，我们称之为"远期互换利率"。同时，在互换合约开始的 t_0 时刻，$V_{t_0}^{浮}$ 应该等于面值 A，在定价 t 时刻的浮息债价值则为：

$$V_t^{远期浮} = A \times B_t^{t_0} \tag{7.13}$$

类似于互换利率的确定,远期互换利率 FSR 是使得远期互换合约价值(7.11)为零的利率,代入式(7.12)和(7.13),可以得到:

$$FSR = \frac{B_t^{t_0} - B_t^{t_N}}{\frac{1}{m} \times \sum_{i=1}^{N} B_t^{t_i}} \tag{7.14}$$

三、浮动利率与合理贴现率不一致情形下的利率互换定价[①]

在现实市场中,利率互换中浮动利率与合理贴现率不一致的情形主要有两种。

(一) 信用风险不一致

例如,在实施保证金每日盯市制度之后,一般认为利率互换的信用风险实际上是隔夜风险,合适的贴现率是无风险隔夜利率。以此类比,也有观点认为人民币利率互换市场也应该统一采用无风险隔夜利率。这样,诸如 FR007、SHIBOR 3M 利率互换的浮动利率与合理贴现率就不再是同一种利率,其中 SHIBOR 3M 尤其明显。在这样的情况下,浮动利率与贴现率不同,重置时刻的浮息债价格不再是面值,相应地利率互换也不能再拆分为普通 FRA 的组合,前述介绍的整套定价方法都不能继续适用。

在实际中,大家通常近似地采用 FRA 组合方法为这样的互换定价。也就是说,从浮动利率的即期利率期限结构中算出相应期限的远期利率,然后用隔夜拆借利率曲线进行贴现定价。从本质上说,这并不符合定价原理,但是一个相对易于实施的定价方法,因此广泛使用。

(二) 浮动利率不是即期利率,而是到期收益率

在人民币利率互换市场上,国债、国开债到期收益率等互换的浮动利率就不是即期利率,而是到期收益率,这样的互换完全无法分解为债券组合和 FRA 组合,因为市场上不存在利息是某个债券的到期收益率的浮息债,也没有约定未来到期收益率的 FRA。实际中仍有人近似地采用 FRA 方法,通过计算远期到期收益率和固定利率之差的贴现率来定价。但由于远期到期收益率并不是未来真实到期收益率的某种期望,所以定价中需要凸性调整项,继续采用 FRA 组合方法可能会被套利。这个部分内容由于超过本书难度,不再展开讨论。

第二节　货币互换的定价

一、货币互换定价的基本原理

与利率互换类似,货币互换也可以分解为债券的组合或远期协议的组合。只是这里的债券组合不再是浮动利率债券和固定利率债券的组合,而是一份外币债券和一份本币债券的组合,远期协议也不再是 FRA,而是远期外汇协议。

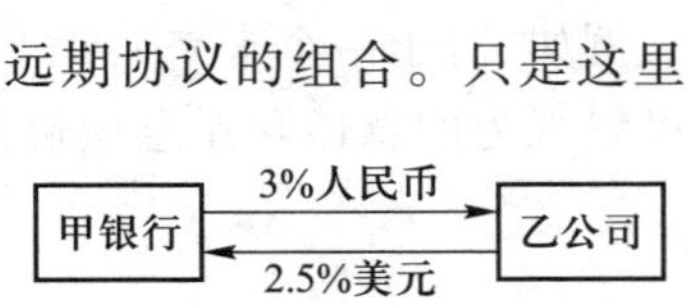

假设甲银行和乙公司之间签订的一份 5 年期货币互换协议在 2024 年 12 月 1 日生效。如图 7.2 所示,协议规

图 7.2　甲银行和乙公司的货币互换流程图

[①] 这部分难度也较大,仅作原理讨论,供感兴趣的读者自学。

定本金分别是1 000万美元和7 000万元人民币,期初甲银行以1 000万美元与乙公司交换7 000万元人民币本金,其后甲银行每年向乙公司支付3%的人民币利息并向乙公司收取2.5%的美元利息,期末本金再次交换。表7.4给出了甲银行的现金流。

表7.4 货币互换中甲银行的现金流量表　　单位:万美元或万元

日期	美元现金流（1）	人民币现金流（2）
2024.12.1	-1 000	+7 000
2025.12.1	+25	-210
2026.12.1	+25	-210
2027.12.1	+25	-210
2028.12.2	+25	-210
2029.12.1	+1 025	-7 210

显然,与利率互换类似,如果按列进行分解,对甲银行来说,这笔货币互换可以看作一个美元固定利率债券多头与一个人民币固定利率债券空头的组合;如果按行进行分解,该笔货币互换则可以看作一系列远期外汇协议的组合。下面针对已经存在的货币互换协议,分别运用债券组合与远期外汇协议组合方法为其定价。

二、运用债券组合为货币互换定价

定义$V_t^{互换}$为货币互换的价值,那么对于收入本币利息、付出外币利息的那一方(如图7.2中的甲银行):

$$V_t^{互换} = B_t^D - S_t B_t^F \tag{7.15}$$

式中:B_t^F是用外币表示的从互换中分解出来的外币债券的价值;

B_t^D是从互换中分解出来的本币债券的价值;

S_t是即期汇率(直接标价法)。

对付出本币利息、收入外币利息的那一方:

$$V_t^{互换} = S_t B_t^F - B_t^D \tag{7.16}$$

【案例7.5】

货币互换的定价:运用债券组合

假设美元和日元的无风险利率期限结构是平的,在日本是2%而在美国是6%(均为连续复利)。某一金融机构在一笔货币互换中每年收入日元,利率为3%(每年计一次复利),同时付出美元,利率为6.5%(每年计一次复利)。两种货币的本金分别为1 000万美元和120 000万日元。这笔互换还有3年的期限,每年交换一次利息,即期汇率为1美元=110日元。如何确定该笔货币互换的价值?

如果以美元为本币,那么有:

$$B_t^D = 65e^{-0.06 \times 1} + 65e^{-0.06 \times 2} + 1065e^{-0.06 \times 3} = 1008.427(万美元)$$

$$B_t^F = 3600e^{-0.02 \times 1} + 3600e^{-0.02 \times 2} + 123600e^{-0.02 \times 3} = 123389.7(万日元)$$

货币互换的价值为：

$$\frac{123\,389.7}{110} - 1\,008.427 \approx 113.30(万美元)$$

如果该金融机构是支付日元、收入美元，则对该机构来说，货币互换的价值为 -113.30 万美元。

三、运用远期外汇协议的组合为货币互换定价

与利率互换类似，货币互换还可以分解成一系列远期合约的组合。货币互换中的每次支付，都可以用一笔远期外汇协议的现金流来代替。因此，只要能够计算并加总货币互换中分解出来的每笔远期外汇协议的价值，就可得到相应货币互换的价值。

【案例7.6】

货币互换的定价：运用远期外汇协议组合

假设美元和日元的无风险利率期限结构是平的，在日本是2%而在美国是6%（均为连续复利）。某一金融机构在一笔货币互换中每年收入日元，利率为3%（每年计一次复利），同时付出美元，利率为6.5%（每年计一次复利）。两种货币的本金分别为1 000万美元和120 000万日元。这笔互换还有3年的期限，每年交换一次利息，即期汇率为1美元=110日元。如何确定该笔货币互换的价值？

即期汇率为1美元=110日元，或1日元=0.009 091美元。根据 $F = Se^{(r-r_f)(T-t)}$，1年期、2年期和3年期的远期汇率分别为：

$$0.009\,091\mathrm{e}^{0.04\times1} = 0.009\,462$$

$$0.009\,091\mathrm{e}^{0.04\times2} = 0.009\,848$$

$$0.009\,091\mathrm{e}^{0.04\times3} = 0.010\,25$$

与利息交换等价的三份远期合约的价值分别为：

$$(3\,600\times0.009\,462-65)\mathrm{e}^{-0.06\times1} = -29.135\,5(万美元)$$

$$(3\,600\times0.009\,848-65)\mathrm{e}^{-0.06\times2} = -26.205\,8(万美元)$$

$$(3\,600\times0.010\,25-65)\mathrm{e}^{-0.06\times3} = -23.471\,2(万美元)$$

与最终的本金交换等价的远期合约的价值为：

$$(120\,000\times0.010\,25-1\,000)\mathrm{e}^{-0.06\times3} = 192.109\,3(万美元)$$

所以这笔互换的价值为：

$$192.109\,3-29.135\,5-26.205\,8-23.471\,2 \approx 113.30(万美元)$$

这显然与案例7.5中运用债券组合定价的结果是一致的。

第三节 互换的风险

与互换相联系的风险主要包括信用风险与市场风险。

一、互换的信用风险

由于互换是交易对手之间私下达成的场外协议,因此包含着信用风险,也就是交易对手违约的风险。当利率或汇率等市场价格的变动使得互换对交易者而言价值为正时,互换实际上是该交易者的一项资产,同时是协议另一方的负债,该交易者就面临着协议另一方不履行互换协议的信用风险。当互换对交易者而言价值为负且协议的另一方即将破产时,理论上该交易者面临一个意外收益,因为对方的违约将导致一项负债的消失。不过在实践中,更可能的是破产方将互换转让或进行重新安排以使互换的价值不会丧失。因此,当互换对交易者而言价值为负且协议的另一方即将破产时,更合理的假设是该交易者互换头寸的价值保持不变。

对利率互换的交易双方来说,由于交换的仅是利息差额,其真正面临的信用风险暴露远比互换的名义本金要少得多。货币互换则有所不同,由于进行本金的交换,其交易双方面临的信用风险显然比利率互换要大一些。

一般来看,互换交易中的信用风险是很难估计的。但在2007年次贷危机之后,无论是国际还是国内,都大力推动互换交易的标准化和中央清算,并要求交纳保证金,这大大降低了互换交易的信用风险。

二、互换的市场风险

与互换相联系的市场风险,主要可分为利率风险和汇率风险。对利率互换来说,主要的市场风险是利率风险;对货币互换而言,市场风险包括利率风险和汇率风险。案例7.7给出了一个货币互换的利率风险与汇率风险的分解案例,从中可以看到,根据交易者在互换中的头寸位置,利率和汇率的变动将影响该交易者的互换价值。一般来说,人们可以通过久期、凸性等分析工具,运用市场上的固定收益产品如利率期货、远期利率协议等对冲互换中的利率风险,通过远期外汇协议等对冲货币互换中的汇率风险。

【案例 7.7】

货币互换的风险

假设美元和日元的无风险利率期限结构是平的,在日本是2.96%而在美国是6.3%(均为连续复利)。A银行签订了一笔4年期的货币互换,每年交换一次利息,按3%年利率(每年计一次复利)收入日元,按6.5%年利率(每年计一次复利)付出美元。两种货币的本金分别为1 000万美元和120 000万日元。即期汇率为1美元=120日元。1年以后,美元与日元的无风险利率分别变为2%和6%(连续复利),即期汇率变为110。试分析该货币互换的价值变化。

运用式(7.16),1年前货币互换签订时的互换价值为:

$$V_t^{互换} = S_t B_t^F - B_t^D$$

$$= \frac{1}{120} \times \left(\sum_{t=1}^{4} 3\,600 e^{-0.029\,6 \times t} + 120\,000 e^{-0.026\,9 \times 4} \right) -$$

$$\left(\sum_{t=1}^{4} 65 e^{-0.063 \times t} + 1\,000 e^{-0.063 \times 4} \right)$$

$$= 0$$

根据案例 7.5,1 年后货币互换的价值变为 113.297 5 万美元。也就是说,对 A 银行来说,该货币互换头寸的价值增长了 113.297 5 万美元。该收益可以分解为四个部分之和：

首先,由于时间的推移与美元利率的下降,A 银行在美元债券上的空头遭受损失,金额为 1 000−1 008.427 = −8.427(万美元)。

其次,由于时间的推移与日元利率的下降,A 银行在日元债券的多头上盈利了 123 389.7−120 000 = 3 389.7(万日元)。根据初始汇率,这相当于 28.247 5 万美元的收益。

再次,由于日元的升值,外币债券头寸 120 000 万日元,1 年后价值上升了 $\frac{120\ 000}{110} - \frac{120\ 000}{120} = 90.909$(万美元)。

最后,日元债券多头因利率变动带来的 3 389.7 万日元收益,由于日元的升值,还带来了额外的收益,即 $\frac{3\ 389.7}{110} - \frac{3\ 389.7}{120} = 2.568$(万美元)。

加总以上四个部分,可得 −8.427+28.247 5+90.909+2.568 = 113.298 5(万美元),显然与互换头寸价值的变化是一致的。

值得注意的是,在互换交易的市场风险与信用风险之间存在相互影响与作用,把这两者区分开来是十分重要的。市场风险是由于利率、汇率等市场变量发生变动引起互换价值变动的风险,而信用风险则是(当市场变量的变动导致)互换协议对交易者而言价值为正时对方不履行协议的风险。也就是说,当利率和汇率的变动对交易者有利的时候,交易者往往面临着信用风险。市场风险可以用对冲交易来规避,信用风险则通常通过交纳保证金等方法来加以规避。

本 章 小 结

1. 协议签订后利率互换的定价方法主要有两种：一种是将利率互换分解成债券组合来定价；另一种是将利率互换分解成 FRA 组合来定价。

2. 协议签订时的利率互换定价方法,是在协议签订时让互换多空双方的价值相等,即选择一个使得互换的初始价值为零的固定利率。

3. 货币互换定价的方法主要有两种：一种是将货币互换分解成债券组合来定价；另一种是将货币互换分解成远期外汇组合来定价。

4. 将互换分解成债券组合与分解成远期组合进行定价得出的结果是一致的。

5. 与互换相联系的风险主要包括信用风险与市场风险。

即 测 即 评

习　题

1. 在一笔互换合约中，某金融机构每半年支付3个月期的SHIBOR，同时收取2.85%的年利率（3个月计一次复利），名义本金为1亿元。互换还有9个月的期限。3个月、6个月和9个月的SHIBOR（3个月计一次复利）分别为2.7%、2.8%和2.9%。假设合理贴现率也是SHIBOR，试分别运用债券组合和FRA组合计算此笔利率互换对该金融机构的价值。

2. 请解释协议签订后的利率互换定价和协议签订时的互换定价有何区别。

3. 2024年3月5日，中国银行间基于FR007的互换利率报价如表7.5所示：

表7.5　互换利率报价

互换期限	3月	6月	9月	1年
互换利率	2.015 0%	1.986 5%	1.965 0%	1.950 0%

试求出其中隐含的即期利率，以及 $R_0^{0.25,0.5}$、$R_0^{0.5,0.75}$ 和 $R_0^{0.75,1}$ 远期利率。

4. 假设美元和日元的无风险利率的期限结构是平的，在日本是4%而在美国是9%（均为连续复利）。某一金融机构在一笔货币互换中每年收入日元，利率为5%，同时付出美元，利率为8%。两种货币的本金分别为1 000万美元和120 000万日元。这笔互换还有3年的期限，每年交换一次利息，即期汇率为1美元＝110日元。试分别运用债券组合和远期外汇组合计算此笔货币互换对该金融机构的价值。

5. 一个金融机构与某公司签订了一份10年期的、每年交换一次利息的货币互换协议，金融机构每年收入瑞士法郎，利率为3%（每年计一次利息），同时付出美元，利率为8%（每年计一次复利）。两种货币的本金分别为700万美元和1 000万瑞士法郎。假设该公司在第6年末宣告破产，即期汇率为1瑞士法郎＝0.8美元，此时美元和瑞士法郎的无风险利率期限结构是平的，美元为8%，瑞士法郎为3%（均为连续复利）。请问：公司的破产对金融机构造成的损失是多少？

6. 具体阐述与互换相联系的主要风险。

第八章 互换的运用

与其他金融衍生品一样,互换可以用于投机、套利和风险管理,还可以用来构造新的金融产品。无论何种用途,其最终目的都是降低交易成本、提高收益与规避风险。正是互换的这些重要运用,极大地促进了互换市场的迅速发展。

第一节 运用互换进行套利和投机

一、运用互换进行套利

根据套利收益来源的不同,互换套利可大致分为信用套利、税收及监管套利与市场价格套利。

1. 信用套利

案例 8.1 是运用利率互换进行信用套利的一个经典例子。从这个例子中可以看到,只要下述条件成立,交易者就可以利用互换进行套利:① 双方对对方的资产或负债均有需求。② 双方在两种资产或负债上存在比较优势。更确切地说,市场上存在信用定价差异。也就是说,A、B 两家公司在固定利率市场和浮动利率市场上的信用差价不同。

【案例 8.1】

运用利率互换进行信用套利

假设 A、B 公司都想借入 5 年期的 1 000 万元借款,A 想借入与 6 个月期相关的浮动利率借款,B 想借入固定利率借款。但两家公司信用等级不同,故市场向它们提供的利率也不同,如表 8.1 所示。

表 8.1 市场提供给 A、B 两公司的借款利率*

公司	固定利率	浮动利率
A	6.00%	6 个月期 SHIBOR+0.30%
B	7.20%	6 个月期 SHIBOR+1.00%

*表中的利率均为一年计一次复利的年利率。

从表 8.1 可以看出,A 的借款利率均比 B 低。但在固定利率市场上 A 比 B 低 1.2%,而在浮动利率市场上 A 仅比 B 低 0.7%。这种情形称为 A 在两个市场上均具有绝对优势，但 A 在固定利率市场上有比较优势，B 则在浮动利率市场上具有比较优势。这样，双方就可利用各自的比较优势为对方借款，然后互换，从而达到共同降低筹资成本的目的。

具体来看，基本的合作与互换机制为：A 在其具有比较优势的固定利率市场上以 6% 的固定利率借入 1 000 万元，而 B 则在其具有比较优势的浮动利率市场上以 SHIBOR+1% 的浮动利率借入 1 000 万元，然后进行互换。由于本金相同，故双方不必交换本金，而只交换利息的现金流。即 A 向 B 支付浮动利息，而 B 向 A 支付固定利息。对 A 来说，由于在市场上定期支付 6% 的固定利率，而在互换中支付浮动、收入固定，从而使其实际上融入的是浮动利率贷款。对 B 来说，由于在市场上定期支付 SHIBOR+1% 的浮动利率，而在互换中支付固定、收入浮动，从而使其实际上融入的是固定利率贷款。

在明确基本的合作和互换机制之后，具体的利率互换应如何设计，以达到套利效果呢？可以通过以下步骤计算：

（1）计算套利收益：如果 A 与 B 不合作，他们的总筹资成本为 7.20%+SHIBOR+0.30% = SHIBOR+7.5%；而如果彼此合作，总筹资成本则为 6.00%+SHIBOR+1.00% = SHIBOR+7%，比不合作的情形降低了 0.5%，这就是合作与互换带来的套利收益。

（2）分配套利收益：套利收益是双方合作的结果，理应双方分享。具体分享比例由双方谈判决定。假定各分享一半，则双方都将使筹资成本降低 0.25%，即双方最终实际筹资成本目标分别为：A 支付 SHIBOR+0.05%，实质上融入浮动利率贷款；B 支付 6.95%，实质上融入固定利率贷款。

（3）根据上述目标设计利率互换合约：

对 A 来说，由于已经对外借入固定利率 6% 的贷款，设利率互换为 X，最终希望达到借入浮动利率为 SHIBOR+0.05% 贷款的目的，即

$$-6\% + X = -(SHIBOR+0.05\%)$$

因此有：

$$X = -SHIBOR + 5.95\%$$

也就是说，在利率互换中，A 支付 6 个月期 SHIBOR，收入 5.95%，就可以实现其借入低成本浮动利率贷款的目的。

检查此时 B 的状况，可以发现 B 在利率互换中收入 6 个月期 SHIBOR，支付 5.95%，对外支付浮动利率 SHIBOR+1%，最后效果是借入 6.95% 的固定利率贷款，比自己直接贷款节省 0.25%。

整个利率互换设计如图 8.1 所示。

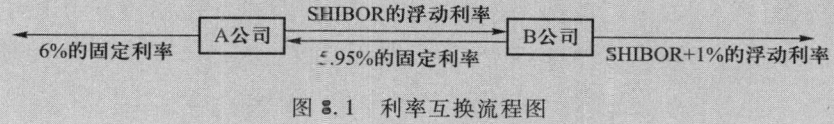

图 8.1　利率互换流程图

货币互换也可以进行类似的信用套利。案例 8.2 给出了一个典型的例子，从中可以看到，两国市场对 A 公司和 B 公司信用差异的定价也是不同的，从而为货币互换套利奠定了基础。

【案例 8.2】
运用货币互换进行信用套利

假设人民币和美元汇率为 1 美元 = 7.000 0 元人民币。A 想借入 5 年期的 7 000 万元人民币借款,B 想借入 5 年期的 1 000 万美元借款。A 的信用等级高于 B。但两国金融市场对 A、B 两公司的熟悉状况不同,因此市场向它们提供的固定利率也不同。如表 8.2 所示。

表 8.2 市场提供给 A、B 两公司的借款利率*

公司	美元	人民币
A	6.00%	7.00%
B	8.00%	7.40%

* 表中的利率均为一年计一次复利的年利率。

从表 8.2 可以看出,A 的借款利率均比 B 低,即 A 在两个市场都具有绝对优势,但绝对优势大小不同。A 在美元市场上的绝对优势为 2%,在人民币市场上只有 0.4%。就是说,A 在美元市场上有比较优势,而 B 在人民币市场上有比较优势。这样,双方就可利用各自的比较优势为对方借款,然后互换,从而达到共同降低筹资成本的目的。

于是,A 以 6% 的利率借入 5 年期的 1 000 万美元借款,B 以 7.4% 的利率借入 5 年期的 7 000 万元人民币借款。然后,双方先进行本金的交换,即 A 向 B 支付 1 000 万美元,B 向 A 支付 7 000 万元人民币。

由于不合作的总筹资成本为 7.00% + 8.00% = 15%,合作的总筹资成本为 6.00% + 7.40% = 13.40%,互换收益为 1.6%。假定 A、B 公司商定双方平分互换收益,则 A、B 公司都将使筹资成本降低 0.8%,即双方最终实际筹资成本分别为:A 支付 6.2% 的人民币利率,而 B 支付 7.2% 的美元利率。

这样,双方就可根据借款成本与实际筹资成本的差异计算并协议确定各自向对方支付的现金流,进行利息互换。一种方案为:A 向 B 每年支付 6.2% 的人民币借款利息 434 万元人民币,B 向 A 每年支付 6.0% 的美元借款利息 60 万美元。经过互换后,A 的最终实际筹资成本降为 6.2% 人民币借款利息,而 B 的最终实际筹资成本变为 6.0% 美元借款利息加 1.2% 人民币借款利息。若汇率水平不变的话,B 最终实际筹资成本相当于 7.2% 美元借款利息。若担心未来汇率水平变动,B 可以通过购买外汇远期或期货来规避汇率风险。

在贷款期满后,双方要再次进行借款本金的互换,即 A 向 B 支付 7 000 万元人民币,B 向 A 支付 1 000 万美元。若不考虑本金交换,上述货币互换的流程如图 8.2 所示。

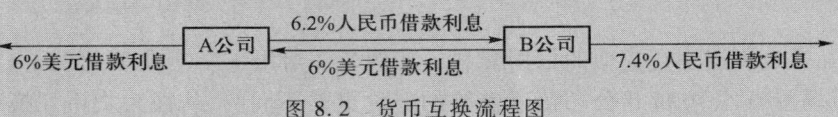

图 8.2 货币互换流程图

20世纪80年代,基于比较优势[①]与信用套利的互换分析非常流行。很多交易者认为,互换各方以各自在不同融资领域的相对比较优势为基础进行合作与交换,从而能够降低成本、提高收益。然而,随着市场的发展,人们逐渐对这种比较优势与信用套利的说法提出疑问:随着资本市场的不断完善,套利机会将趋于减少,人们捕捉到的可能并非真正的套利机会,而是隐含着风险。例如,在案例8.1中,A公司在浮动利率市场中的表面优势并不意味着市场出错了,而是因为浮动利率市场每6个月就可以随时调整价差,动态跟踪和反映A公司的信用风险变化,而固定利率市场则无法及时调整,必须将未来可能的信用风险变化纳入考虑。

但这并不意味着互换不再具有信用套利的功能。当市场不完善导致出现真正的信用套利机会时,我们仍然可以运用互换进行上述套利。

2. 税收及监管套利

税收及监管套利,是指交易者利用各国税收及监管要求不同,运用互换规避税收及监管的特殊规定,降低成本,获取收益。

案例8.3给出了两个运用互换进行税收及监管套利的例子。从例子中可以看到,只要税收及监管制度的规定导致定价上的差异,市场交易者就可以进入定价优惠的市场,并通过互换套取其中的收益。总的来说,不同国家、不同种类收入、不同种类支付的税收待遇(包括纳税与税收抵扣)差异,一些人为的市场分割与投资限制,出口信贷、融资租赁等能够得到补贴的优惠融资等,都可能成为互换套利的基础。

【案例8.3】

运用互换进行税收及监管套利

1. 澳元预扣税(withholding tax)的互换套利

澳大利亚规定,一个非澳大利亚居民在澳大利亚购买澳元证券所得的利息要缴纳10%的预扣税。例如,一位欧洲投资者购买收益率为13%的澳大利亚联邦政府债券,在每个付息日将只收到11.70%的收益,因为要从13%中扣除10%的预扣税。如果他无法在本国税负中抵补该笔预扣税的话,显然将失去这1.3%的收益。

一家信用等级很高(这是为了使其信用等级接近于澳大利亚联邦政府)且希望发行美元债券的欧洲机构,可以运用互换对此预扣税机制进行套利。具体机制如下:

第一步,该机构在欧洲市场上发行欧洲澳元债券。由于欧洲澳元债券在澳大利亚之外发行,不受澳大利亚税法约束。因此,投资于欧洲澳元债券的利息所得免缴预扣税。假设欧洲澳元债券的收益率为12.50%,低于澳大利亚联邦政府债券的13%收益率。但对欧洲投资者来说,由于免缴预扣税,其投资实际收益率仍比澳大利亚联邦政府债券高0.8%。

第二步,该机构与澳大利亚国内机构进行货币互换。澳大利亚国内机构向该欧洲

[①] 比较优势理论最早是由英国经济学家大卫·李嘉图(David Ricardo)提出的,主要应用于国际贸易领域。他认为,在两国都能生产两种产品、一国在这两种产品的生产上均处于有利地位而另一国均处于不利地位的条件下,如果前者专门生产优势较大的产品,后者专门生产劣势较小(即具有比较优势)的产品,那么通过专业化分工和国际贸易,双方仍能从中获益。

机构支付澳元利息,而欧洲机构向澳大利亚国内机构支付美元利息。由于节省了预扣税,此互换中的澳元利息低于澳大利亚国内债券利息,澳大利亚机构因此愿意向该欧洲机构收取较市场利率为低的美元利息,从而实现了双方融资成本的降低。

2. 日本外币资产投资监管的互换套利

1984年年底,在日元兑换限制解除的背景下,澳元证券的高收益引起了日本投资者的极大兴趣。但是,日本当局规定日本机构在外币证券方面的投资不应超过其证券组合的10%。1985年年初,上述10%的规定有所放宽,日本居民出于某些特殊原因投资的外币证券不属于10%的外币证券份额之内。一些日本金融机构运用货币互换对上述监管制度进行了套利。具体机制如下:

第一步,日本金融机构向日本投资者发行澳元证券。这些证券的利率水平较高,但仍低于澳大利亚境内的澳元证券。在当时的监管规则下,日本投资者无法大量投资于澳大利亚境内的澳元证券,而只能购买日本金融机构发行的澳元证券,因为这些证券被认定为不属于10%的外币证券份额之内。

第二步,日本金融机构与澳大利亚国内机构进行货币互换。澳大利亚国内机构向日本金融机构支付澳元利息,而日本金融机构向澳大利亚国内机构支付美元利息。由于日本境内的澳元利息成本低,此互换中的澳元利息低于澳大利亚国内债券利息,澳大利亚国内机构因此愿意向日本金融机构收取较市场利率低的美元利息,从而实现了双方融资成本的降低。

然而,与信用套利类似,基于税收与监管待遇差异的互换套利也是不稳定的。随着市场走向开放与完善,很多套利来源可能消失或有所变化。因此,从互换的发展来看,其最重要的运用领域还是风险管理和创造新产品。

3. 市场价格套利

我们以利率互换为例来解释市场价格套利。我们已经知道,在理想状态下,利率互换可以拆分为债券组合或FRA组合,在相应的债券或FRA可交易的情况下,如果出现相对定价不合理,就可以进行套利。图8.3展示了一个在利率互换和债券组合之间进行套利的例子。

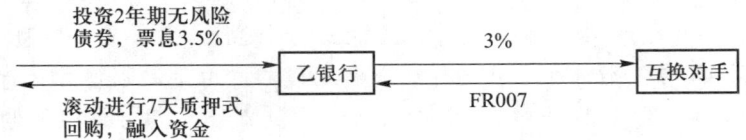

图 8.3 利率互换与债券组合间的利率套利

可以看到,乙银行在买入一个固定利率为3%的2年期FR007利率互换的同时,在市场上通过滚动7天回购融入2年资金,用于买入2年期无风险债券,获得3.5%的固定票息收入(中国市场上称之为"回购养券")。可以看到,由于浮动端基本抵消,乙银行在2年中每年获取了50个基点的套利收益。这就是利用"利率互换多头=固息债空头+浮息债多头"的性质,通过在债券市场上卖出2年期浮息债买入2年期固息债,赚取市场差价的套利操作。

这一理论上的套利操作是否确实成立,会受到市场摩擦的影响。第一,滚动7天回购的实际成交利率与定盘利率 FR007 并不完全相等,因为后者是满足一定条件的回购利率的中位数;第二,尽管利率互换理论上可以视为债券组合,但由于利率互换是零初始成本、净额结算、交纳保证金的衍生品,使得其在信用风险、信用风险和交易成本上都与债券交易存在差异。因此一个谨慎的套利交易者会先考虑上述因素之后再进行操作。

尽管套利交易可能存在各种摩擦,但套利交易的存在保证了利率互换定价保持在合理的水平,因而是市场正常运作必不可少的前提条件。

二、运用互换进行投机

与远期和期货一样,互换同样可用于投机,根据判断进行交易,通过承担风险获取收益。合理程度的投机为市场提供流动性,是一个市场正常运作的重要组成部分。

例如,利率互换可以用于投机浮动利率的升跌。例如作为收取固定利息、支付浮动利息的一方,FR007 利率互换的多头将在 FR007 利率下行时获利;反之,如果预判 FR007 利率会上行,FR007 利率互换的空头可以获利。利率互换还可以用于进行期限价差交易。例如,在买入 1 年期 FR007 利率互换的同时,卖出 2 年期 FR007 利率互换,就可以在期限价差缩小时获利,但在期限价差扩大时亏损。

类似地,货币互换可以用于对汇率升跌进行投机,信用违约互换可以用于对信用风险的变化进行投机。

第二节 运用互换进行风险管理

一般认为,风险管理是互换最重要、最基本的功能与运用领域。互换种类不同,其管理的风险也是各不相同的。例如,利率互换主要用于管理利率风险,货币互换主要用于管理汇率风险,股票互换主要针对股票价格风险,信用违约互换主要针对信用风险等。总收益互换的用途则相当广泛。由于利率互换和货币互换是互换交易的主体,也是本书的主要讨论对象,下面主要介绍如何运用利率互换和货币互换管理利率风险和汇率风险。

一、运用利率互换管理利率风险

(一) 运用利率互换[①]转换资产的利率属性

图 8.4 描述了如何运用利率互换转换资产的利率属性。如图所示,如果交易者原先拥有一笔固定利率资产,可以通过进入利率互换的多头,使所支付的固定利率与资产中的固定利率收入相抵消,同时收到浮动利率,从而转换为浮动利率资产。类似地,如果交易者原先拥有一笔浮动利率资产,可以通过进入利率互换的空头,使所支付的浮动利率与资产中的浮动利率收入相抵消,同时收到固定利率,从而转换为固定利率资产。案例 8.4 中给出了一个将浮动利率资产转换为固定利率资产的简单例子。

(二) 运用利率互换转换负债的利率属性

负债利率属性的转换与资产利率属性的转换是非常相似的。图 8.5 描述了如何运用利率互换转换负债的利率属性。如图所示,如果交易者原先拥有一笔浮动利率负债,可以通过

---

① 严格地说,利率互换的期限与下文需要转换的资产和负债的期限要相等。

进入利率互换的多头,使所收到的浮动利率与负债中的浮动利率支付相抵消,同时支付固定利率,从而转换为固定利率负债。类似地,如果交易者原先拥有一笔固定利率负债,可以通过进入利率互换的空头,使所收到的固定利率与负债中的固定利率支付相抵消,同时支付浮动利率,从而转换为浮动利率负债。案例8.4的第二部分给出了一个将固定利率负债转换为浮动利率负债的简单例子。从案例8.4中可以看到,同一笔互换运用在不同的情形下,可以实现不同的转换目标。

(a) 运用利率互换将固定利率资产转换为浮动利率资产　　(a) 运用利率互换将浮动利率负债转换为固定利率负债

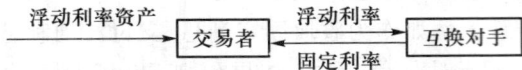

(b) 运用利率互换将浮动利率资产转换为固定利率资产　　(b) 运用利率互换将固定利率负债转换为浮动利率负债

图 8.4　运用利率互换转换资产的利率属性　　图 8.5　运用利率互换转换负债的利率属性

【案例 8.4】
运用利率互换转换资产与负债的利率属性

假设乙公司拥有一份2年期的本金为1亿元、利率为3个月期SHIBOR+0.5%的浮动利率债券。它认为未来2年市场利率将下降,因此希望持有固定利率债券,此时市场上的2年期国债到期收益率为3.3%。按传统做法,它可以将手中的浮动利率债券卖掉,再买入固定利率债券。但这样做要支付2笔债券交易费用。乙公司也可以通过利率互换来实现上述目的。乙公司可以与甲银行签订一份名义本金1亿元、期限2年的利率互换协议:支付3个月SHIBOR,收取2.8%的年利率,利息每3个月交换一次,如图8.6所示。

图 8.6　甲银行和乙公司的利率互换

在签订了此笔利率互换协议后,乙公司面临如下3个现金流:① 从浮动利率债券中获得3个月期SHIBOR+0.5%的浮动利息收入;② 从互换中收入2.8%的年利率;③ 在互换中支付3个月期SHIBOR。这样,乙公司的利息现金流就转化为3.3%的固定利息收入,从而将其浮动利率资产转化为固定利率资产。

如果乙公司持有的是一笔2年期、本金为1亿元、利率为3.3%、每3个月支付一次利息的固定利率借款,而它认为未来利率会下降,那它也可以通过与甲银行签订上述利率互换协议将固定利率借款转换成浮动利率借款。在这种情况下,乙公司面临如下3个现金流:① 支付3.3%的年利率给贷款人;② 从互换中收入2.8%的年利率;③ 在互换中支付3个月期SHIBOR。这样,乙公司的利息现金流就转化为3个月期SHIBOR+0.5%的浮动利息支出,从而将其固定利率负债转化为浮动利率负债。

(三) 运用利率互换进行久期管理

作为利率敏感性资产,利率互换与利率远期、利率期货一样,经常被用于进行久期套期保值,管理利率风险。在第七章中已经知道,利率互换可以视为固定利率债券头寸与浮动利

率债券头寸的组合。例如,对互换空头也就是浮动利率的支付者来说,利率互换的价值可以写为式(7.2):

$$V_t^{互换} = B_t^{固定} - B_t^{浮动}$$

式(7.2)可以有两种理解:① 利率互换的价值等于固定利率债券价值与浮动利率债券价值之差,而浮动利率债券价值总是在面值附近浮动;② 利率互换的货币久期等于固定利率债券货币久期与浮动利率债券货币久期之差。这意味着利率互换协议也可以提供类似的久期对冲功能,而所需成本则要低得多,因而利率互换成为利率风险管理的重要工具。

在国外,利率互换协议最长可达 30 甚至 50 年。在国内,利率互换协议的期限也长达 10 年。在互换市场发展起来之前,长期固定收益产品比较少,流动性通常较差。因此,利率互换是长期利率风险管理的重要工具之一。

二、运用货币互换①管理汇率风险

与利率互换类似,货币互换也可以用来转换资产和负债的货币属性。以图 7.2 货币互换中的乙公司为例。假设乙公司有一笔 5 年期的年收益率为 2.5%、本金为 1 000 万美元的投资,但觉得人民币相对于美元会走强。通过该笔互换,这笔投资就转换成了本金 7 000 万元人民币、年收益率为 3% 的人民币投资。如果乙公司发行了一笔 5 年期、本金为 7 000 万元人民币、年利率为 3% 的人民币债券,在签订该笔互换以后,乙公司的人民币负债显然就转化成了美元负债。因此,货币互换为市场投资者提供了管理汇率风险,尤其是长期汇率风险的工具。当然,在现实生活当中,由于汇率和利率的变化,实际情况总是要复杂得多。案例 8.5 给出了一个运用货币互换转换资产货币属性的例子。

> **【案例 8.5】**
> **运用货币互换转换资产的货币属性**
> 一个英国的国际债券投资组合管理者手中持有大量以欧元标价的法国国债,剩余期限 10 年,年利率 5.2%,每年支付一次利息。债券的价格等于面值 4 615 万欧元。如果以当时的汇率 1 欧元等于 0.65 英镑计算,该债券价格等于 3 000 万英镑。该管理者打算将手中的这些法国国债转换为以英镑标价的固定利率投资。请问除了直接出售这笔法国国债并将之投资于英镑固定利率债券,该组合管理者是否还有其他的选择?
> 显然,该组合管理者还可以通过英镑与欧元的货币互换实现这笔资产货币属性的转换。当时这位组合管理者在货币互换市场上可以得到的价格是:英镑固定利率为 4.9%,欧元固定利率则为 5.7%。具体操作过程为:
> (1) 继续持有法国国债头寸,未来 10 年内每年定期获取 5.2% 的欧元利息。
> (2) 签订一份支付欧元利息和收到英镑利息的货币互换合约:名义本金为 4 615 万欧元和 3 000 万英镑,利息交换日期和到期日与原国债投资相匹配。

---

① 严格地说,货币互换的期限与下文需要转换的资产和负债的期限要相等。

(3) 货币互换协议初始,该组合管理者应支付3 000万英镑,得到4 615万欧元,因其相互抵消,没有实际现金流动。

(4) 每年利息交换日,在互换协议中支付5.7%的欧元利息,得到4.9%的英镑利息,与国债利息收入相抵消后,该管理者的真实现金流为每年支付4 615万欧元的0.5%欧元利息,得到3 000万英镑的4.9%英镑利息。

(5) 到期日在法国国债投资上收回4 615万欧元本金,在互换协议中4 615万欧元与3 000万英镑互换,最终获得3 000万英镑本金。

显然,该组合管理者可以通过货币互换来虚拟地出售手中的法国国债头寸,将之转换为英镑固定利率投资。但在这个过程中仍然存在一定的汇率风险,主要体现为每年支付0.5%的欧元利息,收到4.9%的英镑利息。该管理者的真实利息收入显然会随着欧元对英镑汇率的变化而变化,可以通过购买远期欧元管理其中的汇率风险。

第三节 运用互换构造新产品

互换的另一个用途是构造新的金融产品。例如,一笔固定利率的英国国债投资加上一份支付英镑固定利息、收入瑞士法郎固定利息的高信用等级货币互换,可以构造出一个近似的瑞士国债投资头寸。案例8.6给出了一个运用利率互换构造反向浮动利率债券的典型案例。

【案例8.6】
运用利率互换构造反向浮动利率债券

通过案例8.4已经知道,如果一笔名义本金为A的浮动利率资产与一份名义本金相同的利率互换空头组合在一起,将构造出一份合成的固定利率资产。现在,设想一下如果该笔利率互换空头的名义本金是$2A$而非A,会发生什么?

假设乙公司拥有一份2年期的本金为A、利率为1年期SHIBOR的浮动利率资产(为简要起见,这里设定浮动期限为1年)。现在乙公司签订一份名义本金为$2A$的2年期利率互换,支付SHIBOR,收到年利率r,利息每年交换一次,如图8.7所示。

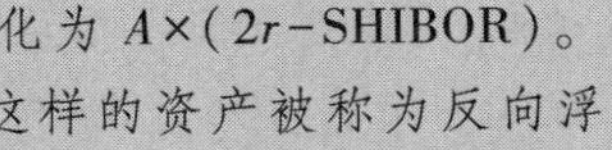

图8.7 甲银行与乙公司的互换

在签订了此笔利率互换协议后,乙公司面临如下3个现金流:① 从资产中获得$A×$SHIBOR的浮动利息收入;② 从互换中收入$2Ar$固定利息;③ 在互换中支付$2A×$SHIBOR的浮动利息。这样,乙公司的现金流就转化为$A×(2r-\text{SHIBOR})$。也就是说,当市场利率上升的时候,该资产的利息收入下降。这样的资产被称为反向浮动利率债券。因此,一笔名义本金为A的浮动利率资产与一份名义本金为$2A$的利率互换空头组合在一起,将构造出一份合成的反向浮动利率债券。

由于利率互换既可以分解为债券头寸的组合,也可以拆分为远期协议的组合,在现实中,随实际市场状况、投资者预期与需要不同,它与其他金融资产可以再组合,构造出符合投资者需要的新金融产品。

最后值得一提的是，无论是投机、套利、风险管理还是构造新产品，互换的运用目的都是降低成本、提高收益与进行风险管理。也正是因为互换在这些方面所发挥的重要作用，互换市场才得以迅速发展，并成为广泛存在、影响巨大的金融衍生产品。

本 章 小 结

1. 互换的运用主要包括三个方面：套利、风险管理与构造新产品。
2. 根据套利收益来源不同，互换套利可大致分为信用套利、税收及监管套利、市场价格套利。
3. 风险管理是互换最重要、最基本的功能与运用领域。
4. 互换的种类不同，其管理的风险也是各不相同的，其中利率互换主要用于管理利率风险，货币互换主要用于管理汇率风险。
5. 无论是投机、套利、风险管理还是构造新产品，运用互换的目的都是降低成本、提高收益与进行风险管理。

即 测 即 评

习 题

1. 假设 A、B 公司都想借入 1 年期的 100 万元借款，A 想借入与 6 个月期 SHIBOR 相关的浮动利率借款，B 想借入固定利率借款。但两家公司信用等级不同，故市场向它们提供的利率也不同（见表 8.3）。请简要说明两公司应如何运用利率互换进行信用套利。

表 8.3　A 公司和 B 公司的借贷成本

方式	A 公司	B 公司
借入固定利率	10.8%	12.0%
借入浮动利率	SHIBOR+0.25%	SHIBOR+0.75%

2. 阐述利率互换在风险管理上的运用。
3. 假设 A 公司有一笔 5 年期的年收益率为 11%、本金为 100 万英镑的投资。如果 A 公司觉得美元相对于英镑会走强，简要说明 A 公司在互换市场上应如何进行操作。
4. 公司 A 是一家中国制造商，想要以固定利率借美元。公司 B 是一家美国跨国公司，想要以固定利率借人民币。做了必要的税务调整后，他们可获得如下年利率报价，如表 8.4 所示。

表 8.4 A 公司和 B 公司年利率报价

公司	人民币	美元
A 公司	5%	3%
B 公司	4.6%	2.2%

设计一个互换,银行为中介,使得互换收益的分配在 A 公司、B 公司和银行间的比例分别为 50%、25%、25%。

5. 设有一份 10 年期的、每年交换一次利息的利率互换协议,名义本金为 10 亿元,固定利率方的支付利率为 9.55%。在协议签订时刻,各期限的即期利率如表 8.5 所示。

表 8.5 各期限的即期利率

期限/年	1	2	3	4	5	6	7	8	9	10
即期利率/%	8.005	7.856	8.235	8.669	8.963	9.235	9.478	9.656	9.789	9.883

注:以上为一年计一次的复利。

(1) 请计算该互换合约空头的价值。

(2) 请计算使得互换合约价值为零的互换利率。请问这是一个公平的协议吗?

(3) 假设互换合约按合理互换利率签订。某投资者持有一个债券组合,该债券组合的价值及修正久期分别为 9 991 565 452 元和 8.92,互换合约中可分解出的固定利率债券的修正久期为 9.26。若投资者希望利用互换合约来规避利率风险,那么他应该如何操作?(互换的头寸方向和份数)

第九章 期权与期权市场

期权是人类在金融领域最伟大的发明之一,被称为"期权革命"。"期权革命"不仅对金融领域产生了重大影响,对其他领域也产生了深远影响。由于其高度复杂性,本书将分八章来探讨。

第一节 期权的定义与种类

期权(option)有广义与狭义之分。广义的期权泛指所有买卖未来权力的合约,合约的买方有权在规定期限内向卖方按一定条件行使合约约定的权利。作为对价,买方需向卖方支付权利金,也称期权费(premium)或期权价格(option price)。而狭义的期权指赋予合约买方(权利方)在规定期限内按约定的价格(行权价)向卖方(义务方)购买或者出售一定数量标的资产的权利的合约。

根据买或卖的权利不同、行权时限不同和标的资产不同,期权又有多种不同的分类。下面结合实际案例,分别加以介绍。

一、看涨期权与看跌期权

按买或卖的权利划分,期权可分为看涨期权(call)和看跌期权(put)。赋予权利方购买标的资产权利的合约,就是看涨期权,或称认购期权、买权;赋予权利方出售标的资产权利的合约,就是看跌期权,或称认沽期权、卖权。

案例9.1是一个看涨期权的例子。

【案例9.1】

	50ETF购9月2400		
0.1585 +0.0072 +4.76%	10005735	昨结 0.1513	开盘 0.1522
	IV 20.55%	最高 0.1647	最低 0.1522
SSE CNY 15:00:03 闭市		均价 0.1565	振幅 8.54%
价格 量(手)	IV	总手 641	另手 3
卖五 0.1615 3	20.95%	持仓 1734	仓差 +240
卖四 0.1610 10	20.38%	外盘 308	内盘 333
卖三 0.1588 2	20.59%	总额 100万	今结 0.1585
卖二 0.1587 3	20.57%	涨停 0.3873	跌停 0.0001
卖一 0.1586 1	20.56%	标的代码 510050	期权类型 认购
买一 0.1553 2	20.12%	标的现价 2.3850	行权价 2.4000
买二 0.1548 10	20.05%	价值状态 实值	行权方式 欧式
买三 0.1536 1	19.39%	上市日 20240125	到期日 20240925
买四 0.1530 1	19.31%	剩余交易日 150	合约乘数 10000
买五 0.1525 1	19.24%		

图 9.1 上证 50ETF 看涨期权(2024 年 2 月 8 日)
数据来源:Wind 资讯。

168　金融工程

2024年2月8日15:00,在上海证券交易所,以上证50ETF为标的资产、行权价格为2.40元、到期日为2024年9月25日的看涨期权(代码10006735)价格为0.1585元(当时的上证50ETF价格为2.3850元)。该期权的简称是50ETF购9月2400。其中"50ETF"指期权的标的资产,"购"表示认购期权,"9月"表示2024年9月到期,"2400"表示行权价为2.40元,见图9.1。

这意味着,如果一个投资者在2024年2月8日按照每份0.1585元的价格买入1手上证50ETF的看涨期权,他就有权利在2024年9月25日按照每份2.40元的价格买入1万份上证50ETF。到2020年9月25日,如果上证50ETF价格高于2.40元,该权利方可以行使这个权利,上证50ETF现货价格比2.40元高多少就获利多少(乘以1万份),当然还要扣除最初的每份0.1585元的期权费才是其最终利润(假设不考虑交易费用,下同);反之,如果9月25日那天上证50ETF价格低于2.40元,由于按2.40元买不合算,权利方有权不进行交易,最终损失的就是每份0.1585元的期权费。2024年9月25日之后,期权到期,这一权利也就失效了。

如果一个投资者在2024年2月8日按照每份0.1585元的价格卖出1手上证50ETF的看涨期权,他就成为该看涨期权的义务方。在收取了每份0.1585元的期权费后,义务方就只有义务没有权利了。当上证50ETF价格高于2.40元,权利方要行使期权时,义务方必须按照每份2.40元的价格将1万份上证50ETF卖给权利方;当上证50ETF价格低于2.40元,权利方弃权时,义务方也必须接受。

从这个例子中我们可以看出,看涨期权,就是赋予权利方未来按行权价买入某种资产的权利。未来如果价格上涨,权利方将行使这个权利;如果价格下跌,权利方有权放弃。看涨期权费,就是购买该权利所支付的费用。显然正是因为权利方对标的资产未来看涨,才愿意付出期权费买入这样一个期权,这是为什么此类期权被叫做"看涨期权"。

案例9.2是一个看跌期权的例子。

【案例9.2】

2024年2月8日15:00,在上海证券交易所,以上证50ETF为标的资产、行权价格为2.40元、到期日为2024年9月25日的看跌期权(代码10006744)价格为0.1471元(当时上证50ETF价格为2.3850元),见图9.2。

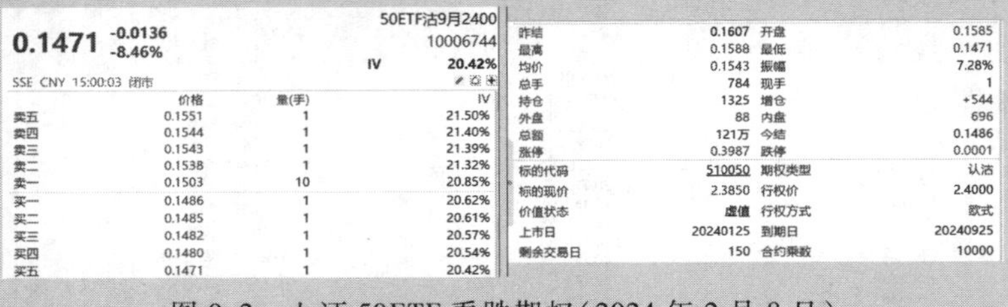

图9.2　上证50ETF看跌期权(2024年2月8日)

数据来源:Wind资讯。

这意味着,如果一个投资者在2024年2月8日按照每份0.1471元的价格买入1手上证50ETF的看跌期权,他就有权利在2024年9月25日按照每份2.40元的价格卖出

1万份上证50ETF。到2020年9月25日,如果上证50ETF价格低于2.40元,该权利方可以行使这个权利,上证50ETF现货价格比2.40元低多少就获利多少(乘以1万份),当然还要扣除最初的每份0.1471元的期权费才是其最终利润(假设不考虑交易费用,下同);反之,如果9月25日那天上证50ETF价格高于2.40元,由于按2.40元卖不合算,权利方有权不进行交易,最终损失的就是每份0.1471元的期权费。2024年9月25日之后,期权到期,这一权利也就失效了。

如果一个投资者在2024年2月8日按照每份0.1471元的价格卖出1手上证50ETF的看跌期权,他就成为该看跌期权的义务方。在收取了每份0.1471元的期权费后,义务方就只有义务没有权利了。当上证50ETF价格低于2.40元,权利方要行使期权时,义务方必须按照每份2.40元的价格向权利方买入1万份上证50ETF;当上证50ETF价格高于2.40元,权利方弃权时,义务方也必须接受。

从这个案例中可以看出,看跌期权就是赋予了权利方未来按约定价格卖出某种资产的权利。未来如果价格下跌,权利方将行使这个权利;如果价格上涨,权利方有权放弃这个权利。看跌期权费,就是购买这个权利所支付的费用。显然,正是因为权利方对标的资产未来看跌,才愿意付出期权费买入这样一个期权。这就是为什么此类期权被叫作"看跌期权"。

以案例9.1和案例9.2为基础,可以对期权及其相关概念做深入的理解:期权是一种金融合约,是买卖双方关于未来某种权利的协议。其协议要素包括:买卖双方、约定的权利、约定期限、行权价格、约定交易数量和期权价格(option price,又称期权费 premium)等。

可以看到,在期权交易中存在双重的买卖关系:对期权本身的购买和出售形成了期权的买方(buyer 或 holder)和卖方(seller 或 writer);期权买方有权购买(对看涨期权而言)或出售(对看跌期权而言)标的资产。其中的权利义务关系可用表9.1加以列示。

表9.1 期权交易中的双重买卖关系

交易者	看涨期权	看跌期权
期权买方	以行权价格买入标的资产的权利	以行权价格卖出标的资产的权利
期权卖方	以行权价格卖出标的资产的义务	以行权价格买入标的资产的义务

从表9.1可以看出,对期权的购买方来说,期权合约赋予他的只有权利,而没有义务。他可以在期权合约规定的时间内行使其购买或出售标的资产的权利,也可以不行使这个权利。对期权的出售者来说,只有履行合约的义务,而没有权利。当期权购买者按合约规定行使其买进或卖出标的资产的权利时,期权出售者必须依约相应地卖出或买进该标的资产。天下没有免费的午餐,作为给期权出售者承担义务的报酬,期权购买者要支付给期权出售者一定的费用,即期权费。期权费视期权种类、期限、标的资产价格的易变程度不同而不同。显然,期权费是对上述不对称权利义务关系的弥补。一经支付,无论期权购买者是否行使权利,其所付出的期权费均不退还。

期权的其他要素包括期限、行权价格和交易数量等。期权权利方只能在合约所规定的时间内行使其权利,一旦超过期限仍未执行即意味着自愿放弃了这一权利。行权价格是指期权合约所规定的、期权权利方在行使其权利时实际执行的买卖标的资产的价格。交易数量则指每份期权公约可以交易的标的数量。

二、欧式期权与美式期权

按期权权利方行使期权的时限划分,期权可分为欧式期权和美式期权。欧式期权的权利方只有在期权到期日才能行使期权(即行使买进或卖出标的资产的权利),而美式期权允许权利方在期权到期前的任何交易日行使期权。

以一份到期日为2025年3月24日、行权价格为10元、标的资产为Z股票的看涨期权为例,若该期权为欧式期权,则期权权利方只有在2025年3月24日到期后的规定时间内才能行使该期权,即有权以10元的价格买入Z股票;若该期权为美式期权,则在2025年3月24日前的任意时刻,期权权利方都可以行使该期权。

我国的ETF期权、股价指数期权为欧式期权,商品期货期权则为美式期权。

显然,在其他条件(标的资产、行权价格和到期时间)都相同的情况下,由于美式期权的权利方除了拥有欧式期权的所有权利,还拥有一个在到期前随时行使期权的权利,其价值肯定不应小于其他条件都相同的欧式期权的价值。

另外,有一些期权的行权时限既非到期日,也不是到期日前的所有时间,而是到期日前的某一段时间(如百慕大期权)。这些设计特殊的奇异期权将在第十六章加以介绍。

三、期权合约的标的资产

按期权合约标的资产划分,期权合约可分为股票期权(stock options)、股价指数期权(index options)、期货期权(futures options)、利率期权(interest rate options)、信用期权(credit options)、货币期权(currency options,或称外汇期权)、商品期权(commodity option)及互换期权(swap option)等。

股票期权,是以单一股票或者ETF作为标的资产的期权合约。

全球最著名的股价指数期权是在美国的芝加哥期权交易所(Chicago Board Options Exchange, CBOE)交易的S&P 100和S&P 500指数期权。前者为美式期权,后者为欧式期权。除此之外,还有大量的针对不同行业和市场的指数期权。中国金融期货交易所的沪深300指数期权为欧式期权。指数期权的合约乘数多为每点100元。由于指数没有实物,无法进行实物交割,只能进行现金结算。例如,假设沪深300指数看涨期权的行权价为4 000,如果在指数为4 292时行权,则看涨期权的义务方得支付给权利方2 920[(4 292-4 000)×100 = 2 920]元。那些管理着复杂投资组合的机构投资者是指数期权最主要的交易者之一。通过现金结算,这些机构投资者可以以最简单的方式为他们的投资组合进行套期保值。

期货期权可进一步分为基于股价指数期货、利率期货、外汇期货、农产品期货、能源期货和金属期货等标的资产的期权,其标的资产为各种相应的期货合约。在发达市场,大多数期货合约都有相应的期货期权合约。到2024年2月8日,我国已有40种商品期货期权。期货合约的到期日通常紧随着相应的期货期权的到期日。期货期权的重要特点之一也在于其交割方式:期货期权的权利方行权时,将从期权义务方处获得标的期货合约的相应头寸(看涨期权为多头寸,看跌期权为空头),再加上行权价格与行权日期货结算价格之间的差额。由于期货合约价值为零,并且可以立即结清,因此期货期权的损益状况就和以期货结算价格代替标的资产价格时相应期权的损益状况一致。由于交割期货合约比交割标的资产本身往往更为方便和便宜,期货期权产生以后,受到市场的广泛欢迎,成为最主要的期权品种之一。

利率期权,是以各种利率或利率资产(如债券)作为标的资产的期权,主要包括交易所交易的利率期权、场外交易的利率期权和内嵌在其他金融工具中的利率期权等。

信用期权则以特定公司的信用情形作为标的资产。在期权权利方支付期权费后,若标的公司出现信用问题(包括破产或信用等级下降),期权义务方将支付事先约定的金额给期权权利方;倘若在期权存续期内标的公司没有出现信用问题,期权义务方就无须支付。

货币期权,或者称为外汇期权,是以各种货币为标的资产的期权。

商品期权,是以大宗商品为标的资产的期权。

互换期权,是以互换合约作为标的资产的期权(它也常常被列入互换产品的种类)。

除了以上主要的期权种类,还有以期权作为标的资产的复合期权(也称期权的期权)。

标的资产不同,期权的特性、定价和风险管理也呈现出不同的特点。

第二节 期 权 市 场

一、期权的产生与发展

在许多人的心目中,期权是直到最近才出现的金融创新工具之一。其实,早在公元前580年,古希腊的哲学家、数学家和天文学家泰勒斯就通过购买橄榄油榨机使用的期权来对冲未来使用权价格上涨的风险。泰勒斯预期下一年的橄榄会大丰收,从而带动橄榄油榨机的需求增高,因此他提前与橄榄油榨机的业主签订了期权合约,获得了下一年以固定价格优先租用这些榨机的权利。古希腊和古罗马时期,就已经出现了期权交易的雏形。在17世纪30年代的"郁金香球茎热"时期,郁金香的一些品种堪称欧洲最昂贵的花卉。1635年,那些珍贵品种的郁金香球茎供不应求,加上投机炒作,致使其价格飞涨20倍,成为最早有记载的泡沫经济。同时,这股投机狂潮开启了期权交易的大门。郁金香交易商向种植者收取一笔费用,授予种植者按约定最低价格向该交易商出售郁金香球茎的权利。同时,郁金香交易商通过支付给种植者一定数额的费用,来获取以约定的价格购买球茎的权利。这是人类历史上最早的期权交易。到18世纪和19世纪,美国和欧洲的农产品期权交易已经相当流行。19世纪,以单一股票为标的资产的股票期权在美国诞生,期权交易开始被引入金融市场。之后,伴随着金融市场的发展,期权市场迅速成长起来。

然而,在美国的CBOE建立前,期权的交易都是在场外市场(OTC)进行的。20世纪初,美国出现了一种较有序的期权交易市场,被称为"看跌期权和看涨期权经纪商和自营商协会"(Put and Call Broker and Dealers Association),该协会的成员公司负责对期权的买方和卖方进行撮合成交。这是对原来分散化期权市场的一大改进,但由于仍未具有集中性的交易场所和完善的标准化期权合约,其OTC市场的基本性质并未从根本上得到改变,期权交易的效率仍然较低,期权市场的发展依然比较缓慢。直到1968年,在美国成交的股票期权合约所代表的标的股票数量还只有纽约证券交易所(New York Stock Exchange,NYSE)成交股票数量的1%。

1973年4月26日CBOE建立后,标准化的期权合约第一次出现。交易所建立当日,以16只股票为标的的期权合约在交易所交易,当天的成交量达到911手。同年,布莱克、舒尔斯和默顿在期权定价方面的经典论文正式发表，得州仪器公司也推出了具有期权价值计算功能的计算器。交易制度方面的创新和理论技术方面的发展共同促进了 CBOE 迅速发展。顺应市场发展的内在要求，美国商品期货交易委员会放松了对期权交易的限制，有意识地推出多种不同的商品期权交易和金融期权交易，由此促使越来越多的交易所竞相开办期权交易，新的期权品种也不断推出。1982 年，作为试验计划的一部分，芝加哥期货交易所推出了以长期国债期货为标的的期权交易。1983 年 1 月，芝加哥商业交易所推出了 S&P 500 股价指数期权。随着股价指数期权交易的成功，各交易所将期权交易迅速扩展至其他金融品种，如利率、外汇等。1984 年到 1986 年间，芝加哥期货交易所还先后推出了大豆、玉米、小麦等品种的期货期权。美国期权交易的示范效应带动了世界各国期权市场的发展。

期权市场的发展呈现场内与场外齐头并进的局面。美国期货业协会统计数据显示，2023 年全球场内期权类产品总成交量 1 081.9 亿手（占场内衍生品交易总量的 78.75%）、年末持仓量 9.55 亿手（占场内衍生品持仓总量的 76.22%），同比分别增长 98.4%、17.8%。按地区划分，亚洲独占鳌头，其在全球场内期权成交量的占比以 84.8% 的份额遥遥领先，北美洲（11.5%）位居第二；从标的资产来看，以成交量来衡量，股票独占鳌头，其在全球场内期权成交量的占比以 93.7% 的份额遥遥领先，其次是货币（3.7%）和利率（1.1%）；以持仓量衡量，股票依然遥遥领先（80.0%），利率（13.1%）和能源（2.7%）位列第二、三位。

据国际清算银行统计，2023 年 6 月底，利率、货币和股票的全球场外期权的未平仓名义本金达 65.85 万亿美元，在这三类标的资产所有场外衍生品未平仓名义本金的占比达 8.0%，其中利率期权在这三类标的资产中的占比最高（69.5%），其次为货币期权（24.2%）和股票期权（6.3%）。

我国的上海证券交易所率先于 2015 年 2 月 9 日在中国市场推出了上证 50ETF 期权。2019 年 12 月 23 日，中国金融期货交易所推出了沪深 300 股指期权。同日，上海证券交易所和深圳证券交易所同时推出了沪深 300ETF 期权。2017 年 3 月，大连商品交易所上市豆粕期权，标志着首只场内商品期货期权正式推出。当前场内期权在上海证券交易所、深圳证券交易所、中国金融期货交易所、大连商品交易所、郑州商品交易所、上海期货交易所（包括上期能源）和广州期货交易所七个交易所交易。截至 2024 年 2 月 18 日，合计共有 54 种场内期权在各交易所挂牌上市，包括股价指数（上证 50 股价指数、沪深 300 股价指数、中证 500 股价指数、中证 1000 股价指数）、股票（上证 50ETF、沪深 300ETF、中证 500ETF、科创 50ETF、科创板 50ETF、深证 100ETF、创业板 ETF），利率（2 年期国债、5 年期国债、10 年期国债、30 年期国债），农产品（白糖、棉花、菜籽粕、菜籽油、玉米、黄大豆 1 号、黄大豆 2 号、豆粕、豆油、棕榈油、花生），能源化工（原油、天然橡胶、动力煤、PTA、甲醇、尿素、纯碱、聚乙烯、聚氯乙烯、聚丙烯、乙二醇、苯乙烯、液化石油气、短纤、合成橡胶、对二甲苯、烧碱），有色金属（铜、铝、锌、工业硅、碳酸锂）、黑色金属（螺纹钢、铁矿石、硅铁、锰硅）、贵金属（黄金、白银），其中沪深 300ETF 和中证 500ETF 在上交所和深交所同时上市。Wind 数据显示，2023 年上半年，我国商品期权和金融期权合计成交量为 107 624 万手，其中金融期权成交量为 62 273 万手，占比 58%，商品期权成交量为 45 351 万手，占比 42%；成交额 6 887 亿元，其中，金融期权成交额为 4 028 亿元，占比 58%，商品期权成交额为 2 859 亿元，占比 42%；6 月底持仓量为 1 299 万手，其中，金融期权 6 月末持仓量为 638 万手，占比 49%，商品期权 6 月末持仓量为 661 万手,占比 51%。值得一提的是,我国商品期权在成交量、持仓量、成交额方面的市场占比逐年递增。预计未来商品期权市场仍将维持快速增长。这是中国期权市场与国外市场的显著差别之一。

中国的场外期权交易始于外汇期权。2011 年 2 月 16 日,为进一步发展外汇市场,为企业和银行提供更多的汇率避险保值工具,《国家外汇管理局关于人民币对外汇期权交易有关问题的通知》发布,批准中国外汇交易中心在银行间外汇市场组织开展人民币对外汇期权交易。到 2023 年,银行间外汇市场全年期权交易额已经达到 66 080.87 亿元。

为了推动场外衍生品市场的发展,2013 年 3 月,中国证券业协会相继发布了《证券公司金融衍生品柜台交易业务规范》《证券公司金融衍生品和柜台交易风险管理指引》和《中国证券市场金融衍生品交易主协议及其补充协议》等规范文件,6 家券商获得首批场外衍生品业务试点资格。2017 年 5 月,中证机构间报价系统场外衍生品交易业务开始运行,推进业务标准化交易。2018 年 5 月,中国证监会下发了《关于进一步加强证券公司场外期权业务监管的通知》,随后中国证券业协会公布了《关于进一步加强证券公司场外期权业务自律管理的通知》,大幅提高准入门槛,要求对交易商实行分级管理、要求设立场内对冲专门账户、加强投资者适当性管理等。为规范发展证券公司场外期权业务,2020 年 9 月 25 日,中国证券业协会正式发布了《证券公司场外期权业务管理办法》,对证券公司场外期权业务的交易商管理、标的及合约管理、投资者适当性管理、数据报送、监测监控等作了具体的规定。最近几年,我们证券公司的场外期权业务发展快速。截至 2023 年 7 月,我国证券公司场外期权期末存量名义本金为 1.39 万亿元,其中股指类占 57.81%、商品类占 15.05%、个股类占 10.13%、其他类占 17.00%[①]。

到目前为止,我国期货公司从事场外衍生品业务主要通过其风险管理子公司进行。为进一步规范风险管理公司场外衍生品业务,引导业务健康发展,中国期货业协会于 2018 年 8 月 2 日发布了《关于进一步加强风险管理公司场外衍生品业务自律管理的通知》。截至 2023 年 7 月末,我国期货公司风险管理子公司场外期权持仓名义本金为 3 440 亿元[②]。

为更好发挥银行间利率衍生产品市场对实体经济支持作用,满足市场成员利率风险管理需求,完善利率风险定价机制,经中国人民银行批复同意,中国外汇交易中心于 2020 年 3 月 23 日起试点运行 LPR 利率期权业务。同时,为规范利率期权市场运行,中国外汇交易中心还制定发布了《银行间市场利率期权交易规则(试行)》,明确产品规范、市场准入、交易流程、交易后服务、风险管理和市场秩序等内容,提供报价交易、定价参考、行权交割、风险管理、盯市估值和波动率曲面发布等服务,并组织交易商开展利率期权波动率报价及双边报价机制。中国外汇交易中心推出的利率期权品种包括利率互换期权和利率上/下限期权两类,目前挂钩的基准利率包括 LPR1Y、LPR5Y、FDR001、FDR007 等。但到目前为止,我国场外利率期权的交易还很不活跃。

2022 年 4 月 20 日,《中华人民共和国期货和衍生品法》正式公布,在《期货交易管理条例》的基础上,该法将场外衍生品交易纳入监管,对场内外衍生品交易、场内衍生品结算与交割基本制度、交易者保护、期货经营机构和期货服务机构的监管、期货交易场所和期货结

[①] 数据来源:中国证券业协会、中证机构间报价系统。
[②] 数据来源:中国期货业协会。

算机构的运行、期货业自律组织、期货市场监督管理、跨境监管与协作、法律责任等作了规定。《中华人民共和国期货和衍生品法》的出台,补齐了我国衍生品领域的法律"短板",对我国衍生品市场法治建设具有里程碑的意义,开启了我国衍生品市场发展的新篇章。

总之,从期权交易发展的历史可以看到,期权交易虽然早已有之,但真正意义上的期权市场的形成和发展只有40多年的时间。实际上大多数市场和产品都是在近20年出现的,却呈现出迅猛发展的势头,具有巨大的发展潜力。

二、期权交易的新趋势

回顾期权的历史,交易所期权的巨大成功及其对期权交易的重要推动已经成为不可否认的事实。人们一般认为,这主要有以下三个原因:第一,交易所交易的集中性和合约的标准化极大地便利了期权的交易管理和价格信息、产品信息的发布,为投资者提供了期权工具的流动性,使得交易者能够更灵活地管理他们的资产头寸,因而极大地促进了期权市场的发展;第二,清算所的建立解决了场外市场长期为之困扰的信用风险问题;第三,无纸化交易的发展带来了更畅通的交易系统和更低的交易成本。

尽管交易所交易期权有着上述的优越性,然而,这并不意味着场外期权交易的消亡。场外期权最大的好处,在于金融机构可以根据客户的需要为客户量身定做许多非标准的个性化期权合约,从而创造了其特有的存在空间。事实上,20世纪70年代以后,交易所期权所带来的巨大冲击,反而在一定程度上促进了场外市场的创新和发展。面对激烈的竞争,OTC市场的金融机构充分利用自身的灵活性优势,不断创新,吸引客户,抢夺市场,这反过来又引发了交易所期权的变革和创新。这些竞争在20世纪90年代之后日益明显,全球期权市场出现了一些新的发展动态和趋势:

(1) 日益增多的奇异期权。20世纪90年代之后,OTC市场的金融机构越来越意识到期权市场的激烈竞争和普通期权利润空间的缩小,这迫使它们不得不进一步利用其非标准的特点,开发出更复杂的期权产品。期权结构越复杂,复制所需时间越长,客户发现其定价过高的可能性越小,就越能保证开发者的利润空间。这类竞争的结果,导致了期权创新的迅速发展和奇异期权的日益增多。

(2) 交易所交易产品的灵活化。事实上,随着金融创新的发展,期权的OTC市场越来越具有竞争力,场外交易日渐普遍。这使得期权交易所开始寻求新的竞争手段,保持和开拓市场空间。相较于场外期权,交易所期权合约的最大劣势就在于其标准化条款不具备灵活性。因此,一些交易所开始提供非标准的期权交易,如灵活期权(flex options),即在交易所内交易但具有非标准的行权价格和到期日条款的期权。显然,这样的期权具有OTC市场的灵活性,但仍然由清算所而非交易方来承担交易的信用风险,因而可以被看作交易所企图从场外市场争夺客户的一种尝试。

(3) 交易所之间的合作日益加强,并购潮不断涌现。在金融市场全球化的趋势下,期权交易所开始希望它们的合约能在全球范围内进行交易并为此做出努力,从而带来了交易所之间的合作和联系。例如,一家交易所上市的期权产品可以在其他交易所进行交易;或者在一家交易所交易,而在其他交易所平盘或交割;一些交易所则允许其他交易所的会员在本所进行交易等。这也促成了收购兼并的浪潮。例如,纽约泛欧交易所收购了ARCA和美国股票交易所(AMEX),纳斯达克—OXM集团收购了费城股票交易所(PHLX)。

（4）高频交易日益盛行。高频交易（high frequent trading），是指常常每秒发送多达数千条委托的交易行为。高频交易者通常运用复杂的算法，试图抢在其他人前面发现趋势并捕捉价格的微小波动，他们通常运用高速计算机与交易所的委托处理系统直接连接以减少时滞。

第三节 期权交易机制

与期货交易不同，期权市场既包括各种标准化、集中化的交易所市场，也包括各种场外市场。本节主要以上海证券交易所的上证50ETF为例，来说明期权市场的基本运行机制和交易机制。其他期权的交易机制可访问各个期货交易所网站查询。

一、期权的基本条款

上海证券交易所于2015年2月9日进行上证50ETF期权试点，标志着中国内地场内期权市场的诞生。下面我们主要以上证50ETF期权合约为例，介绍期权合约的基本条款。

表9.2是上证50ETF期权的基本条款。

表9.2 上证50ETF期权合约基本条款

合约标的	上证50交易型开放式指数证券投资基金（50ETF）
合约类型	认购期权和认沽期权
合约单位	10 000份
合约到期月份	当月、下月及随后两个季月
行权价格	9个（1个平值合约、4个虚值合约、4个实值合约）
行权价格间距	3元或以下为0.05元，3元至5元（含）为0.1元，5元至10元（含）为0.25元，10元至20元（含）为0.5元，20元至50元（含）为1元，50元至100元（含）为2.5元，100元以上为5元
行权方式	到期日行权（欧式）
交割方式	实物交割（业务规则另有规定的除外）
到期日	到期月份的第四个星期三（遇法定节假日顺延）
行权日	同合约到期日，行权指令提交时间为9:15—9:25，9:30—11:30，13:00—15:30
交收日	行权日次一交易日
交易时间	上午9:15—9:25，9:30—11:30（9:15—9:25为开盘集合竞价时间） 下午13:00—15:00（14:57—15:00为收盘集合竞价时间）
委托类型	普通限价委托、市价剩余转限价委托、市价剩余撤销委托、全额即时限价委托、全额即时市价委托以及业务规则规定的其他委托类型
买卖类型	买入开仓、买入平仓、卖出开仓、卖出平仓、备兑开仓、备兑平仓以及业务规则规定的其他买卖类型
最小报价单位	0.000 1元

申报单位	1 张或其整数倍
涨跌幅限制	认购期权最大涨幅=Max{合约标的前收盘价×0.5%,Min[(2×合约标的前收盘价-行权价格),合约标的前收盘价]×10%} 认购期权最大跌幅=合约标的前收盘价×10% 认沽期权最大涨幅=Max{行权价格×0.5%,Min[(2×行权价格-合约标的前收盘价),合约标的前收盘价]×10%} 认沽期权最大跌幅=合约标的前收盘价×10%
熔断机制	连续竞价期间,期权合约盘中交易价格较最近参考价格涨跌幅度达到或者超过 50%且价格涨跌绝对值达到或者超过 10 个最小报价单位时,期权合约进入 3 分钟的集合竞价交易阶段
开仓保证金最低标准	认购期权义务仓开仓保证金=[合约前结算价+Max(12%×合约标的前收盘价-认购期权虚值,7%×合约标的前收盘价)]×合约单位 认沽期权义务仓开仓保证金=Min[合约前结算价+Max(12%×合约标的前收盘价-认沽期权虚值,7%×行权价格),行权价格]×合约单位
维持保证金最低标准	认购期权义务仓维持保证金=[合约结算价+Max(12%×合约标的收盘价-认购期权虚值,7%×合约标的收盘价)]×合约单位 认沽期权义务仓维持保证金=Min[合约结算价+Max(12%×合约标的收盘价-认沽期权虚值,7%×行权价格),行权价格]×合约单位

(一) 合约单位

所谓合约单位,也被称为交易单位或合约规模(contract size),就是一张期权合约所包含的标的资产数量。标的资产不同,期权合约的合约单位是不一样的,但即使相同标的资产的期权,在不同的交易所上市,其合约单位也不一定相同。

一般来说,股票期权的合约单位是 100 股股票,而上交所和深交所 ETF 期权的合约单位是 10 000 份 ETF;指数期权的合约单位是标的指数点数乘以每点 100 元;期货期权的合约单位是一张标的期货合约;至于各种外汇期权的合约单位,则视交易所不同和货币种类不同而不同,如在 PHLX,英镑期权合约的合约单位为 31 250 英镑,而欧元期权合约的合约单位则为 62 500 欧元。

(二) 到期循环、到期月、到期日和行权日

到期循环、到期月、到期日和行权日等是期权交易所对期权时间的预先规定,尽管在细节上可能不完全相同,但基本原理都是一样的。

在到期月方面,期权交易中使用与期货交易类似的到期循环规则。例如,在 CBOE,所有期权(除了 LEAPS)都将在以下 3 个月份的基础上循环:1 月、2 月和 3 月。1 月期权循环的到期月包括 1 月、4 月、7 月和 10 月;2 月循环期权的到期月包括 2 月、5 月、8 月和 11 月;3 月份循环期权的到期月则包括 3 月、6 月、9 月和 12 月。从实际交易情况来看,每个月在 CBOE 交易的股票期权都有以下 4 个到期月:离当前最近的两个日历月和本期权所属循环中的下两个到期月,而特定期权到底属于哪一个循环是由交易所预先指定的。例如,在 12 月 1 日,一个属于 1 月循环的期权包括以下 4 个到期月:12 月、1 月、4 月和 7 月。当 12 月的到期日已经过去之后,一个属于 1 月循环的期权则包括以下 4 个到期月:1

月、2月、4月和7月。上交所和深交所ETF期权的到期月份有4个,即当月、下月及随后两个季月。例如,2024年9月5日,上证50ETF期权的到期月份有2024年9月、10月、12月和2025年3月。中金所的沪深300股指期权的到期月份有6个,即当月、下2个月及随后3个季月。

有了到期月后,交易所会在期权合约中进一步规定期权到期日,即期权买方可以享有期权赋予的权利的最后日期。例如,我国ETF期权的到期日为到期月份的第四个星期三(遇法定节假日顺延)。这样,2024年9月25日是9月期权的最后交易日。到2024年9月26日,上交所和深交所将新开2024年11月到期的合约,从而使到期月份变为2024年10月、11月、12月和2025年3月。而中金所的股指期权到期日与股指期货到期日一样,都是第三个周五。

行权日是指交易所规定的,期权权利方可以实际行权的日期。我国的股票期权和股指期权都是欧式期权,都只能在到期时行权。而我国的商品期货期权都是美式期权,可以在到期日之前的任意交易日行权。

(三) 行权价格

期权合约中的行权价格也是由交易所事先设定的。一般来说,当交易所准备上市某种期权合约时,将首先根据该合约标的资产的最近收盘价,依据某一特定的形式来确定一个中心行权价格,然后再根据特定的幅度设定该中心价格的上下各若干级距(intervals)的行权价格。因此,在期权合约规格中,交易所通常只规定行权价格的级距。

上交所和深交所规定,每个期权合约最少要有9个行权价格,其中最接近市价的称为平值①合约,外加4个实值和4个虚值合约。行权价格之间的间距则规定为:3元或以下为0.05元,3元至5元(含)为0.1元,5元至10元(含)为0.25元,10元至20元(含)为0.5元,20元至50元(含)为1元,50元至100元(含)为2.5元,100元以上为5元。当合约标的价格发生变化,导致已挂牌合约中的虚值合约或者实值合约数量不足时,上交所和深交所将于下一交易日依据行权价格间距,依序加挂新行权价格的合约。例如,2024年2月8日,2024年2月到期的上证50ETF期权共有12个行权价,最低2.05元,最高2.60元。而当天的上证50ETF价格为2.385元。

中金所则规定,行权价覆盖指数上一交易日收盘价上下浮动10%对应的价格范围。对当月与下2个月合约:行权价≤2 500点时,行权价间距为25点;2 500点<行权价≤5 000点时,行权价间距为50点;5 000点<行权价≤10 000点时,行权价间距为100点;行权价>10 000点时,行权价间距为200点。对随后3个季月合约:行权价≤2 500点时,行权价间距为50点;2 500点<行权价≤5 000点时,行权价间距为100点;5 000点<行权价≤10 000点时,行权价间距为200点;行权价>10 000点时,行权价间距为400点。例如,2024年2月8日,2024年2月到期的中证1000股指期权共有43个,最低3 850,最高6 900。而当天的中证1000指数为4 993。

(四) 除权除息的处理

在国外,早期的场外期权是受红利保护的,也就是说如果公司派发现金红利,则除权日后,公司股票期权的行权价格要减去红利金额。目前,派发现金红利时交易所交易的

---

① 这里的平值与本书后面要定义的平值期权是不同的,请读者注意。

期权一般都不进行调整。但是当股票分割或者是送红股的时候,交易所一般规定期权要进行调整。其调整方法如下:在 n 对 m(即 m 股股票分割为 n 股)股票分割之后,行权价格降为原来执行价格的 m/n,每一期权合约所包含的交易数量上升到原来的 n/m 倍。同时,$n\%$ 的股票红利等同于 $100+n$ 对 100 的分割,从而可以应用股票分割的方式对期权合约进行调整。

上交所和深交所规定,期权合约标的发生除权、除息的,在除权、除息当日,对该合约标的所有未到期合约的合约单位、行权价格进行调整,并对除权、除息后的合约标的重新挂牌新的期权合约。

调整公式如下:

新合约单位=[原合约单位×(1+流通股份实际变动比例)×除权(息)前一日合约标的收盘价]/[(除权(息)前一日合约标的收盘价格−现金红利)+配股价格×流通股份实际变动比例]

新行权价格=原行权价格×原合约单位/新合约单位

调整后的合约单位,按照四舍五入的原则取整数;调整后的行权价格,按照四舍五入的原则取小数。合约标的为股票的,保留 2 位小数,合约标的为 ETF 的,保留 3 位小数。

由于上证 50ETF 和沪深 300ETF 通常只有分红,因此上述公式可以简化为:

新合约单位=原合约单位×b

新行权价格=原行权价格/b

式中:b=除息前一日合约标的收盘价/(除息前一日合约标的收盘价格−现金红利)。

这样,调整前的看涨期权回报为 $\max(S_T-K,0)$,调整后变为 $b\times\max(S_T-K/b,0) = \max(bS_T-K,0)$。由此可以看出,上述调整相当于对期权到期日的股价按除息比例做了复权处理。经过处理后,分红对期权回报就几乎没有影响了。看跌期权的情况也一样。我们把分红时相应调整合约单位和行权价格的规定称为红利保护机制。有了红利保护机制之后,在期权定价时,有红利资产可以视同为无红利资产。

例如,上证 50ETF 于 2019 年 12 月 2 日每 10 份派发了 0.47 元红利,按照规则,必须对当时交易的所有期权(包括 2019 年 12 月、2020 年 1 月、2020 年 3 月和 2020 年 6 月到期的期权)的合约单位和行权价格进行调整。由于 2019 年 11 月 29 日 50ETF 的收盘价为 2.938 元,因此调整后的合约单位为 10 163[10 000×2.938/(2.938−0.047) = 10 163]。行权价格则按原行权价格除以 1.016 3 进行调整。

同时,根据上交所规定,除权后还需加挂 2019 年 12 月、2020 年 1 月、2020 年 3 月和 2020 年 6 月到期的上证 50ETF 期权,行权价格共 9 个,分别为 2.70、2.75、2.80、2.85、2.90、2.95、3.00、3.10 和 3.20。

股指期权和期货期权不存在除权除息的问题。

(五) 行权方式

在场内期权交易中,如果交易者不想继续持有未到期的期权头寸,就可以在最后交易日结束之前,随时进行反向交易,结清头寸。这与期货交易中的平仓是完全相同的。相反,如果最后交易日结束之后,交易者所持有的头寸仍未平仓,权利方就有权要求行权,而义务方就必须做好相应的履约准备。当然,如果是美式期权,期权权利方随时有权利决定行权。

不同的期权,行权方式也各不相同。一般来说,各种现货期权在行权时,交易双方都直接以行权价格对标的资产进行实际的交割;指数期权是按照行权价格与期权行权日当天交易结束时的市场价格之差以现金进行结算;而期货期权的权利方行权时,将从期权义务方处获得标的期货合约的相应头寸,再加上行权价格与期货结算价格之间的现金差额。

(六) 合约代码和简称

上交所的期权合约交易代码共17位,按以下顺序填写,以"510050C2409M02500"为例。

(1) 第1至第6位为数字,取标的证券代码,示例中"510050"是华夏上证50ETF的证券代码。

(2) 第7位为C(call)或者P(put),分别表示认购期权或者认沽期权。

(3) 第8、9位表示到期年份,示例中"24",表示2024年。

(4) 第10、11位表示到期月份,示例中"09",表示9月份。

(5) 第12位期初设为"M"。当合约首次调整后,"M"修改为"A",以表示该合约被调整过一次,如发生第二次调整,则"A"修改为"B",以此类推。

(6) 第13至第17位表示期权行权价格,股票期权合约为乘以100后整数,ETF期权合约为乘以1 000后整数,不足五位前补0。示例中"2 500"是2.50乘以1 000后的整数,不足5位前面补"0"变为"02500"。

所以,"510050C2409M02500"表示"2024年9月份到期的、行权价格是2.50元/份的上证50ETF认购合约"。

期权合约简称不超过20个字符,按以下顺序填写(无分隔符或空格),以"50ETF购9月2 500"为例。

(1) "50ETF"是合约标的简称(直接取合约标的证券简称,不超过8个字符)。

(2) 合约标的简称后面为"购"或者"沽",分别表示认购期权、认沽期权。

(3) "9月",表示合约到期月份。

(4) "2 500"为行权价格(不超过五位),股票期权合约为乘以100后整数,ETF期权合约为乘以1 000后整数,不足五位前不补0,亦不补空格,示例中"2 500"是2.50乘以1 000后的整数。

(5) 最后一位,为标志位,如果出现字母,表示合约调整过,合约首次调整时修改为"A",发生第二次调整,则"A"修改为"B",示例中没有字母,表示合约没有调整过。

所以,在2020年11月26日至2021年1月27日之间,"50ETF购1月3100"表示"2021年1月份到期的、行权价是3.10元/份的上证50ETF认购合约"。

深交所的合约代码包含合约标的、合约类型、到期月份、行权价等要素。期权合约的合约代码共有20位,具体组成为:第1至第6位为标的证券代码;第7位为C(Call)或者P(Put),分别表示认购期权或者认沽期权;第8、9位表示到期年份的后两位数字,第10、11位表示到期月份(用01至12代替);第12位为"M",代表合约序列;第13至第18位表示期权行权价,保留三位小数。第19位为合约版本号,首次调整改为"A",再次调整改为"B",以此类推。预留第20位。

中金所沪深300股指看涨期权的交易代码为IO合约月份-C-行权价,看跌期权的交易代码为IO合约月份-P-行权价。

二、基本交易制度

(一) 持仓限额

交易所为每种期权都规定了期权交易的持仓限额(position limit),即每个投资者在市场的一方(即多方或空方,可以认为看涨期权的权利方和看跌期权的义务方均处于标的资产的多方,因为他们未来可能都以约定的价格买入标的资产,这说明他们都对未来看涨;反之看涨期权的义务方和看跌期权的权利方都处于标的资产的空方)中所能持有的期权头寸的最大限额。与之相关的是期权的行权限额(exercise limit),即一个期权权利方在规定的一段时间内所能行权的期权合约的最大限额。显然,交易所之所以做这样的规定,主要是为了防止某一投资者承受过大的风险或对市场有过大的操纵能力。但事实上,这样的限制是否合理及有必要,仍然是一个具有争议的问题。

具体来看,不同的交易所、不同的期权、不同的市场状况,交易所对持仓限额会有不同的规定。有的交易所以合约的数量作为限制标准,有的则以合约的总金额作为限制标准;在期货期权中,有的交易所将期权头寸与相应的期货头寸合并计算,有的则将这两者分开计算。除此之外,标的资产的性质和具体市场状况不同,限额也各自不同。例如,CBOE 股票期权的头寸和行权限额要视公司发行在外的股份数多少和标的股票过去 6 个月内的交易量大小而定,从 25 000 份合约到 250 000 份合约不等。

上交所的持仓限额处于不断调整之中,按该所 2019 年 12 月 19 日发布的《关于调整 ETF 期权持仓限额有关事项的通知》,上证 50ETF 期权持仓限额规定如下:

(1) 投资者(含个人投资者、机构投资者及期权经营机构自营业务,下同)单个合约品种权利仓持仓限额为 5 000 张、总持仓限额为 10 000 张、单日买入开仓限额为 10 000 张。

(2) 期权经营机构应当根据客户期权交易、额度使用及风险承受能力情况,按照以下标准,审慎确定、调整客户衍生品合约账户(以下简称合约账户)单个合约品种持仓限额:① 新开合约账户权利仓持仓限额为 100 张、总持仓限额为 200 张、单日买入开仓限额为 400 张。② 经期权经营机构评估认为风险承受能力较强、开户满 10 个交易日、期权合约成交量达到 100 张且具备三级交易权限的客户,权利仓持仓限额 1 000 张、总持仓限额 2 000 张、单日买入开仓限额 4 000 张。③ 经期权经营机构评估认为风险承受能力较强、开户满 10 个交易日、期权合约成交量达到 500 张、自有资产余额超过 100 万元且具备三级交易权限的客户,权利仓持仓限额 2 000 张、总持仓限额 4 000 张、单日买入开仓限额 8 000 张。④ 经期权经营机构评估认为风险承受能力较强、开户满 10 个交易日、期权合约成交量达到 1 000 张、自有资产余额超过 300 万元且具备三级交易权限的客户,权利仓持仓限额为 5 000 张、总持仓限额为 10 000 张、单日买入开仓限额为 10 000 张。

(3) 个人投资者买入金额不得超过其自有资产余额 10% 与证券账户过去 6 个月日均持有沪深证券市值 20% 的较高者。

对于经评估认为风险承受能力较强且满足一定条件的个人投资者,期权经营机构可以结合其期权交易、额度使用及风险承受能力情况,按照以下情形调整买入金额限额:① 对于具备三级交易权限的客户,其买入金额限额最高为该客户自有资产余额的 20%。② 对于权利仓持仓限额已达到 2 000 张的客户,其买入金额限额最高为该客户自有资产余额的 30%。

买入金额限额结果按照 10 000 元的整数倍向上取整。

(二) 委托类型和买卖类型

上交所目前的期权买卖指令有以下 6 种类型:

(1) 买入建仓,即买入一个期权,建立一个新头寸。

(2) 卖出建仓,即卖出一个期权,建立一个新头寸。

(3) 买入平仓,即买入一个期权,对冲原有的空头头寸。

(4) 卖出平仓,即卖出一个期权,对冲原有的多头头寸。

(5) 备兑开仓,即投资者在持有足额标的证券的基础上,卖出相应数量的认购期权合约。

(6) 备兑平仓,即投资者持有备兑持仓头寸时,申请买入相应期权将备兑头寸平仓的指令。

上交所的期权交易委托指令有如下种类:

(1) 普通限价申报(限价 GFD)。投资者可设定价格,在买入时成交价格不超过该价格,卖出时成交价格不低于该价格。限价订单当日有效,未成交部分可以撤销。

(2) 市价剩余转限价申报(市价剩余转限价 GFD)。投资者无须设定价格,仅按照当时市场上可执行的最优报价成交(最优价为买一价或卖一价),市价订单未成交部分转为限价订单(按照成交价格申报)。

(3) 市价剩余撤销申报(市价 IOC)。投资者无须设定价格,仅按照当时市场上可执行的最优报价成交(最优价为买一价或卖一价),市价订单未成交部分自动撤单。

(4) 全额即时限价申报(限价 FOK)。立即全部成交否则自动撤销订单,限价申报(即须设定价格)。

(5) 全额即时市价申报(市价 FOK)。立即全部成交否则自动撤销订单,市价申报(即无须设定价格)。

在各集合竞价阶段,上交所仅接受普通限价申报及撤单申报,上交所规定不接受撤单申报的集合竞价时段除外。期权合约的交易单位为张,期权交易的申报数量为 1 张或者其整数倍,限价申报的单笔申报最大数量为 50 张,市价申报的单笔申报最大数量为 5 张。根据市场需要,上交所可以调整单笔买卖申报的最小和最大数量。

(三) 涨跌停和熔断机制

上交所的期权交易实行价格涨跌停制度,申报价格超过涨跌停价格的申报无效。上证 50ETF 期权合约涨跌停价格的计算公式为:

合约涨跌停价格 = 合约前结算价格 ± 最大涨跌幅

认购期权最大涨幅 = max{合约标的前收盘价×0.5%, min[(2×合约标的前收盘价-行权价格),合约标的前收盘价]×10%}

认购期权最大跌幅 = 合约标的前收盘价×10%

认沽期权最大涨幅 = max{行权价格×0.5%, min[(2×行权价格-合约标的前收盘价),合约标的前收盘价]×10%}

认沽期权最大跌幅 = 合约标的前收盘价×10%

合约涨跌幅,按照四舍五入原则取最小价格变动单位的整数倍。根据市场需要,上交所可以调整期权合约涨跌停价格计算公式的参数。期权合约的最后交易日,合约价格不设跌幅限制。上交所于每个交易日开盘前,公布期权合约当日的涨跌停价格。

除了涨跌停制度,上交所对期权交易还设立了熔断机制。上交所规定,连续竞价交易期间,合约盘中交易价格较最近参考价格[①]上涨、下跌达到或者超过 50%,且价格涨跌绝对值达到或者超过 10 个最小报价单位时,该合约进入 3 分钟的集合竞价交易阶段。集合竞价交易结束后,合约继续进行连续竞价交易。

上交所还可以根据市场需要调整期权交易的熔断标准。

期权交易达到熔断标准进入集合竞价的,市价剩余转限价申报中尚未成交的部分,按本方申报最新成交价格转为限价申报,进入集合竞价。

全额即时限价申报以及全额即时市价申报如果全部成交将导致期权交易达到熔断标准的,则该申报为无效申报。

(四) 竞价与成交

上交所的期权竞价交易采用集合竞价和连续竞价两种方式。

集合竞价是指在规定时间[②]内接受的买卖申报一次性集中撮合的竞价方式。连续竞价是指对买卖申报逐笔连续撮合的竞价方式。

期权竞价交易按价格优先、时间优先的原则撮合成交。

价格优先的原则为:较高价格买入申报优先于较低价格买入申报,较低价格卖出申报优先于较高价格卖出申报。

时间优先的原则为:买卖方向、价格相同的,先接受的申报优先于后接受的申报。

连续竞价交易时段,以涨跌停价格进行的申报,按照平仓优先、时间优先的原则撮合成交。

平仓优先的原则为:以涨停价格进行的申报,买入平仓(含备兑平仓)申报优先于买入开仓申报;以跌停价格进行的申报,卖出平仓申报优先于卖出开仓申报。

集合竞价时,成交价格的确定原则依次为:

(1) 可实现最大成交量的价格。

(2) 高于该价格的买入申报与低于该价格的卖出申报全部成交的价格。

(3) 与该价格相同的买方或卖方至少有一方全部成交的价格。

(4) 有两个以上申报价格符合上述条件的,以在该价格以上的买入申报累计数量与在该价格以下的卖出申报累计数量之差最小的申报价格为成交价格。

(5) 仍有两个以上申报价格符合上述条件的,以最接近前结算价格的申报价格为成交价格。

(6) 仍有两个申报价格符合上述条件的,以其中间价为成交价格。

集合竞价的所有交易以同一价格成交。

连续竞价时,成交价格的确定原则为:

(1) 最高买入申报价格与最低卖出申报价格相同,以该价格为成交价格。

(2) 买入申报价格高于即时揭示的最低卖出申报价格的,以即时揭示的最低卖出申报

[①] 指期权合约在最近一次集合竞价阶段产生的成交价格。

[②] 上交所期权合约的交易时间为每个交易日 9:15—9:25、9:30—11:30、13:00—15:00。其中,9:15—9:25 为开盘集合竞价时间,14:57—15:00 为收盘集合竞价时间,其余时段为连续竞价时间。

价格为成交价格。

（3）卖出申报价格低于即时揭示的最高买入申报价格的，以即时揭示的最高买入申报价格为成交价格。

期权交易在11:27—11:30之间达到熔断标准进入集合竞价的，在11:30前未完成的集合竞价阶段，延续至13:00后的交易时段继续进行。

期权交易达到熔断标准进入集合竞价阶段时，该集合竞价阶段的最后1分钟内，本所不接受撤单申报；期权交易在14:54—14:57之间达到熔断标准的，直接进入收盘集合竞价阶段，收盘前1分钟内不接受撤单申报。

三、保证金制度

从期权保证金账户的操作方式来看，它与投资者从事期货交易时保证金账户的操作方式基本一样，具体内容可参见第二章。但由于期权交易与期货交易之间的差异，期权的保证金制度存在一些特殊之处：期权的权利方须在交易时支付全部期权费，之后只有权利没有义务，所以他们无须再缴纳保证金。而期权的义务方在收取期权费后只有义务没有权利，因此必须缴纳保证金。

上交所的期权保证金包括结算准备金和交易保证金。交易保证金分为开仓保证金和维持保证金。开仓保证金是指上交所对每笔卖出开仓申报实时计算并对有效卖出开仓申报实时扣减的保证金日间额度。中国证券登记结算有限责任公司（以下简称"中国结算"）向结算参与人收取结算准备金和维持保证金。结算准备金是指结算参与人存入期权保证金账户（以下简称"保证金账户"），用于期权交易结算且未被占用的保证金；维持保证金是指结算参与人存入保证金账户，用于担保合约履行且已被合约占用的保证金。

上交所的保证金最低标准由上交所与中国结算规定并向市场公告。期权经营机构向客户、结算参与人向委托其结算的期权经营机构收取的保证金标准，不得低于上交所、中国结算规定的保证金最低标准。委托结算参与人结算的期权经营机构向客户收取的保证金标准，不得低于结算参与人向其收取的标准。保证金要求以现金或者经上交所及中国结算认可的证券缴纳。

目前，上证50ETF期权每张合约的开仓保证金的计算公式为：

认购期权义务仓开仓保证金＝[合约前结算价＋max（12%×合约标的前收盘价－认购期权虚值，7%×合约标的前收盘价）]×合约单位

认沽期权义务仓开仓保证金＝min[合约前结算价＋max（12%×合约标的前收盘价－认沽期权虚值，7%×行权价），行权价]×合约单位

注意，这里的虚值和实值的定义与本书定义不同：认购期权虚值＝max（行权价－合约标的前收盘价，0）；认沽期权虚值＝max（合约标的前收盘价－行权价，0）。

上证50ETF期权每张合约的维持保证金的计算公式为：

认购期权义务仓维持保证金＝min[合约结算价＋max（12%×合约标的收盘价－认购期权虚值，7%×合约标的收盘价）]×合约单位。

认沽期权义务仓维持保证金＝min[合约结算价＋max（12%×合约标的收盘价－认沽期权虚值，7%×行权价），行权价]×合约单位。

下面是保证金计算的一个例子。投资者A于2024年2月8日按每股0.0138元的价

格卖出一份 2 月到期、行权价格为 2.45 的上证 50ETF 认购期权,共收入期权费 138 元。该期权合约的前结算价为 0.011 5 元,上证 50ETF 前收盘价为 2.380 元。则该投资者应缴纳的开仓保证金为:

$$[0.011\ 5+\max(12\%\times2.380-(2.45-2.380),7\%\times2.380)]\times10\ 000=2\ 271.00(元)$$

这样,该投资者除了将其出售期权所得的 138 元作为保证金,还得另行缴纳 2 133.00 元开仓保证金。

如果投资者构建期权组合策略,则按照上交所及中国结算规定的标准收取相应保证金。

在交易过程中,如果客户保证金不足或者备兑证券不足,且未能在期权经营机构规定时间内补足或自行平仓,期权经营机构会对其实施强行平仓。强行平仓的盈亏和相关费用由直接责任人或者相关主体自行承担。

四、结算价

由于结算价关系到保证金的计算等重要事项,因此上交所和中国结算详细规定了期权合约结算价格的具体计算方法。

(1) 期权合约的结算价格为该合约当日收盘集合竞价的成交价格。

(2) 如果期权合约当日收盘集合竞价未形成成交价格,但收盘前 8 分钟内的连续竞价阶段有成交的,以该连续竞价阶段最后成交价作为基准价格,按照以下原则确定期权合约的结算价格:

① 收盘时有最优买价且大于等于基准价格的,结算价格为该最优买价。

② 收盘时有最优卖价且小于或者等于基准价格的,结算价格为该最优卖价。

③ 收盘时有最优买价和最优卖价,且基准价格介于最优买价和最优卖价之间的,结算价格为基准价格。

(3) 如果期权合约当日收盘集合竞价未形成成交价格,且收盘前 8 分钟内的连续竞价阶段没有成交,但收盘时同时存在最优买价和最优卖价的,结算价格为该最优买价和最优卖价的中间值。

(4) 若按上述方法均未能确定期权合约结算价格的,如果期权合约当日收盘时最优买价为涨停价格的,则结算价格为该涨停价格。

(5) 若按上述方法均未能确定期权合约结算价格,或确定的结算价格为无效价格[①],则进一步按照以下原则确定结算价格:

① 对于同一合约品种中到期月份、行权价格及合约类型均相同的期权合约,如果标准合约[②]具备结算价格,而非标准合约[③]无结算价格或者结算价格为无效价格,则参考标准合约的结算价格,确定非标准合约的结算价格;如果非标准合约具备结算价格,而标准合约无结算价格或者结算价格为无效价格,则参考非标准合约的结算价格,确定标准合约的结算价格。

② 对于同一合约品种中到期月份与合约类型相同的期权合约,如果有一个及以上合约具备结算价格,而其他合约无结算价格的,则参考该一个及以上合约的结算价格对应的隐含

---

① 指小于或者等于期权合约内在价值的期权合约结算价格。
② 是指合约条款未因合约标的除权、除息而发生调整的期权合约。
③ 是指合约条款因合约标的除权、除息而发生调整的期权合约。

波动率,确定其他期权合约的结算价格。

③ 期权合约盘中暂停交易直至收盘的,期权合约结算价格根据合约标的当日收盘价进行调整。

④ 如果按照前述规定仍未能确定结算价格,则由上交所根据市场情况以及期权品种交易情况,计算该期权合约的结算价格。

由于期权价格需满足一定的无套利条件,对于按照规定确定的期权合约结算价格,还需要按照以下原则进行合理性检查和修正:

① 对于同一合约品种中到期月份、行权价格以及合约类型均相同的期权合约,如果标准合约和非标准合约都具备结算价格且结算价格不同的,则取当日交易量较大的标准或者非标准合约的结算价格,作为非标准合约或者标准合约的结算价格;如果二者交易量相等,则取标准合约的结算价格,作为非标准合约的结算价格。

② 如果按照前述规定确定的期权合约结算价格高于该合约当日涨停价格的,则以涨停价格作为该期权合约的结算价格;如果确定的期权合约结算价格低于该合约当日跌停价格的,则以跌停价格作为该期权合约的结算价格。

③ 如果按照前述规定确定的期权合约结算价格比其内在价值小,则以其内在价值作为该期权合约的结算价格。

④ 对于同一合约品种中到期月份及合约类型相同的期权合约,按照行权价格序列进行检查和修正,以保证认购期权行权价格越高、结算价格越低,认沽期权行权价格越高、结算价格越高。

⑤ 对于同一合约品种中行权价格及合约类型相同的期权合约,按照到期月份顺序进行检查和修正,以保证期权合约到期月份越晚、结算价格越高。

⑥ 按照上述原则进行合理性检查和修正后形成的结算价格仍明显不合理的,上交所可以根据市场情况进行调整。

在期权合约的最后交易日,按照以下原则确定期权合约的结算价格:

① 最后交易日为实值的认购合约,其结算价格为合约标的当日收盘价格减去行权价格的差值;最后交易日为实值的认沽合约,其结算价格为行权价格减去合约标的当日收盘价格的差值。

② 最后交易日为虚值或者平值的期权合约,其结算价格为0。

五、期权报价与行情表解读

表9.3是2024年2月8日上证50ETF期权的收盘行情。当天收盘时,上证50ETF价格为2.385元。从表9.3可以看出,2024年3月和6月到期的期权都有2个序列,那是因为该期权的标的资产华夏上证50ETF于2023年11月27日每10份派发了0.39元红利,按照规则,必须对当时正在交易的所有期权(包括2023年12月、2024年1月、2024年3月和2024年6月到期的期权)的合约单位和行权价格进行调整。调整后的合约要一直交易到到期为止。同时,除权后的上证50ETF还得加挂2023年12月、2024年1月、2024年3月和2024年6月到期的期权。因此2023年11月27日,上证50ETF期权共有8个序列的期权在交易。到了2024年2月8日,由于调整后的2023年12月和2024年1月的期权到已到期,因此市场上只剩下6个序列在交易。

表 9.3 上证 50ETF 期权行情(2024 年 2 月 8 日)

认购					行权价	认沽				
代码	最新价	涨跌幅	成交量	持仓量		代码	最新价	涨跌幅	成交量	持仓量
2024 年 02 月(到期日 2024-02-28;剩余 15 个自然日、8 个交易日;合约乘数 10 000)										
10006623.SH	0.337 7	2.33	654	2 386	2.05	10006624.SH	0.000 7	−41.67	8 247	29 937
10006501.SH	0.287 7	2.75	534	2 121	2.10	10006510.SH	0.001 1	−21.43	5 473	26 973
10006502.SH	0.238 8	3.83	2 473	5 437	2.15	10006511.SH	0.001 9	−17.39	10 117	31 652
10006503.SH	0.188 8	4.89	8 282	17 388	2.20	10006512.SH	0.002 6	−31.58	19 272	58 264
10006504.SH	0.140 8	8.31	23 852	31 064	2.25	10006513.SH	0.004 9	−26.87	43 340	76 689
10006505.SH	0.093 1	10.7	100 120	66 307	2.30	10006514.SH	0.009 9	−34.87	97 953	87 930
10006506.SH	0.054 3	8.82	146 057	68 284	2.35	10006515.SH	0.021 5	−28.33	155 404	55 564
10006507.SH	0.029 7	15.12	206 861	111 409	2.40	10006516.SH	0.045 8	−16.58	124 964	40 975
10006508.SH	0.014 2	23.48	109 129	72 070	2.45	10006517.SH	0.078 6	−13.44	37 745	10 641
10006509.SH	0.006 8	23.64	45 778	58 918	2.50	10006518.SH	0.123 2	−8.4	9 358	5 966
10006591.SH	0.003 5	9.37	18 167	46 490	2.55	10006592.SH	0.166 2	−9.13	1 308	4 629
10006887.SH	0.001 9	72.73	4 805	3 197	2.60	10006888.SH	0.221 7	−1.9	124	73
2024 年 03 月(到期日 2024-03-27;剩余 43 个自然日、28 个交易日;合约乘数 10 000)										
10006481.SH	0.334	1.21	370	3 448	2.05	10006482.SH	0.005 1	−20.31	2 132	18 578
10006461.SH	0.29	3.57	236	1 680	2.10	10006462.SH	0.007	−26.32	5 538	17 273
10006453.SH	0.24	4.35	437	4 122	2.15	10006454.SH	0.010 4	−20	5 385	25 407
10006441.SH	0.193 5	4.43	2 014	4 022	2.20	10006442.SH	0.016	−16.23	14 670	31 667
10006401.SH	0.153 1	6.54	3 721	12 954	2.25	10006410.SH	0.024 6	−13.38	7 770	30 607
10006402.SH	0.114	5.46	10 949	30 115	2.30	10006411.SH	0.036 4	−10.34	15 434	38 460
10006403.SH	0.083 7	9.13	19 957	34 350	2.35	10006412.SH	0.053 8	−11.66	19 868	30 051
10006404.SH	0.057 9	7.82	25 455	49 096	2.40	10006413.SH	0.079 7	−8.81	12 187	16 302
10006405.SH	0.039	11.43	12 850	25 020	2.45	10006414.SH	0.11	−8.56	2 476	6 417
10006406.SH	0.026	7	18 432	23 542	2.50	10006415.SH	0.148 7	−6.18	1 833	5 362
10006407.SH	0.018 3	9.58	7 473	16 710	2.55	10006416.SH	0.188 5	−5.75	511	2 612
10006408.SH	0.012 6	5	4 447	23 161	2.60	10006417.SH	0.238 6	−2.77	265	3 351
10006409.SH	0.008 6	7.5	4 874	32 899	2.65	10006418.SH	0.278 1	−5.15	353	2 814
2024 年 03 月(到期日 2024-03-27;剩余 43 个自然日、28 个交易日;合约乘数 10 161)										
10006131.SH	0.183 5	7.06	357	1 733	2.214	10006133.SH	0.017 4	−17.14	1 988	11 015
10006132.SH	0.14	6.06	309	4 395	2.264	10006134.SH	0.026 5	−14.79	1 559	10 842
10005893.SH	0.105 4	6.79	1 795	4 566	2.313	10005894.SH	0.04	−13.79	1 325	8 885
10005873.SH	0.077 5	10.09	1 752	5 074	2.362	10005874.SH	0.059 8	−10.75	1 376	7 963

续表

	认购				行权价		认沽			
代码	最新价	涨跌幅	成交量	持仓量		代码	最新价	涨跌幅	成交量	持仓量
10005765.SH	0.053 7	9.82	1 688	13 224	2.411	10005774.SH	0.086 1	−8.89	1 291	7 728
10005766.SH	0.036 7	11.21	1 899	16 506	2.460	10005775.SH	0.118	−7.45	218	5 880
10005767.SH	0.024 9	8.73	1 997	12 376	2.510	10005776.SH	0.156	−6.47	530	4 719
10005768.SH	0.016 9	6.29	665	9 602	2.559	10005777.SH	0.200 1	−4.4	169	3 096
10005769.SH	0.012	6.19	684	7 697	2.608	10005778.SH	0.244	−3.86	45	2 989
10005770.SH	0.008 6	7.5	1 032	10 981	2.657	10005779.SH	0.291 9	−2.73	33	2 341
10005771.SH	0.006 6	6.45	984	15 400	2.706	10005780.SH	0.335 5	−2.61	46	1 631
10005772.SH	0.005 6	7.69	994	15 511	2.756	10005781.SH	0.381 8	−2.9	23	1 808
10005773.SH	0.004 4	2.33	1 222	15 040	2.805	10005782.SH	0.432 6	−2.57	24	1 757
10005861.SH	0.003 7	2.78	1 257	12 013	2.854	10005863.SH	0.477 9	−2.31	2	1 649
10005862.SH	0.003 7	19.35	1 606	28 629	2.903	10005864.SH	0.530 1	−1.85	85	2 456

2024年06月(到期日2024-06-26;剩余134个自然日、87个交易日;合约乘数10 000)

10006483.SH	0.365	2.82	103	1 382	2.05	10006484.SH	0.023	−6.5	6 393	19 559
10006463.SH	0.321 3	3.81	73	1 407	2.10	10006464.SH	0.028 6	−8.33	11 153	15 754
10006455.SH	0.276 5	2.1	187	964	2.15	10006456.SH	0.036	−8.86	9 522	9 153
10006443.SH	0.239 5	2.97	238	1 972	2.20	10006444.SH	0.045 2	−10.85	5 891	9 323
10006419.SH	0.202 5	2.32	359	3 954	2.25	10006428.SH	0.058 2	−11.42	2 644	5 178
10006420.SH	0.169 1	1.5	1 420	6 907	2.30	10006429.SH	0.075	−9.64	3 210	7 631
10006421.SH	0.136 8	0.29	2 956	8 855	2.35	10006430.SH	0.094 1	−9.78	3 779	5 775
10006422.SH	0.116	3.02	5 131	7 350	2.40	10006431.SH	0.119	−7.32	3 113	4 350
10006423.SH	0.093 3	1.86	3 247	6 868	2.45	10006432.SH	0.147 4	−7.41	694	2 305
10006424.SH	0.075 2	1.08	2 526	10 261	2.50	10006433.SH	0.181 8	−5.41	1 071	2 766
10006425.SH	0.060 9	0.66	1 831	6 828	2.55	10006434.SH	0.218	−3.71	65	895
10006426.SH	0.050 2	0.8	2 349	9 140	2.60	10006435.SH	0.253 9	−4.58	29	1 931
10006427.SH	0.04	2.04	4 207	19 223	2.65	10006436.SH	0.294 4	−3.13	92	2 025

2024年06月(到期日2024-06-26;剩余134个自然日、87个交易日;合约乘数10 161)

10006167.SH	0.227 2	2.11	542	1 185	2.214	10006176.SH	0.048 5	−11.82	1 367	3 646
10006168.SH	0.190 1	1.77	35	1 345	2.264	10006177.SH	0.064	−8.57	416	1 786
10006169.SH	0.158 1	0.89	36	1 189	2.313	10006178.SH	0.080 2	−9.28	359	1 813
10006170.SH	0.131	0.46	891	1 516	2.362	10006179.SH	0.099 6	−9.12	236	1 378
10006171.SH	0.110 5	2.79	439	1 802	2.411	10006180.SH	0.125 4	−7.25	159	1 165

续表

	认购				行权价		认沽			
代码	最新价	涨跌幅	成交量	持仓量		代码	最新价	涨跌幅	成交量	持仓量
10006172.SH	0.089 4	1.36	325	2 974	2.46	10006181.SH	0.153 8	-6.33	97	1 145
10006173.SH	0.073 8	2.93	117	3 744	2.51	10006182.SH	0.189 5	-3.9	38	945
10006174.SH	0.058	-0.85	626	3 343	2.559	10006183.SH	0.219 7	-6.27	48	1 000
10006175.SH	0.048 3	0.42	1 169	4 153	2.608	10006184.SH	0.264 5	-2.94	59	1 170
10006257.SH	0.040 1	2.3	5 099	6 229	2.657	10006258.SH	0.305 2	-2.18	54	966
10006265.SH	0.033 5	1.82	10 659	14 919	2.706	10006266.SH	0.331 3	-6.44	759	1 870
2024年09月(到期日 2024-09-25;剩余225个自然日、150个交易日;合约乘数10 000)										
10006861.SH	0.390 3	4.3	57	251	2.05	10006862.SH	0.037 1	-8.17	465	845
10006729.SH	0.351 2	4.77	39	372	2.10	10006738.SH	0.047 2	-7.09	912	1 913
10006730.SH	0.309 2	3.65	24	359	2.15	10006739.SH	0.058	-8.23	633	1 666
10006731.SH	0.277 6	5.23	30	459	2.20	10006740.SH	0.071	-8.74	353	2 004
10006732.SH	0.243 3	4.74	304	672	2.25	10006741.SH	0.087 2	-7.92	112	1 861
10006733.SH	0.209 8	3.15	133	559	2.30	10006742.SH	0.103 4	-9.93	406	1 658
10006734.SH	0.184	4.55	263	1 324	2.35	10006743.SH	0.125 7	-7.57	357	1 069
10006735.SH	0.158 5	4.76	641	1 734	2.40	10006744.SH	0.147 1	-8.46	784	1 325
10006736.SH	0.137 5	6.34	713	1 969	2.45	10006745.SH	0.177	-6.74	717	1 136
10006737.SH	0.116 3	5.15	796	3 251	2.50	10006746.SH	0.204 6	-6.96	391	934
10006819.SH	0.097 9	3.38	1 547	3 925	2.55	10006820.SH	0.235 7	-7.39	49	847
10006889.SH	0.083 9	6.2	933	611	2.60	10006890.SH	0.266 7	-7.01	104	101

数据来源：Wind 资讯。

从表 9.3 还可以看出，不同到期月的期权序列的行权价格数量是不相等的。这是因为正在交易的期权会根据标的资产价格的波动情况加挂新的行权价格，以满足实值和虚值期权数量都不少于 4 个的规定。而不同到期月的期权由于开始交易的时间不同，因此加挂行权价格的数量也常常不同。另外，合约单位和行权价格调整后的期权序列不再加挂新的行权价格。近月合约的成交量和持仓量通常都大于远月合约，虚值期权的交易量也通常大于实值期权。

第四节　期权与其他衍生产品的区别与联系

一、期权与期货的区别与联系

期权和期货都是关于未来交易的一种事先约定，但两者在很多方面存在一定的差异。

（一）权利和义务

期货合约的双方都被赋予相应的权利和义务,这种权利和义务在到期日必须行使和履行,也只能在到期日行使和履行。期货的空方常常额外拥有在交割月选择在哪一天交割的权利。而期权合约只赋予权利方权利,义务方则无权利,而只有在权利方行权时进行对应买卖标的物的义务。美式期权的权利方,可在约定期限内的任何交易日行权,也可以不行使权利;美式期权的义务方则需准备随时履行相应的义务。

（二）标准化

期货合约都是标准化的,因为它都是在交易所中交易的,而期权合约则不一定。场外交易的期权是非标准化的,但在交易所交易的期权则是标准化的。①

（三）盈亏风险

对期货交易来说,空方的亏损可能是无限的,盈利则可能是有限的;多方最大的亏损可能是标的资产价格跌至零,盈利可能是无限的。而期权义务方的亏损可能是无限的(看涨期权),也可能是有限的(看跌期权),盈利则是有限的(以期权费为限);期权权利方的亏损风险是有限的(以期权费为限),盈利则可能是无限的(看涨期权),也可能是有限的(看跌期权)。关于这个问题,第十章将加以具体分析。

（四）保证金

期货交易的买卖双方都需交纳保证金。期权的权利方则无须交纳保证金,因为其亏损不会超过他已支付的期权费。而在交易所交易的期权义务方要交纳保证金,这与期货交易一样。场外交易的期权空方是否及如何交纳保证金则取决于双方约定。

（五）套期保值

运用期货进行的套期保值,在把不利风险转移出去的同时,也会把有利风险转移出去,其优点是初始零成本。而期权权利方在运用期权进行套期保值时,只把不利风险转移出去而把有利风险留给自己,但需要为此支付期权费。

二、股票期权与权证的区别与联系

（一）权证的定义和类型

1. 权证的定义

权证(warrants),是发行人与持有者之间的一种契约,其发行人可以是上市公司,也可以是上市公司股东或投资银行等第三者。权证允许其持有人在约定的时间(行权时间),有权利按约定的价格(行权价格)向权证发行人购买或卖出一定数量的标的资产。

2. 权证的类型

根据认股权证的权利不同,权证可以分为认购权证(call warrant)和认沽权证(put warrant)。

认购权证赋予权证持有者在一定期限内按照一定的价格向发行人购买一定数量的标的资产的权利。而认沽权证则赋予权证持有者在一定期限内按照一定的价格向发行人出售一定数量的标的资产的权利。

按照发行者不同,权证一般分为股本权证与备兑权证。

---

① 交易所的灵活期权(flex option)是个例外。

如果权证由上市公司自己发行,就叫作股本权证。它授予持有人一项权利,在到期日或到期日之前按行权价格向上市公司买卖该公司股票。股本权证的两个主要特点是:第一,期限通常较长,可能长达数年;第二,股本权证持有人行使权利时,由于上市公司不能持有自己的股票,往往必须通过新发行股票或注销公司股票的方式进行,因此会导致公司股本扩张(认购权证)或收缩(认沽权证)。目前大部分股本权证都是认购权证。上市公司发行股本权证的主要情形有二:其一是赋予本公司员工或者经理人一定数量的认股权作为激励机制,这类激励权证通常不可转让且交易期限较长;其二是公司在发行新股或是其他类型的公司证券如债券时,将权证附送给证券购买方,用以增加公司证券的吸引力。其中认沽权证,由于赋予持有者按特定价格出售公司股票的权利,具有很强的向市场传达公司经营层信心、保证股价一定会高于执行价格的信息的作用。

如果权证由独立的第三方(通常是投资银行)发行,则称为备兑权证。实际上,备兑权证的标的资产除了可以是个股股票,还可以是股价指数、一篮子股票或其他标的物(如利率、汇率和商品)。

股本权证与备兑权证的差别主要在于:

(1) 发行目的不同。股本权证的发行通常作为公司员工激励机制的一部分,或是作为促进融资和传达公司信心的手段。而备兑权证则是由投资银行或其他第三方根据市场需求或特殊目的(如中国股权分置改革时大股东作为支付对价的手段)而发行的。

(2) 发行人不同。股本权证的发行人为上市公司,而备兑权证的发行人为独立的第三方,一般为投资银行。

(3) 对总股本的影响不同。股本权证行权后,公司总股本的增减等于行使股本权证时所买卖的股票数量,从而对股票价格有压低或提升的作用;备兑权证到期行权时由其发行者,即独立于公司的第三方来进行股票或现金的交割,行权时所需股票完全从市场上购入,上市公司的总股本并不会增减。

虽然最早的权证是从股本权证开始的,但在如今的全球权证市场中,占绝对主导地位的却是备兑权证,股本权证的市场地位则呈现衰落的趋势。以我国的香港市场和台湾市场为例,在香港证券交易所交易的几乎全部是备兑权证(在香港被称为衍生权证,俗称"窝轮"),而在台湾证交所交易的权证全部都是备兑权证。2023年12月31日,香港市场共有衍生权证4 801只。

(二) 股本权证与股票期权的区别

股本权证与股票期权的区别主要在于:

(1) 有无发行环节。股本权证在进入交易市场之前,必须由发行股票的公司向市场发行。而股票期权无须经过发行环节,只要买卖双方同意,就可直接成交。

(2) 数量是否有限。股本权证由于先发行后交易,在发行后,其流通数量是相对固定的。而股票期权没有发行环节,只要有人愿意买,有人愿意卖,就可以成交,因此其数量在理论上是无限的。

(3) 是否影响总股本。股本权证行权后,公司总股本的增减等于行使股本权证时所买卖的股票数量,从而对股票价格有压低或提升的作用;股票期权行权时所需股票完全从市场上购入,上市公司的总股本并不会增减,期权行权对上市公司无任何影响。

备兑权证比股本权证更贴近于股票期权,因为备兑权证的行权也不会影响公司的总股本。因此，两者的区别仅在于有无发行环节和数量是否有限。

案例 9.3 是对我国权证市场的一个简要介绍和描述。

> **【案例 9.3】**
>
> 中国权证市场
>
> 1992 年到 1996 年间，中国股票市场上曾经出现过上市公司向股东发行的认购权证，后因权证市场过度投机、价格暴涨暴跌而被迫关闭。2005 年起权证重返中国市场。沪深交易所挂牌交易的权证分为两类：一类是由上市公司发行的常规股本权证，如深发 SFC1、深发 SFC2、云化 CWB1、马钢 CWB1 等。另一类是在股权分置改革过程中作为股改对价的一部分支付给流通股股东的权证，如五粮 YGC1、招行 CMP1 等。这部分权证行权时不会影响公司的总股本，因此这一类权证属于备兑权证。在这部分权证上市交易后，中国证监会又允许具备资格的券商按照一定的条件创设其中一部分权证。所谓创设，就是由独立的第三方证券公司增发与那些对价权证条款完全相同的权证，以增加流通的权证数量，这类权证也属于备兑权证。2011 年 8 月 11 日，伴随着中国最后一只权证——长虹权证的到期，由于没有新权证发行，权证再次退出中国历史舞台。

三、内嵌期权与实物期权

广义期权在现实中随处可见，较常见的主要有内嵌期权和实物期权。

（一）内嵌期权

内嵌期权，是指在普通的金融产品（如债券、股票等）中，嵌入具有期权性质的条款，使得该产品成为普通金融产品和期权的组合。在债券中嵌入期权最常见的例子是含权债券（bonds with embedded options），就是在普通债券中嵌入期权，如可赎回、可回售、可转换和可交换等权利，从而形成可赎回债券、可回售债券、可转换债券、可交换债券等。在股票或股价指数中嵌入期权最常见的例子是结构性产品，如雪球、安全气囊、累计期权、鲨鱼鳍等。

我们将在第十六章详细介绍结构性产品。这里主要介绍含权债券。

1. 可赎回债券和可回收债券

可赎回是指债券的发行人有权在到期前的特定时刻以事先约定的价格将债券买回。含有这一条款的债券即为可赎回债券（callable bonds）；可回售与之相反，是指债券的投资者有权在到期前的特定时刻按照事先约定的价格将债券卖还给发行人。含有这一条款的债券即为可回售债券（puttable bonds）。

在实际操作中，可赎回债券和可回售债券在发行后经常有一段锁定期（lock-out period），只有在锁定期后赎回条款和回售条款才开始生效。赎回和回售的价格既可以是确定的常数，也可以是一个变化的数值。例如，对于一只 10 年期的可赎回债券，面值为 100，其赎回日程规定如下：锁定期为两年，也就是赎回条款从第三年才开始生效。第三年和第四年的赎回价格为 110，第 5 年和第 6 年的赎回价格为 107，第 7 年和第 8 年的赎回价格为 105，第 8 年后，赎回条款失效。可回售债券的情况与此相似。

从经济理性的角度考虑,当利率下行足够多时,可赎回债券的发行人就有动力发新债还旧债,会行使提前赎回的权利;当利率上行足够多时,可回售债券的投资者就有动力提前卖回债券,拿回现金进行再投资。因此可赎回债就是一个普通债券嵌入了一个发行人拥有的债券看涨期权(利率看跌期权)。以一只5年期且第4年年底可赎回的债券为例,在第4年年底,如果市场利率大幅走低,债券的发行人会发现,他此时以市场的低利率发行1年期债券,筹到的资金用以提前赎回原先票面利率较高、还剩一年到期的旧债券,就可以降低这一年的融资成本,市场利率下降多少,他将节省多少利息;反之,如果第4年年底市场利率上升,显然放弃赎回是最优选择,最后一年的融资成本仍将保持在原先较低的票面利率上。可见,可赎回债券中实际上蕴含了一个以市场利率为标的的期权,发行人是这个期权的多头,处于有利的地位。反过来,可赎回债券的投资者除了拥有债券,同时还是该期权的空头,在期权上处于不利的地位,因为当市场利率下降时,该债券将被提前赎回,此时收回的本金不得不以较低的新利率进行再投资,从而降低了整个投资期内的平均投资回报。

可回售债券的情况则正好与可赎回债券相反,它是一个普通债券嵌入了一个投资者拥有的债券看跌期权(利率看涨期权)。以一只5年期且第4年年底可提前回售的债券为例,在第4年年底,如果市场利率大幅上升时,投资者会发现,他将债券以约定的价格提前卖还给发行人是一个有利的选择,因为收回的资金可以较高的新利率再次对外投资,提高整个投资期的平均投资回报;反之,如果第4年年底市场利率下降,放弃回售是最优选择。可以看出,在可回售债券中,除了拥有债券,投资者还持有一个利率期权的多头,而发行人则持有该利率期权的空头。

总之,可赎回债券和可回售债券实际上都是在债券中嵌入了一定的利率期权形成的。由于利率和债券价格的确定性关系,利率期权本质上也可视为债券期权,因此这两种结构型产品也可认为是在债券中嵌入一定的债券期权形成的。

2. 可转换债券和可交换债券

可转换债券(convertible bonds,简称"可转债")由普通债券和资产交换期权多头构成,该资产交换期权赋予债券持有者在到期前的特定时刻将债券转为规定数量的同一公司发行的普通股的权利。

无论对发行者还是投资者来说,可转债都是一个颇受欢迎的金融工具。对公司而言,第一,在债券中嵌入以投资者为多头的资产交换期权有助于提高债券的吸引力;第二,由于投资者是资产交换期权多头,需要支付期权费,可转债的息票率往往较低,这有助于公司降低融资成本;第三,由于可转债有将债券转为股票的可能性,发行可转债有助于公司降低资产负债率。对投资者而言,可转债也是一项有吸引力的投资。当股票市价较高时,由于转股可能性大,可转债对股票的价格极为敏感,表现出类似股票的特性;而当股票市价较低时,转股可能性小,可转债表现出更多债券的特性。这意味着与投资普通股相比,可转债的风险较低;而与投资债券相比,可转债的收益较高。总之,可转债兼具债券和股票的特性:当可转债未被转为股票时,它依然具有债券相对较低的风险和相对股票的偿还优先性;但可转债的投资者也没有完全放弃对于公司长期收益的要求权,当投资者预期公司有良好的成长空间时,他可以将所持债券转为股票。

可转债的一个变种是可分离可转债。可分离可转债顾名思义就是可转债中所含的期权与普通债券在发行后就分拆掉,在市场上单独交易。

与可转债非常相似的另一种含权债券是可交换债券(Exchangeable Bond,简称"可交债")。它与可转债一样,持有者都有权在未来的一段时间内转换成股票,都相当于债券加资产交换期权。两者的区别表现在:可转债发行人是上市公司本身,转股时候是需要发行新股的,是一个有摊薄效应的工具;可交债发行人是上市公司大股东,转股时不需要发行新股,上市公司大股东把自己持有的一部分股票转给投资者。

在中国市场上,上述含权债券都出现过。目前交易量和存量最大的当属可转债。截至2024年2月18日,我国可转债存量有564只,总市值达8 503.85亿元。我国大部分可转债不仅含有转股权,还有赎回权、回售权和转股价调低权,这些权利分属投资者和上市公司,非常复杂。我们将在第十六章详细分析我国的可转债。

(二) 实物期权

实物期权(real options)的概念最初是由Stewart Myers(1977)[1]提出的,他指出一个投资方案其产生的现金流量所创造的利润,来自截至目前所拥有资产的使用,再加上一个对未来投资机会的选择。也就是说企业可以取得一个权利,在未来以一定价格取得或出售一项实物资产或投资计划,所以实物资产的投资可以应用类似评估一般期权的方式来进行评估。同时又因为其标的物为实物资产,故将此性质的期权称为实物期权。

实物期权属于广义期权,是指附着于企业整体资产或者单项资产上的非人为设计的选择权,包括扩展期权、退出期权、转换期权等。

扩展期权是在现有基础上增加投资和资产,从而扩大业务规模或者扩展经营范围的期权。常见的扩展期权包括实业项目进行追加投资的期权,分阶段投资或者进入下一个阶段的期权,利用原有有形和无形资产扩大经营规模或者增加新产品、新业务的期权,文化艺术品以及影视作品开发实物衍生产品或者演绎作品的期权等。扩展期权最重要的来源是对相应业务的垄断权,包括来自政府或者市场的特许权、来自技术专利的独占权,以及长期的买卖或者合作关系、产品或者业务预订合同等。

退出期权是指在前景不好的情况下,可以按照合理价格即没有明显损失的部分或者全部变卖资产,或者低成本地改变资产用途,从而收缩业务规模或者范围以至退出经营的期权。常见的退出期权包括房地产类资产按接近或者超过购置成本的价格转让、制造业中的通用设备根据业务前景而改变用途、股权投资约定退出条款等形成的期权。

转换期权是指可以根据外部环境的变化进行投入要素或产品的转换的权利。如根据市场需求,土地可以在工业、商业、写字楼、住宅用途之间进行转换。显然这为企业的项目运营提供了机动性,为企业适应市场或竞争环境变化提供有利工具。

许多实物期权的所有权不具有独占性,它可能被多个竞争者共同拥有,因此,在很大程度上是可以共享的。对于共享实物期权,其价值不仅取决于影响期权价值的因素,而且还与竞争者可能采取的策略有关。

在多数情况下,各种实物期权之间存在着一定的关联性。这种关联性不仅表现在同一个项目内部各个子项目之间的前后相关,而且还表现在多个投资项目之间的相互关联即项目之间的复合性。当多个实物期权同时基于某一种标的资产时,它们之间相互影响,后续期

---

[1] Myers, S C. Determinants of Corporate Borrowing[J], Journal of Financial Economics, 1977, 5(2): 147-175.

权的存在增加前期期权的价值,而先期实物期权的实施又有可能改变标的资产的价值,进而影响后续期权的价值。所以,关联性是实物期权非常重要的一个特点。

表 9.4 展示了实物期权与金融期权的主要差异。

表 9.4 实物期权与金融期权的差异

对比项	实物期权	金融期权
是否签订期权合约	否	是
是否存在交易市场	否	是
期限	不太确定	确定
标的资产	不可交易、难以观测	可交易或观测
行权价格	不确定	合约规定
波动率	很难估计	交易估计
对冲难易程度	困难	容易
期权的独占性	常有分享性	独占性强
期权之间的交互作用	广泛的交互作用	一般不存在

案例 9.4 给出了一个典型的实物期权案例。事实上,实物期权的思想还被广泛地运用于土地、房屋、工厂、企业和设备的投资决策分析过程中,涉及制造业、不动产、自然资源、信息与生物技术、收购兼并、竞争战略等诸多领域。只要是一项未来以一定的价格出售或购入某种资产的选择权,都可运用实物期权的思想加以分析,这已成为金融工程方法应用的一个重要方面。

【案例 9.4】
实物期权案例:公司投资决策

A 公司实收资本 1 亿元人民币,经营状况良好,没有负债。目前面临一个投资机会。该公司应该如何决策?

在传统的净现值分析法下,决策者计算出该投资项目的净现值。如果净现值大于 0,就可以投资。但由于公司融资能力是有限的,该公司决定融资来投资该项目,未来若有更好的投资项目,该公司就只能错失良机。

但投资机会是逐一出现的,该公司事先无法知道哪个项目是最好的。假设每个投资机会需要的投资总额都是 1 亿元人民币,A 公司只能选择一个投资项目进行投资。那么,在面临某个投资机会时,该如何决策呢?

我们首先应该认识到,A 公司有选择一个且只有一个投资项目的权利,我们把这种权利视为期权。因此我们应估计出未来各种投资机会好坏的概率分布,并据此计算出该期权的价值。

接下来,在面临某个投资机会时,我们按传统方法计算出该项目的净现值。若该项目的净现值大于该期权价值,我们就决定投资。否则就放弃。

本 章 小 结

1. 期权有广义和狭义之分。狭义的期权,是指赋予其买者在规定期限内按双方约定的价格购买或出售一定数量标的资产的权利的合约。按买或卖的权利划分,期权可以分为看涨期权和看跌期权;按期权多方执行期权的时限划分,期权又可以分为欧式期权和美式期权。

2. 期权的标的可以是股票、股价指数、期货、利率、信用、货币、商品及互换等。

3. 期权买者只有权利而没有义务,卖者只有义务而没有权利。因此,买者要向卖者支付期权费。

4. 在交易所中,期权合约在交易单位、行权价格、到期日、红利和股票分割、交割方式等方面都规定了统一、明确的标准。

5. 期权与期货的最大区别在于权利与义务是否对等。

6. 期权与权证的最大区别在于有无发行环节和数量是否有限。

7. 期权在现实中还常常以其他多种方式存在,主要体现为内嵌期权和实物期权。

即 测 即 评

习 题

1. 为什么美式期权价格至少不低于同等条件下的欧式期权价格?

2. 为什么交易所向期权卖方收取保证金而不向买方收取保证金?

3. "期权交易具有很高的杠杆,因此征收越高的保证金,期权交易的风险越低。"试评论这一观点。在期权交易中征收很高的保证金,可能产生什么不利影响?

4. 投资者 A 于 2024 年 2 月 8 日按每股 0.112 8 元的价格卖出一份 9 月到期行权价为 2.30 的 50ETF 认沽期权,共收入期权费 1 128 元。该期权合约的前结算价为 0.114 8 元,50ETF 前收盘价为 2.380 元。请计算该投资者应缴纳的开仓保证金。2 月 8 日,50ETF 收盘价为 2.385 元,上述期权的结算价为 0.103 4 元,请计算该投资者的维持保证金。投资者当天浮动盈亏金额是多少?

5. 请简要说明股票期权和权证、金融市场上的股票看涨期权和雇员股票期权的差别。

6. 考虑上海证券交易所交易的一个看涨期权合约,期权在 4 个月后到期,期权拥有人有权以每股 3.00 元的行权价格买入 10 000 份上证 50ETF。说明在以下情况下期权合约条款的变化:

(1) 10%的股票股息;

(2) 10%的现金红利；

(3) 1拆4的股票分割。

7. 请根据上海证券交易所推出的上证50ETF期权交易合约中的规定,以具体数字举例,清晰说明到期交割将如何进行。

8. 请用一个实际例子说明用期货和期权进行套期保值存在哪些差异。

第十章 期权的回报与价格分析

作为投资者,交易期权最关注的就是未来可能获得的收益、可能承担的风险和期权价格的变化情形。本章将运用图形、公式和表格相结合的方式讨论期权的回报与盈亏,并进一步对期权价格的可能分布区间及影响期权价格的主要因素进行深入分析。

第一节 期权的回报与盈亏分布

本节将分析期权到期时多空双方[①]的回报(payoff)与盈亏(gain or loss)分布。这两个概念的区别在于,回报未考虑期权费,而盈亏则考虑了期权费对交易双方最终收益状况的影响。从这一章开始,K 表示期权的行权价格,c 与 p 表示欧式看涨期权与看跌期权价格,C 与 P 表示美式看涨期权与看跌期权价格。除非另有定义,其他符号仍沿用第三章中的定义。

一、看涨期权的回报与盈亏分布

以一个行权价格(K)为 40 元的欧式股票看涨期权为例,期权到期时多头的回报与盈亏分布如图 10.1(a)所示。

可以看到,期权到期时,标的股票价格若高于行权价格 40 元,多头必然行权,按 40 元买入股票获利,股票价格比 40 元高多少,多头就获得多少回报;若股票价格低于 40 元,多头弃权,回报为零。由于不考虑期权费,看涨期权多头的回报如图中的"期权回报"线所示,40 元以下为零,40 元以上则以 45 度角向右上方延伸。

在计算盈亏时,就要考虑付出的期权费(c)成本(为分析方便,不考虑利息成本和交易费用,下同)。因此,看涨期权多头的盈亏线就要比回报线向下平移,平移量正是多头所支付的期权费。值得注意的是,40 元仍然是看涨期权多头是否执行期权的转折点,但只有当股票价格涨到图中 A 点(称为盈亏平衡点,等于 $K+c$)以后,期权多头才开始盈利。

由于期权合约是零和游戏,期权多头和空头的回报和盈亏正好相反,据此可以画出看涨期权空头的回报和盈亏分布,如图 10.1(b)所示。

从图中可以看出,看涨期权多头的亏损风险是有限的,其最大亏损限度是期权价格,而其盈利可能是无限的。相反,看涨期权空头的亏损可能是无限的,而盈利是有限的,其最大

---

① 如无特别说明,以下章节中的期权多方是指期权买方,即权利方;期权空方是指期权卖方,即义务方。

盈利限度是期权价格。期权多头以较低的期权费为代价换取较大盈利的可能性,如同买了一个保险,这也是期权费在英文中为何与保险费为同一个词(premium)的主要原因。而期权空方则为了赚取期权费冒着大量亏损的风险。

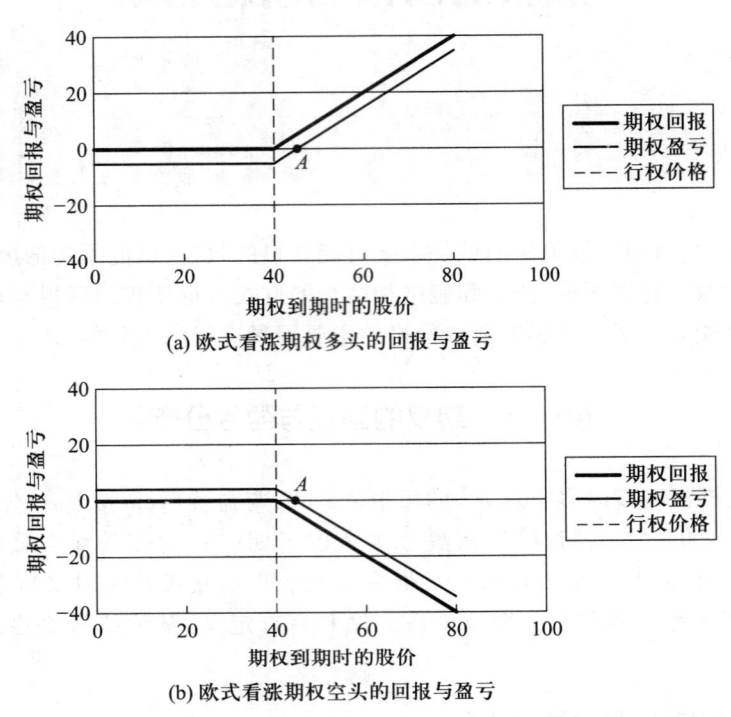

图 10.1　欧式看涨期权回报与盈亏分布

二、看跌期权的回报与盈亏分布

行权价格为 40 元的欧式看跌期权的回报与盈亏分布如图 10.2 所示。显然,期权到期时,标的股票价格若低于行权价格 40 元,多头必然行权,按 40 元卖出股票获利,股票价格比 40 元低多少,多头就获得多少回报;若股票价格高于 40 元,多头弃权,回报为零。由于不考虑期权费,看跌期权多头的回报如图 10.2(a)中的"期权回报"线所示,40 元以上为零,40 元以下则以 45 度角向左上方延伸。

由于考虑了付出的期权费(p)成本,看跌期权多头的盈亏线也要比回报线向下平移,平移量也是多头所支付的期权费。与看涨期权类似,40 元仍然是看跌期权多头是否执行期权的转折点,但只有当股票价格跌到盈亏平衡点 B 点(等于 $K-p$)之下,期权多头才开始盈利。

看跌期权也是零和游戏,多空双方的回报和盈亏正好相反,据此可以画出欧式看跌期权空头的回报与盈亏分布,如图 10.2(b)所示。

从图中可以看到,看跌期权多头的亏损风险是有限的,其最大亏损限度也是期权费。但其盈利可能并非无限,当标的资产价格为零时看跌期权多头的盈利最大,等于行权价格减去期权价格。看跌期权空方的盈亏状况与多方刚好相反,盈利为有限的期权费,亏损也是有限

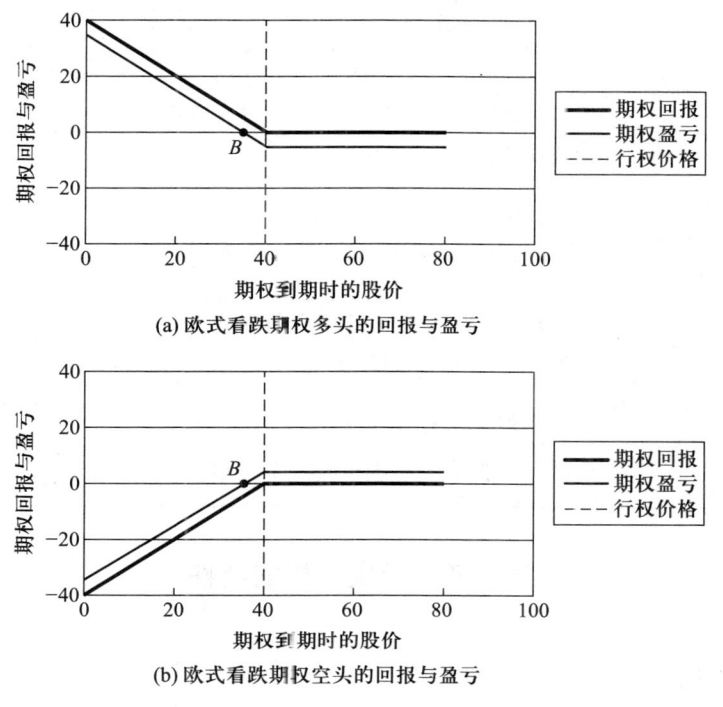

图 10.2 欧式看跌期权回报与盈亏分布

的,其最大限度为行权价格与期权价格之差。

特别需要说明的是,尽管上述回报和盈亏图对于快速、直观地把握期权特征有很大帮助,但图中并没有回报和盈亏对应的概率分布,从而很容易让人误解期权多空双方在盈亏上严重不对称。实际上期权多方的特征是"大概率亏期权费,小概率获利";期权空方刚好与之相反,"大概率赚期权费,小概率亏损"。在一个公平市场上,期权多空双方的期望损益是相对称的。只要在卖出期权后,能有效地对冲小概率亏损的风险,仍然是可以充当期权空方的,如专业的金融机构。但如果单纯卖出期权,就是在冒小概率的巨亏风险,是高风险的行为。

三、期权到期回报公式

除了回报与盈亏分布图,还可以用公式来描述期权到期的回报与盈亏状况。表 10.1 给出了欧式期权到期回报与盈亏的计算公式。

对期权回报与盈亏分布图和计算公式的深刻理解与认知是非常重要的,它们描述了期权的本质特征。现代金融市场与现代经济中,很多期权以复合的或是复杂不易辨别的产品形式存在,如在第九章介绍的内嵌期权和实物期权。对此类产品进行解构、分析和管理的第一步,就是根据这些产品的回报判断其是否为期权,期权的标的资产、行权价格、到期期限等要素如何。

表 10.1 欧式期权多空到期时的回报与盈亏

头寸	到期回报公式		到期盈亏公式
	公式	分析	
看涨期权多头	$\max(S_T-K,0)$	若到期价格 S_T 高于 K，多头行权获得差价；否则弃权，回报为零	$\max(S_T-K,0)-c$
看涨期权空头	$-\max(S_T-K,0)$ 或 $\min(K-S_T,0)$	若到期价格 S_T 高于 K，多头行权，空头损失差价；否则多头弃权，空头回报为零	$-\max(S_T-K,0)+c$ 或 $\min(K-S_T,0)+c$
看跌期权多头	$\max(K-S_T,0)$	若到期价格 S_T 低于 K，多头行权获得差价；否则弃权，回报为零	$\max(K-S_T,0)-p$
看跌期权空头	$-\max(K-S_T,0)$ 或 $\min(S_T-K,0)$	若到期价格 S_T 低于 K，多头行权，空头损失差价；否则多头弃权，空头回报为零	$-\max(K-S_T,0)+p$ 或 $\min(S_T-K,0)+p$

第二节 期权价格的特性

一、期权价格

为了更好地了解期权价格的特性，学界和业界常把期权价格分为内在价值（intrinsic value）和时间价值（time value）。但学界和业界对内在价值的定义五花八门，其中最常见有两种。

（一）将内在价值定义为立即行权所能获得的价值

看涨期权的内在价值定义为 $\max(S-K,0)$，看跌内在价值定义为 $\max(K-S,0)$。这种定义并未区分美式期权与欧式期权的不同特点。常见的教材和文献（Hull，2022；Neftci，2013）均采用该定义，上交所、深交所、Wind 资讯[①]等也采用该定义。该定义的优点是简单，但实际应用中存在较大的缺陷。主要问题包括以下几点：① 标的资产价格是当前的价格，而欧式期权的行权价格是到期时才可能支付的价格。不同时点的价格不能简单比较，因为货币是有时间价值的。② 用该定义确定的同一到期期限的平值[②]看涨期权和平值看跌期权的价格不相等。从理论上说，平值看涨期权和平值看跌期权的全部价值均来源于时间价值，即波动带来的价值，由于标的资产相同，标的资产的波动当然相同，同一到期期限的两类期权价值应该相等。③ 根据该定义计算的时间价值可能出现负值。因为期权多方只有权利没有义务，时间价值作为波动为期权多方带来隐含好处的价值应当是大于等于零的。④ 该定义下平值期权的时间价值不是最大的，这有违定义平值点的初衷。⑤ 该方法没有对美式和欧式期权做区分。实际上何时可以行权、能否提前行权对于合约的内在价值和时间价值都是有影响的，平值点也理应不同。⑥ 该方法没有考虑标的资产具有卖空限制等市场不完美情形。

---

① 在本书第 5 版出版后，万得（Wind）资讯自 2022 年 1 月 4 日起改用本书的定义，但仍存在一些缺点。
② 该定义的平值点为 $S=K$。

(二) 将内在价值定义为行权所能获得价值的现值

欧式看涨期权的内在价值定义为 $\max(S-Ke^{r(T-t)},0)$,欧式看跌内在价值定义为 $\max(Ke^{r(T-t)}-S,0)$。这种定义解决了第一种定义没有考虑货币时间价值的问题,但并没有解决第一种定义的其他问题。

为了解决上述问题,我们采用两分法来定义期权的内在价值和时间价值:期权的内在价值是在不考虑标的资产价格波动的情况下,期权条款赋予期权多头的最高价值;期权的时间价值,是指在期权剩余期限内,标的资产价格的波动为期权多头带来收益的可能性所隐含的价值(波动带来的价值)。时间价值会受内在价值的影响,但内在价值不受时间价值的影响。

(三) 期权的内在价值

根据两分法定义和期权的本质特征,我们可以计算出各类期权的内在价值。

1. 欧式看涨期权的内在价值

如果不考虑时间价值,欧式看涨期权合约与远期合约①多头的唯一区别就是前者只有权利没有义务。从第三章可知,对于交割价格为 K 的远期合约的多头来说,如果合理的远期价格为 F,则这份远期协议的价值 f 为 $(F-K)e^{-r(T-t)}$。对于期权合约来说,当远期价值为正时,期权多头拥有同样的远期价值;远期价值为负时,期权多头可以选择弃权,其拥有的价值最小为零。因此,欧式看涨期权的内在价值的计算公式为:

$$\max(f,0)=\max[(F-K)e^{-r(T-t)},0] \tag{10.1}$$

在完美市场中,利用远期价格和现货价格的关系(见式(3.2)、式(3.5)和式(3.7)),欧式看涨期权内在价值也可表示为:

无红利资产:

$$\max[S-Ke^{-r(T-t)},0] \tag{10.2}$$

已知现金红利资产:

$$\max[S-I-Ke^{-r(T-t)},0] \tag{10.3}$$

已知红利率资产:

$$\max[Se^{-q(T-t)}-Ke^{-r(T-t)},0] \tag{10.4}$$

式中:I 表示红利的现值;

q 表示标的资产的连续红利率。

2. 欧式看跌期权的内在价值

如果不考虑时间价值,欧式看跌期权合约与远期合约空头的唯一区别就是前者只有权利没有义务。同样道理,欧式看跌期权内在价值的计算公式为:

$$\max[-f(t,T),0]=\max[(K-F)e^{-r(T-t)},0] \tag{10.5}$$

在完美市场中,利用远期价格和现货价格的关系,欧式看跌期权内在价值也可表示为:

无红利资产:

$$\max[Ke^{-r(T-t)}-S,0] \tag{10.6}$$

已知现金红利资产:

---

① 如无特别说明,远期和欧式期权的标的资产、期限相同,期权的行权价格等于远期的交割价格。下同。

$$\max[Ke^{-r(T-t)}-S+I,0] \tag{10.7}$$

已知红利率资产:

$$\max[Ke^{-r(T-t)}-Se^{-q(T-t)},0] \tag{10.8}$$

3. 中国期权的内在价值

我国 ETF 每年一般都有分红,因此属于有红利资产,ETF 期权都有红利保护机制,而 ETF 远期合约没有红利保护机制,因此其内在价值必须调整为:

看涨期权的内在价值:

$$\max[(F-K)e^{-r(T-t)}+I,0] \tag{10.9}$$

看跌期权的内在价值:

$$\max[(K-F)e^{-r(T-t)}-I,0] \tag{10.10}$$

另外,由于在中国市场上,做空现货存在很大的限制,做空现货的成本也很高,远期(期货)和现货之间的套利活动无法自由开展,式(3.2)就不适用,因此期权的内在价值就不能用式(10.2)和式(10.6)来表达。

我们沿用第四章的定义,把现货价格与期货价格之差定义为基差①。这样就可以用现货价格来表述 ETF 期权的内在价值。其中:

ETF 看涨期权的内在价值为:

$$\max((S-b-K)e^{-r(T-t)}+I,0) \tag{10.11}$$

ETF 看跌期权的内在价值为:

$$\max((K-S+b)e^{-r(T-t)}-I,0) \tag{10.12}$$

而股价指数在遇到成分股分红时,指数不做调整,因此可以视为有红利资产。另外,我国股指期权和股指期货均没有红利保护机制,因此其内在价值适用式(10.1)和式(10.5)。但同样由于现货的做空限制,其内在价值就不能用式(10.4)和式(10.8)来表达,而应该表示为:

股指看涨期权的内在价值:

$$\max((S-b-K)e^{-r(T-t)},0) \tag{10.13}$$

股指看跌期权的内在价值:

$$\max((K-S+b)e^{-r(T-t)},0) \tag{10.14}$$

4. 无红利资产美式看涨期权的内在价值

美式期权多头由于可以随时行权,而且多头会选择在最有利的时点行权。因此,美式看涨期权可以看作以所有可能行权日为到期日的一系列欧式期权中价格最高者。该美式看涨期权的内在价值也就是这些欧式期权中的最高内在价值。

我们用 $F(t,\tau)$ 表示到期日为 τ 的远期价格。在完美市场中,由于 $[F(t,\tau)-K]e^{-r(\tau-t)}$ 是行权日(τ)的递增函数,$\tau=T$ 时无红利资产美式看涨期权内在价值是最大的,因此无红利资产美式看涨期权的内在价值与欧式期权是一样的,也可以表示为式(10.1)和式(10.2)。

在存在卖空限制的不完美市场中,由于式(3.3)不一定成立,我们无法保证 $[F(t,\tau)-$

---

① 值得注意的是,在金融期货领域,业界经常把基差定义为期货价格与现货价格之差。这里为了全书统一,我们仍然沿用第四章的定义。ETF 现货与期货的基差可以通过指数现货与期货推算,只是计算时要注意期权与期权到期日的差别。

$K]\mathrm{e}^{-r(\tau-t)}$ 是行权日 (τ) 的递增函数①,因此无论现货是否支付红利,美式看涨期权的内在价值只能用如下公式②表示:

$$\max[\max_i f(t,\tau_i),0] = \max\{\max_i[F(t,\tau_i)-K]\mathrm{e}^{-r(\tau_i-t)},0\} \quad (10.15)$$

式中:$i = t, t+1, t+2, \cdots, T-1, T$;

$\max_i$ 是指在 i 的所有可能取值中函数值的最大者;τ_i 是第 i 个可能的行权日。

在不完美市场中,如果用现货价格来表示,则无论现货是否支付红利,美式看涨期权的内在价值都可以表示为:

$$\max(\max_i\{S-b(t,\tau_i)-K\}\mathrm{e}^{-r(\tau_i-t)},0) \quad (10.16)$$

其中,$b(t,\tau_i)$ 表示现货价格减去到期日为 τ_i 的期货价格。

5. 无红利资产美式看跌期权的内在价值

美式看跌期权可以看作以所有可能行权日为到期日的一系列欧式期权中价格最高者。该美式看跌期权的内在价值也就是这些欧式期权中的最高内在价值。

同理,在完美市场中,由于 $[K-F(t,\tau)]\mathrm{e}^{-r(t,\tau)}$ 是行权日的递减函数,可以发现在当前时刻 t 无红利资产美式看跌期权内在价值是最大的,而 $F(t,t)=S$,因此无红利资产美式看跌期权的内在价值为:

$$\max(K-S,0) \quad (10.17)$$

用 T 时刻到期的远期价格来表示,则根据式(3.2),式(10.17)也可以写成:

$$\max[K-F(t,T)\mathrm{e}^{-r(t,T)},0] \quad (10.18)$$

在存在卖空限制的不完美市场中,无论现货是否支付红利,美式看跌期权的内在价值只能用如下公式表示:

$$\max[-\max_i f(t,\tau_i),0] = \max\{\max_i[K-F(t,\tau_i)]\mathrm{e}^{-r(\tau_i-t)},0\} \quad (10.19)$$

在不完美市场中,如果用现货价格来表示,则无论现货是否支付红利,美式看跌期权的内在价值都可以表示为:

$$\max(\max_i(K-S+b(t,\tau_i))\mathrm{e}^{-r(\tau_i-t)},0) \quad (10.20)$$

6. 有红利资产③美式看涨期权的内在价值

以只派发一次红利为例,我们可以将期权剩余期限以股权登记日 (τ) 为界分为两段。在这两段时间中,标的资产都可视为无红利资产。按照前面的分析,两段时间内最大的内在价值都是期末的,我们只要比较两个期末到期的欧式看涨期权的内在价值就可以了。因此在完美市场中,有红利资产美式看涨期权的内在价值为:

$$\max\{[F(t,\tau)-K]\mathrm{e}^{-r(\tau-t)},[F(t,T)-K]\mathrm{e}^{-r(T-t)},0\} \quad (10.21)$$

或者写成:

$$\max[S-K\mathrm{e}^{-r(\tau-t)},S-I-K\mathrm{e}^{-r(T-t)},0] \quad (10.22)$$

7. 有红利资产美式看跌期权的内在价值

---

① 在 2015 年及其后的较长时间内,由于存在较严重的卖空限制,我国三大股指期货期限越长的价格越低,即使考虑它们的标的资产是有红利资产,也完全不符合式(3.3)。

② 假定不同期限的利率水平都等于 r。下同。

③ 对于支付已知红利率资产的美式看涨和看跌期权,我们也可以用类似方法求出其内在价值。但结果较复杂,这里就不具体列出。

以只派发一次红利为例,我们可以将期权剩余期限以除权日(τ)为界分为两段。在这两段时间中,标的资产都可视为无红利资产。按照前面的分析,在完美市场中,其内在价值为:

$$\max\{K-S,[K-F(t,\tau)]e^{-r(\tau-t)},0\} \tag{10.23}$$

或者写成:

$$\max[K-S,Ke^{-r(\tau-t)}-(S-I),0] \tag{10.24}$$

8. 期货期权的内在价值

以上讨论的都是现货期权[①]。现货期权的标的资产是现货,而期货期权的标的资产是期货。而期货本身有期限,因此期货期权的到期月份与标的期货合约的到期月份是相同的,只是期货期权的最后交易日通常是在标的期货合约交割月前第一月的某个交易日。如上期所阴极铜期货合约的最后交易日是在交割月份的 15 日(遇国家法定节假日、休息日顺延),而阴极铜期货期权的最后交易日是标的期货合约交割月前第一月的倒数第五个交易日。如 2024 年 4 月到期的阴极铜期货合约的最后交易日是 2024 年 4 月 15 日,而该期货合约期权的最后交易日为 3 月 25 日。

为了表述方便,我们把 T^* 日到期的标的期货合约在 t 日的价格表示为 $F(t,T^*)$。τ 日 ($t \leq \tau \leq T^*$)到期的该期货合约在 t 日的远期价格表示为 $G(t,\tau,T^*)$。由于期货可以视同为红利率为无风险利率 r 的资产,根据式(3.7),在不考虑保证金的情况下,期货远期价格与其标的资产期货的价格有如下关系:

$$G(t,\tau,T^*)=F(t,T^*)e^{(r-r)(T^*-t)}=F(t,T^*)$$

因此,欧式期货看涨期权,其内在价值仍然可以用式(10.1)表示:

$$\max[(F(t,T^*)-K)e^{-r(T-t)},0]$$

因此,欧式期货看跌期权,其内在价值仍然可以用式(10.5)表示:

$$\max[(K-F(t,T^*))e^{-r(T-t)},0]$$

美式期货期权多头由于可以随时行权,而且多头会选择在最有利的时点行权。因此,美式期货期权可以看作是以所有可能行权日为到期日的一系列欧式期货期权中价格最高者。该美式期货期权的内在价值也就是这些欧式期货期权中的最高内在价值。

由于 $G(t,\tau,T^*)=F(t,T^*)$,而 $\max[(F(t,T^*)-K)e^{-r(T-t)},0]$ 是行权日(τ)的递减函数,$\tau=t$ 时内在价值是最大的,因此期货美式看涨期权的内在价值为 $\max(K-F(t,T^*),0)$。而 $\max[(K-F(t,T^*))e^{-r(T-t)},0]$ 也是行权日(τ)的递减函数,$\tau=t$ 时内在价值也是最大的,因此期货美式看涨期权的内在价值为 $\max(F(t,T^*)-K,0)$。

由于期货可以自由做多和做空,因此不需要区分完美市场与不完美市场的情况。

表 10.2 和表 10.3 归纳了完美市场和不完美市场中期权内在价值的计算公式。

---

① 如果没有特别说明,本书所指期权均指现货期权。

表 10.2 完美市场中期权的内在价值

分类			用远期价格①表示	用标的价格表示
看涨期权	欧式	无红利	$\max((F-K)e^{-r(T-t)},0)$	$\max(S-Ke^{-r(T-t)},0)$
		有红利		$\max(S-I-Ke^{-r(T-t)},0)$
		红利率		$\max(Se^{-q(T-t)}-Ke^{-r(T-t)},0)$
		中国 ETF	$\max((F-K)e^{-r(T-t)}+I,0)$	—
	美式	无红利	$\max((F-K)e^{-r(T-t)},0)$	$\max(S-Ke^{-r(T-t)},0)$
		有红利	$\max((F(t,\tau)-K)e^{-r(\tau-t)},(F(t,T)-K)e^{-r(T-t)},0)$	$\max(S-Ke^{-r(\tau-t)},S-I-Ke^{-r(T-t)},0)$
		期货	$\max(F(t,T^*)-K,0)$	$\max(F(t,T^*)-K,0)$
看跌期权	欧式	无红利	$\max((K-F)e^{-r(T-t)},0)$	$\max(Ke^{-r(T-t)}-S,0)$
		有红利		$\max(Ke^{-r(T-t)}-S+I,0)$
		红利率		$\max(Ke^{-r(T-t)}-Se^{-q(T-t)},0)$
		中国 ETF	$\max((K-F)e^{-r(T-t)}-I,0)$	—
	美式	无红利	$\max(K-Fe^{-r(t,T)},0)$	$\max(K-S,0)$
		有红利	$\max(K-Fe^{-r(t,T)},(K-F(t,\tau))e^{-r(\tau-t)},0)$	$\max(K-S,Ke^{-r(\tau-t)}-(S-I),0)$
		期货	$\max(K-F(t,T^*),0)$	$\max(K-F(t,T^*),0)$

注:无红利是指期权存续期内标的资产无红利,有红利是指期权存续期内标的资产有已知的现金红利,红利率是指期权存续期内标的资产有已知的红利率,下同。

表 10.3 不完美市场中期权的内在价值

分类			用远期价格表示	用标的价格表示
看涨期权	欧式	普通	$\max((F-K)e^{-r(T-t)},0)$	$\max((S-b-K)e^{-r(T-t)},0)$
		中国 ETF	$\max((F-K)e^{-r(T-t)}+I,0)$	$\max((S-b-K)e^{-r(T-t)}+I,0)$
	美式	现货	$\max(\max_i(F(t,\tau_i)-K)e^{-r(\tau_i-t)},0)$	$\max(\max_i(S-b(t,\tau_i)-K)e^{-r(\tau_i-t)},0)$
		期货	$\max(F(t,T^*)-K,0)$	$\max(F(t,T^*)-K,0)$
看跌期权	欧式	普通	$\max((K-F)e^{-r(T-t)},0)$	$\max((K-S+b)e^{-r(T-t)},0)$
		中国 ETF		
	美式	现货	$\max(\max_i(K-F(t,\tau_i))e^{-r(\tau_i-t)},0)$	$\max(\max_i(K-S+b(t,\tau_i))e^{-r(\tau_i-t)},0)$
		期货	$\max(F(t,T^*)-K,0)$	$\max(F(t,T^*)-K,0)$

(四) 实值期权、平值期权与虚值期权

与期权内在价值紧密联系的几个概念是期权的平值点以及相应的实值期权(in the

---

① 在实践中,如果有活跃的远期市场,那么远期价格就可以从市场直接得到。如果没有活跃的远期市场,那么可以用期货价格来替代。远期价格和期货价格的关系我们在第三章已讨论过。值得注意的是,远期和期货的期限必须与期权一致。但在我国,ETF 期权的到期日为第 4 个周三,而上证 50 股指期货和沪深 300 股指期货的到期日是第 3 个周五,因此在使用时要对到期日进行调整。

money, ITM)、平值期权(at the money, ATM)与虚值期权(out of the money, OTM)。所谓平值点,就是期权内在价值由正值变化到零的行权价格的临界点。根据上述对期权内在价值的分析,我们可以把期权的平值点归纳为表10.4。

对于看涨期权来说,行权价格小于平值点的就是实值期权,行权价格大于平值点的就是虚值期权;对于看跌期权来说,行权价格大于平值点的就是实值期权,行权价格小于平值点的就是虚值期权。虚值期权和平值期权的内在价值为零,其全部价值都体现为时间价值,而实值期权具有正的内在价值。

表 10.4 期权的平值点

分类			完美市场		不完美市场	
			用远期价格表示	用标的价格表示	用远期价格表示	用标的价格表示
看涨期权	欧式	无红利	F	$Se^{r(T-t)}$	F	$S-b$
		有红利		$(S-I)e^{r(T-t)}$		
		红利率		$Se^{(r-q)(T-t)}$		
		我国 ETF	$F+Ie^{r(T-t)}$	—	$F+Ie^{r(T-t)}$	$S-b+Ie^{r(T-t)}$
	美式	无红利	F	$Se^{r(T-t)}$	$\max_i(F(t,\tau_i))$	$\max_i(S-b(t,\tau_i))$
		有红利	$\max(F(t,\tau),F(t,T))$	$\max(Se^{r(\tau-t)},(S-I)e^{r(T-t)})$		
		期货	$F(t,T^*)$	$F(t,T^*)$	$F(t,T^*)$	$F(t,T^*)$
看跌期权	欧式	无红利	F	$Se^{r(T-t)}$	F	$S-b$
		有红利		$(S-I)e^{r(T-t)}$		
		红利率		$Se^{(r-q)(T-t)}$		
		我国 ETF	$F+Ie^{r(T-t)}$	—	$F+Ie^{r(T-t)}$	$S-b+Ie^{r(T-t)}$
	美式	无红利	$Fe^{-r(t,T)}$	S	$\min_i(F(t,\tau_i))$	$\min_i(S-b(t,\tau_i))$
		有红利	$\min(Fe^{-r(t,T)},F(t,\tau))$	$\min(S,(S-I)e^{r(\tau-t)})$		
		期货	$F(t,T^*)$	$F(t,T^*)$	$F(t,T^*)$	$F(t,T^*)$

从表10.4可以看出,欧式期权的看涨期权与看跌期权的平值点都是相同的,而美式期权的看涨期权与看跌期权则是不同的。

由于我国 ETF 期权都存在红利保护机制,所以它们的平值点也比较特殊,应该表达为:
$$F+Ie^{r(T-t)} \quad \text{或者} \quad S-b+Ie^{r(T-t)}$$

与实值期权和虚值期权密切相关的概念是期权的在值程度(moneyness)。业界和学界关于在值程度的定义也各有不同,有的用 $K-K_{ATM}$,有的用 K/K_{ATM},其中 K_{ATM} 为上文定义的平值点。我们认为较为科学的定义是 $\ln \dfrac{K}{K_{ATM}}$。之所以取对数是因为其值域范围为 $(-\infty,+\infty)$,这样虚值和实值程度在幅度上可以对称,有利于比较。显然,平值期权的在值程度为0;实值看涨期权的在值程度小于0,虚值看涨期权的在值程度大于0;实值看跌期权的在值程度大于0,虚值看跌期权的在值程度小于0。之所以没有区分看涨和看跌的在值程度度量公式,则是为了方便在同一张图中表示看涨期权和看跌期权的在值程度。

(五) 期权的时间价值

前已述及,期权的时间价值是指在期权剩余期限内标的资产价格的波动为期权多头带来收益的可能性所隐含的价值(波动带来的价值)。显然,期权的时间价值是基于期权多头权利义务不对称这一特性,在期权到期前,标的资产价格的变化可能给期权多头带来的收益的一种反映。

很容易证明,按本书对期权内在价值的定义,期权的时间价值一定大于等于 0。这是因为期权的价值等于内在价值加上时间价值,如果期权的时间价值小于 0,那么期权的价值就会小于期权的内在价值,这样我们就可以做多期权同时做空远期来获取无风险利润。[①]

在其他条件相同的情况下,一般来说,距离期权到期时间越长,期权时间价值越大,对美式期权来说尤其如此。这也是称之为"期权的时间价值"的原因。

在其他条件相同的情况下,标的资产价格的变化越大,期权的时间价值就越大。一般用标的资产价格的波动率来描述价格的变化,其确切定义将在第十一章给出。因此有时也将期权的时间价值称为期权的波动价值。

另一个重要的关系是期权内在价值与时间价值之间的相关性。图 10.3 近似描述了期权的时间价值和在值程度的关系。如果按本书的平值点和在值程度定义,那么平值期权(在值程度为 0)的时间价值最大,实值期权与虚值期权的时间价值则随着实值和虚值程度的提高而逐渐递减。[②]

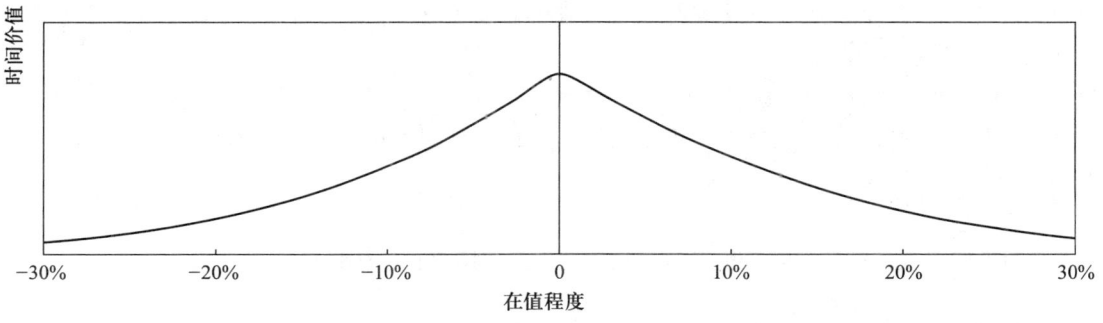

图 10.3 期权时间价值与在值程度的关系

例 10.1 能帮助我们很好地理解期权内在价值与时间价值之间的关系。

> **【例 10.1】**
>
> **内在价值与时间价值**
>
> 假设 A 股票(无红利)的市价为 9.05 元,A 股票有两种欧式看涨期权,其行权价格 K_1 为 10 元,K_2 为 8 元,它们的有效期都是 1 年,1 年期无风险利率为 10%(连续复利)。显然,这两种期权的内在价值分别为:
>
> $$\max[S-K_1 e^{-r(T-t)}, 0] = \max(9.05 - 10 \times e^{-10\% \times 1}, 0) = \max(0, 0) = 0$$

---

① 详细证明请读者通过课后习题来尝试。
② 在下一章将介绍的 B-S-M 期权定价框架下,对于在值程度绝对值相等的期权,其时间价值将相等,图 10.3 是绝对对称的。

和

$$\max[S-K_2 e^{-r(T-t)}, 0] = \max(9.05-8\times e^{-10\%\times 1}, 0) = 1.81(元)$$

期权1处于平值点,而期权2是实值期权。那么,哪一种期权的时间价值高呢?

假设这两种期权的时间价值相等,都等于2元,则期权1的价格为2元,期权2的价格为3.81元。那么如果让你从中挑一种期权,你愿意挑哪一种呢?为了比较这两种期权,假定1年后出现如下3种情况:

情况一:$S_T \geq 10$元。期权持有者可从期权1中获利$(S_T-10-2\times e^{0.1}) = S_T-12.21$(元),可从期权2中获利$(S_T-8-3.81\times e^{0.1}) = S_T-12.21$(元)。期权1获利金额等于期权2。

情况二:$8 < S_T < 10$元。期权1亏$2\times e^{0.1} = 2.21$(元),而期权2亏$(S_T-8-3.81\times e^{0.1})$元,介于2.21元与4.21元之间。期权1亏损少于期权2。

情况三:$S_T \leq 8$元。期权1亏$2\times e^{0.1} = 2.21$(元),而期权2亏$3.81\times e^{0.1} = 4.21$(元)。期权1亏损少于期权2。

由此可见,未来A股票价格无论是涨、跌还是平,期权1均优于或等于期权2。显然,期权1的时间价值不应等于而应高于期权2的时间价值。

再引入期权3:K_3为12元,其他条件相同。比较期权1和期权3,期权1处于平值点,而期权3为虚值期权。读者可以通过同样的分析发现,期权1的时间价值应高于期权3的时间价值。

推广上述结论可以发现,无论期权2和期权3的行权价格如何选择,只要是虚值或实值期权,其时间价值一定小于平值期权,且时间价值随期权实值和虚值程度的增加而递减。

案例10.1则呈现了内在价值不同计算方法对时间价值的影响。

【案例10.1】

2020年2月10日,沪深300股价指数为3 916.01点,2月21日到期的沪深300股指期货价格为3 891.4点,2周的SHIBOR为2.292%,沪深300股价指数的红利率为1.5%。2月21日到期的沪深300股指期权价格如表10.5的第1列(看涨期权)和第7列(看跌期权)所示。

我们根据表10.2的定义,分别用现货价格和期货价格来计算内在价值,计算结果如表10.5的第2列(看涨期权)、第3列(看涨期权)和第8列(看跌期权)、第9列(看跌期权)所示。再根据期权价格和不同的内在价值定义计算期权的时间价值,结果如表10.5的第4列、第5列和第10列、第11列所示。

从表10.5可以看出,如果使用现货价格来计算期权的内在价值,那么期权的时间价值就可能出现负数的情况。显然这样的定义是不合理的。这是因为做空沪深300现货受到很大限制,属于不完美市场的情形,因此不能使用现货价格来计算期权的内在价值,而只能使用期货价格来计算期权的内在价值。

表 10.5 期权的时间价值

期权价格	看涨期权				行权价格	看跌期权				
	内在价值		时间价值			期权价格	内在价值		时间价值	
	现货法	期货法	现货法	期货法			现货法	期货法	现货法	期货法
596.00	616.52	593.68	-20.52	2.32	3 300.00	1.40	0.00	0.00	1.40	1.40
546.60	566.55	543.71	-19.95	2.89	3 350.00	1.40	0.00	0.00	1.40	1.40
498.80	516.59	493.75	-17.79	5.05	3 400.00	2.00	0.00	0.00	2.00	2.00
444.40	466.62	443.78	-22.22	0.62	3 450.00	2.80	0.00	0.00	2.80	2.80
400.00	416.66	393.82	-16.66	6.18	3 500.00	3.60	0.00	0.00	3.60	3.60
347.40	366.69	343.85	-19.29	3.55	3 550.00	5.40	0.00	0.00	5.40	5.40
302.60	316.73	293.89	-14.13	8.71	3 600.00	7.40	0.00	0.00	7.40	7.40
255.60	266.76	243.92	-11.16	11.68	3 650.00	10.20	0.00	0.00	10.20	10.20
212.00	216.80	193.95	-4.80	18.05	3 700.00	14.80	0.00	0.00	14.80	14.80
169.00	166.83	143.99	2.17	25.01	3 750.00	20.60	0.00	0.00	20.60	20.60
128.00	116.86	94.02	11.14	33.98	3 800.00	31.60	0.00	0.00	31.60	31.60
92.60	66.90	44.06	25.70	48.54	3 850.00	46.00	0.00	0.00	46.00	46.00
63.80	16.93	0.00	46.87	63.80	3 900.00	66.20	0.00	5.91	66.20	60.29
41.00	0.00	0.00	41.00	41.00	3 950.00	94.60	33.03	55.87	61.57	38.73
25.80	0.00	0.00	25.80	25.80	4 000.00	126.60	83.00	105.84	43.60	20.76
15.00	0.00	0.00	15.00	15.00	4 050.00	169.40	132.96	155.80	36.44	13.60
8.60	0.00	0.00	8.60	8.60	4 100.00	212.00	182.93	205.77	29.07	6.23
5.20	0.00	0.00	5.20	5.20	4 150.00	258.20	232.39	255.73	25.31	2.47
3.20	0.00	0.00	3.20	3.20	4 200.00	307.80	282.36	305.70	24.94	2.10
2.00	0.00	0.00	2.00	2.00	4 250.00	366.20	332.83	355.67	33.37	10.53
1.60	0.00	0.00	1.60	1.60	4 300.00	409.00	382.79	405.63	26.21	3.37
1.20	0.00	0.00	1.20	1.20	4 350.00	474.00	432.76	455.60	41.24	18.40
1.00	0.00	0.00	1.00	1.00	4 400.00	512.00	482.72	505.56	29.28	6.44
1.00	0.00	0.00	1.00	1.00	4 450.00	558.80	532.69	555.53	26.11	3.27
0.60	0.00	0.00	0.60	0.60	4 500.00	607.80	582.65	605.49	25.15	2.31
0.60	0.00	0.00	0.60	0.60	4 550.00	658.60	632.62	655.46	25.98	3.14
0.40	0.00	0.00	0.40	0.40	4 600.00	712.60	682.58	705.42	30.02	7.18
0.60	0.00	0.00	0.60	0.60	4 650.00	758.00	732.55	755.39	25.45	2.61

图 10.4 和图 10.5 更清楚地展示了内在价值两种计算方法对时间价值的影响,其中横坐标表示在值程度$\left(\text{用}\ln\dfrac{K}{K_{ATM}}\text{表示}\right)$。图 10.4 展示的是按现货价格计算的结果,而图 10.5 展示的是按期货价格计算的结果。对比两个图形可以清楚地看到,使用现货价格来计算内在价值存在如下三个问题:① 时间价值存在负数的情况,这与时间价值的性质不符。② 看涨期权和看跌期权的时间价值不相等。③ 虽然平值点的时间价值最大,但实值期权与虚值期权的时间价值不对称。

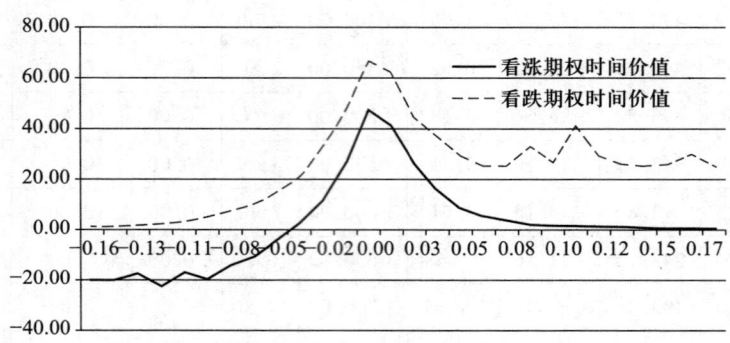

图 10.4 用现货价格计算的期权时间价值

如果使用本教材定义的不完美市场的内在价值的定义,即用远期(期货)价格来计算内在价值,那么期权的时间价值非常接近图 10.3 所示的理想状态:时间价值不会出现负数的情况,同一行权价的看涨期权和看跌期权的时间价值非常接近,而且都在平值点达到最高点,实值和虚值期权的时间价值较为对称。这充分说明本教材在讨论期权内在价值和时间价值时区分完美市场和不完美市场两种情形的重要性。

从图 10.4 来看,似乎沪深 300 股指期权定价很不合理,存在较明显的套利机会。但图 10.5 说明,沪深 300 股指期权相对定价其实是相对合理的,没有明显的相对定价偏差。

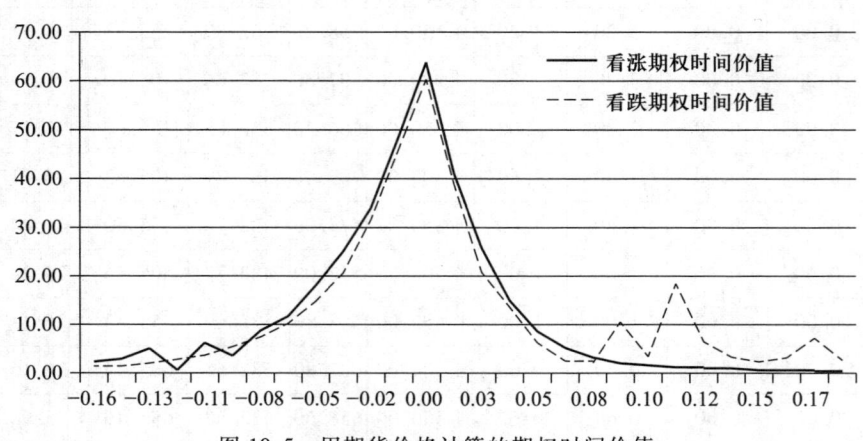

图 10.5 用期货价格计算的期权时间价值

通过以上分析可以看出,对期权内在价值与时间价值采用两分法定义具有以下优点:
(1) 内在价值和时间价值的内涵是通过两分法得到的自然定义,而不是人为定义。

(2) 同一标的、同样期限的欧式平值看涨和看跌期权价格相等。

(3) 同样期限同样行权价的欧式看涨和看跌期权的时间价值总是相等。

(4) 可以保证期权的时间价值不会小于0,所有期权价格的下限就是其内在价值,而且期权的时间价值都在平值点最大。

(5) 美式看涨和看跌期权的平值点不同,可以解释美式平值看涨期权和看跌期权价格不相等的问题。

(6) 可以区分完美市场与不完美市场两种不同的情形。

虽然对内在价值和平值点的不同定义对期权定价并无直接影响,但分析内在价值和时间价值的主要目的是帮助交易者理解期权价格的构成要素,深入理解期权价格的本质,更容易制定交易策略,更准确提取市场信息等,故此,本书中采用了在理论上更严谨的内在价值定义,并相应地定义了平值点、实值期权、平值期权和虚值期权的内涵。在后文的分析中读者可以进一步体会到这种定义的妙处。

二、期权价格的影响因素

期权价格既然由内在价值和时间价值两部分构成,那么凡是影响内在价值和时间价值的因素,就会影响期权价格。总的来看,期权价格的影响因素主要有以下几个,它们通过影响期权的内在价值和时间价值来影响期权的价格。

(一) 标的资产的市场价格与期权的行权价格

标的资产的市场价格与期权的行权价格,是影响期权价格最主要的两个因素。因为这两个价格及其相互关系不仅决定着内在价值,而且进一步影响着时间价值。

看涨期权在行权时,其回报等于标的资产当时的市价与行权价格之差。因此,标的资产的价格越高、行权价格越低,看涨期权的价格就越高。

对看跌期权而言,由于行权时其收益等于行权价格与标的资产市价的差额,因此,标的资产的价格越低、行权价格越高,看跌期权的价格就越高。

(二) 期权的剩余期限

如前所述,对美式期权而言,由于它可以在剩余期限内任意交易日行权,剩余期限越长,期权多头获利机会就越大,而且剩余期限长的期权包含了剩余期限短的期权的所有行权机会,因此剩余期限越长,期权价格越高。

对欧式期权而言,由于它只能在期末行权,剩余期限长的期权就不一定包含剩余期限短的期权的所有行权机会。这就使欧式期权的剩余期限与期权价格之间的关系显得较为复杂。例如,同一股票的两份欧式看涨期权,一个剩余期限为1个月,另一个剩余期限为2个月,假定在6周后标的股票将有大量红利支付,由于支付红利会使股价下降,在这种情况下,剩余期限短的期权价格甚至会大于剩余期限长的期权。

(三) 标的资产价格的波动率

简单地说,标的资产价格的波动率是衡量标的资产未来价格不确定性的指标,其确切定义将在第十一章给出。标的资产价格的波动率对期权价格具有重要的影响,"没有波动,则期权就没有时间价值"。如前所述,波动率对期权价格的影响,是通过对时间价值的影响而实现的。波动率越大,则在期权到期时,标的资产市场价格涨跌达到实值期权的可能性也就越大,而如果为虚值期权,期权多头亏损有限。因此,无论是看涨期权还是看跌期权,其时间价值从而期权价格都随着标的资产价格波动率的增大而提高,随标的资产价格波动率的减小而降低。[①]

值得注意的是,与决定和影响期权价格的其他因素不同,在期权定价时,标的资产价格在期权剩余期限内的波动率是一个未知数。因此,在期权定价时,需要对期权到期前的标的资产价格波动率进行预测。具体预测方法将在第十一章介绍。

(四) 无风险利率

无风险利率越高,标的资产的预期收益率也越高,这意味着对应于标的资产现在特定的市价 S,未来预期价格 $E(S_T)$ 越高。同时由于贴现率越高,未来同样预期回报的现值就越低。这两种效应都将降低看跌期权的价值。但对看涨期权来说,前者将使期权价格上升,而后者将使期权价格下降。由于前者的效应大于后者,因此无风险利率越高,看涨期权的价格越高。

(五) 标的资产的收益

标的资产进行分红付息,将减少标的资产的价格。如果标的资产分红的时候并不对期权的行权价格进行调整,那么在期权剩余期限内标的资产产生红利将使看涨期权价格下降,而使看跌期权价格上升。

但如果标的资产分红的时候期权的行权价也相应调整,分红对期权价格就没有影响。我国的上证50ETF期权和沪深300ETF期权就实行这样的红利保护机制。

由以上分析可知,决定和影响期权价格的因素很多,而且各因素对期权价格的影响也很复杂,既有影响方向的不同,又有影响程度的不同;各个影响因素之间既有相互补充的关系,又有相互抵消的关系。表10.6对这些主要影响因素做了一个基本的总结。

表 10.6 影响期权价格的主要因素

变量	期权类型			
	欧式看涨	欧式看跌	美式看涨	美式看跌
标的资产市场价格	+	−	+	−
期权的行权价格	−	+	−	+
期权的有效期	?	?	+	+
标的资产价格的波动率	+	+	+	+
无风险利率	+	−	+	−
标的资产的红利	−	+	−	+

注:"+"表示正向的影响,"−"表示反向的影响,"?"则表示影响方向不一定。

三、提前行权美式期权的合理性

很多读者都有这样一个认知:由于美式期权随时可以行权,而欧式期权只能在到期日行权,因此美式期权价格一定高于欧式期权价格。其实这种认知是不完全正确的。这里的关键问题在于,美式期权虽然可以随时行权,但提前行权是否合理?如果提前行权不合理,投资者就不应提前行权,那么美式期权的价格就有可能与欧式期权价格相等。因此有必要讨论在什么情形下美式期权提前行权是合理的。

[①] 对于奇异期权来说,波动率与期权价格的关系比较复杂。关于奇异期权的详细介绍,参见第十六章。

(一) 提前行权无红利资产美式期权的合理性

1. 看涨期权

我们先从最直观的角度来考虑这个问题。对于在期权存续期内不支付红利的标的资产来说,提前行权对权利方有 3 个影响:① 权利方需要提前支付行权价,因此要多损失行权价格的利息;② 权利方提前获得标的资产,但该标的资产没有红利,因此提前获得标的资产并没有好处;③ 提前行权意味着失去了期权的时间价值,而时间价值永远大于等于零。由此可见,提前行权无红利资产的美式看涨期权是不明智的。

换个角度看,如果提前行权,期权权利方所获回报的现值就是期权的内在价值,他将丧失期权剩余期限的时间价值;而如果不提前行权,期权权利方拥有的价值为期权价值。因为期权价值总是大于等于期权的内在价值,因此提前行权是不明智的。对于无红利资产的美式看涨期权,如果预判未来资产价格可能下跌,最优的选择是卖掉期权,而不是提前行权。

有的读者还会疑惑:如果在某个时刻标的资产价格已经涨到高位,未来很可能下跌,此时美式看涨期权权利方可以提前行权,而欧式看涨期权只能持有到期,因此美式看涨期权价格显然应该高于欧式看涨期权。实际上,在这种情况下,美式看涨期权提前行权的回报等于期权的内在价值,而欧式看涨期权权利方可以卖掉期权,其回报为期权价格。显然欧式期权多头卖掉期权所获的回报也不会低于美式看涨期权权利方提前行权所获的回报。

因此,在其他条件相同的情况下,无红利资产美式看涨期权和欧式看涨期权实际上是等价的,它们的价值是相同的,其内在价值和时间价值都相等。细心的读者应该已经从上文分析期权内在价值时发现了这个现象。

2. 看跌期权

对于不支付红利的标的资产来说,提前行权对权利方的影响有:① 权利方提前得到行权价格,因此可以获得行权价的利息;② 权利方提前支付标的资产,但该标的资产没有红利,因此提前行权并没有损失红利;③ 提前行权意味着失去了期权的时间价值。

简单地说,提前行权无红利资产的美式看跌期权将获得行权价格的利息,但会损失期权的时间价值。因此是否提前行权无红利资产的美式看跌期权,主要取决于期权的实值程度、无风险利率水平等因素。一般来说,只有当实值程度较高[①]、利率较高时,提前行权无红利资产美式看跌期权才可能是有利的。

由于无红利资产的美式看跌期权有可能提前行权,因此其价格会大于等于欧式期权的价格,美式看跌期权的内在价值也会大于欧式看跌期权的内在价值。读者从表 10.2 和表 10.3 也可以看出这点。

(二) 提前行权有红利资产美式期权的合理性

1. 看涨期权

由于提前行权有红利资产的美式看涨期权可较早获得标的资产,从而获得红利,因此在一定的条件下,提前行权有红利资产的美式看涨期权可能是合理的。

简单地说,对权利方来说,提前行权有红利资产的美式看涨期权的好处是可以获得红利,但坏处有:① 要提前支付行权价格,会损失行权价的利息;② 会浪费期权的时间价值。由于期权时间价值总大于等于 0。因此如果红利小于行权价格的利息,那么提前行权是不

[①] 此时期权的时间价值趋于 0。

合理的。但如果红利大于行权价格的利息,那么提前行权就有可能是合理的。

因此是否提前行权有红利资产的美式看涨期权,主要取决于期权的实值程度、红利水平、无风险利率水平等因素。一般来说,只有当实值程度较高[①]、红利较高、利率较低时,提前行权有红利资产美式看涨期权才可能是有利的。

由于有红利资产美式看涨期权存在提前行权的可能性,因此有红利资产美式期权的价格和内在价值将大于等于欧式期权的价格和内在价值。读者从表 10.2 和表 10.3 也可以看出这点。

2. 看跌期权

由于提前行权有红利资产的美式看跌期权意味着自己放弃标的资产的红利,因此与无红利资产的美式看跌期权相比,有红利资产美式看跌期权提前行权的可能性减小,但仍无法完全排除提前执行的可能性。

由于有红利资产的美式看跌期权有提前行权的可能性,因此其价格和内在价值都大于等于欧式期权。读者从表 10.2 和表 10.3 也可以看出这点。

四、期权价格的上下限

在分析了期权的内在价值、时间价值和影响因素之后,下面进一步讨论期权价格的上下限,找到期权价格应落入的合理区间。

(一)期权价格的上限

1. 看涨期权价格的上限

在任何情况下,无红利资产看涨期权价值都不会超过 S。因为投资者买入看涨期权,就是为了获取未来以特定价格 K 买入标的资产的权利,如果这个权利本身的价格高于标的资产当前市价,投资者不如直接买入标的资产本身。显然,如果期权价值高于标的资产价格,套利者可以通过买入标的资产并卖出期权来获取无风险利润。

对于有红利资产欧式看涨期权,由于标的资产在期权到期前将派发现值为 I 的收益,因此该期权价格不应超过 $S-I$。同理,支付已知红利率资产的欧式看涨期权价格的上限为 $Se^{-q(T-t)}$。

有红利资产和已知红利率资产的美式看涨期权由于可以提前行权,因此其上限为标的资产价格。

用远期价格表示,看涨期权价格的上限都可以表示成 $Fe^{-r(T-t)}$。

2. 看跌期权价格的上限

由于美式看跌期权的多头行使期权的最高回报为行权价格 K,投资者一定不会花费高于 K 的价格,去购入一个可以卖出标的资产获得 K 元收入的美式看跌期权,因此美式看跌期权价格的上限为 K,即:

$$P \leqslant K \quad (10.25)$$

由于欧式看跌期权只能在到期日 T 时刻执行,因此,无红利资产欧式看跌期权价格不能高于 K 的现值,即:

$$p \leqslant Ke^{-r(T-t)} \quad (10.26)$$

而有红利资产欧式看跌期权价格不能高于 K 的现值加上标的资产红利的现值,即:

---

① 此时期权的时间价值趋于 0。

$$p \leq Ke^{-r(T-t)} + I \tag{10.27}$$

（二）期权价格的下限

由于期权的时间价值一定大于等于 0，因此期权价格一定大于等于期权的内在价值。也就是说，期权的内在价值就是期权价值的下限。这是我们定义期权内在价值的重要优点。

五、期权价格曲线的形状

在确定期权价格的影响因素和期权价格上下限后，就可以初步推出期权价格曲线的形状。期权价格曲线反映的是给定行权价格、期限、波动率和利率的情况下，期权价格与标的资产价格之间的关系。

（一）看涨期权价格曲线

如前所述，期权价格不会高于其上限，也不会低于其下限。因此期权价格一定落在上下限组成的区间内。

以完美市场中的无红利情形为例。由于无红利资产看涨期权价格上限为 S，因此期权价格曲线一定落在 45°线下方。而无红利资产看涨期权的下限为 $\max[S-Ke^{-r(T-t)}, 0]$，即期权的内在价值。因此期权价格的曲线一定落在期权价格下限的上方。

由于期权价格等于内在价值加上时间价值。对于虚值和平值期权而言，其内在价值都等于零，因此在平值点左边部分，期权内在价值是一条等于 0 的水平线。在行权价格和利率不变的情况下，过了平值点之后，期权内在价值是一条 45°的直线（即 $S-Ke^{-r(T-t)}$）。期权时间价值线则如图 10.3 所示。把内在价值线与时间价值曲线叠加起来，就是期权价格曲线，如图 10.6 所示。此外，r 越高、期权期限越长、标的资产价格波动率越大，则期权价格曲线以 O 点为中心，越往左上方旋转，但基本形状不变，且不会超过上限。

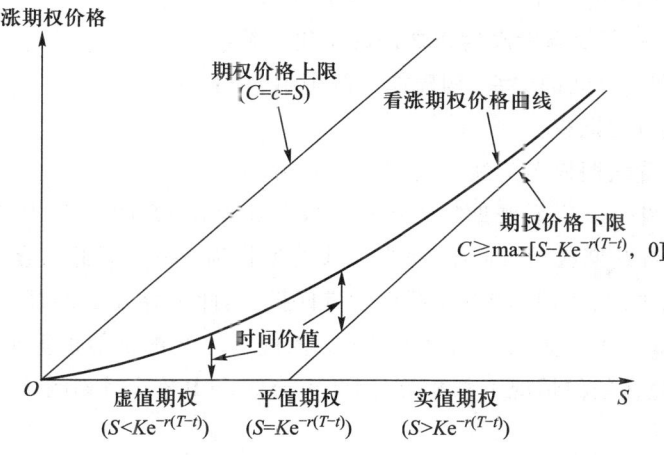

图 10.6 无红利资产看涨期权价格曲线

在完美市场中，有红利资产欧式看涨期权价格曲线的基本形状与图 10.6 类似，只是平值点的位置变为 $Ke^{-r(T-t)}+I$，另外上限变为 $S-I$。有红利资产美式看涨期权价格曲线的基本形状也与图 10.6 类似，只是平值点的位置不同。

（二）看跌期权价格曲线

在完美市场中，用同样方法，我们可以很容易确定看跌期权的价格曲线。图 10.7 展示了无红利资产欧式看跌期权的价格曲线。r 越低、期权期限越长、标的资产价格波动率越高,看跌期权价格曲线以点 $(0, Ke^{-r(T-t)})$ 为中心越往右上方旋转,但不能超过上限。

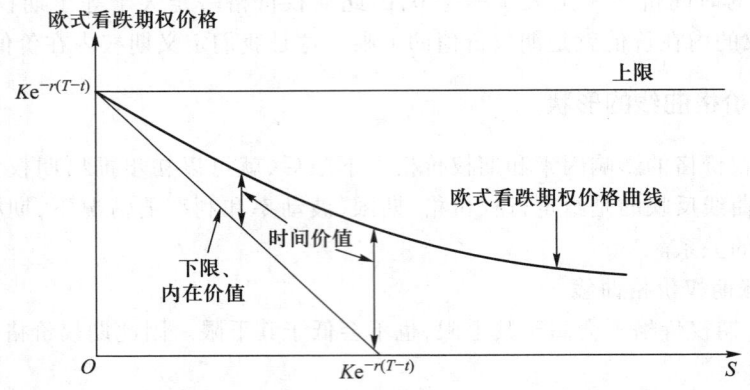

图 10.7 无红利资产欧式看跌期权价格曲线

有红利资产的欧式看跌期权价格曲线与图 10.7 相似,只是上限和平值点都由 $Ke^{-r(T-t)}$ 变为 $Ke^{-r(T-t)}+I$。而美式看跌期权价格曲线的形状与图 10.7 也是类似的,只是上限和平值点不同。

六、看跌期权与看涨期权之间的平价关系(put-call parity, PCP)

看涨期权和看跌期权总是成双成对出现的①,用一对期权可以复制出远期合约,用其中一个期权和远期合约也可以复制出另一个期权。因此一对期权的价格与远期价格之间必然存在某种关系。我们可以用无套利方法找到这种关系。

(一) 欧式看跌期权与看涨期权之间的平价关系

为了推导 c 和 p 之间的关系,构建如下两个组合②:

组合 A:欧式看涨期权多头。

组合 B:欧式看跌期权多头加上远期合约多头。③

到 T 时刻,如果 $S_T>K$,看涨期权多头将行权并获得 S_T-K 的回报,因此组合 A 的回报为 S_T-K。组合 B 中看跌期权没有回报,远期多头的回报为 S_T-K,因此组合 B 的价值也等于 S_T-K。如果 $S_T\leqslant K$,则组合 A 中的看涨期权没有回报,因此组合 A 的回报为 0。组合 B 中看跌期权的回报为 $K-S_T$,远期多头的回报为 S_T-K,因此组合 B 的价值也等于 0。由于组合 A 和 B 在 T 时刻的回报在任何情况下都相等,因此组合 A 和 B 在 t 时刻的价值也必须相等,否则就可以套利。④

---

① 我们称标的资产、行权价和期限都一样的看涨期权和看跌期权为一对期权。
② 国内外金融工程的教科书都是用标的资产来推导 PCP。由于这种 PCP 只有在标的资产卖空不受限制的情况下才成立,而中国卖空现货通常受很大限制,因此为了推导更符合实际的 PCP,我们使用远期合约来替代标的资产。远期合约可以做多也可以做空,这样推导出来的 PCP 更具有普遍适用性。它既适用于现货卖空不受限制的情形,也适用于现货卖空受限制的情形。在实际应用中,如果远期价格数据不可得,可以用期货价格来近似替代。
③ 期权和远期合约的标的资产、期限都相同,期权的行权价格和远期合约的交割价格也相同。下同。
④ 不考虑交易成本和流动性,下同。

由于远期合约的交割价格为 K，而合理的远期价格为 F，因此组合 B 中远期合约当前时刻 t 的价值为 $(F-K)e^{-r(T-t)}$。因此欧式期权的 PCP 为：

$$c = p + (F-K)e^{-r(T-t)} \tag{10.28}$$

从式(10.28)可以看出，欧式看涨期权和看跌期权的时间价值是相等的。这是因为：从式(10.9)和式(10.10)可知，如果 $F>K$，则欧式看涨期权的内在价值等于 $(F-K)e^{-r(T-t)}$，欧式看涨期权的时间价值等于 $c-(F-K)e^{-r(T-t)}$，而欧式看跌期权的内在价值等于 0，欧式看跌期权的时间价值等于欧式看跌期权价格，所以欧式看涨期权和看跌期权的时间价值是相等的；如果 $F<K$，则欧式看涨期权的内在价值等于 0，欧式看涨期权的时间价值等于欧式看涨期权价格，而欧式看跌期权的内在价值等于 $(K-F)e^{-r(T-t)}$，欧式看跌期权的时间价值等于 $p+(F-K)e^{-r(T-t)}$，所以欧式看涨期权和看跌期权的时间价值也是相等的。案例 10.1 也用实际例子证明了这一点。

从式(10.28)还可以看出，对于欧式平值期权（$K=F$）来说，它们的内在价值都等于 0，因此欧式平值看涨期权和看跌期权价格相等，它们的时间价值也相等。

在完美市场中，利用远期价格和现货价格的关系（见式(3.2)、式(3.5)和式(3.7)），欧式期权的 PCP 也可表示为：

无红利资产：

$$c + Ke^{-r(T-t)} = p + S \tag{10.29}$$

已知现金红利资产：

$$c + Ke^{-r(T-t)} = p + S - I \tag{10.30}$$

已知红利率资产：

$$c + Ke^{-r(T-t)} = p + Se^{-q(T-t)} \tag{10.31}$$

从式(10.29)~式(10.31)可以看出，按本书的平值点定义，无红利资产、已知现金红利资产和已知红利率资产的欧式平值看涨和看跌期权的价格都是相等的。

值得注意的是，中国 ETF 期权的标的资产都是有红利资产，但都存在红利保护机制，因此可以视为无红利资产。但 ETF 远期合约并没有红利保护机制，因此中国的 ETF 期权的 PCP 不能使用通用公式(10.28)，而必须改用式(10.32)：

$$c = p + (F-K)e^{-r(T-t)} + I \tag{10.32}$$

在完美市场中，ETF 远期价格和现货价格满足式(3.5)，将它代入式(10.32)，就可以得到中国 ETF 期权的 PCP 满足式(10.29)。而式(10.29)适用于无红利资产，这也从另一个侧面说明式(10.32)是正确的。

在金融工程中，数学等式往往具有丰富的经济和金融内涵。接下来我们讨论 PCP 公式的内涵和运用。

首先，数学等式可以用于价格计算，如根据式(10.32)，如果我们知道期权价格和标的资产的红利，我们就可以计算出我国 ETF 期权隐含的远期价格：

$$F = (c-p)e^{r(T-t)} + K - Ie^{r(T-t)} \tag{10.33}$$

同理，我们也可以根据式(10.28)计算出我国股指期权隐含的远期价格（见案例 10.2）：

$$F = (c-p)e^{r(T-t)} + K \tag{10.34}$$

其次，数学等式可以告诉我们如何复制金融产品。例如，根据式（10.32），我们可以用一份上证 50ETF 看涨期权多头、一份 50ETF 远期空头和金额为 I 的无风险负债来复制上证 50ETF 看跌期权多头：

$$p = c + (K-F)\mathrm{e}^{-r(T-t)} - I$$

又如，式（10.29）可以变换为：

$$-S = p - c - K\mathrm{e}^{-r(T-t)}$$

这意味着，借钱并卖出一个看涨期权，再买入一个看跌期权，等价于卖空标的资产。因此，在一个存在看涨看跌期权的市场中，监管者若不允许卖空现货，投资者可以通过期权市场实现卖空的目的。

利用公式（10.29），可以算出我国 ETF 期权隐含的 ETF 现货价格：

$$S^* = c - p + K\mathrm{e}^{-r(T-t)} \tag{10.35}$$

利用公式（10.31），可以算出我国股指期权隐含的股指现货价格：

$$S^* = (c-p)\mathrm{e}^{q(T-t)} + K\mathrm{e}^{-(r-q)(T-t)} \tag{10.36}$$

最后，当数学等式不成立的时候，意味着市场中存在理论上的无风险套利机会。本章的习题 14 给出了相应的练习。

【案例 10.2】

2020 年 2 月 10 日，沪深 300 股价指数为 3 916.01 点，2 月 21 日到期的沪深 300 股指期货价格为 3 891.4 点，2 周的 SHIBOR 为 2.292%。2 月 21 日到期的沪深 300 股指期权价格如表 10.5 的第 1 列（看涨期权）和第 7 列（看跌期权）所示。

我们可以根据式（10.34）计算期权隐含的期货价格（见表 10.7）。从表 10.7 可以看出，沪深 300 股指期权隐含的期货价格（$\tilde{F}$）与沪深 300 股指期货的市场价格（$\bar{F}$）相差很小，考虑到套利成本后，几乎不存在套利机会。再次证明了沪深 300 期权市场的相对定价较为合理。

这个案例表明，寻找期权市场套利机会的最简单办法就是利用期权价格计算出隐含的期货价格，再与市场的期货价格进行对比。

表 10.7　期权隐含期货价格与市场期货价格的偏差

行权价	$\tilde{F}$	$(\tilde{F}-\bar{F})/\bar{F}$	行权价	$\tilde{F}$	$(\tilde{F}-\bar{F})/\bar{F}$
3 300.00	3 895.0	0.09%	3 650.00	3 895.6	0.11%
3 350.00	3 895.6	0.11%	3 700.00	3 897.3	0.15%
3 400.00	3 897.1	0.15%	3 750.00	3 898.5	0.18%
3 450.00	3 891.9	0.01%	3 800.00	3 896.5	0.13%
3 500.00	3 896.7	0.14%	3 850.00	3 896.6	0.13%
3 550.00	3 892.2	0.02%	3 900.00	3 897.6	0.16%
3 600.00	3 895.4	0.10%	3 950.00	3 896.4	0.13%

续表

行权价	$\tilde{F}$	$(\tilde{F}-\bar{F})/\bar{F}$	行权价	$\tilde{F}$	$(\tilde{F}-\bar{F})/\bar{F}$
4 000.00	3 899.1	0.20%	4 350.00	3 876.9	-0.37%
4 050.00	3 895.5	0.11%	4 400.00	3 888.6	-0.07%
4 100.00	3 896.5	0.13%	4 450.00	3 891.8	0.01%
4 150.00	3 896.8	0.14%	4 500.00	3 892.4	0.03%
4 200.00	3 895.2	0.10%	4 550.00	3 891.5	0.00%
4 250.00	3 885.5	-0.15%	4 600.00	3 887.3	-0.11%
4 300.00	3 892.3	0.02%	4 650.00	3 892.1	0.02%

(二) 美式看涨期权和看跌期权之间的平价关系

美式期权比较复杂,我们只推导完美世界中美式期权的PCP。

1. 无红利资产美式期权

由于美式看跌期权有可能提前行权,因此 $P \geqslant p$。从式(10.29)中可得:

$$P \geqslant c + K e^{-r(T-t)} - S$$

而无红利资产美式看涨期权提前行权是不合理的,因此其价格与欧式看涨期权相等,即, $c = C$,因此有:

$$P \geqslant C + K e^{-r(T-t)} - S$$

移项可得:

$$C - P \leqslant S - K e^{-r(T-t)} \tag{10.37}$$

将式(3.2)代入上式可得:

$$C - P \leqslant (F - K) e^{-r(T-t)} \tag{10.38}$$

为了推导出 C 和 P 之间更严谨的关系,考虑以下两个组合:

组合A:一份欧式看涨期权加上金额为 K 的现金。

组合B:一份美式看跌期权加上一单位标的资产。

如果美式期权没有提前行权,则在 T 时刻组合B的价值为 $\max(S_T, K)$,而此时组合A的价值为 $\max(S_T, K) + K e^{r(T-t)} - K$。因此,组合A的价值大于组合B。

如果美式期权在 τ 时刻提前行权,则在 τ 时刻,组合B的价值为 K,而此时组合A的价值大于等于 $K e^{r(\tau-t)}$。因此,组合A的价值也大于组合B。

这就是说,无论美式期权是否提前行权,组合A的价值都大于组合B的价值,因此在当前 t 时刻,组合A的价值也应不小于组合B的价值,即:

$$c + K \geqslant P + S$$

由于 $c = C$,因此有:

$$C + K \geqslant P + S$$
$$C - P \geqslant S - K \tag{10.39}$$

将式(3.2)代入上式可得:

$$C-P \geqslant Fe^{-r(T-t)}-K \tag{10.40}$$

结合式(10.37)和式(10.39)可得:

$$S-K \leqslant C-P \leqslant S-Ke^{-r(T-t)} \tag{10.41}$$

结合式(10.38)和式(10.40)可得:

$$Fe^{-r(T-t)}-K \leqslant C-P \leqslant (F-K)e^{-r(T-t)} \tag{10.42}$$

由于美式期权可能提前行权,因此得不到美式看涨期权和看跌期权的精确平价关系,但可以得出结论:无红利美式期权必须符合式(10.41)和式(10.42)的不等式。

由不等式(10.41)和式(10.42)可以得到推论:

推论1:若$K \leqslant S$,无红利资产美式看涨期权的时间价值都小于等于美式看跌期权的时间价值。

证明如下:若$K \leqslant S$,无红利资产美式看跌期权属于虚值期权,其价格等于时间价值,而美式看涨期权属于实值期权,其内在价值等于$(F-K)e^{-r(T-t)}$,因此其时间价值等于$C-(F-K)e^{-r(T-t)}$。从式(10.42)右边不等式可知$C-(F-K)e^{-r(T-t)} \leqslant P$,得证。

推论2:若$K \geqslant F$,无红利资产美式看涨期权的时间价值都大于等于美式看跌期权的时间价值。

证明如下:若$K \geqslant F$,无红利资产美式看涨期权属于虚值期权,其价格等于时间价值,而美式看跌期权属于实值期权,其内在价值等于$K-S$,因此其时间价值等于$P-(K-S)$。从式(10.41)左边不等式可知$P-(K-S) \leqslant C$,得证。

推论3:若$S<K<F$,则无红利资产美式看涨和看跌期权的时间价值孰大孰小无法确定,但差别很小。

2. 有红利资产美式期权

同样,只要把组合A的现金改为$I+K$,就可得到有红利资产美式期权必须遵循的不等式:

$$S-I-K \leqslant C-P \tag{10.43}$$

有红利资产美式看涨期权多头提前行权的唯一好处是可以得到红利,但他要损失期权的时间价值和行权价的利息。由此可得:

$$c+I \geqslant C \tag{10.44}$$

将式(10.44)代入式(10.30)可得:

$$C-p \leqslant S-Ke^{-r(T-t)} \tag{10.45}$$

综合式(10.43)和式(10.45),我们可以得到有红利资产美式期权的PCP不等式:

$$S-I-K \leqslant C-P \leqslant S-Ke^{-r(T-t)} \tag{10.46}$$

将式(3.5)代入式(10.46),我们可以得到用远期价格表示的有红利资产美式期权的PCP不等式:

$$Fe^{-r(T-t)}-K \leqslant C-P \leqslant (F-K)e^{-r(T-t)}+I \tag{10.47}$$

本 章 小 结

1. 所有的期权和期权组合都可画出盈亏分布图。
2. 期权价值等于内在价值与时间价值之和。期权的时间价值受内在价值的影响,在期权平值点达到最大,并随期权实值程度和虚值程度增加而递减。随着时间的延长,期权的时间价值一般是递增的。标的资产价格波动率越高,时间价值也越大。

3. 期权价格的影响因素有:标的资产的市价、期权的行权价格、期权的剩余期限、标的资产价格的波动率、无风险利率、标的资产的红利。

4. 期权价格的上限都可以表示成 $Fe^{-r(T-t)}$。欧式看跌期权价格上限为行权价格的现值,美式看跌期权价格的上限就是行权价。期权价格下限就是期权的内在价值。

5. 无论是完美市场,还是现货卖空受限的市场,欧式看涨和看跌期权的平值点都是 $K=F$。美式期权的平值点是不同的。

6. 在值程度比较科学的表达式是 $\ln(K/K_{ATM})$。

7. 提前行权无红利资产美式看涨期权是不合理的,而提前行权美式看跌期权和有红利资产的美式看涨期权,则有可能是合理的。

8. 无论是完美市场,还是现货卖空受限的市场,欧式看涨和看跌期权的平价关系都可以表示为:

$$c=p+(F-K)e^{-r(T-t)}$$

9. 在完美市场中,无红利资产美式期权平价关系为:

$$Fe^{-r(T-t)}-K\leqslant C-P\leqslant (F-K)e^{-r(T-t)}$$

10. 在完美市场中,有红利资产美式期权平价关系为:

$$Fe^{-r(T-t)}-K\leqslant C-P\leqslant (F-K)e^{-r(T-t)}+I$$

11. 除了无红利资产美式看涨期权,由于美式期权存在提前行权的可能,因此其内在价值、平值点、价格下限、看跌期权和看涨期权平价均与欧式期权不同。

即 测 即 评

习 题

1. 以下哪些说法是正确的?
A. 期权的买卖双方都必须缴纳保证金
B. 期权空头的可能最大损失是无限的
C. 看跌期权空头有权按行权价买入标的资产
D. 看涨期权空头到期时的可能操作是卖出标的资产
E. 看跌期权空头到期时的可能操作是买进标的资产
F. 看跌期权空头一般认为标的资产价格不会下跌
G. 看涨期权空头一般认为标的资产价格不会上涨

2. 某投资者买进一份看涨期权同时卖出一份标的资产、期限和协议价格都相同的看跌期权。请描述该投资者的状况,并揭示相关衍生产品之间的关系。

3. 请描述如何用期权和远期复制无风险资产。

4. 表10.8是某日上证50ETF剩余期限为12天的期权的报价表,当天的上证50ETF现货价格为2.461,市场上的12天利率为3.3%(连续复利)。请计算各期权的内在价值和时间价值,并分析哪个期权的时间价值最大。

表10.8 行 权 价

0.393 0	2.05	0.000 8	0.073 0	2.40	0.029 9
0.343 8	2.10	0.001 1	0.048 1	2.45	0.053 5
0.293 1	2.15	0.001 3	0.032 3	2.50	0.087 7
0.242 6	2.20	0.001 6	0.021 2	2.55	0.127 2
0.196 2	2.25	0.003 2	0.014 1	2.60	0.169 8
0.151 1	2.30	0.006 5	0.009 2	2.65	0.214 9
0.109 2	2.35	0.013 9			

5. 请证明期权的时间价值大于等于0。

6. 简要说明影响期权价格的各个因素及其影响方向,并说明其原因。

7. 欧式期权和美式期权的上下限分别是多少?为什么?

8. 请简要解释以下说法:

(1) 深度实值看涨期权与标的资产价格几乎同涨同跌;

(2) 深度实值期权价值基本由内在价值构成;

(3) 深度虚值期权价值基本由时间价值构成。

9. 一个美式看涨期权的行权价格为20元,期限为5个月,期权价格为1.5元。假定当前股票价格为19元,无风险利率为年利率10%。请问具有相同行权价格和期限的美式看跌期权的上下限分别为多少?

10. 为什么当无风险利率上升及波动率下降时,提前行使美式看跌期权会变得更加吸引人?

11. 为什么一个支付现金红利的美式股票看涨期权,在除息日(已经完成除息)行权永远不会是最佳选择?

12. 假设你是一家负债率很高的公司的唯一股东。该公司的所有债务在1年后到期。如果到时公司的价值高于债务,你将偿还债务。否则的话,你将宣布破产并让债权人接管公司。

(1) 请将你的股权表示为公司价值的期权;

(2) 请将债权人的债权表示为公司价值的期权;

(3) 你有什么办法来提高股权的价值?

13. 标的股票价格为31元,行权价格为30元,无风险年利率为10%,3个月期的欧式看涨期权价格为3元,欧式看跌期权为2.25元,如何套利?如果看跌期权价格为1元呢?

14. 期限为3个月的欧式看涨和看跌期权,行权价格都为20元,现在价格都为3元。无风险利率为10%。现在标的的股票价格为19元,并且1个月后支付1元的红利。请说明是否存在套利机会?如果存在,将如何套利?套利结果是什么?

15. 假设 c_1、c_2 和 c_3 分别是三个到期时间相同、协议价格分别为 K_1、K_2 和 K_3 的欧式看涨期权价格,且满足 $K_3>K_2>K_1$ 和 $K_3-K_2=K_2-K_1$,试证明:

$$c_2 \leqslant \frac{1}{2}\times(c_1+c_3)$$

16. 考虑一个 5 年期无股息的雇员股票期权,期权可在一年后的任何时间行使。与通常在交易所交易的看涨期权不同,雇员期权不能出售。这一限制对提前行使决策有什么影响?

17. 拥有无红利支付的美式看涨期权多头的投资者有可能采取下列行动中的哪些?说明理由。

A. 一旦有钱可赚就立即执行期权

B. 当股价跌到执行价格以下时,购买一补偿性的看跌期权

C. 当期权处于深度实值时,投资者可以提前执行期权

D. 对于投资者而言,提前执行该期权可能是不明智的

18. 2024 年 2 月 8 日 15:00,中证 1000 股价指数为 4 993.10,2024 年 9 月到期的中证 1000 股指期货价格为 4 810.0,2024 年 9 月到期行权价为 5 000 的中证 1000 股指看涨期权和看跌期权价格分别为 384.6 元和 553.0 元。假设连续复利无风险年利率为 3%,中证 1000 股价指数的年化红利率为 1%。请比较用现货价格和期货价格来计算期权的内在价值、平价点有何不同?并比较用现货价格和期货价格表示的 PCP 平价哪个表现更好。

第十一章 布莱克-舒尔斯-默顿期权定价模型

在所有衍生金融工具定价中,期权定价是最复杂的。自期权交易,尤其是股票期权交易产生以来,学者们一直致力于期权定价问题的探讨。1973年,美国芝加哥大学教授费雪·布莱克(Fischer Black)和梅隆·舒尔斯(Myron Scholes)发表《期权与公司债务定价》[1]一文,提出了布莱克-舒尔斯期权定价模型,用于确定欧式股票期权价格,在学术界和实务界引起了强烈反响。同年,罗伯特·默顿(Robert C. Merton)独立地提出了一个更一般化的模型。[2]舒尔斯和默顿因此获得1997年的诺贝尔经济学奖。本章将循序渐进,以股票期权为例,尽量深入浅出地介绍布莱克-舒尔斯-默顿期权定价模型(下文简称B-S-M模型),并由此导出衍生产品定价的一般方法。

第一节 布莱克-舒尔斯-默顿期权定价模型的基本思路

由于本章内容丰富,涉及随机过程等较复杂的概念,在介绍具体内容之前,本节先对B-S-M模型的整体思路作一个简要的归纳,并用相对易于理解的方式表述出来,以帮助读者更好地掌握期权定价的内容。需要说明的是,严格来说随机过程在数学上需定义在测度论与高等概率论等领域的基础之上,而这些领域相关的内容已经远远超过了本书的范围。因此,在本章的阐述过程中,我们在尽可能直观准确地表述B-S-M期权定价模型的经济逻辑与本质的同时,难以避免地舍弃了过程中的一部分严谨性。在本章附录11.1中,我们对随机过程的部分概念做了简明的介绍,供感兴趣的读者参考。

由于最终目标是为股票期权定价,而期权是股票的衍生工具,在已知行权价、期权有效期、无风险利率和标的资产红利的情况下,期权价格变化的唯一不确定性来源就是股票价格的变化。因此,要研究期权的价格,首先必须研究股票价格的变化规律。

通过观察市场,人们普遍接受股票价格的变化过程可以用随机过程[3]来描述。相应地,受其影响的期权价格的变化过程也必然是一个随机过程。事实上,人们发现,股票价格的变

---

[1] F Black, M Scholes. The pricing of options and corporate liabilities[J]. Journal of Political Economy, 1973, 81(3): 637-659.

[2] Robert C Merton. Theory of rational option pricing[J]. Bell Journal of Economics, 1973, 4(1): 141-183.

[3] 简要地说,随机过程是指某变量的值以某种不确定的方式随时间变化的过程。显然股票价格和期权价格这两个变量的值都以某种不确定的方式随时间而变化,因此股票价格和期权价格的变化都可以用随机过程来加以描述。

化过程可以用一种随机过程——几何布朗运动——较好地[1]加以描述。其具体形式如下[2]：

$$\frac{dS_t}{S_t} = \mu dt + \sigma dz_t \tag{11.1}$$

本章的第二节将对式(11.1)进行深入的剖析，这里暂时只需明白，等式右边第二项中的 dz_t 完全捕捉了影响股票价格变化的随机因素。

根据数学家伊藤(K. Itô)提出的伊藤引理(Itô Lemma)，当股票价格服从式(11.1)时，作为股票衍生产品的期权价格 f_t 将服从：

$$df_t = \left(\frac{\partial f}{\partial S}\mu S_t + \frac{\partial f}{\partial t} + \frac{1}{2}\frac{\partial^2 f}{\partial S^2}\sigma^2 S_t^2\right)dt + \frac{\partial f}{\partial S}\sigma S_t dz_t \tag{11.2}$$

观察式(11.2)会发现，影响期权价格的随机因素也完全体现在等式右边的第二项中的 dz_t 上，这与我们的直觉是一致的：股票及其衍生产品(期权价格)都只受到同一种不确定性的影响，其区别只是在于随机因素 dz_t 前面的系数不同，也就是对随机因素变化的反应程度不同。

如果式(11.1)两边同时乘以 $\frac{\partial f}{\partial S}$，并与式(11.2)相减，则可以消去 dz_t 项。

正如在前面曾经谈到的，金融工程分析过程中的许多数学等式和数学变换都具有丰富的金融内涵。式(11.1)的两边同时乘上 $\frac{\partial f}{\partial S}$ 并将两式相减消去 dz_t，意味着买入 $\frac{\partial f}{\partial S}$ 单位的股票，同时卖空1单位的期权，可以构造出一个瞬时内没有不确定性的投资组合。而在一个无套利的市场中，一个没有不确定性的投资组合的收益必须等于无风险利率。这样在数学上，就可以从式(11.1)和式(11.2)的联立方程组中解出一个期权价格 f 所满足的偏微分方程，求解这一方程，就得到了期权价格的最终公式。

以上就是B-S-M期权定价模型推导过程的基本思路。大致把握这一思路，将有助于避免在后文的数学推导中迷失方向。在本章第二节中，将介绍为何以及如何采用几何布朗运动来捕捉股票价格的变化规律。本章第三节将推导出股票期权价格 f_t 所满足的布莱克-舒尔斯-默顿微分方程(简称B-S-M微分方程)，讨论其中蕴含的风险中性定价原理，并求解B-S-M微分方程得到期权定价公式。最后，在本章第四节中，将对B-S-M模型做进一步的讨论。

第二节　股票价格的变化过程

人们通常用形如式(11.1)的几何布朗运动来描绘股票价格的变化过程，这是B-S-M期权定价模型的基础性假设，也是金融中最普遍、最重要的假设之一。本节将从介绍几何布朗运动的相关基础知识开始，分析其被选择用于描述股价变化的原因，之后运用伊藤引理推

---

[1] 必须强调的是，经验事实证明，几何布朗运动只能说是较好地而非完美地描述了股票价格的变化过程，但从这个较简单的随机过程开始，有助于循序渐进地了解期权定价的基本原理。

[2] 从本章开始，下标 t 表示该变量在时间上是以某种不确定的方式变化的，不加下标 t 表示常数，形如 $f(s,t)$ 的表示 f 是 s 和 t 的确定性函数。

导出几何布朗运动假设下期权所服从的随机过程。需要再次强调的是,几何布朗运动仅仅是一种较好地贴近股票价格变化规律的假设。

如前所述,几何布朗运动中最重要的是 dz_t 项,它代表影响股票价格变化的随机因素,通常被称为标准布朗运动(standard Brownian motion)或维纳过程(Wiener process)。

一、标准布朗运动

如果连续随机过程 z_t 的初始值为零,并具有以下两个特征,就被定义为标准布朗运动:第一,独立增量,对于任何两个不重合的时间间隔,变量 z_t 的增量相互独立;第二,在任意小的时间间隔 Δt 内,变量 z_t 的增量均服从均值为零、方差等于时间长度的正态分布。

标准布朗运动的简易数学表达式为[①]:

$$dz_t = \varepsilon_t \sqrt{dt} \tag{11.3}$$

其中,$\varepsilon_t \sim \varphi(0,1)$,即 ε_t 代表从标准正态分布(均值为 0、标准差为 1 的正态分布)中取的一个随机值[②]。其离散形式为:

$$\Delta z_t = \varepsilon_t \sqrt{\Delta t}$$

显然 Δz_t 服从均值为零、方差为 Δt 的正态分布。

对于任意两个时刻 t 和 $T(T>t)$,随着时间推移,标准布朗运动的值将由 z_t 变为 z_T。将这段较长的时间分为 N 个小时间间隔,$z_T - z_t$ 显然可以看作每个小时间间隔内 z_t 增量之和,即:

$$z_T - z_t = \sum_{i=1}^{N} \varepsilon_i \sqrt{\Delta t_i}$$

其中 $\varepsilon_i (i=1,2,\cdots,N)$ 是在第 i 个时间间隔 Δt_i 中,标准正态分布的随机抽样值。从特征 1 可知,ε_i 是相互独立的,因此 $z_T - z_t$ 也具有正态分布特征,其均值为 0,方差为 $T-t$,标准差为 $\sqrt{T-t}$。

从上述分析可见:① 在任意长度的时间间隔 $T-t$ 中,标准布朗运动的变化值服从均值为 0、标准差为 $\sqrt{T-t}$ 的正态分布。② 在任意长度的时间间隔 $T-t$ 中,方差具有可加性,总是等于时间长度,不受 Δt 如何划分的影响,但标准差就不具有可加性。

事实上,标准布朗运动起源于物理学中对完全浸没于液体或气体中的小粒子运动的描述,以发现这种现象的英国植物学家罗伯特·布朗(Robert Brown)的名字命名[③]。

那么,为什么采用维纳过程来描述股票价格变化中的随机因素呢?下面将不加证明地直接运用维纳过程的一些数学性质来大致解释其在股票价格建模中如此重要的原因。

[①] 确切地说,标准布朗运动在时间上是处处不可导的,式(11.3)的微分形式在数学上并不精确,但这一形式非常易于理解,因此本书采用这一简易形式介绍标准布朗运动。关于标准布朗运动的详细性质,感兴趣的读者可参见 Shreve S E. Stochastic calculus for finance Ⅱ: Continuous-time models [M]. Springer Science & Business Media, 2004.

[②] $\varphi(m,s)$ 表示均值为 m,标准差为 s 的正态分布,下文同。

[③] 1827 年英国植物学家罗伯特·布朗(Robert Brown)在使用显微镜观察水中花粉微粒运动时发现了微粒的无规则运动,但是当时并不能从物理学角度上很好地解释其成因。1905 年,爱因斯坦详细解释了布朗发现的这种运动:微粒的无规则运动是由水分子的撞击形成的。从那以后,布朗运动在物理学上的发展日臻完善。相比之下,数学上对布朗运动的描述发展得要慢一些。标准布朗运动严谨的定义和描述是由诺伯特·维纳(Norbert Wiener)在 1918 年提出,因此标准布朗运动又称为维纳过程。

首先,在维纳过程中用 ε 即标准正态分布的随机变量来反映变量变化的随机特征。现实生活中很多变量的分布都近似于正态分布,加上其在数学上易于处理,使得正态分布成为最常见和最重要的分布假设之一。金融市场也不例外,经验事实证明,股票价格的连续复利收益率近似地服从正态分布。这为维纳过程在股票价格随机过程中的运用奠定了最重要的基础。

其次,在数学上可以证明,具备特征 1 和特征 2 的维纳过程是一个马尔可夫随机过程(Markov stochastic process)[①],这一点与金融学中的弱式效率市场假说不谋而合。1965 年,法玛(Fama)提出了效率市场假说。之后许多学者运用各种数据进行实证分析发现,发达国家的证券市场大体符合弱式效率市场假说,即证券价格变动的历史不包含任何对预测证券价格未来变动有用的信息,也就是说不能通过技术分析获得超额收益。而这一点正好与马尔可夫随机过程的性质相符。

除了上述两个原因,维纳过程在数学上对时间处处不可导[②]和二次变分(quadratic variation)不为零的性质,与股票收益率在时间上存在转折尖点等性质也是相符的。由于所涉及的数学较为复杂,我们只在本章附录中对相关概念做简要介绍。

二、普通布朗运动

维纳过程描述了变量 z_t 的随机运动,然而现实生活中大部分变量的运动过程不仅包括随机波动,还可能存在时间趋势等特征,而且随机波动的方差不一定等于时间长度。因此,需要在维纳过程的基础上扩展至普通布朗运动,以更好地描述随机变量的运动特征。

为介绍普通布朗运动,需引入两个概念:漂移项和方差项。漂移项是指单位时间内变量变化的均值。方差项是指单位时间内变量变化的方差。

令漂移项为 a,方差项为 b^2,如果 a 和 b 均为时间 t 的函数,即:

$$dx_t = a(t)dt + b(t)dz_t \tag{11.4}$$

则我们称随机变量 x_t 服从普通布朗运动,其中 dz_t 为前述标准布朗运动。由于时间 t 是确定性变化的,因此 $a(t)$ 和 $b(t)$ 即使是时变的,也都是确定的。其中最常见的情形是假设 $a(t)$ 和 $b(t)$ 为常数。

式(11.4)表明服从普通布朗运动的变量 x_t 是关于时间和 dz_t 的动态过程。式中的第一项 $a(t)dt$ 为确定项,意味着 x 的漂移速度是每单位时间为 $a(t)$;第二项 $b(t)dz_t$ 是随机项,它代表着对 x_t 的时间趋势过程所添加的噪声,使变量 x_t 围绕着确定趋势上下随机波动,且这种噪声是由维纳过程的 $b(t)$ 倍给出的。

可以看出,普通布朗运动也是连续的随机过程,其保持了标准布朗运动的增量独立同分布性质,仍然具有马尔可夫性和方差可加性,仍然保持了正态分布性质,只是均值和方差发生了变化。从式(11.3)和式(11.4)可知,在短时间 Δt 后,x 值的变化值 Δx 为:

[①] 通俗地说,马尔可夫随机过程,是指只有变量的当前值才与未来的预测有关,变量过去的历史和变量从过去到现在的演变方式与未来的预测无关。

[②] 不可微分性意味着古典微积分中的分析手段在标准布朗运动面前黯然失效。这在当时无疑是个令人沮丧的消息。因为人们好不容易找到了一个简单实用的随机过程,但却缺少进一步研究它的手段。然而,这一切都随着伊藤微积分的出现而迎刃而解。毫不夸张地说,伊藤微积分奠定了现代金融数学的基础。

$$\Delta x = a(t)\Delta t + b(t)\varepsilon\sqrt{\Delta t}$$

因此，Δx 也具有正态分布特征，其均值为 $a(t)\Delta t$，标准差为 $b(t)\sqrt{\Delta t}$，方差为 $b(t)^2\Delta t$。同样，在任意时间长度 $T-t$ 后 x 值的变化也具有正态分布特征，其均值为 $a(t)\cdot(T-t)$，标准差为 $b(t)\cdot\sqrt{T-t}$，方差为 $b(t)^2\cdot(T-t)$，在后文将会用到这一结论。

两相对比，标准布朗运动的漂移项为 0，方差项为 1.0。漂移项为 0 意味着在未来任意时刻 z 的均值都等于它的当前值，这一特性被称为鞅性质（martingale）；方差项为 1.0 意味着在一段长度为 $T-t$ 的时间段后，z 的方差为 $1.0\times(T-t)$。标准布朗运动是普通布朗运动的一个特例。

三、伊藤①过程与伊藤引理

在一定的正则性条件下②，如果随机变量 x_t 的瞬时变化可以表达为：

$$\mathrm{d}x_t = a_t \mathrm{d}t + b_t \mathrm{d}z_t \tag{11.5}$$

也就是说，x_t 的漂移项和方差项本身可能也是随机过程，我们就称其服从伊藤过程（Itô process）。

可以看到，伊藤过程的核心仍然是标准布朗运动，但由于 a_t 和 b_t 的形式具有很大的一般性，其可能是常数、时间和（或）x_t 的确定性函数，也可能是源于其他风险源的随机过程，因此伊藤过程可以刻画更为丰富的随机过程特征。事实上，由于对 a_t 和 b_t 的形式没有具体设定，伊藤过程可以涵盖任何复杂的连续（不带跳跃的）随机过程。但一般化也同时意味着难度大大提升。例如，一个复杂的伊藤过程可能不再是马尔可夫过程，也就是说，除了当前变量值，历史变量值也可能对未来的预期产生影响，这极大地增加了处理的复杂度。

为了在数学上便于处理，在金融中最常见的一类伊藤过程，是将 a_t 和 b_t 设定为变量 x_t 和时间 t 的确定性函数，

$$\mathrm{d}x_t = a(x_t, t)\mathrm{d}t + b(x_t, t)\mathrm{d}z_t$$

我们称之为扩散过程（diffusion process）。

可以看出，扩散过程在标准布朗运动基础上，在漂移项和方差项中引入了随机性，从而大大提高了灵活性。由于每一期的漂移项和方差项中都包含着随机变量 x_t 自身，多期之后扩散过程的条件分布就无法保证仍然是正态分布，从而能刻画更为一般的动态变化。但扩散过程并未引入新的风险源，并且仍然是连续的随机过程，仍然具有独立增量性质、马尔可夫性和方差可加性，因而在数学上仍然相对易于处理，因而是最常见的伊藤过程。标准布朗运动和普通布朗运动显然都可以视为其特例。

针对伊藤过程，伊藤清进一步推导得到：若变量 x_t 服从伊藤过程，并且 $\dfrac{\partial G}{\partial x}$、$\dfrac{\partial^2 G}{\partial x^2}$ 和 $\dfrac{\partial G}{\partial t}$ 都存在并连续，则变量 x_t 和 t 的函数 $G(x_t, t)$ 将服从如下过程：

$$\mathrm{d}G_t = \left(\frac{\partial G}{\partial x}a_t + \frac{\partial G}{\partial t} + \frac{1}{2}\frac{\partial^2 G}{\partial x^2}b_t^2\right)\mathrm{d}t + \frac{\partial G}{\partial x}b_t \mathrm{d}z_t \tag{11.6}$$

---

① 伊藤清（Kiyoshi Itô）是一位数学家，他在 1951 年提出伊藤过程及下文的伊藤引理。

② a 和 b 需满足以下条件：$\int_0^t |a_s|\mathrm{d}s < \infty$，$E\int_0^t b_s^2 \mathrm{d}s < \infty$。

式中：dz_t 仍是一个标准布朗运动。

可以看到，$\frac{\partial G}{\partial x}a_t + \frac{\partial G}{\partial t} + \frac{1}{2}\frac{\partial^2 G}{\partial x^2}b_t^2$ 和 $\frac{\partial G}{\partial x}b_t$ 都是时变的，因此函数 G 也服从伊藤过程，漂移项为 $\frac{\partial G}{\partial x}a_t + \frac{\partial G}{\partial t} + \frac{1}{2}\frac{\partial^2 G}{\partial x^2}b_t^2$，方差项为 $\left(\frac{\partial G}{\partial x}\right)^2 b_t^2$[①]。这就是著名的伊藤引理。

例 11.1 和例 11.2 给出了伊藤引理的两个应用。

【例 11.1】

运用伊藤引理推导 $\ln S_t$ 所服从的随机过程

假设变量 S_t 服从：
$$dS_t = \mu S_t dt + \sigma S_t dz_t$$

式中：μ 和 σ 都为常数，则 $\ln S_t$ 将服从怎样的随机过程？

由于 μ 和 σ 是常数，S_t 显然服从 $a(S_t, t) = \mu S_t, b(S_t, t) = \sigma S_t$ 的伊藤过程，可以运用伊藤引理推导 $\ln S_t$ 所服从的随机过程。

令 $G_t = \ln S_t$，则：
$$\frac{\partial G}{\partial S} = \frac{1}{S_t}, \frac{\partial^2 G}{\partial S^2} = -\frac{1}{S_t^2}, \frac{\partial G}{\partial t} = 0$$

代入式（11.6），就可得到 $G_t = \ln S_t$ 所服从的随机过程为

$$dG_t = d\ln S_t = \left(\mu - \frac{\sigma^2}{2}\right)dt + \sigma dz_t \tag{11.7}$$

如果假设 S_t 为股票价格，则 $d\ln S_t$ 是股票的连续复利收益率。式（11.7）说明了股票的连续复利收益率服从期望值 $\left(\mu - \frac{\sigma^2}{2}\right)dt$，方差为 $\sigma^2 dt$ 的正态分布。

【例 11.2】

运用伊藤引理推导期货价格 F_t 所服从的随机过程

假设无红利标的资产价格 S_t 服从：
$$dS_t = \mu S_t dt + \sigma S_t dz_t$$

式中：μ 和 σ 都为常数，则该标的资产的期货价格 F_t 服从怎样的随机过程？

由于 μ 和 σ 是常数，S_t 显然服从 $a(S, t) = \mu S_t, b(S, t) = \sigma S_t$ 的伊藤过程，可以运用伊藤引理推导 F 所服从的随机过程。

由于 $F_t = S_t e^{r(T-t)}$，则：
$$\frac{\partial F}{\partial S} = e^{r(T-t)}, \frac{\partial^2 F}{\partial S^2} = 0, \frac{\partial F}{\partial t} = -rF_t$$

代入式（11.6），就可得到 F_t 所服从的随机过程为：

[①] 式（11.6）的证明过程请参见本章附录 11.1。

$$dF_t = (\mu - r)F_t dt + \sigma F_t dz$$

这说明,股票期货价格的漂移项比股票小 r,这是因为股票投资需要现金投入,所以投资回报中包含时间报酬和风险报酬,而期货投资无须现金投入(除了少量保证金忽略不计外),因此只有风险报酬。

需要注意的是,在中国目前的资本市场上,现货存在较大的卖空限制,期货价格与现货价格并不满足第三章的理论价格。此时,在计算偏导时,我们并不能根据期货价格与现货价格的理论关系,而应根据期货价格与现货价格的现实关系。我们把期货价格和现货价格的现实关系写成:

$$S_t = F_t e^{\kappa_t(T-t)} \tag{11.8}$$

其中 κ 表示期货的年化贴水率。

假设现实世界中 F_t 服从几何布朗运动,则有:

$$dF_t = (\mu - r)F_t dt + \sigma F_t dz_t \tag{11.9}$$

由于 $\dfrac{\partial S}{\partial F} = e^{\kappa_t(T-t)}, \dfrac{\partial^2 F}{\partial S^2} = 0, \dfrac{\partial F}{\partial t} = -\kappa_t F_t$,运用伊藤引理可得 S_t 在现实世界所遵循的随机过程:

$$dS_t = (\mu - r - \kappa_t)S_t dt + \sigma S_t dz_t \tag{11.10}$$

当然,我们也可以假定现货价格遵循的随机过程,然后利用 $S_t = F_t e^{\kappa_t(T-t)}$ 以及伊藤引理来推导期货价格所遵循的随机过程。

四、股票[①]价格的变化过程:几何布朗运动

前文已经数次提及,股票价格的变化过程可以用形如式(11.1)的几何布朗运动来描述

$$\frac{dS_t}{S_t} = \mu dt + \sigma dz_t$$

式中:S_t 表示股票价格;μ 和 σ 都为常数。两边同时乘以 S_t 可得:

$$dS_t = \mu S_t dt + \sigma S_t dz_t$$

显然这是一个漂移项为 μS_t、方差项为 $\sigma^2 S_t^2$ 的伊藤(扩散)过程。其中 μ 常被业界和学界称为漂移率,σ 则被称为波动率。

本节的第一部分已经讨论了为何用标准布朗运动来捕捉股票价格变化中的随机因素。接下来,我们说明为何要采用几何布朗运动这一特定的伊藤过程来描述股票价格的随机过程。其主要原因有二:

第一,可以避免股票价格为负从而与有限责任相矛盾的问题。从例 11.1 我们已经知道,如果股票价格服从几何布朗运动,有式(11.7)

$$dG_t = d\ln S_t = \left(\mu - \frac{\sigma^2}{2}\right)dt + \sigma dz_t$$

从自然对数的定义域可知,在几何布朗运动中的 S_t 不能为负数,这显然与股票价格非负的

---

① 这里的股票专指无红利股票,红利对股票价格随机过程和期权定价的影响将在下文专门讨论。

性质是一致的。

第二,几何布朗运动意味着股票连续复利收益率服从正态分布,这与实际较为吻合。从式(11.7)可以看出,在几何布朗运动下,股票价格的对数服从普通布朗运动,具有恒定的漂移项 $\mu-\dfrac{\sigma^2}{2}$ 和恒定的方差项 σ^2。由前文普通布朗运动的性质可知,当一个随机变量服从普通布朗运动 $dx_t = adt + bdz_t$ 时,其在任意时间长度 $T-t$ 内的变化值都服从均值为 $a \cdot (T-t)$、方差为 $b^2 \cdot (T-t)$ 的正态分布。也就是说,

$$\ln S_T - \ln S_t \sim \varphi\left\{\left(\mu-\dfrac{\sigma^2}{2}\right) \cdot (T-t), \sigma\sqrt{T-t}\right\} \tag{11.11}$$

式中:$\ln S_t$ 和 $\ln S_T$ 分别为当前 t 时刻和未来 T 时刻股票价格的自然对数。根据第一章中连续复利收益率的知识,$\ln S_T - \ln S_t$ 就是股票价格在 $T-t$ 期间的连续复利收益率。以图 11.1 中的

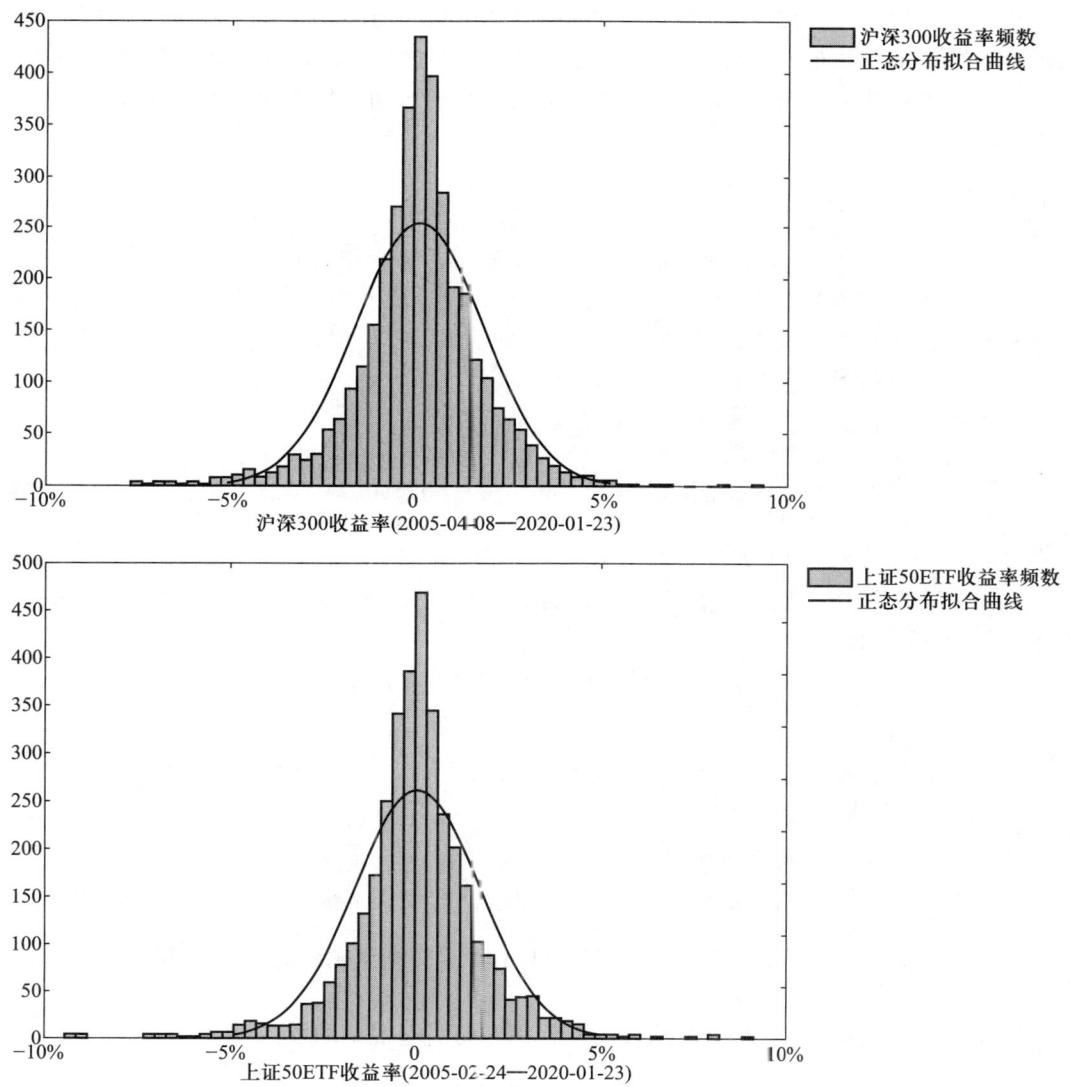

图 11.1 沪深 300 指数和上证 50ETF 的历史分布

沪深 300 指数和上证 50ETF 为例,现实生活中的股票对数收益率虽然与正态分布并不完全一致,但大致服从钟形分布。用正态分布来刻画股票对数收益率的真实分布,是可以接受的假设。

进一步看,由于在 t 时刻,$\ln S_t$ 是已知的,因此 $\ln S_T$ 的条件分布为:

$$\ln S_T \sim \varphi\left\{\ln S_t + \left(\mu - \frac{\sigma^2}{2}\right) \cdot (T-t), \sigma\sqrt{T-t}\right\} \tag{11.12}$$

也就是说,股票价格服从几何布朗运动意味着未来 T 时刻股票价格的对数 $\ln S_T$ 服从正态分布,即未来 T 时刻的股票价格 S_T 服从对数正态分布。根据对数正态分布的基本性质,S_T 的条件均值与条件方差分别为:

$$\begin{aligned} E_t(S_T) &= S_t e^{\mu(T-t)} \\ var_t(S_T) &= S_t^2 e^{2\mu(T-t)}\left[e^{\sigma^2(T-t)} - 1\right] \end{aligned} \tag{11.13}$$

总之,几何布朗运动意味着未来 T 时刻的股票价格 S_T 服从对数正态分布或股票连续复利收益率服从正态分布,而金融中的大量经验事实证明这些假设基本符合现实,加上其在数学和计量上相对易于处理,因此股票价格服从几何布朗运动长期以来一直是金融中的一个经典假设。

【例 11.3】
几何布朗运动下股票价格的条件概率分布

设 A 股票当前价格为 50 元,漂移率为每年 18%,波动率为每年 20%,假设该股票价格服从几何布朗运动且该股票在 6 个月内不付红利,请问该股票 6 个月后的价格 S_T 的条件概率分布如何?条件期望和条件标准差分别是多少?

由式(11.12)可知,6 个月后 S_T 的条件概率分布为:

$$\ln S_T \sim \varphi\left\{\ln 50 + \left(0.18 - \frac{0.04}{2}\right) \times 0.5, 0.2 \times \sqrt{0.5}\right\}$$

即 $\ln S_T \sim \varphi(3.992, 0.141)$。

由于一个正态分布变量取值位于均值左右两个标准差范围内的概率为 95%,因此,置信度为 95% 时,

$$3.71 < \ln S_T < 4.274$$
$$40.85 < S_T < 71.81$$

因此,6 个月后 A 股票价格落在 40.85 元到 71.81 元之间的概率为 95%。根据式(11.13)相应的条件期望和条件方差为:

$$E_t(S_T) = 50 e^{0.18 \times 0.5} = 54.71$$
$$var_t(S_T) = 2\,500 e^{2 \times 0.18 \times 0.5} \times (e^{0.04 \times 0.5} - 1) = 60.46$$

半年后,A 股票价格的条件期望值为 54.71 元,条件标准差则为 $\sqrt{60.46}$ 或 7.78。

对于几何布朗运动,有几个彼此有关又特别容易引起混淆的要点:

第一,由于随机项 dz_t 的存在,不能简单地将普通微积分公式 $\frac{dS}{S} = d\ln S$ 直接代入式

(11.1)的左边得到：

$$d\ln S_t = \mu dt + \sigma dz_t$$

而应该像例 11.1 那样，运用伊藤引理得到式(11.7)。

$$d\ln S_t = \left(\mu - \frac{1}{2}\sigma^2\right)dt + \sigma dz_t$$

也就是说，在式(11.1)的几何布朗运动下，股票价格对数收益率的年化期望值是 $\mu - \frac{\sigma^2}{2}$，而非 μ。

第二，到底是连续复利收益率还是百分比收益率服从正态分布？如果直接对式(11.1)进行离散化处理，可以得到，在一个很短的瞬间 Δt 中，股票价格的百分比收益率 $\frac{\Delta S_t}{S_t}$ 服从：

$$\frac{\Delta S_t}{S_t} = \mu \Delta t + \sigma \varepsilon_t \sqrt{\Delta t}$$

也就是说，在很短的时间内，$\frac{\Delta S_t}{S}$ 也具有正态分布特征，其均值为 $\mu \Delta t$，方差为 $\sigma^2 \Delta t$。然而，如果时间段较长，即使假设每个短时间间隔 Δt 内百分比收益率 $\frac{\Delta S}{S}$ 都服从正态分布，但由于较长时间内的百分比毛收益率为每个短时间百分比收益率的乘积（例如股票价格先增长15%，再下跌5%，则其总的百分比收益率应为 $(1+15\%) \times (1-5\%) = 1.0925$，即股票只上涨9.25%，而非10%），而正态分布变量的乘积并不服从正态分布，所以几何布朗运动至多只能意味着短时间内的百分比收益率服从正态分布，在长时期内其正态分布的性质不再存在。

与百分比收益率不同，较长时间内的连续复利收益率为每个短时间连续复利收益率之和（例如连续两个时间间隔的连续复利收益率分别为15%和-5%，则其总的连续复利收益率是10%），由于独立正态分布变量之和仍为正态分布，因此无论期限多长，总的连续复利收益率都仍能服从正态分布。

总之，几何布朗运动意味着任意期限的连续复利收益率服从正态分布。而在几何布朗运动下，至多只能认为在短时间内，股票价格的百分比收益率服从正态分布。不仅如此，百分比收益率的取值范围与正态分布取值也存在着天然的矛盾。因此在金融中，特别是涉及概率分布的地方，相对百分比收益率，连续复利收益率是更为科学和常见的选择。

第三，可以看出，短时间间隔 Δt 内百分比收益率的年化期望值为 μ，而连续复利收益率的年化期望值仅为 $\mu - \frac{\sigma^2}{2}$，股票价格的波动越大，两者的差异也越大。再从式(11.13)可以看到，T 时刻股票价格 S_T 的期望值为 $S_t e^{\mu(T-t)}$。如何理解这三个期望值？从经济角度，μ 可以理解为多期百分比收益率的算术平均，而 $\mu - \frac{\sigma^2}{2}$ 则可以理解为多期百分比收益率的几何平均，显然略低的后者更为合理。例如，某投资组合的3年百分比收益率分别为10%、6%和-4%。如果使用算术平均，3年的年化平均收益率为4%，但由于回报存在波动，几何平均得到的年化平均收益率约为3.83%，这才是连续投资的真实回报率。而式(11.13)中股票价

格的期望值 $S_t e^{\mu(T-t)}$ 则是运用连续复利收益率的年化期望值 $\mu-\dfrac{\sigma^2}{2}$ 和正态分布的特性得到的：

$$E_t(S_T) = E_t(e^{\ln S_T}) = e^{E_t(\ln S_T) + \frac{1}{2}var_t(\ln S_T)} = e^{\ln S_t + \left(\mu - \frac{\sigma^2}{2}\right)(T-t) + \frac{\sigma^2}{2}(T-t)} = S_t e^{\mu(T-t)}$$

$$E_t(e^x) \neq e^{E_t(x)}$$

由于 e^x 函数是非线性的，e^x 函数的期望值并不等于 x 的期望值再以 e 为底求指数，即 $E[e^x] \neq e^{E[x]}$。因此股票价格的期望值 $E_t(S_T)$ 等于 $S_t e^{\mu(T-t)}$ 并不意味着年化连续复利收益率的期望值为 μ。

综合以上讨论，对于几何布朗运动来说，$\mu - \dfrac{\sigma^2}{2}$ 才是合理的股票连续复利收益率期望值。

第四，从式（11.11）可以看到：

$$\ln S_T - \ln S_t \sim \varphi\left\{\left(\mu - \dfrac{\sigma^2}{2}\right)\cdot(T-t), \sigma\sqrt{T-t}\right\}$$

因此几何布朗运动中的 σ 是股票连续复利收益率的年化标准差。注意 σ 既不是股票价格，也不是股票百分比收益率的年化标准差，但却常常被简化称为股票价格的波动率（volatility）。

五、漂移率 μ 与波动率 σ

要运用几何布朗运动，其中的参数 μ 与 σ 显然是十分重要的。我们已经了解，漂移率 μ 是股票预期年化收益率的主要部分，单位为年；而 σ 则是股票连续复利收益率的年化标准差，单位为 $\sqrt{年}$。

事实上，股票预期年化收益率是人类孜孜以求但却永远无法准确预测的一个重要参数。在经典金融理论中，根据资本资产定价原理（CAPM），μ 的大小取决于无风险利率、标的股票的系统性风险和市场的风险收益偏好。由于风险收益偏好受制于主观因素，因此 μ 是无法准确预测的。幸运的是，我们将在后文看到，在一定的条件下，衍生产品（包括期权）的定价与 μ 是无关的，从而在期权定价中无须考虑 μ 的估计。

对衍生产品的定价来说，波动率 σ 则是非常重要且不可回避的参数。股票价格的波动率可理解为股票价格的"脾气"，刻画了股票收益率围绕着均值上下震荡的幅度。我们将在本章第三节的最后简要介绍波动率的估计方法。值得注意的是，在几何布朗运动中，σ 是常数。而实际上，股票价格的脾气是会变的，σ 会随时间而变化。因此对于股票价格服从几何布朗运动，通常认为假设常数波动率是其最大的不足。

六、衍生产品所服从的随机过程

当股票价格服从几何布朗运动即：

$$dS_t = \mu S_t dt + \sigma S_t dz_t$$

时，由于衍生产品价格 G 是标的价格 S_t 和时间 t 的函数 $G(S_t, t)$，根据伊藤引理，衍生产品的价格 G_t 应服从如下过程：

$$dG_t = \left(\dfrac{\partial G}{\partial S}\mu S_t + \dfrac{\partial G}{\partial t} + \dfrac{1}{2}\dfrac{\partial^2 G}{\partial S^2}\sigma^2 S_t^2\right)dt + \dfrac{\partial G}{\partial S}\sigma S_t dz_t \tag{11.14}$$

比较式(11.1)和式(11.14)可以看出,衍生产品价格 G_t 和股票价格 S_t 都受同一个不确定性来源 $\mathrm{d}z_t$ 的影响,这对推导衍生产品的定价公式很重要。

第三节　布莱克-舒尔斯-默顿期权定价公式

了解股价和衍生产品价格所服从的随机过程后,我们就可以开始学习布莱克-舒尔斯-默顿偏微分方程和期权定价公式。

一、布莱克-舒尔斯-默顿偏微分方程

由于衍生产品价格和标的股票价格都受同一种不确定性 $\mathrm{d}z_t$ 的影响,若匹配适当,这种不确定性就可以相互抵消。因此,构建一个包括一单位衍生产品空头和若干单位标的股票多头的投资组合,若数量适当,股票多头与衍生产品空头的盈亏可以相互抵消,所以在很短的时间 Δt 内该投资组合是无风险的。那么,在无套利机会的情况下,该投资组合在 Δt 内的收益率应该等于无风险利率,由此可以推导得到 B-S-M 偏微分方程,进而得到 B-S-M 期权定价公式。

推导 B-S-M 偏微分方程需要用到如下假设:
(1) 不存在无风险套利机会;
(2) 允许卖空标的股票;
(3) 没有交易费用和税收;
(4) 证券交易是连续的,价格变动也是连续的;
(5) 所有证券都完全可分;
(6) 股票价格服从几何布朗运动,即 μ 和 σ 为常数;
(7) 在衍生产品有效期内,无风险连续复利利率 r 为常数;
(8) 在衍生产品有效期内标的股票无红利。

上述假设有的对于衍生产品定价至关重要,有的假设则是为了把复杂的问题尽量简化以突出关键问题,这些假设可以加以放松。本章第四节将对这些假设和 B-S-M 模型的具体运用进行深入讨论。

假设股票价格 S_t 服从几何布朗运动,即:
$$\mathrm{d}S_t = \mu S_t \mathrm{d}t + \sigma S_t \mathrm{d}z_t$$
在一个小的时间间隔 Δt 中,S_t 的变化值 ΔS_t 近似为:
$$\Delta S_t = \mu S_t \Delta t + \sigma S_t \Delta z_t \tag{11.15}$$
假设 f_t 是依赖于 S_t 的衍生产品的价格,则 f_t 一定是 S_t 和 t 的函数,从式(11.14)可得 f_t 服从:
$$\mathrm{d}f_t = \left(\frac{\partial f}{\partial S} \mu S_t + \frac{\partial f}{\partial t} + \frac{1}{2} \frac{\partial^2 f}{\partial S^2} \sigma^2 S_t^2 \right) \mathrm{d}t + \frac{\partial f}{\partial S} \sigma S_t \mathrm{d}z_t$$
在一个小的时间间隔 Δt 中,f_t 的变化值 Δf_t 近似满足:
$$\Delta f_t = \left(\frac{\partial f}{\partial S} \mu S_t + \frac{\partial f}{\partial t} + \frac{1}{2} \frac{\partial^2 f}{\partial S^2} \sigma^2 S_t^2 \right) \Delta t + \frac{\partial f}{\partial S} \sigma S_t \Delta z_t \tag{11.16}$$

可以看出,式(11.15)和式(11.16)中的 Δz_t 相同,因此只要选择适当数量的衍生产品和标的股票构造组合就可以消除不确定性。为了消除 Δz_t,我们构建一个包括一单位衍生产品空头和 $\dfrac{\partial f}{\partial S}$ 单位标的股票多头的组合。令 Π 代表该投资组合的价值,则:

$$\Pi_t = -f_t + \frac{\partial f}{\partial S} S_t \tag{11.17}$$

在 Δt 时间后,该投资组合的价值变化 $\Delta \Pi_t$ 为:

$$\Delta \Pi_t = -\Delta f_t + \frac{\partial f}{\partial S} \Delta S_t \tag{11.18}$$

将式(11.15)和式(11.16)代入式(11.18),可得:

$$\Delta \Pi_t = \left(-\frac{\partial f}{\partial t} - \frac{1}{2} \frac{\partial^2 f}{\partial S^2} \sigma^2 S_t^2 \right) \Delta t \tag{11.19}$$

由于式(11.19)中不含有 Δz_t,该组合的价值在一个小的时间间隔 Δt 内的变化是确定的,在无套利的条件下,该组合在 Δt 中的瞬时收益率一定等于 Δt 中的无风险收益率,即:

$$\Delta \Pi_t = r \Pi_t \Delta t$$

把式(11.17)和式(11.19)代入上式得:

$$\left(\frac{\partial f}{\partial t} + \frac{1}{2} \frac{\partial^2 f}{\partial S^2} \sigma^2 S_t^2 \right) \Delta t = r \left(f_t - \frac{\partial f}{\partial S} S_t \right) \Delta t$$

化简为:

$$\frac{\partial f}{\partial t} + r S_t \frac{\partial f}{\partial S} + \frac{1}{2} \sigma^2 S_t^2 \frac{\partial^2 f}{\partial S^2} = r f_t \tag{11.20}$$

这就是 B-S-M 偏微分方程,它是衍生产品价格 f_t 所满足的方程。我们一直坚持使用衍生产品而非期权来表述,是因为 B-S-M 微分方程实际上适用于其价格仅取决于标的价格 $S(S$ 必须服从几何布朗运动)和时间 t 的所有衍生产品,股票期权仅是其中的一个特例。在一定的边界条件①下求解式(11.20),就可以得到 f_t 所满足的表达式,也就是衍生产品的定价公式。

应该注意的是,当 S_t 和 t 变化时,$\dfrac{\partial f}{\partial S}$ 的值也会变化,因此上述投资组合并不是永远无风险的,它只是在一个很短的时间间隔 Δt 中才是无风险的。在一个较长的时间中,要保持该投资组合无风险,必须根据 $\dfrac{\partial f}{\partial S}$ 的变化而相应调整标的股票的数量,以实现组合动态无风险。

---

① 对于不同衍生产品而言,其主要的边界条件就是到期回报,例如看涨期权到期边界条件为 $\max(S_T-K,0)$,而远期合约到期边界条件为 S_T-K。虽然同一标的的衍生证券所满足的偏微分方程都是式(11.20),但不同边界条件得到的解是不同的。

二、布莱克-舒尔斯-默顿期权定价公式

(一) 无红利资产欧式看涨期权的定价公式

从 B-S-M 偏微分方程的推导过程可以看出,期权是可以用股票和债券动态复制出来的。因此我们可以直接使用风险中性定价法为期权定价。

必须强调的是:风险中性定价仅仅是为了衍生品定价而做出的技术假定,并不意味着我们真的认为市场投资者是风险中性的,但通过这种假定得到的定价结果,不仅适用于风险中性的情形,也适用于投资者厌恶风险的所有情形。这就如同一个物理实验,如果其在现实有空气的情况下无法得到结论,但在真空实验室中则很容易完成。若我们能证明有否空气对试验结果是没有影响的,显然我们可以将试验移至真空实验室完成,其试验结果同样适用于现实情形。

接下来我们直接运用风险中性定价原理来求解期权定价公式[①]。

我们首先讨论最简单的情形——无红利股票的欧式看涨期权。根据风险中性定价原理,欧式看涨期权的价格 c_t 应等于其到期回报的风险中性期望值按无风险利率进行贴现后的现值,即:

$$c_t = e^{-r(T-t)} \hat{E}_t [\max(S_T - K, 0)] \qquad (11.21)$$

式中: t 和 T 分别为当前时刻和欧式期权到期时刻, $\hat{E}_t$ 表示风险中性测度下 t 时刻条件期望算子; $\hat{E}_t [\max(S_T - K, 0)]$ 为欧式看涨期权到期回报的风险中性期望值; S_T 为 T 时刻的标的股票价格; K 为期权行权价。

式(11.21)中唯一的随机变量是 S_T。在风险中性测度下,股票价格的漂移率为无风险利率 r。求风险中性期望值 $\hat{E}_t [\max(S_T - K, 0)]$,就是用 r 取代式(11.12)中的漂移项 μ,即:

$$\ln S_T \sim \varphi \left\{ \ln S_t + \left(r - \frac{\sigma^2}{2}\right)(T-t), \sigma\sqrt{T-t} \right\} \qquad (11.22)$$

然后通过积分求期望[②],可以得到:

$$c_t = S_t N(d_1) - K e^{-r(T-t)} N(d_2) \qquad (11.23)$$

式中:

$$d_1 = \frac{\ln\left(\frac{S_t}{K}\right) + \left(r + \frac{\sigma^2}{2}\right)(T-t)}{\sigma\sqrt{T-t}}$$

$$d_2 = \frac{\ln\left(\frac{S_t}{K}\right) + \left(r - \frac{\sigma^2}{2}\right)(T-t)}{\sigma\sqrt{T-t}} = d_1 - \sigma\sqrt{T-t}$$

$N(\cdot)$ 为标准正态分布变量的累积概率分布函数。根据标准正态分布函数特性,有 $N(-x) = 1 - N(x)$。

[①] 我们还可以运用数学方法解偏微分方程式(11.20),解出期权价值 f_t 的表达式,即期权定价公式。但难度较大,此处不再详述。

[②] 详细推导过程请见本章附录 11.2。

式(11.23)就是 B-S-M 期权定价公式。这个公式最早产生时,就是针对股票期权进行定价的。显然,该公式适用于无红利可交易资产的欧式看涨期权定价,前提是市场无套利和可复制,且标的资产价格服从几何布朗运动。

B-S-M 期权定价公式看起来很复杂。可以从三个角度来理解这个公式的金融含义。

首先,期权定价公式(11.23)的右边可以看作一个与欧式看涨期权等价的(或者说是复制期权)的投资组合,这个投资组合由股票和负债两部分组成。可以证明,$N(d_1) = \frac{\partial c}{\partial S}$①是构造无风险组合 Π 时的 Δ,就是复制投资组合中股票的数量,$S_t N(d_1)$ 就是股票的市值,而 $Ke^{-r(T-t)} N(d_2)$ 则可以视为复制交易策略中负债的价值。由于主要参数都是时变的,因此这种复制策略是动态复制策略,必须不断调整相关头寸数量。

其次,从附录的推导过程中可以看出,$N(d_2)$ 是在风险中性测度下 S_T 大于 K 的概率,或者说欧式看涨期权被行权的风险中性概率,因此 $Ke^{-r(T-t)} N(d_2)$ 是行权价格与行权(风险中性)概率乘积以无风险利率贴现到当前时刻的现值;更通俗地说,可以看成预期行权所需支付现金的现值。而 $e^{r(T-t)} S_t N(d_1) = \hat{E}_t(S_T) N(d_1)$ 则是在风险中性测度下,如果 $S_T \geq K$ 就等于 S_T,否则就等于 0 的变量的期望值。$S_t N(d_1)$ 是这个期望值的贴现值,可以看成期权持有者预期行权所得回报的现值。因此,整个看涨期权定价公式就是在风险中性世界里期权未来期望回报的现值。

最后,从金融工程的角度来看,欧式看涨期权可以分拆为或有资产看涨期权(asset-or-nothing call option)多头和或有现金看涨期权(cash-or-nothing call option)空头的组合,$S_t N(d_1)$ 是或有资产看涨期权的价值,$-Ke^{-r(T-t)} N(d_2)$ 是 K 份或有现金看涨期权空头的价值。②

(二) 无红利资产欧式看跌期权的定价公式

根据无红利资产欧式看涨期权和看跌期权之间的平价关系(参见式(10.29)):

$$c_t + Ke^{-r(T-t)} = p_t + S_t$$

可以从式(11.23)的看涨期权定价公式推出无红利资产欧式看跌期权的定价公式:

$$p_t = Ke^{-r(T-t)} N(-d_2) - S_t N(-d_1) \tag{11.24}$$

各参数定义如前。

下面,用例 11.4 来帮助读者理解和运用期权定价公式。

【例 11.4】

无红利资产的欧式期权定价

假设某只不支付红利股票的市价为 50 元,无风险利率为 12%,该股票的年波动率为 10%,求该股票的行权价格为 50 元、期限 1 年的欧式看涨期权和看跌期权价格。

相关参数表达如下:$S_t = 50, K = 50, r = 0.12, \sigma = 0.1, T = 1$。

计算过程可分为三步:

---

① 参见本章习题 5。
② 关于或有资产期权和或有现金价值期权的介绍,详见第十六章。

第一步,先算出 d_1 和 d_2。

$$d_1 = \frac{\ln(50/50) + (0.12 + 0.01/2) \times 1}{0.1 \times \sqrt{1}} = 1.25$$

$$d_2 = d_1 - 0.1 \times \sqrt{1} = 1.15$$

第二步,计算 $N(d_1)$ 和 $N(d_2)$。

$$N(d_1) = N(1.25) = 0.8944$$

$$N(d_2) = N(1.15) = 0.8749$$

第三步,将上述结果及已知条件代入式(11.23)和式(11.24),可以得到欧式看涨期权和看跌期权价格分别为:

$$c_t = 50 \times 0.8944 - 50 \times 0.8749 \mathrm{e}^{-0.12 \times 1} = 5.92(元)$$

$$p_t = 50 \times (1 - 0.8749) \mathrm{e}^{-0.12 \times 1} - 50 \times (1 - 0.8944) = 0.27(元)$$

在本例中,标的资产行权价格和现货价格相等,但看涨期权的价格却与看跌期权的价格相差悬殊,原因在于利率和到期期限对期权价格的影响。在本例中,利率高达12%,到期期限长达一年。在这种情况下,行权价格的现值将大大降低。因此,以第十章定义的平值点来看,本例中的看涨期权是实值期权而看跌期权则是一个虚值期权,这两者的期权价格不会相等。这再次说明了本书关于内在价值和时间价值定义法的科学性。

对平值期权来说,由于 $S_t = K\mathrm{e}^{-r(T-t)}$,代入式(11.23)可得:

$$c_t/S_t = p_t/S_t = N\left(\frac{\sigma}{2}\sqrt{(T-t)}\right) - N\left(-\frac{\sigma}{2}\sqrt{(T-t)}\right) \approx 0.4\sigma\sqrt{T-t}$$

也就是说,平值的看涨(看跌)期权价格与股价之比与股价、利率都无关,只与波动率和时间有关。通过数值分析可以发现,对两年以下的短期期权而言,c_t/S_t 和 p_t/S_t 几乎与波动率是同比例变化的,如表11.1所示。可以看到,对波动率低于30%的期权来说,期限延长 n 倍,c_t/S_t 和 p_t/S_t 的增幅不足 $\sqrt{n}$。波动率越大,c_t/S_t 和 p_t/S_t 随时间延长的增幅越慢。例如,当波动率等于1%时,1年期的 c_t/S_t 和 p_t/S_t 等于0.4%,4年期等于0.3%(即 $0.4\% \times \sqrt{4}$),16年期等于1.6%(即 $0.4\% \times \sqrt{16}$)。

表 11.1 平价期权股价之比与波动率及期限的关系

波动率	期限/年									
	0.1	0.2	0.4	0.5	0.9	1	2	4	9	16
1%	0.0013	0.0018	0.0025	0.0028	0.0038	0.0040	0.0056	0.0080	0.0120	0.0160
2%	0.0025	0.0036	0.0050	0.0056	0.0076	0.0080	0.0113	0.0160	0.0239	0.0319
5%	0.0063	0.0089	0.0126	0.0141	0.0189	0.0199	0.0282	0.0399	0.0598	0.0797
10%	0.0126	0.0178	0.0252	0.0282	0.0378	0.0399	0.0564	0.0797	0.1192	0.1585
20%	0.0252	0.0357	0.0504	0.0564	0.0756	0.0797	0.1125	0.1585	0.2358	0.3108

续表

波动率	期限/年									
	0.1	0.2	0.4	0.5	0.9	1	2	4	9	16
30%	0.037 8	0.053 5	0.075 6	0.084 5	0.113 2	0.119 2	0.168 0	0.235 8	0.347 3	0.451 5
50%	0.063 0	0.089 0	0.125 6	0.140 3	0.187 5	0.197 4	0.276 3	0.382 9	0.546 7	0.682 7
70%	0.088 1	0.124 4	0.175 2	0.195 5	0.260 1	0.273 7	0.379 4	0.516 1	0.706 3	0.838 5
80%	0.100 7	0.142 0	0.199 7	0.222 7	0.295 7	0.310 8	0.428 4	0.576 3	0.769 9	0.890 4
100%	0.125 6	0.176 9	0.248 2	0.276 3	0.364 7	0.382 9	0.520 5	0.682 7	0.866 4	0.954 5

（三）无红利资产美式期权的定价公式

在第十章中我们已经讨论过,在标的资产无红利情况下,美式看涨期权的最优选择是不要提前行权,因此其价值等于其他条件都相同的欧式看涨期权,即 $C_t = c_t$。因此无红利资产美式看涨期权的价值 C_t 也是:

$$C_t = S_t N(d_1) - K e^{-r(T-t)} N(d_2)$$

各参数定义如前。

无红利资产美式看跌期权则有可能提前行权,其价值不低于其他条件都相同的欧式看涨期权。由于美式看跌期权与看涨期权之间不存在严密的平价关系,因此美式看跌期权的定价无法得到一个精确的解析公式,但可以用蒙特卡罗模拟、二叉树和有限差分三种数值方法[①]以及解析近似方法求出。

三、有红利资产的期权定价公式

到现在为止,我们一直假设期权的标的资产在期权存续期内不支付红利。实际上,如果红利可以准确预测,或者说是已知的,那么有红利资产的期权定价并不复杂,很多情况可以简单由前述定价公式拓展得到。

（一）有红利资产欧式期权的定价公式

在红利已知的情况下,可以把标的资产的价格分解成两部分:期权有效期内已知红利的现值部分和有风险部分。在期权到期之前,红利现值部分将由于标的资产支付红利而消失。因此,只要从标的资产当前的价格 S 中消去红利现值部分,将剩下有风险部分的价格作为真正影响期权价值的标的资产价格,用 σ 表示资产价格中有风险部分的波动率[②],就可直接套用式(11.23)和式(11.24)分别计算出有红利资产的欧式看涨期权和看跌期权的价值。具体地说:

（1）当标的资产已知红利的现值为 I_t 时,只要用 $(S_t - I_t)$ 代替式(11.23)和式(11.24)中的 S_t,即可求出已知红利资产的欧式看涨和看跌期权的价格。

（2）当标的资产的红利为按连续复利计算的已知红利率 q（单位为年）时,只要将

[①] 我们将在第十二章介绍期权定价的这三种数值方法。

[②] 从理论上说,风险部分的波动率并不完全等于整个证券价格的波动率,有风险部分的波动率近似等于整个证券价格波动率乘以 $S_t/(S_t - I_t)$,这里 I_t 是红利现值。但在本书中为方便起见,假设两者是相等的。

$S_t e^{-q(T-t)}$ 代替式(11.23)和式(11.24)中的 S_t,就可求出支付连续复利红利率资产的欧式看涨和看跌期权的价格。这个方法在股票指数期权、外汇期权和期货期权中广泛应用,第十五章将对此进行更详细的讨论。

(二) 有红利资产美式期权的定价

1. 有红利资产的美式看涨期权

当标的资产在期权存续期内有支付红利时,美式看涨期权就有提前行权的可能,因此有红利资产美式期权的定价较为复杂,费雪·布莱克(Fischer Black)提出了一种计算有红利资产美式看涨期权价格的近似处理方法。该方法是先确定提前行权美式看涨期权是否合理。若不合理,就按欧式期权处理;若在 t_i 时刻提前行权可能是合理的,则分别计算在 T 时刻(期权合约到期)和 t_i 时刻到期的欧式看涨期权的价格,然后将其中的较大者作为美式看涨期权的价格。大多数情况下,这种近似效果都不错。

【例 11.5】 有红利资产美式看涨期权的定价

假设一种 1 年期的美式股票看涨期权,标的股票在 5 个月和 11 个月后各有一个除权日,每个除权日的红利为 1.0 元,标的股票当前的市价为 50 元,期权行权价格为 50 元,标的股票波动率为每年 30%,无风险连续复利年利率为 10%,求该期权的价值。

第一步,要判断该期权是否应提前行权。根据第十章的结论,美式看涨期权不提前行权的条件是红利低于行权价的利息:$D_i \leq K[1-e^{-r(t_{i+1}-t_i)}]$ 和 $D_n \leq K[1-e^{-r(T-t_n)}]$,其中 $i=1,2,\cdots,n$ 表示第 i 个除权日前。

在本例中,$D_1=D_2=1$ 元。计算可得,第一个除权日前不等式右边为:
$$K[1-e^{-r(t_2-t_1)}] = 50\times(1-e^{-0.1\times 0.5}) = 2.4385(\text{元})$$

2.438 5 元 > 1 元,因此在第一个除权日前期权不应行权。

第二个除权日前不等右边为 $K[1-e^{-r(T-t_2)}] = 50\times(1-e^{-0.1\times 0.0833}) = 0.4148(\text{元})$

0.414 8 元 < 1 元,因此在第二个除权日前有可能提前行权。

第二步,要对 1 年期和 11 个月期欧式看涨期权价格进行比较。

(1) 对 1 年期欧式看涨期权来说,红利的现值为:
$$1.0\times e^{-0.1\times 0.4167} + 1.0\times e^{-0.1\times 0.9167} = 1.8716(\text{元})$$

因此 $S_t - I_t = 50 - 1.8716 = 48.1284$,代入式(11.23)得:
$$c_{12} = 48.1284 N(d_1) - 50e^{-0.1\times 1} N(d_2) = 48.1284 N(d_1) - 45.2419 N(d_2)$$

式中:
$$d_1 = \frac{\ln(48.1284/50) + (0.1+0.09/2)\times 1}{0.3\times \sqrt{1}} = 0.3562$$

$$d_2 = 0.3562 - 0.3\times \sqrt{1} = 0.0562$$

由于 $N(0.3562) = 0.6392$,$N(0.0562) = 0.5224$,因此有:
$$c_{12} = 48.1284\times 0.6392 - 45.2419\times 0.5224 = 7.1293(\text{元})$$

(2) 对 11 个月期的欧式看涨期权来说,红利的现值为:

$$1.0 \times e^{-0.1 \times 0.4167} = 0.9592 (元)$$

因此，$S_t - I_t = 50 - 0.9592 = 49.0408$，代入式（11.23）得：

$$c_{11} = 49.0408 N(d_1) - 50 e^{-0.1 \times 0.9167} N(d_2)$$
$$= 49.0408 N(d_1) - 45.6203 N(d_2)$$

式中：

$$d_1 = \frac{\ln(49.0408/50) + (0.1 + 0.09/2) \times 0.9167}{0.3 \times \sqrt{0.9167}} = 0.3952$$

$$d_2 = 0.3952 - 0.3 \times \sqrt{0.9167} = 0.1080$$

$$c_{11} = 49.0408 \times 0.6536 - 45.6203 \times 0.543 = 7.2812 (元)$$

由于 $c_{11} > c_{12}$，因此该美式看涨期权的价值近似为 7.2812 元。

2. 有红利资产美式看跌期权

红利的存在虽然使美式看跌期权提前行权的可能性减小，但仍不排除提前行权的可能性，因此有红利资产美式看跌期权的价值仍不同于欧式看跌期权，只能通过第十二章即将介绍的数值方法来求出。

四、波动率和波动率曲面

我们已经知道，B-S-M 期权定价公式中的期权价格取决于下列六个参数：标的资产市场价格、行权价格、到期期限、红利、无风险利率和标的资产价格波动率（即标的资产连续复利收益率的标准差）。在这些参数当中，前四个都是很容易获得的确定数值（如果红利已知）。无风险利率相对也容易获得，不过要注意以下两个问题：第一，应选择即期利率而非附息债的到期收益率；第二，期限应匹配，在利率期限结构严重非水平时更应注意这一点。有时，金融机构会以自己的资金成本作为无风险利率。

在期权参数的估计中，波动率是难度最大的，也是最重要的。波动率本身是无法直接观测的，而且在 t 时刻为 T 时刻到期的期权定价时，人们关心的是 t 时刻到 T 时刻之间标的资产价格的波动率，也就是未来的波动率。因此在期权定价中使用的，本质上是人们对未来给定期限的波动率的预期值。

在预测未来波动率时，常用的方法有两类：历史法和隐含法。相应产生了历史波动率（historical volatility）和隐含波动率（implied volatility）的概念。需要说明的是，由于波动率是不可观测的，较难判断哪种预测是准确的。

（一）历史法

所谓历史法就是从标的资产价格的历史数据中估计得到历史波动率，再相应外推得到未来波动率的预测值。

最常见的历史波动率估计方法是标准差法。在几何布朗运动假设下，波动率 σ 为常数，而且是股票对数收益率的年化标准差。因此统计学中估计样本标准差的方法自然成为最常见的历史波动率估计法。

在使用标准差法时，需注意以下几个问题：

第一,由于波动率是股票对数收益率的年化标准差,因此计算对象既不是百分比收益率,也不是股票价格,而是对数收益率。

第二,在 B-S-M 公式所用的参数中,有四个参数与时间有关:到期期限、无风险利率、红利率和波动率。这些参数的时间单位必须相同,或者同为天、周,或者同为年,一般以年为时间单位。也就是说,波动率 σ 通常指的是年化波动率。

第三,由于交易日才有历史价格和收益率数据,因此在历史法下,通常一年天数按交易日算。例如,在日波动率和年波动率之间就以交易日进行转换。美国一年的交易日通常有 252 天,中国通常只有 240 天左右。

第四,波动率指的是收益率的年化标准差,而非年化收益率的标准差。也就是说,应先计算收益率(如日收益率、周收益率等)的标准差再年化,而不是先将收益率年化再算标准差。

第五,由于方差才是可加的,标准差的年化应乘以一年天数的开方。若一年 242 个交易日,年化波动率是日波动率的大约 15.6 倍[①];若一年 252 个交易日,年化波动率是日波动率的大约 15.9 倍。换言之,若以交易天数计算,年化波动率 16% 左右意味着日波动率大约为 1%。

第六,尽管在几何布朗运动下,波动率 σ 为常数,但现实中的波动率是时变的,因此估计时历史样本窗口期的选取就非常重要。一般来说,时间越长,数据越多,估计值越能反映长期波动率的平均状况。但波动率的时变性意味着历史窗口过长,估计值可能难以准确反映最新的波动率状况。因此常见的做法是选取距离今天较近的时间样本,样本长度等于期权的剩余期限,例如要为剩余期限 6 个月的期权定价,就使用过去 6 个月的历史数据;如果过去 6 个月中市场发生了变化,则适宜选择变化后规律相对稳定的一段样本进行估计。

例 11.6 给出了一个用标准差方法计算历史波动率的例子。

【例 11.6】
历史波动率估计:标准差方法
表 11.2 样 本 数 据

天数	日收盘价/P_t	日收盘价对数/$\ln P_t$	对数日收益率/R_t	$(R_t-\bar{R})^2$
0	100.00			
1	101.50	4.605 2	0.014 9	0.000 2
2	98.00	4.620 1	-0.035 1	0.001 4
3	96.75	4.585 0	-0.012 8	0.000 2
4	100.50	4.572 1	0.038 0	0.001 3
5	101.00	4.610 2	0.005 0	0.000 0
6	103.25	4.615 1	0.022 0	0.000 4
7	105.00	4.637 2	0.016 8	0.000 2
8	102.75	4.654 0	-0.021 7	0.000 6

---

① 如果对日收益率先年化再求标准差,是先乘以 242 再求标准差,年波动率是日波动率的 242 倍,显然是不对的。因此必须先求标准差再年化。

续表

天数	日收盘价/P_t	日收盘价对数/$\ln P_t$	对数日收益率/R_t	$(R_t-\bar{R})^2$
9	103.00	4.632 3	0.002 4	0.000 0
10	102.50	4.634 7	-0.004 9	0.000 1
加总			0.024 7	0.004 3

样本数据见表 11.2。

样本均值 $\bar{R} = \dfrac{1}{T}\sum_{t=1}^{T} R_t = \dfrac{0.024\,7}{10} \approx 0.002\,5$,

样本方差 $= \dfrac{1}{T-1}\sum_{t=1}^{T}(R_t-\bar{R})^2 = \dfrac{0.004\,3}{9} \approx 0.000\,5$

样本标准差 $= \sqrt{\text{样本方差}} \approx 0.021\,8$

波动率 $\sigma = 0.021\,8 \times \sqrt{242} \approx 34\%$(若一年交易日 242 天)

除了标准差方法,常见的历史波动率估计方法还有已实现波动率(realized volatility)和极差波动率,其分别是用日内的高频数据和每日最高最低价计算得到的波动率指标。这两种方法的计算原理较为复杂,超出本书范围,此处不再加以介绍。

在估计得到历史波动率之后,关于如何外推得到未来波动率的预测值,又有不同的做法。最简单的方法就是认为历史将会重复,直接将历史数据中得到的历史波动率作为未来波动率的预测值;更复杂一些的则是通过一些计量方法构建起波动率历史值和未来值之间的时间序列模型,以此模型进行外推预测,比如广义自回归条件异方差(generalized autoregressive conditional heteroskedasticity,GARCH)模型和随机波动率模型等。这些方法较为复杂,超出本书范围,此处不再加以介绍。[①]

(二) 隐含法

由于波动率的时变性,历史并不会简单重复,用历史法外推的未来波动率的预测值通常并不准确,期权市场上的交易者往往更倾向于使用隐含法。所谓隐含法,就是将期权的市场价格代入特定期权定价模型,倒求出当时期权价格所对应的波动率,就是隐含波动率,然后再用于其他条件类似的期权定价和风险对冲等。

用隐含法求波动率的本质是对金融市场强大信息功能的认可和运用。金融市场是信息的集散地,金融资产价格是所有市场参与者信息、经验、判断和审慎决策的综合结果,是全体参与者整体信念的综合体现,蕴含着重要的预测和决策信息。市场流动性越好,信息含量越丰富和精确。由于在交易期权时波动率是重要的决策参数,每个期权交易者都会在对未来波动率进行预测的基础上进行交易,相应得到的期权市场价格天然蕴含了市场对未来波动率的预期。

在求隐含波动率时,使用的模型不同,得到的隐含波动率显然是不可比的。对于欧式期权来说,市场公认的惯例是以 B-S-M 期权定价模型来估计隐含波动率,具体做法就是将欧式期权市场价格和波动率之外的其他所有参数代入 B-S-M 期权定价公式,从而求出期权

---

① 在本书网站上可下载 GARCH 等波动率估计和预测的计算软件。

价格对应的波动率。因此如无特别注明,隐含波动率常专指 B-S-M 隐含波动率。[①] 有的市场甚至在期权报价时直接以 B-S-M 隐含波动率而不是以期权价格进行报价,交割时再转化为具体金额的价格。因为不同到期期限和行权价的期权价格往往差异巨大,难以进行直观的比较,而转化为隐含波动率之后,由于都是市场对同一个标的资产在未来不同期限的波动率的预测值,更具可比性。

隐含法也存在自身的问题。首先,由于隐含波动率是利用期权定价公式从期权市场价格中提取出来,如果期权定价公式不准确,提取出来的隐含波动率也就不准确。特别是在卖空受限比较严重的市场,如中国股市,这个偏差有可能很大。解决办法是适用更准确的定价模型。在下一节,我们将看到,在现货做空受限情况下,Black 期权定价公式更适用,因此我们强烈建议使用 Black 期权定价模型来求隐含波动率。其次,B-S-M 模型和 Black 模型都假设波动率为常数,而且股票或期货价格服从对数正态分布,这意味着对于不同期限和行权价格的期权,计算得到的 B-S-M 或 Black 隐含波动率应该都是相等的。然而事实并非如此。因此我们使用时就不能只用一个期权来计算 B-S-M 或 Black 隐含波动率,而应尽量使用不同期限、不同行权价格的期权价格来计算 B-S-M 或 Black 隐含波动率,得到 B-S-M 或 Black 隐含波动率曲面,从而得到隐含波动率的更全面的信息。

具体而言,人们将给定时刻、同样剩余期限但不同行权价格的 B-S-M 或 Black 隐含波动率形成的曲线称为波动率微笑(volatility smile),由于常呈现实值和虚值隐含波动率高于平值隐含波动率,形似微笑而得名。波动率微笑曲线的坐标横轴为行权价格(或在值程度,或第十四章介绍的 Delta),纵轴为 B-S-M 隐含波动率,如图 11.2(a)所示。若微笑两边不对称,常称为波动率偏斜(volatility skew);若低行权价的隐含波动率高于高行权价的隐含波动率,又被称为波动率坏笑(volatility smirk)。

给定时刻、同样行权价格但不同剩余期限的 B-S-M 或 Black 隐含波动率形成的曲线被称为波动率期限结构(volatility term structure),其坐标横轴为剩余期限,纵轴为 B-S-M 隐含波动率,如图 11.2(b)所示。

波动率微笑和波动率期限结构合成的三维曲面就是波动率曲面。图 11.2(c)展示了 2020 年 1 月 23 日沪深 300 看涨期权收盘价拟合的波动率曲面。[②]

给定同样的剩余期限,如果不同行权价格的 B-S-M 隐含波动率都不相等,未来波动率的预测值究竟应该采用哪个行权价的隐含波动率呢?最经常使用的是平值期权的隐含波动率。但若只考虑平值期权的隐含波动率,其他期权价格所隐含的信息就无法得到反映。2003 年,芝加哥期权交易所(CBOE)推出新版 VIX 指数(volatility index),其原理相对复杂[③],但可以大致理解为同样剩余期限、不同行权价格的隐含波动率的某种加权平均,因而

[①] 由于 B-S-M 期权定价公式较为复杂,B-S-M 隐含波动率的计算一般需要通过计算机完成,在本书网站上可下载计算 B-S-M 隐含波动率的软件。

[②] 图中的在值程度如第十章所定义,为 $\ln \frac{K}{F}$。

[③] 其基本原理是在无套利和马尔可夫假设下,通过数学推导,将标的资产未来方差在远期测度下的期望值表达为同样剩余期限但不同行权价格的期权价格的特定积分。简言之,期权价格的某种加总就是人们对未来方差的某种预期值。由于期权价格和 B-S-M 模型隐含波动率是一一对应的,也可以理解为 B-S-M 模型隐含波动率的某种加总是人们对未来方差的某种预期值。

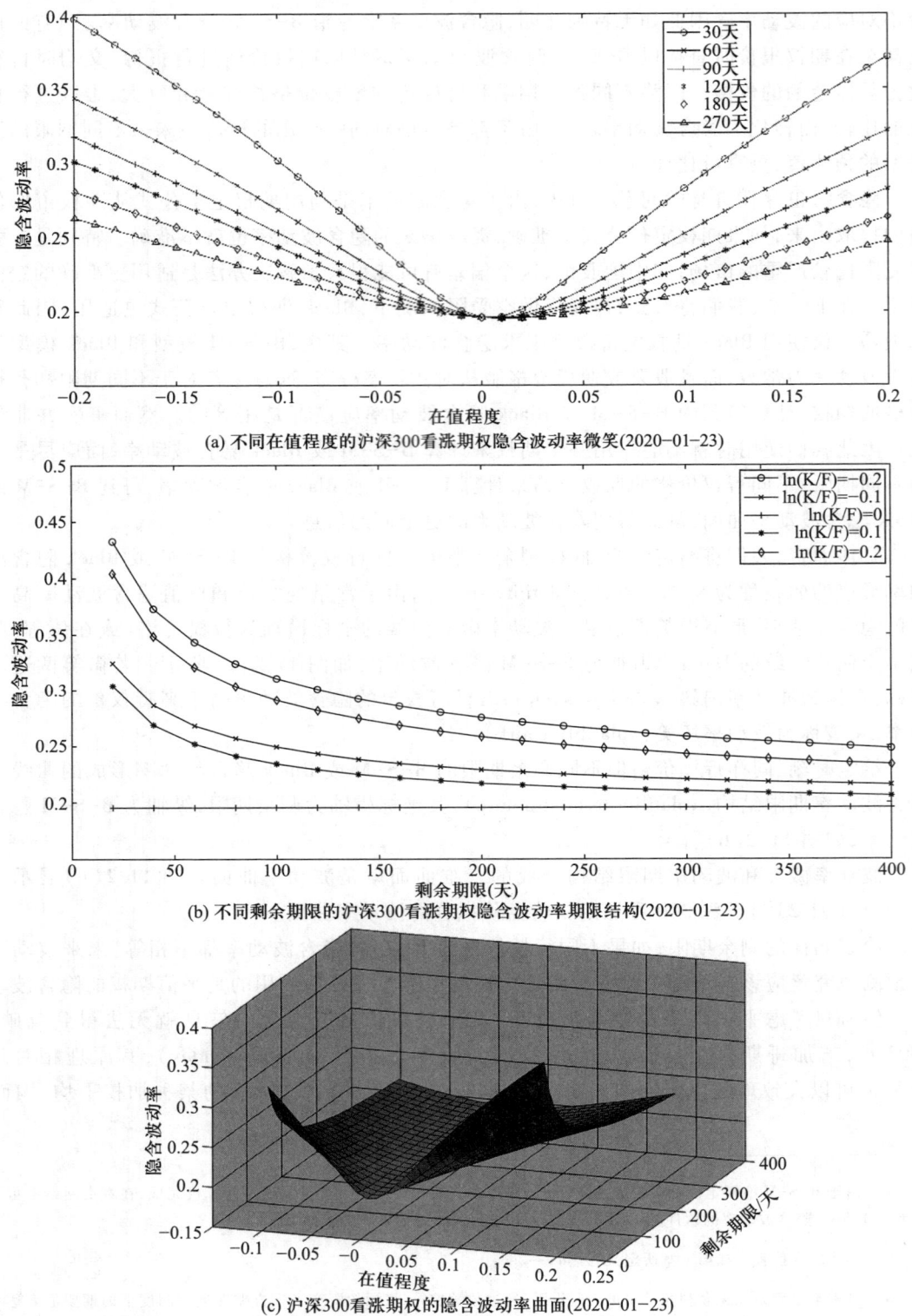

图 11.2　沪深 300 看涨期权隐含波动率微笑、波动率期限结构与波动率曲面

数据来源：根据 Wind 资讯的期权价格计算而得。

是整个波动率微笑的综合体现。由于美国股市的走势常与波动率的变化呈现负相关,也就是说股市暴跌时波动率上升,因此 VIX 指数常被称为"恐慌指数"。这种称呼容易引起误解。实际上,在利率常数的情况下,VIX 的平方是期权市场对未来一段时间股票市场方差的风险中性预期。VIX 指数不仅提供了市场隐含波动率水平的综合量化指标,丰富了投资者可观测到的市场信息,有助于投资者定价、制定相应的交易策略和避险策略,还为监管机构提供了市场的预警指标,提高风险识别、风险度量和风险管理的效率,为宏观决策提供有效参考,因而日益成为全球关注的重要指标。在 CBOE 之后,全球重要的衍生品市场均发布了类似的波动率指数。[①]

第四节 B-S-M 期权定价模型:讨论、运用与拓展

B-S-M 模型价格是否与市场上的实际期权价格相符?答案颇令人尴尬:这取决于你所采用的参数,特别是波动率参数。选择特定参数,你总能算出一个与实际价格相符的模型价格。事实上,只要 B-S-M 模型的假设条件在现实中不成立,模型价格与实际价格存在差异是必然的。运用 B-S-M 模型倒算出的隐含波动率不是常数而存在波动率曲面,就是这一差异的典型表现。然而,迄今为止 B-S-M 期权定价模型在实际市场特别是欧式期权市场中仍然广泛运用,有着不可撼动和不可替代的市场地位。原因何在?我们应如何理解和合理运用 B-S-M 期权定价模型?下面我们围绕这些问题进行一些讨论。

一、B-S-M 期权定价模型为何广受欢迎

首先需要明确的是,现实中的期权价格是交易出来的。B-S-M 理论价格是作为内部模型价格为实务提供参考的。

毫无疑问,B-S-M 模型对现实市场做了一些简化的假定。但是要用数学描述现实,抓住实质和简化模型是两大要素。前者用以刻画问题本质,后者则用来保证数学上的可处理性。尽管 B-S-M 模型的假设不完全符合现实,但该模型捕捉了期权定价的核心问题:作为衍生品,只要期权与标的可以构造出动态的无风险组合,并且市场是无套利的,就可以在不考虑风险溢酬的情况下为期权定价。抓住这一本质问题,B-S-M 模型理论价格必然具有重要的参考意义,从而成为业界必备的定价模型。

实质上,自 1973 年 B-S-M 模型诞生以来,许多学者致力于放松各种假设,希望能找到更符合现实的模型。但到目前为止,在欧式期权市场上,B-S-M 模型的市场地位仍是无可取代的。因为人们发现,B-S-M 模型的假设对简单的欧式期权来说影响相对较小。而拓展的模型往往存在两个问题:第一,计算速度偏慢;第二,即使放松某些假定,拓展模型也并不能完全符合现实,仍然存在出错的可能。这两个缺点对于交易频率较高的场内欧式期权来说特别突出。按一些场内期权交易员的说法:"我宁可使用一个简单但我已经了解它可能

---

① 2015 年 6 月至 2018 年 2 月期间,上海证券交易所也发布了基于上证 50ETF 期权的中国波动率指数(iVIX)。由于中国市场的市场制度和合约设计,直接在中国市场上采用 CBOE 的 VIX 指数算法可能会出现一些问题。Zheng, Jiang and Chen(2017)推出了更具一般性的 VIX 指数计算公式,并针对中国情形进行了改进。详见 Zhenlong Zheng, Zhengyun Jiang and Rong Chen. AVIX: An Improved VIX Based on Stochastic Interest Rates and an Adaptive Screening Mechanism [J]. Journal of Futures Markets, 2017, 37:374~410.

什么时候出错的模型,也不愿意采用一个看上去完美但我不知道它什么时候出问题的模型。"

除了抓住本质和简单易用两大优点,B-S-M 模型被广泛使用,还有一个非常重要的原因。在第三节介绍隐含波动率时我们已经提到,不同到期期限和行权价格的期权价格往往差异巨大,难以进行直观的比较。转化为隐含波动率之后,由于都是市场对同一个标的资产未来波动率的预测值,虽然仍有差异,但可比性大大提高。因此,B-S-M 模型在实务中最有价值的应用,是通过其将直观上难以比较的期权价格便捷转化为可比较的隐含波动率。此时,B-S-M 模型是否准确并不重要,它只是一个客观的转换器,只要大家都用这一公式进行转换,得到的隐含波动率就可以相互比较,有助于快速确定期权价格的相对高低。

出于上述几个原因,B-S-M 模型在实务中特别是场内欧式期权市场中被广泛接受和使用。而正如本节开头所提到的,B-S-M 模型价格和实际价格存在的差异,在接受 B-S-M 模型的前提下,可以视为参数选择错误的结果。合适的参数有助于减少模型价格和实际价格的差距。作为 B-S-M 模型中唯一的不可观测参数,如何确定合适的波动率就成为重要任务。在场内欧式期权市场,寻找更合理的波动率,可能比拓展 B-S-M 模型更具应用价值和可操作性。

二、中国期权市场:B-S-M 还是 Black 期权定价公式

尽管 B-S-M 模型在国际实务中被广泛接受和使用,当我们在中国的场内欧式期权市场上运用 B-S-M 期权定价公式(简称 B-S-M 公式)计算隐含波动率时,却时常会出现诸如隐含波动率为负等不正常现象。这是因为 B-S-M 模型的关键前提是标的与期权市场需是"无套利"和"可复制"的,这一前提在中国市场的现货和期权之间并不成立,导致 B-S-M 期权定价公式在中国市场上不能使用。在中国市场上,适宜使用 Black 期权定价公式。

本章第三节已经提到,是否"无套利"和"可复制",决定了风险中性定价原理是否成立,决定了在给期权定价时我们是否可以仅仅使用无风险利率而无须考虑风险溢酬,决定了期权是否可以相对客观定价。由于 B-S-M 期权定价公式是基于现货和期权之间的复制和无套利推出的,中国市场的现货卖空受限较为严重,加上交易费用相对较高,都使得上述重要前提无法成立,直接在中国市场上运用 B-S-M 期权定价公式并不适合。

在现货卖空受限制的情况下,如果我们把现货价格改成 PCP 平价隐含的现货价格,则 B-S-M 期权定价公式就可以使用了。

相较而言,Black 期权定价公式(简称 Black 公式)就成为中国期权市场上的更优选择。Black 公式由费雪·布莱克(Fischer Black)于 1976 年提出[①],最初用以拓展 B-S-M 模型为欧式期货期权定价,后来被证明可以用于为所有假设到期标的资产价格服从对数正态分布的欧式期权定价,并在实务中被广泛应用。

有多种方法可以推导得到 Black 期权定价公式,例如将本章第三节中的标的资产由现货改为远期合约,以同样的推导逻辑,即可得到:

$$c_t = e^{-r(T-t)}[F_t N(d_1) - KN(d_2)] \tag{11.25}$$

$$p_t = e^{-r(T-t)}[KN(-d_2) - F_t N(-d_1)] \tag{11.26}$$

---

① 参见 F. Black. The Pricing of Commodity Contracts [J]. Journal of Financial Economics,1976,3:167-179.

式中：F_t 为同一标的资产、同样到期期限的远期价格。

$$d_1 = \frac{\ln(F/K) + \sigma^2(T-t)/2}{\sigma\sqrt{T-t}}$$

$$d_2 = d_1 - \sigma\sqrt{T-t}$$

很容易证明，在完美市场中，只要把 $F_t = S_t e^{r(T-t)}$ 分别代入上述 Black 公式，就可以得到 B-S-M 公式。有红利资产和红利率资产的欧式期权也一样。因此 Black 公式比 B-S-M 公式适用面更广，既适用于完美市场，也适用于现货卖空受限制的市场。

Black 期权定价公式之所以更适合中国市场，是因为中国市场上的现货卖空受限，现货交易费用也相对较高，而远期（期货）可以做空，交易费用也相对较低。在市场实务中，交易者通常都是以期货进行对冲的。

但是，对于上交所和深交所的 ETF 期权来说，由于期权实行红利保护，远期或期货价格 F_t 则没有红利保护，因此在使用 Black 模型的时候，需要将红利加回到定价模型中。具体而言，若现金红利现值为 I_t，则有红利保护的欧式期权定价公式为：

$$c_t = e^{-r(T-t)}[(F_t + I_t)N(d_1) - KN(d_2)] \quad (11.27)$$

$$p_t = e^{-r(T-t)}[KN(-d_2) - (F_t + I_t)N(-d_1)] \quad (11.28)$$

式中：

$$d_1 = \frac{\ln[(F_t + I_t)/K] + (\sigma^2/2)(T-t)}{\sigma\sqrt{T-t}}$$

$$d_2 = d_1 - \sigma\sqrt{T-t}$$

由于中国 ETF 没有活跃的远期市场，因此远期价格不可得。但中国有股指期货，我们可以用股指期货价格来近似代替上式中的远期价格。只是由于股指期货到期日和 ETF 期权到期日不同，所以要进行相应调整。具体细节这里就不赘述了。在现货卖空受到限制的情况下，期货价格常常大幅低于运用式（3.2）、式（3.5）和式（3.7）计算出来的理论价格。在这种情况下，用修改后的 Black 公式（11.27）和（11.28）计算的平价隐含波动率要比 B-S-M 的隐含波动率更准确。用修改后的 Black 公式（11.27）和（11.28）计算出来的同一期限、同一行权价的一对看涨与看跌期权的隐含波动率也更为接近。从案例 11.1 可以明显看到 B-S-M 隐含波动率与 Black 隐含波动率具有很大的差别。Black 隐含波动率由于模型误差较小，所以更能准确反映市场的真实情况。

> **【案例 11.1】**
> 沪深 300 股价指数的成分股存在较大的卖空限制，不能用现货复制期权，导致 B-S-M 期权定价公式不适用。而期货则可以较好地复制期权，因此 Black 期权定价公式比 B-S-M 更适用。2020 年，沪深 300 指数为 3 916.01 点，3 月到期的沪深 300 股指期货价格为 3 889.8 点。对比现货和期货价格可以发现，现货价格存在较明显的高估现象，这种高估现象将导致用 B-S-M 期权定价模型计算隐含波动率会存在较大的偏差。图 11.3 和图 11.4 分别展示了根据 2020 年 3 月到期的沪深 300 股指期权用 2020 年 2 月 10 日收盘价格从 B-S-M 和 Black 期权定价公式计算的隐含波动率微笑的形状。

从图11.3可以发现,通过B-S-M期权定价模型求解隐含波动率存在如下问题:(1)存在很多无法求解情形(在图上展示为0);(2)看涨期权隐含波动率普遍高于看跌期权隐含波动率,造成看涨期权价格被高估的假象。实际上,造成这种现象的真正原因是现货由于卖空限制,不能真正反映市场全体多空双方的意见,其价格相对于期货价格被高估。因此B-S-M隐含波动率无法准确识别期权价格的市场定价错误。

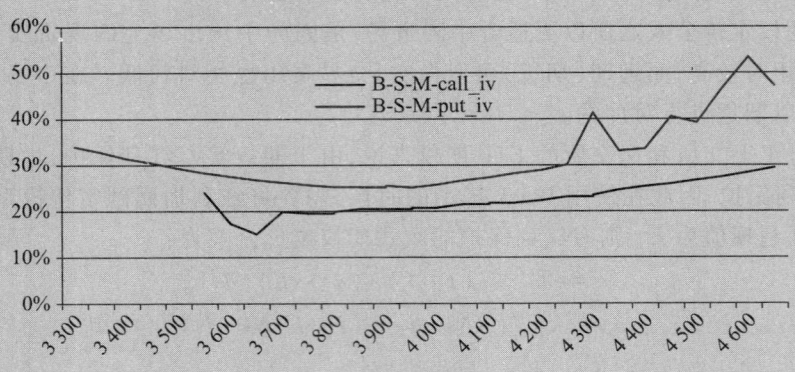

图11.3　B-S-M隐含波动率微笑(2020-02-10)

从图11.4可以看出,Black隐含波动率的取值范围比较合理,不存在无法求解的情形。看涨期权与看跌期权隐含波动率也没有存在系统性的偏差。这是因为,不同期权如果存在市场价格偏差,套利者就会利用期货和期权进行套利,从而使期权定价快速恢复到无套利均衡水平。而Black期权定价公式刻画了真实期货价格与期权价格之间的关系,因此比较准确。

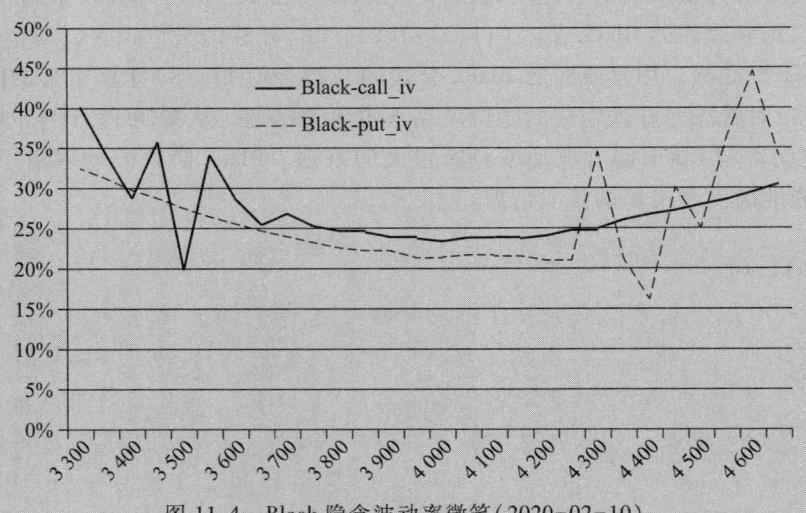

图11.4　Black隐含波动率微笑(2020-02-10)

三、B-S-M 期权定价模型的其他拓展[①]

作为迄今为止应用最成功的金融模型之一,B-S-M 期权定价模型在实际金融和经济生活中应用非常广泛,影响深远。但如前所述,B-S-M 期权定价模型主要运用于欧式期权。对其他相对复杂的期权来说(如第十五章中介绍的奇异期权),诸如常数波动率的假设可能会带来较大的价格误差,可能就是难以接受的。因此许多学者致力于在各个方面放松假设,拓展模型,为促进期权定价模型的发展做出了大量的努力。这里简要介绍一些常见的拓展。

(一) 常数波动率假设的放松

B-S-M 期权定价模型的基本假设之一是几何布朗运动,其假定标的资产波动率是一个已知的常数。这一点在标的资产价格的实证检验中被否定,B-S-M 隐含波动率微笑和曲面的存在就是一个典型的反证。实际上,人们发现波动率本身就是一个随机变量。

通常有两种思路来改善这个问题:其一是从期权价格的隐含波动率中获取即时波动率的信息,来为同样标的的其他期权定价;其二是从标的资产价格变化中获取波动率变化的信息,对 B-S-M 期权定价模型进行修正和扩展,其中最广为接受的拓展包括常弹性方差模型(constant elasticity of variance model,CEV model)[②]和随机波动率模型(stochastic volatility model,SV model)等。在随机波动率模型中,除了标的资产价格本身服从一定的随机过程,波动率本身也用一个随机过程来描述,并以此为基础对衍生产品定价。如:

$$dS_t = \mu S_t dt + \sigma_t S_t dz_{1t}$$

$$d\sigma_t^2 = p(S_t, \sigma_t, t) dt + q(S_t, \sigma_t, t) dz_{2t}$$

式中:dz_{1t} 和 dz_{2t} 的相关系数为 ρ。目前主要的随机波动率模型有 Heston 模型[③]和 SABR 模型[④]等。

(二) 资产价格连续变动假设的放松

B-S-M 期权定价模型假定标的资产价格连续变动,未来的资产价格服从对数正态分布。然而实际中资产价格常常跳跃(并多为向下跳跃)。对正态分布假设来说,这些跳跃往往幅度过大,发生过于频繁,基于正态分布的几何布朗运动无法描述和捕捉这些现象。B-S-M 模型下的连续动态对冲也无法保证组合动态无风险。

在这个方面,最主要的拓展工作主要体现在跳跃扩散模型和崩盘模型上。跳跃扩散模型,是普通的(路径连续的)扩散过程和一个在随机时刻发生跳跃的(跳跃幅度也是随机的)跳跃过程的结合,最著名的跳跃模型有 Merton 模型[⑤]等。而崩盘模型则主要考虑在标的资产价格出现极端变动的情况下,假设最糟糕的情况确实发生,度量标的资产价格变化可能导致的最大损失,之后使用下一章介绍的二叉树模型,根据可能获得的最低收益来为期权

[①] 这部分难度较大,可以略过,不影响对全书的理解。
[②] 详细可参见 J C Cox, S A Ross. The valuation of options for alternative stochastic processes [J]. Journal of Financial Economics, 1976, 3: 145-166.
[③] 详细可参见 S L Heston. A closed form solution for options with stochastic volatility with applications to bonds and currency options [J]. Review of Financial Studies, 1993, 2: 327-343.
[④] 详细可参见 P Hagan, D Kumar, A Lesniewskis, D Woodward. Managing smile Risk. Wilmott, September 2002: 84-108.
[⑤] 详细可参见 R C Merton. Option pricing when underlying stock returns are discontinuous [J]. Journal of Financial Economics, 1976, 3: 125-144

定价。

(三) 其他参数假设的放松

B-S-M模型假设利率和标的资产红利等参数都是已知的常数,但事实上这些参数都不是常数,甚至也不是以时间和标的资产价格为自变量的确定性函数。已经可以证明Black模型在利率随机假设下仍然成立。对于其他参数假设的放松,这时可以采取的方法之一是为这些参数再确定一个随机模型,将其与标的资产价格的随机过程结合起来推导期权价格;另一种思路是为这些参数的价值确定一个变动区间,然后计算期权的价格区间。

(四) 无交易成本假设的放松

B-S-M期权定价模型假定交易成本为零,可以连续进行动态的套期保值,从而保证了无风险组合连续存在和期权风险中性定价的正确性。但事实上交易成本总是客观存在的。从理论上说,引进交易成本并不仅仅导致期权定价从一个确定的值拓展为一个合理区间,交易成本的存在将无法保证连续动态套期保值和无风险组合的存在,从而在根本上威胁到风险中性定价的基础。

到目前为止,在放松无交易成本假设上的拓展主要有两种思路:一是赫格(Hoggard)、威利(Whalley)和威尔莫特(Wilmott)提出的H-W-W模型[1],其特点是仍然采用B-S-M模型的无套利和风险中性定价框架,但套期保值策略改为定期离散调整,从而得到一个非线性偏微分方程;二是赫杰斯(Hodges)、纽伯格(Neuberger)和戴维斯(Davis)等人[2]提出的效用无差异定价方法,他们认为交易成本的存在已经彻底动摇了风险中性的定价基础,因此必须重新引入投资者风险偏好和效用函数来给期权定价,但尚未得到易于应用的结论。

最后,让我们再回顾B-S-M模型及其基本假设。B-S-M模型适用于为欧式期权定价,标的资产是可交易的现货,Black模型将其拓展至标的资产为远期(期货)的情形。本章第三节中介绍的B-S-M模型的8个假设实质上可以分为三个层次。第一层次:无套利和可复制假设。这是衍生品定价的关键性和根本性的假设,凡是采用风险中性定价原理、不涉及风险溢酬和效用函数的衍生品定价都必须满足这两个前提条件,包括Black模型、第十二章将介绍的数值方法等。这两个条件不满足,整个衍生品定价的基石将被撼动。第二层次:几何布朗运动假设。这也是B-S-M模型的标志性假设,很多时候人们在谈到B-S-M模型的时候,实际上说的是几何布朗运动假设。Black模型采用的也是同一假设,对B-S-M模型的核心拓展主要针对这一假设,如随机波动率、跳跃模型等。第三层次:无红利假设。这显然是很容易拓展的,属于不重要的假设。

本 章 小 结

1. 实证研究表明,股票价格基本满足弱式效率市场假说,因此可以用马尔可夫随机过程来描述股票的变化过程。

---

[1] 详细可参见 Hoggard T, Whalley A E, Wilmott P. Hedging option portfolios in the presence of transaction costs [J]. Advances in Futures and Options Research, 1994, 7: 21-35.

[2] 详细可参见 Hodges S D, Neuberger A. Optimal replication of contingent claims under transaction costs [J]. Review of Futures Markets, 1989, 8: 222 和 Davis, Panas V G, Zariphopoulou T. European option pricing with transaction costs [J]. Siam J. Control and Option, 1993, 31: 470-493.

2. 证券价格的变化过程，可以用漂移项为 μS_t、方差项为 $\sigma^2 S_t^2$ 的伊藤（扩散）过程来表示：

$$dS_t = \mu S_t dt + \sigma S_t dz_t$$

这一随机过程又称为几何布朗运动。

3. 根据伊藤引理，若变量 x_t 服从伊藤过程，则变量 x_t 和 t 的函数 G_t 将服从如下过程：

$$dG_t = \left(\frac{\partial G}{\partial x}a_t + \frac{\partial G}{\partial t} + \frac{1}{2}\frac{\partial^2 G}{\partial x^2}b_t^2\right)dt + \frac{\partial G}{\partial x}b_t dz_t$$

4. 在几何布朗运动假设下，证券价格的对数呈正态分布：

$$\ln S_T \sim \Phi\left\{\ln S_t + \left(\mu - \frac{\sigma^2}{2}\right)(T-t), \sigma\sqrt{T-t}\right\}$$

5. 假设标的资产可交易，且在衍生品期限内不支付红利，标的资产价格服从几何布朗运动，可以推导出布莱克-舒尔斯-默顿偏微分方程：

$$\frac{\partial f}{\partial t} + rS_t \frac{\partial f}{\partial S} + \frac{1}{2}\sigma^2 S^2 \frac{\partial^2 f}{\partial S^2} = rf_t$$

这一偏微分方程适用于该标的资产的所有衍生产品。

6. 如果市场是无套利和可复制的，在为衍生产品定价时，可以假设所有投资者都是风险中性的，这就是风险中性定价原理。它可大大简化衍生产品的定价，然而得出的结论也适用于厌恶风险的情形。

7. 布莱克-舒尔斯-默顿期权定价公式适用于为欧式期权和美式看涨期权定价。对美式看跌期权定价只能用二叉树、蒙特卡罗模拟、有限差分以及解析近似方法。

8. 在期权定价中使用的波动率是人们对未来给定期限波动率的预期值。在预测未来波动率时，主要方法包括历史法和隐含法。将欧式期权市场价格和波动率之外的其他所有参数代入 B-S-M 期权定价公式，就可倒求出 B-S-M 隐含波动率。

9. 对于同一标的资产，不同期限和不同行权价格的欧式期权价格倒求出的隐含波动率通常不一致，从而形成了波动率微笑、波动率期限结构和波动率曲面。

即 测 即 评

习 题

1. 假设某不付红利股票价格服从几何布朗运动，其预期年收益率为 16%，年波动率为 30%，该股票当天收盘价为 50 元，求：

（1）第二天收盘时的预期价格；

（2）第二天收盘时股价的标准差；

（3）在置信度为 95% 的情况下，该股票第二天收盘时的价格范围。

2. 变量 x_1 和 x_2 服从普通布朗运动,漂移率分别为 μ_1 和 μ_2,方差率分别为 σ_1^2 和 σ_2^2。请问在下列两种情况下,x_1+x_2 分别服从什么样的过程?

(1) 在任何短时间间隔中 x_1 和 x_2 的变动都不相关;

(2) 在任何短时间间隔中 x_1 和 x_2 变动的相关系数为 ρ。

3. 假设 x_t 是在 T 时刻支付 1 美元的零息票债券按连续复利计息的到期收益率。x_t 服从如下过程:

$$dx_t = a(x_0 - x_t)dt + sx_t dz_t$$

式中:a、x_0 和 s 是正常数;dz_t 是维纳过程。请写出债券价格服从的过程。

4. 试证明当标的资产支付连续复利红利率为 q 的红利时,相应的偏微分方程形式为:

$$\frac{\partial f}{\partial t} + (r-q)S_t \frac{\partial f}{\partial S} + \frac{1}{2}\sigma^2 S_t^2 \frac{\partial^2 f}{\partial S^2} = rf_t$$

5. 请在充分理解 BS 期权定价公式推导的基础上完成以下练习:

(1) 证明 $N(d_1) = \frac{\partial c}{\partial S}$;

(2) 证明在风险中性测度下,欧式看涨期权被执行的概率是 $N(d_2)$;

(3) 一只或有现金期权满足:若到期时标的资产价格大于行权价格则回报 100 美元,反之则没有回报。试为该或有现金期权定价。

6. 假设某种不支付红利股票的市价为 50 元,风险利率为 10%,该股票的年波动率为 30%,求该股票行权价格为 50 元、期限 3 个月的欧式看跌期权价格。

7. 某股票市价为 70 元,年波动率为 32%,该股票预计 3 个月和 6 个月后将分别支付 1 元股息,市场无风险利率为 10%。现考虑该股票的美式看涨期权,其行权价格为 65 元,有效期 8 个月。请证明在上述两个除息日提前执行该期权都不是最优的,并请计算该期权价格。

8. 某股票目前价格为 40 元,假设该股票 1 个月后的价格要么为 42 元、要么为 38 元。连续复利无风险年利率为 8%。请问 1 个月期的行权价格等于 39 元的欧式看涨期权价格等于多少?

9. 为什么以下说法是错误的?

(1) 股票价格的波动率可由股票价格的标准差计算得到;

(2) 股票价格的波动率可由股票价格百分比收益率的标准差计算得到;

(3) 股票价格的波动率可由股票价格年化对数收益率的标准差计算得到;

(4) 几何布朗运动意味着股票价格百分比收益率服从正态分布;

(5) 只要为衍生品定价,就可直接适用风险中性定价原理。

10. 为什么说风险中性定价原理意味着在无套利和可复制的前提下,在为期权定价时,我们并不需要了解真实测度下股票未来价格的概率和期望值,也不需要了解真实的预期收益率是多少?

11. 试总结平价期权具有哪些特性。

12. 什么是波动率微笑、波动率期限结构和波动率曲面?

附录11.1 随机过程相关概念和伊藤引理

(一) 基本概念

在数学上,随机变量与随机过程需要定义在概率空间三元组$(\Omega, \mathcal{F}, \mathbb{P})$上,而这些概念的严格定义又涉及测度论的知识。因此,我们在此通过结合一个简单的例子阐述这些数学概念的含义,以避免没有数学相关背景的读者迷失方向。读者可以先简单地理解概率空间$(\Omega, \mathcal{F}, \mathbb{P})$的含义如下:$\Omega$是一个包含所有可能发生事件的非空集合;$\mathcal{F}$为$\Omega$的子集族,即$\mathcal{F}$中的每个元素(也是一个集合)都代表着某个或某些事件;$\mathbb{P}$则是定义在$\mathcal{F}$上的一个实值函数,其取值代表$\mathcal{F}$中元素对应事件发生的概率。

下面,我们考虑一个简单的例子:我们假设$t=0$时刻游戏开始,$t=1$时刻抛掷第一次硬币,$t=2$时刻抛掷第二次硬币。我们记正面向上为H,背面向上为L。那么,所有可能的结果可表示为:

$$\Omega = \{HH, HL, LH, LL\}$$

其中HL代表第一次正面向上,第二次背面向上,Ω中的其他元素以此类推。

基于初等概率论知识,我们显然可以得到Ω中各元素对应事件发生的概率$\mathbb{P}(HH) = \mathbb{P}(HL) = \mathbb{P}(LH) = \mathbb{P}(LL) = 0.25$。然而,在通常情况下,我们不仅关注如上述4种结果一般的基础事件发生的概率,还关注这些基础事件的交、并、补。因此,概率$\mathbb{P}$并非直接定义在Ω上,而是定义在Ω的子集族$\mathcal{F}$上,且该集合需满足对交、并、补封闭。在数学上,即是要求$\mathcal{F}$是一个σ-代数。

1. σ-代数 (sigma-algebra)

设Ω为非空集合,$\mathcal{F}$为Ω的子集族。如果:

(1) $\emptyset \in \mathcal{F}$;

(2) 若$A \in \mathcal{F}$,则$A^C \in \mathcal{F}$;

(3) 若一列集合$A_1, A_2, \cdots \in \mathcal{F}$,则其并集$\bigcup_{n=1}^{\infty} A_n \in \mathcal{F}$。

则称$\mathcal{F}$是一个σ-代数(或σ-域),称$\{\Omega, \mathcal{F}\}$为可测空间。

本例中的样本空间Ω有4个元素,则其所有子集的集合$\mathcal{F}$有2^4个元素(对应Ω中的每个元素取或不取),且可以验证其满足上述σ-代数的定义:

$$\mathcal{F} = \left\{ \begin{array}{l} \emptyset, \Omega, HH, HL, LH, LL, HH \cup HL, HH \cup LH, HH \cup LL, HL \cup LH, HL \cup LL, \\ LH \cup LL, HL \cup LH \cup LL, HH \cup LH \cup LL, HH \cup HL \cup LL, HH \cup HL \cup LH \end{array} \right\}$$

在本例中我们很容易直接得到定义在上述集合$\mathcal{F}$的函数$\mathbb{P}$。不过在更一般的情形中,$\mathbb{P}$在数学上需满足一定条件,才能组成良定义的概率空间三元组$(\Omega, \mathcal{F}, \mathbb{P})$。

2. 概率空间

设Ω为非空集合,$\mathcal{F}$为Ω子集的一个σ-代数。概率测度$\mathbb{P}$是定义在$\mathcal{F}$上的函数,它对于每个集合$A \in \mathcal{F}$都指定了$[0,1]$上的某一个数,称之为A的概率,记为$\mathbb{P}(A)$。如果:

(1) (正则性)$\mathbb{P}(\Omega) = 1$;

(2) (可数可加性)对于$\mathcal{F}$中的一列互不相容的集合$A_1, A_2, \cdots$,有:

$$\mathbb{P}\left\{\bigcup_{n=1}^{\infty} A_n\right\} = \sum_{n=1}^{\infty} \mathbb{P}(A_n)$$

则称$\{\Omega, \mathcal{F}, \mathbb{P}\}$为概率空间。

需要注意的是,样本空间Ω中的σ-代数并不唯一。例如,如下子集族$\mathcal{F}_1$与$\mathcal{F}_0$同样满足σ-代数的定义:

$$\mathcal{F}_1 = \{\varnothing, \Omega, HH \cup HL, LH \cup LL\}, \quad \mathcal{F}_0 = \{\varnothing, \Omega\}$$

且显然有$\mathcal{F}_0 \subset \mathcal{F}_1 \subset \mathcal{F}$。直观地,这些$\sigma$-代数可以视为不断扩充的信息流,其中$\mathcal{F}_0$代表$t=0$时刻掌握的信息(还未抛掷硬币),$\mathcal{F}_1$代表$t=1$时刻掌握的信息(已抛掷了第一枚硬币),$\mathcal{F}$代表$t=2$时刻掌握的信息(已抛掷完毕两枚硬币)。在数学上,这一系列σ-代数构成了一个域流。

3. 域流(filtration)

设Ω为非空集合,T是固定的正数,并且对每个$t \in [0, T]$,有一个σ-代数$\mathcal{F}_t$。如果对于任意$s \leq t$,$\mathcal{F}_s$中的所有事件都在$\mathcal{F}_t$中,则称σ-代数族$\{\mathcal{F}_t, 0 \leq t \leq T\}$是一个域流。

接下来,我们在本例中加入随机变量与随机过程。我们假设某资产在$t=0$时刻的价格$X_0 = 4$,且抛掷硬币结果为正面时其价格翻倍,结果为背面时其价格减半。那么,显然在游戏结束($t=2$)时该资产价格X_2与硬币结果的关系为:

$$X_2(HH) = 16, \quad X_2(HL) = X_2(LH) = 4, \quad X_2(LL) = 1$$

可以看到,因为X_2的取值直接与不确定的硬币结果(即基础事件)有关,因此其为随机变量,且应该定义在Ω上,而非$\mathbb{P}$所定义的$\mathcal{F}$上。类似地,我们可以写出抛掷第一次硬币后($t=1$)的资产价格X_1与硬币结果的关系为:

$$X_1(HH) = X_1(HL) = 8, \quad X_1(LH) = X_1(LL) = 2$$

以及:

$$X_0(HH) = X_0(HL) = X_0(LH) = X_0(LL) = 4$$

在本例中,任意时点上的资产价格X_0, X_1, X_2为随机变量,而资产价格的路径$\{X_0, X_1, X_2\}$是一个随机过程。在数学上,随机变量与随机过程的定义如下。

4. 随机变量

在概率空间$\{\Omega, \mathcal{F}, \mathbb{P}\}$上的随机变量为定义在$\Omega$上的一个$\mathcal{F}$-可测的实值函数:

$$X: \Omega \to \mathbb{R}$$

其中$\mathbb{R}$代表全体实数。

5. 随机过程

在概率空间$\{\Omega, \mathcal{F}, \mathbb{P}\}$上的随机过程为一系列定义在$\Omega$上的随机变量:

$$X: \mathbb{R}_+ \times \Omega \to \mathbb{R}$$

其中$\mathbb{R}$与$\mathbb{R}_+$分别代表全体实数与全体非负实数。且$\forall t \in \mathbb{R}_+, X(t, \cdot): \Omega \to \mathbb{R}$是$\mathcal{F}$-可测的。另外,在习惯上往往将随机过程简化记为$X_t$。

在上述定义中,$\mathcal{F}$-可测是一个较为抽象的概念,本书不对其做进一步介绍。不过,读者可基于$\mathcal{F}$代表某种信息集的解释,直观地理解$\mathcal{F}$-可测代表该信息集足以确定随机变量的取值。如前所述本例的概率空间$\{\Omega, \mathcal{F}, \mathbb{P}\}$中的$\mathcal{F}$代表游戏结束时掌握的信息,因此显然$X_0, X_1, X_2$都是$\mathcal{F}$-可测的。但是,事实上本例中的$X_0, X_1$并不需要掌握全部的信息才能确定:$X_1$只需要第一次硬币的信息$\mathcal{F}_1$即可确定,而$X_0$不需要任何信息即可确定(等价于需要还未抛掷硬币时的信息$\mathcal{F}_0$即可确定)。因此,本例中的随机过程X_t是一个特殊的随机过程,即适应性过程。

第十一章 布莱克-舒尔斯-默顿期权定价模型

6. 适应性过程(adaptive process)

设 Ω 为非空集合,并有域流 $\{\mathcal{F}_t, 0 \leq t \leq T\}$。设 X_t 是以 $t \in [0, T]$ 标记的随机过程。如果对每个 t, X_t 都是 $\mathcal{F}_t$-可测的,则称该随机过程是关于域流 $\{\mathcal{F}_t, 0 \leq t \leq T\}$ 的一个适应性随机过程。

适应性过程意味着在任一时刻 t 的可得信息 $\mathcal{F}_t$ 就足以确定 X_t 的值。金融领域研究的大部分随机过程均为适应性过程。例如,每一时刻的资产价格都可直接从市场观测得到,其显然是适应性过程;交易策略的制定必须基于当前可得信息,因此对应的投资组合的头寸也属于适应性过程。

(二) 常见随机过程

在金融衍生品领域,除了要求资产价格为适应性随机过程,往往还要求其具有鞅过程与马尔可夫随机过程,其中前者保证了市场无套利,而后者保证了在数学上的可处理性。鞅过程与马尔可夫随机过程的定义如下。

1. 鞅过程(martingale)

设 $\{\Omega, \mathcal{F}, \mathbb{P}\}$ 是概率空间,T 是固定的正数,$\{\mathcal{F}_t, 0 \leq t \leq T\}$ 是 $\mathcal{F}$ 的子 σ-代数的域流。考虑一个适应性过程 $X_t, 0 \leq s \leq t \leq T$,且 $\mathbb{E}[|X_t|] < \infty$。

(1) 如果 $\mathbb{E}[X_t | \mathcal{F}_s] = X_s$,则称 X_t 是一个鞅。
(2) 如果 $\mathbb{E}[X_t | \mathcal{F}_s] \geq X_s$,则称 X_t 是一个下鞅。
(3) 如果 $\mathbb{E}[X_t | \mathcal{F}_s] \leq X_s$,则称 X_t 是一个上鞅。

其中 $\mathbb{E}[X_t | \mathcal{F}_s]$ 代表基于 s 时刻可得信息的对 X_t 的期望值。

鞅没有上升或下降的趋势,意味着对未来的预期值等于当前值。也就是说,当前信息集无法提供任何有助于预测未来方向性的信息。

2. 马尔可夫随机过程(Markov stochastic process)

设 $\{\Omega, \mathcal{F}, \mathbb{P}\}$ 是概率空间,T 是固定的正数,$\{\mathcal{F}_t, 0 \leq t \leq T\}$ 是 $\mathcal{F}$ 的子 σ-代数的域流。考虑一个适应性随机过程 $X_t, 0 \leq s \leq t \leq T$。如果 $\forall x_t \in \mathbb{R}$:

$$\mathbb{P}\{X_t \leq x_t | \mathcal{F}_s\} = \mathbb{P}\{X_t \leq x_t | X_s\}$$

则称 X_t 是(基于这个域流和测度 $\mathbb{P}$ 的)一个马尔可夫过程。$\mathbb{P}\{\cdot | \mathcal{F}_s\}$ 与 $\mathbb{P}\{\cdot | X_s\}$ 分别为基于 s 时刻可得信息与基于 s 时刻的随机过程信息 X_s 的条件概率。

马尔可夫过程意味着同时拥有当前信息和历史信息时,历史信息对预测未来分布没有额外的作用。因此,资产价格的马尔可夫性与弱式效率市场假说一致。

(三) 二次变分(quadratic variation)

对随机过程而言,一个描述其路径的波动程度的重要概念即为二次变分。在数学上,其定义如下。

1. 二次变分

设 $f(t)$ 是关于 $0 \leq t \leq T$ 有定义的函数。截至时刻 T, f 的二次变分记为:

$$[f, f](T) = \lim_{\substack{n \to \infty \\ \|\Pi\| \to 0}} \sum_{j=0}^{n-1} [f(t_{j+1}) - f(t_j)]^2$$

其中 $\Pi = \{t_0, t_1, \cdots, t_n\}$, $0 = t_0 < t_1 < \cdots < t_n = T$ 是对时间 $[0, T]$ 的划分,最大步频记为 $\|\Pi\| = \max_{j=0,\cdots,n-1}(t_{j+1} - t_j)$。

可以看到,二次变分是一条路径上二阶变化的累计。随机过程的路径不同,对应的二次变分可能也不同。因此,二次变分本身也是一个随机变量。与之对比地,方差也是一个在概率论中常用的度量波动的概念。但是,方差描述的是所有可能路径的平均结果,其是一个确定值而非随机变量。由于在现实中,我们只能观测到实现的某一条路径,而非所有可能的路径,故二次变差可以更好地描述过去一段时间的波动程度。在正文中,我们提到维纳过程 z_t 具有二次变分不为零的性质。更具体地,维纳过程的二次变分 $[z,z](T)=T$ 几乎必然成立。其证明如下。

2. 维纳过程的二次变分

在正文中,我们指出维纳过程的增量满足:

$$\Delta z_t = \varepsilon_t \sqrt{\Delta t}$$

因此有:

$$\mathbb{E}[(z_t-z_s)^2] = t-s$$

$$Var[(z_t-z_s)^2] = 2(t-s)^2$$

故:

$$\mathbb{E}[z,z](T) = \lim_{\substack{n\to\infty \\ \|\Pi\|\to 0}} \sum_{j=0}^{n-1} \mathbb{E}[(z_{t_{j+1}} - z_{t_j})^2] = T$$

$$Var[z,z](T) = \lim_{\substack{n\to\infty \\ \|\Pi\|\to 0}} \sum_{j=0}^{n-1} Var[(z_{t_{j+1}} - z_{t_j})^2]$$

$$= \lim_{\substack{n\to\infty \\ \|\Pi\|\to 0}} \sum_{j=0}^{n-1} 2(t_{j+1} - t_j)^2 \leq \lim_{\substack{n\to\infty \\ \|\Pi\|\to 0}} \sum_{j=0}^{n-1} 2\|\Pi\|(t_{j+1} - t_j) = 0$$

由于 $[z,z](T)$ 是方差为 0 的随机变量,$[z,z](T) = \mathbb{E}[z,z](T) = T$ 几乎必然成立。

作为对比,我们可以证明一个连续可导函数的二次变分为 0。

3. 连续可导函数的二次变分

对于具有连续导数的函数 f,$f'(t)$ 处处有定义,故:

$$[f,f](T) = \lim_{\substack{n\to\infty \\ \|\Pi\|\to 0}} \sum_{j=0}^{n-1} [f(t_{j+1}) - f(t_j)]^2$$

$$= \lim_{\substack{n\to\infty \\ \|\Pi\|\to 0}} \sum_{j=0}^{n-1} |f'(t_j^*)|^2 (t_{j+1} - t_j)^2$$

$$\leq \lim_{\substack{n\to\infty \\ \|\Pi\|\to 0}} \|\Pi\| \sum_{j=0}^{n-1} |f'(t_j^*)|^2 (t_{j+1} - t_j)$$

$$= \lim_{\substack{n\to\infty \\ \|\Pi\|\to 0}} \|\Pi\| \cdot \lim_{\substack{n\to\infty \\ \|\Pi\|\to 0}} \left[\sum_{j=0}^{n-1} |f'(t_j^*)|^2 (t_{j+1} - t_j)\right]$$

$$= 0$$

因此,在通常的微积分中不用考虑二次变分。同时,通过对比上述两个结果也可以证明维纳过程的对时间不可导性质。

(四) 单变量单一风险源的伊藤引理

若变量 x_t 服从伊藤过程

$$\mathrm{d}x_t = a_t \mathrm{d}t + b_t \mathrm{d}z_t$$

G 是 x_t 和 t 的确定性函数,并且 $\dfrac{\partial G}{\partial x}$、$\dfrac{\partial G}{\partial t}$ 和 $\dfrac{\partial^2 G}{\partial x^2}$ 都存在并连续,那么 G 将服从如下伊藤过程:

$$\mathrm{d}G_t = \left(\frac{\partial G}{\partial x} a_t + \frac{\partial G}{\partial t} + \frac{1}{2} \frac{\partial^2 G}{\partial x^2} b_t^2 \right) \mathrm{d}t + \frac{\partial G}{\partial x} b_t \mathrm{d}z_t$$

一个比较简易的证明如下。

在一个很短的瞬间,运用泰勒展开 $G(x_t, t)$ 的增量可以写为:

$$\Delta G_t = \frac{\partial G}{\partial x} \Delta x_t + \frac{\partial G}{\partial t} \Delta t + \frac{1}{2} \frac{\partial^2 G}{\partial x^2} \Delta x_t^2 + \frac{\partial^2 G}{\partial x \partial t} \Delta x_t \Delta t + \frac{1}{2} \frac{\partial^2 G}{\partial t^2} \Delta t^2 + \cdots$$

在常微分中,我们通常舍去高阶小项,从而有:

$$\Delta G_t \approx \frac{\partial G}{\partial x} \Delta x_t + \frac{\partial G}{\partial t} \Delta t$$

但在随机微积分中,需要将第三项 $\dfrac{1}{2} \dfrac{\partial^2 G}{\partial x^2} \Delta x_t^2$ 保留下来,因为若将

$$\Delta x_t = a_t \Delta t + b_t \varepsilon_t \sqrt{\Delta t}$$

代入第三项,并忽略比 Δt 高阶的项,有:

$$\Delta G_t \approx \frac{\partial G}{\partial x} \Delta x_t + \frac{\partial G}{\partial t} \Delta t + \frac{1}{2} \frac{\partial^2 G}{\partial x^2} b_t^2 \varepsilon_t^2 \Delta t$$

由于 $\varepsilon_t \sim \varphi(0,1)$,意味着 $\mathbb{E}(\varepsilon_t^2) \approx 1$,即

$$\mathbb{E}(\varepsilon_t^2 \Delta t) \approx \Delta t$$

而 $\varepsilon_t^2 \Delta t$ 的方差与 Δt^2 同阶,可以忽略,因此最后有:

$$\Delta G_t = \frac{\partial G}{\partial x} \Delta x_t + \frac{\partial G}{\partial t} \Delta t + \frac{1}{2} \frac{\partial^2 G}{\partial x^2} b_t^2 \Delta t$$

对上式取极限,并代入 $\mathrm{d}x_t = a_t \mathrm{d}t + b_t \mathrm{d}z_t$,即可得证。

附录 11.2 布莱克-舒尔斯-默顿期权定价公式的推导

在风险中性的测度下,欧式看涨期权的价格 c_t 等于其期望值按无风险利率贴现的现值:

$$c_t = e^{-r(T-t)} \hat{E}_t [\max(S_T - K, 0)]$$

式中:$\hat{E}_t(\cdot)$ 表示风险中性测度下的条件期望值。

同时,在此风险中性测度下,期权到期 T 时刻标的资产价格 S_T 服从如下的对数正态分布:

$$\ln S_T \sim \Phi\left\{ \ln S_t + \left(r - \frac{\sigma^2}{2} \right)(T-t), \sigma\sqrt{T-t} \right\}$$

令

$$W = \frac{\ln S_T - m}{s}$$

这里

$$m = \hat{E}_t(\ln S_T) = \ln S_t + \left(r - \frac{\sigma^2}{2}\right)(T-t)$$

$$s = \sqrt{var_t(\ln S_T)} = \sigma\sqrt{T-t}$$

显然

$$W \sim N(0,1)$$

W 的密度函数 $h(W)$ 为:

$$h(W) = \frac{1}{\sqrt{2\pi}} e^{-\frac{W^2}{2}}$$

用 g_1、g_2 分别表示 S_T 和 $\ln S_T$ 的密度函数,则:

$$\hat{E}_t[\max(S_T - K, 0)] = \int_{-\infty}^{\infty} \max(S_T - K, 0) g_1(S_T) dS_T$$

$$= \int_K^{\infty} (S_T - K) g_1(S_T) dS_T$$

$$= \int_{\ln K}^{\infty} (e^{\ln S_T} - K) g_2(\ln S_T) d(\ln S_T)$$

$$= \int_{\frac{\ln K - m}{s}}^{\infty} (e^{sW+m} - K) h(W) dW$$

$$= \int_{\frac{\ln K - m}{s}}^{\infty} e^{sW+m} \frac{1}{\sqrt{2\pi}} e^{-\frac{W^2}{2}} dW - \int_{\frac{\ln K - m}{s}}^{\infty} K h(W) dW$$

$$= \int_{\frac{\ln K - m}{s}}^{\infty} e^{\frac{s^2}{2}+m} \frac{1}{\sqrt{2\pi}} e^{-\frac{(W-s)^2}{2}} dW - KN\left(\frac{m - \ln K}{s}\right) \quad *$$

$$= \int_{\frac{\ln K - m}{s}-s}^{\infty} e^{\frac{s^2}{2}+m} h(W) dW - KN\left(\frac{\ln \frac{S_t}{K} + \left(r - \frac{\sigma^2}{2}\right)(T-t)}{\sigma\sqrt{T-t}}\right)$$

$$= S_t e^{r(T-t)} N\left(\frac{\ln \frac{S_t}{K} + \left(r + \frac{\sigma^2}{2}\right)(T-t)}{\sigma\sqrt{T-t}}\right) - KN\left(\frac{\ln \frac{S_t}{K} + \left(r - \frac{\sigma^2}{2}\right)(T-t)}{\sigma\sqrt{T-t}}\right)$$

故此

$$c_t = e^{-r(T-t)} \hat{E}_t[\max(S_T - K, 0)] = S_t N(d_1) - Ke^{-r(T-t)} N(d_2)$$

式中:

$$d_1 = \frac{\ln\left(\frac{S_t}{K}\right) + \left(r + \frac{\sigma^2}{2}\right)(T-t)}{\sigma\sqrt{T-t}}$$

$$d_2 = \frac{\ln\left(\frac{S_t}{K}\right) + \left(r - \frac{\sigma^2}{2}\right)(T-t)}{\sigma\sqrt{T-t}} = d_1 - \sigma\sqrt{T-t}$$

需要特别强调的是,从上述推导过程中的 * 行可以看到,$N(d_2)$ 就是风险中性测度下 W 大于 $\frac{\ln K - m}{s}$ 的概率,即风险中性测度下 $S_T > K$ 的概率。

第十二章 期权定价的数值方法

在第十一章中,我们得到了期权价格所满足的偏微分方程,并推出了特定条件下的期权解析定价公式。但在很多情形下无法得到期权价格的解析解,例如具有提前行权可能的美式看跌期权、路径依赖期权等。这时人们经常采用数值方法(numerical procedures)为期权定价,求得数值近似解。其中主要包括二叉树方法(binomial trees)、蒙特卡罗模拟(Monte Carlo simulation)和有限差分方法(finite difference methods)。本章将介绍如何借助上述三种数值方法来为期权定价。

本章与第十一章一样,仍然假设市场是无套利和可复制的,标的资产可交易,标的资产价格服从几何布朗运动。无套利和可复制[1]意味着我们可以采用风险中性定价原理为期权定价,无须估计效用函数、主观风险偏好和风险溢酬。[2]

第一节 二叉树期权定价模型

本节介绍的二叉树期权定价模型由约翰·C. 考克斯(John C. Cox)、斯蒂芬·A. 罗斯(Stephen A. Ross)和马克·鲁宾斯坦(Mark Rubinstein)于1979年提出,已经成为金融界最常用的美式期权定价方法之一(如无特殊说明,下文中的二叉树图均指他们提出的CRR二叉树图)。[3] 其优点在于比较简单、直观,不需要太多的数学知识就可应用。

一、二叉树模型的基本方法

二叉树模型的基本思路是:将期权剩余期限分为很多个很短的时间间隔 Δt,并假设在每个时间间隔内标的资产价格只有两种运动的可能:从起始点价格 S_t 上升到原先的 u 倍,达到 $S_t u (u>1)$;或下降到原先的 d,变为 $S_t d (d<1)$。由于假设几何布朗运动并采用风险中性定价原理,可以利用均值和方差匹配来确定标的资产价格变化的相关参数(u、d 和风险中性涨跌概率),从而构造出标的资产价格的离散二叉树图,用以模拟标的资产价格在期权剩余

---

[1] 当标的资产卖空受限时(中国经常出现这种情形),无套利和可复制条件就不再成立。这时可以借鉴第十一章的做法,将标的资产价格利用第三章的知识转换为远期(或者期货)价格。由于远期(或期货)与期权基本满足无套利和可复制条件,因此本章介绍的基本方法在中国依然可用。

[2] 需要注意的是,由于基于风险中性定价原理为期权定价,本章在风险中性测度下介绍三种数值方法的运用。当然这些数值方法也可以在现实测度下刻画资产价格的变化规律,但在现实测度下就不能简单套用本章方法为衍生品定价了。

[3] Cox J C, Ross S A, Rubinstein M. Option pricing: a simplified approach[J]. Journal of Financial Economics, 1979, 10(7): 229-264.

期限内的可能变化。然后从树图的末端开始逐步倒推，就可计算出当前时刻合理的期权价格。

从上述简介中可以看出，二叉树模型的定价过程主要包含以下两步：一是构建二叉树图，二是利用树图对期权价格进行倒推定价。我们先以一个简单的单步二叉树为例，帮助读者形成对以上两个步骤的初步理解。

记无风险利率为 r。考虑一个无红利支付的股票，其当前价格为 S。我们希望估计挂钩该股票的某种期权的当前合理价格 f，该期权的剩余期限为 T。在二叉树模型中，我们假设在风险中性测度下，该期限内股票只有两种可能的运动方式：要么上涨，要么下跌。股票上涨概率为 $\hat{p}$，下跌概率为 $1-\hat{p}$；股票上涨倍数为 $u(u>1)$，下跌倍数为 $d(d<1)$。在这一设定下，我们可以使用图 12.1 描述股票价格的可能变化。这便是树图的构建。

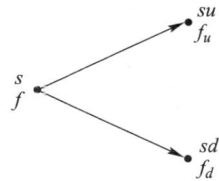

图 12.1　单步树图的股票和期权价格示意图

同时，基于期权的合约设定，我们可以知道对应股票上涨与下跌情形下的期权在到期日 T 的回报 f_u 与 f_d。那么，基于风险中性定价原理，在当前时刻的衍生品价格就可以由风险中性测度的期望值贴现计算 $f=e^{-rT}[\hat{p}f_u+(1-\hat{p})f_d]$。这便是基于树图的倒推定价。

在上述过程中，最大的问题显然是股票价格在 T 时刻只有上涨到 Su 或下跌到 Sd 两种可能，这一假设明显不符合现实。但是，当时间间隔非常小的时候，比如在每个瞬间，资产价格只有上涨、下跌两个运动方向的假设是可以接受的。因此，我们只要将剩余期限 T 划分为大量的短时间间隔 Δt，并将上述二叉树模型从单步推广至多步，便可以通过大量离散的小幅度二值运动近似刻画连续的资产价格运动，从而有效克服这一问题。下面，我们介绍二叉树模型的具体方法。

（一）二叉树图的构建

在构建树图之前，先明确我们的已知信息：期权到期日为 T，期权的剩余期限被人为划分成很多个短时间间隔 Δt；当前标的资产价格为 S[①]；假设标的资产无红利，其价格服从几何布朗运动，则其在风险中性测度下的连续随机过程为[②]：

$$\mathrm{d}S_t = rS_t\mathrm{d}t + \sigma S_t\mathrm{d}z_t \tag{12.1}$$

其中无风险利率 r 和波动率 σ 均为常数。

在树图的构建中，我们的目标也可以明确如下：

（1）构建标的资产价格在期权剩余期限内的二叉树图。也就是说，假设每个时间间隔内资产价格只有上升和下跌两种可能，用大量离散的小幅度二值运动来模拟连续的几何布

---

① 注意这里的 S 没有下标，表示是已知数。下文的 S_t 则表示随机变量。S 是随机变量 S_t 在当前时刻的值。
② 为便于说明，此处先假设标的资产在期权剩余期限内无红利。后文再放松这一假设。

朗运动。①

（2）为在数学上便于处理，二叉树图应是节点重合的。在CRR二叉树图的构建中，通过假设资产价格在每一步中都是上升和下降至初始价格的 u 倍和 d 倍（$u>1$，$d<1$），就保证了节点的重合②；图12.2给出了节点重合的多步二叉树的示意图。

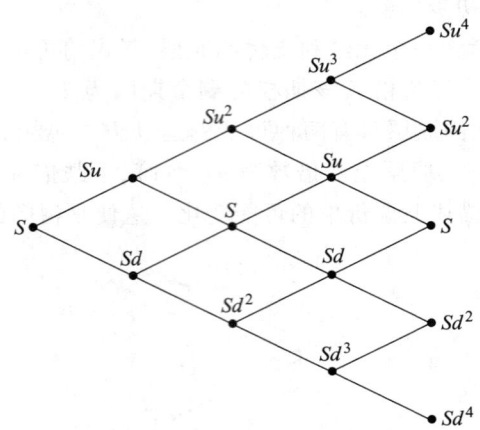

图12.2 标的资产价格的二叉树示意图

（3）无论划分多少时间间隔，整个CRR二叉树图的待估参数都只有三个：u、d 和风险中性上涨概率 $\hat{p}$。这是因为：首先，尽管标的资产价格在未来每个时刻的可能取值都是随机的，但由于服从同一个随机过程（式(12.1)），在每个 Δt 内 S_t 所服从的分布和参数都是一样的，因此我们只要研究单步二叉树图的规律，即可推广至整个多步二叉树图。其次，二叉树图本质上是未来标的资产价格的离散概率分布图，其中，u 和 d 是用于确定资产价格的未来可能取值，$\hat{p}$ 则足以确定每一步的二项分布概率（相应的下跌概率显然为 $1-\hat{p}$），因此只需要估计这三个参数即可。

为求得 u、d 和 $\hat{p}$ 三个参数，CRR模型采用了如下三个联立方程：

$$\begin{cases} S_t e^{r \cdot \Delta t} = \hat{p} S_t u + (1-\hat{p}) S_t d \\ S_t^2 \sigma^2 \Delta t = \hat{p} S_t^2 u^2 + (1-\hat{p}) S_t^2 d^2 - S_t^2 [\hat{p} u + (1-\hat{p}) d]^2 \\ u = \dfrac{1}{d} \end{cases} \quad (12.2)$$

方程组(12.2)的前两个方程是在风险中性定价原理和几何布朗运动假设下，基于二项分布的性质写出的。第一个方程的含义是，假设单个时间间隔 Δt 初始时刻的标的资产价格为 S_t，则在风险中性测度下，在每个时间间隔 Δt 的期末，标的资产价格的期望值都应等于按

---

① 由中心极限定理可知，当 N 趋于无穷大时，二项分布就趋近于正态分布。因此，当树图中的时间间隔趋近于无穷小时，在期权到期日原本服从二项分布的对数资产价格也将趋近于服从正态分布，即资产价格服从与几何布朗运动一致的对数正态分布。故在时间间隔趋于无穷小的极限情形下，使用CRR树图为欧式香草期权定价得到的结果与B-S-M公式是一致的。

② 所谓节点重合，是指第 i 步中上升节点在下一步（$i+1$ 步）中下跌后达到的节点，与第 i 步中下降节点在下一步（$i+1$ 步）中上升后达到的节点要重合。节点重合的二叉树图，第 i 步的节点数量为 $i+1$，树图构造后可以逐步倒推出期权定价。而节点不重合的二叉树图，第 i 步的节点数量将为 2^i，呈现指数级爆炸式增长，也难以逐步倒推出期权定价。

无风险利率计算的终值 $S_t e^{r\Delta t}$；第二个方程的含义是，在几何布朗运动假设下，在每个时间间隔 Δt 内，标的资产价格变化的方差约为 $S_t^2 \sigma^2 \Delta t$[①]，方程右边则是根据方差定义写出的（变量 x 的方差等于 $E(x^2) - [E(x)]^2$）；方程组（12.2）的第三个方程则可以有不同的写法，这里列出的是常用的一种写法。[②]

由方程组（12.2）可以很容易求得，当 Δt 很小时，有：

$$\begin{cases} \hat{p} = \dfrac{e^{r\Delta t} - d}{u - d} \\ u = e^{\sigma\sqrt{\Delta t}} \\ d = e^{-\sigma\sqrt{\Delta t}} \end{cases} \quad (12.3)$$

可以看到，上涨倍数 u 和下跌倍数 d 都仅取决于资产价格波动率和时间间隔长度。波动率越大、时间间隔越长，上涨和下跌倍数均越大，这是符合直观理解的。风险中性概率则除了受涨跌倍数和时间间隔影响，还取决于无风险利率 r。这也是和我们的理解一致的。在第十一章中我们已经提到，不同的预期收益率对应着不同的概率，在式（12.3）中，风险中性概率正对应着无风险利率。

将无风险利率、波动率和人为划分的时间长度 Δt 代入式（12.3），就可以估计出三个参数的具体数值。再从当前时刻的已知标的资产价格 S 出发，就可以从左往右推，逐步画出标的资产价格的二叉树图。读者可以从例 12.1 的简化示例中进一步理解二叉树图的构建过程。

【例 12.1】
标的资产价格二叉树图的构建

假设某无红利股票的当前市场价格为 50 元，波动率为每年 40%，无风险连续复利年利率为 10%。假设将 5 个月期限分为 5 步，每步 1 个月（约等于 0.083 3 年）。试构造该股票在未来 5 个月内的二叉树图。

从已知信息，我们有 $S = 50, r = 10\%, \sigma = 40\%, \Delta t = 0.083\ 3$。代入式（12.3），可以算出：

$$u = e^{\sigma\sqrt{\Delta t}} = 1.122\ 4$$
$$d = e^{-\sigma\sqrt{\Delta t}} = 0.890\ 9$$
$$\hat{p} = \dfrac{e^{r\Delta t} - d}{u - d} = 0.507\ 6$$
$$1 - \hat{p} = 0.492\ 4$$

据此可以画出该股票在未来 5 个月的离散二叉树，如图 12.3 所示。节点 A 为初始时刻，从左向右前进一列表示时间推移 1 步，每个时刻的纵向节点代表该时刻股票价格的可能取值，计算得到的每个节点股价标在该节点上方。例如，节点 B 和 C 分别表明 4 个月后，

[①] 事实上，在几何布朗运动下，标的资产价格在 Δt 内变化的方差应如式（11.13）所示，公式十分复杂。但在时间间隔很短时，可以近似等于 $S_t^2 \sigma^2 \Delta t$。

[②] 后文将会谈到对第三个条件的其他设定方法。这样设定的好处是二叉树中心线上的标的资产价格与初始值相等。

在股票价格的 5 个可能取值中,有两个分别为 $50\times1.1224\times0.8909^3=39.69$(元)或 $50\times1.1224^2\times0.8909^2=50$(元)。而无论哪个节点,在接下来的一步内,股价上涨的风险中性概率总是等于 0.5076,下跌的风险中性概率总是等于 0.4924。

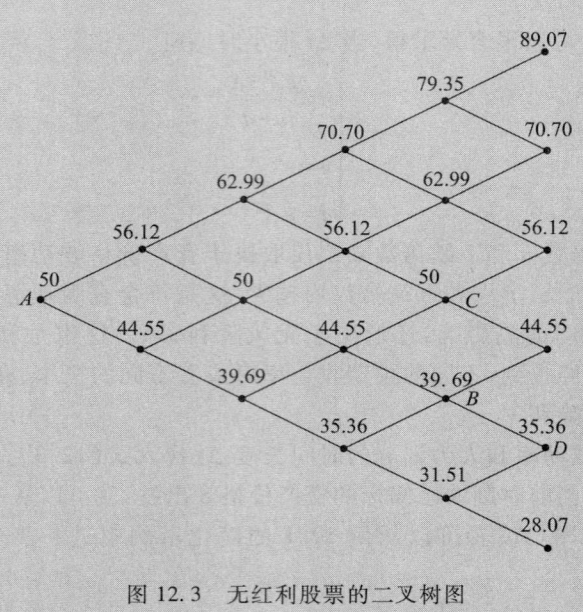

图 12.3 无红利股票的二叉树图

可以证明,只要步数足够多,二叉树图可以近似反映未来标的资产价格的可能取值和分布。因此在二叉树期权定价模型下,仅考虑树图节点处的标的资产价格和期权价格即可。

一般地,我们用 (i,j) 对应 $i\Delta t$ 时刻的第 j 个节点。设定起始时刻为 0,整个期限分为 N 个 Δt,则 $i=0,1,2,\cdots,N$。在 $i\Delta t$ 时刻,CRR 二叉树图中的资产价格总有 $i+1$ 种可能,从下往上可以依次表达为:

$$Su^j d^{i-j} \quad (j=0,1,\cdots,i)$$

但无论哪个节点,在接下来的一步变化中,股价上涨的风险中性概率总是等于 $\hat{p}$,下跌的风险中性概率总是等于 $1-\hat{p}$。最后,我们用 f_{ij} 表示节点 (i,j) 处的期权价格。

(二)倒推定价法

构建完成二叉树图,得到每个节点的标的资产价格和风险中性概率之后,二叉树定价模型的下一步就是采用倒推定价法,从树形结构图的末端 T 时刻开始,往回逐步倒推,为对应的期权定价。具体步骤如下:

第一,在期权到期 $T=N\Delta t$ 时刻,由于每个节点上的标的资产价格已经得到,直接运用期权合约规定的到期回报公式推出 T 时刻所有节点上的期权价格。以看跌期权为例,其到期回报公式为 $\max(K-S_T,0)$,因此有:

$$f_{N,j}=\max(K-Su^j d^{N-j},0) \quad j=0,1,\cdots,N. \tag{12.4}$$

第二,如果期权不会提前行权,根据风险中性定价原理,在每个单步二叉树中都应该有:

$$f_{ij}=\mathrm{e}^{-r\cdot\Delta t}[\hat{p}f_{i+1,j+1}+(1-\hat{p})f_{i+1,j}] \tag{12.5}$$

也就是说,在单步二叉树中,前一时刻的期权价格等于下一个时刻期权回报期望值的无风险贴现。① 在 $T-\Delta t$ 时刻不会提前行权的树图节点,这一公式计算得到的就是该节点的期权价格。

第三,在可能会提前行权的树图节点,还需要额外考虑提前行权的期权回报,与第二步中贴现得到的期权价格相比较,取两者较大值作为该节点的期权价格。以美式看跌期权为例,在可能提前行权的树图节点,合理期权价格应为:

$$f_{ij} = \max\{K - S u^j d^{i-j}, e^{-r \cdot \Delta t}[\hat{p} f_{i+1,j+1} + (1-\hat{p}) f_{i+1,j}]\} \tag{12.6}$$

第四,得到 $T-\Delta t$ 时刻各个节点的期权价格之后,以此类推至 $T-2\Delta t$、$T-3\Delta t$ 等,不断倒推,在每个时刻的每个节点都采用式(12.5)或式(12.6)确定期权价格,倒推至初始时刻,即可求得当前合理的期权价格。

可以证明,当每一区间 Δt 趋于 0 时,这种倒推定价法可以求得美式看跌期权的准确价值。根据实践经验,一般将时间区间分成 30 步就可得到较为理想的结果。

读者可以通过例 12.2 进一步理解倒推定价法。

【例 12.2】
美式看跌期权的二叉树定价

假设标的资产为例 12.1 中的无红利股票,现有该股票 5 个月期的美式看跌期权,行权价为 50 元,求该期权的价值。

第一步,运用式(12.4)算出期权到期 T 时刻各个节点的期权价格。例如,D 节点($i=5, j=1$)的期权价格为:

$$50 - 35.36 = 14.64(元)$$

第二步,先运用式(12.5)算出倒数第二列时刻各个节点的暂定期权价格。例如,如果不提前行权,B 节点($i=4, j=1$)的期权价格为:

$$(0.507\,6 \times 5.45 + 0.492\,4 \times 14.64) e^{-0.1 \times 0.083\,3} = 9.90(元)$$

C 节点($i=4, j=2$)的期权价格为:

$$(0.507\,6 \times 0 + 0.492\,4 \times 5.45) e^{-0.1 \times 0.083\,3} = 2.66(元)$$

第三步,检查倒数第二列各个节点提前行权的情况。显然,在最上方的两个节点,标的资产价格高于 50 元(分别为 62.99 元和 79.35 元),看跌期权不会提前行权;下方的三个节点则要逐一比较。例如,在 B 节点,提前行权的期权价格为 $50.00 - 39.69 = 10.31$(元),大于上述不行权的 9.90 元,因此 B 节点的期权价格应为两者中的较大值,即 10.31 元;而 C 节点的提前行权价值为 0,因此该节点的合理期权价格应为 2.66 元。

第四步,运用同样方法逐步倒推,可以算出各节点处的期权价格,并最终倒推算出初始 A 节点处的期权价格为 4.48 元。

整个计算结果如图 12.4 所示。

如果把期权有效期分成更多的小时段,节点数会更多,计算会更复杂,但得出的期权价格会更精确。当 Δt 非常小时,期权价格约等于 4.29 元。

---

① 简单画图即可看出,对于树图上的 (i,j) 节点,$(i+1, j+1)$ 节点和 $(i+1, j)$ 节点分别为一步之后的上升节点和下降节点,这两个节点的期权价格用概率加权就是下一时刻的期权价格期望值。

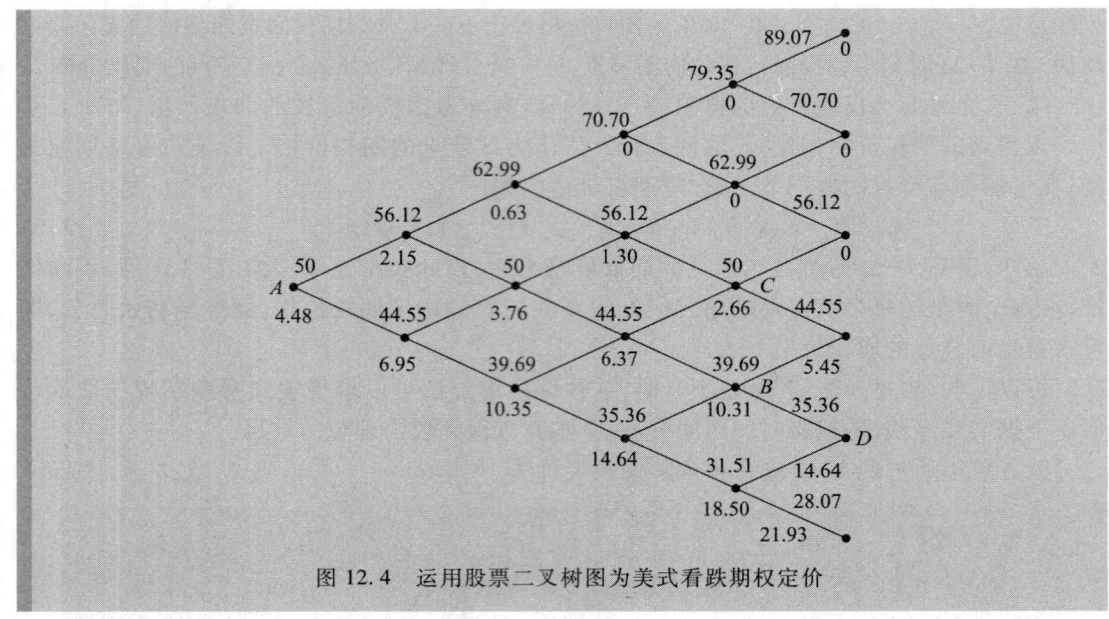

图 12.4 运用股票二叉树图为美式看跌期权定价

(三) 有红利资产的二叉树期权定价

1. 支付连续红利率资产的期权定价

若已知标的资产支付的年化连续红利率为 q,在风险中性测度下,标的资产价格的漂移率应该等于 $r-q$,这意味着方程组(12.2)中的第一式就变为:

$$S_t e^{(r-q)\cdot \Delta t}=\hat{p} S_t u+(1-\hat{p})S_t d$$

相应地,式(12.3)中的第一式变为:

$$\hat{p}=\frac{e^{(r-q)\Delta t}-d}{u-d}$$

方程组(12.2)和式(12.3)中的其他式子仍然适用。

2. 支付离散红利率资产的期权定价

若标的资产在未来某一确定时间将支付已知红利率 δ(红利与资产价格之比),只要调整在各个节点上的标的资产价格,仍可沿用上述二叉树模型为期权定价。调整方法如下:

如果时刻 $i\Delta t$ 在除权日之前,则节点处的标的资产价格仍为:

$$Su^j d^{i-j} \quad (j=0,1,\cdots,i)$$

如果时刻 $i\Delta t$ 在除权日之后,则节点处的标的资产价格相应调整为:

$$S(1-\delta)u^j d^{i-j} \quad (j=0,1,\cdots,i)$$

对在期权有效期内有多个已知红利率的情况,也可进行同样处理。若 $\delta_m (m=1,2,\cdots,M)$ 为 0 时刻到 $i\Delta t$ 时刻之间第 m 个除权日的红利率,则 $i\Delta t$ 时刻节点的相应的证券价格为:

$$S\prod_{1}^{M}(1-\delta_m)u^j d^{i-j}$$

3. 支付已知数额红利资产的期权定价

若标的资产在期权剩余期限内的某一确定日期将支付一个确定数额的红利,而不是一个确定的比率,除息后二叉树的节点将不再重合(见图12.5),这意味着节点数量可能变得很大,倒推定价也难以进行。支付多次已知数额红利的情况将更为复杂。

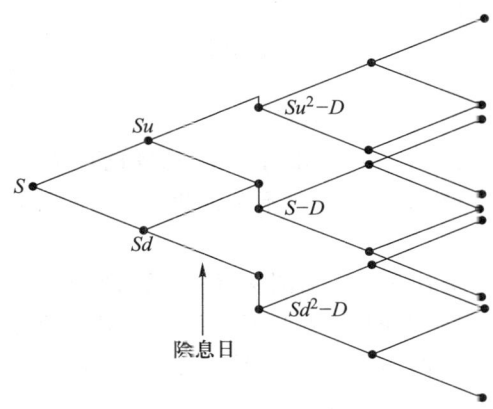

图 12.5 假设红利数额已知且波动率为常数时的二叉树图

为解决这个问题,可以将标的资产价格分为两个部分:一部分是不确定的;另一部分是期权剩余期内所有未来红利的现值。以期权剩余期限内只有一次红利为例(多次红利可直接推广),设除息日为 τ,红利金额为 D 元,则在 $i\Delta t$ 时刻不确定部分的价值 S^* 为:

$$\begin{cases} S^*_{i\Delta t} = S_{i\Delta t}, & (\text{当 } i\Delta t > \tau \text{ 时}) \\ S^*_{i\Delta t} = S_{i\Delta t} - De^{-r(\tau - i\Delta t)} & (\text{当 } i\Delta t \leq \tau \text{ 时}) \end{cases}$$

设 σ^* 为 S^* 的标准差(假设 σ^* 是常数),用 σ^* 代替式(12.3)中的 σ 就可计算出参数 $\hat{p}$、u 和 d,这样就可用通常的方法构造出 S^* 的二叉树了。之后,把未来红利现值加在每个节点的资产价格上,就可以将 S^* 的二叉树图转化为 S 的二叉树,并仍然保证节点重合。

用符号表达,假设初始 0 时刻 S^* 的值为 S^*_0,则在 $i\Delta t$ 时刻:

当 $i\Delta t \leq \tau$ 时,每个节点对应的资产价格为:

$$S^*_0 u^j d^{i-j} + De^{-r(\tau - i\Delta t)} \quad j = 0, 1, \cdots, i$$

当 $i\Delta t > \tau$ 时,每个节点对应的资产价格为:

$$S^*_0 u^j d^{i-j} \quad j = 0, 1, \cdots, i$$

这种方法,与第十一章在已知红利金额的情况下应用 B-S-M 期权定价公式时所用的思路在本质上是一致的。该方法可以重新得到重合的分支,减少了节点数量,简化了定价过程。

二、构造树图的其他方法和思路

(一) $\hat{p} = 0.5$ 的二叉树图

如前所述,在方程组(12.2)中,前两个等式是确定参数 $\hat{p}$、u 和 d 的固定条件,而第三个条件 $u = \dfrac{1}{d}$ 是人为给定的,也是最常用的条件,但它并不是唯一的。我们也可以放弃这个条件,采用 $\hat{p} = 0.5$ 作为第三个条件,当 Δt 的高阶小量可以忽略时得到二叉树图的另一组参数公式:

$$\begin{cases} \hat{p} = 0.5 \\ u = e^{\left(r-q-\frac{\sigma^2}{2}\right)\Delta t + \sigma\sqrt{\Delta t}} \\ d = e^{\left(r-q-\frac{\sigma^2}{2}\right)\Delta t - \sigma\sqrt{\Delta t}} \end{cases}$$

这种方法的优点在于，无论 σ 和 Δt 如何变化，涨跌的风险中性概率总是不变；缺点在于，二叉树图中的中心线上的标的资产价格不会再和初始值相等。

（二）三叉树图

另一种替代二叉树图的方法是三叉树图法，该树图的形状如图 12.6 所示。在每一个时间间隔 Δt 内证券价格有三种运动的可能：从开始的 S 上升到原先的 u 倍，即到达 Su；保持不变，仍为 S；下降到原先的 d，即 Sd。整个树图如图 12.6 所示。

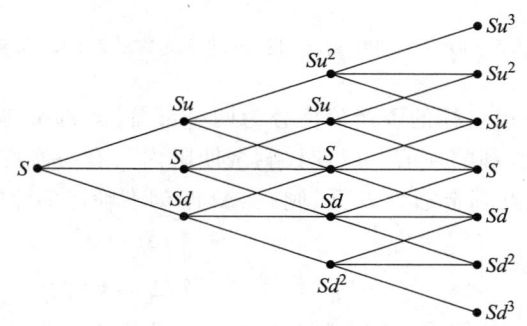

图 12.6 资产价格的三叉树图

令 $\hat{p}_u$、$\hat{p}_m$、$\hat{p}_d$ 分别为每个节点价格上升、持平和下降的风险中性概率。当 Δt 的高阶小量可以忽略时，满足资产价格变化均值和方差的参数分别为：

$$\begin{cases} u = e^{\sigma\sqrt{3\Delta t}} \\ d = \dfrac{1}{u} \\ \hat{p}_u = \sqrt{\dfrac{\Delta t}{12\sigma^2}}\left(r-q-\dfrac{\sigma^2}{2}\right) + \dfrac{1}{6} \\ \hat{p}_d = -\sqrt{\dfrac{\Delta t}{12\sigma^2}}\left(r-q-\dfrac{\sigma^2}{2}\right) + \dfrac{1}{6} \\ \hat{p}_m = \dfrac{2}{3} \end{cases}$$

用三叉树图为期权定价的计算过程与二叉树图的计算过程相似。可以证明：三叉树图的方法与本章第三节将要介绍的显性有限差分方法是一致的。

（三）控制方差技术

控制方差技术是数值方法的一个辅助技术，可以应用在二叉树模型、蒙特卡罗模拟和有限差分方法上。其基本原理为：期权 A 和期权 B 的性质相似（例如其他条件都相同的欧式期权和美式期权，又如将在第十六章中谈到的几何平均亚式期权和算术平均亚式期权），我们可以得到期权 B 的解析定价公式，但只能得到期权 A 的数值方法解，这时就可以利用期权 B 解析法与数值法的定价差异来纠正期权 A 的数值法的定价误差。

用 f_B 表示期权 B 的精确定价(解析解),用 f_A 表示关于期权 A 的较优估计值,用 $\hat{f}_A$ 和 $\hat{f}_B$ 表示用同一个二叉树、相同的蒙特卡罗模拟或是同样的有限差分方法得到的 A、B 期权价格的近似数值解。假设用数值方法计算出的期权 B 的误差,等于用数值方法计算出的期权 A 的误差,即:

$$f_B - \hat{f}_B = f_A - \hat{f}_A$$

就可以以此推断期权 A 的更优估计值为:

$$f_A = \hat{f}_A + f_B - \hat{f}_B$$

可以证明,当 $\hat{f}_A$ 和 $\hat{f}_B$ 之间的协方差较大时,$var(f_A) < var(\hat{f}_A)$。也就是说,这个方法减少了期权 A 定价的方差,利用 f_B 和 $\hat{f}_B$ 的信息改进了对期权 A 的定价。

可以看出,虽然从计算工作量来看,控制方差技术需要计算两个估计值 $\hat{f}_A$ 和 $\hat{f}_B$,但是由于两个期权的性质相似或技术路线相同,实际增加的工作量并不大。

(四) 适应性网状模型

菲格鲁斯基(S. Figlewski)和高(B. Gao)① 提出了一种适应性网状模型(the adaptive mesh model)来改进数值估计方法的效率。此方法是:在使用三叉树图为美式期权定价时,在临近到期的行权价附近,用高密度的树图来取代原先低密度的树图。具体而言,就是在树图中那些对是否提前行权比较敏感的价格附近,将一个时间步长 Δt 进一步细分,如分为 $\frac{\Delta t}{4}$,每个小步长仍然采用相同的三叉树定价过程,以使树图更好地反映实际情形,提高定价的效率和精确程度。

第二节 蒙特卡罗模拟期权定价法

期权定价中的蒙特卡罗模拟,是一种通过模拟标的资产价格在风险中性测度下的随机运动路径,然后根据期权合约的条款计算期权的期望回报,再将其以无风险利率贴现得到当前期权定价的数值方法,也是一种应用十分广泛的期权定价方法。

一、蒙特卡罗模拟期权定价的原理与基本过程

根据风险中性定价原理,期权的价格等于风险中性测度下期权到期回报的期望值的贴现。因此,在到期回报期望值存在但难以直接求出时,若是我们可以对到期回报进行重复抽样,则可使用样本均值作为到期回报期望的估计,这是因为大数定律保证了重复抽样得到的样本均值收敛于真实期望值。基于这一原理,蒙特卡罗模拟的基本思路即是基于对标的资产价格随机过程的设定对期权的到期回报进行重复抽样。

以一个简单的欧式期权 $f(S_t, t)$ (利率为常数)为例,可以说明蒙特卡罗模拟期权定价的基本方法:

---

① Figlewski S, Gao B. The adaptive mesh model: a new approach to efficient option pricing[J]. Journal of Financial Economics, 1999, 53: 313-351.

（1）从初始时刻的标的资产价格开始，直至到期为止，在风险中性测度下（即漂移率为无风险利率 r），为 S_t 取一条跨越整个期权剩余期限的随机路径。这是众多可能路径中的一条。

（2）计算出该条路径下期权的到期回报。

（3）重复第一步和第二步，得到许多样本结果，即风险中性测度下期权回报的大量可能取值。

（4）计算这些样本回报的均值，得到风险中性测度下预期的期权回报。

（5）用无风险利率贴现，得到这个期权的当前估值。

二、蒙特卡罗模拟的技术实现

（一）随机路径

如果假设标的资产价格服从几何布朗运动，我们已经知道，在风险中性测度下，服从几何布朗运动且连续收益率为 q 的标的资产价格所遵循的随机过程可以写作：

$$\mathrm{d}S_t = (r-q)S_t\mathrm{d}t + \sigma S_t \mathrm{d}z_t \tag{12.7}$$

也可以写作：

$$\mathrm{d}\ln S_t = \left(r-q-\frac{\sigma^2}{2}\right)\mathrm{d}t + \sigma \mathrm{d}z_t \tag{12.8}$$

为了模拟 S_t 的路径，把期权的有效期分为 N 个长度为 Δt 的时间段，则式（12.7）和式（12.8）的近似方程分别为：

$$\Delta S_t = S_{t+\Delta t} - S_t = (r-q)S_t\Delta t + \sigma S_t \varepsilon_t \sqrt{\Delta t} \tag{12.9}$$

$$\Delta \ln S_t = \ln S_{t+\Delta t} - \ln S_t = \left(r-q-\frac{\sigma^2}{2}\right)\Delta t + \sigma \varepsilon_t \sqrt{\Delta t} \tag{12.10}$$

式（12.10）还可写为：

$$S_{t+\Delta t} = S_t \exp\left[\left(r-q-\frac{\sigma^2}{2}\right)\Delta t + \sigma \varepsilon_t \sqrt{\Delta t}\right] \tag{12.11}$$

式中：ε_t 是从标准正态分布中抽取的一个随机样本。

因此，蒙特卡罗模拟的主要过程是离散地模拟资产价格 S_t 的时间序列。从初始 0 时刻已知的资产价格 S 开始，随机抽取一个 ε_1，就能算出 $0+\Delta t$ 时刻的 $S_{\Delta t}$ 值；然后再抽取一个 ε_2，算出 $0+2\Delta t$ 时的 $S_{2\Delta t}$ 值；以此类推，通过 N 个正态分布的随机取样就可以组建一条在风险中性测度下资产价格的蒙特卡罗模拟样本路径，并得到相应的回报值。重复以上的模拟至足够多的次数，可以得到多条可能路径。计算各条路径期权到期回报的平均值，按无风险利率折现后就得到了期权的估值，同时也可以得到期权价格的标准差。

在以上两种模拟路径中，用 $\ln S_t$ 比用 S_t 本身更准确。使用式（12.9）模拟会存在 Δt 的高阶小项 $o(\Delta t)$ 的误差，仅仅在 $\Delta t \to 0$ 时是完全正确的。但是式（12.10）或式（12.11）却是精确的，因而对于所有的 Δt 都是正确的。特别地，当用蒙特卡罗模拟为欧式期权定价时，由于期权回报只与期权到期时刻的标的价格有关，而与具体路径无关，因此就可以让 $t+\Delta t = T$ 并直接利用式（12.11）来求 T 时刻的股票价格。这样可以大大节省计算时间。

例 12.3 给出了一个运用蒙特卡罗模拟生成路径的例子。

【例 12.3】
蒙特卡罗模拟中的路径模拟

已知某一无红利的股票价格初始值为 30 元，波动率为每年 20%，市场无风险利率为 5%。若以 0.01 年为时间步长，采用式(12.10)模拟路径，我们有：

$$\Delta \ln S_t = \left(r - q - \frac{\sigma^2}{2}\right)\Delta t + \sigma \varepsilon_t \sqrt{\Delta t} = \left(5\% - \frac{0.2^2}{2}\right) \times 0.01 + 0.2 \times \varepsilon_t \times \sqrt{0.01}$$

不断从标准正态分布样本中抽取 ε_t 的值代入上式，可以得到股票价格在风险中性假设下的一条路径。

表 12.1 显示了模拟的一条样本路径（股票价格精确至 0.001）。解释如下：如果 ε_t 的第一个样本值为 0.52，则第一个时间步长结束后有：

$$\Delta \ln S_t = \left(5\% - \frac{0.2^2}{2}\right) \times 0.01 + 0.2 \times 0.52 \times \sqrt{0.01} \approx 0.011$$

因此，第二步开始时的股票价格上升到 $30 \times e^{0.011} \approx 30.323$（元）。第二次抽到的 ε_t 为 1.44，因而有第二步的价格对数变化为：

$$\Delta \ln S_t = \left(5\% - \frac{0.2^2}{2}\right) \times 0.01 + 0.2 \times 1.44 \times \sqrt{0.01} \approx 0.029$$

相应地第三步开始时的股票价格变为 31.218 元。以此类推，最终可以得到股票价格的一条模拟路径，其最后的价格 31.40 元本质上是 10 个时间步长或是 0.1 年年末股票价格分布中的一个随机抽样值。

应当注意的是：表 12.1 仅仅表示了股票价格运动的一条可能路径，不同的随机取样将会导致不同的结果。进行这样的模拟达到足够多次，就可以得到 0.1 年年末股票价格的一个概率分布。

表 12.1 当 $r = 0.05, \sigma = 0.20, \Delta t = 0.01$ 时的股票价格模拟

每步开始时的股票价格	ε_t 的随机抽样值	该时间步长中的对数股票价值变化
30.000	0.52	0.011
30.323	1.44	0.029
31.218	-0.86	-0.017
30.695	1.46	0.030
31.614	-0.69	-0.014
31.190	-0.74	-0.015
30.741	0.21	0.005
30.880	-1.10	-0.022
30.217	0.73	0.015
30.670	1.16	0.024
31.400		

(二) 随机样本的产生和模拟运算次数的确定

在介绍蒙特卡罗模拟的主要过程和方法之后,下面来讨论两个细节问题。

1. ε_t 的产生

如前所述,ε_t 是服从标准正态分布的一个随机数。大多数程序语言都为抽取 0 到 1 之间的均匀分布随机数编制了程序。如果只有一个单变量,则 ε_t 可以通过下式近似获得:

$$\varepsilon_t = \sum_{i=1}^{12} R_{it} - 6$$

式中:$R_{it}(1 \leq i \leq 12)$ 是相互独立的 0 到 1 均匀分布的随机数。

在 Excel 中,通过调用函数 NORM.S.INV(RAND()) 就可以直接产生服从标准正态分布的随机数。

如果需要从二元标准正态分布中抽取样本,则可以用如下的方法:x_1 和 x_2 是用上述方法从单变量标准正态分布中抽取的独立样本,则二元标准正态分布的随机抽样值分别等于:

$$\varepsilon_1 = x_1$$

$$\varepsilon_2 = \rho x_1 + x_2 \sqrt{1 - \rho^2}$$

式中:ρ 是相关系数。

如果从 n 元标准正态分布中取样,同样先从单变量标准正态分布中抽取 n 个独立变量 $x_i(1 \leq i \leq n)$,然后运用

$$\varepsilon_i = \sum_{k=1}^{i} \alpha_{ik} x_k$$

得到 ε_i。为了使 ε_i 有正确的方差,并使 ε_i 与 ε_j 之间有正确的相关系数 $\rho_{ij}(1 \leq j < i)$,必须满足:

$$\sum_{k}^{i} \alpha_{ik}^2 = 1$$

且

$$\sum_{k=1}^{j} \alpha_{ik} \alpha_{jk} = \rho_{ij}$$

令第一个样本 ε_1 等于 x_1,就可以解出这些 α 的方程,通过 x_1 和 x_2 计算出 ε_2,再通过 x_1、x_2 和 x_3 计算出 ε_3,以此类推。

2. 模拟运算次数的确定

蒙特卡罗模拟过程是用随机数序列实现有限次数的模拟,进行模拟运算的次数取决于所要求的精度。若期权到期回报的标准差 ω 存在,则基于中心极限定理可知蒙特卡罗模拟 M 条路径得到的期权价格估计值(即独立同分布样本的均值)近似服从均值为真实到期回报期望值 μ,标准差为 $\dfrac{\omega}{\sqrt{M}}$ 的正态分布。如果对估计值要求 95% 的置信度,则期权价格应满足:

$$\mu - \frac{1.96\omega}{\sqrt{M}} < f < \mu + \frac{1.96\omega}{\sqrt{M}}$$

可见,期权价格的不确定性与模拟运算次数的平方根 $\sqrt{M}$ 成反比,如果要将精确度提高为原来的 10 倍,则模拟运算次数应为原来的 100 倍。实际中常用的一个 M 值是 10 万次。

三、蒙特卡罗模拟期权定价法的理解和应用

运用蒙特卡罗模拟为期权定价的实质是模拟标的资产价格在风险中性测度下的随机运动,计算期权的平均回报,并由此得到期权价格。特别需要强调的是,蒙特卡罗模拟也广泛应用于现实测度下的路径模拟,用于其他目的。但在期权定价中,采用的是风险中性定价原理,因而使用的是无风险利率作为漂移率。蒙特卡罗模拟期权定价法的主要优点包括:

(1) 运用简单、直接。在大多数情况下,人们可以很直接地应用蒙特卡罗模拟方法,而无须对期权定价模型有深刻的理解,所涉及的数学知识也很基本。为了获得更精确的结果,只需要进行更多的模拟。如果对几何布朗运动的假设不够满意,还可以将其拓展至更为复杂的随机过程。[①] 以上这些优点使得蒙特卡罗方法成为一个应用相当广泛和强大的期权定价技术。

(2) 蒙特卡罗模拟期权定价法的适用情形相当广泛。其中包括:

① 期权的回报仅仅取决于标的变量的最终价格的情形(如欧式期权)。

② 期权的回报依赖于标的变量所遵循的路径,即路径依赖的情形。

③ 期权的回报取决于多个标的变量的情形,尤其当随机变量的数量增加时,蒙特卡罗模拟的运算时间近似为线性增长,而不像其他方法那样以指数增长,因此该方法对依赖三种以上风险资产的多变量期权模型很有竞争力。

因此,蒙特卡罗模拟可以适用于复杂随机过程和复杂终值的计算,比如将在第十六章介绍的路径依赖期权等奇异期权。同时,在运算过程中蒙特卡罗模拟能给出估计值的标准误,这也是该方法的优点之一。

蒙特卡罗模拟期权定价法的缺点主要是:

(1) 难以处理提前行权的情形,因此难以为美式期权定价。2001 年,朗斯塔夫(F. A. Longstaff)和舒尔茨(E. S. Schwartz)[②]发展了一种最小平方方法(least squares approach),在一定程度上解决了这个问题。

(2) 为了达到一定的精确度,一般需要大量的模拟运算。尤其在处理三个以下的变量时,蒙特卡罗模拟相对于其他方法来说偏慢,例如在处理一些路径依赖期权时,人们常用二叉树模型等来取代蒙特卡罗模拟,就是因为其耗费的计算时间太长。为了改进计算的效率,人们也提出了许多减少方差的技巧,因超过了本书的难度,在此不再赘述。

可以看出,期权定价中的二叉树和蒙特卡罗模拟方法具有一定的互补性。二叉树擅长处理提前行权的情形,但树图显然无法处理路径依赖情形,当标的变量超过 3 个时,高维树图也难以构建;而蒙特卡罗模拟则与之相反。

第三节 有限差分方法

在应用微分方程建模的学科当中,有限差分方法是最常用的数值求解方法。在金融界,

---

① 拓展时要注意,要使用风险中性定价原理,要求市场是无套利和可复制的。

② 具体方法参见 Longstaff, Schwartz. Valuing American options by simulation: a simple least squares approach [J]. Review of Financial Studies, 2001, 14(1):113-147.

这个方法也日益受到人们的重视，越来越多地用在期权定价当中。其主要思想是：

将衍生产品价格所满足的偏微分方程，如 B-S-M 偏微分方程

$$\frac{\partial f}{\partial t}+(r-q)S_t\frac{\partial f}{\partial S}+\frac{1}{2}\sigma^2 S_t^2 \frac{\partial^2 f}{\partial S^2}=rf_t$$

用有限差分方法转化为一系列近似的差分方程，即用离散算子逼近 $\frac{\partial f}{\partial t}$、$\frac{\partial f}{\partial S}$ 和 $\frac{\partial^2 f}{\partial S^2}$ 各项，之后用迭代法求解，得到期权价格。有限差分方法用格点（grids）来标示期权价格，如图 12.7 所示。

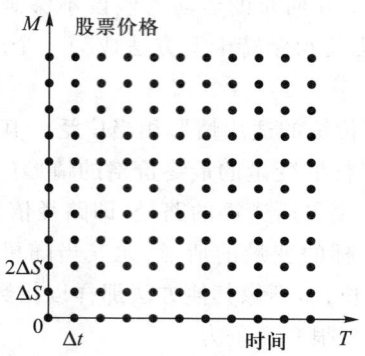

图 12.7 有限差分方法的格点图

具体地说，有限差分方法就是用有限的离散区域来替代连续的时间和资产价格变化。

首先，把初始 0 时刻到到期日 T 时刻之间的时间分为有限（N）个等间隔的小时间段，设 $\Delta t=\frac{T}{N}$，就有 $N+1$ 个格点。

其次，把资产价格的变化从 0 到最大值 S_{max} 也分成 M 个等间隔的小价格段，定义 $\Delta S=\frac{S_{max}}{M}$，就得到 $M+1$ 个资产价格（$0,\Delta S,2\Delta S,\cdots,S_{max}$）[1]；如果划分合理，初始的资产价格会落在零时刻的一个格点上。其中，Δt 和 ΔS 是相互独立的。

最后，这样就构造了一个共有 $(M+1)(N+1)$ 个格点的图，时间、资产价格和期权价格都仅仅在相应的格点处离散计算。点 (i,j) 对应 $i\Delta t$ 时刻和资产价格 $j\Delta S$，$f(i,j)$ 则表示 (i,j) 处的期权价格。应用这些格点之间的关系和已知的边界条件，可以把连续偏微分方程转化为一系列的差分方程，逐次求解，就可以得到零时刻初始资产价格所对应格点的期权价格。

下面具体介绍如何使用这些格点逼近微分，求出期权价格。这可以运用多种方法实现，包括隐性有限差分法（implicit finite difference method）、显性有限差分法（explicit finite difference method）和其他的一些方法。为了方便说明，以一个无红利股票的美式看跌期权作为例子，并仍沿用 B-S-M 模型的基本假设，标的股票价格服从几何布朗运动。实际上，有限差分方法不仅适用于 B-S-M 假设，也可以拓展到更复杂的设定，如随机利率的情形等。

---

[1] 从数学意义上说，S 的范围是无限的，但是在经济意义上，资产价格一般会有一个特定的合理变化边界，超出这一边界的价格是没有意义的，因此只需考虑从 0 到价格上限之间的变化即可。这个上限也不需要太大，一般在行权价格的三到四倍即可。

一、隐性有限差分法

（一） $\dfrac{\partial f}{\partial S}$、$\dfrac{\partial f}{\partial t}$ 和 $\dfrac{\partial^2 f}{\partial S^2}$ 的差分近似

1. $\dfrac{\partial f}{\partial S}$ 的近似

对于坐标方格内部的点 (i,j)，期权价格对资产价格的一阶导数可以用三种差分来表示：$\dfrac{f_{i,j+1}-f_{i,j}}{\Delta S}$、$\dfrac{f_{i,j}-f_{i,j-1}}{\Delta S}$ 和 $\dfrac{f_{i,j+1}-f_{i,j-1}}{2\Delta S}$。这三种逼近方法分别称为向上差分近似（forward difference approximation）、向下差分近似（backward difference approximation）和中心差分近似（central difference approximation）。可以看到，这三种方法是针对 $i\Delta t$ 时刻进行的差分近似，只是 Δf 的取值方向不同，中心差分实际上是前两者的平均值。

应用泰勒展开式考察这三种近似方法的精确度，可以发现向上差分近似和向下差分近似的误差均为 ΔS 的同阶无穷小项 $O(\Delta S)$，而中心差分的误差则为 $O(\Delta S^2)$，精确度更高。这是因为这一近似方法关于 S 对称，使得一些误差项可以相互抵消。因此，采用中心差分法来逼近 $\dfrac{\partial f}{\partial S}$。

2. $\dfrac{\partial f}{\partial t}$ 的近似

对于点 (i,j) 处的 $\dfrac{\partial f}{\partial t}$，则采取向右差分近似，以使 $i\Delta t$ 时刻的值和 $(i+1)\Delta t$ 时刻的值相关联：

$$\dfrac{\partial f}{\partial t} = \dfrac{f_{i+1,j}-f_{i,j}}{\Delta t}$$

这一近似的误差是 $O(\Delta t)$，可以进一步改进。但是在这里，这样的精确度已基本令人满意了。

3. $\dfrac{\partial^2 f}{\partial S^2}$ 的近似

如前所述，点 $(i,j+1)$ 处 $\dfrac{\partial f}{\partial S}$ 的向上差分近似和向下差分近似分别为 $\dfrac{f_{i,j+1}-f_{i,j}}{\Delta S}$ 和 $\dfrac{f_{i,j}-f_{i,j-1}}{\Delta S}$，因此点 (i,j) 处期权价格对标的资产价格的二阶差分为：

$$\dfrac{\partial^2 f}{\partial S^2} = \dfrac{\dfrac{f_{i,j+1}-f_{i,j}}{\Delta S}-\dfrac{f_{i,j}-f_{i,j-1}}{\Delta S}}{\Delta S} = \dfrac{f_{i,j+1}+f_{i,j-1}-2f_{i,j}}{\Delta S^2}$$

这个二阶差分也是中心差分，其误差为 $O(\Delta S^2)$。

从以上三个近似可以发现，除了对时间的差分涉及 $i\Delta t$ 时刻和 $(i+1)\Delta t$ 时刻的期权价格，对资产价格 S 的一阶和二阶差分都只使用了 $i\Delta t$ 时刻的不同期权价格。

（二） 差分方程

把以上三个近似代入 B-S-M 偏微分方程，整理得到：

$$a_j f_{i,j-1} + b_j f_{i,j} + c_j f_{i,j+1} = f_{i+1,j} \quad (12.12)$$

式中：

$$a_j = \frac{1}{2}(r-q)j\Delta t - \frac{1}{2}\sigma^2 j^2 \Delta t$$

$$b_j = 1 + \sigma^2 j^2 \Delta t + r\Delta t$$

$$c_j = -\frac{1}{2}(r-q)j\Delta t - \frac{1}{2}\sigma^2 j^2 \Delta t$$

$$i = 0, 1, \cdots, N-1, j = 0, 1, \cdots, M-1$$

从式(12.12)可以看出，$a_j + b_j + c_j = 1 + r\Delta t$。

由于 $\frac{\partial f}{\partial S}$ 和 $\frac{\partial^2 f}{\partial S^2}$ 使用中心差分，整个方程的误差为 $O(\Delta t, \Delta S^2)$。

这个差分方程的思想可以在图12.8中得到体现。也就是说，根据这个方程，可以从 $i\Delta t$ 时刻上下三个相邻格点的期权价格(其对应的标的资产价格分别为 $(j+1)\Delta S$、$j\Delta S$ 和 $(j-1)\Delta S$)，求出 $(i+1)\Delta t$ 时刻资产价格为 $j\Delta S$ 时的期权价格。因此，隐性有限差分法可以理解为从格点图内部向外推知外部格点的期权价格。

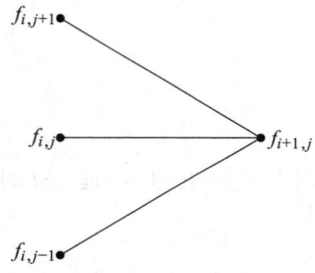

图12.8 隐性有限差分法

（三）边界条件

第一，从到期时刻的期权回报可以推出边界 $t=T$ 上所有格点的期权价格。T 时刻看跌期权的回报公式为：

$$f_{N,j} = \max(K - S_T, 0)$$

式中：$S_T = j\Delta S, j = 0, 1, \cdots, M$。

第二，当标的资产价格为零时，看跌期权的价格为行权价 K，由此可以得到下方边界 $S=0$ 上所有格点的期权价格：

$$f_{i,0} = K \quad i = 0, 1, \cdots, N$$

第三，当标的资产价格趋于无穷时，看跌期权的价格趋于零。可以近似认为上方边界 $S = S_{\max}$ 上，有

$$f_{i,M} = 0 \quad i = 0, 1, \cdots, N$$

（四）求解期权价格

已知差分方程式(12.12)和三个边界条件之后，我们的目的是求出格点图左边界 $f_{0,j}$ 的值，其中标的资产价格等于初始市场价格的那个格点就是要求的期权价格。

利用方程式(12.12)和边界条件，可以首先写出 $(N-1)\Delta t$ 时刻的 $M-1$ 个联立方程：

$$a_j f_{N-1,j-1} + b_j f_{N-1,j} + c_j f_{N-1,j+1} = f_{N,j} \qquad j=1,\cdots,M-1$$

和

$$j=0 \text{ 时}, \quad f_{N-1,0}=K$$
$$j=M \text{ 时}, \quad f_{N-1,M}=0$$

由此可以解出每个 $f_{N-1,j}$ 的期权价格，然后与每个格点的期权内在价值 $\max(K-j\Delta S,0)$ 进行比较，选择较大者作为 $(N-1)\Delta t$ 时刻每个格点的期权价格。

以此向前类推，最后可以计算出 0 时刻上的 $f_{0,j}$，当 $j\Delta S$ 等于初始资产价格时，该格点对应的 f 就是要求的期权价格。

【例 12.4】
美式看跌期权的隐性有限差分定价

表 12.2 列出了用隐性有限差分法求得例 12.2 中期权价格的过程。相关格点参数为 $M=20, N=10, \Delta S=5$。最后解得无红利股票美式看跌期权的价格为 4.07 元（即表格第 1 列股票价格为 50 的那个格点值）。

表 12.2　用隐性有限差分法计算的期权价格

股票价格	剩余期限/月										
	5.0	4.5	4.0	3.5	3.0	2.5	2.0	1.5	1.0	0.5	0
100	0.00	0.00	0.00	0.00	0.00	0.00	0.00	0.00	0.00	0.00	0.00
95	0.02	0.02	0.01	0.01	0.00	0.00	0.00	0.00	0.00	0.00	0.00
90	0.05	0.04	0.03	0.02	0.01	0.01	0.00	0.00	0.00	0.00	0.00
85	0.09	0.07	0.05	0.03	0.02	0.01	0.01	0.00	0.00	0.00	0.00
80	0.16	0.12	0.09	0.07	0.04	0.03	0.02	0.01	0.00	0.00	0.00
75	0.27	0.22	0.17	0.13	0.09	0.06	0.03	0.02	0.01	0.00	0.00
70	0.47	0.39	0.32	0.25	0.18	0.13	0.08	0.04	0.02	0.00	0.00
65	0.82	0.71	0.60	0.49	0.38	0.28	0.19	0.11	0.05	0.02	0.00
60	1.42	1.27	1.11	0.95	0.78	0.62	0.45	0.30	0.16	0.05	0.00
55	2.43	2.24	2.05	1.83	1.61	1.36	1.09	0.81	0.51	0.22	0.00
50	4.07	3.88	3.67	3.45	3.19	2.91	2.57	2.17	1.66	0.99	0.00
45	6.58	6.44	6.29	6.13	5.96	5.77	5.57	5.36	5.17	5.02	5.00
40	10.15	10.10	10.05	10.01	10.00	10.00	10.00	10.00	10.00	10.00	10.00
35	15.00	15.00	15.00	15.00	15.00	15.00	15.00	15.00	15.00	15.00	15.00
30	20.00	20.00	20.00	20.00	20.00	20.00	20.00	20.00	20.00	20.00	20.00
25	25.00	25.00	25.00	25.00	25.00	25.00	25.00	25.00	25.00	25.00	25.00
20	30.00	30.00	30.00	30.00	30.00	30.00	30.00	30.00	30.00	30.00	30.00
15	35.00	35.00	35.00	35.00	35.00	35.00	35.00	35.00	35.00	35.00	35.00
10	40.00	40.00	40.00	40.00	40.00	40.00	40.00	40.00	40.00	40.00	40.00
5	45.00	45.00	45.00	45.00	45.00	45.00	45.00	45.00	45.00	45.00	45.00
0	50.00	50.00	50.00	50.00	50.00	50.00	50.00	50.00	50.00	50.00	50.00

二、显性有限差分法

显性有限差分法的通用做法是保留前述对 $\dfrac{\partial f}{\partial t}$ 的定义,而重新定义 $\dfrac{\partial f}{\partial S}$ 和 $\dfrac{\partial^2 f}{\partial S^2}$。具体做法是用点 $(i+1,j)$ 的 $\dfrac{\partial f}{\partial S}$ 和 $\dfrac{\partial^2 f}{\partial S^2}$ 来代替点 (i,j) 的 $\dfrac{\partial f}{\partial S}$ 和 $\dfrac{\partial^2 f}{\partial S^2}$,即点 (i,j) 的 $\dfrac{\partial f}{\partial S}$ 和 $\dfrac{\partial^2 f}{\partial S^2}$ 分别定义为:

$$\frac{\partial f}{\partial S} = \frac{f_{i+1,j+1} - f_{i+1,j-1}}{2\Delta S}$$

$$\frac{\partial^2 f}{\partial S^2} = \frac{f_{i+1,j+1} + f_{i+1,j-1} - 2f_{i+1,j}}{\Delta S^2}$$

将其代入 B-S-M 微分方程,整理可得:

$$f_{i,j} = a^* f_{i+1,j-1} + b^* f_{i+1,j} + c^* f_{i+1,j+1} \tag{12.13}$$

式中:

$$a^* = \frac{-\dfrac{1}{2}(r-q)j\Delta t + \dfrac{1}{2}\sigma^2 j^2 \Delta t}{1 + r\Delta t}$$

$$b^* = \frac{1 - \sigma^2 j^2 \Delta t}{1 + r\Delta t}$$

$$c^* = \frac{\dfrac{1}{2}(r-q)j\Delta t + \dfrac{1}{2}\sigma^2 j^2 \Delta t}{1 + r\Delta t}$$

可以看出,$a^* + b^* + c^* = \dfrac{1}{1 + r\Delta t}$。因此式(12.13)可以理解为 $i\Delta t$ 时刻的期权价格等于下一个时刻上下三个相邻格点的期权价格某种期望值的无风险现值。

上述方法的缺陷在于 $\dfrac{\partial f}{\partial S}$ 和 $\dfrac{\partial^2 f}{\partial S^2}$ 的定义有点牵强。我们提出一种新的方法。

只要我们采用 $\dfrac{\partial f}{\partial t}$ 的另一种定义,而保留 $\dfrac{\partial f}{\partial S}$ 和 $\dfrac{\partial^2 f}{\partial S^2}$ 的定义就可以得到显性有限差分法。

令

$$\frac{\partial f}{\partial t} = \frac{f_{i,j} - f_{i-1,j}}{\Delta t}$$

将其代入 B-S-M 偏微分方程,整理可得:

$$f_{i-1,j} = a_j^* f_{i,j-1} + b_j^* f_{i,j} + c_j^* f_{i,j+1} \tag{12.14}$$

式中:

$$a_j^* = -\frac{1}{2}(r-q)j\Delta t + \frac{1}{2}\sigma^2 j^2 \Delta t$$

$$b_j^* = 1 - r\Delta t - \sigma^2 j^2 \Delta t$$

$$c_j^* = \frac{1}{2}(r-q)j\Delta t + \frac{1}{2}\sigma^2 j^2 \Delta t$$

可以看出,式(12.14)中的 $a_j^* + b_j^* + c_j^* = 1 - r\Delta t \approx \dfrac{1}{1 + r\Delta t}$。因此式(12.14)同样可以理解为 $i\Delta t$ 时刻的期权价格等于下一时刻上下三个相邻格点期权价格某种期望值的无风险现值。

这就是显性有限差分法(explicit finite difference method)。比较式(12.12)和式(12.13)、式(12.14)可以发现,显性有限差分法和隐性有限差分法正好相反,是直接从 $(i+1)\Delta t$ 时刻的三个相邻格点的期权价格(其对应的资产价格分别为 $(j+1)\Delta S$、$j\Delta S$ 和 $(j-1)\Delta S$),求出 $i\Delta t$ 时刻资产价格为 $j\Delta S$ 时的期权价格,如图12.9所示。因此,显性有限差分法可以理解为从格点图外部推知内部格点期权价格的方法。

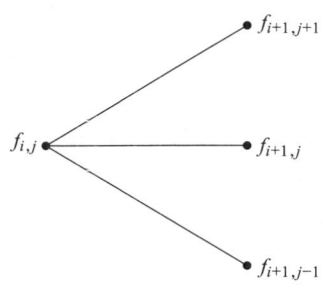

图 12.9　显性有限差分方法

三、有限差分方法的比较分析和理解

(一) 有限差分方法和树图方法的比较分析

从以上介绍的两种有限差分方法和相应的格点图来看,有限差分方法和树图方法是相当类似的。实际上,很多人认为树图方法就是解出一个偏微分方程的一种数值方法,而有限差分方法其实是这个概念的一个扩展和一般化。这两种方法都用离散的模型模拟资产价格的连续运动,主要差异在于树图方法中包含了资产价格的扩散和波动率情形,而有限差分方法中的格点则是固定均匀的,只是参数进行了相应的变化,以反映改变了的扩散情形。

有限差分方法的优点主要在于:当格点有规律且很均匀时,把一个偏微分方程化成差分方程是相对简单的。而且,在数学和数值分析文献中存在大量帮助改进有限差分方法的技术,使其运算能够更加迅速和准确。树图模型就没有这么灵活。

具体来看,显性有限差分法和三叉树图是非常类似的。例如,在式(12.14)中,可以把 a_j^*、b_j^*、c_j^* 中的以下各项分别看作相应的概率:

(1) $\dfrac{1}{1 - r\Delta t}\left[-\dfrac{1}{2}(r-q)j\Delta t + \dfrac{1}{2}\sigma^2 j^2 \Delta t\right]$:$\Delta t$ 时间内股票价格从 $j\Delta S$ 下降到 $(j-1)\Delta S$ 的概率。

(2) $1 - \dfrac{1}{1 - r\Delta t}\sigma^2 j^2 \Delta t$:$\Delta t$ 时间内股票价格在 $j\Delta S$ 上保持不变的概率。

(3) $\dfrac{1}{1 - r\Delta t}\left[\dfrac{1}{2}(r-q)j\Delta t + \dfrac{1}{2}\sigma^2 j^2 \Delta t\right]$:$\Delta t$ 时间内股票价格从 $j\Delta S$ 上升到 $(j+1)\Delta S$ 的概率。

这三个概率相加之和为1。这正好和三叉树模型类似。进一步计算可以发现,式(12.14)可以解释为 $i\Delta t$ 时刻的期权价格是由 $(i+1)\Delta t$ 时刻期权价格的风险中性期望值以无风险利率 r 贴现而来。

但是,显性有限差分法中的这三个概率可能小于零,导致了它和三叉树方法不同,这也是它的重要缺陷之所在。

(二) 隐性和显性有限差分法的比较

隐性和显性有限差分是有限差分的两种基本方法,二者各有优劣。显性有限差分法计算比较直接方便,无须像隐性有限差分法那样求解大量的联立方程,工作量小,易于应用。但是如前所述,显性有限差分法存在一个缺陷:它的三个概率可能小于零,这导致了这种方法的不稳定,它的解有可能不收敛于偏微分方程的解。而隐性有限差分法则不存在这个问题,它始终是有效的。

除了隐性和显性有限差分法,人们还提出了其他的有限差分方法,试图将以上两种方法的优点结合起来。比如,跳格子方法(hopscotch method),如图12.10所示。这种方法的思路是:先用显性方法计算出 $(N-1)\Delta t$ 时刻中一些格点的期权价格,如图12.10中 E 点的价格,然后利用隐性有限差分法计算出其他格点的价值,这样由于相邻格点的期权价格已经得到,求解隐性有限差分法的联立方程组时就轻松多了。

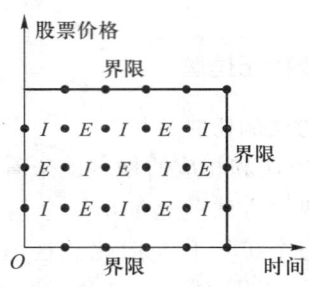

图 12.10 跳格子方法

四、有限差分方法在期权定价中的应用

我们已经看到,有限差分方法和树图方法是近似的,可以解决相同类型的衍生产品定价问题,尤其是那些具有提前行权特征的期权。以上讨论的是单变量的情况,实际上有限差分方法还可以进一步推广到多个标的变量的情形,在标的变量小于三个的时候,这一方法是相当有效的,但是超过三个变量时,由于三维以上的格点图难以分析,蒙特卡罗模拟方法就相对有效了。同时,有限差分方法不善于处理期权价格取决于标的变量历史路径的情况。

本 章 小 结

1. 并非所有的期权定价模型都可以得到解析解。当无法求得解析解时,可以用数值方法求得期权价格的近似解,包括二叉树方法、蒙特卡罗模拟和有限差分方法。数值方法仍然要求市场是"无套利"和"可复制"的,只有这样才能采用风险中性定价原理。

2. 二叉树方法用离散的模型模拟资产价格的连续运动,利用均值和方差匹配来确定相关参数,然后从二叉树的末端开始倒推计算出期权价格。

3. 蒙特卡罗期权定价法是通过多次随机抽取标的资产价格的路径,并据此计算每条路径下的期权回报,然后把期权平均回报以无风险利率贴现得到期权价格。

4. 有限差分期权定价法将标的变量满足的偏微分方程转化成差分方程来求解,具体的方法包括隐性有限差分法、显性有限差分法和跳格子方法等。

5. 树图方法和有限差分方法在概念上是相当类似的,它们都可以看成用离散化过程解出偏微分方程的数值方法,都适用于具有提前执行特征的期权,不太适合路径依赖型的期权。

6. 蒙特卡罗方法的优点在于应用起来相当直接,能处理许多盈亏状态很复杂的情况,尤其是路径依赖期权和标的变量超过三个的期权;其缺点是不擅长于处理美式期权,而且往往所需计算时间较长。

即测即评

习 题

1. 二叉树数值定价方法的基本原理是什么?

2. 一个3个月期美式看跌期权的执行价格为20元。股票价格为20元,年无风险利率为3%(连续复利),波动率为25%。预计1.5个月之后有红利2元。请利用3步的二叉树图计算期权价格(需画出树图)。

3. 假设当前黄金期货合约的价格是250元/克,黄金期货的波动率是每年15%,无风险连续复利利率是4%,基于该黄金期货的某看涨期权剩余期限为6个月,多头有权在4个月之后到最后交易日之间行权,期权的行权价为250元/克。请用二叉树方法为该黄金期货看涨期权进行定价。

4. 考虑一个无股息股票5个月期限的美式看跌期权,股票的当前价格为50美元,执行价格为50美元,无风险利率为每年5%(连续复利),波动率为每年40%。请用5步二叉树的控制变量技术为该期权定价(需画出树图)。

5. 如何理解蒙特卡罗模拟方法?其主要优缺点是什么?蒙特卡罗模拟方法是否可以用来为美式期权、亚式期权和回溯期权定价?为什么?(亚式期权、回溯期权定义可参考教材第十六章)

6. 假设无红利股票价格运动服从对数正态分布,股票当前价格为100元,执行价格为105元,波动率为20%,年无风险利率为5%(连续复利),1年后到期。时间步长选择为0.01,运用Excel软件计算出股票价格的一条模拟路径。

7. 有限差分方法的主要特点是什么?用隐形差分方法为美式看涨期权定价时的边界

条件是什么?

8. 一个无红利股票的美式看涨期权还有 4 个月到期,执行价格为 21 元,股票现价为 20 元,无风险利率为 5%,波动率为 30%。运用显性有限差分法为该期权定价。股票价格区间为 4 元,时间区间为 1 个月。

9. 假设当前股票价格为 100 元,利率期限结构是平的,无风险年化利率均为 5%,股票价格波动率为 20%。有一个衍生产品合约有效期为 1 年,合约规定,如果 $S_T \geqslant 100$,该产品持有者将获得 1 元,反之则不用亏损。试用解析解、二叉树、蒙特卡罗模拟(至少 1 000 次)和有限差分方法为该产品定价,并讨论比较这些定价方法。

第十三章 期权的交易策略及其运用

期权是现代金融市场中运用最广泛、变化最丰富、结构最精妙的金融产品,交易者可以根据自己的风险收益偏好,利用不同产品的风险收益特征甚至市场定价错误,通过期权与期权之间的组合、期权与其他金融产品之间的组合,构造具有更高性价比的投资组合或策略,甚至获取超额收益率。本章将介绍多种常见的期权静态交易策略及其运用。所谓期权静态交易策略,是指建立组合后不再对期权头寸进行调整的策略。关于期权策略的动态调整,我们将在第十四章分析。在本章的分析中,同一个策略中的期权标的资产均相同。

第一节 单期权策略及其运用

由于期权分看涨期权和看跌期权,它们都可以买进或者卖出,因此单期权基本策略有四种:买进看涨期权、买进看跌期权、卖出看涨期权和卖出看跌期权。其中买进看涨期权和卖出看跌期权的效果是做多标的资产,而买进看跌期权和卖出看涨期权的效果是做空标的资产。如果我们把"买进""看涨期权""做多"用"+"号表示,把"卖出""看跌期权""做空"用"−"号表示,则表13.1可以清楚地显示上述4种单期权策略的多空效果。

表13.1 单期权策略的多空效果

买进/卖出	看涨期权,+	看跌期权,−
买进,+	策略1:做多,+	策略2:做空,−
卖出,−	策略3:做空,−	策略4:做多,+

一、单期权策略的基本技巧

在实战中上述策略的选择主要取决于以下因素。

1. 对后市的判断

如果你看好标的资产的市场走势,则应选择策略1或者策略4;如果你看空标的资产的后市,则应选择策略2或者策略3。

2. 是否存在市场定价错误

期权的定价错误有两种:绝对价格的错误和相对价格的错误。

(1) 绝对价格的错误。期权绝对价格的高低可以用隐含波动率(IV)度量。如果IV太高,就说明期权很贵,此时卖期权比较合算;如果IV太低,就说明期权很便宜,此时买期权比较合算。我们可以用 IV 历史分布的分位点[①]来衡量当前 IV 的高低。例如,如果当前 IV 处于历史分布的 90% 分位点,说明此时期权太贵了。此时如果要做多标的资产,策略 4 的性价比就好于策略 1;如果要做空标的资产,策略 3 的性价比就好于策略 2。又如,如果当前 IV 处于历史分布的 10% 分位点,说明此时期权太便宜了。此时如果要做多标的资产,策略 1 的性价比就好于策略 4;如果要做空标的资产,策略 2 的性价比就好于策略 3。

(2)相对价格的错误。相对价格的错误主要有:① 相同期限,低行权价看涨期权价格低于高行权价的看涨期权。② 相同行权价,扣除分红因素影响后,长期限期权的时间价值低于短期限期权。③ 相同期限和行权价的看涨期权和看跌期权价格违背了基于标的资产价格的 PCP 平价。

第①和②类相对价格错误一般转瞬即逝,因为套利的力量会快速消灭这种错误。而由于严格的做空限制,第③类相对价格错误在中国却长期存在。

可以证明,第 3 类相对价格错误与期货定价错误是同源的。由于期货与期权都可以相对自由地买卖,因此以期货价格表达的 PCP 平价一旦偏离,套利力量就会立即入场套利,从而使这种偏离得到纠正。而在现货卖空受限的情况下,以现货表达的 PCP 平价就可能产生偏离。此时,现货与期货的相对价格也会产生同等的偏离。也就是说,从现货表达的 PCP 平价中根据看涨期权和看跌期权市场价格计算出来的隐含现货价格,基本会等于从期货现货平价公式中根据期货市场价格计算出来的隐含的现货价格。

由于期货价格太高时,套利者可以通过买入现货卖出期货套利,这种套利活动实施起来不会受到限制,因此,期货价格偏高的现象很难持续存在。而期货价格太低时,套利需要通过买入期货卖空现货来实现,在现货卖空受限情况下,这种套利活动就很难开展,从而使得期货价格偏低的现象有可能持续存在。

当期货价格偏低时,同样期限、同样行权价的看涨期权的时间价值就会低于看跌期权的时间价值,或者说看涨期权相对便宜,看跌期权相对昂贵。此时,通过策略 1 与策略 4 来做多标的资产就比买现货合算。而利用策略 2 和策略 3 来做空现货就不太合算。

3. 风险收益偏好

策略 1 和策略 4 虽然都是做多标的资产,但从第九章期权多空双方的盈亏图就可以看出,策略 1 和策略 4 的盈亏分布和盈亏平衡点都不相同。如果期权行权价和数量都一样,则策略 4 的盈亏平衡点($K-p$)会大大低于策略 1 的盈亏平衡点($K+c$),从而使策略 4 的胜率大大高于策略 1。但策略 4 的最大盈利(看跌期权价格),低于策略 1(无限大),而且策略 4 的最大亏损($K-p$)通常会大于策略 1(看涨期权价格)[②],因此策略 1 的赔率好于策略 4。通过以上分析可以看出,如果你更看重胜率,则选择策略 4;如果你更看重赔率,则可以选择策略 1。

策略 2 和策略 3 虽然都是做空标的资产,但从第九章期权多空双方的盈亏图就可以看出,策略 2 和策略 3 的盈亏分布和盈亏平衡点都不相同。如果期权行权价和数量都一样,则

---

① 分位数(Quantile),亦称分位点。假设一个随机变量 X 的累积分布函数为 $F(x)$,那么该分布或者该随机变量的 a 分位数或分位点 x_a 为满足条件 $F(x_a) \equiv P(X \leq x_a) = a$ 的数值,其中 $0<a<1$。根据这个定义,可以通俗地理解为:某个随机变量或分布以 a 分位数为界,有 a 的概率该随机变量的取值会小于或等于该分位数,有 $1-a$ 的概率该随机变量的取值会大于该分位数。

② 当然有例外情况,也就是当 $K-p>c$ 时。

策略2的盈亏平衡点($K-p$)会大大低于策略3的盈亏平衡点($K+c$),从而使策略3的胜率大大高于策略2。但策略3的最大盈利(看涨期权价格)通常会低于策略2($K-p$)[①],而且策略3的最大亏损(无限大)大于策略1(看跌期权价格)。因此策略2的赔率好于策略3。通过以上分析可以看出,如果你更看重胜率,则选择策略3,如果你更看重赔率,则可以选择策略2。

无论是利用单期权策略进行投资(投机),还是套保,上述基本技巧是一样的。

二、运用单期权策略进行投资(投机)

我们分别用4个案例来说明单期权4种基本策略的实战效果。

1. 买进看涨期权(策略1)

【案例 13.1】

买进看涨期权

2024年2月2日,上证50指数收盘报2 229.01点,其动态市盈率只有9.23倍,在过去20年中处于15.18%分位点。风险溢价[②]为8.40%,在过去20年中处于90.94%分位点。某投资基金认为该指数具有很高的投资价值,准备投入1亿元做多该指数。此时2024年3月15日到期的行权价为1 975的看涨期权价格为229.2元。假设未来一个半月上证50指数的分红率为0.1%(无年化),该基金的无风险投资收益率为0.36%(未年化,单利)。请比较下列两种做多标的资产方案的性价比。

(1) 现货方案:用全额现金买进44 900(四舍五入)股现货指数;

(2) 期权方案:买入同样股数的上述看涨期权,剩余资金进行无风险投资。

我们可以通过对比2024年3月15日的盈亏分布图来比较这两种方案的性价比。

购买现货指数的成本为2 229.01元/股,扣掉持有期间预计得到的股息2.23元,其盈亏平衡点为2 226.78元/股。

购买449手(每手100股)上证看涨期权,每股期权价格为229.2元,共计支出10 291 080元,剩余现金(89 708 920元)进行无风险投资,预计将获得322 952.1元无风险收益,相当于每股无风险收益7.19元,也就是说每股净期权费只有222.01元。盈亏平衡点为2 197.01元/股。

上述两种做多标的资产方案的盈亏分布图[③]如图13.1所示。

从图13.1可以看出,期权方案(实线)绝对占优于现货方案(虚线):现货方案的最大亏损为2 226.78元/股,而期权方案的最大亏损只有222.01元/股,期权方案最多少亏2 024.75元/股;到期股价指数如果超过1 975,期权方案一定比现货方案多赚或者少亏1.36% $\left(\dfrac{2\,226.78-2\,197.01}{2\,197.01}=1.36\%,未年化\right)$。

[①] 当然有例外情况,也就是当 $K-p>c$ 时。

[②] 风险溢价等于动态市盈率的倒数减去10年期国债收益率。其经济含义是,假设所有成分股未来利润都保持不变,投资该指数的预期超额收益率。

[③] 盈亏图是分析期权交易策略的有力工具。然而,虽然期权交易策略的盈亏图可以由其基础头寸的盈亏图叠加得到,但刚接触期权的读者可能依然难以快速地画出较为复杂的策略对应的盈亏图。本章第三节介绍了盈亏图的简便画法。

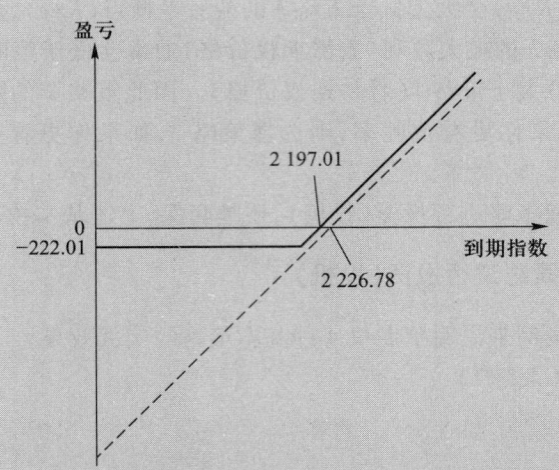

图 13.1　上证 50 股指期权方案与现货方案的盈亏分布对比

值得注意的是,在本案例中,期权投资应用的是期权+固收方案。这是因为期权带有很大杠杆,无风险投资部分起的是降杠杆的作用。降了杠杆之后,期权投资与现货投资才有可比性。

2. 买进看跌期权(策略 2)

【案例 13.2】

买进看跌期权

武汉市自 2020 年 1 月 23 日 10 时起,全市城市公交、地铁、轮渡、长途客运暂停运营;无特殊原因,市民不离开武汉,机场、火车站离汉通道暂时关闭。此消息显然属于利空消息。2020 年 1 月 23 日,沪深 300 股价指数现货和期货均跳低开盘,其中现货指数开盘价为 4 093.32 点,2020 年 2 月 21 日到期的 IF2002 开盘价为 4 093.0 点。此时,2 月到期、行权价为 3 600 点的沪深 300 股指看跌期权的开盘价为 1.4 元。某投资者认为沪深 300 股价指数未来一个月会继续下跌,因此决定在开盘时做空沪深 300 股价指数,假设其未来近 1 个月的无风险投资收益率为 0.4%,请比较下列两种做空标的资产方案的性价比:

(1) 期货方案:按 1 月 23 日开盘价 4 093.0 点做空 8 手(四舍五入)IF2002①,合计名义本金 9 823 200 元(4 093×300×8 = 9 823 200),需要支付 982 320 元保证金,剩余 9 017 680 元用于无风险投资。

(2) 期权方案:按 1 月 23 日开盘价 1.4 点的价格买进 24 手② 2 月到期、行权价为 3 600 点的沪深 300 股指看跌期权,需要支付 3 360 元期权费,其余 9 996 640 元用于无风险投资。

我们可以通过对比 2020 年 2 月 21 日的盈亏分布图来比较这两种方案的性价比。卖出期货的价格为每股 4 093 元。9 017 680 元无风险投资预计可收到收益 36 070.72

---

① 沪深 300 股指期货的合约乘数为每点 300 元,8 手可以理解成 2 400 股。
② 沪深 300 股指期权的合约乘数为每点 100 元,24 手可以理解成 2 400 股。

元,折合成每股收益 15.03 元。因此期货方案的盈亏平衡点为 4 108.03 元/股。

买期权的价格为每股 1.4 元。9 996 640 元无风险投资预计可收到收益 39 986.56 元,折合成每股收益 16.66 元。因此期权方案只赢不输,最少盈利为每股 15.26 元。

上述两种做空标的资产方案的盈亏分布图如图 13.2 所示。

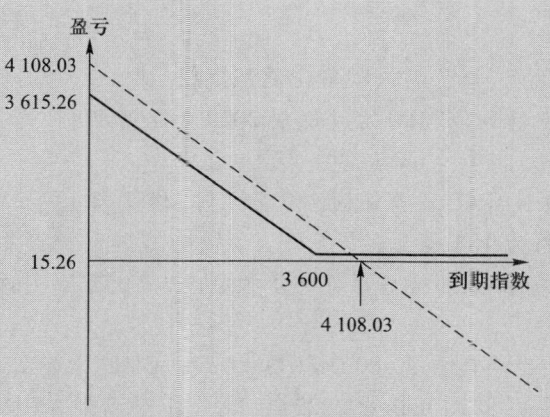

图 13.2　沪深 300 股指期权方案与期货方案的盈亏分布对比

从图 13.2 可以看出,期权方案(实线)与期货方案(虚线)各有利弊:期权方案完全没有亏损的风险,而期货方案最大亏损时无限的。而在股指大跌的情况下,期货方案的收益率比期权方案高 13.63% $\left(\dfrac{4\,108.03-3\,615.26}{3\,615.26}=13.63\%\right)$。

在这种情况下,选择期权方案还是期货方案,完全取决于该投资者的风险收益偏好。

当然该投资者可以做一些变通,比如把固收赚的钱全部用于购买期权,这样他(她)就可以购买 28 500 股(四舍五入)看跌期权。新的期权策略的盈亏分布图(实线)如图 13.3 所示。这个策略有 17.79 倍(28 500/2 400 = 17.79)的杠杆,在股市暴跌时有超高的收益,同时又能保本,是性价比很高的策略。

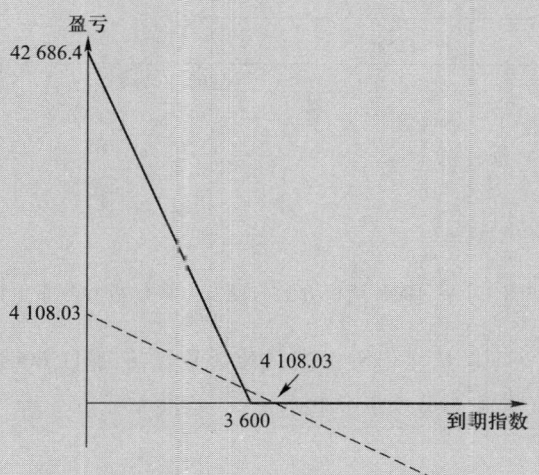

图 13.3　沪深 300 股指新的期权方案与期货方案的盈亏分布对比

另外,该投资者还可以选择不同的行权价和期限。其基本原理与上述策略相似,这里不再赘述。

3. 卖出看涨期权(策略3)

【案例 13.3】

卖出看涨期权

美国散户把游戏驿站(GME)的股价从 2020 年 7 月 20 日的 3.85 美元爆炒到 2021 年 1 月 28 日的 483 元。

2021 年 1 月 28 日 GME 股价涨到 480 美元时,2022 年 1 月 21 日到期、行权价为 800 美元的看涨期权价格为 188 美元。某投资者认为游戏驿站被严重高估,决定做空 1 000 万美元的 GME 股票。如果不考虑融券成本和利息,请比较下列两种做空标的资产方案的性价比。

(1) 现货方案:融券卖空 20 800 股(四舍五入)GME,卖出价为 480 美元/股。

(2) 期权方案:卖出 20 800 股 2022 年 1 月 21 日到期、行权价为 800 美元的 GME 看涨期权,期权成交价为 188 美元/股。

图 13.4 显示了这两种做空 GME 的方案的盈亏分布图。从图 13.4 可以看出,期权方案的性价比明显好于股票方案:期权方案的风险远小于股票方案;期权方案的盈亏平衡点为 988 美元/股,只要股价不超过 988 美元就能盈利,而股票方案的盈亏平衡点为 480 美元/股,显然期权方案的盈利概率远大于股票方案;只有当股价低于 292(480−188 = 292)美元时,股票方案的盈利才高于期权方案。

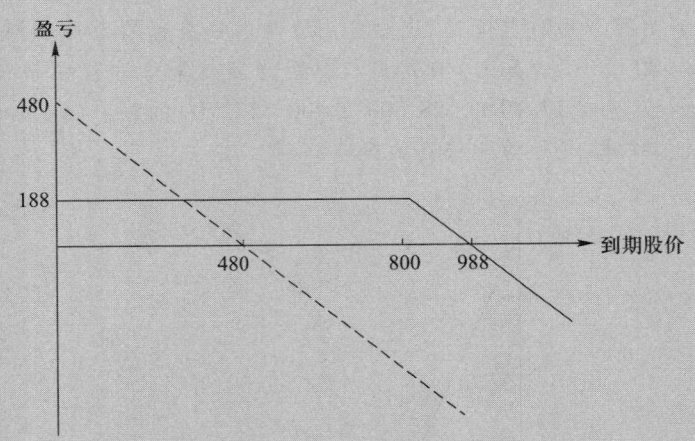

图 13.4 GME 期权方案与期货方案的盈亏分布对比

当然,该投资者也可以把卖出看涨期权的数量提高到 41 600 股,或者选择期权的其他到期日或行权价。读者可以尝试分析其盈亏分布。

4. 卖出看跌期权(策略4)

【案例 13.4】

卖出看涨期权

中证1000指数从2021年1月30日的最高8 082.90点下跌2024年2月5日最低的4 177.94点,期间最大跌幅48.31%。当天收盘时,中证1000现货指数为4 293.07点,2024年12月20日到期、行权价为4 300的中证1000股指看跌期权价格为738.2点。某投资者看好该指数未来10多个月左右的走势,决定在2月5日收盘时投入1 000万元做多该指数。假设未来10多个月中证1000指数的分红率为1%(未年化),该投资者的无风险投资收益率为2.5%(未年化,单利)。请比较下列两种做多标的资产方案的性价比。

(1) 现货方案:用全额现金买进2 300(四舍五入)股现货指数;

(2) 期权方案:卖出同样股数(23手)的上述看跌期权,除了期权费收入作为保证金外,还需要另外缴纳1 184 887.32元保证金①,剩余资金8 815 112.68进行无风险投资。

我们可以通过对比2024年12月20日的盈亏分布图来比较这两种方案的性价比。

购买现货指数的成本为4 293.07元/股,扣掉持有期间预计得到的股息42.93元,其盈亏平衡点为4 250.14元/股。

卖出23手(每手100股)上述看跌期权,每股期权价格为738.2元,共计收入1 697 860元,剩余现金(8 815 112.68元)进行无风险投资,预计将获得220 377.82元无风险收益,相当于每股无风险收益95.82元。其盈亏平衡点为3 465.98(4 300-738.2-95.82=3 465.98)元/股。

上述两种做多标的资产方案的盈亏分布图如图13.5所示。

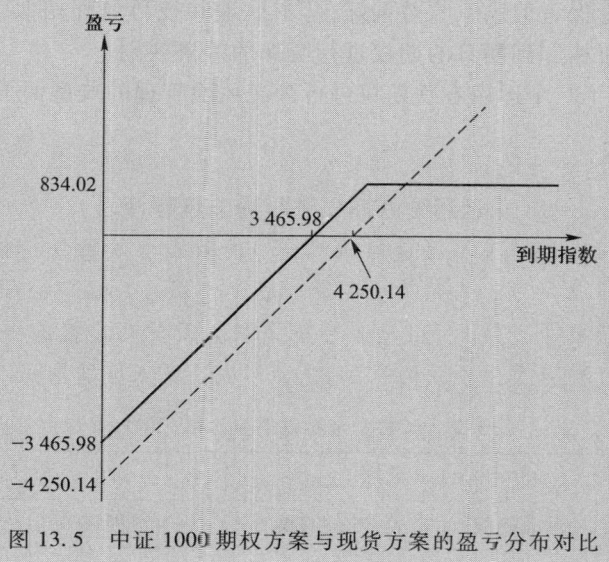

图13.5 中证1000期权方案与现货方案的盈亏分布对比

---

① 中交所看跌期权交易保证金=(合约当日结算价×100)+max﹝标的指数当日收盘价×合约乘数×12%-虚值额,0.5%×合约行权价格×100×12%﹞,其中,看跌期权虚值额为:max﹝(标的指数当日收盘价-本合约行权价格)×100,0﹞

从图 13.5 可以看出,这两种方案的区别主要体现在:期权方案(实线)的胜率大于现货方案(虚线),只要在未来 10 多个月中证 1000 股价指数跌幅不超过 19.27%(3 465.98/4 293.07-1=19.27%),期权方案都是盈利的;期权方案的风险小于现货方案,如未来中证 1000 股价指数低于 4 300 点,则期权方案的收益率比股票方案高 22.62%(4 250.14/3 465.98-1=22.62%);在股指大涨时,期权方案的盈利小于现货方案,期权方案的最高收益率为 24.06%(未年化)。因此选择哪种方案取决于该投资者对后市的判断和风险收益偏好。如果该投资者认为未来 10 多个月中证 1000 大涨的概率不大,或者该投资者是比较稳健的投资者,他(她)都将选择期权方案。

三、运用单期权策略进行静态套保

金融衍生品市场的功能之一即是为市场参与者提供风险管理的工具。相较于远期、期货等线性产品,期权是非线性产品,既可用于静态套保,也可用于动态套保,在风险管理上的灵活度更强,使得不同参与者可以根据自身需求设计不同的风险管理方案。本章将主要介绍静态套保。动态套保将在第十四章介绍。

所谓静态套保,是指套保策略实施后直至到期都无须调整,它是相对需要不断调整头寸的动态套保而言的。实施静态套保的第一步是从公司整体的角度,分析公司对某一变量面临的风险敞口方向和数量,运用单期权来降低公司的风险敞口。

单期权静态套保策略有 4 种:如果公司担心某一变量上涨,则可以买进看涨期权(策略 1)和卖出看跌期权(策略 4)来对冲风险;如果公司担心某一变量下跌,则可以买进看跌期权(策略 2)和卖出看涨期权(策略 3)来对冲风险。

与单期权投资策略一样,具体选择哪种套保策略,主要取决于对后市的判断、是否存在期权定价错误以及套保者的风险收益偏好,基本原理和技巧也都相似,这里不再赘述,着重比较选择不同行权价格和到期日的期权进行套保的效果区别。

案例 13.5 给出了一个运用看跌期权进行静态风险管理的典型例子。

【案例 13.5】
运用看跌期权进行静态风险管理

2011 年 4 月 11 日,东京商品交易所(TCE)的黄金看跌期权价格(更长期限的期权价格省略)如表 13.2 所示。当时黄金现货价格为 3 930 日元/克。假设某生产黄金的矿业公司认为黄金仍有上升空间,但也有可能下跌。而黄金价格的下跌将对公司利润产生不利影响。为了防范黄金下跌的风险,该公司决定买入看跌期权。

表 13.2　TCE 黄金看跌期权价格(2011.4.11)　　单位:日元/克

行权价格	2011.6 到期		2011.8 到期	
	看涨期权	看跌期权	看涨期权	看跌期权
3 300	627	1	633	5
3 350	578	1	585	8
3 400	528	1	539	11

续表

行权价格	2011.6 到期		2011.8 到期	
	看涨期权	看跌期权	看涨期权	看跌期权
3 450	479	2	494	16
3 500	431	4	450	22
3 550	384	7	407	29
3 600	338	11	366	38
3 650	295	17	328	49
3 700	253	25	291	62
3 750	214	37	257	77
3 800	179	51	225	95
3 850	146	69	196	116
3 900	118	90	169	139
3 950	94	116	145	165
4 000	73	145	123	193
4 050	56	177	104	223
4 100	42	213	87	256
4 150	31	252	72	291
4 200	22	294	60	328
4 250	16	337	49	367

该公司应该如何选择期权期限和行权价格呢？期限和行权价格的选择跟该公司对后市的判断有关。

如果该公司认为黄金只可能短期调整，一般就买短期的期权；如果该公司认为黄金有可能进入大熊市，那就要买长期的期权。特别是平值期权，随着时间的延长，其价格只是按照时间的平方根增长。实值期权的价格增长速度则更慢。

行权价格的选择也跟后市判断有关。如果该公司对后市很悲观，则要选择尽量高的行权价。如果较乐观，则可以选择较低的行权价。

图 13.6 比较了买进 2011 年 8 月到期，行权价分别为 3 600、3 800 和 4 000 的看跌期

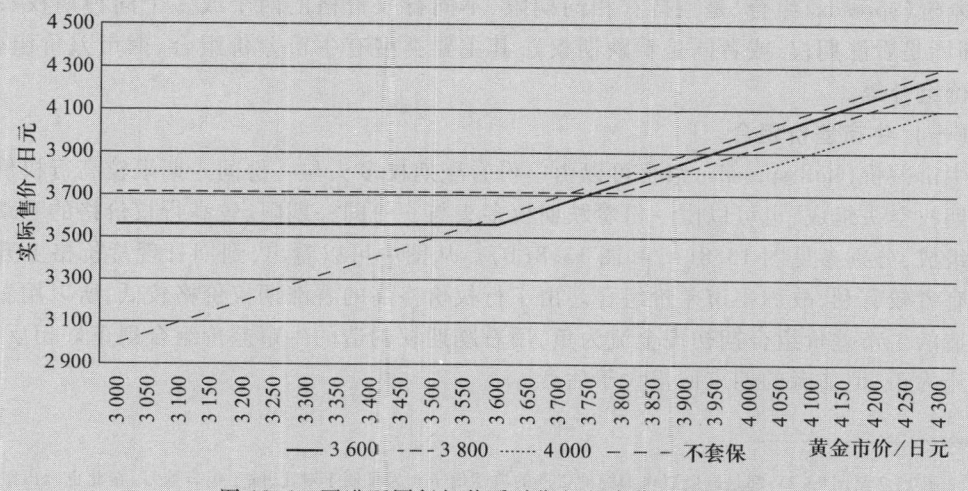

图 13.6 买进不同行权价看跌期权的套保效果比较

权的套保效果。

从图 13.6 可以看出,选择高行权价,可以锁定较高的实际净卖价,在未来黄金价格下跌时比较有利;而选择低行权价,因期权价格较低,在未来黄金价格上涨时比较有利。

第二节 期权组合策略及其运用

除了直接运用单一期权头寸,还可以将不同期权和相应资产组合形成一定的交易策略,以满足投资者不同的风险收益偏好和特定的市场预期。这些组合策略既可以用于投资,也可以用于套保。

当期权价格被高估(低估)时,投资者可以卖出(买入)期权,同时用标的资产对冲方向性风险;而当期权相对价格不合理时,投资者可以卖出价格被相对高估的期权,同时买入价格被相对低估的期权。这样都可以用较小的风险来赚取较高的预期收益率。

一、标的资产与期权的组合

通过组建标的资产与各种期权头寸的组合,可以得到与各种期权头寸本身盈亏图形状相似但位置不同的盈亏图,如图 13.7 所示[①]。

图 13.7(a)反映了标的资产多头与看涨期权空头组合的盈亏,该组合称为有担保的看涨期权(covered call)空头,或者称为备兑看涨期权空头。这种策略通常在看涨期权价格很贵的情况下使用。标的资产空头与看涨期权多头组合的盈亏图,与有担保的看涨期权空头刚好相反。

图 13.7(b)反映了标的资产多头与看跌期权多头组合的盈亏,这种策略通常在看跌期权很便宜的情况下使用。标的资产空头与看跌期权空头组合的盈亏图刚好相反。

从图 13.7 可以看出,组合的盈亏曲线可以直接由构成这个组合的各种资产的盈亏曲线叠加而来。

二、差价组合

差价(spreads)组合,是指持有相同期限、不同行权价格的两个或多个同种期权头寸组合(即同是看涨期权,或者同是看跌期权),其主要类型有牛市差价组合、熊市差价组合、蝶式差价组合等。

(一) 牛市差价组合

牛市差价(bull spreads)组合可以由一份看涨期权多头与一份同一期限较高行权价格的看涨期权空头组成,也可以由一份看跌期权多头与一份同一期限、较高行权价格的看跌期权空头组成,分别参见图 13.8(a)和图 13.8(b)。从图中可以看出,到期日现货价格上升对组合持有者较有利,故称牛市差价组合。由于行权价格高的看涨期权价格较低,所以用看涨期权构造的牛市差价组合期初现金流为负,用看跌期权构造的牛市差价组合则正好相反,期初现金流为正,但前者的期末回报大于后者。

---

① 图 13.7 至图 13.21,都是以股票作为标的资产的典型例子。为了便于对比,除了组合盈亏,在此也画出组合中各期权或标的资产本身的盈亏分布图。

第十三章　期权的交易策略及其运用　295

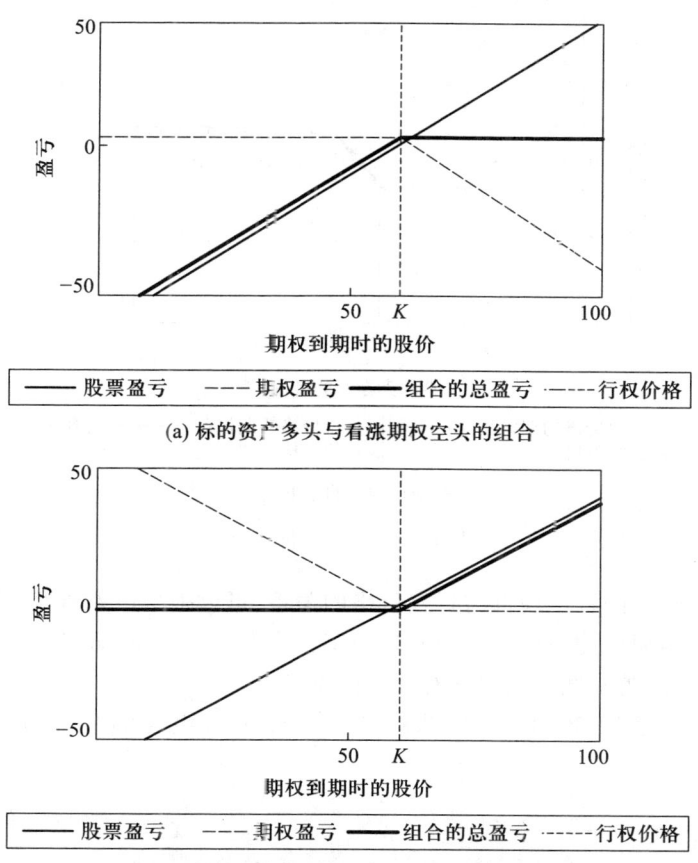

(a) 标的资产多头与看涨期权空头的组合

(b) 标的资产多头与看涨期权多头的组合

图 13.7　标的资产与期权组合的盈亏分布图

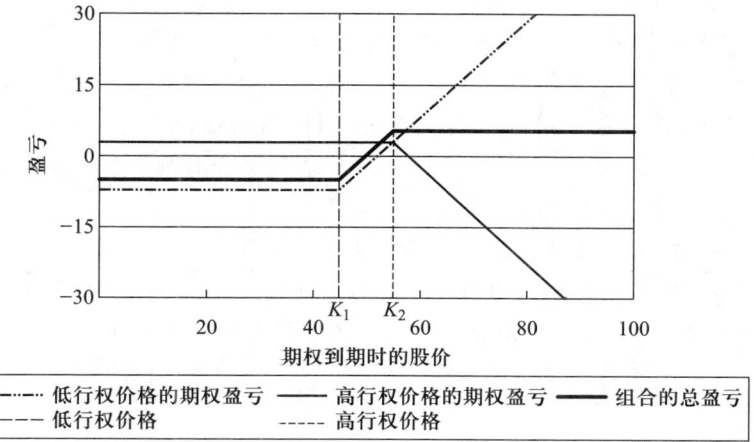

(a) 看涨期权构造的牛市差价组合

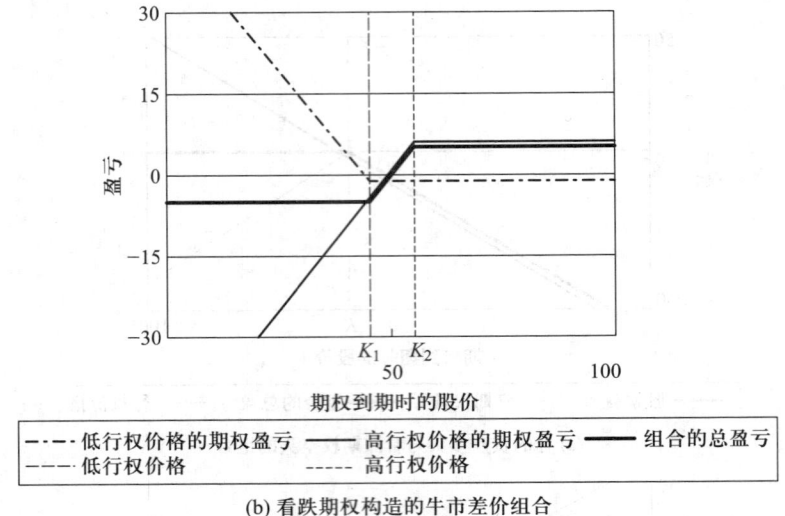

(b) 看跌期权构造的牛市差价组合

图 13.8 牛市差价组合

另外,通过比较标的资产现价与行权价格的关系,可以把牛市差价组合分为三类:① 两虚值期权组合,即两期权均为虚值期权;② 一实值期权加一虚值期权组合;③ 两实值期权组合。这三类组合的盈亏概率和赔率有很大的差异。

案例 13.6 呈现了用 50ETF 虚值认购期权构建牛市组合的盈亏分布图和盈亏概率对比。

> **【案例 13.6】**
>
> 2020 年 2 月 5 日,上证 50ETF 的价格为 2.801 元,2 月 26 日到期、行权价格为 2.90 和 3.40 的欧式认购期权价格分别等于 0.012 8 元和 0.000 8 元。如果买进 1 份行权价格 2.90 的认购期权、同时卖出 1 份行权价格为 3.40 的认购期权,构建牛市差价组合,需要净支付 120 元期权费。
>
> 2 月 26 日期权到期,如果 ETF 价格低于 2.90 元,则 2 份期权同时作废,该组合净亏 120 元期权费[①]。如果 ETF 价格高于 3.40 元,则 2 份期权都会被行权,该组合按 2.90 元买进 1 万份 ETF,同时按 3.40 元卖出 1 万份 ETF,获得 5 000 元回报,扣掉期初支付的 120 元期权费,净赚 4 880 元。最大亏损和最大盈利之间的赔率高达 40.67 倍,盈亏平衡点为 2.911 8。其盈亏情况如图 13.9 所示。
>
> 该牛市差价组合是否是好的策略呢?要确定该策略是否有利,还得分析该组合的盈亏概率分布。如果假定上证 50ETF 的价格服从对数正态分布,并假设波动率等于隐含波动率 15.82%,则我们可以画出该组合的盈亏概率分布图(如图 13.10 所示)。如果你对后市较为乐观,不妨试试这个策略。

---

① 不考虑利息和交易成本,下同。

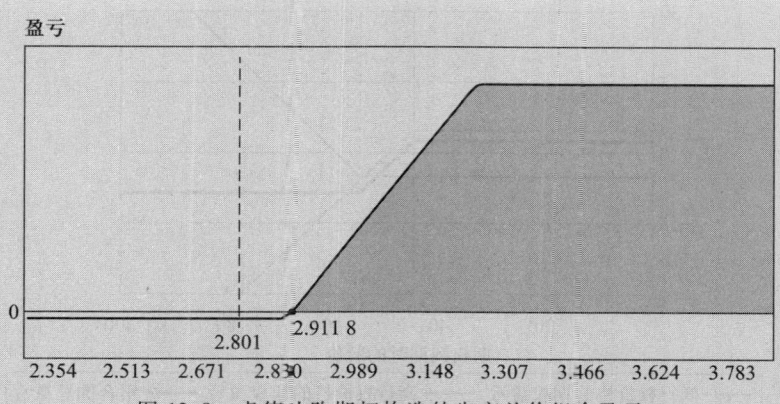

图 13.9　虚值认购期权构造的牛市差价组合盈亏

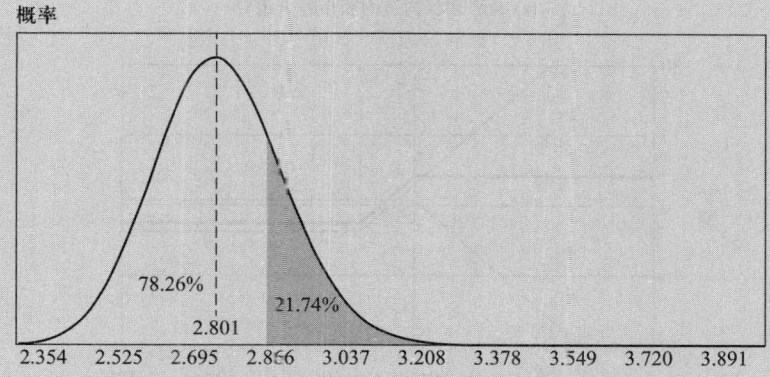

图 13.10　虚值认购期权牛市差价组合的盈亏概率分布图

一般来说,构建牛市差价组合的主要原因有二:① 投资者对后市较乐观,但看涨期权价格整体太高,使得买进看涨期权不太合算,而牛市差价组合可以规避期权绝对价格过高的问题。② 低行权价期权价格被低估,高行权价期权价格被高估,这时牛市差价组合的概率赔率组合较为有利。

(二) 熊市差价组合

熊市差价(bear spreads)组合正好与牛市差价组合相反,它可以由一份看涨期权多头和一份相同期限、行权价格较低的看涨期权空头组成,也可以由一份看跌期权多头和一份相同期限、行权价格较低的看跌期权空头组成,如图 13.11(a)和图 13.11(b)所示。

看涨期权的熊市差价组合和看跌期权的熊市差价组合的差别在于,前者在期初有正的现金流,后者在期初有负的现金流,但后者的期末回报大于前者。

一般来说,构建熊市差价组合的主要原因有二:① 投资者对后市较悲观,但看跌期权价格整体太高使得买进看跌期权不太合算,而熊市差价组合可以规避期权绝对价格过高的问题。② 低行权价期权价格被高估,高行权价期权价格被低估,这时熊市差价组合的概率赔率组合较为有利。

比较牛市差价组合和熊市差价组合可以看出,对同类期权而言,凡"买低卖高"的即为牛市差价策略,而"买高卖低"的则为熊市差价策略,这里的"低"和"高"是指行权价格。两者的图形刚好以 x 轴对称。

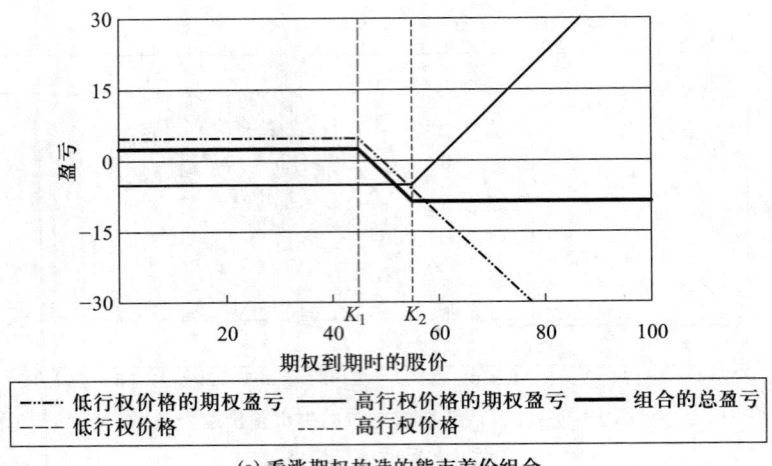

(a) 看涨期权构造的熊市差价组合

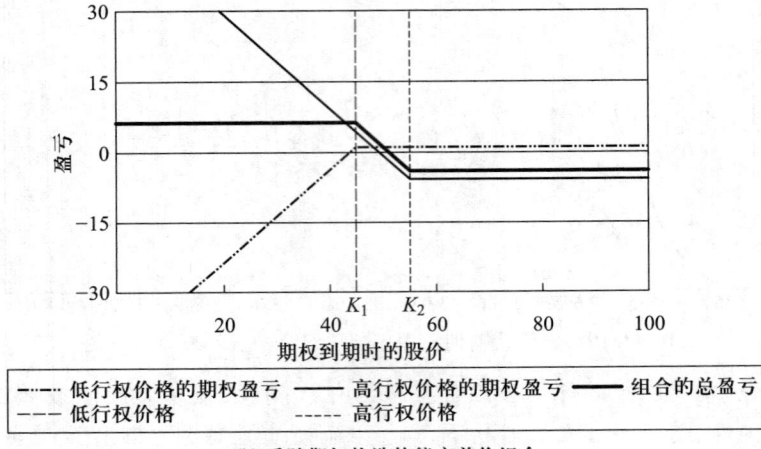

(b) 看跌期权构造的熊市差价组合

图 13.11 熊市差价组合

(三) 蝶式差价组合

蝶式差价(butterfly spreads)组合,是由四份具有相同期限、不同行权价格的同种期权头寸组成的。在此用三种行权价格分别为 $K_1<K_2<K_3$ 且 $K_2=(K_1+K_3)/2$ 的例子来说明蝶式差价组合。在这种情况下,蝶式差价组合有如下四种:

1. 看涨期权的正向蝶式差价组合

看涨期权的正向蝶式差价组合,由行权价格分别为 K_1 和 K_3 的看涨期权多头和两份行权价格为 K_2 的看涨期权空头组成,其盈亏分布如表 13.3 和图 13.12(a)所示。表 13.3 中的 c_1、c_2 和 c_3 分别代表行权价格为 K_1、K_2 和 K_3 的看涨期权价值。

表 13.3 看涨期权构造的正向蝶式差价组合盈亏分布

S_T 的范围	c_1 盈亏	2 份 c_2 盈亏	c_3 的盈亏	总盈亏
$S_T \leq K_1$	$0-c_1$	$0+2c_2$	$0-c_3$	$2c_2-c_1-c_3$
$K_1<S_T \leq K_2$	$S_T-K_1-c_1$	$0+2c_2$	$0-c_3$	$S_T-K_1+2c_2-c_1-c_3$

续表

S_T 的范围	c_1 盈亏	2 份 c_2 盈亏	c_3 的盈亏	总盈亏
$K_2 < S_T \leq K_3$	$S_T - K_1 - c_1$	$2K_2 - 2S_T + 2c_2$	$0 - c_3$	$K_3 - S_T + 2c_2 - c_1 - c_3$
$S_T > K_3$	$S_T - K_1 - c_1$	$2K_2 - 2S_T + 2c_2$	$S_T - K_3$	$2c_2 - c_1 - c_3$

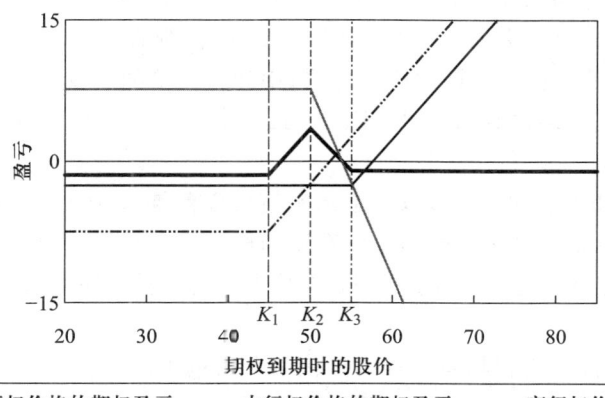

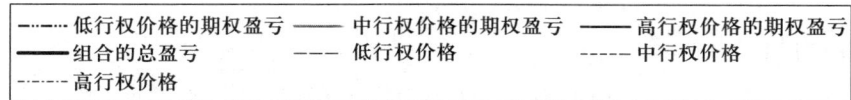

(a) 看涨期权的正向蝶式差价组合

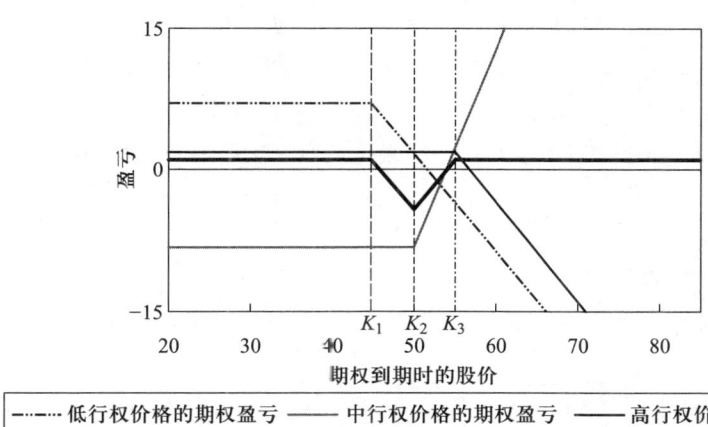

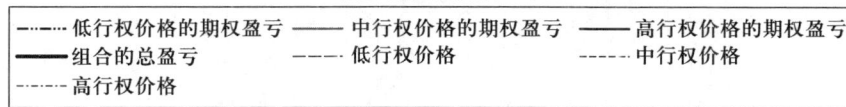

(b) 看涨期权的反向蝶式差价组合

图 13.12 蝶式差价组合

一般来说,构建正向蝶式差价组合的主要原因有二:① 投资者认为未来一段时间标的资产窄幅波动的可能性较大。② 高低两个行权价的期权较便宜,中间行权价的期权较贵。

2. 看涨期权的反向蝶式差价组合

看涨期权的反向蝶式差价组合,由行权价格分别为 K_1 和 K_3 的看涨期权空头和两份行权价格为 K_2 的看涨期权多头组成,其盈亏分布如图 13.12(b)所示。

3. 看跌期权的正向蝶式差价组合

看跌期权的正向蝶式差价组合,由行权价格分别为 K_1 和 K_3 的看跌期权多头和两份行权价格为 K_2 的看跌期权空头组成,其最终盈亏分布与图 13.12(a) 相同。

4. 看跌期权的反向蝶式差价组合

看跌期权的反向蝶式差价组合,由行权价格分别为 K_1 和 K_3 的看跌期权空头和两份行权价格为 K_2 的看跌期权多头组成,其最终盈亏与图 13.12(b) 相同。

一般来说,构建反向蝶式差价组合的原因有二:① 投资者认为未来标的资产大涨或大跌的概率较大。② 高低行权价的期权价格较贵,中间行权价的期权价格较便宜。

无论用看涨期权还是看跌期权构造,正向蝶式差价组合和反向蝶式差价组合结果都相同,并且初始投资相同。

蝶式期权可以有如下变化:① 可以由全部实值或虚值期权构成;② 行权价格之间的差距可以不同;③ 可以由 2 份看涨期权和 2 份看跌期权构成,如买进行权价为 K_1 的看涨期权和行权价为 K_3 的看跌期权,卖出行权价为 K_2 的看涨期权和看跌期权,也可以构建正向蝶式差价组合。

案例 13.7 给出了混合期权构建的蝶式差价组合的例子。

【案例 13.7】

2020 年 2 月 5 日,2 月 26 日到期的上证 50ETF 期权价格如下:行权价格为 2.50 元的认购期权(c_1)价格为 0.295 0 元,行权价格为 2.70 元的认购期权(c_2)价格为 0.111 6 元,行权价格为 2.70 元的认沽期权(p_2)价格为 0.021 9 元,行权价格为 2.80 元的认沽期权(p_3)价格为 0.056 5 元。我们可以通过买进 c_1 和 p_3,卖出 c_2 和 p_2 来构建混合期权的蝶式正向差价组合。

构建该组合所需净支出为 2 180 元。通过分析可以发现,到期上证 50ETF 价格如果等于 2.70 元,该组合的盈利将达到最大,为 820 元;如果上证 50ETF 价格大于 2.80 元,该组合将亏损 180;如果上证 50ETF 价格低于 2.50 元,该组合将亏损 1 180 元。该组合的详细盈亏情况如图 13.13 所示。

如果假定上证 50ETF 的价格服从对数正态分布,并假设波动率等于隐含波动率 15.82%,则我们可以画出该策略的盈亏概率分布图(如图 13.14 所示)。

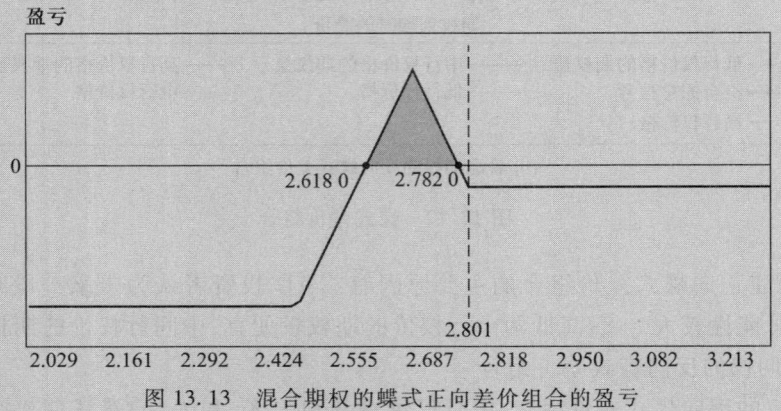

图 13.13 混合期权的蝶式正向差价组合的盈亏

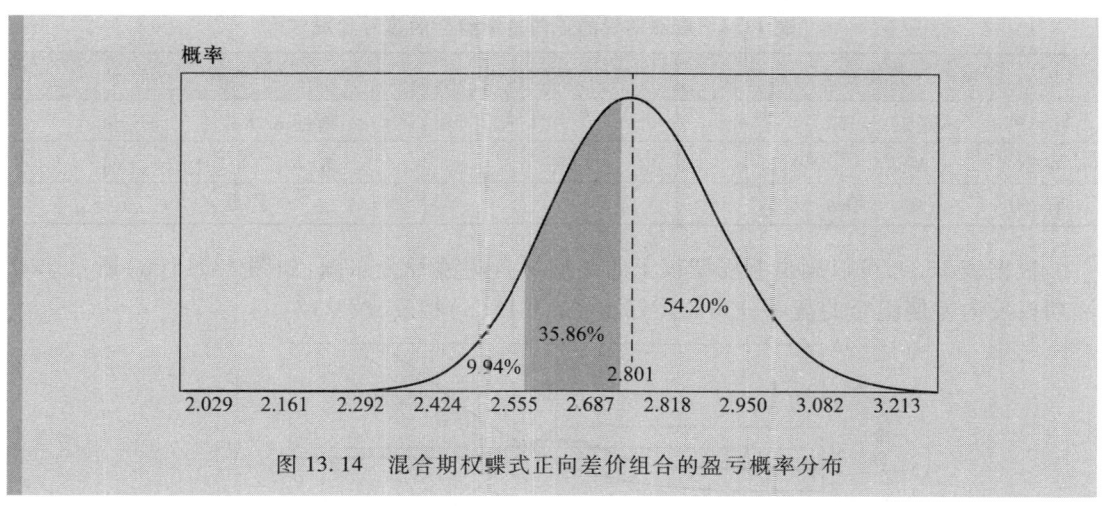

图 13.14 混合期权蝶式正向差价组合的盈亏概率分布

三、差期组合

差期(calendar spreads)组合,是由两份相同行权价格、不同期限的同种期权的不同头寸组成的组合。它有四种类型。

(一) 看涨期权的正向差期组合

一份看涨期权多头与一份期限较短的看涨期权空头的组合,称为看涨期权的正向差期组合。

(二) 看涨期权的反向差期组合

一份看涨期权多头与一份期限较长的看涨期权空头的组合,称为看涨期权的反向差期组合。

(三) 看跌期权的正向差期组合

一份看跌期权多头与一份期限较短的看跌期权空头的组合,称为看跌期权的正向差期组合。

(四) 看跌期权的反向差期组合

一份看跌期权多头与一份期限较长的看跌期权空头的组合,称为看跌期权的反向差期组合。

我们先分析看涨期权的正向差期组合的盈亏分布。令 T 和 T^* 分别代表期限较短和较长的期权到期时刻,c_1、c_2 分别代表期限较长和较短的看涨期权的期初价格,c_{1T} 代表 T 时刻期限较长的看涨期权的时间价值,S_T 代表 T 时刻标的资产的价格。当期限较短的期权到期时,若 $S_T \to \infty$,空头盈亏为 $K - S_T + c_2$,而多头虽未到期,但由于此时 S_T 已远高于 K,故其价值趋近于 $S_T - Ke^{-r(T^*-T)}$,即多头盈亏趋近于 $S_T - Ke^{-r(T^*-T)} - c_1$,总盈亏趋近于 $K - Ke^{-r(T^*-T)} + c_2 - c_1$。若 $S_T = K$,空头赚 c_2,多头还未到期,尚有价值 $c_{1T} + S_T - Ke^{-r(T^*-T)}$,即多头盈亏为 $K - Ke^{-r(T^*-T)} + c_{1T} - c_1$,总盈亏为 $K - Ke^{-r(T^*-T)} + c_2 - c_1 + c_{1T}$。若 $S_T \to 0$,空头赚 c_2,多头虽未到期,但由于 S_T 远低于 K,故其价值趋于 0,即多头盈亏趋近于 $-c_1$,总盈亏趋近于 $c_2 - c_1$。我们把上述三种情况列于表 13.4。

表 13.4　看涨期权的正向差期组合的盈亏状况

S_T 的范围	看涨期权多头的盈亏	看涨期权空头的盈亏	总盈亏
$S_T \to \infty$	趋近 $S_T - Ke^{-r(T^*-T)} - c_1$	$K - S_T + c_2$	趋近 $K - Ke^{-r(T^*-T)} + c_2 - c_1$
$S_T = K$	$K - Ke^{-r(T^*-T)} + c_{1T} - c_1$	c_2	$K - Ke^{-r(T^*-T)} + c_2 - c_1 + c_{1T}$
$S_T \to 0$	趋近 $-c_1$	c_2	趋近 $c_2 - c_1$

根据表 13.4，可以画出看涨期权正向差期组合的盈亏分布图，如图 13.15(a) 所示。看涨期权反向差期组合的盈亏分布图正好与图 13.15(a) 相反，故从略。

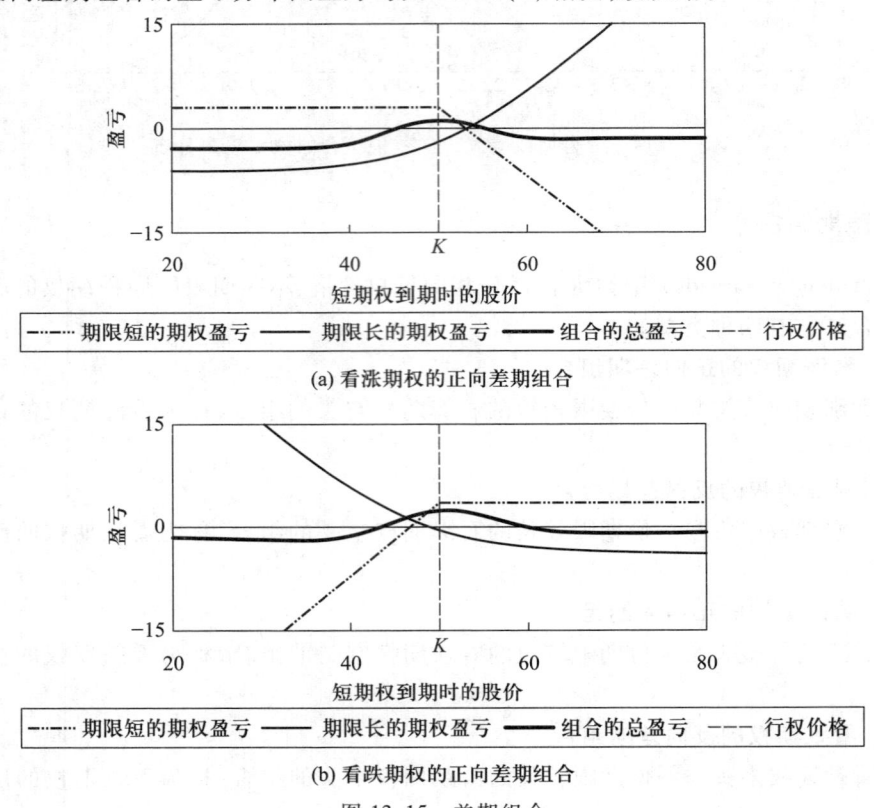

(a) 看涨期权的正向差期组合

(b) 看跌期权的正向差期组合

图 13.15　差期组合

用同样的分析法，可以画出看跌期权正向差期组合的盈亏分布，如图 13.15(b) 所示。看跌期权反向差期组合的盈亏分布图正好与图 13.15(b) 相反，也从略。

当投资者认为未来一段时间（如 3 个月）标的资产价格将窄幅波动，之后标的资产价格波动将加大时，他就可以构造正向差期组合，如买进 6 个月期的平值看涨期权，同时卖出 3 个月期的平值看涨期权，这样他就相当于以较低成本买入未来 3 个月至 6 个月期间的平值看涨期权。由于期权的边际时间价值递减，因此若未来 3 个月标的资产没有发生大的波动，3 个月期期权的时间价值减少速度将快于 6 个月期的期权，他就将从中获利。

如果长期限期权的隐含波动率低于短期限期权，则构建正向差期组合比较合算；反之，构建反向差期组合比较合算。

差期组合的行权价格可以选在平值点，也可以选在虚值区或实值区。

案例 13.8 给出了一个用认沽期权构建反向差期组合的例子。

【案例 13.8】

2020年2月5日,2月和3月到期的沪深300股指期货价格分别为3 829点和3 798.6点,行权价格为3 800点、2月和3月到期的沪深300股指看跌期权价格分别为73.8点和119.2点。通过买进2月看跌期权、卖出3月看跌期权,可以构建反向差期组合,其初净收入期权费4 540元。

到2月21日,如果沪深300股指期货仍然处于贴水,其价格刚好等于3 800点,则2月期权作废,3月期权还有1个月剩余期限,按Black公式计算(假定未来1个月波动率等于22.31%),此时3月看跌期权的理论价格应为96.71点。如果按此价格平仓,则组合净亏5 131(4 540-96.71×100=5 131)元。此时亏损最大。

到2月21日,如果沪深300股指跌到0,则2月期权的回报为380 000元,3月期权虽然还有一个月剩余期限,但属于深度实值期权,其时间价值趋于0,假定无风险利率为3%,则其理论价格等于其内在价值,等于3 790.51点,平仓需付出379 051元,该组合净赚5 489(4 540+380 000-379 051=5 489)元。

到2月21日,如果沪深300股指涨得足够高,则2月期权作废,3月期权属于深度虚值期权,价值也趋于0,因此该组合净赚4 540元。图13.16呈现了该组合的盈亏情况。

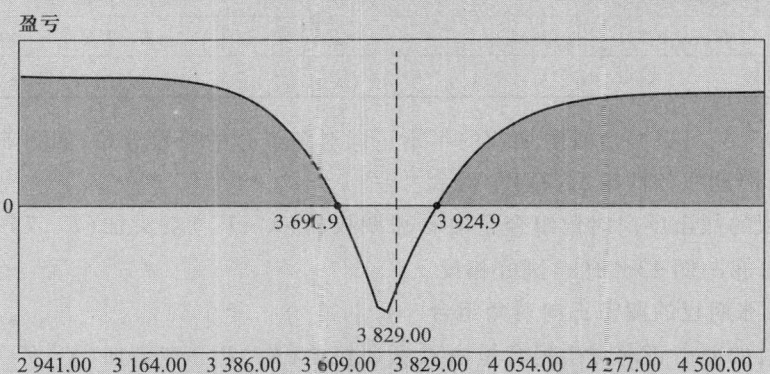

图 13.16 看跌期权反向差期组合的盈亏

如果假定沪深300股价指数服从对数正态分布,则我们可以画出该策略的盈亏概率分布图(如图13.17所示)。

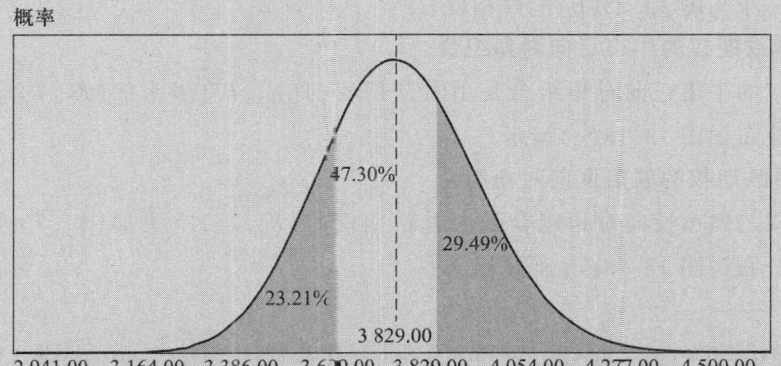

图 13.17 看跌期权反向差期组合的盈亏概率分布

四、对角组合

对角组合(diagonal spreads),是指由两份行权价格不同(K_1 和 K_2,且 $K_1<K_2$),期限也不同(T 和 T^*,且 $T<T^*$)的同种期权的不同头寸组成的组合①。它有八种类型。

(一) 看涨期权的牛市正向对角组合

看涨期权的牛市正向对角组合是由看涨期权的(K_1, T^*)多头加(K_2, T)空头组成的组合。在期限较短的期权到期时,若 $S_T=K_2$,空头赚 c_2,由于多头尚未到期,其价值为 $K_2-K_1\mathrm{e}^{-r(T^*-T)}+c_{1T}$,按价值卖掉,则多头盈利 $K_2-K_1\mathrm{e}^{-r(T^*-T)}+c_{1T}-c_1$,共计盈亏 $K_2-K_1\mathrm{e}^{-r(T^*-T)}+c_2-c_1+c_{1T}$;若 $S_T\to\infty$,空头盈亏 $K_2-S_T+c_2$,多头虽未到期,但由于 S_T 远高于 K_1,故此时多头价值趋近于 $S_T-K_1\mathrm{e}^{-r(T^*-T)}$,即多头盈利 $S_T-K_1\mathrm{e}^{-r(T^*-T)}-c_1$,共计盈亏 $K_2-K_1\mathrm{e}^{-r(T^*-T)}+c_2-c_1$;若 $S_T\to 0$,空头赚 c_2,多头虽未到期,但由于 S_T 远低于 K_1,故此时多头价值趋近于 0,即多头亏损 c_1,共计盈亏 c_2-c_1。在此把上述三种情形列于表 13.5。

表 13.5 看涨期权的牛市正向对角组合的盈亏状况

S_T 的范围	(K_1, T^*)多头的盈亏	(K_2, T)空头的盈亏	总盈亏
$S_T\to\infty$	趋近于 $S_T-K_1\mathrm{e}^{-r(T^*-T)}$	$K_2-S_T+c_2$	趋近于 $K_2-K_1\mathrm{e}^{-r(T^*-T)}+c_2-c_1$
$S_T=K_2$	$K_2-K_1\mathrm{e}^{-r(T^*-T)}+c_{1T}-c_1$	c_2	$K_2-K_1\mathrm{e}^{-r(T^*-T)}+c_2-c_1+c_{1T}$
$S_T\to 0$	趋近 $-c_1$	c_2	趋近 c_2-c_1

根据表 13.5,可以画出看涨期权的牛市正向对角组合的盈亏分布,如图 13.18(a)所示。

(二) 看涨期权的熊市反向对角组合

看涨期权的熊市反向对角组合是由看涨期权的(K_1, T^*)空头加(K_2, T)多头组成的组合。其盈亏分布与图 13.18(a)刚好相反。

(三) 看涨期权的熊市正向对角组合

看涨期权的熊市正向对角组合是由看涨期权的(K_2, T^*)多头加(K_1, T)空头组成的组合。用同样的办法可以画出该组合的盈亏分布,如图 13.18(b)所示。

(四) 看涨期权的牛市反向对角组合

看涨期权的牛市反向对角组合是由看涨期权的(K_2, T^*)空头加(K_1, T)多头组成的组合。其盈亏分布与图 13.18(b)刚好相反。

(五) 看跌期权的牛市正向对角组合

看跌期权的牛市正向对角组合是由看跌期权的(K_1, T^*)多头加(K_2, T)空头组成的组合。其盈亏分布如图 13.18(c)所示。

(六) 看跌期权的熊市反向对角组合

看跌期权的熊市反向对角组合是由看跌期权的(K_1, T^*)空头加(K_2, T)多头组成的组合。其盈亏分布与图 13.18(c)刚好相反。

---

① 在下文的分析中,c_1、p_1 分别代表行权价格较低的看涨和看跌期权的期初价格,c_{1T}、p_{1T} 分别代表行权价格较低的看涨和看跌期权在 T 时刻的时间价值,c_2、p_2 分别代表行权价格较高的看涨和看跌期权的期初价格,c_{2T}、p_{2T} 分别代表行权价格较高的看涨和看跌期权在 T 时刻的时间价值,T 代表期限较短的期权到期时刻,S_T 代表 T 时刻标的资产的价格。

（七）看跌期权的熊市正向对角组合

看跌期权的熊市正向对角组合是由看跌期权的 (K_2, T^*) 多头加 (K_1, T) 空头组成的组合。其盈亏分布如图 13.18(d) 所示。

（八）看跌期权的牛市反向对角组合

它是由看跌期权的 (K_2, T^*) 空头加 (K_1, T) 多头组成的组合。其盈亏分布与图 13.18(d) 刚好相反。

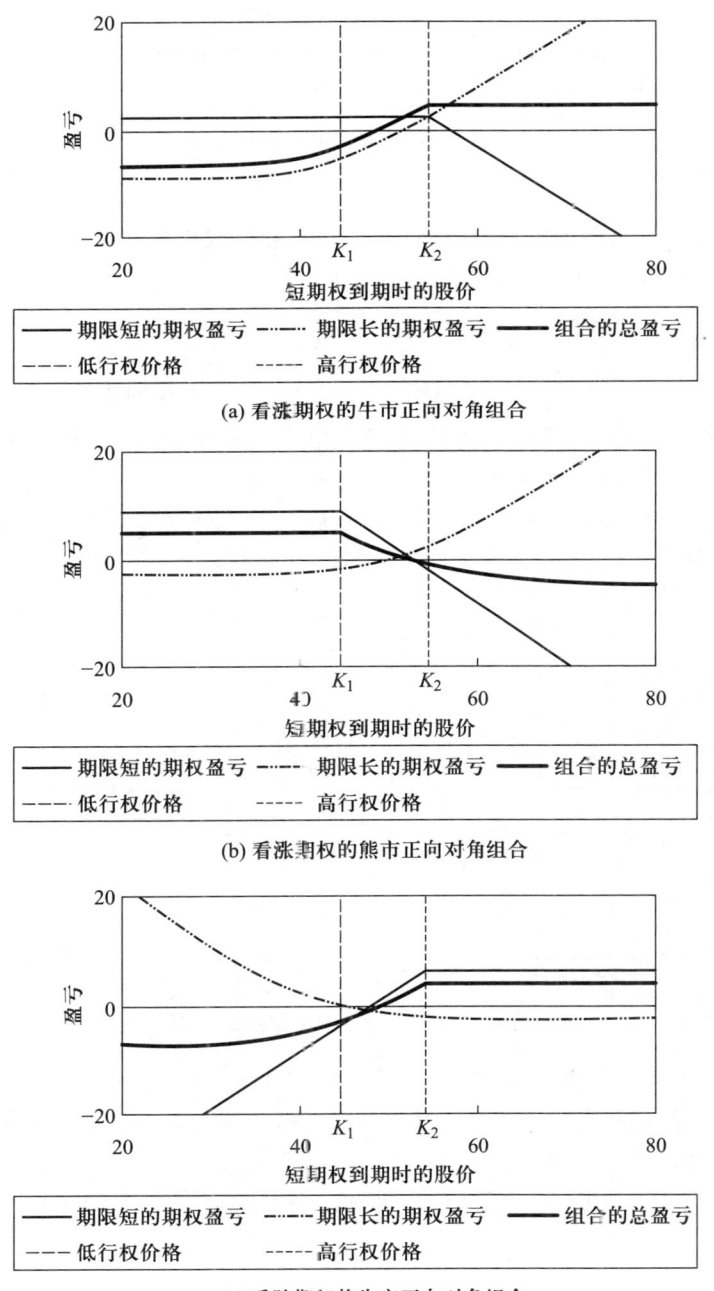

(a) 看涨期权的牛市正向对角组合

(b) 看涨期权的熊市正向对角组合

(c) 看跌期权的牛市正向对角组合

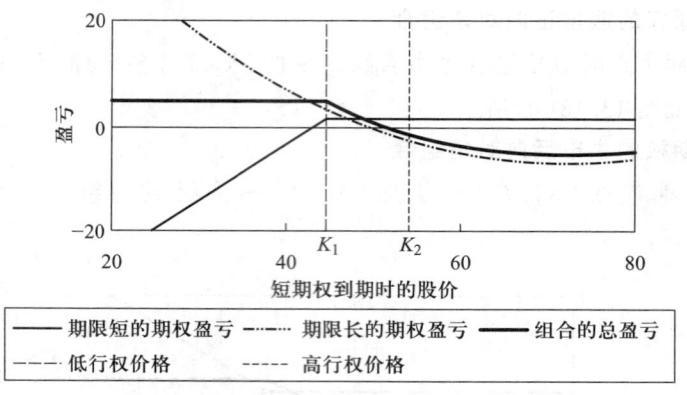

(d) 看跌期权的熊市正向对角组合

图 13.18　对角组合

案例 13.9 展示了当市场出现定价错误时,用看涨期权构造的牛市正向对角组合与用看跌期权构造的牛市正向对角,具有显著不同的性价比。

【案例 13.9】

牛市正向对角组合:看涨期权 vs 看跌期权

2024 年 2 月 20 日 11:30,中证 1000 股价指数报 4 994.23 点,2024 年 6 月 21 日到期的行权价为 4 900 的看涨和看跌期权价格分别为 294.2 点和 388.0 点,2024 年 3 月 15 日到期的行权价为 5 100 的看涨和看跌期权价格分别为 95.2 点和 264.0 点。图 13.19 展示了 2024 年 3 月 15 日用看涨期权构建的牛市正向对角组合的盈亏分布①。

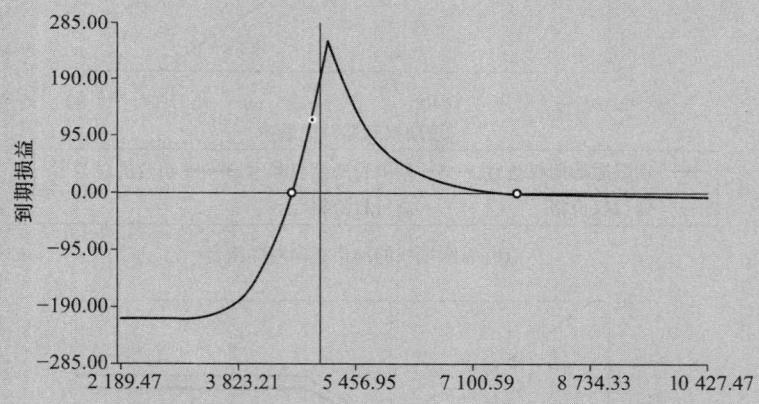

图 13.19　看涨期权构建的牛市正向对角组合的盈亏分布

2024 年 3 月 15 日,若中证 1000 股指介于 4 605~7 775 点之间,该策略是盈利的,等于 5 100 点时,该策略盈利最多,达 255.54 点;当中证 1000 股指低于 4 605 点和高于 7 775 点时,该策略时亏损的,最大亏损约为 212 点。

图 13.20 展示了 2024 年 3 月 15 日用看跌期权构建的牛市正向对角组合的盈亏分

---

① 不考虑利息情况。

布。3月15日,若中证1000股指介于4 885~5 545点之间,该策略是盈利的,等于5 100点时,该策略盈利最多,达126.63点;若中证1000股指低于4 885点和高于5 545点时,该策略是亏损的,最大亏损约为350点。

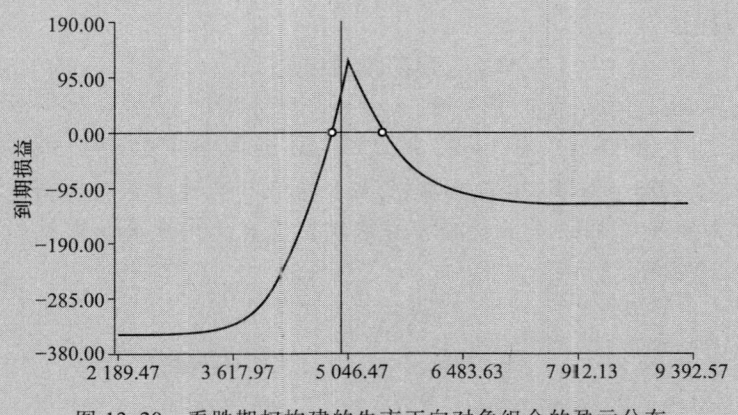

图13.20　看跌期权构建的牛市正向对角组合的盈亏分布

对比图13.19和图13.20可以看出,在这样的价格下,用看涨期权构造的牛市正向对角组合,明显具有比用看跌期权构造的牛市正向对角更高的性价比。

五、混合期权

混合期权是由看涨期权和看跌期权构成的组合。其形式可谓五花八门,这里仅介绍最简单的几种。

(一) 跨式组合

跨式(straddle)组合,由具有相同行权价格、相同期限的一份看涨期权和一份看跌期权组成。跨式组合分为两种:底部跨式组合和顶部跨式组合。前者由两份多头组成,后者由两份空头组成。

底部跨式组合的盈亏分布如图13.21所示,顶部跨式组合的盈亏图与图13.21刚好相反。从图13.21可以看出,底部跨式组合获利机会随市场(预期)波动加剧而增加,因此,底

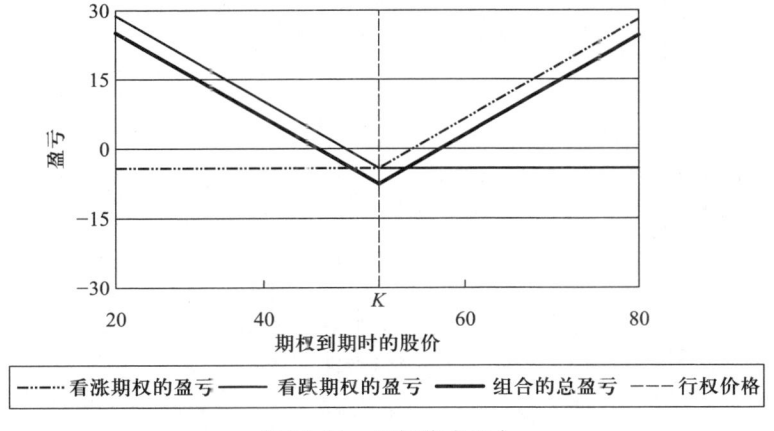

图13.21　底部跨式组合

部跨式组合属于看多波动率(long volatility)策略。相反,顶部跨式组合属于看空波动率(short volatility)策略。

案例 13.10 展现了极端情况下跨式策略的魅力。

【案例 13.10】

顶部跨式组合

游戏驿站(GME)股价的激烈波动,加上散户爆炒期权,使期权的隐含波动率(IV)飙升,最高的超过 3 500%(如图 13.22 所示)。2021 年 1 月 27 日 15:45,GME 股价为 338.43 美元,其 2023 年 1 月 20 日到期、行权价为 320 美元的看涨和看跌期权价格分别高达 201.80 美元和 259.98 美元。某投资者决定同时卖出这两种期权。其到期盈亏分布图如图 13.23 所示。

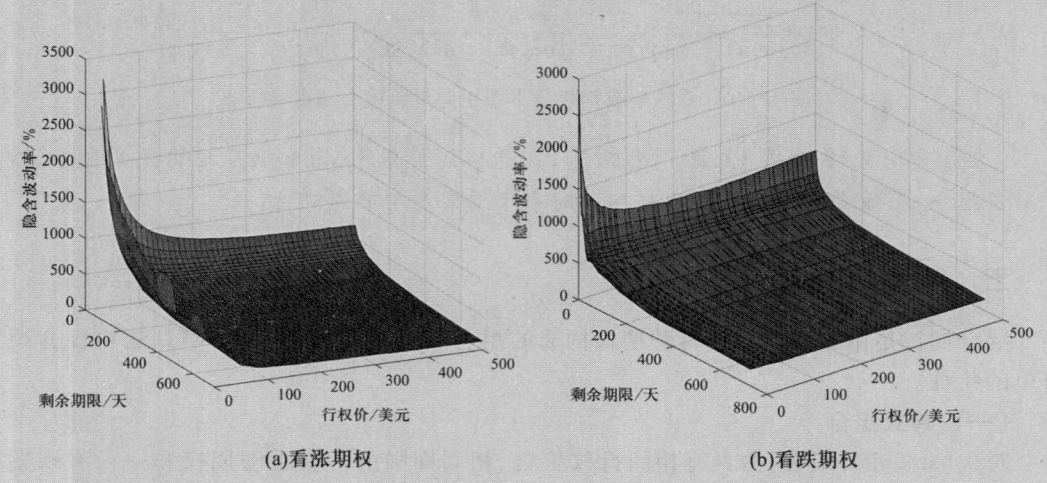

(a)看涨期权 (b)看跌期权

图 13.22 GME 的隐含波动率曲面(2021.1.17)

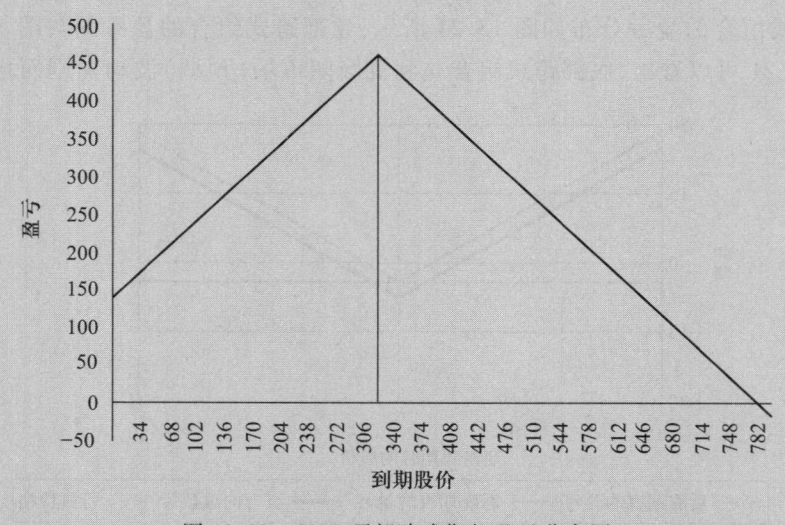

图 13.23 GME 顶部跨式期权盈亏分布图

从图 13.22 可以看出,到 2023 年 1 月 20 日,只要 GME 股价不超过 781.75(320+201.80+259.95=781.75)美元,该策略都可以获利;如果 GME 的股价刚好等于行权价 320 美元,则该策略获利最高 461.75 美元;即使 GME 股价跌到 0,该策略仍可获利 141.75(461.75-320=141.75)美元。可以说,该策略具有极高的性价比。

当然,该投资者还可以选择其他期限的期权。当时,GME 共有 12 个期限可以选择,短至 2 天,长至 723 天。

该策略实施的要点是行权价的选择。其基本技巧是选择期权到期日最有可能出现的股价。

(二) 条式组合和带式组合

条式(strip)组合,由具有相同行权价格、相同期限的一份看涨期权和两份看跌期权组成。条式组合也分底部和顶部两种。前者由多头构成,后者由空头构成。底部条式组合的盈亏分布如图 13.24 所示,顶部条式组合的盈亏图刚好相反。

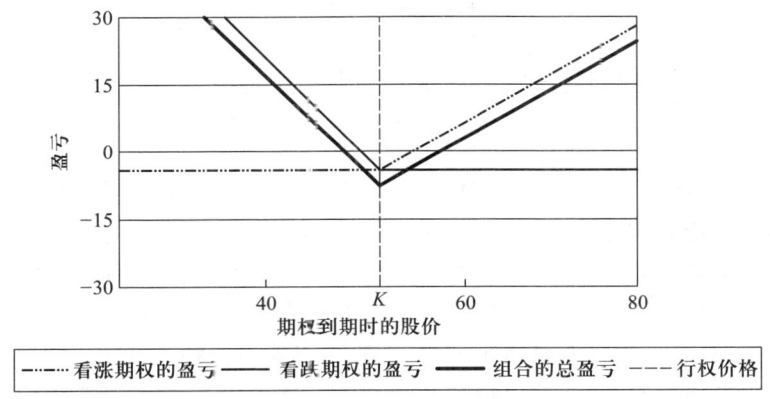

图 13.24 底部条式组合

带式(strap)组合,由具有相同行权价格、相同期限的资产的两份看涨期权和一份看跌期权组成。带式组合也分底部和顶部两种。前者由多头构成,后者由空头构成。底部带式组合的盈亏分布如图 13.25 所示,顶部带式组合的盈亏图刚好相反。

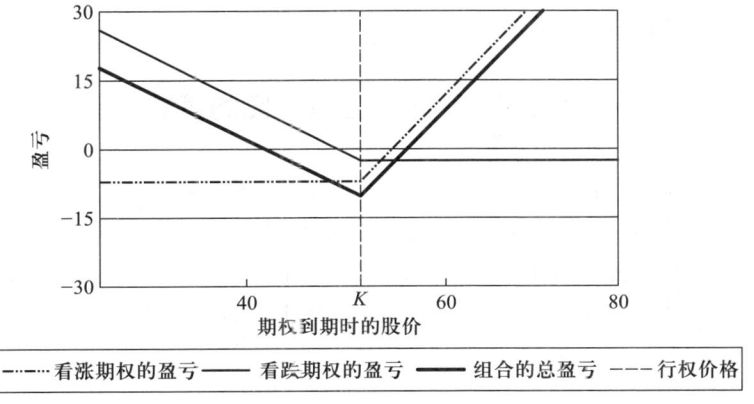

图 13.25 底部带式组合

（三）勒式组合

勒式（strangle）组合，由相同到期日但行权价格不同的一份看涨期权和一份看跌期权组成，其中看涨期权的行权价格高于看跌期权。勒式组合也分底部和顶部。前者由多头组成，后者由空头组成。前者的盈亏分布如图 13.26 所示，后者的盈亏图刚好相反。

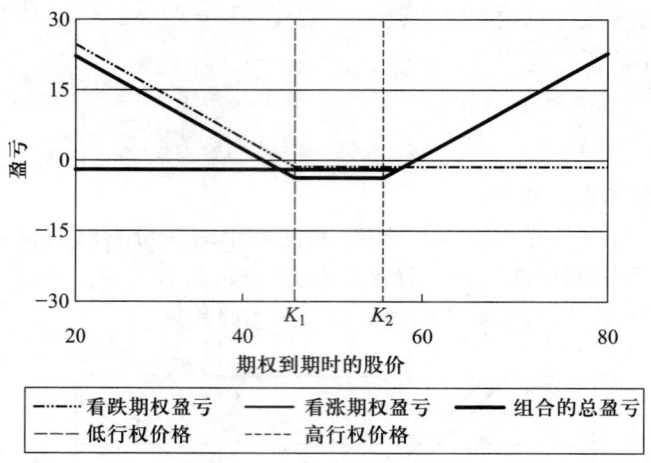

图 13.26　底部勒式组合

比较底部跨式、条式、带式和勒式期权组合，可以看到此类策略适合预期标的资产价格将有大幅波动但不能确定方向[①]的投资者。跨式组合是对称的，条式和带式分别适合有一定预期偏好的投资者；相比跨式组合，勒式组合只有在股价有更大幅度波动时才可能获利，但其初始成本也较低，其收益特征取决于两个行权价格的接近程度。

从理论上说，只要期权行权价格足够多，期权的可能组合种类就是无限的。投资者可以根据自己对未来价格的判断、套期保值和套利的不同需要以及自己的风险-收益偏好，组建不同的期权组合，甚至构建新的金融品种。而金融工具的拆分和组合正是金融工程学研究的主要内容。在现实生活中，各种期权组合盈亏图的具体形状是由构成该组合的各种期权的价格决定的。从理论上说，盈亏曲线在 x 轴上方的部分与下方的部分在概率上应该是平衡的，即各组合的净现值应等于零。但在现实生活中，由于各种期权价格是分别由各自的供求决定的，所以常常出现不平衡的情况。有时，盈亏曲线甚至完全位于 x 轴的上方或下方，这时就出现了无风险套利的大好机会。

第三节　期权组合盈亏图的算法

前文中介绍了盈亏表和盈亏分布图两种分析工具，本节将介绍另一种简单的分析方法。通过符号，可以形象化地表示期权和期权组合的盈亏状态。首先定义符号规则：如果期权交易的结果在盈亏图上出现负斜率，就用（-1）表示；如果出现的结果是正斜率，就用（+1）表示；如果出现的结果是水平状，就用（0）表示。每个折点都用逗号隔开，各种基本头寸的盈

---

① 例如，某公司若被收购成功，则股价可能大幅上涨；若收购不成功，股价可能下跌。

亏状态可以分别表示成:
(1) 看涨多头:(0,+1);
(2) 看涨空头:(0,-1);
(3) 看跌多头:(-1,0);
(4) 看跌空头:(+1,0);
(5) 标的资产多头:(+1,+1);
(6) 标的资产空头:(-1,-1)。

这六个基本的头寸就好像建筑材料,只要将它们进行不同的组合,就可以创造出各种各样的盈亏状态,从而满足不同的金融需求。比如:

如图13.27所示,因为(0,+1)+(+1,0)=(+1,+1),所以有:
$$看涨多头+看跌空头=标的资产多头$$
如图13.28所示,因为(-1,-1)+(+1,0)=(0,-1),所以有:
$$标的资产空头+看跌空头=看涨空头$$
如图13.29所示,因为(-1,0)+(+1,+1)=(0,+1),所以有:
$$看跌多头+标的资产多头=看涨多头$$

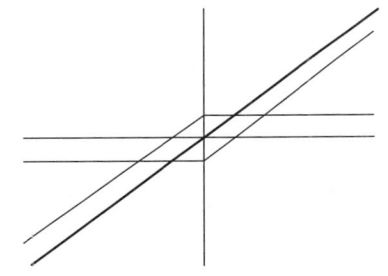
图13.27　标的资产多头的组合分解图

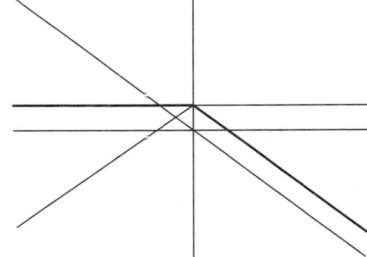
图13.28　看涨空头的组合分解图

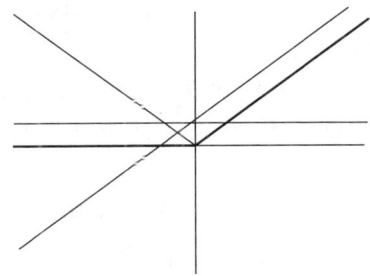
图13.29　看涨多头的组合分解图

其实,上述简便画法本质上是利用了基础资产到期盈亏的分段线性特点。因此,虽然上述例子中我们只考虑了同一行权价的期权构成的投资组合,但我们很容易将这一画法拓展至具有不同行权价期权的投资组合上。例如,一个由行权价为 K_1 的看跌期权多头与行权价为 K_2 的看涨期权多头构成的投资组合($K_1<K_2$)可以表示为(-1,0,0)+(0,0,1)=(-1,0,1)。不过,上述盈亏图简便画法的前提是组合中的期权在关注盈亏的交易日均同时到期。因此,读者需注意这一方法对部分组合中涉及不同到期日期权的交易策略而言并不适用。

本 章 小 结

1. 单期权策略和期权组合策略既可以用于投资,也可以用于套期保值。
2. 可以用同样标的资产、同样期限但不同行权价格的期权头寸组合出不同回报的差价组合,如牛市差价组合、熊市差价组合、蝶式差价组合。这些差价组合都是既可以用看涨期权来构建,又可以用看跌期权来构建的。
3. 可以用同样标的资产、同样行权价格但到期时间不同的期权来构建差期组合,这些组合同样是既可以用看涨期权又可以用看跌期权构建的。
4. 对角组合是由标的资产相同但行权价格和到期时间都不同的同种期权组合而成的。
5. 混合期权是由几种看涨或看跌期权组合而成的,基本的组合有跨式组合、条式组合、带式组合和勒式组合。
6. 期权组合的盈亏图可以通过组成组合的成分期权的盈亏图叠加起来求得。
7. 期权盈亏图可以通过简单的符号方便地表示出来。

即 测 即 评

习 题

1. 请用看涨期权、看跌期权平价证明用欧式看跌期权构造蝶式差价组合的成本等于用欧式看涨期权构造蝶式差价组合的成本。
2. 箱型差价组合(Box Spread)由看涨期权的牛市差价组合和看跌期权的熊市差价组合组成。两个差价组合的行权价格都是 K_1 和 K_2。所有期权的期限都一样,请分析该箱型组合的结果。
3. 购买行权价格为 K_2、到期日为 T_2 的看涨期权和出售行权价格为 K_1、到期日为 T_1 ($T_2>T_1$)的看涨期权,可构造对角差价期权,画简图分别说明当 $K_2>K_1$ 和 $K_2<K_1$ 时的情况。
4. 三种同一股票看跌期权有相同的到期日。行权价格为 55 元、60 元和 65 元,市场价格分别为 3 元、5 元和 8 元。解释如何构造蝶式差价期权。请用一个表格说明这种策略带来的盈利性。股票价格在什么范围时,蝶式差价期权将导致损失?
5. 试证明以下说法:对于标的资产、行权价格和剩余期限相同的期权,用看涨期权来构造牛市差价期权,初始现金流为负,但期末回报较大;用看跌期权来构造牛市差价组合,初始现金流为正,但期末回报较小。因此从理论上说两者的期末回报是等价的。
6. 运用期权如何构造出具有确定交割价格和交割日期的远期合约?在什么条件下,其他方面完全相同的看涨期权比看跌期权价格贵？

7. 解释如何用看跌期权构造一个激进的熊市差价组合。

8. 某投资者相信股票价格会有大幅度变动，但对变动方向不确定。举出投资者所能采取的6种不同交易策略，并解释这些交易策略的不同之处。

第十四章 期权价格的敏感性和期权的风险管理

在前几章中,我们已经分析了决定和影响期权价格的主要因素,以及这些因素对期权价格的影响方向。在现实中,人们常常还需要更深入地了解各因素对期权价格的影响程度,或者说期权价格对这些因素的敏感性,常用希腊字母表示。从数学上说,期权价格对这些因素的敏感性,就是假设其他条件不变时期权价格对这些因素的偏导数;从经济上来说,当我们通过各种方式将期权(组合)的这些敏感性降为 0 时,就实现了对期权(组合)的套期保值(又称对冲)。这些因素的变动将不会再影响期权(组合)的价值。在本章当中,我们主要以无红利资产的欧式期权为例,介绍期权价格对其标的资产价格、到期时间、波动率和无风险利率四个参数的敏感性指标,并以此为基础讨论相关的期权动态风险管理问题。

第一节 Delta 与期权的风险管理

Delta(Δ),用于衡量衍生品价格对标的资产价格变动的敏感度,它等于衍生品价格变化与标的资产价格变化的比率。准确地说,它是表示在其他条件不变情况下,标的资产价格的微小变动所导致的期权价格的变动。用数学语言表示,期权的 Delta 值等于期权价格对标的资产价格的偏导数。从几何上看,它是期权价格与标的资产价格关系曲线的切线的斜率。

一、期权 Delta 值的计算

令 f_t 表示期权的价格,S_t 表示标的资产的价格,Δ 表示期权的 Delta,则有:

$$\Delta_t = \frac{\partial f}{\partial S} \tag{14.1}$$

从理论上说,只要我们知道正确的期权定价公式,就可以利用这个公式对标的资产求偏导,从而得到正确的 Δ。例如,在 B-S-M 期权定价模型中,无红利资产欧式看涨期权定价公式为 $c_t = S_t N(d_1) - X e^{-r(T-t)} N(d_2)$,相应的无红利资产欧式看跌期权定价公式为 $p_t = X e^{-r(T-t)} \cdot N(-d_2) - S_t N(-d_1)$,据此可以算出无红利资产欧式看涨期权的 Δ_t 值为:

$$\Delta_t = N(d_1)$$

无红利资产欧式看跌期权的 Δ_t 值为:

$$\Delta_t = -N(-d_1) = N(d_1) - 1$$

式中:d_1 的定义与式(11.20)相同。

支付已知红利率 q(连续复利)的欧式看涨期权的 Δ_t 值为:

$$\Delta_t = e^{-q(T-t)} N(d_1)$$

由于 d_1 中含有波动率参数(σ),因此选择不同的波动率参数会影响 Delta 值的计算结果。常见的选择有两种:历史波动率和隐含波动率。例如,2024 年 2 月 21 日,中证 1000 股价指数收盘价为 5 073.48 点,4 月 5 100 点看涨期权的隐含波动率为 27.54%。而中证 1000 股价指数过去 60 天历史波动率为 33.56%。若使用隐含波动率,则 4 月 5 100 点看涨期权的 Delta 值为 0.517 0;若使用过去 60 天历史波动率,则该期权的 Delta 为 0.522 8。

二、期权 Delta 值的性质和特征分析

从概率分布的性质可知,$0 \leqslant N(d_1) \leqslant 1$,因此,无红利资产看涨期权的 Δ_t 值总在 0 与 1 之间,而无红利资产欧式看跌期权的 Δ_t 值则总是在 -1 到 0 之间。反过来,无红利资产欧式看涨期权空头的 Δ_t 值就总在 -1 和 0 之间,而无红利资产欧式看跌期权空头的 Δ 值则总在 0 与 1 之间。

从 d_1 定义可知,期权的 Δ_t 值取决于 S_t、r、σ 和 $T-t$,根据期权价格曲线的形状(见图 10.4 和图 10.5),可知无红利资产看涨期权和欧式看跌期权的 Δ_t 值与标的资产价格的关系如图 14.1(a)和图 14.1(b)所示。

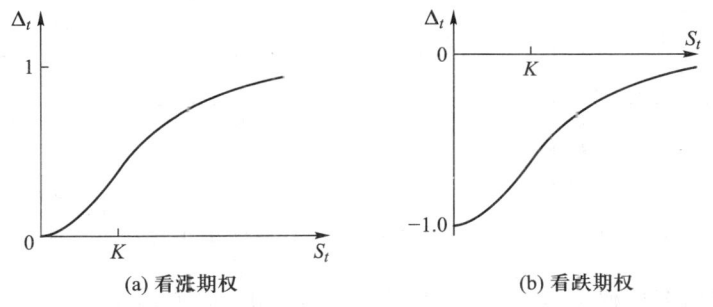

图 14.1 无红利资产看涨期权和欧式看跌期权 Δ_t 值与标的资产价格的关系

从 $N(d_1)$ 函数的特征还可得出,无红利资产看涨期权和欧式看跌期权在实值、平值和虚值三种状况下的 Δ_t 值与到期期限之间的关系如图 14.2(a)和图 14.2(b)所示。

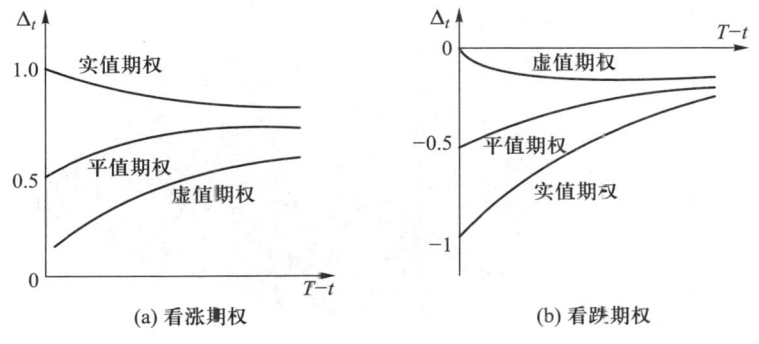

图 14.2 无红利资产看涨期权和欧式看跌期权 Δ_t 值与到期期限之间的关系

此外，无风险利率水平越高，无红利资产看涨期权和欧式看跌期权的 Δ_t 值也越高，如图 14.3(a) 和图 14.3(b) 所示。

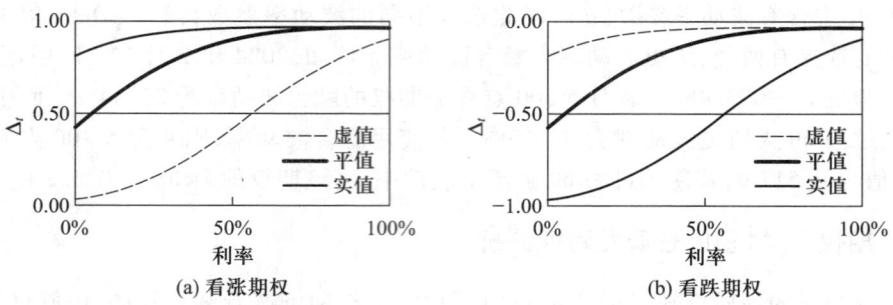

图 14.3　无红利资产看涨期权和欧式看跌期权 Δ_t 值与 r 之间的关系

标的资产价格波动率对期权 Δ_t 值的影响跟 Δ_t 与期限之间的关系很像，如图 14.4(a)、图 14.4(b) 所示。

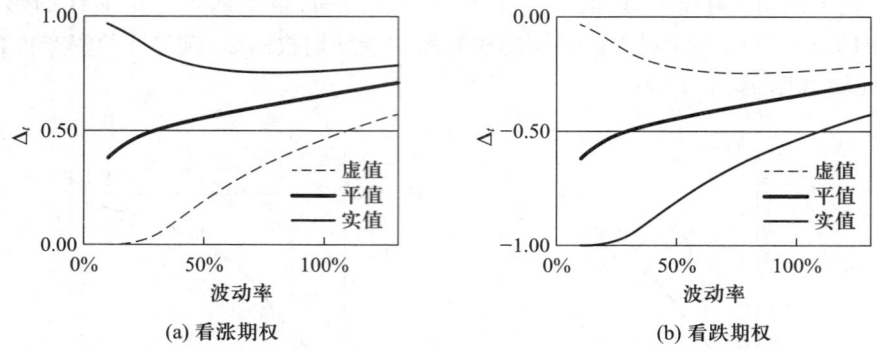

图 14.4　无红利资产看涨期权和欧式看跌期权 Δ_t 值与 σ 之间的关系

看涨期权和看跌期权 Delta 的三维图如图 14.5 和图 14.6 所示。

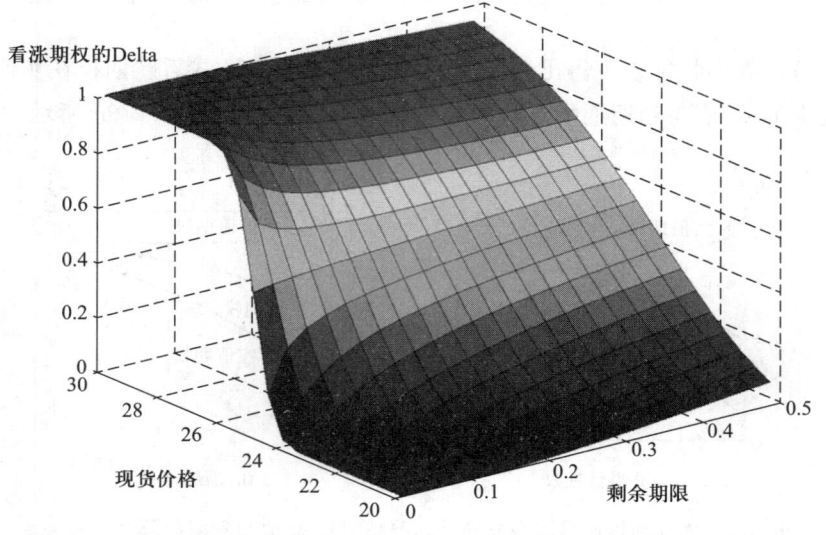

图 14.5　看涨期权 Delta 与标的资产价格和期限的关系

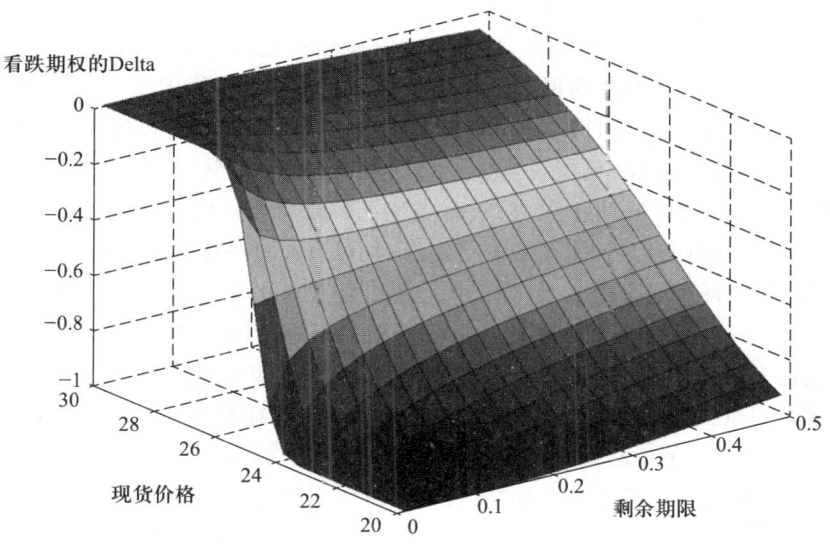

图14.6 看跌期权 Delta 与标的资产价格和期限的关系

三、证券组合的 Delta 值

事实上,不仅期权有 Δ_t 值,现货资产和远期、期货都有相应的 Δ_t 值。显然,期权标的现货资产的 Δ_t 值就等于1。运用第三章中关于远期合约价值的计算公式可知,远期合约的 Δ_t 值同样恒等于1。但期货合约的 Δ_t 值就不同了。由于期货是每天结算的,投资期货合约的损益源于期货价格的变化,也就是说,我们需要运用期货价格公式计算出 Δ_t 值。根据期货价格公式,无红利资产和支付已知红利资产的期货合约的 Δ_t 值为:

$$\Delta_t = e^{r(T-t)}$$

支付已知连续红利率 q 资产的期货合约的 Δ_t 值为:

$$\Delta_t = e^{(r-q)(T-t)}$$

注意:上面两个式子给出的 Δ_t 值都是针对多头而言的,和期权一样,相应空头的 Δ_t 值只是符号发生了相反的变化。

这样,当资产组合中含有标的资产、该标的资产的各种期权和其他衍生产品的不同头寸时,该资产组合的 Δ_t 值就等于组合中单个资产 Δ_t 值的总和(注意这里的标的资产都应该是相同的):

$$\Delta_t = \sum_{i=1}^{n} w_i \Delta_{it} \tag{14.2}$$

式中:w_i 表示第 i 种资产的数量;

Δ_{it} 表示第 i 种资产的 Δ_t 值。

四、Delta 中性状态与套期保值

由于标的资产和相应的衍生产品可取多头或空头,因此其 Δ 值可正可负。这样,若组合内标的资产和期权及其他衍生产品数量配合适当,整个组合的 Δ_t 值就可能等于0。称 Δ_t

值为 0 的资产组合处于 Δ_t 中性状态。

当资产组合处于 Δ_t 中性状态时，组合的价值显然不受标的资产价格波动的影响，从而实现相对于标的资产价格的套期保值。但值得强调的是，除了标的资产本身和远期合约的 Δ_t 值恒等于 1，其他衍生产品的 Δ_t 值可能随时变化。因此，资产组合处于 Δ_t 中性状态只能维持一个很短的时间。所以，只能说当资产组合处于 Δ_t 中性状态时，该组合价值在一个短时间内不受标的资产价格波动的影响，从而实现了瞬时套期保值。

这样，当我们手中拥有某种资产或资产组合时，可以通过相应的标的资产、期权、期货等进行相互套期保值，使资产组合的 Δ_t 值等于 0，也就是不受标的资产价格变化的影响。这种套期保值方法称为 Δ_t 中性保值法。又因为 Δ_t 中性保值只是在瞬间实现的，随着 S_t、$T-t$、r 和 σ 的变化，Δ_t 值也在不断变化，需要不断调整保值头寸以使保值组合重新处于 Δ_t 中性状态，这种调整称为再均衡(rebalancing)，因此这种保值方法属于动态套期保值，与第十三章中讨论的只需交易一次的静态套期保值法相区别。

下面用案例 14.1 来说明运用标的资产为期权对冲的 Δ_t 中性对冲法。

【案例 14.1】

期权的 Delta 中性对冲

某金融机构在 OTC 市场出售了基于 100 000 股不付红利股票的欧式看涨期权，收入 300 000 元。该股票的市场价格为 49 元，行权价格为 50 元，无风险利率为连续复利年利率为 5%，股票价格年波动率为 20%，距离到期时间为 20 周。由于该金融机构无法在市场上找到相应的看涨期权多头对冲，这样就面临着风险管理的问题。

在这里，可以运用 Δ_t 中性保值法，用标的资产(股票)对冲此期权的风险。由于该金融机构目前为欧式看涨期权空头，这意味着其目前的 Δ_t 值是负的，需要用正的 Δ_t 值进行对冲，因此只有购买标的资产，才能构建 Δ_t 中性组合。之后，该金融机构还需要不断地调整标的资产持有数量，以适应期权 Δ_t 值的变化，维持资产组合的 Δ_t 中性。在实际中，对冲频率是个重要的决策变量。对冲越频繁，对冲就越精确，但对冲成本也越高。这里只是作为例子。假设每周对冲一次。

将相关参数表达为：
$$S_t = 49, X = 50, r = 0.05, \sigma = 0.20, T-t = 0.384\,6$$

初始的 Δ_t 值可以计算得到：$\Delta = -0.521\,6$。这意味着在出售该看涨期权的同时，针对每份期权需要借入 $0.521\,6 \times 49 = 25.559$(元)，以 49 元的价格购买 $0.521\,6$ 股股票。第一周内发生的相应利息费用为 0.025 元。表 14.1 给出了期权到期时为实值和虚值两种状况下的模拟对冲过程。

从表 14.1(a) 可知，到第一周末，股票价格下降到 48.12 元。这使得 Δ_t 值下降到 0.458，要保持 Δ_t 中性，必须出售 $0.063\,6$ 股股票，得到 3.06 元的现金，从而使得成本下降。之后，如果 Δ_t 值上升，就需要再借钱买入股票；如果 Δ_t 值下降，就卖出股票减少借款。在期权接近到期时，很明显为实值期权，期权将被执行，Δ_t 值接近 1。因此，到 20 周时，该金融机构具有足够标的资产头寸，累计成本为 52.673 元。当期权被行权时，金融机构将其所持有的股票出售，获得 50 元，因此每份期权对冲成本为 2.673 元。

表 14.1(b)给出了另一种价格序列,即到期时期权处于虚值状态的情形。显然,到期时期权不会被行权,Δ_t 值接近 0,而该金融机构最后也没有持有标的资产,每份期权对冲成本为 2.549 元。

表 14.1 期权 Δ_t 对冲模拟

(a) Δ_t 对冲模拟:实值期权,对冲成本=2.673(元)

周次	股票价格/元	Δ_t	购买股票数/股	购买股票成本/元	累计成本/元（包括上周利息费用）	利息费用/元
0	49	0.521 6	0.521 6	25.559	25.559	0.025
1	48.12	0.458 0	-0.063 6	-3.060	22.523	0.022
2	47.37	0.400 0	-0.058 0	-2.747	19.798	0.019
3	50.25	0.596 3	0.196 3	9.862	29.679	0.029
4	51.75	0.693 0	0.096 7	5.003	34.710	0.033
5	53.12	0.773 8	0.080 9	4.296	39.039	0.038
6	53.00	0.771 3	-0.002 5	-0.134	38.943	0.037
7	51.87	0.706 2	-0.065 1	-3.379	35.601	0.034
8	51.37	0.673 5	-0.032 7	-1.679	33.956	0.033
9	53.00	0.786 5	0.113 1	5.993	39.982	0.038
10	49.87	0.549 3	-0.237 3	-11.832	28.188	0.027
11	48.50	0.412 8	-0.136 5	-6.621	21.594	0.021
12	49.87	0.541 5	0.128 7	6.418	28.033	0.027
13	50.12	0.564 0	0.022 5	1.129	29.189	0.028
14	52.12	0.767 3	0.203 4	10.599	39.817	0.038
15	51.87	0.758 2	-0.009 1	-0.473	39.381	0.038
16	52.87	0.865 0	0.106 8	5.648	45.067	0.043
17	54.87	0.978 2	0.113 2	6.212	51.322	0.049
18	54.62	0.989 9	0.011 6	0.635	52.007	0.050
19	55.86	1.000 0	0.010 1	0.564	52.621	0.051
20	57.36	1.000 0	0.000 0	0.002	52.673	
总计			1.0			

(b) Δ_t 对冲模拟：虚值期权，对冲成本=2.549(元)

周次	股票价格/元	Δ_t	购买股票数/股	购买股票成本/元	累计成本/元(包括上周利息费用)	利息费用/元
0	49	0.521 6	0.521 6	25.559	25.559	0.025
1	49.35	0.541 1	0.019 5	0.964	26.548	0.026
2	52.00	0.705 1	0.164 0	8.527	35.101	0.034
3	50.00	0.579 3	−0.125 8	−6.292	28.843	0.028
4	48.48	0.466 5	−0.112 8	−5.470	23.401	0.023
5	48.25	0.442 9	−0.023 6	−1.139	22.284	0.021
6	48.75	0.475 1	0.032 3	1.573	23.879	0.023
7	49.60	0.537 7	0.062 6	3.104	27.005	0.026
8	48.36	0.429 0	−0.108 7	−5.259	21.773	0.021
9	48.50	0.432 4	0.003 5	0.168	21.962	0.021
10	51.25	0.668 2	0.235 8	12.084	34.067	0.033
11	51.50	0.691 8	0.023 5	1.212	35.312	0.034
12	49.88	0.542 5	−0.149 3	−7.447	27.899	0.027
13	49.98	0.548 9	0.006 5	0.323	28.249	0.027
14	48.75	0.399 8	−0.149 1	−7.269	21.007	0.020
15	47.50	0.236 2	−0.163 6	−7.772	13.256	0.013
16	48.00	0.261 5	0.025 2	1.212	14.480	0.014
17	46.30	0.064 7	−0.196 7	−9.109	5.385	0.005
18	48.10	0.179 0	0.114 3	5.499	10.889	0.010
19	46.60	0.006 4	−0.172 7	−8.046	2.854	0.003
20	48.20	0.000 0	−0.006 4	−0.307	2.549	
总计			0.00			

如果把表 14.1(a)和表 14.1(b)中的最后对冲成本贴现到期初，则可以发现应用标的资产对冲该期权的成本，近似于运用 B-S-M 期权定价公式计算出来的 2.4 元，但不完全相等。不完全相等的原因在于调整频率较低，而 B-S-M 模型是假设连续对冲以保证 Δ_t 在任何时候都是中性的。如果采用的是瞬时连续调整，就会发现它们是完全相等的。

案例 14.1 展示了一个重要的现象：可以通过标的资产的买卖来对冲期权的风险，在不考虑交易费用并假设波动率为常数的情况下，运用标的资产进行 Δ_t 中性对冲的成本和效果就和买入了一个看涨期权多头一样。也就是说，对冲的结果是：通过标的资产构成了一个合成的期权头寸。在这个对冲的过程中，当 Δ_t 上升的时候，也就是标的资产价格上涨的时候，必须增加借款买入股票；当 Δ_t 下降的时候，也就是标的资产价格下跌的时候，必须卖出股票偿还借款。对冲的成本正是来源于这个"买高卖低"的过程，其总成本正好等于市场上相应的期权价格。

在实际操作中,由于期货交易成本更低、占用资金更少甚至价格更合算(中国常常出现这种情况),因此常用期货对冲。以无红利资产期货合约为例,由于 $\Delta_t = e^{r(T-t)}$,这意味着 $e^{-r(T-t)}$ 个期货单位对标的资产价格变动的敏感性与一个标的资产对其自身价格变化的敏感性是相同的,因此有:

$$Q_{Ft} = e^{-r(T-t)} H_{At}/N$$

式中:Q_{Ft} 和 H_{At} 分别表示在 t 时刻实现 Δ_t 中性所需要的期货合约数和标的资产总头寸;

N 表示一份期货合约的名义金额。

如果出售一份看涨期权,就需要买入一份看涨期权或是通过 Δ_t 中性构造一个合成的看涨期权多头,收入和费用相抵消。Δ_t 对冲到底有何意义呢?首先,专业的金融运营和风险管理机构,往往能够以比市场价格优惠的费率进行套期保值,从而在对冲风险的同时仍能获取收益,如案例 14.1 中的期权出售价为 300 000 元,而对冲成本则大约在 240 000 元。其次,一家高效运营的现代金融机构,往往先在总资产组合层面上计算对某一标的资产的净 Δ_t 值,由于不同资产头寸的 Δ_t 值可正可负,可以在公司内部实现初步的风险对冲,再到外部市场上进行净 Δ_t 值的对冲,从而可以降低套期保值的成本。最后,Δ_t 对冲具有很大的灵活性,金融机构可以结合自身的资产状况、市场预期和风险目标来管理 Δ_t 指标,不同目标 Δ_t 值的设定就可以实现不同的风险管理策略,具体可参见本章第五节中的案例 14.4。

第二节　Gamma 与风险管理

一、期权 Gamma 值的计算

Gamma(Γ)是一个与 Δ 联系密切的敏感性指标,可以认为是 Δ 的敏感性指标。它用于衡量衍生品的 Δ_t 值对标的资产价格变化的敏感度,等于衍生品价格对标的资产价格的二阶偏导数,也等于衍生品的 Δ_t 对标的资产价格的一阶偏导数。从几何上看,它反映了期权价格与标的资产价格关系曲线的凸度。

$$\Gamma_t = \frac{\partial^2 f}{\partial S^2} = \frac{\partial \Delta}{\partial S} \tag{14.3}$$

值得注意的是,由于其他条件相同的看涨期权与看跌期权的 Δ_t 值之间只相差一个常数,因此两者的 Γ_t 值总是相等的。

在 B-S-M 无红利资产欧式期权定价框架中,可以算出无红利资产看涨期权和欧式看跌期权的 Γ_t 值为:

$$\Gamma_t = \frac{e^{-0.5d_1^2}}{S_t \sigma \sqrt{2\pi(T-t)}}$$

无红利资产期权多头的 Γ_t 值总为正值,相应地,期权空头的 Γ_t 值则总为负值。

选择不同的波动率参数也会影响 Gamma 值的计算结果。例如,2024 年 2 月 21 日,中证 1000 股价指数收盘价为 5 073.48 点,4 月 5 100 点看涨期权的隐含波动率为 27.54%。而中证 1000 股价指数过去 60 天历史波动率为 33.56%。若使用隐含波动率,则 4 月 5 100 点看涨期权的 Gamma 为 0.071 5;若使用过去 60 天历史波动率,则该期权的 Gamma 值为 0.058 1。

二、期权 Gamma 值的性质和特征分析

期权的 Γ_t 值也会随着 S_t、$T-t$、r 和 σ 的变化而变化。图 14.7 和图 14.8 分别展示了它与 S_t 及 $T-t$ 的关系。

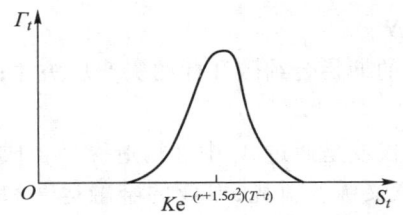 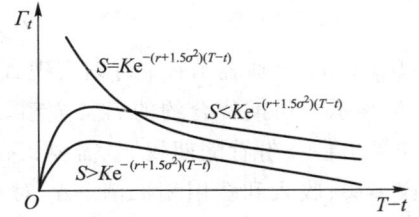

图 14.7　无红利资产看涨期权和欧式看跌期权 Γ_t 值与 S_t 的关系

图 14.8　无红利资产看涨期权和欧式看跌期权 Γ_t 与 $T-t$ 的关系

从图 14.7 可以看出,当 S_t 在 $Ke^{-(r+1.5\sigma^2)(T-t)}$ 点时①,Γ_t 值最大,即 Δ 值对 S_t 最敏感。从图 14.8 可以看出,对平值期权来说,期权有效期很短时,Γ_t 值将非常大,即 Δ 值对 S_t 非常敏感。

图 14.9 展示期权 Γ 与标的资产价格和剩余期限之间关系的三维图。

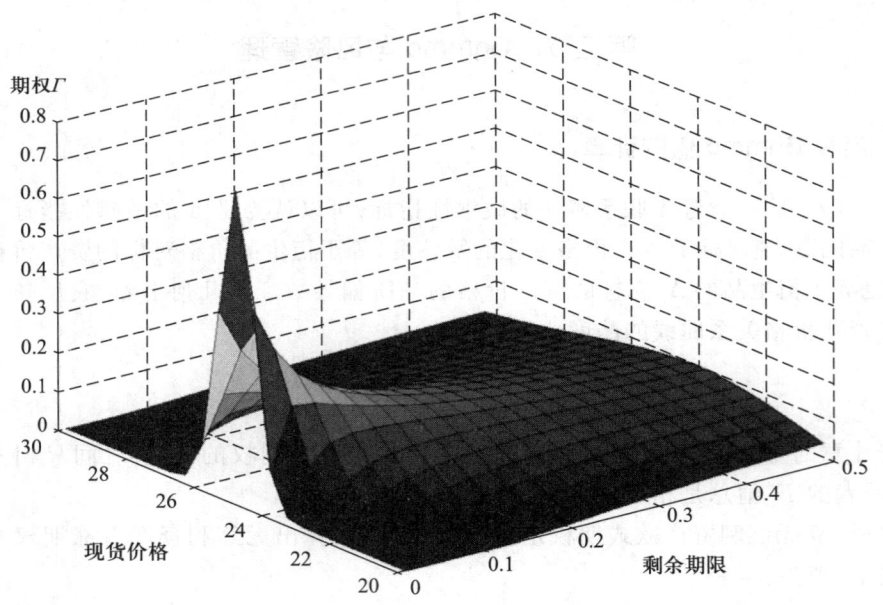

图 14.9　期权 Γ 与 S 和 $T-t$ 的关系

三、资产组合的 Gamma 值

对标的资产及远期和期货合约来说,其 Γ_t 值均为 0。这意味着只有期权有 Γ_t 值。因

---

① Γ_t 的极值点可以通过 Γ_t 对 S_t 的一阶条件得出。

此,当资产组合中含有标的资产和该标的资产的各种期权与其他衍生产品时,该资产组合的 Γ 值就等于组合内各种期权 Γ 值与其数量乘积的总和:

$$\Gamma_t = \sum_{i=1}^{n} w_{it} \Gamma_{it} \tag{14.4}$$

式中:w_{it} 表示第 i 种期权的数量;

Γ_{it} 表示第 i 种期权的 Γ_t 值。

四、Gamma 中性状态

由于期权多头的 Γ_t 值总是正的,而期权空头的 Γ_t 值总是负的,因此若期权多头和空头数量配合适当,组合的 Γ_t 值就等于零。称 Γ_t 值为零的资产组合处于 Γ_t 中性状态。

计算资产组合的 Γ_t 值对于风险管理的重要意义体现在,它可用于衡量 Δ_t 中性对冲法的保值误差。这是因为期权的 Δ_t 值仅衡量了标的资产价格 S_t 微小变动时期权价格的变动量,而期权价格与标的资产价格的关系是一条曲线,因此当 S_t 变动量较大时,用 Δ_t 估计出的期权价格的变动量与期权价格的实际变动量就会有所偏差,如图 14.10 所示。

从图 14.10 可以看出,当标的资产价格从 S_0 上涨到 S_1 时,Δ 中性对冲法假设期权价格从 c_0 增加到 c_1,而实际上是从 c_0 增加到 c_1',c_1 和 c_1' 之间的误差就是 Δ_t 中性对冲的误差。这种误差的大小,取决于期权价格与标的资产价格之间关系曲线的曲度。Γ 值越大,意味着曲度越大,Δ_t 中性对冲误差就越大。

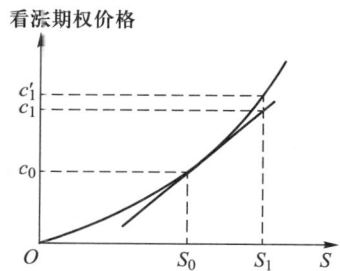

图 14.10　Delta 对冲的误差

为了消除 Δ_t 中性对冲的误差,应使对冲组合的 Γ_t 中性化。由于资产组合的 Γ_t 值会随时间变化而变化,因此随时间推移,要不断调整期权头寸和标的资产或期货头寸,以保持保值组合处于 Γ_t 中性状态。值得注意的是,由于保持 Γ_t 中性只能通过期权头寸的调整获得,实现 Γ_t 中性的结果往往是 Δ_t 非中性,因而常常还需要运用标的资产或期货头寸进行调整,以使得资产组合同时实现 Γ_t 中性和 Δ_t 中性。

【案例 14.2】

Gamma 中性

假设某个 Delta 中性的资产组合的 Γ_t 值等于 -5 000,该组合中标的资产的某个看涨期权多头的 Δ_t 和 Γ_t 值分别等于 0.80 和 2.0。为使该组合 Γ_t 中性,并保持 Δ_t 中性,该组合应购买多少份该期权,同时卖出多少份标的资产?

该组合应购入的看涨期权数量等于:

$$\frac{5\,000}{2.0} = 2\,500 \text{(份)}$$

由于购入 2 500 份看涨期权后,新组合的 Δ_t 值将由 0 增加到 $2\,500 \times 0.80 = 2\,000$(份)。因此,为保持 Δ_t 中性,应出售 2 000 份标的资产。

第三节 Theta 与风险管理

Theta(Θ),用于衡量衍生品价格对时间变化的敏感度,是在其他条件不变情况下衍生品价格变化与时间变化的比率,即衍生品价格对时间 t 的偏导数。

一、期权 Theta 值的计算

$$\Theta_t = \frac{\partial f}{\partial t} \tag{14.5}$$

根据 B-S-M 期权定价公式,对无红利资产的欧式和美式看涨期权而言有:

$$\Theta_t = -\frac{S_t N'(d_1)\sigma}{2\sqrt{T-t}} - rKe^{-r(T-t)}N(d_2)$$

根据标准正态分布的特性:

$$N'(x) = \frac{1}{\sqrt{2\pi}} e^{-0.5x^2}$$

因此有:

$$\Theta_t = -\frac{S_t \sigma e^{-0.5d_1^2}}{2\sqrt{2\pi(T-t)}} - rKe^{-r(T-t)}N(d_2)$$

对无红利资产的欧式看跌期权而言有:

$$\Theta_t = -\frac{S_t \sigma e^{-0.5d_1^2}}{2\sqrt{2\pi(T-t)}} + rKe^{-r(T-t)}[1-N(d_2)]$$

选择不同的波动率参数也会影响 Theta 值的计算结果。例如,2024 年 2 月 21 日,中证 1000 股价指数收盘价为 5 073.48 点,4 月 5 100 点看涨期权的隐含波动率为 27.54%。而中证 1000 股价指数过去 60 天历史波动率为 33.56%。若使用隐含波动率,则 4 月 5 100 点看涨期权的 Theta 值为 -203.70;若使用过去 60 天历史波动率,则该期权的 Theta 值为 -246.73。

二、期权 Theta 值的性质和特征分析

一般来说,当越来越临近到期日时,期权的价值逐渐衰减(time decay),因此期权的 Θ 值常常是负的。[①] 它代表的是期权的价值随着时间推移而逐渐衰减的程度。图 14.11 显示了平值期权价格如何随着剩余期限的缩短而加速衰减。

期权的 Θ_t 值同时受 S_t、$T-t$、r 和 σ 的影响。

首先,无红利资产看涨期权的 Θ_t 值与标的资产价格的关系曲线如图 14.12 所示。当 S_t 很小时,Θ_t 近似为 0;当 S_t 在 $Ke^{\left(r+\frac{\sigma^2}{2}\right)(T-t)}$ 附近时[②],Θ_t 最小。当 S_t 升高时,Θ_t 趋近于 $-rKe^{-r(T-t)}$。

[①] 有一些例外。如对处于实值状态的无红利资产欧式看跌期权和处于实值状态的红利率很高的欧式看涨期权来说,Theta 值可能为正。

[②] Θ 的极值点可以通过 Θ 对 S 的一阶条件得出。

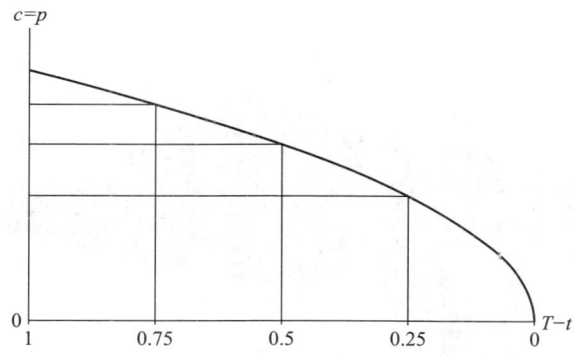

图 14.11 平值期权与剩余期限的关系

其次,无红利资产看涨期权的 Θ_t 值与 $T-t$ 之间的关系跟在值程度(moneyness)有很大关系,如图 14.13 所示。快到期时,实值、虚值、平值期权的 Θ 值差异很大。

无红利资产欧式看跌期权的 Θ_t 值与 S_t 以及与有效期之间的关系。图 14.14 和图 14.15 分别展示了看涨和看跌期权 Θ 的三维图。

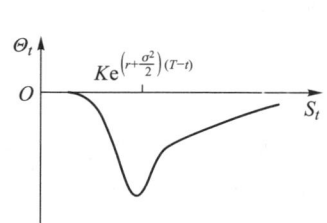

图 14.12 无红利资产看涨期权 Θ_t 值与 S_t 的关系

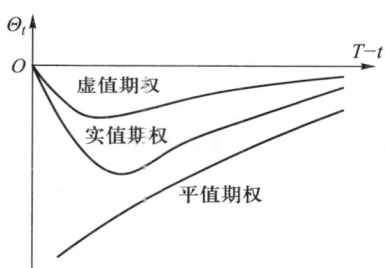

图 14.13 无红利资产看涨期权 Θ_t 值与有效期之间的关系

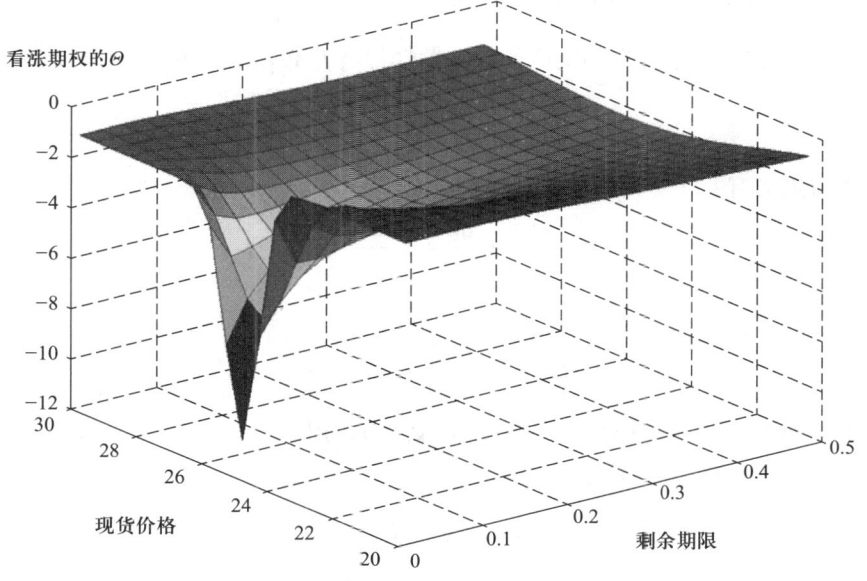

图 14.14 看涨期权 Θ 与 S 和 $T-t$ 的关系

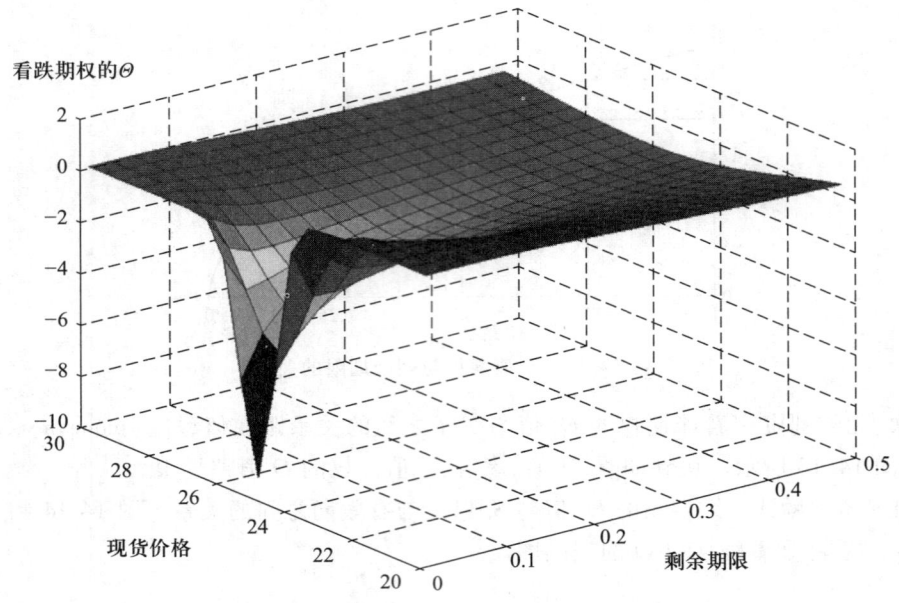

图 14.15　看跌期权 Θ 与 S 和 $T-t$ 的关系

三、Theta 值与套期保值

由于时间的推移是确定的，没有风险可言。因此无须对时间进行套期保值。但 Θ_t 值与 Δ_t 值及下文的 Gamma 值有较大关系。同时，在期权交易中，尤其是在差期交易中，由于 Θ 值的大小反映了期权购买者随时间推移所损失的价值，因而无论对避险者、套利者还是投资者而言，Θ_t 值都是一个重要的敏感性指标。

四、Delta、Theta 和 Gamma 之间的关系

在第十一章,曾讨论过无红利资产的看涨期权价格 f, 必须满足 B-S-M 微分方程：

$$\frac{\partial f}{\partial t}+rS\frac{\partial f}{\partial S}+\frac{1}{2}\sigma^2 S_t^2 \frac{\partial^2 f}{\partial S^2}=rf_t$$

根据在本节的定义有：

$$\frac{\partial f}{\partial t}=\Theta,\frac{\partial f}{\partial S}=\Delta,\frac{\partial^2 f}{\partial S^2}=\Gamma$$

因此有：

$$\Theta_t+rS_t\Delta_t+\frac{1}{2}\sigma^2 S_t^2 \Gamma_t=rf_t \tag{14.6}$$

该公式对无红利资产的单个期权和多个期权组合都适用。

对处于 Δ_t 中性的组合来说

$$\Theta_t+\frac{1}{2}\sigma^2 S_t^2 \Gamma_t=rf_t$$

这意味着，对于一个 Δ_t 中性组合，若 Θ_t 为负值并且很大，Γ_t 将会为正值并且很大。对

处于 Δ_t 中性和 Γ_t 中性状态的组合来说

$$\Theta_t = rf_t$$

这意味着，Δ_t 中性和 Γ_t 中性组合的价值将随时间以无风险连续复利率的速度增长。Delta、Theta 和 Gamma 三者之间的一般符号关系如表 14.2 所示。

表 14.2 Delta、Theta 和 Gamma 三者之间的符号关系

	Delta	Theta	Gamma
多头看涨期权	+	−	+
多头看跌期权	−	−	+
空头看涨期权	−	+	−
空头看跌期权	+	+	−

第四节 Vega、rho 与风险管理

一、Vega 与风险管理

衍生品的 Vega(V)，用于衡量衍生品的价值对标的资产价格波动率的敏感度，等于衍生品价格对标的资产价格波动率 σ 的偏导数，即：

$$V_t = \frac{\partial f}{\partial \sigma} \tag{14.7}$$

资产组合的 Vega 值等于该组合中各资产的数量与各资产的 Vega 值乘积的总和。资产组合的 Vega 值越大，说明其价值对波动率的变化越敏感。

标的资产远期和期货合约的 Vega 值等于零。

值得注意的是，由于 B-S-M 公式假定 σ 是常数，因此我们不能再通过 B-S-M 公式对 σ 求偏导来求 Vega。因为当 σ_t 是随机变量时，B-S-M 公式不再成立。但目前大多数教科书（如 Chance(1998)[1]、Rebonato(2002)[2]、Kolb(2003)[3]、Whaley(2006)[4]、Hull(2012)[5] 等）以及业界仍然使用传统的计算方法。

实际上，当波动率为随机变量时，更恰当的期权定价模型应该是[6]：

$$c_t = \int_0^\infty f_t(\theta_0) h(\theta_0 \mid \sigma_0) d\theta_0$$

式中：$f_t(\cdot)$ 是 B-S-M 公式；

---

[1] Chance D. An Introduction to Derivatives[M]. 4th edition. Texas: The DrydenPress, 1998.
[2] Rebonato R. Modern Pricing of Interest Rate Derivatives: The Libor Market Model and Beyond[M]. Princeton: Princeton University Press, 2002.
[3] Kolb R. Futures, Options and Swaps. 4th edition[M]. Malden, Massachusetts: Blackwell Publishing, 2003.
[4] Whaley R. Derivatives: Market Valuation and Risk Management[M]. Hoboken, New Jersey: John Wiley & Sons, Inc., 2006.
[5] Hull J. Options, Futures and Other Derivatives[M]. 8th edition. New York: Prentice Education Inc., 2012.
[6] 参见 Eisenberg L, Jarrow R. Option Pricing with Random Volatilities in Complete Markets[J]. Review of Quantitative Finance and Accounting, 1994, 4:5-17; Fouque J, Papanicolaou G, Sircar K R. Derivatives in Financial Markets with Stochastic Volatility[M]. Cambridge: Cambridge University Press, 2000.

T 是期权到期日;

$\theta_0 = \int_0^T \sigma_t \mathrm{d}t$,$h(\cdot)$ 是风险中性概率密度。

用这个公式对 σ_t 求导,就可以得到欧式看涨期权正确的 Vega:

$$V_t = \frac{\partial c}{\partial \sigma_t} = \int_t^\infty \left[\frac{\partial f(\theta_t)}{\partial \theta_t} \frac{\partial \theta_t}{\partial \sigma_t} h(\theta_t \mid \sigma_t) + f(\theta_t) \frac{\partial h(\theta_t \mid \sigma_t)}{\partial \sigma_t} \right] \mathrm{d}\theta_t$$

从上述公式可以看出,Vega 值总是正的,但其大小取决于 S_t、$T-t$、r 和 σ_t。

由于资产组合的 Vega 值只取决于期权的 Vega 值,因此,可以通过持有某种期权的多头或空头来改变资产组合的 Vega 值。只要期权的头寸适量,新组合的 Vega 值就可以等于零,称此时资产组合处于 Vega 中性状态。

遗憾的是,当调整期权头寸使资产组合处于 Vega 中性状态时,新期权头寸会同时改变资产组合的 Γ_t 值,因此,若使资产组合同时达到 Γ_t 中性和 Vega 中性,至少要使用同一标的资产的两种期权。

令 Γ_{pt} 和 V_{pt} 分别代表原资产组合的 Γ_t 值和 Vega 值,Γ_{1t} 和 Γ_{2t} 分别代表期权 1 和期权 2 的 Γ_t 值,V_{1t} 和 V_{2t} 分别代表期权 1 和期权 2 的 Vega 值,w_{1t} 和 w_{2t} 分别代表为使新组合处于 Γ_t 中性和 Vega 中性需要的期权 1 和期权 2 的数量,则 w_{1t} 和 w_{2t} 可用下述联立方程求得:

$$\begin{cases} \Gamma_{pt} + \Gamma_{1t} w_{1t} + \Gamma_2 w_{2t} = 0 \\ V_{pt} + V_{1t} w_{1t} + V_2 w_{2t} = 0 \end{cases} \tag{14.8}$$

【案例 14.3】
Gamma 中性和 Vega 中性

假设某个处于 Δ_t 中性状态的资产组合的 Γ_t 值为 6 000,Vega 值为 9 000,而期权 1 的 Γ_t 值为 0.8,Vega 值为 2.2,Δ_t 值为 0.9。期权 2 的 Γ_t 值为 1.0,Vega 值为 1.6,Δ_t 值为 0.6。求应持有多少期权头寸才能使该资产组合同时处于 Gamma 中性和 Vega 中性状态。

根据式(14.8)有:

$$\begin{cases} 6\,000 + 0.8 w_{1t} + 1.0 w_{2t} = 0 \\ 9\,000 + 2.2 w_{1t} + 1.6 w_{2t} = 0 \end{cases}$$

求解这个方程组得:$w_{1t} \approx 652, w_{2t} \approx -6\,522$。因此,加入 652 份第一种期权的多头和 6 522 份第二种期权的空头才能使该组合同时处于 Gamma 中性和 Vega 中性状态。

加上这两种期权头寸后,新组合的 Δ_t 值为 $652 \times 0.9 - 6\,522 \times 0.6 = -3\,326$。因此仍需卖空 3 326 份标的资产才能使该组合处于 Δ_t 中性状态。

二、rho 与风险管理

衍生品的 rho,用于衡量衍生品价格对利率变化的敏感度,等于衍生品价格对利率的偏导数:

$$rho_t = \frac{\partial f}{\partial r} \tag{14.9}$$

同样道理,由于 B-S-M 公式假定利率为常数,所以我们也不能直接用该公式对利率求偏导来求 rho。

如果利率是随机变量,正确的欧式看涨期权定价公式是:
$$c_t = P(t,T)[F_t N(d_1) - XN(d_2)] \tag{14.10}$$

式中: $P(t,T)$ 表示 T 时刻到期的无风险贴现式债券在 t 时刻的价格;

F_t 表示标的资产的期货价格;

$$d_1 = \frac{\ln[F_t/X] + \sigma_{F_t}^2(T-t)/2}{\sigma_{F_t}\sqrt{T-t}}, d_2 = \frac{\ln[F_t/X] - \sigma_{F_t}^2(T-t)/2}{\sigma_{F_t}\sqrt{T-t}}。$$

因此,欧式看涨期权的 rho_t 应该用式(14.10)对利率求偏导求出,这里就不再赘述。

另外,期货价格的 rho_t 值为:
$$rho_t = (T-t)F_t$$

标的资产的 rho_t 值为 0。因此,可以通过改变期权或期货头寸使资产组合处于 rho_t 中性状态。

第五节 希腊字母的不同表达式和综合应用

前面几节我们主要介绍了 B-S-M 期权定价模型下的无红利资产期权的希腊字母计算公式。本节我们将标的资产进行拓展,给出 B-S-M 期权定价模型下通用的希腊字母计算公式。

另外,在卖空受限的情况下,B-S-M 欧式期权定价公式并不准确,应该采用 Black 欧式期权定价公式。本节也将给出基于该公式的希腊字母计算公式。

对于美式期权等没有解析解的期权来说,由于无法通过期权定价公式求偏导的方法来计算希腊字母,只能用数值方法来计算希腊字母。本节将介绍这些期权希腊字母计算的一般方法。

最后,本节还将介绍希腊字母的综合应用。

一、B-S-M 期权定价模型下希腊字母的通用计算公式

如果我们用 g 表示标的资产的持有成本,表 14.3 列出了用 B-S-M 欧式期权定价计算的通用希腊字母表达式。对于权益来说,$g=r-q$,q 为股息率;对于期货来说,$g=0$;对于外汇来说:$g=r-r_f$。

表 14.3 B-S-M 期权定价模型下希腊字母的通用计算公式

分类	认购/看涨(Call)	认沽/看跌(Put)
理论价格	$c = Se^{(g-r)(T-t)}N(d_1) - Ke^{-r(T-t)}N(d_2)$, 其中,$d_1 = \dfrac{\ln\left(\dfrac{S}{K}\right) + \left(g + \dfrac{\sigma^2}{2}\right)(T-t)}{\sigma\sqrt{T-t}}$, $d_2 = d_1 - \sigma\sqrt{T-t}$, $N(x) = \dfrac{1}{\sqrt{2\pi}}\displaystyle\int_{-\infty}^{x} e^{-y^2/2}dy$	$p = Ke^{-r(T-t)}N(-d_2) - Se^{(g-r)(T-t)}N(-d_1)$

分类	认购/看涨(Call)	认沽/看跌(Put)
Delta	$e^{(g-r)(T-t)}N(d_1)$	$e^{(g-r)(T-t)}[N(d_1)-1]$
Gamma	$\dfrac{e^{(g-r)(T-t)}N'(d_1)}{S\sigma\sqrt{T-t}}$,其中 $N'(x)=\dfrac{1}{\sqrt{2\pi}}e^{-0.5x^2}$	
Theta	$-(g-r)Se^{(g-r)(T-t)}N(d_1)$ $-rKe^{-r(T-t)}N(d_2)$ $-\dfrac{Se^{(g-r)(T-t)}N'(d_1)\sigma}{2\sqrt{T-t}}$	$(g-r)Se^{(g-r)(T-t)}N(-d_1)$ $+rKe^{-r(T-t)}N(-d_2)$ $-\dfrac{Se^{(g-r)(T-t)}N'(d_1)\sigma}{2\sqrt{T-t}}$
Vega	$Se^{(g-r)(T-t)}N'(d_1)\sqrt{T-t}$	
rho	$(T-t)Ke^{-r(T-t)}N(d_2)$	$-(T-t)Ke^{-r(T-t)}N(-d_2)$

二、Black 期权定价模型下希腊字母的计算公式

表 14.4 列出了用 Black 期权定价模型计算的希腊字母表达式[①]。

表 14.4 Black 期权定价模型下希腊字母的计算公式

分类	认购/看涨(Call)	认沽/看跌(Put)
理论价格	$c=e^{-r(T-t)}(FN(d_1)-KN(d_2))$, 其中,$d_1=\dfrac{\ln\left(\dfrac{F}{K}\right)+\dfrac{\sigma^2}{2}(T-t)}{\sigma\sqrt{T-t}}$, $d_2=d_1-\sigma\sqrt{T-t}$,	$p=e^{-r(T-t)}(KN(-d_2)-FN(-d_1))$
Delta	$e^{-r(T-t)}N(d_1)$	$e^{-r(T-t)}[N(d_1)-1]$
Gamma	$\dfrac{e^{-r(T-t)}N'(d_1)}{F\sigma\sqrt{T-t}}$	
Theta	$re^{-r(T-t)}[FN(d_1)-KN(d_2)]$ $\dfrac{-e^{-r(T-t)}FN'(d_1)\sigma}{2\sqrt{T-t}}$	$re^{-r(T-t)}[KN(-d_2)-FN(-d_1)]$ $\dfrac{-e^{-r(T-t)}FN'(d_1)\sigma}{2\sqrt{T-t}}$
Vega	$e^{-r(T-t)}FN'(d_1)\sqrt{T-t}$	
rho	$-(T-t)c$	$-(T-t)p$

---

① 详细推导过程见附录 14.1。

三、希腊字母的离散计算法

对于没有解析解的期权来说,由于无法通过期权定价公式求偏导的方法来计算希腊字母,只能用数值方法来计算希腊字母。我们用 f 表示期权价格,它是标的价格(S)、行权价(K)、剩余期限($T-t$)、波动率(σ)、无风险利率(r)和持有成本(g)的函数。表 14.5 介绍了这些期权希腊字母计算的一般方法。

表 14.5 希腊字母的离散计算法

Delta	$\dfrac{f(S+dS,K,T-t,\sigma,r,g)-f(S-dS,K,T-t,\sigma,r,g)}{2\Delta S}$
Gamma	$\dfrac{f(S+dS,K,T-t,\sigma,r,g)-2f(S,K,T-t,\sigma,r,g)+f(S-dS,K,T-t,\sigma,r,g)}{(\Delta S)^2}$
Theta	$f(S,K,T-t-dt,\sigma,r,g)-f(S,K,T-t,\sigma,r,g)$
Vega	$\dfrac{f(S,K,T-t,\sigma+d\sigma,r,g)-f(S,K,T-t,\sigma-d\sigma,r,g)}{2\Delta\sigma}$
rho	$\dfrac{f(S,K,T-t,\sigma,r+dr,g)-f(S,K,T-t,\sigma,r-dr,g)}{2\Delta r}$

四、投资组合的希腊字母与风险管理

在第十三章,我们介绍过期权的静态交易策略。在现实世界中,由于影响期权价格的因素很多,期权又是高杠杆的非线性产品,其价格波动巨大。交易者常常需要对投资组合(或者套保组合)进行动态调整,这就需要用到希腊字母。

另外,从本章前四节的讨论可以看出,为了保持资产组合处于 Delta、Gamma 和 Vega 中性状态,必须不断调整组合。然而,频繁地调整需要大量的交易费用。因此在实际运用中,风险管理者更倾向于使用希腊字母来评估其资产组合的风险,然后根据它们对标的资产价格、利率、波动率等变量未来变动情况的判断,考虑是否有必要对组合进行调整。如果风险是可接受的,或对自己有利,就不调整;如果风险对自己不利且是不可接受的,则进行相应调整。

案例 14.4 给出了组合动态管理的例子。

【案例 14.4】

组合动态管理

2024 年 2 月 5 日,某投资者认为中证 1000 股指经过持续下跌后将迎来反弹,遂投入 4 200 万元现金在 4 200 点买入中证 1000 股指成分股(权重与指数一样)。至 2 月 22 日中午收盘时,中证 1000 股指涨至 5 113.85 点,持股市值也达到 5 113.85 万元。他担心股价在快速反弹后会回调,但又不愿清仓失去股价上涨带来的盈利机会。于是他决定按 286 元/股的市价买进 100 手 2024 年 4 月 19 日到期、行权价为 5 100 的中证 1000 股指看跌期权,支出期权费 2 860 000 元。表 14.6 呈现了该组合的希腊字母。

表 14.6 投资组合的希腊字母(2024 年 2 月 22 日 11:30)

分类	市价	数量	市值	Delta	Gamma	Vega	Theta	rho
000852.SH	5 113.85	10 000	51 138 500	10 000	0	0	0	0
MO2404-P-5100.CFE	286	10 000	2 860 000	-4 635.08	5.78	80 714.5	-23 215.78	-4 209.36
合计	—	—	53 998 500	5 364.92	5.78	80 714.5	-23 215.78	-4 209.36

从表 14.6 可以看出,买入看跌期权后,该投资组合的 Delta 由原来的 10 000 降低至 5 364.92,从而降低了对股价的敏感性。但买入看跌期权后,该组合增加了曲度风险(用 Gamma 度量)、波动率风险(用 Vega 度量)和利率风险(用 rho 度量)。

图 14.16 展示了该组合的到期盈亏图[①]和当前的希腊字母分布。

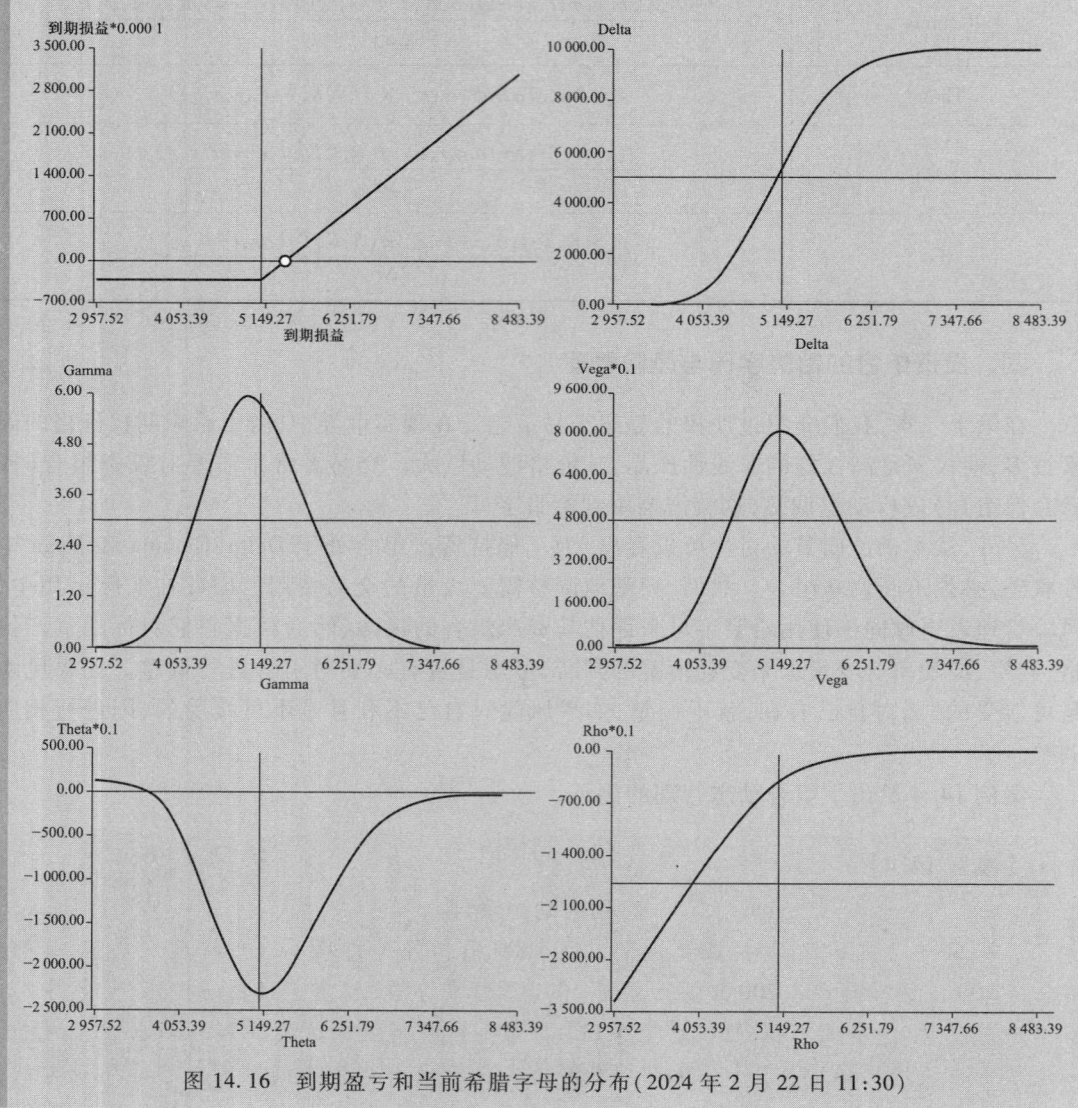

图 14.16 到期盈亏和当前希腊字母的分布(2024 年 2 月 22 日 11:30)

---

① 到期盈亏等于到期市值减当前市值,不考虑利息和股息。

到 2024 年 2 月 22 日收盘时，中证 1000 股指涨至 5 151.53 点，上述看跌期权价格下跌至 247.6 点，投资组合的净值增加到 53 991 300 元。该投资者认为未来一段时间中证 1000 股指大跌的概率较低，因此决定按 69.4 点/股的市价卖出 100 手 2024 年 4 月 19 日到期、行权价为 4 600 的中证 1000 股指看跌期权，收入期权费 694 000 元。表 14.7 呈现了新组合的希腊字母。

表 14.7　新投资组合的希腊字母(2024 年 2 月 22 日 15:00)

分类	市价	数量	市价	Delta	Gamma	Vega	Theta	rho
000852.SH	5 151.53	10 000	51 515 300	10 000	0	0	0	0
MO2404-P-5100.CFE	247.6	10 000	2 476 000	-4 418.74	5.7	80 800.11	-23 251.57	-3 938.3
MO2404-P-4600.CFE	69.4	-10 000	-694 000	1 801.62	-3.8	-53 840.4	15 553.45	1 143.77
合计	—	—	53 297 300	7 382.87	1.9	26 959.71	-7 698.12	-2 794.53

从表 14.7 可以看出，卖出行权价较低的看跌期权后，新投资组合对股价走势敏感性提高，但对曲度、波动率的敏感性降低。

图 14.17 展示了该组合的到期盈亏图和当前的希腊字母分布。

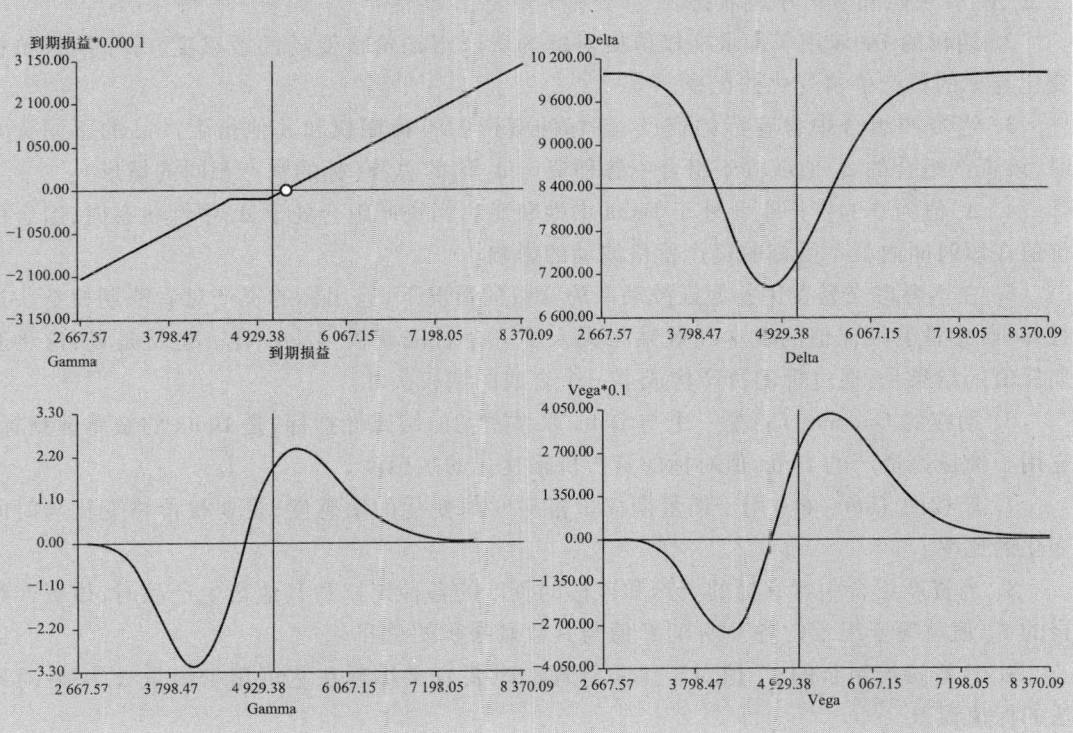

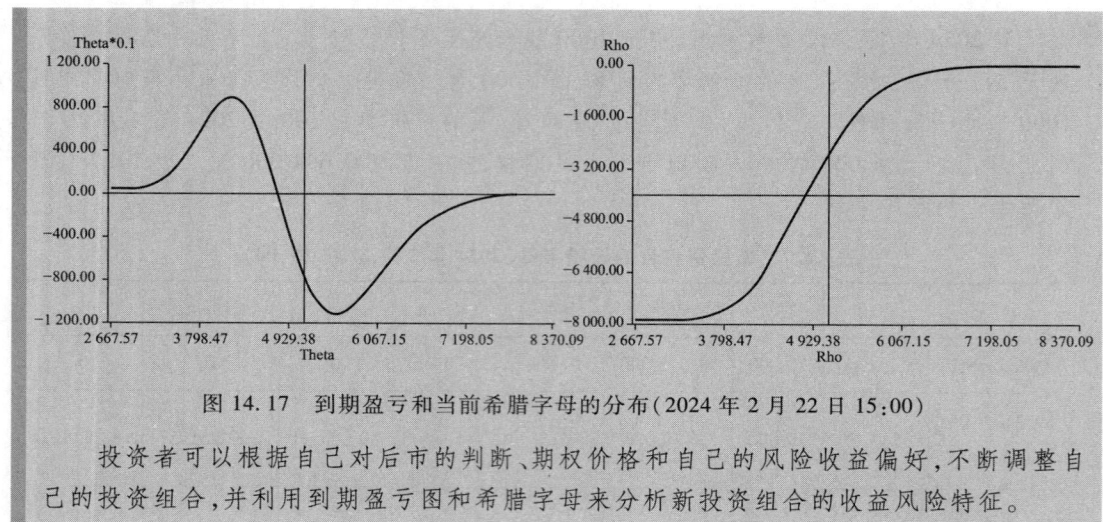

图 14.17 到期盈亏和当前希腊字母的分布(2024 年 2 月 22 日 15:00)

投资者可以根据自己对后市的判断、期权价格和自己的风险收益偏好,不断调整自己的投资组合,并利用到期盈亏图和希腊字母来分析新投资组合的收益风险特征。

本 章 小 结

1. 动态套期保值(或称对冲),就是分别算出保值工具与保值标的资产价值对一些共同的变量(如标的资产价格、时间、标的资产价格的波动率、无风险利率等)的敏感度,这些敏感度分别用 Δ_t、Θ_t、Γ_t、V_t 和 rho_t 表示,然后通过建立适当的保值工具的头寸,使资产组合处于 Δ_t、Θ_t、Γ_t、V_t 和 rho_t 中性状态。

2. 期权的 Delta 用于衡量期权价格对标的资产市场价格变动的敏感度,等于期权价格变化与标的资产价格变化的比率。

3. 当资产组合中含有标的资产、该标的资产的各种期权和其他衍生产品的不同头寸时,该资产组合的 Δ_t 值就等于组合中各种资产 Δ_t 值的总和(标的资产相同的情形)。

4. Δ_t 值为 0 的资产组合处于 Delta 中性状态。当资产组合处于 Δ_t 中性状态时,组合的价值在短时间内就不受标的资产价格波动的影响。

5. 在不考虑交易费用并假设波动率为常数的情况下,运用标的资产对看涨期权空头进行 Delta 中性套期保值的成本和效果与买入了一个看涨期权多头一样。也就是说,这种套期保值的结果是:通过标的资产构成了一个合成的期权头寸。

6. 期权的 Gamma(Γ_t)是一个与 Delta 联系密切的敏感性指标,是 Delta 的敏感性指标,它用于衡量该资产的 Delta 值对标的资产价格变化的敏感度。

7. 期权的 Theta(Θ_t)用于衡量期权价格对时间变化的敏感度,是期权价格变化与时间变化的比率。

8. 当资产组合中含有标的资产和该标的资产的各种期权和其他衍生产品时,该资产组合的 Γ_t 值就等于组合内各种期权 Γ 值与其数量乘积的总和。

9. 计算资产组合的 Γ_t 值对于风险管理的重要意义体现在它可用于衡量 Δ_t 中性对冲法的保值误差。

10. 期权的 Vega(V_t)用于衡量该资产的价值对标的资产价格波动率的敏感度,rho 用于衡量期权价格对利率变化的敏感度。

11. Δ_t、Γ_t、V_t 和 rho_t 中性状态只能维持一个相当短暂的时间。随着 S_t、$T-t$、r_t 和 σ_t 的变化,避险者需要定期调整对冲头寸,以便使保值组合重新处于中性状态。

12. 由于频繁地进行动态对冲需要较高的手续费,因此风险管理者应在成本与可容忍的风险之间进行权衡。

即 测 即 评

习 题

1. 一个看涨期权的 Delta 值为 0.7 意味着什么?若每个期权的 Delta 值均为 0.7,如何使一个 1 000 个看涨期权的空头变成 Delta 中性?

2. 无风险年利率为 5%,股票价格的年波动率为 25%。计算标的为不支付红利的股票、6 个月期的平价欧式看涨期权的 Delta 值。

3. 以年计,一个期权头寸的 Theta 值为 -0.1 意味着什么?若一个交易者认为股票价格的隐含波动率都不会变,那么期权头寸是什么类型?

4. 为什么说对处于实值状态的无红利资产欧式看跌期权和处于实值状态的红利率很高的欧式看涨期权来说,Theta 可能为正?

5. 某金融机构刚出售一些 7 个月期的日元欧式看涨期权,假设现在日元的汇率为 1 日元 = 0.80 美分,期权的行权价格为 0.81 美分,美国和日本的无风险利率分别为 2.5% 和 1%,日元的年波动率为 8%,请计算该期权的 Delta、Gamma、Theta,并解释其含义。

6. 有三个看涨期权,C、D 和 E,标的资产相同,价格均为 80 美元,无风险年利率为 5%,年波动率为 20%。C 的行权价格为 70 美元,还有 90 天到期;D 的行权价格为 75 美元,还有 90 天到期;E 的行权价格为 80 美元,还有 120 天到期。计算上述期权的价格、Delta 值和 Gamma 值。

7. 用第 6 题的数据计算:如果已有一份看涨期权 C,如何用 C 和 D 构造一个 Delta 中性组合?如何用 C、D 和 E 构造一个同时达到 Delta 中性和 Gamma 中性的组合?

附录 14.1　Black 期权定价模型希腊字母推导

1. Black 期权定价公式

Black 欧式看涨期权定价公式为:
$$c = e^{-r(T-t)}[FN(d_1) - KN(d_2)]$$

其中:

$$d_1 = \frac{\ln\left(\frac{F}{K}\right) + \frac{1}{2}\sigma^2(T-t)}{\sigma\sqrt{T-t}}$$

$$d_2 = \frac{\ln\left(\frac{F}{K}\right) - \frac{1}{2}\sigma^2(T-t)}{\sigma\sqrt{T-t}}$$

Black 欧式看跌期权定价公式为：

$$c = e^{-r(T-t)}[KN(-d_2) - FN(-d_1)]$$

可以推知：

$$\frac{\partial N(d_1)}{\partial d_1} = \phi(d_1)$$

$$\frac{\partial N(d_2)}{\partial d_2} = \phi(d_2)$$

$$= \frac{1}{\sqrt{2\pi}} e^{-\frac{d_2^2}{2}}$$

$$= \frac{1}{\sqrt{2\pi}} e^{-\frac{(d_1 - \sigma\sqrt{T-t})^2}{2}}$$

$$= \phi(d_1) e^{d_1 \sigma\sqrt{T-t}} e^{-\frac{1}{2}\sigma^2(T-t)}$$

$$= \phi(d_1) e^{\ln(F/K) + \frac{1}{2}\sigma^2(T-t)} e^{-\frac{1}{2}\sigma^2(T-t)}$$

$$= \phi(d_1) \frac{F}{K}$$

其中 $\phi(\cdot)$ 代表正态分布概率密度函数。

2. Black Delta

Δ 等于期权价格对期货价格的一阶偏导，看涨期权 Delta 等于：

$$\Delta_{call} = \frac{\partial c}{\partial F}$$

$$= e^{-r(T-t)}\left[\frac{\partial FN(d_1)}{\partial F} - \frac{\partial KN(d_2)}{\partial F}\right]$$

$$= e^{-r(T-t)}\left[N(d_1) + F\frac{\partial N(d_1)}{\partial d_1}\frac{\partial d_1}{\partial F} - \frac{\partial KN(d_2)}{\partial d_2}\frac{\partial d_2}{\partial F}\right]$$

$$= e^{-r(T-t)}\left[N(d_1) + F\phi(d_1)\frac{1}{F\sigma\sqrt{T-t}} - K\phi(d_1)\frac{F}{K}\frac{1}{F\sigma\sqrt{T-t}}\right]$$

$$= e^{-r(T-t)} N(d_1)$$

根据基于期货价格的看涨看跌平价公式可知，看跌期权 Delta 等于：

$$\Delta_{put} = \frac{\partial p}{\partial F}$$

$$= \frac{\partial c}{\partial F} - e^{-r(T-t)}$$

$$= e^{-r(T-t)}(N(d_1) - 1)$$

3. Black Gamma

Γ 等于期权价格对期货价格的二阶偏导,看涨期权 Gamma 等于:

$$\Gamma_{call} = \frac{\partial \Delta_{call}}{\partial F}$$

$$= \frac{\partial (e^{-r(T-t)} N(d_1))}{\partial F}$$

$$= e^{-r(T-t)} \frac{\partial N(d_1)}{\partial d_1} \frac{\partial d_1}{\partial F}$$

$$= \frac{e^{-r(T-t)} \phi(d_1)}{F\sigma\sqrt{T-t}}$$

根据 PCP 可知,看跌期权 Gamma 等于:

$$\Gamma_{put} = \Gamma_{call}$$

$$= \frac{e^{-r(T-t)} \phi(d_1)}{F\sigma\sqrt{T-t}}$$

4. Black Speed

$$\text{Speed} = \frac{\partial^3 c}{\partial F} = \frac{\partial^3 p}{\partial F} = -\frac{e^{-r(T-t)} \phi(d_1)}{F^2 \sigma^2 (T-t)} (d_1 + \sigma\sqrt{T-t})$$

5. Black Vega

V 等于期权价格对 σ 的一阶偏导,看涨期权 vega 等于:

$$V_{call} = \frac{\partial c}{\partial \sigma}$$

$$= e^{-r(T-t)} \left[\frac{\partial F N(d_1)}{\partial \sigma} - \frac{\partial K N(d_2)}{\partial \sigma} \right]$$

$$= e^{-r(T-t)} \left[F \frac{\partial N(d_1)}{\partial d_1} \frac{\partial d_1}{\partial \sigma} - K \frac{\partial N(d_2)}{\partial d_2} \frac{\partial d_2}{\partial \sigma} \right]$$

$$= e^{-r(T-t)} \left[F\phi(d_1) \left(-\frac{\ln(F/K)}{\sqrt{T-t}} \frac{1}{\sigma^2} + \frac{1}{2}\sqrt{T-t} \right) - K\phi(d_1) \frac{F}{K} \left(-\frac{\ln(F/K)}{\sqrt{T-t}} \frac{1}{\sigma^2} - \frac{1}{2}\sqrt{T-t} \right) \right]$$

$$= e^{-r(T-t)} F\phi(d_1) \left[-\frac{\ln(F/K)}{\sqrt{T-t}} \frac{1}{\sigma^2} + \frac{\ln(F/K)}{\sqrt{T-t}} \frac{1}{\sigma^2} + \frac{1}{2}\sqrt{T-t} + \frac{1}{2}\sqrt{T-t} \right]$$

$$= e^{-r(T-t)} F\phi(d_1) \sqrt{T-t}$$

根据 PCP 可知,看跌期权 Vega 等于:

$$V_{put} = V_{call}$$

$$= e^{-r(T-t)} F\phi(d_1) \sqrt{T-t}$$

6. Black Theta

Θ 等于期权价格对于当前时刻 t 的一阶偏导，看涨期权 Theta 等于：

$$\Theta_{call} = \frac{\partial c}{\partial t}$$

$$= re^{-r(T-t)}\left[FN(d_1) - KN(d_2)\right] + e^{-r(T-t)}\left[\frac{\partial FN(d_1)}{\partial t} - \frac{\partial KN(d_2)}{\partial t}\right]$$

等式右侧的第二部分等于：

$$e^{-r(T-t)}\left[\frac{\partial FN(d_1)}{\partial t} - \frac{\partial KN(d_2)}{\partial t}\right] = e^{-r(T-t)}\left[F\frac{\partial N(d_1)}{\partial d_1}\frac{\partial d_1}{\partial t} - K\frac{\partial N(d_2)}{\partial d_2}\frac{\partial d_2}{\partial t}\right]$$

$$= e^{-r(T-t)}\left[F\phi(d_1)\left(\frac{\ln(F/K)}{\sigma}\frac{1}{2}\frac{1}{(T-t)^{\frac{3}{2}}} - \frac{1}{4}\sigma\frac{1}{(T-t)^{\frac{1}{2}}}\right) - K\phi(d_1)\frac{F}{K}\left(\frac{\ln(F/K)}{\sigma}\frac{1}{2}\frac{1}{(T-t)^{\frac{3}{2}}} + \frac{1}{4}\sigma\frac{1}{(T-t)^{\frac{1}{2}}}\right)\right]$$

$$= -\frac{e^{-r(T-t)}F\phi(d_1)\sigma}{2\sqrt{T-t}}$$

所以看涨期权 Theta 等于：

$$\Theta_{call} = \frac{\partial c}{\partial t}$$

$$= re^{-r(T-t)}\left[FN(d_1) - KN(d_2)\right] - e^{-r(T-t)}\left[\frac{\partial FN(d_1)}{\partial t} - \frac{\partial KN(d_2)}{\partial t}\right]$$

$$= re^{-r(T-t)}\left[FN(d_1) - KN(d_2)\right] - \frac{e^{-r(T-t)}F\phi(d_1)\sigma}{2\sqrt{T-t}}$$

根据 PCP 可知，看跌期权 Theta 等于：

$$\Theta_{put} = \frac{\partial p}{\partial t} = \frac{\partial c}{\partial t} + (K-F)re^{-r(T-t)}$$

$$= re^{-r(T-t)}\left[FN(d_1) - KN(d_2)\right] - \frac{e^{-r(T-t)}F\phi(d_1)\sigma}{2\sqrt{T-t}} + (K-F)re^{-r(T-t)}$$

$$= re^{-r(T-t)}\left[(FN(d_1) - F) - (KN(d_2) - K)\right] - \frac{e^{-r(T-t)}F\phi(d_1)\sigma}{2\sqrt{T-t}}$$

$$= re^{-r(T-t)}\left[KN(-d_2) - FN(-d_1)\right] - \frac{e^{-r(T-t)}F\phi(d_1)\sigma}{2\sqrt{T-t}}$$

7. Black rho

ρ 代表期权价格对无风险利率的一阶偏导，看涨期权的 rho 等于：

$$\rho_{call} = \frac{\partial c}{\partial r}$$

$$= \frac{\partial e^{-r(T-t)}}{\partial r}\left[FN(d_1) - KN(d_2)\right]$$

$$=-(T-t)\mathrm{e}^{-r(T-t)}[FN(d_1)-KN(d_2)]$$

看跌期权 rho 等于：

$$\rho_{call}=\frac{\partial p}{\partial r}$$

$$=\frac{\partial \mathrm{e}^{-r(T-t)}}{\partial r}[KN(-d_2)-FN(-d_1)]$$

$$=-(T-t)\mathrm{e}^{-r(T-t)}[KN(-d_2)-FN(-d_1)]$$

第十五章 奇异期权与结构化产品

期权市场是世界上最具活力和变化的市场之一,盈利和避险的需要不断推动新工具的产生。本章将介绍一些常见的非标准期权和结构性产品,并讨论其定价原理。这些思路和方法将有助于我们理解市场中不断创新的期权工具。

第一节 常见的奇异期权

到目前为止,我们所涉及的主要是标准的欧式或美式期权,比这些常规期权更复杂的非标准化期权常常被叫作奇异期权(exotic options)。比如行权价格不是一个确定的数,而是一段时间内的平均资产价格;或是在期权有效期内,如果资产价格超过一定的界限,期权就作废;等等。大多数奇异期权都是在场外交易的,往往是金融机构根据客户的具体需求开发出来的,或者是嵌入结构性金融产品中用以实现特殊的风险收益,其灵活性和多样性是常规期权所不能比拟的。但是相应地,奇异期权的定价和保值往往也更加困难。奇异期权对模型设定正确与否的依赖性常常很强,合约中潜在的风险通常比较模糊,很容易导致非预期的损失,需要很谨慎地进行风险管理。

由于奇异期权的多样性,要对它们进行完全的描述是不可能的。在此,只能简要介绍一些常见的奇异期权,为读者提供一个参考。由于本书的难度所限,这里仅介绍常见奇异期权的种类和比较简单的定价与保值技术,难度较大的内容在此不再赘述。

一、两值期权

两值期权(binary options,也称二元期权),又称数字期权(digital options),其回报只有两种取值。较常见的两值期权有两类。

(一) 或有现金期权(cash-or-nothing options)

或有现金期权也分看涨和看跌、欧式和美式。以或有现金欧式看涨期权为例,到期日时,如果标的资产价格低于触发价格(K),该期权没有回报;如果高于触发价格,则该期权支付一个固定的数额 Q。在第十一章中我们已经了解,风险中性测度下期权到期时价格超过触发价格的概率为 $N(d_2)$,因此或有现金欧式看涨期权的价格等于 $Qe^{-r(T-t)}N(d_2)$。相应地,或有现金欧式看跌期权的价格等于 $Qe^{-r(T-t)}N(-d_2)$。对于美式期权来说,只要在期权有效期内任何时候标的资产价格碰到了触发价格,就有回报。或有现金美式期权的定价比欧式困难多了。

(二) 或有资产看涨期权(asset-or-nothing call)

或有资产期权也分看涨和看跌、欧式和美式。以或有资产欧式看涨期权为例,如果标的资产价格在到期日时低于触发价格,该期权没有回报;如果高于触发价格,则该期权支付一个等于资产价格本身的款额。运用第十一章的知识,或有资产欧式看涨期权的价格等于 $Fe^{-r(T-t)}N(d_1)$。在完美市场中,也可以表达成 $Se^{-q(T-t)}N(d_1)$。相应地,或有资产欧式看跌期权的价值就是 $Fe^{-r(T-t)}N(-d_1)$。在完美市场中,也可以表达成 $Se^{-q(T-t)}N(-d_1)$。这里的 q 是标的资产在期权存续期内的连续收益率,如果标的资产无红利,则 $q=0$。对于美式期权来说,只要在期权有效期内任何时候标的资产价格碰到了触发价格,就有回报。或有资产美式期权的定价比欧式困难多了。

标准期权往往可分解为两值期权的组合。比如,一份常规欧式看涨期权就等于一份或有资产看涨期权多头与一份或有现金看涨期权空头之和,一份常规欧式看跌期权等于一份或有资产看跌期权空头与一份或有现金看跌期权多头之和,其中的现金支付金额等于行权价格。

二、打包期权

打包期权(packages options),是指由标准的欧式期权、远期合约、现金和标的资产等构成的证券组合,在第十三章介绍过的牛市差价、熊市差价、蝶式差价和跨式期权等均属于打包期权的范围。打包期权的经济意义在于,可以利用这些金融工具之间的关系,组合成满足各种风险收益偏好的投资产品。最常见的打包期权是具有零初始成本的期权组合。比如,一份远期多头、一份看跌期权多头和一份看涨期权空头组合,其损益状态与牛市差价期权相似。如果选择的行权价格刚好使得看跌期权价格等于看涨期权价格,就可以实现零前端费用。

另一种可以实现零初始成本的期权是延迟支付期权(deferred payment options),又称波士顿期权(Boston option)。其原理很简单:目前不支付期权价格,到期时支付期权价格的终值。与此相类似的一种期权是或有期权费期权(contingent premium option),又称零期权费期权(zero-premium option),是指期权买方在期初并不需要支付期权费,如果到期时期权属于实值期权才需要支付期权费。

三、障碍期权

障碍期权(barrier options),是指期权的回报依赖于标的资产的价格在一段特定时间内是否达到了某个特定的水平,即临界值(又称障碍水平)。

(一) 障碍期权的种类

通常有许多种不同的障碍期权在场外市场进行交易。它们一般可划分为两类:

第一类,敲出障碍期权(knock-out options)。即当标的资产价格达到一个特定的障碍水平时,该期权作废(即被敲出);如果在规定时间内资产价格并未触及障碍水平,则仍然是一个标准期权。

第二类,敲入障碍期权(knock-in options)。敲入障碍期权正好与敲出障碍期权相反,只有资产价格在规定时间内达到障碍水平,该期权才得以生效(即被敲入),其回报与相应的标准期权相同;反之该期权无效。

在此基础之上,可以通过考察障碍水平与标的资产初始价格的相对位置,进一步为障碍期权分类:如果障碍水平高于初始价格,则把它叫作向上期权;如果障碍水平低于初始价格,则把它叫作向下期权。

将以上分类进行组合,可以得到诸如向下敲出看涨期权(down-and-out call options)、向下敲入看跌期权(down-and-in put options)、向上敲出看涨期权(up-and-out call options)和向上敲入看跌期权(up-and-in put options)等8种障碍期权。

障碍期权推出初期,交易量不大,很少有人能很熟练地为它们定价。但现在障碍期权的市场容量急剧扩大,金融工程师们还根据市场需求对它们作了进一步的变形。现在,出现了许多在上述这些基本的障碍期权之上增加了许多新的特殊交易条款的期权。这些条款包括:

1. 障碍水平的时间依赖性

障碍水平的时间依赖性指障碍水平随时间不同将发生变化,比如障碍水平从某一个位置开始,逐渐上升。通常来说,障碍水平会是一个时间的分段常数函数(即在一段时间之内维持一个固定的水平,之后发生变化再维持一个水平)。其中的极端例子是被保护或是部分障碍期权(protected or partial barrier options)。在这类期权中,障碍是间断的,在一段特定的时间后,障碍会完全消失。这类期权又可以分为两种:一种是在障碍有效的时间内,只要资产价格处于障碍水平之外,障碍条件就被触发;第二种则是只有资产价格在有效时间内越过障碍,才被触发,如果价格已经位于障碍水平之外则不会触发。

2. 双重障碍(double barrier)

期权条款中包含一个障碍上限和一个障碍下限。障碍上限高于现价,而障碍下限则低于现价。在一个双重敲出期权中,如果任何一个障碍水平被触及,期权就作废。在一个双重敲入期权中,规定时间内价格至少要达到其中一个障碍水平期权才有效。还可以想象其他的情况:一个障碍水平是敲入,而另一个则是敲出。到期时,这个合约可能是一个敲入期权或是敲出期权的回报。

3. 多次触及障碍水平(repeated hitting of the barrier)

双重障碍期权可以进一步变得更复杂:有一类期权要求在障碍条件被触发之前,两重障碍水平都要被触及。实际上,当其中一个障碍水平第一次被触及,这个合约就变成了一个常规的障碍期权。

4. 障碍水平的重新设定

这种期权叫作重设障碍期权(reset barrier options)。当触及障碍水平的时候,合约变成另一个不同障碍水平的障碍期权。在规定时间之内障碍被触及的话,该期权就会变成一个新的障碍期权。

与这类合约相关的一类期权是上卷期权(roll-up options)和下卷期权(roll-down options)。这类期权开始时是常规期权,但如果资产价格达到某一事先确定的水平,就变为一个障碍期权。比如,一个上卷看跌期权,如果上卷水平达到,合约就变成一个向上敲出看跌期权,上卷水平就是障碍看跌期权的行权价,相应的障碍水平则是事先确定好的。

5. 外部障碍期权(outside barrier options)

外部障碍期权也被称为彩虹障碍期权(rainbow barrier options),其回报特征取决于第二种标的资产。这个期权的障碍水平可能被一个资产价格的变动触发,而期权的回报则取决于另一种资产价格。这类产品显然属于多因素合约。

6. 提前行权的可能性

除了以上对障碍的多种创新,还可以在障碍期权中加入提前行权的条款。

7. 折扣返还(rebate)

有时障碍期权合约中会规定,如果触及障碍水平,可以部分退款(折扣返还)。这常常发生在敲出期权的情况下,这部分退款可以看作对失去的回报部分的缓冲。这部分退款一般在障碍被触发时或是到期时才予以支付。

案例 15.1 是一个障碍期权的例子。

【案例 15.1】

2014 年 2 月,招商银行发行了一款基于沪深 300 股价指数的附带双向连续型障碍条款的理财产品,其基本条款如下(其中 R 表示指数的涨跌幅度):

期限:2014-2-17——2014-7-10

障碍水平:$R=\pm15\%$

年化收益率:

如果 $|R|\geq15\%$,则 4.6%

如果 $|R|<15\%$:则 $4.6\%+\max(|R|-4.6\%,0)$

如果进行解构,这款理财产品实际上是由一份年化收益率4.6%的债券,加上一份双障碍看涨期权,再加上一份双障碍看跌期权构成的。

(二) 障碍期权的性质

从上文可以看到,障碍期权的回报和价值都受资产到期前遵循的路径的影响,这称为路径依赖性质。比如,一个向上敲出看涨期权在到期时同样支付 $\max(S_T-X,0)$,除非在此之前资产交易价格达到或超过障碍水平 H。在这个例子中,如果资产价格到达这个价位(显然是从下面向上到达),那么该期权敲出。但障碍期权的路径依赖性质是较弱的,因为只需要知道这个障碍是否被触发,而并不需要关于路径的其他任何信息,关于路径的信息不会成为障碍期权定价模型中的一个新增独立变量,如果障碍水平没有被触发,障碍期权到期时的回报仍然和常规期权是相同的。

障碍期权受欢迎的主要原因在于:它们通常比常规期权便宜(特别是向上敲出看涨期权和向下敲出看跌期权),这对那些相信障碍水平不会(或会)被触发的投资者很有吸引力。而且,购买者可以使用它们来为某些非常特定的具有类似性质的现金流保值。通常来说,购买者对于市场方向都有自己明确的观点,如果他相信标的资产价格的上升运动在到期之前会有一定的限制,希望获得看涨期权的回报,但并不想为所有上升的可能性付款,那么他就有可能去购买一份向上敲出期权。由于上升运动受到限制,这个期权就会比相应的普通看涨期权便宜。如果预测是对的,那么这个障碍水平并不会被触发,该购买者就可以得到他所想要的回报。障碍距离资产价格现价越近,期权被敲出的可能性越大,合约就越便宜。相反,一个敲入期权将会被某个相信障碍水平将会实现的人购买,这时期权同样也会比相应的普通期权便宜。

(三) 障碍期权的定价

根据障碍期权的特点,对于同样标的资产、同样期限、同样行权价格、同样障碍水平的障

碍期权和普通期权而言,我们有:
$$\text{敲入期权} + \text{敲出期权} = \text{普通期权} \tag{15.1}$$

在 B-S-M 的框架下,可以求出常见障碍期权的解析解。①

例如,对于一种红利率为 q 的标的资产来说,用 H 表示障碍水平,如果 $H \leq K$,其向下敲入障碍看涨期权价格(c_{di})由下列公式给出:

$$c_{di} = Se^{-q(T-t)}\left(\frac{H}{S}\right)^{2\lambda} N(d_3) - Ke^{-r(T-t)}\left(\frac{H}{S}\right)^{2\lambda-2} N(d_4) \tag{15.2}$$

式中:

$$\lambda = \frac{r-q+\frac{1}{2}\sigma^2}{\sigma^2}$$

$$d_3 = \frac{\ln\left(\frac{H^2}{SK}\right)}{\sigma\sqrt{T-t}} + \lambda\sigma\sqrt{T-t}$$

$$d_4 = d_3 - \sigma\sqrt{T-t}$$

根据式(15.1),$H \leq K$ 情形的向下敲出障碍看涨期权价格(c_{do})由下列公式给出:

$$c_{do} = c - c_{di} \tag{15.3}$$

图 15.1(a)和(b)分别是 $H \leq K$ 情形的向下敲出和向下敲入看涨期权价格与普通看涨期权价格的对比。

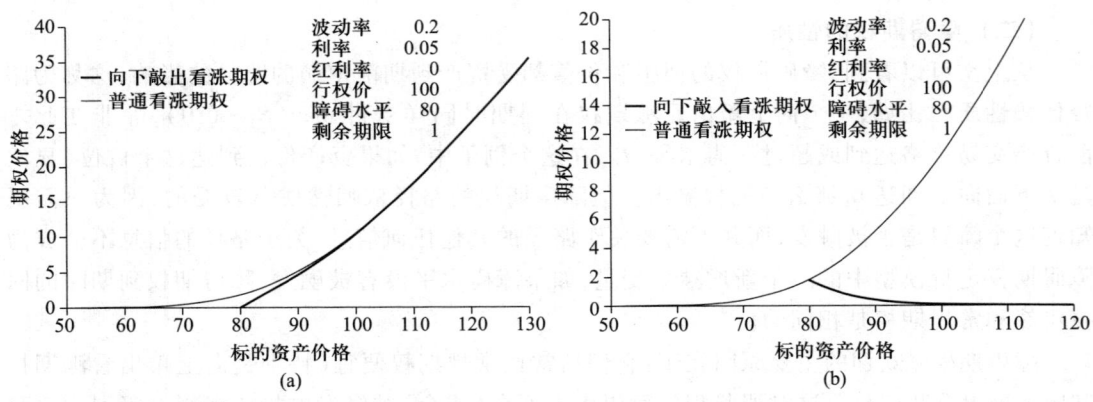

图 15.1 $H > K$ 情形的向下敲出和向下敲入看涨期权

如果 $H > K$,则

$$c_{do} = Se^{-q(T-t)} N(d_5) - Ke^{-r(T-t)} N(d_6)$$
$$- Se^{-q(T-t)}\left(\frac{H}{S}\right)^{2\lambda} N(d_7) - Ke^{-r(T-t)}\left(\frac{H}{S}\right)^{2\lambda-2} N(d_8) \tag{15.4}$$

式中:

---

① 详见保罗·威尔莫特. 数量金融[M]. 郑振龙,等,译. 北京:机械工业出版社,2015.

$$d_5 = \frac{\ln\left(\frac{S}{H}\right)}{\sigma\sqrt{T-t}} + \lambda\sigma\sqrt{T-t}$$

$$d_6 = d_5 - \sigma\sqrt{T-t}$$

$$d_7 = \frac{\ln\left(\frac{H}{S}\right)}{\sigma\sqrt{T-t}} + \lambda\sigma\sqrt{T-t}$$

$$d_8 = d_7 - \sigma\sqrt{T-t}$$

根据式(15.1),$H>K$情形的向下敲入障碍看涨期权价格(c_{di})由下列公式给出:

$$c_{di} = c - c_{do} \tag{15.5}$$

图15.2(a)和(b)分别是$H>K$情形的向下敲出和向下敲入看涨期权价格与普通看涨期权价格的对比。

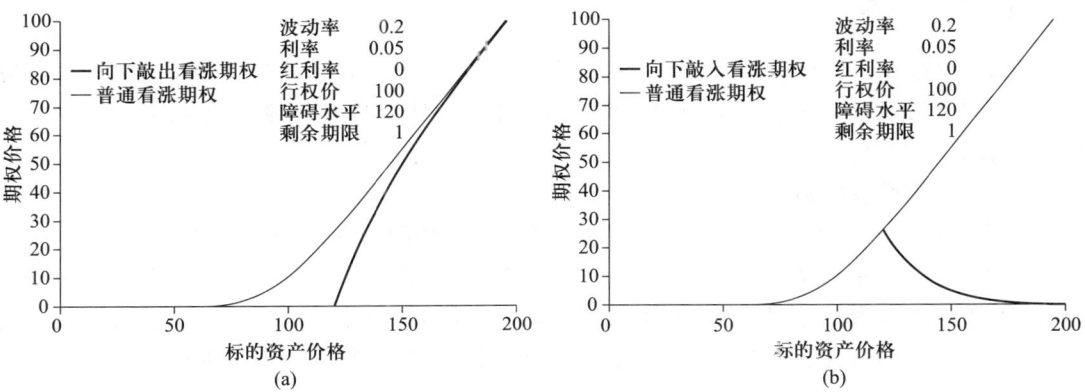

图15.2　$H \leqslant K$情形的向下敲出和向下敲入看涨期权

值得注意的是,障碍期权价格跟障碍水平的高低有很大的关系。障碍水平的高低还会对障碍期权价格与波动率的关系产生很大影响。案例15.2展示了上述关系。

【案例15.2】

某个无红利资产的向下敲出看涨期权,相关参数如下:$S=100, K=100, H=80, r=5\%, \sigma=20\%, q=0, T=1$。按上述参数计算的普通期权看涨价格为10.45,向下敲出看涨期权为10.35。表15.1呈现了障碍水平对向下敲出看涨期权价格的影响。

表15.1　不同障碍水平下的向下敲出看涨期权价格

H	70	75	80	85	90	95	97.5	99.9
c_{do}	10.45	10.44	10.35	9.95	8.67	5.64	3.19	0.14

从表15.1可以看出,障碍水平越接近标的资产价格,向下敲出看涨期权价格就越低。表15.2则呈现了障碍水平对障碍期权价格与波动率的关系的影响。

表 15.2　障碍期权价格与波动率的关系

σ	H			
	无障碍	80	90	95
10%	6.80	6.80	6.73	5.70
20%	10.45	10.35	8.67	5.64
30%	14.23	13.24	9.39	5.50
40%	18.02	15.18	9.71	5.40

从表 15.2 可以看出,障碍水平越接近标的资产价格,那么向下敲出看涨期权价格对波动率越不敏感。通常情况下,波动率与期权价格呈正相关关系,但如果障碍水平较接近标的资产价格,波动率与障碍敲出期权价格有可能呈负相关关系。

四、亚式期权

亚式期权(Asian options),是当今金融衍生品市场上交易最活跃的奇异期权之一。它最大的特点在于:其到期回报依赖于标的资产在一段特定时间(整个期权有效期或其中部分时段)内的平均价格。

(一)亚式期权的种类

亚式期权的分类主要从两方面进行:哪个值取平均值? 如何取平均值?

首先,如果用平均值 A 取代到期资产价格 S_T,就得到了平均资产价期权(average price options),比如平均资产价看涨期权的到期回报为 $\max(A-K,0)$;如果用 A 取代行权价格,则得到平均行权价期权(average strike options),平均行权价看涨期权的到期回报为 $\max(S_T-A,0)$。

其次,所使用的平均值主要可以分为两类:算术平均和几何平均。算术平均的一种形式可以表示如下:$A=\frac{1}{n}(S_1+S_2+\cdots+S_n)$,而几何平均一般可以用 $A=(S_1 S_2 S_3 \cdots S_n)^{\frac{1}{n}}$,或者 $\ln A=\frac{1}{n}(\ln S_1+\ln S_2+\ln S_3+\cdots+\ln S_n)$ 来表示。除此之外,还有一种使用广泛的方法是指数加权平均,也就是说,它不像算术平均或几何平均那样给予每个价格以相等权重,而是最近的价格权重大于以前的价格权重,并以指数的形式下降。

事实上,在亚式期权中还有一个很重要的问题:在取平均值时使用的是连续方法还是离散方法。如果在一个有限的时间内取时间上非常接近的价格相加,计算的平均价格就会变成在这个平均期内的资产价格(或是其某一函数)的积分值,这就给出了一个连续平均值。更一般的现实情况是,只取总体数据中的部分可靠的数据点,一般取每天或确定日子的收盘价,这被叫作离散平均。前面给出的平均值公式实际上都是离散形式的,相应地,连续算术平均和连续几何平均公式分别可以写成:

$$A=\frac{1}{T-t}\int_t^T S_\tau \mathrm{d}\tau \tag{15.6}$$

$$G = \exp\left(\frac{1}{T-t}\int_t^T \ln S_\tau \mathrm{d}\tau\right) \tag{15.7}$$

值得注意的是,对于平均资产价期权来说,算平均价时取样次数越少,期权将越便宜。而对于平均行权价期权来说,算平均价时取样次数越少,期权将愈贵。

表 15.3 显示了取样次数 N 对亚式期权价格的影响,表中所用主要参数如下:$S = 40$,$K = 40$,$r = 8\%$,$\sigma = 30\%$,$t = 1$。

表 15.3 取样次数对亚式期权价格的影响

N	平均资产价		平均行权价	
	看涨期权	看跌期权	看涨期权	看跌期权
1	6.285	3.209	0.000	0.000
2	4.708	2.645	2.225	1.213
3	4.209	2.445	2.748	1.436
5	3.819	2.281	3.148	1.610
10	3.530	2.155	3.440	1.740
50	3.302	2.052	3.668	1.843
100	3.248	2.027	3.722	1.868
∞	3.246	2.026	3.725	1.869

(二) 亚式期权的性质

可以看出,亚式期权和障碍期权类似,其回报和价值都要受到到期前标的资产价格遵循路径的影响,但很显然标的资产历史价格的平均数要成为亚式期权定价中的一个独立状态变量,因此它的路径依赖性质比障碍期权更强。

亚式期权受欢迎的一个重要原因在于:平均值的采用减少了波动,导致了它比一个类似的常规期权更便宜,而任何能降低期权合约前端费用的东西都会导致它们更受欢迎。另外,在许多情况下,在市场上寻求套期保值的公司往往需要为其在未来一段时间内连续平稳的可预测现金流进行保值,这时持有一个合适的亚式期权可以对冲平均价格的风险,因此亚式期权在对冲那些不断进行的小额交易风险时特别有用。有时,亚式期权所使用的是一个特定时期内的平均价格,往往可以满足投资者的特殊需求。例如,有一类亚式期权被称为尾部亚式期权(Asian tail options),使用的是期权快到期之前一段时间内的标的资产平均值,这对于那些到期时有固定的现金流出的交易者(比如养老金账户)就很有意义,可以避免到期前标的资产价格突然波动带来的风险。

(三) 亚式期权的定价

对于连续取样的几何平均资产价格亚式期权来说,在 B-S-M 框架下,可以求出其价格的解析解。对于支付已知红利率 q 的标的资产而言,其看涨期权价格(c_G)为:

$$c_G = Se^{-\frac{1}{2}\left(r+2q+\frac{1}{6}\sigma^2\right)(T-t)}N(a_1) - Ke^{-r(T-t)}N(a_2) \tag{15.8}$$

式中:

$$a_1 = \frac{\ln(S/K) - \frac{1}{2}\left(r - 2q + \frac{1}{6}\sigma^2\right)(T-t)}{\sigma\sqrt{(T-t)/3}}$$

$$a_2 = a_1 - \sigma\sqrt{(T-t)/3}$$

看跌期权价格(p_G)为：

$$p_G = Ke^{-r(T-t)}N(-a_2) - Se^{-\frac{1}{2}\left(r+2q+\frac{1}{6}\sigma^2\right)(T-t)}N(-a_1) \tag{15.9}$$

其他形式的亚式期权很难得到解析解，通常只能通过数值方法来定价。

五、回溯期权

能在价格最高点卖出，或在最低点买进，这是市场交易者梦寐以求的情形。回溯期权（lookback options）就提供了这样一种可能。回溯期权的收益依附于标的资产在某个确定的时段（称为回溯时段）中达到的最大或最小价格（又称为回溯价）。值得注意的是，离散取样和连续取样对回溯价是有影响的。

就像亚式期权一样，根据是资产价格还是行权价格采用这个回溯价格，回溯期权可以分为以下 4 种：

（1）浮动行权价看涨期权（floating strike call options），其回报等于 $\max(S_T - S_{\min}, 0)$，其中 $S_{\min}$ 指最低价。

（2）浮动行权价看跌期权（floating strike put options），其回报等于 $\max(S_{\max} - S_T, 0)$，其中 $S_{\max}$ 指最高价。

（3）固定行权价看涨期权（fixed strike call options），其回报等于 $\max(S_{\max} - K, 0)$。

（4）固定行权价看跌期权（fixed strike put options），其回报等于 $\max(K - S_{\min}, 0)$。

与亚式期权类似，回溯期权定价中需要增加考虑回溯价这个独立的状态变量，因此也属于具有较强的路径依赖性质的期权。回溯期权（或者说回溯的特征）常常出现在市场上许多不同种类的金融产品中，尤其是固定收益类工具，例如其中的利息支付取决于在确定时间内利率到达的最大水平。总的来说，回溯期权很适合那些对资产价格波动幅度较有把握，但对到期价格把握不大的投资者，它保证了持有者可以得到一个时期内的最优价格，因此价格也相对昂贵。

在 B-S-M 框架下，回溯期权都有解析解。[①] 其中，浮动行权价看涨期权价格 c_{fl} 为：

$$c_{fl} = Se^{-q(T-t)}N(b_1) - Se^{-q(T-t)}\frac{\sigma^2}{2(r-q)}N(-b_1)$$

$$- S_{\min}e^{-r(T-t)}\left[N(b_2) - \frac{\sigma^2}{2(r-q)}e^{-g_1}N(-b_3)\right] \tag{15.10}$$

式中：

$$b_1 = \frac{\ln(S/S_{\min}) + \left(r - q + \frac{1}{2}\sigma^2\right)(T-t)}{\sigma\sqrt{T-t}}$$

$$b_2 = b_1 - \sigma\sqrt{T-t}$$

---

① 参见 Goldman M B，Sosin H B，Gatto M A. Path Dependent Options："Buy at the Low, Sell at the High"[J]. Journal of Finance, 1979, 34(5):1111-1127.

$$b_3 = \frac{\ln(S/S_{\min}) + \left(-r+q+\frac{1}{2}\sigma^2\right)(T-t)}{\sigma\sqrt{T-t}}$$

$$g_1 = -\frac{2\left(r-q-\frac{1}{2}\sigma^2\right)\ln(S/S_{\min})}{\sigma^2}$$

浮动行权价看跌期权价格 p_{fl} 为：

$$p_{fl} = S_{\max}e^{-r(T-t)}\left[N(b_4) - \frac{\sigma^2}{2(r-q)}e^{g_2}N(-b_6)\right] + Se^{-q(T-t)}\frac{\sigma^2}{2(r-q)}N(-b_5) - Se^{-q(T-t)}N(b_5) \quad (15.11)$$

式中：

$$b_4 = \frac{\ln(S_{\max}/S) + \left(-r+q+\frac{1}{2}\sigma^2\right)(T-t)}{\sigma\sqrt{T-t}}$$

$$b_5 = b_4 - \sigma\sqrt{T-t}$$

$$b_6 = \frac{\ln(S_{\max}/S) + \left(r-q-\frac{1}{2}\sigma^2\right)(T-t)}{\sigma\sqrt{T-t}}$$

$$g_2 = \frac{2\left(r-q-\frac{1}{2}\sigma^2\right)\ln(S_{\max}/S)}{\sigma^2}$$

固定行权价看涨期权价格 (c_{fix})[①] 为：

$$c_{fix} = p_{fl}^* + Se^{-q(T-t)} - Ke^{-r(T-t)} \quad (15.12)$$

其中，p_{fl}^* 表示用 $S_{\max}^* = \max(S_{\max}, K)$ 代替式 (15.11) 中的 $S_{\max}$ 时的浮动行权价看跌期权价格。

固定行权价看跌期权价格 (p_{fix}) 为：

$$p_{fix} = c_{fl}^* + Ke^{-r(T-t)} - Se^{-q(T-t)} \quad (15.13)$$

其中，c_{fl}^* 表示用 $S_{\min}^* = \min(S_{\min}, K)$ 代替式 (15.10) 中的 $S_{\min}$ 时的浮动行权价看涨期权价格。

六、呐喊期权

呐喊期权 (shout options) 是一个常规欧式期权加上一个额外的特征：在整个期权有效期内，持有者可以向空头方呐喊一次。在期权到期时，期权权利方的回报等于以下两种回报中的较大者：一是常规欧式期权的回报；二是呐喊时刻的股价与行权价之差。

在此举一个看涨呐喊期权的例子来予以说明。假设一个看涨期权的行权价格是 50 美元，

[①] 参见 Hoi Ying Wong, Yue Kuen Kwok. Sub-Replication and Replenishing Premium: Efficient Pricing of Multi-State Lookbacks[J]. Review of Derivatives Research, 6(2): 83-106.

持有者在标的资产价格上升到60美元时呐喊了一次,如果到期时资产价格低于60美元,投资者就可以获得10美元,如果到期资产价格高于60美元,就按到期价格计算多头的回报。

因此,呐喊期权实际上和回溯期权有点类似,但由于呐喊次数有限,所以相对要便宜一些。在定价的时候,可以把呐喊看涨期权的回报写为:

$$\max(S_T - S_\tau, 0) + (S_\tau - K)$$

式中:T 是指到期时刻;

S_τ 是指呐喊时刻的资产价格。

因此,可以把呐喊期权分解成行权价为 S_τ 的欧式期权加上 $S_\tau - K$ 的现值。呐喊之后,由于 S_τ 确定了,前者可以用 B-S-M 公式计算出来。而在呐喊之前,S_τ 是个随机变量,不能简单使用 B-S-M 公式。

也可以用二叉树或三叉树模型为呐喊期权定价,只是在每个节点都要分别计算持有者呐喊的期权价值和持有者没有呐喊的期权价值,取其大者,因此整个过程很类似美式期权的定价过程。

呐喊期权显然比较受较自信的投资者欢迎,因为它需要对何时呐喊作出决策。

七、远期开始期权

顾名思义,远期开始期权(forward start options)是现在支付期权费而在未来某时刻才开始的期权。投资者在 t_0 时刻购买了期权,但行权价格需要到期权启动时刻 t_1 才得知,即为当时的资产价格 S_1,而该期权将在 $t_2(t_2 > t_1 > t_0)$ 时刻到期。

可以用第十一章中介绍的 B-S-M 模型为远期开始期权定价。假设一份支付已知红利率的远期开始欧式看涨期权,在 t_1 时刻显然满足 B-S-M 期权定价公式(符号含义同前):

$$c_1 = S_1 e^{-q(t_2-t_1)} N(d_1) - S_1 e^{-r(t_2-t_1)} N(d_2)$$

式中:

$$d_1 = \frac{\left(r - q + \frac{\sigma^2}{2}\right)(t_2 - t_1)}{\sigma \sqrt{t_2 - t_1}}$$

$$d_2 = \frac{\left(r e^{-q(t_2-t_1)} - \frac{\sigma^2}{2}\right)(t_2 - t_1)}{\sigma \sqrt{t_2 - t_1}} = d_1 - \sigma \sqrt{t_2 - t_1}$$

(15.14)

从式(15.14)中可以看到,期权价格与资产价格成正比,可以看成资产价格与一个函数的乘积:

$$c_1 = S_1 f(t_2 - t_1)$$

根据风险中性定价原理,t_0 时刻的期权价值应为 $c_0 = e^{-r(t_1-t_0)} \hat{E}[c_1]$($\hat{E}[\cdot]$ 为风险中性测度下的期望值)。由于 $\hat{E}[S_1] = S_0 e^{(r-q)(t_1-t_0)}$,函数 $f(t_2 - t_1)$ 对 c_0 和 c_1 来说是相等的,因此零时刻的期权价格为:

$$c_0 = S_0 e^{-q(t_2-t_0)} N(d_1) - S_0 e^{-q(t_1-t_0)} e^{-r(t_2-t_1)} N(d_2)$$

(15.15)

其中:d_1 和 d_2 的定义同式(15.14)。

对于无红利资产而言,

$$c_0 = S_0 N(d_1) - S_0 e^{-r(t_2-t_1)} N(d_2) \tag{15.16}$$

换句话说，$K=S_1$ 的远期开始期权的价格与具有相同剩余期限的 $K=S_0$ 的标准期权价格完全相同。

八、复合期权和选择者期权

复合期权（compounded options）和选择者期权（chooser options）都是期权的期权，即二阶期权，因此放在一起加以介绍。

（一）复合期权

复合期权，在 t_0 时刻给予持有者一种在特定时间 $t_1(t_1>t_0)$ 以特定价格买卖另一种期权的权利，这个标的期权将在 $t_2(t_2>t_1>t_0)$ 时刻到期。复合期权是二阶期权，因为复合期权给了持有者对另一种期权的权利。

复合期权有 4 种基本类型：看涨期权的看涨期权、看涨期权的看跌期权、看跌期权的看涨期权和看跌期权的看跌期权。以看涨期权的看涨期权为例，其权利方有权在 t_1 时刻按 K_1 的行权价购买一份在 t_2 时刻到期、行权价为 K_2 的看涨期权。

在 B-S-M 框架下，可以求出欧式复合期权的价格。[①] 其中 t_0 时刻看涨期权的欧式看涨期权价格（c_c）为：

$$c_c = S e^{-q(t_2-t_0)} M(e_1, d_1; \sqrt{t_1/t_2}) - K_2 e^{-r(t_2-t_0)} M(e_2, d_2; \sqrt{t_1/t_2}) - e^{-r(t_1-t_0)} K_1 N(e_2) \tag{15.17}$$

式中：

$$e_1 = \frac{\ln(S/S^*) + \left(r - q + \frac{\sigma^2}{2}\right)(t_1-t_0)}{\sigma\sqrt{t_1-t_0}}$$

$$e_2 = e_1 - \sigma\sqrt{t_1-t_0}$$

$$d_1 = \frac{\ln(S/K_2) + \left(r - q + \frac{\sigma^2}{2}\right)(t_2-t_0)}{\sigma\sqrt{t_2-t_0}}$$

$$d_2 = d_1 - \sigma\sqrt{t_2-t_0}$$

$M(a,b;\rho)$ 表示第一个变量小于 a、第二个变量小于 b、两个变量的相关系数等于 ρ 的双变量标准正态分布累积概率分布函数，S^* 表示 t_1 时刻让第二个期权价格等于 K_1 的标的资产价格。

看涨期权的欧式看跌期权价格（p_c）等于：

$$p_c = K_2 e^{-r(t_2-t_0)} M(-e_2, d_2; -\sqrt{t_1/t_2}) - S e^{-q(t_2-t_0)} M(-e_1, d_1; -\sqrt{t_1/t_2}) + e^{-r(t_1-t_0)} K_1 N(-e_2) \tag{15.18}$$

看跌期权的欧式看涨期权价格（c_p）等于：

[①] 详见 Geske Robert. The Valuation of Corporate Liabilities as Compound Options[J]. The Journal of Financial and Quantitative Analysis, 1977, 12(4):541.

$$c_p = K_2 e^{-r(t_2-t_0)} M(-e_2, -d_2 : \sqrt{t_1/t_2}) -$$
$$Se^{-q(t_2-t_0)} M(-e_1, -d_1 : \sqrt{t_1/t_2}) - e^{-r(t_1-t_0)} K_1 N(-e_2) \qquad (15.19)$$

看跌期权的欧式看跌期权价格(p_p)为:

$$p_p = Se^{-q(t_2-t_0)} M(e_1, -d_1 : -\sqrt{t_1/t_2}) -$$
$$K_2 e^{-r(t_2-t_0)} M(e_2, -d_2 : -\sqrt{t_1/t_2}) + e^{-r(t_1-t_0)} K_1 N(e_2) \qquad (15.20)$$

(二) 选择者期权

选择者期权类似于复合期权,其特征在于,持有者在 t_0 时刻购买该期权,并可在特定时间 $t_1(t_1 > t_0)$ 决定该期权为看涨期权还是看跌期权。显然,选择者期权的标的资产是普通的看涨期权和看跌期权。在 t_1 时刻,选择者期权的价格为:

$$\max(c, p)$$

如果标的期权是同样剩余期限、同样行权价的欧式期权,我们就可以利用 PCP 平价来计算选择者期权的价格。如果用 S_1 表示 t_1 时刻的标的资产价格,则:

$$\max(c, p) = \max[c, c + Ke^{-r(t_2-t_1)} - S_1 e^{-q(t_2-t_1)}]$$
$$= c + e^{-q(t_2-t_1)} \max[0, Ke^{-(r-q)(t_2-t_1)} - S_1]$$

可见,选择者期权可以分拆成两部分:
(1) 行权价为 K,到期日为 t_2 的欧式看涨期权;
(2) $e^{-q(t_2-t_1)}$ 份行权价为 $Ke^{-(r-q)(t_2-t_1)}$、到期日为 t_1 的欧式看跌期权。
这样,我们就可以用 B-S-M 期权定价公式为选择者期权估值了。

九、多资产期权

多资产期权(multi-asset options)中往往包含两个或两个以上标的资产,这就带来了多维的概念,比如在两种标的资产的情况下是三维的,包括两种资产价格和时间因素。在三维或多维概念下,必须考虑标的资产之间的相关关系,相应地产生了伊藤引理和 B-S-M 模型在多维世界中的拓展。

在多资产期权中,共有 n 个标的资产。我们用 S_i 表示第 i 个标的资产的价格,其中 $i = 1, 2, \cdots, n$。假设每个标的资产都服从如下扩散过程:

$$dS_i = a_i(S_i, t) dt + b_i(S_i, t) dz_i \qquad (15.21)$$

式中:$E_t(dS_i \, dS_j) = \rho_{ij}(t) dt$。
则这些资产价格和 t 的函数 $f(S_1, S_2, \cdots, S_n, t)$ 将服从如下扩散过程运动:

$$df = \frac{\partial f}{\partial t} dt + \sum_{i=1}^{n} \frac{\partial f}{\partial S_i} dS_i + \frac{1}{2} \sum_{i=1}^{n} \sum_{j=1}^{n} \frac{\partial^2 f}{\partial S_i \partial S_j} dS_i dS_j$$
$$= \left(\sum_{i=1}^{n} \frac{\partial f}{\partial S_i} a_i + \frac{\partial f}{\partial t} + \frac{1}{2} \sum_{i=1}^{n} \sum_{j=1}^{n} \frac{\partial^2 f}{\partial S_i \partial S_j} b_i b_j \rho_{ij} \right) dt + \sum_{i=1}^{n} \frac{\partial f}{\partial S_i} b_i dz_i \qquad (15.22)$$

这就是多维伊藤引理。

利用式(15.21)和式(15.22),就可以按照 B-S-M 的分析框架,找出多资产期权 G 所服从的偏微分方程并进行定价。

在 B-S-M 框架下,建立一个包括多资产期权 $f(S_1, S_2, \cdots, S_n, t)$ 和 $\frac{\partial f}{\partial S_i}$ 份各种标的资产

的组合,就可以得到无风险组合,从而可以得到多资产期权的多维微分方程:

$$\frac{\partial f}{\partial t} + r\sum_{i=1}^{n} S_{it}\frac{\partial f}{\partial S_i} + \frac{1}{2}\sum_{i=1}^{n}\sum_{j=1}^{n}\sigma_i\sigma_j\rho_{ij}S_{it}S_{jt}\frac{\partial^2 f}{\partial S_i\partial S_j} = rf_t \qquad (15.23)$$

利用风险中性定价原理或者直接求解式(15.23)就可以为多资产期权定价。如果无法得到解析解,就得用数值方法定价。

资产交换期权(exchange options)是较特殊的多资产期权,该期权的权利方有权用一种资产换取另一种资产。一个在 T 时刻用价格为 U_T 的资产来换取价格为 V_T 的资产的欧式期权,其回报为:

$$\max(V_T - U_T, 0)$$

马格拉布(Margrabe)[①]首先提出了资产交换期权的定价公式:假设资产价格 U 和 V 都服从几何布朗运动,波动率分别为 σ_U 和 σ_V,收益率分别为 q_U 和 q_V,U 和 V 之间的瞬时相关关系为 ρ,则资产交换期权的价格为:

$$Ve^{-q_V(T-t)}N(h_1) - Ue^{-q_U(T-t)}N(h_2) \qquad (15.24)$$

式中:

$$h_1 = \frac{\ln(V_0/U_0) + \left(q_U - q_V + \dfrac{\tilde{\sigma}^2}{2}\right)(T-t)}{\tilde{\sigma}\sqrt{T-t}}$$

$$h_2 = h_1 - \tilde{\sigma}\sqrt{T-t}$$

$$\tilde{\sigma} = \sqrt{\sigma_U^2 + \sigma_V^2 - 2\rho\sigma_U\sigma_V}$$

以上这个公式有两个方面值得注意:第一,该公式是独立于无风险利率 r 的。这是因为当 r 上升的时候,风险中性世界中的两种资产价格增长率都上升了,但是这被贴现率的上升抵消了。第二,变量 $\tilde{\sigma}$ 是 $\dfrac{V}{U}$ 的波动率,这样这个期权可以理解为 U 份标的资产价格为 $\dfrac{V}{U}$、行权价格为 1 的欧式看涨期权的价格,其中无风险利率是 q_U,资产红利率为 q_V。马克·鲁宾斯坦(Mark Rubinstein)[②]证明了美式资产交换期权也有相同的性质。

较常见的多资产期权是彩虹期权(rainbow option),其回报取决于两种或多种标的资产的表现。彩虹期权的种类很多,如较差期权(worse-of option),其到期回报等于几种资产中价格最低者。以两资产为例,较差期权的回报为:

$$\min(U_T, V_T) = V_T - \max(V_T - U_T, 0) \qquad (15.25)$$

由式(15.25)可见,较差期权可以分解成一种资产的多头和用另一种资产换取这种资产的看涨期权空头。

同样,两资产较佳期权(better-of option)的回报为:

$$\max(U_T, V_T) = U_T + \max(V_T - U_T, 0) \qquad (15.26)$$

由式(15.26)可见,较佳期权可以分解成一种资产的多头和用这种资产换取另一种资产的看涨期权多头。

[①] 参见 Margrabe W. The Value of an Option to Exchange One Asset for Another[J]. The Journal of Finance, 1978, 33(1):177-186.

[②] 参见 Rubinstein M. One for Another[J]. Risk, July/August 1991:30-32.

奇异期权是世界上最具有生命力的金融工具之一。它的内涵和外延无时不处在变化和拓展当中，没有人能够说出究竟有多少种奇异期权，也没有人能够精确地对它们进行分类和完全描述，上面介绍的只是最常见的部分奇异期权。只要市场需要，奇异期权就会不断延展、不断衍生，过去或现在被称为奇异期权的东西，也正在成为进一步衍生的基础。可以看一些有趣的例子：

部分回溯期权：其回溯时段只是期权有效期的一部分，而不再是整个有效期，这样期权价格会有所下降，这种期权对那些认为资产价格只可能在一段时间内发生有利变化的投资者来说，是较有吸引力的。

俄式期权：一种永远不会到期的美式回溯期权，期权持有者可以选择任意时刻行权，行权时收到资产价格的历史最大值（这时回溯时段是整个历史）。

回溯-亚式期权：这种期权的价值受到多个路径依赖变量的影响，是回溯期权和亚式期权的结合。

巴黎期权：一种障碍期权，但是其障碍特征只有在标的资产价格在障碍值之外保持了预先要求的时间长度之后，才会被触发。

……

可见，奇异期权确实是无法尽述的，可以说，它的丰富多变就是金融工程的核心和魅力的体现。前几章所介绍的定价和敏感性分析为期权定价提供了基本思路和方法，可以根据期权的不同特征，将它们分别应用到新的期权定价和敏感性分析中去。

第二节 奇异期权的主要性质

本节的主要内容是对奇异期权的主要性质与类型进行大致的区分，以帮助读者更好地理解奇异期权。这些类型包括：分拆与组合、弱式路径依赖、强式路径依赖、时间依赖、维数和阶数。必须注意的是，因为奇异期权变化很多，本节内容并不能包括奇异期权的所有特点。

一、分拆与组合

最基本的奇异期权是对标准期权和其他一些金融资产的分拆与组合，从而得到所需要的回报，如打包期权。

分拆与组合的思想还可以用在为奇异期权定价上，这一方法是金融工程的核心之一。通过对奇异期权到期时回报的数学整理，常常可以把期权分成常规期权和其他金融资产的组合，从而大大简化期权定价。

二、弱式路径依赖

路径依赖（path dependence）性质，是指期权的价格会受到标的变量所遵循路径的影响。它又可以分为弱式路径依赖（weak path dependence）和强式路径依赖（strong path dependence）两种。如果期权价值会受到路径变量的影响，但是在期权定价的偏微分方程中，并不需要比与之类似的标准欧式期权增加新的独立路径依赖变量，就属于弱式路径依赖性质的期权。

美式期权(或者更一般地说,具有提前行权特征的期权)就是弱式路径依赖期权。当期权到期时,期权持有者是否仍持有期权要看他是否已经行权,或者说要看标的资产价格遵循的路径,但是在定价模型中,并不需要增加独立的状态变量,因此美式期权路径依赖的特征是比较弱的。

导致弱式路径依赖的最常见的原因是障碍水平。当标的资产价格在事先确定的时间内触及某个预先确定的障碍水平时,障碍期权(敲入或敲出期权)就可能被敲出(作废)或是敲入(开始生效)。这种期权显然是路径依赖的,但是因为仍然只需要解一个以资产价格和时间为变量的偏微分方程,它仍然只是弱式路径依赖的。

三、强式路径依赖

与弱式路径依赖对应的强式路径依赖,在奇异期权中也相当常见。这些期权的回报除了取决于标的资产的目前价格和时间,还取决于资产价格路径的一些特征,即不能将期权价格简单写作$f(S,t)$,还需要获得资产价格路径的更多信息。期权价值是原先的期权价格、时间和至少再增加一个独立变量的函数,相应地,在期权价格偏微分方程中也将增加期权价格对这些独立变量的导数。在现实生活中存在许多这样的期权合约,亚式期权和回溯期权是其中的典型例子,其回报要受到标的资产在一定时间内价格函数的影响。

四、时间依赖

奇异期权的一种变化形式是在以上所述的所有特征中加入时间依赖(time dependence)的特性。只能在特定的时段内提前行权的百慕大期权就是一种典型的时间依赖期权;敲出期权的障碍位置也可以随着时间不同而不同,每个月都可以设定一个比上个月更高的水平。或者可以设立一个敲出期权,其障碍只在每个月的最后一星期有效。这些合约都可以称作是时间上非齐次的(time-inhomogeneous)。这些变化使得期权合约更加丰富,也更能满足客户和市场的特殊需求。

五、维数

维数(dimensions)指的是基本的独立变量的个数。常规期权有两个独立变量S和t,因此是二维的。弱式路径依赖期权合约与那些除了不是路径依赖其他条件都完全相同的期权合约的维数相同,比如一个障碍期权和与之相应的常规期权都只有两个变量,都是二维的。对这些合约来说,资产价格这个变量的作用和时间变量的作用是彼此不同的,因为在B-S-M微分方程中,包含了对资产价格的二阶偏导而只有对时间的一阶偏导。

在两种情况下,会出现三维甚至多维。第一种情况出现在增加了其他随机源的时候,比如期权中有多个标的资产。假设有一种期权,要取两种股票价格的最大值。这两种标的资产都是随机的,每种都有自己的波动率,它们之间还有相关关系。在B-S-M微分方程中,将会出现对每种资产价格的二阶偏导,这就出现了三维问题。

三维的第二种情况是强式路径依赖的合约。比如,一种新的独立变量是路径依赖量(如亚式期权中的价格平均数),期权价格是依赖于这个变量的。这样,期权价格方程中需要再增加新的变量,但这时期权价格对这个新变量的导数只是一阶的。这样,这个新的变量看起来更像是一个类似于时间的变量,这与多标的资产的情况显然是不同的。

六、阶数

奇异期权的另一个分类特征是期权的阶数,但这不仅是一种分类特征,还牵涉建模的问题。

标准期权是一阶的,其损益仅直接取决于标的资产价格,其他的如路径依赖期权,如果路径变量直接影响期权价格,那么它也是一阶的。高阶期权指的是那些期权回报和价格取决于另一个(些)期权的价格。最典型的二阶期权的例子是复合期权。

从实际的角度来看,高阶期权的存在提出了一些重要的建模问题:复合期权的回报取决于标的期权的市场价格而非理论价格,但是对二阶期权都要使用理论模型,这时高阶期权对模型正确与否就非常敏感,需要很谨慎地处理。

第三节 结构化产品

一、结构化产品概述

(一) 结构化产品特征

结构化产品是指其表现与基础资产、产品或指数挂钩的金融工具。可能挂钩的标的有股票、债券、商品甚至航运指数、天气指数等。由于期权的非线性特征和策略的多样性,可以对标的的风险收益特征进行随意的排列组合从而创造出各种各样的风险收益组合供投资者选择。结构化产品大多包含着期权,投资者可以是期权的多头,也可以是期权的空头,或者多空头皆有。因此,许多研究或描述中大多简单定义结构化产品为"资产"和"期权"的结合。

结构化产品示意图如图 15.3 所示。

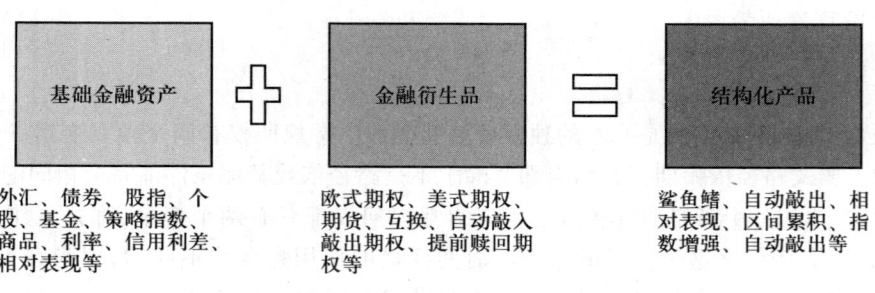

图 15.3 结构化产品示意图

结构化产品的优点主要有:

第一,结构化产品灵活多样,可以满足投资者各种个性化的需求。

第二,结构化产品把期权等高度复杂的衍生品,经过静态或者动态的动态策略,转成相对直观的产品,大大降低了投资者利用金融衍生品和复杂投资策略的门槛。

第三,在现货市场,由于卖空限制使得现货价格与衍生品价格的相对价格出现错误的情况,金融机构利用自己的专业优势,可以构造出性价比很好的结构化产品,从而让普通投资者也可以通过结构化产品利用市场错误,获取超额收益。

第四,较高的超额收益会吸引更多的投资者通过结构化产品利用市场错误,这反过来会逐步消灭市场错误,从而提升市场效率。

对投资者来说结构化产品主要的问题是存在流动性风险和信用风险。前者主要是因为结构化产品都有固定的期限,很多结构化产品在到期前或敲出前是难以变现的。信用风险主要来自金融机构本身的违约,因此投资者要注意选择发行者。

(二) 结构化产品构成及分类

1. 按保证金比例划分

按保证金比例划分,结构化产品可以分为两个大类:无杠杆和有杠杆结构化产品。

前者通常要按名义本金提供全额投资本金。后者提供的投资资金只是名义本金的一部分(如30%)。显然,前者把衍生品的高杠杆特征消除了,适合于风控能力较弱的投资者。后者可以保留衍生品的高杠杆特征,适合于较专业的投资者。

2. 按本金的安全性划分

按本金的安全性划分,结构化产品可以分为:保本型和非保本型结构性产品。

保本型结构化产品可以保障投资本金的安全,其收益率也相对较低,适合低风险投资者。非保本型结构化产品则不保障本金的安全,其收益率也相对较高,或者获利概率较大。

二、常见的结构化产品

结构性产品种类繁多,下面我们介绍几种常见的结构化产品。

(一) 指数增强型结构化产品

指数增强型结构化产品由无风险投资加衍生品组合构成,以期达到局部或者全局提高收益率或者降低风险的效果。在有效市场中,指数增强型结构化产品的主要功能是改变指数产品的风险收益特征,以满足投资者特定的风险收益需求,而无法取得绝对占优于指数的效果。但在市场定价效率低下时,指数增强型结构化产品的综合表现就有可能绝对占优于指数。根据风险收益特征,指数增强型结构化产品可以分为很多类型,主要有六种。

1. 固定增强型结构化产品

固定增强型结构化产品的表现会确定地优于指数一个固定的数额。该产品由无风险投资加期货多头(或者看涨期权多头和看跌期权空头)组成。我们以国内某券商2024年2月5日发行的一款指数增强型产品为例,来说明固定增强型结构化产品的经典结构,如表15.4所示。

表15.4 固定增强型结构化产品

标的	中证1000指数
期限	1年
固定增强收益	10%
锁定期	前1个月无法赎回
流动性安排	锁定期满后,每个交易日可赎回;T日提交赎回指令,T+1日确认
产品费用	赎回费率:1到3个月0.4%,3—9个月0.2%,9个月后0.0%; (无认购费,赎回费仅发生于客户提前赎回,为产品唯一费用)

其盈亏分布如图15.4所示。从表15.4和图15.4可以清楚地看出,该产品的盈亏比率等于指数涨跌幅+10%,其中10%是增强的收益率,而且是事先确定的。假设中证1000股指在未来一年的红利收益率为1%,则该产品的超额收益率等于9%。显然,无论中证1000股指未来一年表现如何,这种产品的收益率一定高于中证1000指数基金。

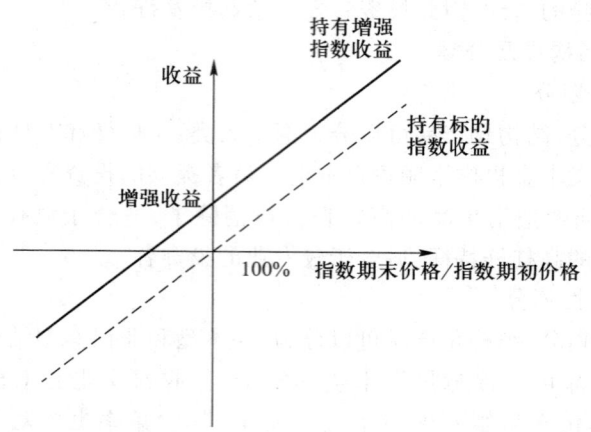

图15.4 固定增强型结构化产品的盈亏图

券商之所以可以提供如此好的产品,主要是因为2024年2月5日中证1000股指期货存在严重的贴水(如表15.5所示)、PCP平价被严重背离(如图15.5所示)。券商实际上是搬运工,把市场定价错误变成产品,让非专业的投资者也可以享受市场定价错误带来的好处。大量投资者购买这种产品,反过来会降低市场定价的错误,提高市场效率。对于监管者来说,应该降低全额保证金的固定增强型结构化产品的准入门槛,因为该产品既能给非专业投资者提供更好的投资工具,体现了金融的人民性;又能提高市场效率,体现高质量发展的要求。

表15.5 中证1000股指期货行情(2024年2月5日)

代码	交割日期	现价	涨跌	涨跌幅	基差	升水率
000852	—	4 293.07	−281.60	−6.16%	0.00	0.00%
CFFEX 中证1000 指数期货						
IM2402	2024年02月	4 176.6	−304.4	−6.79%	−116.47	−2.71%
IM2403	2024年03月	4 044.6	−370.0	−8.38%	−248.47	−5.79%
IM2406	2024年06月	3 922.6	−372.0	−8.66%	−370.47	−8.63%
IM2409	2024年09月	3 850.0	−364.6	−8.65%	−443.07	−10.32%

2. 非线性增强型结构化产品

非线性增强型结构化产品的增强收益不是固定的,而是随指数表现不同而不同。我们以国内某券商2024年2月5日发行的一款增压指数增强型产品为例,来说明非线性增强型结构化产品的结构,如表15.6所示。该产品的盈亏分布如图15.6所示。

标的	000852[中证1000]	到期日	20241220	行权价	25								
代码	名称	现价	涨跌	涨跌幅	今开	最高	最低	换手率	成交量	成交额	期权成交量	期权持仓量	成交量PCR
000852	中证1000	4293.07	-281.60	-6.16%	4534.75	4534.75	4177.94	2.20%	211.27亿	1662.07亿	31.14万	24.69万	68.36%

认购 最新价	涨跌	涨跌幅	成交量	持仓量	IV	时间价值(标的)	行权价	认沽 最新价	涨跌	涨跌幅	成交量	持仓量	IV	时间价值(标的)
25.0	3.0	13.64%	454	659	41.51%	25.1	7000.0	3074.2	306.6	11.08%	21	161	40.05%	350.5
2024年12月(到期日2024-12-20,剩余320个自然日，211个交易日,合约乘数100)								F 3913.04				ATM IV 34.28%		
-	0.0	0.00%	0	0	0.00%	0.0	3800.0	-	0.0	0.00%	0	0	0.00%	0.0
-	0.0	0.00%	0	0	0.00%	0.0	3900.0	-	0.0	0.00%	0	0	0.00%	0.0
-	0.0	0.00%	0	0	0.00%	0.0	4000.0	-	0.0	0.00%	0	0	0.00%	0.0
426.6	-107.6	-20.14%	208	131	35.21%	232.6	4100.0	578.4	249.0	75.53%	279	137	32.96%	608.5
389.2	-102.8	-20.89%	126	93	35.11%	296.4	4200.0	660.0	252.6	62.00%	149	192	34.31%	671.5
351.6	-81.2	-18.76%	175	160	34.81%	352.3	4300.0	738.2	296.4	67.09%	116	180	35.23%	726.3
317.2	-83.8	-20.90%	112	142	34.55%	317.9	4400.0	785.0	273.8	53.55%	93	130	33.75%	697.9
285.6	-75.6	-20.93%	79	197	34.31%	285.4	4500.0	812.4	235.6	40.86%	113	374	30.59%	658.9
256.6	-70.4	-21.53%	45	137	34.08%	258.9	4600.0	899.2	261.6	41.03%	23	68	31.59%	628.7
235.2	-55.0	-18.95%	35	139	34.26%	234.4	4700.0	867.8	163.4	23.24%	9	124	32.81%	601.9
211.0	-46.2	-17.96%	156	271	34.07%	212.1	4800.0	1047.0	298.8	39.94%	8	122	31.15%	587.9
189.2	-42.2	-18.24%	83	214	33.91%	189.4	4900.0	965.8	123.4	14.65%	10	169	30.87%	547.3
170.0	-36.8	-17.79%	128	523	33.82%	170.7	5000.0	1138.0	244.6	27.35%	54	251	24.20%	527.8
139.8	-27.2	-16.29%	101	471	33.92%	137.7	5200.0	1280.2	223.2	21.12%	30	334	18.12%	490.8
109.6	-23.6	-17.72%	89	700	33.49%	108.8	5400.0	1429.0	40.2	2.89%	15	525	32.57%	460.5
89.0	-18.2	-16.98%	96	1170	33.53%	89.9	5600.0	1528.0	-34.2	-2.19%	74	738	30.55%	433.1
71.4	-17.4	-19.59%	367	1554	33.46%	73.0	5800.0	1746.4	9.6	0.55%	18	773	32.44%	414.9
58.6	-15.6	-21.02%	444	1687	33.62%	60.1	6000.0	2077.8	165.0	8.63%	5	98	34.60%	388.8
48.0	-12.4	-20.53%	442	621	33.75%	48.2	6200.0	2048.8	-41.4	-1.98%	5	64	28.96%	371.4
38.8	-11.0	-22.09%	180	488	33.77%	39.0	6400.0	2232.2	-37.2	-1.64%	3	65	28.39%	356.1
32.8	-9.8	-23.00%	405	822	34.10%	33.3	6600.0	2501.4	50.6	2.06%	10	350	28.42%	350.0

图 15.5　中证 1000 股指期权行情(2024 年 2 月 5 日)

表 15.6　非线性增强型结构化产品

标的	中证 1000 指数	
期限	1 年	
上行参与率	198%	
下行参与率	90%	
收益率	若期末价格大于或等于期初价格	中证 1000 指数涨幅×上行参与率(198%)
	若期末价格小于期初价格	中证 1000 指数跌幅×下行参与率(90%)

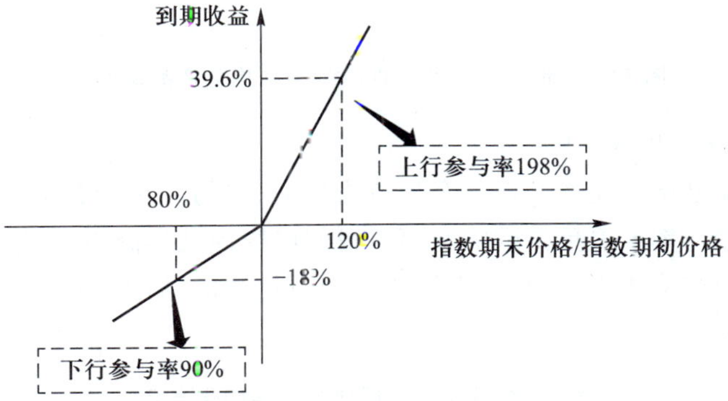

图 15.6　非线性增强型结构化产品盈亏图

这种产品由期货和看涨期权多头构成,剩余资金进行无风险投资。显然,无论中证 1000 指数未来一年表现如何,该产品的表现都好于指数,只是好的程度不同。券商之所以能够提供这么好的产品,也同样是因为市场定价错误。

3. 部分保本的非线性增强型结构化产品

这种产品在普通的非线性增强型结构中,加入一个下限,以起到部分保本的作用。我们以国内某券商 2024 年 2 月 5 日发行的一款部分保本增压指数增强型产品为例,来说明部分保本的非线性增强型结构化产品的结构,如表 15.7 所示。该产品的盈亏分布如图 15.7 所示。

表 15.7 部分保本非线性增强型结构化产品

标的	中证 1000 指数	
期限	1 年	
上行参与率	158%	
下行参与率	100%	
保本水平	80%	
收益率	若期末价格大于或等于期初价格	中证 1000 指数涨幅×上行参与率(158%)
	若期末价格小于期初价格但不小于期初价格的 80%	中证 1000 指数跌幅×下行参与率(100%)
	若期末价格小于期初价格的 80%	−20%
流动性安排	不可提前赎回	

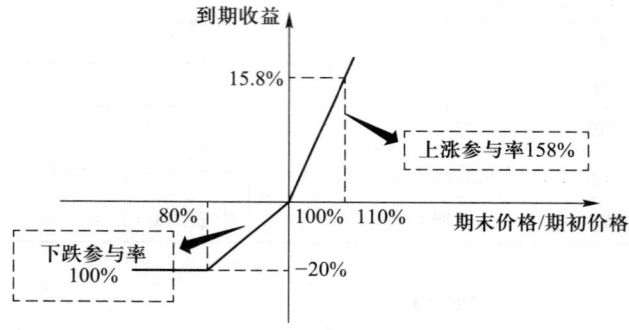

图 15.7 部分保本非线性增强型结构化产品盈亏图

4. 核心-卫星增强型结构化产品

核心-卫星增强型结构化产品以某个指数为核心,以另一个指数为卫星,其收益率等于核心指数收益率+参与率*卫星指数的涨幅。我们以国内某券商 2024 年 2 月 5 日发行的一款核心-卫星增强型结构化产品为例,来说明该产品的结构,如表 15.8 所示。该产品的盈亏分布如图 15.8 所示。

表 15.8 核心-卫星增强型结构化产品

核心标的资产	中证 1000 指数
卫星标的资产	华夏国证半导体芯片 ETF(159995.SZ)
期限	1 年
卫星资产参与率	76%
锁定期	前 3 个月为锁定期,锁定期内无法赎回
收益率	核心标的资产涨跌幅+76%×MAX(卫星标的资产涨幅,0)

流动性安排	锁定期满后,每个交易日可赎回;T日提交赎回指令,T+1日确认
管理费、申购费	无
赎回费	11%×提前赎回时剩余到期天数/365 (赎回费仅发生于客户提前赎回时,为产品的唯一费用)

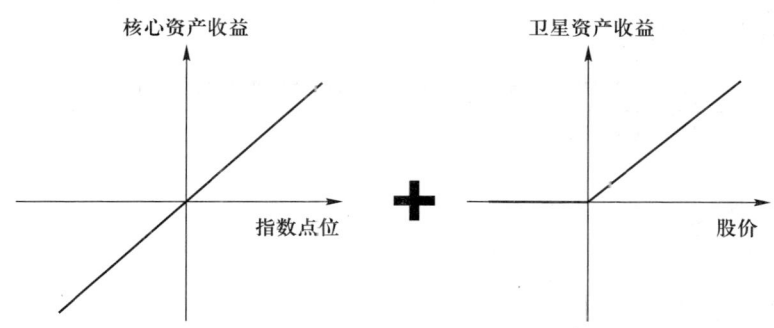

图 15.8 核心-卫星增强型结构化产品盈亏图

这种产品由核心标的期货和卫星资产的看涨期权构成,剩余资金投资于无风险资产,期权费来源于期货的贴水和无风险利息。在最差的情况下,如果不考虑股息,这种收益率也不会低于核心指数的收益率;如果卫星资产表现出色,该产品就会有很高的超额收益率。

5. 或有局部保本加固定增强型结构化产品

该产品由指数期货和向下敲出看跌期权多头构成,剩余资金投资于无风险资产,期权费来源于期货的部分贴水和无风险利息。我们以国内某券商 2024 年 2 月 5 日发行的一款或有局部保本加固定增强型结构化产品为例,来说明该产品的结构,如表 15.9 所示。

表 15.9 或有局部保本加固定增强型结构化产品

标的	中证 1000 指数		
期限	1 年		
上行参与率	100%		
下行参与率	100%		
行权价格	100% * 期初价格		
敲入价格	80% * 期初价格		
敲入事件	每日观察,若挂钩标的指数某日收盘价低于敲入价格,则触发敲入事件		
年化增强收益率	8%		
收益率	未曾触发敲入事件	期末价格大于期初价格	标的指数涨幅+年化增强收益率
		期末价格大于敲入价格,且小于等于行权价格	年化增强收益率
	曾触发敲入事件		标的指数涨跌幅
流动性安排	不支持期间申购赎回		

从表 15.9 可以看出,在最差的情况下(即期间发生敲入事件),则该产品的收益率等于标的指数的涨跌幅。如果期间没有发生敲入事件,则该产品的表现一定比标的。

6. 或有局部保本加非线性增强型结构化产品

该产品由 1 份指数期货、n 份向下敲出看涨期权多头和 1 份向下敲出看跌期权多头构成,剩余资金投资于无风险资产,期权费来源于期货的贴水和无风险利息。我们以国内某券商 2024 年 2 月 5 日发行的一款或有局部保本加非线性增强型结构化产品为例,来说明该产品的结构,如表 15.10 所示。

表 15.10 或有局部保本加非线性增强型结构化产品

标的	中证 1000 指数	
期限	1 年	
上行参与率	220%	
下行参与率	100%	
行权价格	100%×期初价格	
障碍水平	80%×期初价格	
触发事件	每日观察,若挂钩标的指数某日收盘价低于障碍水平,则发生触发事件	
收益率	未曾发生触发事件	上行参与率×$\max\left(\dfrac{期末价格}{期初价格}-1,0\right)$
	曾发生触发事件	标的指数涨跌幅
流动性安排	不支持期间申购赎回	

从表 15.10 可以看出,在最差的情况下(即期间发生触发事件),则该产品的收益率等于标的指数的涨跌幅。如果期间没有发生触发事件,则该产品的表现远好于标的指数。

(二)雪球型产品

雪球型产品由向下敲入的向上敲出看跌期权空头构成,该期权无论是否生效,只要碰到敲出水平就失效,剩余资金投资于无风险资产,其票息由期权费和利息构成。该产品在为挂钩标的资产提供一定程度下跌保护的同时,表达温和看涨或震荡的观点。只要挂钩标的资产价格在约定期内不发生大跌,持有期限越长,获利就越高,并有望获得完整期间约定的年化收益。就像滚雪球一样,只要路面不出现大的坑洼,雪球就会越滚越大,所以被俗称为"雪球"。为了跟下述的"小雪球"相区别,这里的雪球又被称为"大雪球"。

我们以国内某券商 2024 年 2 月 5 日发行的一款雪球型产品,来说明雪球型产品的经典结构,如表 15.11 所示。

表 15.11 经典雪球型产品的结构

标的	中证 1000 指数
期限	2 年
敲出水平	103%
敲入水平	80%

续表

敲出票息（年化）	25.3%	
到期票息（年化）	25.3%	
敲出事件 （每月观察）	若在任意敲出事件观察日，挂钩标的指数当日收盘价格÷期初价格大于或等于敲出水平	
敲入事件 （每日观察）	若在任意下跌敲入事件观察日，挂钩标的指数当日收盘价格÷期初价格小于敲入水平	
收益率	敲出（提前赎回）	敲出票息（年化）
	敲入后敲出（提前赎回）	
	未敲入且未敲出	到期票息（年化）
	敲入但未敲出	到期收益率（非年化）=标的指数跌幅
流动性安排	不支持期间申购赎回	

该产品的期限为24个月，挂钩标的指数为中证1000指数，敲出水平为标的指数期初价格的103%，敲入水平为期初价格的80%。该产品将从合约生效开始，每月观察期权是否敲出，同时每日观察期权是否敲入。

该产品的回报分为以下情况：

（1）若在任一敲出观察日（月度），挂钩标的指数收盘价格大于或等于标的指数期初价格×103%，即代表敲出事件发生，此时该合约提前终止，投资者可以获得全部本金和年化敲出息票。

（2）若在观察期限内既没发生敲出，也没发生敲入，投资者获得全部本金和到期票息，产品到期自动结束。

（3）若在观察期内敲入且未敲出，则名义本金与该产品本金相同的看跌期权空头生效。到期时若标的价格高于期初标的价格，则该看跌期权为虚值，空头无损失，投资者仅能收回全部本金，没有收益；若到期标的价格低于期初价格，则该看跌期权空头发生亏损。投资者需要承担标的下跌带来的全部损失，其亏损金额与在期初买入了与该产品本金相同金额的标点指数的亏损金额。

经典雪球型产品的基本特征可用下面的顺口溜来帮助记忆：敲入每日瞧，敲出每月盯；一旦敲出得票息，从未敲入一定赢；倘若敲入未敲出，等同期初买标的。

由此可见，经典雪球型产品的最大风险与指数是相同的，但亏损的概率小于指数，而盈利的概率大于指数（只要期间标的指数跌幅不超过20%），只是最大收益率是有限的（年化25.3%）。

从产品参数看，敲出水平越高、敲入水平越低、票息越高、期限越短，对投资者越有利。在同一时间点，券商一般会有不同的敲出水平（通常是100%、101%、102%和103%）、敲入水平（通常为60%~85%）和期限（通常为半年~2年）供投资者选择，当然不同的参数对应不同的息票率。在不同的时点，同样参数的息票率会有很大的变化。一般来说，期权隐含波动率（IV）越高，期权越贵；标的指数期货贴水越多，同样行权价和期限的看跌期权价格比看涨期权价格就会高得越多。而该产品是由看跌期权空头构成的，因此IV越高，期货贴水越多，券商报出的息票率就会越高。

假设在 2014 年 2 月 23 日至 2024 年 2 月 22 日之间每个交易日买进一份表 15.11 所示的合约,共买进 2 297 份该种合约。按照中证 1000 指数的历史路径来统计,其中 2 126 份合约已完结,存续合约 171 份。在已完结的 2 126 份合约中,未敲入就敲出 1 553 份,占73.05%;敲入后敲出 95 份,占 4.47%;敲入未敲出 478 份,占比 22.48%,未敲入也未敲出 0份。也就是说,总的盈利比例为 77.52%。显然,该产品是高胜率的产品。

该产品的原始期限为 2 年,但大部分(77.52%)都因敲出而提前结束。在敲出的 1 648份合约中,平均敲出时间为 90 天。该产品过去 10 年平均敲出分布见图 15.9。

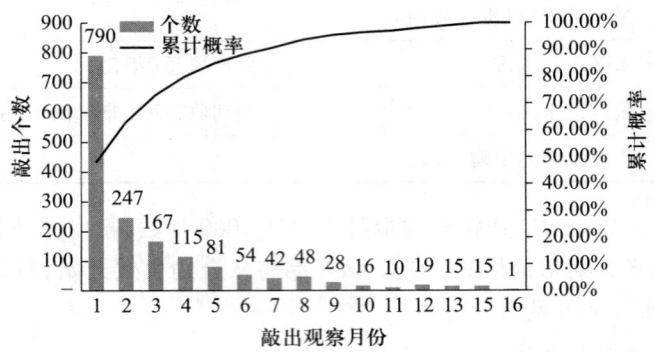

图 15.9 经典雪球型产品敲出月份分布

虽然亏损比例较低(22.48%),但最大的亏损幅度达 54%,主要发生在 2015 年股灾期间,说明该产品在极端情况下风险也比较高。该产品过去 10 年的亏损分布如图 15.10所示。

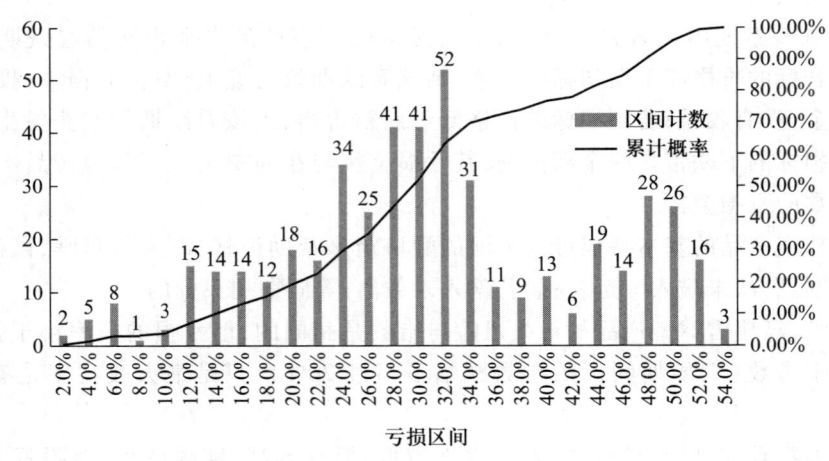

图 15.10 经典雪球型产品亏损区别分布

因此选择恰当的买入时间是很重要的。在股市暴跌之后(如 2015 年 9 月和 2024 年 2月),买入这种产品性价比很高。在股市暴跌时,期货贴水都较高,期权隐含波动率很高,此时看跌期权很贵,这种产品的息票率就会比较高。即使期间敲入,股市暴跌后的反弹也使该产品在到期前被敲出的概率较高。

券商在卖出该产品后,会计算该产品的希腊字母。例如,上述产品在 2024 年 2 月 5 日的希腊字母(以 1 元名义本金计算)分别是:Delta 为 0.003 5,Gamma 为 0.000 4,Vega 为 −0.002 1,Theta 为 0.000 4,rho 为 0.005 4。券商会利用标的资产的期货和期权进行动态对冲,在对冲中力求实现 Delta、Gamma 和 Vega 中性。其报出的息票率通常是根据模拟的对冲成本加一定的利润空间算出来的。

在实践中,雪球型产品还有很多变种,较常见的有:

1. 阶梯敲出

在经典雪球型产品中,敲出水平是固定的,而在阶梯敲出结构中,敲出水平是阶梯式下降或上升的。如敲出水平从第 13 月开始每月降低一个百分点。敲出水平的下降使敲出更容易,从而提高了投资者盈利的概率。当然,其票息也会相应降低。

2. 敲出票息与到期票息不一致

在经典雪球型产品中,敲入票息与到期票息都等于 25.3%。而在非标准化的结构中,敲出票息和到期票息不一致,如敲出票息 33%,到期票息 4%。

3. 分段票息

在经典雪球型产品中,敲出票息始终都等于 23.2%。分段票息中,不同时段的敲出票息可能不一样,如第 1 年 32%,第二年 5%。

4. 敲出票息与标的资产的涨幅挂钩

在经典雪球型产品中,敲出票息是固定的。而在这种结构中,敲出时的票息是可变的,通常与指数上涨幅度的一定倍数,且到期息率降为 0。这种结构被业界俗称为安全气囊(airbag)。表 15.12 是某券商 2024 年 2 月 5 日发行的安全气囊产品。这款产品在标的资产短期内(在第一次敲出观察日前)大涨的情况下收益率会很高。

表 15.12 安全气囊产品结构

标的	中证 1000 指数	
期限	2 年	
敲出水平	100%	
敲入水平	75%	
上涨参与率	160%	
敲出事件(每月观察,从第 6 个月开始)	若在任意敲出事件观察日,挂钩标的指数当日收盘价格÷期初价格大于或等于敲出水平	
敲入事件(每日观察)	若在任意下跌敲入事件观察日,挂钩标的指数当日收盘价格÷期初价格小于敲入水平	
收益率	敲出(提前赎回)	上涨参与率×(期末价格/期初价格−敲出水平)(非年化)
	敲入但未敲出	到期收益率(非年化)= 标的指数跌幅
	未敲入未敲出	100%本金
流动性安排	不支持期间申购赎回	

5. 附避险条款雪球

附避险条款雪球型产品是在经典雪球型产品中附加一个避险保护机制。例如,规定:若在任意一个避险事件观察日,若未触发敲出事件,且挂钩标的在此前每个敲入事件观察日的收盘价格/期初价格均未低于避险事件界限(通常高于敲出界限,如 85%),则触发避险事件,产品提前终止。

6. 敲出敲入观察频率相同

在经典雪球型产品中,敲出事件观察频率为每月,而敲入事件观察频率为每日。在这种结构中,敲出和敲入事件的观察频率相同,如每月观察。

7. 敲出和敲入次数的变更

在经典雪球型产品中,标的资产价格只要触及敲入或者敲出水平一次,敲入或者敲出事件就成立。在这种变种中,标的资产价格需要触及敲入或者敲出水平两次或以上,敲入或者敲出事件才成立。

8. 限亏型雪球

该产品在经典的雪球型产品中加入本金保障条款(如 75%),从而把最大亏损限制一定幅度(如 25%)。

9. 敲入水平可变

该产品与经典的雪球型产品的区别是其敲入水平是可变的,如第 1 年 80%,第 2 年 70%。

10. 增强型雪球

该产品在经典雪球型产品中加入部分向上敲入看涨期权,从而使投资者可以在产品被敲出时,除了获得年化票息,还可以分享部分上涨收益,如表 15.13 所示。

表 15.13 增强型雪球

标的	中证 1000 指数	
期限	2 年	
敲出水平	103%	
敲入水平	80%	
敲出票息(年化)	21%	
到期票息(年化)	21%	
上涨参与率	50%	
敲出事件(每月观察)	若在任意敲出事件观察日,挂钩标的当日收盘价格÷期初价格大于或等于敲出水平	
敲入事件(每日观察)	若在任意敲入观察日,挂钩标的当日收盘价格÷期初价格小于敲出水平	
收益率	敲出(提前赎回)	敲出票息(年化)+上涨参与率×(期末价格/期初价格-敲出水平)(非年化)
	敲入但未敲出	到期收益率(非年化)=标的跌幅
	未敲入未敲出	到期票息(年化)
流动性安排	不支持期间申购赎回	

11. 折价建仓型雪球

折价建仓型雪球与经典雪球的区别在于向下敲入期权一旦生效,就立即行权。也就是说,若期间触发敲入,则立即转为线性持有挂钩标的(此后不再观察敲出),建仓价格为期初约定好的行权水平(较期初价格水平更低,如期初价格的 85%),实现折价建仓效果。表15.14 是折价建仓型雪球的一个示例。

表 15.14 折价建仓型雪球

标的	科大讯飞	
期限	6 个月	
敲出水平	103%	
敲入水平	80%	
行权水平	85%	
敲出票息(年化)	15%	
到期票息(年化)	15%	
敲出事件(每月观察)	若在任意敲出观察日,挂钩标的此前未触发敲入事件,且当日收盘价÷期初价格大于或等于敲出水平	
敲入事件(每日观察)	若在任意敲入观察日,挂钩标的当日收盘价格÷期初价格低于敲入水平	
收益率	敲出(提前赎回)	敲出票息(年化)
	敲入	期末价格÷期初价格÷行权水平-1(非年化)
	未敲入未敲出	到期票息(年化)
流动性安排	敲入前不支持申购赎回;敲入后线性持有标的,每个交易日可赎回	

12. 多标的雪球

在普通的敲出敲入结构中,标的资产只有一个,而在多标的敲出敲入结构中,标的资产有 2 个或者 2 个以上。我们以国内某券商 2024 年 2 月 5 日发行的一款雪球产品,来说明多标的敲出敲入结构,如表 15.15 所示。

表 15.15 多标的雪球

标的	中证 1000 指数,恒生科技指数
期限	2 年
敲出水平	第 3 个月 100%,后续每月降低一个百分点
敲入水平	65%
敲出票息(年化)	22%
到期票息(年化)	22%
敲出事件(每月观察,从第 3 个月开始)	若在任意敲出观察日,所有标的中最差收益表现大于或等于敲出水平
敲入事件(每日观察)	若在任意敲入观察日,所有标的中最差收益表现小于敲入水平

收益率	敲出(提前赎回)	敲出票息(年化)
	敲入但未敲出	到期收益率(非年化)=两标的的较大跌幅
	未敲入未敲出	0
流动性安排	不支持期间申购赎回	

这种产品的回报跟标的资产之间的相关性有很大关系。

(三) 保本雪球型产品

保本雪球又称小雪球,是由向下敲入的向上敲出两值看跌期权空头构成,该期权无论是否生效,只要碰到敲出水平就失效,剩余资金投资于无风险资产,其票息由期权费和利息构成。

我们以国内某券商 2024 年 2 月 5 日发行的一款小雪球产品为例,来说明该产品的结构,如表 15.16 所示。

表 15.16 小雪球产品

标的	中证 500 指数	
期限	1 年	
敲出水平	103%	
敲入水平	90%	
敲出票息(年化)	6%	
红利票息(年化)	4%	
最低票息(年化)	0.1%	
敲出事件(每月观察)	若在任意敲出观察日,挂钩标的当日收盘价格÷期初价格大于或等于敲出水平	
敲入事件(每日观察)	若在任意敲入观察日,挂钩标的当日收盘价格÷期初价格小于敲入水平	
收益率	敲出(提前赎回)	6%(年化)
	敲入但未敲出	若期末价格÷期初价格大于等于103%,6%(年化); 若期末价格÷期初价格小于103%,4%(年化);
	未敲入且未敲出	若期末价格÷期初价格大于等于103%,6%(年化); 若期末价格÷期初价格小于103%,0.1%(年化)
流动性安排	产品可能触发止盈事件自动提前终止;不可提前赎回	

这种产品有最低收益率保障,适合于较保守的投资者。

小雪球有一种变种,该变种不设敲入条款,可以看作是小雪球的简化版。我们以国内某券商 2024 年 2 月 5 日发行的一款简化版小雪球产品为例,来说明该产品的结构,如表 15.17 所示。

表 15.17 简化版小雪球产品

标的	中证 500 指数	
期限	6 个月	
敲出水平	103%	
最高票息(年化)	5%	
最低票息(年化)	0.1%	
敲出事件(每月观察)	若在任意敲出观察日,挂钩标的当日收盘价格-期初价格大于或等于敲出水平	
收益率	敲出(提前赎回)	5%(年化)
	未敲出	若期末价格÷期初价格大于等于103%,5%(年化); 若期末价格÷期初价格小于103%,0.1%(年化)
流动性安排	产品可能触发止盈事件自动提前终止;不可提前赎回	

(四) 鲨鱼鳍型产品

鲨鱼鳍型,本质上为一种障碍期权结构,因其盈亏图与鲨鱼鳍类似而得名。常见的鲨鱼鳍型产品的结构有:

1. 正向鲨鱼鳍

由向上敲出看涨期权和两值期权构成,剩余资金投资于无风险资产。

我们以国内某券商 2024 年 3 月 1 日发行的一款单向看涨鲨鱼鳍型产品,来说明鲨鱼鳍型产品的基本结构,如表 15.18 所示。

表 15.18 单向看涨鲨鱼鳍型产品结构

标的	中证 1000 指数
期限	1 年
敲出水平	110%
固定收益率(年化)	0.5%
浮动收益率(年化)	(1) 若观察期内任一交易日收盘价格/期初价格>110%,则浮动收益率=3.2% (2) 若观察期内未达到上述条件,则浮动收益率=Max(0%,100%×(期末价格-期初价格×100%)/期初价格)
流动性安排	不支持期间申购赎回

该产品的到期收益率分布如图 15.11 所示。该产品属于保本型产品,比较适合于对后市温和看涨的稳健投资者。

2. 反向鲨鱼鳍

由向下敲出看跌期权构成和两值期权构成,剩余资金投资于无风险资产。

3. 双向鲨鱼鳍

由向上敲出看涨期权、向下敲出看跌期权和两值期权构成,剩余资金投资于无风险资产。

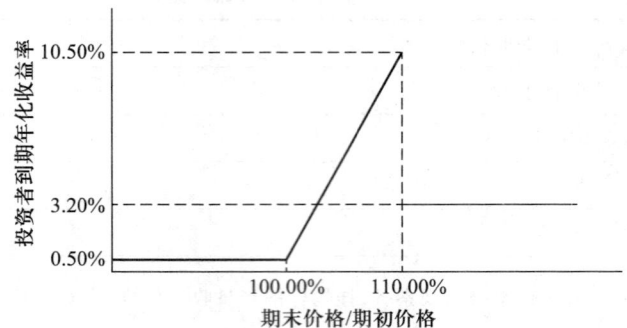

图 15.11 单向看涨鲨鱼鳍结构的收益率分布

表 15.19 是双向鲨鱼鳍型产品结构的一个例子。

表 15.19 双向鲨鱼鳍型产品结构

标的	中证 500 指数
期限	6 个月
向上敲出水平	110%
向下敲出水平	90%
向上行权价	105%×期初价格
向下行权价	95%×期初价格
上行参与率	180%
下行参与率	180%
固定收益率(年化)	1.0%
浮动收益率(年化)	1) 若观察期内任一交易日,收盘价格/期初价格>110%,则浮动收益率=1.5% 2) 若观察期内任一交易日,105%≤期末价格/期初价格≤110%,则浮动收益率=上行参与率×(期末价格-向上行权价)/期初价格 3) 若观察期内任一交易日,95%<期末价格/期初价格<105%,则浮动收益率=0% 4) 若观察期内任一交易日,90%≤期末价格/期初价格≤95%,则浮动收益率=下行参与率×(向下行权价-期末价格)/期初价格 5) 若观察期内任一交易日,90%<收盘价格/期初价格 110%,则浮动收益率=1.5%
流动性安排	不支持期间申购赎回

图 15.12 呈现了双向鲨鱼鳍型产品结构的收益率分布图。

(五) 累计期权

累计期权,又称累积期权(knock out discount accumulator,KODA)。累计期权合约设有敲出价及行权价。敲出价通常为期初价的 3% 左右,行权价通常为期初价的 80% 左右。合约生效后,当挂钩资产的市价在敲出价与行权价之间,投资者有权定时(如每天)以行权价

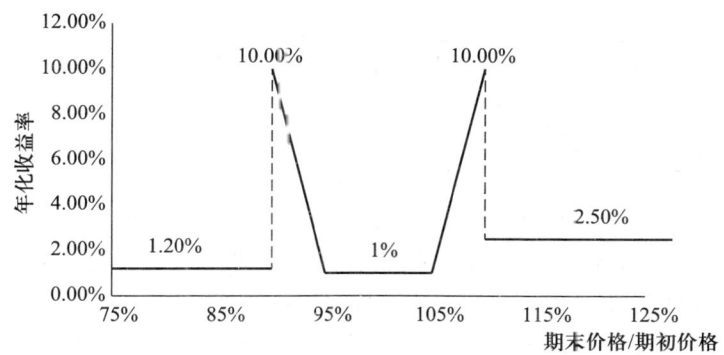

图 15.12 双向鲨鱼鳍型产品结构收益率分布

向投行买入指定数量的资产。当挂钩资产的市价高于敲出价时,合约便提前终止。当该挂钩资产的市价低于行权价时,投资者便必须定时(如每天)按行权价买入 n 倍(通常为 2 倍)数量的资产,直至合约完结为止。

累计期权实质上是由一系列实值的向上敲出看涨期权(ITM Up-Out-Call)多头和 n 份虚值的向上敲出看跌期权(OTM Up-Out-Put)空头构成,客户无须缴纳期权费,但需要缴纳保证金。

如果不考虑利息,累计期权的盈亏可以表示为:

$$\sum_{i=1}^{N}(c_{up-out}(T_i,K,H) - n \times p_{up-out}(T_i,K,H))$$

其中,$c_{up-out}(T_i,K,H)$ 和 $p_{up-out}(T_i,K,H)$ 分别表示到期日为 $T_i(i=1,2,3\cdots,N)$、行权价为 K、障碍价格为 H 的欧式向上敲出看涨期权和欧式向上敲出看跌期权的到期或敲出回报。

累计期权有 5 个特性:

(1) 零期权费;

(2) 买入股票的行权价往往比现价低 10%~20%;

(3) 当股价升过期初价 3%~5% 时,合约自行取消;

(4) 当股价低于行权价时,投资者必须 n 倍吸纳股票;

(5) 合约期一般为一年,投资者只要有合约金额 20%~40% 的现金或股票抵押即可购买,因此这一产品往往具有很高的杠杆性。

我们以国外某投行在香港销售的一款累计期权产品为例,来说明该产品的结构(见表 15.20)。

表 15.20 累计期权产品的结构

标的资产	交通银行 H 股
日期	交易日:2007.11.7 生效期:2007.11.8 最后期限:2008.11.8 每月结算一次
价格	初始价格:13.25 行权价格:11.183(84.4%) 敲出价格:13.647 5(103%)

	续表
交易条款一	存续期内每个营业日结算价高于 11.183，则按 11.183 买入 8 000 股；低于 11.183，则按 11.183 买入 16 000 股。
交易条款二	存续期内若结算价高于 13.647 5，则合约中止。
保证金	30%

2007 年，中国香港股市处于大牛市，投资者对股市未来走势极度乐观。累计期权的零成本、低折扣、高杠杆特性对投资者具有巨大的诱惑力，吸引了众多投资者争相买入。但 2008 年的国际金融危机使很多投资者在该款产品上损失严重，故被戏称为"I kill you later"。

（六）累卖期权

累卖期权，又称累沽期权（knock out discount decumulator，KODD），其结构与累计期权刚好相反。其敲出价通常为期初价的 97% 左右，行权价通常为期初价的 120% 左右。合约生效后，当挂钩资产的市价在敲出价与行权价之间，投资者有权定时（如每天）以行权价卖给投行指定数量的资产。当挂钩资产的市价低于敲出价时，合约便提前终止。当该挂钩资产的市价高于行权价时，投资者便必须定时（如每天）按行权价卖出 n 倍（通常为 2 倍）数量的资产，直至合约完结为止。

累计期权实质上是由一系列实值的向上敲出看跌期权（ITM Up-Out-Put）多头和 n 份虚值的向上敲出看跌期权（OTM Up-Out-Call）空头构成，客户无须缴纳期权费，但需要缴纳保证金。该产品对于悲观的投资者很有诱惑力。

第四节 可转换债券

可转换债券（convertible bonds）是可转换公司债券的简称，又简称为可转债，是在一定期间内依据约定的条件可以转换成本公司股票的公司债券。可转换债券由普通债券和资产交换期权多头构成，该资产交换期权赋予债券持有者在到期前的特定时刻将债券转为规定数量的本公司发行的普通股的权利。

一、可转债的条款

（一）可转债的基本条款

可转债的基本条款包括期限、票面利率、付息频率、到期赎回、初始转股价格及调整、转股期限等。

1. 期限

我国早期发行的可转债期限通常为 5 年，目前通常为 6 年。

2. 票面利率

我国可转债的票面利率通常采用逐年递增的方式，整体水平低于无风险利率。如 2023 年 12 月 21 日发行的神马转债（127100.SZ），其票面利率为：第一年 0.3%、第二年 0.5%、第三年 1.0%、第四年 1.5%、第五年 1.8%、第六年 2.0%。

3. 付息频率

我国的可转债通常每年付息一次。

4. 到期赎回

我国的可转债到期时,发行人将赎回未转股的可转债,到期赎回价格通常等于票面本金+最后一期利息+利息补偿。例如,神码转债的到期赎回价格为110元。

5. 初始转股价格及调整

我国可转债的初始转股价格不低于募集说明书公告日前20个交易日公司股票交易均价(若在该20个交易日内发生过因除权、除息引起股价调整的情形,则对调整前交易日的交易均价按经过相应除权、除息调整后的价格计算)和前1个交易日公司股票交易均价的孰高值。

可转债发行后,若公司发生派送红股、转增股本、增发新股、配股以及派发现金股利等情况,将对转股价格做出调整,以保证可转债的价值不受影响。

每张面值100元的可转债能够转换的股票数量等于100除以转股价格。

6. 转股期限

我国可转债的转股期限通常为可转债发行结束之日起满六个月后的第一个交易日起至可转债到期日止。可转债持有人对转股或者不转股有选择权,并于转股的次日成为公司股东。

(二) 可转债的附加条款

在实践中,各国都在可转债的基本条款中加入许多附加条款,其中以我国的可转债条款设计最为复杂,主要包括:有条件回售条款、附加回售条款、转股价向下修正条款、有条件赎回条款等。

1. 有条件回售条款

我国大部分可转债都有有条件回售条款,该条款赋予可转债持有者在一定期限内在一定条件下将可转债按规定价格(通常为可转债满足加当期应计利息)回售给发行者的权利。如神码转债规定:可转债最后两个计息年度,如果公司股票在任何连续30个交易日的收盘价格低于当期转股价格的70%时,可转债持有人有权将其持有的可转债全部或部分按债券面值加上当期应计利息的价格回售给公司;若在上述交易日内发生过转股价格因发生派送红股、转增股本、增发新股、配股以及派发现金股利等情况而调整的情形,则在调整前的交易日按调整前的转股价格和收盘价格计算,在调整后的交易日按调整后的转股价格和收盘价格计算;如果出现转股价格向下修正的情况,则上述30个交易日须从转股价格调整之后的第1个交易日起重新计算;最后两个计息年度,可转债持有人在每年回售条件首次满足后可按上述约定条件行使回售权一次,若在首次满足回售条件而可转债持有人未在回售申报期内申报并实施回售的,该计息年度不应再行使回售权,可转换公司债券持有人不能多次行使部分回售权。

该条款是为了保护可转债持有人的利益而设置的,在满足条件时,可转债持有人可以相机抉择回售或者不回售,以实现自身利益的最大化。

2. 附加回售条款

我国可转债通常包含有附加回售条款规定,若可转债募集资金投资项目的实施情况与公司在募集说明书中的承诺情况相比出现重大变化,且根据中国证监会的相关规定被视作改变募集资金用途或被中国证监会认定为改变募集资金用途的,可转债持有人享有一次回售的权利。可转换公司债券持有人有权将其持有的可转债全部或部分按债券面值加当期应计利息的价格回售给公司。可转债持有人在附加回售条件满足后,可以在公司公告后的附加回售申报期内进行回售,该次附加回售申报期内不实施回售的,不应再行使附加回售权。

该条款也是为了保护可转债持有人的利益而设置的,在满足条件时,可转债持有人可以相机抉择回售或者不回售,以实现自身利益的最大化。

3. 转股价向下修正条款

我国大部分可转债都有转股价向下修正条款,该条款赋予公司在一定期限内在一定条件下向下修正转股价格的权利。如神码转债规定,在可转债存续期间,当公司股票在任意连续 30 个交易日中至少有 15 个交易日的收盘价低于当期转股价格的 85% 时,公司董事会有权提出转股价格向下修正方案并提交公司股东大会审议表决。上述方案须经出席会议的股东所持表决权的三分之二以上通过方可实施。股东大会进行表决时,持有公司本次发行的可转换公司债券的股东应当回避。修正后的转股价格应不低于该次股东大会召开日前 20 个交易日公司股票交易均价和前 1 个交易日公司股票交易均价,同时,修正后的转股价格不得低于最近一期经审计的每股净资产值和股票面值。

若在前述 30 个交易日内发生过转股价格调整的情形,则在转股价格调整日前的交易日按调整前的转股价格和收盘价格计算,在转股价格调整日及之后的交易日按调整后的转股价格和收盘价格计算。

转股价格的向下修正意味着转股比例的提高,会导致公司股权的稀释。一般情况下,如果公司没有遇到回售压力,是不会主动调低转股价的。但一些基本面不太好的公司,为了降低最终还本付息的可能性,也会在没有回售压力的情况下,不惜付出股权稀释的代价,主动调低转股价。例如,思创转债(123096.SZ)赎回期始于 2025 年 1 月 25 日,该公司却在没有回售压力下,于 2023 年 7 月 21 日将转股价格从 8.28 元一下子调低到 4.50 元,并于 2024 年 2 月 28 日再次调低到 3.58 元。也有一些上市公司由于大股东持有较多的本公司可转债,而在没有回售压力下主动调低转股价。

转股价格的向下修正可以提高可转债的价值,对投资者来说是有利的。

4. 有条件赎回条款

我国的可转债通常都含有有条件赎回条款,该条款赋予公司在一定期限内在一定条件下按一定价格(通常为票面金额加当期应计利息)赎回尚未转股的可转债的权利。如神马转债规定:转股期内,当下述两种情形的任意一种出现时,公司股东大会授权公司董事会有权决定按照债券面值加当期应计利息的价格赎回全部或部分未转股的可转债:

第一,在转股期内,如果公司股票在任何连续 30 个交易日中至少 15 个交易日的收盘价格不低于当期转股价格的 130%(含 130%)。若在上述交易日内发生过转股价格因发生派送红股、转增股本、增发新股、配股以及派发现金股利等情况而调整的情形,则在调整前的交易日按调整前的转股价格和收盘价格计算,在调整后的交易日按调整后的转股价格和收盘价格计算。如果出现转股价格向下修正的情况,则上述 30 个交易日须从转股价格调整之后的第 1 个交易日起重新计算。

第二,当本次发行的可转债未转股部分票面余额不足 3 000.00 万元时,发行人应当在赎回条件满足后及时披露,明确说明是否行使赎回权。发行人决定不行使赎回权的,在证券交易场所规定的期限内不得再次行使赎回权。发行人发出赎回公告后,可转债持有人可以根据赎回价格和转股价值(等于股价乘以转股比例)孰高原则决定接受赎回还是主动转股。

因此设置有条件赎回条款的目的是促使可转债持有人尽早转股,而不是真的赎回可转债。发行者在决定是否行使赎回权时,要考虑股价大跌导致转股价值低于赎回价格从而导致真的赎回的风险。发行者行使赎回权,相当于缩短了资产交换期权的有效期,对可转债持有人是不利的。

二、可转债定价

从可转债的条款可以看出,可债券是一种极其复杂的金融衍生产品,它由公司债券、资产交换期权、有条件回售权、有条件赎回权、有条件向下修正转股价格权等组成。除了公司债券,可转债的其他构成部件都是可看作是一种期权,其中可转债持有人拥有资产交换期权、有条件回售权,可转债发行人拥有有条件赎回权、有条件向下修正转股价格权。这些期权都是百慕大式期权,因为它们都是在一定期间内只要满足规定的条件就可以随时行权。

可转债的价值并非上述构成部件价值的简单加总,因为这些部件之间的价值是相互影响的。首先,我们不能把可转债分成公司债券和期权组合分别定价然后加总,这是因为公司转债存在违约风险,但公司只有在需要支付现金(如还本付息、赎回)时才有可能违约,而可转债在转换成股票时是不可能违约的。因此,这两种情形所用的贴现率是不同的。为了解决这个问题,Tsiveriotis 和 Fernandes(1998)创造性地将可转债的价值分为现金流部分(Cash-only part of the convertible, COCB)的价值和股票流部分的价值。COCB 可以用无风险利率加信用利差来贴现,而股票流部分只能用无风险利率贴现。可转债发行人拥有的期权与可转债持有人拥有的期权存在互相博弈的行为。例如,在没有回售压力下,可转债发行人一般不会主动向下修正转股价格。又如,有些财务状况不好的公司,为了提高日后行使赎回权的可能性,在没有回售压力下也可能主动向下修正转股价格。这些相互博弈行为的存在,使得可转债所含期权不能分开定价,必须同时定价,这无疑大大增加了可转债定价的难度,而且无法得到解析解。

可转债所含期权都是结构复杂的路径依赖期权,难以使用二叉树(或三叉树)和有限差分法。而资产交换期权属于百慕大式期权,因此似乎也难以直接使用蒙特卡罗模拟。幸运的是,由于我国可转债受红利保护,可以视同为无红利资产的资产交换期权,提前行权是不理智的,可视同为欧式期权,因此可用蒙特卡罗模拟定价。

在使用蒙特卡罗模拟为可转债定价时,需要计算每一条股价路径下可转债的回报,这就需要先研究可转债发行人和持有人的行为规则。可转债持有人的目标是收益最大化,其行为规则相对简单。而可转债发行人目标较为复杂,其行为规则也相对较难确定。郑振龙、林海(2004b)首先确定了可转债发行人的目标是以尽可能高的转股价格尽早地促进可转债持有人转股,并据此构建了可转债发行人的理性行为规则。郑振龙、林海(2004a)在此基础上构建了中国可转债定价模型(简称"郑林模型")。郑林模型所用假设少,尽量忠实于可转债的具体条款,非常贴合实际,推出就被业界广泛使用,一直是中国金融资讯市场占有率遥遥领先的 Wind 资讯唯一采用的可转债定价模型[①]。

---

① Wind 资讯虽然也采用 Black-Scholes 模型,但该模型完全没有考虑可转债的回售权、赎回权和转股价格下修权,显然不符合中国实际。

本 章 小 结

1. 奇异期权的基本类型包括分拆与组合、弱式路径依赖、强式路径依赖、时间依赖、维数和阶数。

2. 奇异期权的变化很多,并且处在不断地衍生和变化当中。

3. 障碍期权的回报依赖于标的资产的价格在特定时间内是否达到了一个特定的水平,一般可以分为敲出期权、敲入期权、向上期权和向下期权等。障碍期权属于弱式路径依赖期权。

4. 亚式期权的回报依赖于标的资产在一段时间内的平均价格,回溯期权的回报则依赖于标的资产在某个确定的时段中达到的最大或最小价格。它们都属于强式路径依赖期权。

5. 其他的奇异期权还包括两值期权(或有现金期权、或有资产期权)、打包期权(由期权和其他资产组成的组合)、远期开始期权(现在支付期权费而在未来某时刻才开始的期权)、二阶期权(复合期权和选择者期权)、多资产期权(多个标的资产的期权)以及呐喊期权等。

6. 大多数奇异期权和路径依赖期权的定价仍然可以在 B-S-M 模型框架中进行。例如,障碍期权中的障碍条件主要反映在相应的边界条件上,连续平均的亚式期权在原来的偏微分方程中加进了对新的平均值变量的一阶偏导。我们可以得到其中一些奇异期权的定价公式。但是大部分情况下,无法得到精确的解析解,或者是这些公式难以在实际中运用,大多时候人们是用数值方法或是近似方法为奇异期权和路径依赖期权定价。

7. 结构化产品是指其表现与基础资产、产品或指数挂钩的金融工具。常见的结构化产品有指数增强型、雪球型、保本雪球型、鲨鱼鳍型、累计期权、累卖期权等。

8. 可转换债券是在一定期间内依据约定的条件可以转换成本公司股票的公司债券。中国的可转债可分拆成公司债券、资产交换期权、回售权、附加回售权、转股价向下修正权、赎回权。其中,可转债持有人是资产交换期权、回售权和附加回售权的多头,可转债发行人是赎回权、转股价向下修正权的多头。这些权利之间存在相互博弈的关系。

9. 可转债无法分拆定价,属于强路径依赖期权,其回报取决于可转债发行人和持有人的行为规则。蒙特卡洛模拟式较合适的定价方法。

即 测 即 评

习 题

1. 奇异期权的主要类型有哪些?

2. 分别为弱式路径依赖期权、强式路径依赖期权、多维期权、高阶期权举出几例。

3. 分析障碍期权的性质。

4. 基于某个资产价格的欧式向下敲出期权的价格与基于该资产远期价格的欧式向下敲出期权价格相等吗（该远期合约到期日与期权到期日相同）？

5. 解释为什么几何平均有精确定价公式而算术平均无法得到精确定价。

6. 为什么亚式期权比障碍期权更易保值？

7. 在中国，结构化产品为何受欢迎。

8. 对于全额保证金的结构化产品，其投资者准入门槛是否应该高于股票型基金投资者？

9. "鉴于大部分可转债最终都转换成股票，可转债投资可视同为股票投资"。请评价这一说法。

参考文献

[1] 陈蓉,方昆明. 波动率风险溢酬:时变特征及影响因素[J]. 系统工程理论与实践,2011,31(04):761-770.

[2] 陈蓉,葛骏. 中国国债期货与隐含择券期权定价[J]. 数理统计与管理,2017,36(02):361-380.

[3] 陈蓉,廖木英,徐婉菁. 期权隐含偏度风险溢酬:来自中国台湾市场的证据[J]. 系统工程理论与实践,2016,36(05):1099-1108.

[4] 陈蓉,林秀雀. 波动率偏斜与风险中性偏度能预测尾部风险吗[J]. 管理科学学报,2016,19(08):113-126.

[5] 陈蓉,吕恺. 隐含波动率曲面:建模与实证[J]. 金融研究,2010(08):136-154.

[6] 陈蓉,王宜峰,邱紫华. 隐含风险厌恶:度量、影响因素与信息含量[J]. 厦门大学学报(哲学社会科学版),2016(01):116-127.

[7] 陈蓉,张不凡,姚育婷. 波动率风险和波动率风险溢酬:中国的独特现象[J]. 系统工程理论与实践,2019,39(12):2995-3010.

[8] 陈蓉,赵永杰. 隐含波动率曲面的预测研究:来自中国台湾市场的证据[J]. 系统工程理论与实践,2017,37(08):1949-1962.

[9] 陈蓉,郑振龙. 期货价格能否预测未来的现货价格?[J]. 国际金融研究,2007(8):70-74.

[10] 陈蓉,郑振龙. 结构突变、推定预期与风险溢酬:美元/人民币远期汇率定价偏差的信息含量[J]. 世界经济,2009(06):64-76.

[11] 兹维·博迪,罗伯特·C. 莫顿. 金融学[M]. 北京:中国人民大学出版社,2000.

[12] 刘杨树,郑振龙,陈蓉. 跳跃风险如何影响期权复制收益?——基于多维跳跃扩散的模型与证据[J]. 管理科学学报,2016,19(06):74-86.

[13] 刘杨树,郑振龙,张晓南. 风险中性高阶矩:特征、风险与应用[J]. 系统工程理论与实践,2012,32(03):647-655.

[14] 黄薏舟,郑振龙. 无模型隐含波动率及其所包含的信息:基于恒生指数期权的经验分析[J]. 系统工程理论与实践,2009,29(11):46-59.

[15] 保罗·威尔莫特著. 郑振龙等译. 数量金融[M]. 北京:机械工业出版社,2015.

[16] 张亦春,郑振龙,林海. 金融市场学[M]. 6版. 北京:高等教育出版社,2020.

[17] 郑振龙. 金融资产价格的信息含量:金融研究的新视角[J]. 经济学家,2009(11):69-78.

[18] 郑振龙. 资产价格隐含信息分析框架:目标、方法与应用[J]. 经济学动态,2012(03):33-40.

[19] 郑振龙,陈蓉. 固定收益证券[M]. 北京:北京大学出版社,2011.

[20] 郑振龙,黄珊珊,郭博洋. 外汇期权信息含量与在岸离岸市场效率[J]. 金融研究,2019(10):21-39.

[21] 郑振龙,黄薏舟. 波动率预测:GARCH模型与隐含波动率[J]. 数量经济技术经济研究,2010,27(01):140-150.

[22] 郑振龙,林璟. 沪深300股指期货定价偏差与投资者情绪[J]. 数理统计与管理,2015,34(06):1129-1140.

[23] 郑振龙,林海. 中国可转换债券定价研究[J]. 厦门大学学报(哲学社会科学版),2004a(02):93-99.

[24] 郑振龙和林海. 可转换债券发行公司的最优决策[J]. 财经问题研究,2004b(11):35-39.

[25] 郑振龙,林海. 银行资产负债中隐含期权的定价[J]. 金融研究,2004(07):23-32.

[26] 郑振龙,刘杨树. 衍生品定价:模型风险及其影响[J]. 金融研究,2010(02):112-131.

[27] 郑振龙,吕恺,林苍祥. 交易量的信息含量:台湾期权市场的证据[J]. 金融研究,2012(06):178-192.

[28] 郑振龙,吕恺,林苍祥. 净购买压力的信息含量——台指期权市场的证据[J]. 金融研究,2014(04):114-127.

[29] 郑振龙,秦明. 隐含波动率与实际波动率的关系:中美比较[J]. 管理科学,2018,31(06):58-73.

[30] 郑振龙,孙清泉. 彩票类股票交易行为分析:来自中国A股市场的证据[J]. 经济研究,2013,48(05):128-140.

[31] 郑振龙,孙清泉,吴强. 方差和偏度的风险价格[J]. 管理科学学报,2016,19(12):110-123.

[32] 郑振龙,汤文玉. 波动率风险及风险价格——来自中国A股市场的证据[J]. 金融研究,2011(04):143-157.

[33] 郑振龙,王磊. 汇率相关性预测的比较研究[J]. 金融研究,2017(05):18-31.

[34] 郑振龙,王磊,王路跖. 特质偏度是否被定价?[J]. 管理科学学报,2013,16(05):1-12.

[35] 郑振龙,王为宁,刘杨树. 平均相关系数与系统性风险:来自中国市场的证据[J]. 经济学(季刊),2014,13(03):1047-1064.

[36] 郑振龙,郑国忠. 隐含高阶协矩:提取、分析及交易策略[J]. 统计研究,2017,34(04):101-111.

[37] Adam T,Fernando C S. Hedging,speculation,and shareholder value[J]. Journal of Financial Economics,2006,81(2):283-309.

[38] Allayannis G,Weston J P. The Use of Foreign Currency Derivatives and Firm Market Value[J]. Review of Financial Studies,2001,14(1):243-76.

[39] Basak S, Shapiro A. Value-at-Risk Based Risk Management: Optimal Policies and Asset Prices[J]. Review of Financial Studies, 2001, 14(2):371-405.

[40] Bakshi G, Cao C, Chen Z. Empirical Performance of Alternative Option Pricing Models[J]. Journal of Finance, 1997, 52(5):2003-2049.

[41] Black F, Scholes M. The Pricing of Options and Corporate Liabilities[J]. Journal of Political Economy, 1973, 81(3):637-659.

[42] Boyle P P. Options: A Monte Carlo Approach[J]. Journal of Financial Economics, 1977, 4:323-38.

[43] Brenner M, Galai D. Implied Interest Rates[J]. Journal of Business, 1986, 59:493.

[44] Broadie M, Detemple J. American Option Valuation: New Bounds, Approximations, and a Comparison of Existing Methods[J]. Review of Financial Studies, 2015, 9(4):1211-1250.

[45] Campello M, Lin C, Ma Y, Zou H. The Real and Financial Implications of Corporate Hedging[J]. Journal of Finance, 2011, 66(5):1615-1647.

[46] Casassus J, Collin-Dufresne P. Stochastic Convenience Yield Implied from Commodity Futures and Interest Rates[J]. The Journal of Finance, 2005, 60(5):2283-2331.

[47] Chance D. An Introduction to Derivatives[M]. 4th edition. Texas: The Dryden Press, 1998.

[48] Cochrane J. Asset Pricing: Revised Edition[M]. Princeton, N J: Princeton University Press, 2005.

[49] Coval J D, Shumway T. Expected Option Returns[J]. Journal of Finance, 2001, 56(3):983-1009.

[50] Cox J C, Ross S A. The Valuation of Options for Alternative Stochastic Processes[J]. Journal of Financial Economics, 1976, 3(1):145-166.

[51] Cox J C, Ross S A, Rubinstein. Option Pricing: a Simplified Approach[J]. Journal of Financial Economics, 1979, 7:229-264.

[52] Cox J C, Ingersoll J E, Ross S A. The Relationship Between Forward Prices and Future Prices[J]. Journal of Financial Economics, 1981, 9:321-346.

[53] Daglish T, Hull J, Suo W. Volatility Surfaces: Theory, Rules of Thumb, and Empirical Evidence[J]. Quantitative Finance, 2007, 7(5):507-524.

[54] Davis M H A, Panas V G. European Option Pricing with Transactions Costs[J]. Decision and Control, 1993, 31(2):1299-1304.

[55] Chance D M. An Introduction to Derivatives and Risk Management[M]. London: Thomson Learning, 2003.

[56] Duffie D, Shafer W. Equilibrium in Incomplete Markets: I. A Basic Model of Generic Existence[J]. Journal of Mathematical Economics, 1985, 14:285-300.

[57] Duffie D, Shafer W. Equilibrium in Incomplete Markets II: Generic Existence in Stochastic Economies[J]. Journal of Mathematical Economics, 1986, 15:199-216.

[58] Duffie D, Singleton K J. An Econometric Model of the Term Structure of Interest Rate Swap

Yields[J]. Journal of Finance,1997,52(4):1287-1321.

[59] Duffie D, Singleton K J. Modeling Term Structures of Defaultable Bonds[J]. Review of Financial Studies,1999,12(4):687-720.

[60] Eisenberg L, Jarrow R. Option Pricing with Random Volatilities in Complete Markets[J]. Review of Quantitative Finance and Accounting,1994,4:5-17.

[61] Fama E F. Efficient Capital Markets: a Review of Theory and Empirical Work[J]. Journal of Finance,1970,25(2):383-417.

[62] Finnerty J D. Financial Engineering in Corporate Finance: an Overview[J]. Financial Management,1988,17:14.

[63] Figlewski S, Gao B. The Adaptive Mesh Model: a New Approach to Efficient Option Pricing[J]. Journal of Financial Economics,1999,53(3):313-351.

[64] Fouque J, Papanicolaou G, Sircar K R. Derivatives in Financial Markets with Stochastic Volatilities[M]. Cambridge: Cambridge University Press,2000.

[65] Geske R. The Valuation of Compound Options[J]. Journal of Financial Economics,1979,7(1):63-81.

[66] Graham B. Security analysis[M]. New York: McGraw-Hill,2005.

[67] Graham J R, Smith C W. Tax Incentives to Hedge[J]. The Journal of Finance,1999,54(6):2241-2262.

[68] Haushalter G D. Financing Policy, Basis Risk, and Corporate Hedging: Evidence from Oil and Gas Producers[J]. Journal of Finance,2000,55(1):107-152.

[69] Hodges S D, Neuberger A. Optimal Replication of Contingent Claims under Transaction Costs[J]. Review of Futures Markets,1989(8):222-239.

[70] Hoggard T, Whalley A E, Wilmott P. Hedging Option Portfolios in the Presence of Transaction Costs[J]. Advances in Futures and Options Research,1994(7):21-35.

[71] Hull J, White A. The Use of the Control Variate Technique in Option Pricing[J]. Journal of Financial & Quantitative Analysis,23(3):237-251.

[72] Hull J, White A. Valuing Derivative Securities Using the Explicit Finite Difference Method[J]. Journal of Financial & Quantitative Analysis,25(1):87-100.

[73] Hull J C. Options, futures and other derivatives[M]. 11th edition. New York: Pearson Education,2022.

[74] Jackwerth J C, Rubinstein M. Recovering Probability Distributions from Option Prices[J]. Journal of Finance,51(5):1611-1631.

[75] Jarrow R A, Lando D, Turnbull S. A Markov Model for the Term Structure of Credit Risk Spreads[J]. Review of Financial Studies,1997(10):481-523.

[76] Robert R A, Oldfield G S. Forward Contracts and Futures Contracts[J]. 1981,9(4):373-382.

[77] Jarrow R A, Turnbull S. Pricing Derivatives on Financial Securities Subject to Credit Risk[J]. Journal of Finance,1995,50(1):53-85.

[78] Johannes M, Sundaresan S. The Impact of Collateralization on Swap Rates[J].2007,62

(1):383-410.
[79] Jorion P. Risk Management Lessons from Long-Term Capital Management[J]. European Financial Management,2008,6(3):277-300.
[80] Kolb R. Futures,Options,and Swaps[M]. 4th edition. Massachusetts: Blackwell Publishing,2003.
[81] Lintner J. The Valuation of Risk Assets and the Selection of Risky Investments in Stock Portfolios and Capital Budgets[J]. Review of Economics and Statistics,1965,47(1):13-37.
[82] Longstaff F A,Schwartz E S. Valuing American Options by Simulation: A Simple Least-Squares Approach[J]. Review of Financial Studies,2001,14(1):113-147.
[83] Myers,S C. Determinants of Corporate Borrowing[J],Journal of Financial Economics,1977,5(2):147-175.
[84] Markowitz H. Portfolio Selection[J]. Journal of Finance,1952,7(1):77-91.
[85] Merton R C. Theory of Rational Option Pricing[J]. The Bell Journal of Economics and Management Science,1973,4(1):141-183.
[86] Merton R C. Finance Theory and Future Trends: The Shift to Integration[J]. Financial Management,2000,29(3):94-99.
[87] Miller M H. Financial Innovation: Achievements And Prospects[J]. Journal of Applied Corporate Finance,1992,4(4):4-11.
[88] Modigliani F,Miller M H. The Cost of Capital,Corporation Finance and the Theory of Investment[J]. American Economic Review,1958,48(3):261-297.
[89] Mossin J. Equilibrium in a Capital Asset Market[J]. Econometrica,1966,34:768-783.
[90] Neuberger A. Hedging Long-Term Exposures with Multiple Short-Term Futures Contracts[J]. The Review of Financial Studies,12(1999):429-59.
[91] Rebonato R. Modern Pricing of Interest Rate Derivatives: The Libor Market Model and Beyond[M]. Princeton: Princeton University Press,2002.
[92] Rendleman R J,Bartter B J. Two-State Option Pricing[J]. The Journal of Finance,1979,34(5):1093-1110.
[93] Ritchken P,Trevor R. Pricing Options under Generalized GARCH and Stochastic Volatility Processes[J]. The Journal of Finance,1999,54(1):377-402.
[94] Roll R. An Analytic Valuation Formula for Unprotected American Call Options on Stocks with Known Dividends[J]. Journal of Financial Economics,1977(5):251-258.
[95] Ross S A. The Arbitrage Theory of Capital Asset Pricing[J]. Journal of Economic Theory,1976,13(3):341-360.
[96] Rubinstein M. Implied Binomial Trees[J]. Journal of Finance,1994,49(3):771-818.
[97] Sharpe W F. Capital Asset Prices: a Theory of Market Equilibrium Under Conditions of Risk[J]. Journal of Finance,1964,19(3):425-442.
[98] Shreve S E. Stochastic Calculus for Finance II: Continuous-time Models[M]. Berlin: Springer Science & Business Media,2004.

[99] Tsiveriotis K, Fernandes C. 1998, Valuing Convertible Bonds with Credit Risk[J], The Journal of Fixed Income,1998,8(2):95-102.

[100] Turnbull S M,Wakeman L M. A Quick Algorithm for Pricing European Average Options [J]. Journal of Financial & Quantitative Analysis,1991,26(3):377-389.

[101] Whaley R. Derivatives: Market Valuation, and Risk Management[M]. New Jersey: John Wiley & Sons,Inc.,2006.

郑重声明

高等教育出版社依法对本书享有专有出版权。任何未经许可的复制、销售行为均违反《中华人民共和国著作权法》，其行为人将承担相应的民事责任和行政责任；构成犯罪的，将被依法追究刑事责任。为了维护市场秩序，保护读者的合法权益，避免读者误用盗版书造成不良后果，我社将配合行政执法部门和司法机关对违法犯罪的单位和个人进行严厉打击。社会各界人士如发现上述侵权行为，希望及时举报，我社将奖励举报有功人员。

反盗版举报电话　（010）58581999　58582371
反盗版举报邮箱　dd@hep.com.cn
通信地址　北京市西城区德外大街4号
　　　　　高等教育出版社知识产权与法律事务部
邮政编码　100120

读者意见反馈

为收集对教材的意见建议，进一步完善教材编写并做好服务工作，读者可将对本教材的意见建议通过如下渠道反馈至我社。

咨询电话　400-810-0598
反馈邮箱　fuyn@hep.com.cn
通信地址　北京市朝阳区惠新东街4号富盛大厦1座
　　　　　高等教育出版社总编辑办公室
邮政编码　100029

防伪查询说明

用户购书后刮开封底防伪涂层，使用手机微信等软件扫描二维码，会跳转至防伪查询网页，获得所购图书详细信息。

防伪客服电话　（010）58582300